Fergus Fleming
Nach oben

SERIE PIPER

Zu diesem Buch

Im 19. Jahrhundert ist fast alles auf der Welt entdeckt, erfaßt und aufgezeichnet. Aber inmitten des zivilisierten Kontinents erhebt sich ein menschenfeindliches Gebiet, auf dessen Gipfel noch kein Mensch vorgedrungen ist: die Eisbarriere der Alpen. Die Einheimischen sehen keinen Sinn darin, höher zu klettern als die Kuh auf der Alm. Und man erzählt sich, dort oben hausten Drachen und andere gefährliche Schneewesen, die ganze Dörfer mit Lawinen ausradierten, wenn man sie verärgerte oder störte. Bezwungen werden die weißen Gipfel durch Ausländer – Naturforscher und Abenteurer. Ausgerechnet die Briten erklären Bergsteigen zum Sport: In Crickethosen, ausgerüstet mit gebratenem Geflügel und zahlreichen Flaschen französischen Weins, begleitet von widerwilligen Einheimischen, klettern sie los. Und schon bald fürchten die Ortskundigen die Fremden mehr als die Drachen ... Der britische Bestsellerautor Fergus Fleming hat eine Geschichte der ersten Bezwinger der Alpengipfel geschrieben – ironisch, vergnüglich und haarsträubend.

Fergus Fleming, geboren 1959, studierte an der Oxford University und Vity University in London. Sechs Jahre lang war er Lektor für Time-Life Books, bevor er 1991 freier Schriftsteller wurde. Er lebt in Großbritannien. Auf deutsch erschienen von ihm »Nach oben«, »Barrow's Boys« und »Neunzig Grad Nord«.

Fergus Fleming

Nach oben

Die ersten Eroberungen der Alpengipfel

Aus dem Englischen von
Bernd Rullkötter

Mit 61 Abbildungen

Piper München Zürich

Ungekürzte Taschenbuchausgabe
Piper Verlag GmbH, München
August 2003

Titel der englischen Originalausgabe:
»Killing Dragons«, Granta Books, London 2000

Umschlag/Bildredaktion: Büro Hamburg
Isabel Bünermann, Julia Martinez/
Charlotte Wippermann, Kathrin Hilse
Umschlagabbildung: John Cleare, Mountain Camera
Picture Library (oben: Aiguilles de Charmonix, unten: Jungfrau)
Foto Umschlagrückseite: Rachel Morton
Gesamtherstellung: Clausen & Bosse, Leck
Printed in Germany ISBN 3-492-23842-4

www.piper.de

VORWORT UND DANKSAGUNG

Jeder Bericht über die Alpen führt früher oder später unweigerlich zu den Ereignissen vom Juli 1865. In jenem Monat wurde ein unbekannter Drucker namens Edward Whymper zu dem Mann, um den sich in Europa sämtliche Gespräche drehten. Der Grund dafür? Er hatte das Matterhorn erklommen, einen der legendären Gipfel der Welt und einen der letzten, die in den Alpen bezwungen wurden. Aber er hatte einen schrecklichen Preis für seinen Ruhm bezahlt. Beim Abstieg riß ein Seil, und vier Mitglieder seiner sieben Mann starken Seilschaft stürzten in den Tod. Später barg man Überreste, mit denen drei Särge gefüllt werden konnten. Von dem vierten Mann – kein Geringerer als ein Lord – wurden nur ein Schuh, ein Paar Handschuhe und ein Mantelärmel gefunden. Ein Reuters-Bericht beschrieb sämtliche Übelkeit erregenden Einzelheiten, doch man zog ihn rasch zurück. Er ist seitdem nicht freigegeben worden, sondern existiert heute nur noch als vergilbendes Dokument im Archiv des Alpine Club. Die Gerüchte über seinen Inhalt genügten jedoch, die Menschen den Atem anhalten zu lassen. Hier wurden zum ersten Mal – auf wahrhaft dramatische Art – die Gefahren und Triumphe der Bergsteigerei enthüllt.

Die Matterhorn-Katastrophe gehörte zu jenen tragischen Ereignissen, welche die Viktorianer so sehr schätzten und für die sie so anfällig waren. In der allgemeinen Vorstellung rangierte sie neben Franklins Verschwinden in der Arktis, Livingstones Tod in Afrika und später Scotts Schicksal am Südpol. Sie prägte die Wahrnehmungen von Millionen Kindern – darunter Winston Churchill – und hatte, was einzigartig war, einen Überlebenden, der sie aus erster Hand beschreiben konnte. Edward Whymper, der zur Zeit der Katastrophe erst Mitte 20 war, wurde für den Rest seines Lebens von ihr heimgesucht. Man hielt ihn für einen Titanen, und mit zunehmendem Alter paßte er sein Äußeres dieser Rolle an. Die Pfeife in der Hand und den Mund grimmig verzogen, hielt er fast bis in sein Todesjahr vor einer jeweils rund tausendköpfigen Zuhörerschaft den immer gleichen schroffen Vortrag. Als außergewöhnlicher Mann – und als außergewöhnlicher Sonderling – konnte Whymper ganz allein Bücher füllen (was er auch tat, er legte drei Werke vor). Sein Schatten ist so lang, daß Whymper noch heute die erste Person ist, die man mit den Alpen in Verbindung bringt. Doch seine Bekanntheit ist hinderlich. Im Kontext betrachtet, wird er zu einer bemerkenswerten, doch keineswegs zur bedeutendsten Gestalt in der langen Geschichte der Alpenforschung.

Wer an Forschungsreisen denkt, hat in erster Linie die Pole und Afrika, Eiskappen und Wüsten, Pelze und Schlangenlederstiefel vor Augen. Entfernung und Fremdheit überwiegen alles andere. Doch hier, in der Mitte des kleinsten, am dichtesten bevölkerten Kontinents der Welt, lag eine Wildnis, die erst im späten 19. Jahrhundert vollständig kartiert wurde und deren unzugänglicheren Hänge noch heute eine Herausforderung darstellen. Den Alpen fehlte die düstere Majestät der Arktis oder die trockene Unheimlichkeit der Sahara, aber sie hatten die gleiche Aura der Unnahbarkeit. Ihre höheren Regionen waren unbekannt und von einem Schleier aus Mythos und Aberglauben verhüllt. Im 18. Jahrhundert zählte ein angesehener Wissenschaftler allen Ernstes die verschiedenen Drachenarten auf, die dort zu finden seien. Lange glaubte man, die Gipfel seien die Heimat einer außerirdischen Rasse – warum auch nicht? Schließlich wußte man nicht einmal, ob Menschen in solchen Höhen überleben konnten. Es war eine abgeschlossene Welt. Whymper und Menschen wie er verspürten den Drang, sie zu öffnen.

Das Wort Forschungsreise beschwört Bilder von fanatischen, zumeist britischen Männern herauf, die in einer fremden Umgebung wahnsinnige Dinge anstellten. Die Alpenforscher paßten in diese Kategorie. Durchweg besessen und manchmal verschroben, waren ihnen Krankheiten und Phobien gemein: Alle waren als Kinder kränklich; Schlaflosigkeit und Verdauungsstörungen plagten die meisten; der eine fürchtete sich vor Höhen, ein anderer vor Knoblauch. Sie hatten spirituelle Probleme und rätselten, ob die Alpen sie zu Gott führen oder dessen Nichtexistenz bestätigen würden. Und viele von ihnen waren tatsächlich Briten. Aber viele andere waren es nicht. Schweizer, Franzosen, Deutsche und Italiener hatten den gleichen Hang zu Streitsucht und Wahnsinn; sie zankten sich genauso sinnlos und zeigten die gleiche Überspanntheit. Und während Briten ihre Spuren hinterließen – insbesondere die Mitglieder des Alpine Club –, waren ihre Rivalen vom Kontinent nicht weniger aktiv. Wäre zum Beispiel ein Genfer Bürger einem gewissen Monsieur Dolomieu gegenüber nicht so höflich gewesen, würden die Dolomiten heute Saussures heißen.

Die Alpen lösten Kontroversen aus, als sie erforscht wurden, und daran hat sich bis heute nichts geändert. Jeder hat eine Lieblingsregion, einen Lieblingsberg, ein besonderes Interessengebiet, eine spezielle Meinung über die Schönheiten der Gipfel, eine Interpretation ihrer Vergangenheit und eine Vision ihrer Zukunft. Alles, was zu dem Thema geschrieben wird, ruft bei irgend jemandem hitzige Empörung hervor. Deshalb werfe ich dieses Buch mit einigem Zagen in den Kessel der Emotionen. Diejenigen, welche die Alpen in- und auswendig kennen oder auf irgendeinen Bereich spezialisiert sind, werden mich zweifellos für tausend Unterlassungssünden geißeln oder der falschen Darstellung zeihen. Bei ihnen allen entschuldige ich mich. Ich habe lediglich versucht, eine Geschichte der Forschung im einfachsten Sinne des Wortes zu erzählen – also über das Vordringen dahin, wo kein Mensch je gewesen ist.

Der Untertitel »Die ersten Eroberungen der Alpengipfel« ist selektiv. Ich habe den Begriff »Alpen« auf die zentralen und westlichen Teile eingeengt, die sich vom *Massif des Ecrins* (oder der Dauphiné, wie es früher hieß) über die Montblanc-Kette zum Berner Oberland und dann nach Süden zum Wallis erstrecken. Dazu hat mich die Tatsache bewogen, daß diese Berge zu den höchsten und eindrucksvollsten gehören und von den meisten Forschern daher ins Auge gefaßt wurden. Ihre »Eroberung« wird hier auf ähnliche Art eingeschränkt. Passionierte Bergsteiger behaupten, daß die Eroberung nicht abgeschlossen sei, da noch viele Routen und Wände neu erklommen werden müßten. Ich dagegen interpretiere Eroberung hier als Erstbesteigung wichtiger Gipfel, als bahnbrechende Untersuchung von Gletschern und als Kampf um die Eigerwand, weil er die neue Forschungswelle repräsentiert (und weil es eine zu gute Geschichte ist, als daß man auf sie verzichten könnte). Auch was die Eroberer angeht, war Beschränkung angebracht. Viele hervorragende Forscher sind ausgelassen worden, zum Beispiel Pater Placidus a Spescha, der tapfer durch die Ostalpen streifte, der Abbé Imseng, berühmt für sein bergsteigerisches Können und für die schmierige Soutane, in der er seiner Tätigkeit nachging, und Charles Barrington, der erfolgreiche irische Jockey, der, mit Hilfe seiner Preisgelder einer Laune folgend, bei seinem einzigen Besuch in den Alpen den Eiger erkletterte. Die makabre Karriere von Francis Fox Tuckett, der zweimal als Spion verhaftet wurde und so viele Lawinen, Steinschläge und Blitzschläge überlebte, daß es jeder Beschreibung spottet, wird nur am Rande erwähnt. Irgendwo muß man eine Grenze ziehen.

In den zwölf Monaten, die erforderlich waren, um dieses Buch zu recherchieren und zu schreiben, habe ich viele (nicht alle) der erwähnten Orte aufgesucht und mich bemüht, einen Eindruck von der Gegend zu erhalten. Meine Hauptinformationsquellen waren jedoch Bücher, Briefe und andere Dokumente. Die meisten damaligen Forscher veröffentlichten Journale über ihre Abenteuer, und ihre Tagebücher und Korrespondenzen werden in Archiven überall in Europa verwahrt. Für die richtige Beurteilung dieser Primärquellen schulde ich mehreren Autoren Dank. An erster Stelle Ronald Clark, dessen zahlreiche Bücher über die Alpen und jene, die sie bestiegen haben, sowohl faszinierend als auch tief empfunden sind. An zweiter Stelle Claire Engel, die in zwei Sprachen flüssig und geistreich über die Geschichte der Alpenforschung geschrieben hat. Clark wie Engel sprechen aus lebenslanger Erfahrung mit den Alpen. Ohne ihre Klugheit hätte ich mich schwer getan.

G. De Beers ausgezeichnete Anthologien der Alpenliteratur waren von unschätzbarem Wert für mich, genau wie Douglas Freshfields Saussure-Biographie, C. A. Mathews Geschichte des Montblanc und Frank Smythes Whymper-Biographie.

Ich möchte den folgenden Organisationen für den Zugang zu ihren Archiven und Bibliotheken und, in den einschlägigen Fällen, für ihre Genehmigung danken, aus Material in ihrem Besitz zu zitieren: dem Alpine Club, London; der Bibliothèque Publique et Universitaire, Genf;

der British Library; dem Imperial College of Science, Technology and Medicine, London; der Kensington and Chelsea Library, London; der London Library; dem Magdalen College, Oxford; dem National Record of Archives, London; der Royal Geographical Society, London; der Royal Institution, London; dem Scott Polar Research Institute, Cambridge sowie der Zentralbibliothek, Zürich.

Mein Dank gilt außerdem Gillon Aitken, meinem Agenten; Ben Ball; Anne Barrett; Neil Belton, meinem Lektor; Robin Darwall-Smith; Alain Doubre; Margaret Ecclestone; Lyvia Gollancz; Robert Headland; Patrick Herring; Frank James; Bob Lawford; Isobel Pritchard; Angela Rose; Rachel Rowe; Janet Turner und Rachel Unsworth. Meinen speziellen Dank spreche ich David Rose für die Korrektur der vielen Irrtümer des Manuskripts aus – sowie meine Entschuldigung dafür, daß ich seine Vorschläge manchmal ignoriert habe.

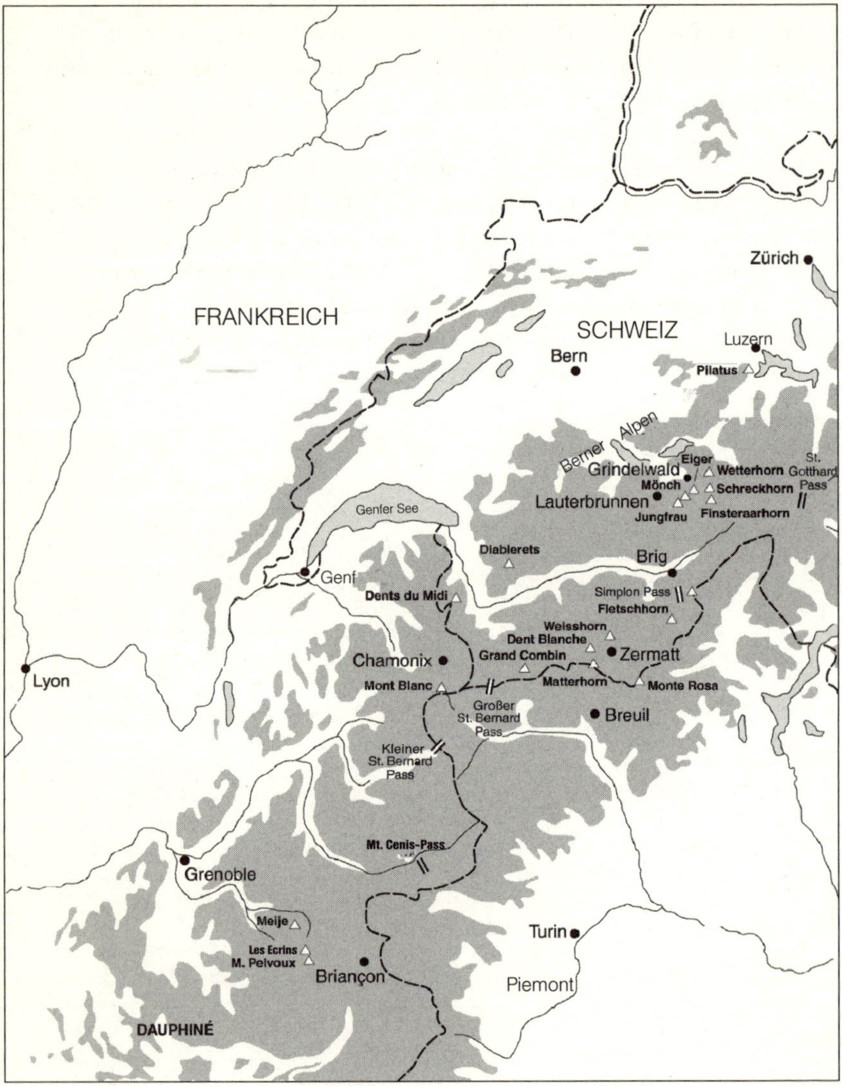

FRANKREICH
SCHWEIZ
Zürich
Luzern
Bern
Pilatus
Berner Alpen
Grindelwald
Eiger
Wetterhorn
St. Gotthard Pass
Mönch
Schreckhorn
Lauterbrunnen
Jungfrau
Finsteraarhorn
Genfer See
Diablerets
Brig
Genf
Dents du Midi
Simplon Pass
Fletschhorn
Weisshorn
Dent Blanche
Chamonix
Grand Combin
Zermatt
Lyon
Mont Blanc
Matterhorn
Monte Rosa
Großer St. Bernard Pass
Breuil
Kleiner St. Bernard Pass
Mt. Cenis-Pass
Grenoble
Meije
Turin
Les Ecrins
M. Pelvoux
Briançon
Piemont
DAUPHINÉ

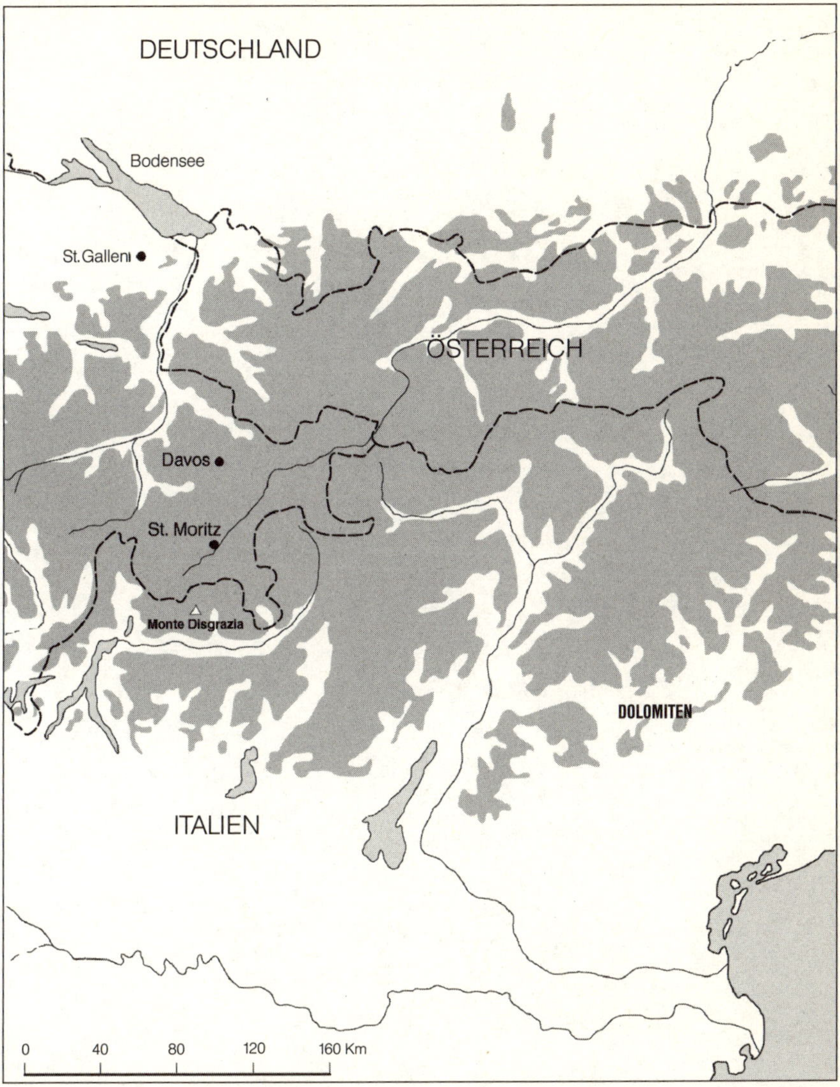
DEUTSCHLAND
Bodensee
St.Gallen
ÖSTERREICH
Davos
St. Moritz
Monte Disgrazia
DOLOMITEN
ITALIEN
0
40
80
120
160 Km

1

Im Jahr 1541 traf der Naturforscher Conrad Gesner eine ungewöhnliche Entscheidung. Er schrieb einem Freund: »Ich bin entschlossen, solange Gott mir Leben gewährt, alljährlich auf mehrere Berge – oder wenigstens einen – zu klettern, und zwar zu der Jahreszeit, wenn die Blumen blühen, damit ich diese untersuchen und meinem Körper edle Ertüchtigung sowie zugleich meiner Seele Genuß bieten kann.«[1]

Gesners Entscheidung war aus mehreren Gründen ungewöhnlich. In der kurzen, ungewissen und unbequemen Lebensspanne jener Zeit suchte kaum jemand zusätzliche Mühsal. Auch nur einmal auf einen Berg zu klettern, geschweige denn jedes Jahr, war eine unnötige und unergiebige Belastung. Hinzu kam die Tatsache, daß die Berge steil, scheußlich, kalt, erschreckend und möglicherweise gefährlich waren. Und ihre Höhe war ohnehin ein Fluch. Was konnte man dort oben schon anfangen? Nichts. Man konnte den kargen Boden nicht bestellen und sich nur mühsam über steinige Pässe bewegen. Man konnte nicht einmal bei seinem feindlichen Nachbarn einmarschieren, wenn man vorher eine Höhe überwinden mußte. Sie war wertlos und hinderlich. All diese Faktoren trugen dazu bei, daß Gesners Entscheidung ungewöhnlich war. Außergewöhnlich wurde sie durch seinen Vorsatz, nicht bloß Berge, sondern die Alpen zu besteigen.

Die Alpen waren – und sind – die majestätischste Gebirgskette Europas. Von ihrem Ausgangspunkt im Westen am Tende-Pass oberhalb von Nizza erstreckt sich die Hauptgipfelkette in einem 1126 Kilometer langen Bogen bis zum Südwesten von Wien. Kleinere Ausläufer schieben sich südwärts bis zur Adria und zum Balkan vor, aber es war die Hauptkette, insbesondere ihr westlicher Teil im Piemont, in Savoyen und der Schweiz, an die man zuerst dachte, wenn jemand die Alpen erwähnte.

Am kulturellen Kreuzweg Europas gelegen, wo sich französische, deutsche und italienische Einflüsse trafen, hätten die Westalpen theoretisch eine lebenssprühende, kosmopolitische Gegend sein müssen. Und in gewissem Maße waren sie es auch: Im 6. Jahrhundert v. Chr. hatten sie die glanzvolle keltische La-Tène-Kultur miterlebt; die Römer waren über sie hinwegmarschiert, ebenso Hannibal und seine Karthager; seit dem 2. Jahrhundert n. Chr. hatten christliche Missionare in den Tälern Bekehrungsarbeit geleistet. Pilger aus so fernen Gegenden wie Island hatten den Großen Sankt-Bernhard-Pass und andere der 23 Hauptpässe, die nach Rom führten, überquert. Für kurze Zeit befanden sie sich unter der Kontrolle sarazenischer Banditen. Alle möglichen Völkerschaften hatten entweder die Alpen überschritten oder sich in ihren Tälern angesiedelt. In einer Region war man stolz auf seine skandinavische, in einer anderen auf seine preußische Herkunft; in einem Gebiet feierte man einen irischen Mönch; in anderen stammten die Ortsnamen eindeutig aus dem Arabischen; in benachbarten Tälern sprach man verschiedene Sprachen, hatte unterschiedliche politische Zugehörigkeiten und religiöse Überzeugungen.

Aber trotz dieser Vielfalt, trotz all des Kommens und Gehens, waren die Alpen ein weißer Fleck auf der Karte. Man mochte sich für ein paar Zivilisationsinseln wie Genf, Bern und andere Städte, die im Schatten der Berge blühten, und für die ausgetretenen Pässe (die einst gut instand gehalten, doch seit dem Fall von Rom zunehmend zerstört worden waren) interessieren, doch niemand kümmerte sich um den Rest. Zerstreute Agrargemeinden, von Inzucht und Krankheiten geplagt, schickten ihr Vieh auf die Hochweiden. Das war alles, was man über die Gegend wußte oder wissen wollte. Daran war wie immer die Höhe schuld.

In der Tat sind die Alpen sehr hoch. In der Zentralkette, die an einigen Stellen 190 Kilometer breit ist, gibt es Hunderte von Gipfeln, die höher sind als 3000 Meter, Dutzende, die über 4000 Meter hinwegragen, und einen, den Montblanc, der mit 4807 Metern der höchste Berg

Europas ist. Die Alpen bilden eine der großen Klimabarrieren des Kontinents und entziehen den vorherrschenden Winden die Feuchtigkeit, wodurch Europa in einen kalten, nassen Norden und einen warmen, trockenen Süden geteilt wird. Sie sind nicht nur hoch, sondern auch rauh. Aufgeworfen von der tektonischen Kollision, die Italien mit Kontinentaleuropa zusammenfügte, stellen sie die Erdrinde in ihrer ganzen Roheit zur Schau. Sie weisen Klippen aus schwarzem und scharfe Spitzen aus rosa Granit auf, zerbröckelnde Haufen von Schiefer, dessen Scherben silbrigen Staub an den Händen hinterlassen, und riesige, orangefarbene Kalksteinsäulen. Auf Alpenklippen findet man die Spuren versteinerten Schlamms und kann die Skelette winziger fossiler Fische aus ihnen heraushacken. Schon vor vielen Jahrhunderten kamen Gold-, Silber-, Eisen-, Blei-, Zink- und Kupferadern an die Oberfläche; Marmor, Schiefer und Salz konnten aus den Hügeln gewonnen werden; Grotten lieferten wertvolle Kristalle.*

Vor allem aber sind die Alpen kalt. Oberhalb der Baumgrenze liegt eine eisige Welt, in die sich Menschen kaum je vorwagten. Im Sommer war es möglich, dort Rinder und Schafe weiden zu lassen, und Bauern zogen in vorübergehend errichtete Steinunterkünfte oder Sennhütten, von wo sie ihre Herden im Auge behalten konnten. Doch den Großteil des Jahres hindurch waren die höchsten Gipfel von Schnee bedeckt, und zwischen ihnen lagen Felder ewigen Eises, dessen Schmelzflüsse bedrohlich in die Täler tröpfelten. Im 1. Jahrhundert n. Chr. schrieb ein römischer Chronist, daß »alles in den Alpen festgefroren ist«[2] – und das war ein relativ warmer Zeitraum. Drei Jahrhunderte später fürchtete der heilige Ambrosius, Bischof von Mailand, das Eis werde die gesamte Zivilisation ersticken. Im Mittelalter hatten Mönchsorden Hospize wie das Große Sankt-Bernhard-Hospiz an sämtlichen Pässen gebaut, um Pilgern zu helfen und sie nötigenfalls mit eigens für den Schnee ausgebildeten Hunden zu retten. Im Jahr 1690 holten die Dorfbewohner von Chamonix unterhalb des Montblanc den Bischof von Annecy herbei,

* Im 2. Jahrhundert v. Chr. kam es in den Alpen zu einem so großen Goldfund, daß sich der Wert römischer Barren um zwei Drittel verringerte. 300 Jahre später verzeichnete Plinius den Verkauf einer Kristallvase für die phantastische Summe von 150 000 Sesterzen. Gleichwohl waren solche Funde selten, denn der physische Aufwand zur Ausbeutung der Alpenmineralien schreckte die meisten Schürfer ab.

um die Geister der Gletscher austreiben zu lassen, die sie zu vernichten drohten. Es funktionierte: Angeblich wich das Eis 200 Meter zurück, was Gottes Größe bewies und auch die hohe Summe rechtfertigte, die der Bischof für seine Dienste verlangte.

Die Alpen sind eine eigene Welt. Sie bringen Blumen hervor, die man nirgendwo sonst auf dem Kontinent findet, winzige Pflänzchen, die geschrumpft sind, damit sie mit den fast arktischen Verhältnissen fertig werden können, die jedoch en miniature die ganze Schönheit von Tieflandblumen bewahren. Viele Monate lang vom Schnee versteckt, kommen sie im Frühjahr und Sommer hervor, um die Hänge wie ein Teppich zu überziehen. Manche Vertreter der Fauna sind ähnlich selten: etwa die Gemse, der Alpensteinbock, der Lämmergeier oder Bartgeier und das Murmeltier, das zur Hörnchenfamilie gehört, wie eine Kreuzung zwischen Kaninchen und Biber aussieht und mit schrillem Pfeifen aus seinem Winterschlaf auftaucht – nur um rasch einen Schlag auf den Kopf zu erhalten und aufgefressen zu werden.

Man wußte so wenig von den Bergen, daß die meisten keinen Namen hatten, und wenn doch, sprach man von dem »verfluchten« oder »unzugänglichen« Berg. Schon der Begriff »Alpen« beruhte auf einem Irrtum: Nachdem frühe Geographen auf die Gipfel gezeigt und sich nach ihren Namen erkundigt hatten, erwiderten die Ortsansässigen: »Alpen.« Aber damit meinten sie nur die Hochweiden, auf denen ihr Vieh graste; für die Berge selbst hatten sie keine Bezeichnung. So wurde der Name, der auf Weltkarten erschien, zu einer unabsichtlichen Erinnerung daran, wie wenig Kenntnisse die Europäer über die Wildnis in der Mitte ihres Kontinents hatten.

Zu Gesners Zeit lösten die Alpen Angst und Aberglauben aus. Flachlandbewohner schauderte es immer noch beim Gedanken an Hannibals Marsch von 218 v. Chr. Philemon Holland, ein Livius-Übersetzer des 16. Jahrhunderts, entwarf ein furchterregendes Bild des Feldzugs, auf dem Hannibals Männer sich unaufhaltsam ihren Weg über Alpenpässe bahnten und Felsbrocken mit Feuer und Essig sprengten, bevor sie ihre widerwilligen Elefanten, »stets bereit, auf ihren Nasen zu laufen«, nach Italien zerrten. Er beschrieb die Furcht der Invasoren vor »der Höhe jener Hügel … die Pferde von Kälte versengt … die Menschen mit langem, zottigem Haar«. Andere Greuel der Reise bestanden darin, daß »der Schnee unter dem Schritt so vieler Menschen und Tiere brach und taute und sie gezwungen waren, auf dem bloßen Eis darunter und in der schlabbernden Brühe zu gehen, als der Schnee nachgab und um ihre Fersen taute«[3]. Und wer bei Hollands Worten noch nicht genug hatte, für den gab es noch Master John de Bremble, einen Mönch aus Canterbury, der den Alpen 1188 getrotzt hatte. »Ich steckte die Hand in meine Tasche, um vielleicht ein oder zwei Silben zu kritzeln«, schrieb er seinem Subprior, »aber siehe da, mein Tintenfaß war mit einer trockenen Eismasse gefüllt; meine Finger weigerten sich zu schreiben; mein Bart war steif vor Frost und mein Atem zu einem langen Eiszapfen erstarrt. Ich konnte die gewünschten Nachrichten nicht aufzeichnen ... Herr, laß mich zu meinen Brüdern zurückkehren, auf daß ich sie warne, diesem Ort der Pein fernzubleiben.«[4] Gewiß, wie viele andere Pilger hatte sich Master John entschieden, die Alpenpässe zu Frühjahrsbeginn zu überqueren, also in der unbeständigsten Jahreszeit. Doch das schmälerte die Mitteilung seiner Leiden in keiner Weise.

Ein oder zwei Seelen hatten die unnahbaren Gipfel bezwungen. 1358 stieg ein Ritter namens Rotario von Asti auf den Roche Melon bei Susa und hinterließ ein bronzenes Triptychon auf dessen 3530 Meter hoher Spitze. 1492, im selben Jahr, als Kolumbus Amerika entdeckte, zog Karl VII. von Frankreich am Mont Aiguille bei Grenoble vorbei – damals sprach man von dem »verfluchten Berg« – und befahl seinem Kämmerer, ihn zu erklettern. Der Kämmerer überwand das 2135 Meter hohe Felsmassiv mit »subtilen Mitteln und Apparaten«, womit er eine wackelige Reihe von Leitern zu meinen schien, um drei Kreuze auf dem Gipfel zu errichten. Diese Leistung galt als so erstaunlich, daß sie einen regen offiziellen Briefwechsel auslöste.

Irgendwann im 15. Jahrhundert bestieg Leonardo da Vinci einen Berg bei Zermatt, vermutlich den Monte Rosa, und schrieb seine Eindrücke auf:

> Kein Berg hat seinen Fuß in so großer Höhe wie dieser, der sich fast über alle Wolken erhebt, und Schnee fällt dort selten, nur Hagel im Sommer, wenn die Wolken am höchsten sind. Und dieser Hagel liegt so, daß die Schichten eine enorme Eismasse bilden würden, käme es nicht zu seiner Absorption durch die aufsteigenden und sinkenden Wolken, was allerdings nicht häufiger als zweimal in einem Jahr geschieht. Mitten im Juli

> fand ich eine sehr beträchtliche Eismasse vor und sah, daß der Himmel über mir recht dunkel wirkte, und die Sonne, die auf den Berg fiel, war hier viel heller als in den unteren Ebenen, weil ein geringeres Maß an Atmosphäre zwischen dem Gipfel des Berges und der Sonne war.[4]

Falls Leonardo den Gipfel erreicht hatte – was höchstwahrscheinlich nicht der Fall war –, so hatte er 4634 Meter über dem Meeresspiegel gestanden.

Im allgemeinen jedoch waren die Alpen der normalen Welt so fern wie der Mond. Alles mögliche konnte in diesem eisigen Halbkreis aus Zähnen geschehen, die Italien vom übrigen Europa abbissen. Für viele glichen sie der Hölle, in der sich die Kälte eines nordischen Niflheim im Sommer mit dem lodernden Inferno des Christentums vereinte. Wenn sich Menschen den Alpen näherten, dann nur, um rasch und jederzeit auf der Hut vor Gefahr über ihre Pässe zu huschen. Viele Reisende wurden mit verbundenen Augen getragen, damit die Gräßlichkeit der Landschaft sie nicht überwältigte. Dies war ein Reich, in dessen oberen Gebieten, wie man hörte, eine Rasse mißgebildeter und böswilliger Untermenschen eine Heimat gefunden hatte. Die Gipfel waren von Dämonen jeglicher Art bewohnt. An der Existenz von Hexen bestand kein Zweifel, und sie wurden routinemäßig durch die eine oder andere Form der sozialen Säuberung beseitigt. Eine unbestrittene Tatsache war auch, daß in manchen Alpenhöhlen Drachen lebten, die nur darauf warteten, jeden zu verbrennen, der den Fuß über die Schneegrenze setzte. Hin und wieder verschaffte sich ein unerschrockener Reisender einen »Drachenstein«, der Blutungen, Ruhr, Durchfall, Vergiftungen, Pest und Nasenbluten zu kurieren vermochte. Diesen Wunderstein konnte man allerdings nur erlangen, indem man einem in seiner Höhle schlafenden Drachen die Stirn aufschnitt; dabei galt es, vorsichtig zu sein, denn wenn der Drachen erwachte, verlor der Stein seine Kraft. Eines dieser seltenen Exemplare wurde in Luzern verwahrt, wo es eine Schlange durch eine glückliche, wenn auch nicht unbedingt logische Fügung fallen gelassen hatte.

Typisch für solche Gerüchte war der Pilatus, ein Berg bei Luzern, auf dem sich ein Teich voll biblischer Schrecken befand. Der Legende zufolge hatte Pontius Pilatus Selbstmord begangen, bevor er von Kaiser

Tiberius zum Tode verurteilt werden konnte. Seine Leiche wurde mit Steinen beschwert und in den Tiber geschleudert. Die Folge war eine Periode des gräßlichsten Wetters, das die Römer je erlebt hatten. Hastig barg man die Leiche und brachte sie nach Vienne – was Verachtung für die Bewohner der Stadt bewies – und warf sie in die Rhône. Es kam zu weiteren Stürmen, weshalb die Leiche erneut herausgefischt und in die Gewässer bei Lausanne versenkt wurde. Doch auch hier ließ Pilatus seiner Bosheit freien Lauf, so daß er ein drittes Mal geborgen und in einen See auf einem Berg oberhalb von Luzern geworfen wurde. Vorsichtshalber warf man auch seine Frau Procha in einen nahegelegenen Teich. Die Stürme waren phänomenal.

Als sich der örtliche Bischof ans Werk machte, um die Geister des Sees auszutreiben, hatte er nur bedingten Erfolg. Das Wetter normalisierte sich, aber Pilatus verlangte eine Gegenleistung. An jedem Karfreitag würde er, in ein scharlachrotes Gewand gekleidet, auf seinem Richterthron aus dem See aufsteigen. Jeder, den er erblickte, würde sterben, bevor das Jahr verstrich. Das Abkommen wurde geschlossen.

Pilatus blieb ruhig, doch jedes Jahr starben ein paar Einheimische aus unerklärlichen Gründen (offenbar hatten sie die scharlachrote Erscheinung gesehen), und bisweilen wurde der Berg von gewaltigen Schneestürmen heimgesucht. Daran konnten nur die Menschen schuld gewesen sein, die Pilatus verhöhnten, indem sie Steine in den See warfen oder ihn auf andere Weise respektlos behandelten. Um Schaden abzuwenden, verboten die Behörden ausdrücklich, daß sich jemand ohne offiziellen Führer dem Berg näherte. Als sechs Geistliche 1387 versuchten, den Hügel ohne Hilfe zu erklettern, wurden sie inhaftiert. Jahrhundertelang war der Berg, den man später ebenfalls Pilatus nannte, ein verbotenes Gebiet.

Im 16. Jahrhundert stellten mehrere mutige Männer Pilatus auf die Probe. Im August 1518 bekam Joachim von Watt, Bürgermeister von Sankt Gallen, die behördliche Genehmigung, auf den Berg zu steigen. Dem Rat seines Führers gehorchend, tat er in der Nähe des Sees nichts Ungehöriges und konnte einen der Gipfel des Pilatus erklimmen. 1555 folgte ihm Conrad Gesner, der am 20. August mit einer kleinen Gruppe von Männern – darunter der Gerichtsdiener von Luzern, der zu ihrer Stärkung Wein auf dem Rücken trug – aufbrach und den Hauptgipfel ohne jeden Zwischenfall erreichte. Er feierte seine Eroberung, indem er in ein Alpenhorn blies. 1585 tat dann Pastor Johann Müller aus Luzern das Unerhörte: Er bestieg den Berg und warf absichtlich drei Steine in den See. Nichts geschah.

Unter diesen drei Eroberungen scheint jene Müllers auf den ersten Blick die wichtigste zu sein. Er war ausgezogen, einen Aberglauben zu zerstören, und hatte Erfolg gehabt. Aber es ist Gesners Unternehmung, die am meisten Aufmerksamkeit verdient. Denn Gesner hatte nicht geplant, Drachen zu töten. Vielmehr wollte er die Alpen in einem neuen Licht sehen, als spirituelle Totems, deren Gipfel ihn zu einem besseren Verständnis der Welt um ihn herum führen würden. 1541 erklärte er, seiner Zeit weit voraus: »Das Bewußtsein wird auf eine gewisse Art von den erstaunlichen Höhen beeindruckt und zur Meditation über den Großen Baumeister veranlaßt. Menschen von stumpfem Geiste bewundern nichts, schlafen daheim, gehen nie ins Theater der Welt hinaus, verbergen sich den Winter hindurch in der Ecke wie die Mäuse und vergegenwärtigen sich nie, daß die menschliche Rasse in die Welt hinausgeschickt wurde, auf daß sie durch deren Wunder lerne, eine höhere Macht, das Höchste Wesen selbst, zu erkennen.«[6] Zwei Jahre nach der Besteigung des Pilatus war er fähig, sich detaillierter zu äußern. In lateinischer Sprache teilte er seiner begrenzten Leserschaft mit: »[Die Alpen] sind das Theater des Herrn, der Monumente aus vergangenen Zeiten, wie Abgründe, Felsen, Gipfel, Schluchten und niemals schmelzende Gletscher, zur Schau stellt.« Und, wie er merkwürdigerweise hinzufügte, selbst wenn das Wandern ermüdend, die Unterkunft schlecht und die Bedrohungen zahlreich seien, »wird es danach Freude bereiten, sich an die Mühen und Gefahren zu erinnern; es wird dich befriedigen, diese Dinge in deinem Geist zu bewegen und sie Freunden zu erzählen«[7].

Gesner wurde weithin ignoriert und starb 1565. Immerhin brachte er einen Stein ins Rollen, der fast zwei Jahrhunderte später aufgegriffen wurde, als Johann Scheuchzer, Physikprofessor an der Universität Zürich, eine einschlägige Untersuchung der Alpen vorlegte. Von August 1702 an unternahm er neun Reisen durch die Berge und veröffentlichte seine Ergebnisse 1723 unter dem Titel *Itinera per Helvetiae Alpinas Regiones*. Scheuchzer hatte einen soliden Ruf auf seinem Gebiet – der Philosoph und Mathematiker Gottfried Leibniz gehörte zu seinen Anhängern – und war als moderner Denker bekannt: So verbreitete er zum Beispiel Sir Isaac Newtons Ideen über die Schwerkraft und kämpfte gegen die Todesstrafe für Hexerei. Folglich erwartete das Publikum etwas Besonderes, als sein zweibändiges Werk erschien. Und Scheuchzer enttäuschte es nicht. Sein Forschungsgeist führte zu einer Reihe botanischer und mineralogischer Entdeckungen, die von Nutzen für die Wissenschaft waren, doch er machte auch einige persönliche Beobachtungen, die sich als eher überflüssig erwiesen. In Fürstenau stieß er auf einen Käse, der so viele Jahre lang mit Wein und Gewürznelkenöl behandelt worden war, daß er sich in einen Brei verwandelt hatte, »der für Kenner solcher Lebensmittel einen besonders köstlichen Geschmack hat«[8]. Aus den Steinbrüchen von Öhningen erhielt er ein Fossil, das er für das Skelett eines in der Sintflut ertrunkenen Menschen hielt und triumphierend *Homo diluvii testis* nannte (später stellte man fest, daß es von einem Riesensalamander stammte). Er machte sich Gedanken über Gletscher und kam zu dem Schluß, daß ihre Bewegung durch die Ausdehnung von Wasser in den Spalten verursacht werde. Bei Brig entdeckte er eine hochintelligente Gemeinschaft, deren Mitglieder überwiegend den Familiennamen Supersaxo trugen. Sie sprachen fließend Deutsch, Französisch, Italienisch und Latein und stammten von einem im 16. Jahrhundert lebenden italienischen Grafen ab, der zwölf Söhne und elf Töchter gezeugt hatte.

Scheuchzer mied die Gipfel. Er war seiner Veranlagung nach kein Bergsteiger. Am Sègnes-Pass warnte er, daß nicht schwindelfreie Personen eine andere Route einschlagen sollten. Am Gemmi-Pass entschied er, daß der Name von den Seufzern (lat. *gemitus*) derjenigen abgeleitet sei, die ihn zu überschreiten versuchten. Und in Leukerbad erbitterte er sich: »Wir haben bereits genügend Berge bestiegen, aber heute müssen wir einen überwinden, der uns sehr zu schaffen machen wird.«[9] Seinen Besuch am Sankt-Gotthard-Pass fand er nur deshalb erträglich, weil sich ihm die Gelegenheit bot, über die Formation von Kristallen zu sprechen. Er nahm den Pilatus in Angriff, doch »teils wegen körperlicher Erschöpfung, teils wegen der noch zurückzulegenden Entfernung«[10] erreichte er den Gipfel nicht. »Sehr wenige schätzen ein mühsames Unterfangen dieser Art, das keineswegs lukrativ ist«, kommentierte er.

Zwei von Scheuchzers Drachen

»Nicht jeder vermag es, sich an der Besteigung von Hügeln zu erfreuen, die bis zu den Wolken reichen.«[11] Gleichwohl machte er große Fortschritte, und nicht alle seiner Kommentare wirkten so absurd wie der, daß manche Gemsen einen Stein im Magen hätten, der sie gegen Kugeln immunisiere. Zum Beispiel sollte seine Theorie der Gletscherbewegung beinahe 150 Jahre lang nicht übertroffen werden. Vor allem aber beantwortete er eine Frage, welche die Menschen seit langem quälte: Ja, in den Alpen gab es Drachen.

Mit Hilfe einer Reihe verläßlicher Zeugen stellte Scheuchzer ein Verzeichnis dieser Geschöpfe zusammen. Eines hatte den Körper einer Schlange und den Kopf einer Katze, ein anderes vier kurze Beine und einen Hahnenkamm. Ein drittes war eine Schlange mit Fledermausflügeln. Manche Drachen hatten Kämme (vielleicht handele es sich um die Männchen, dachte Scheuchzer). Das beste Exemplar von allen hatte den Kopf eines rötlichen Katers, eine Schlangenzunge, schuppige Beine und einen behaarten, zweigezackten Schwanz. Seine Augen funkelten entsetzlich. Allerdings ließ seine Körpergröße zu wünschen übrig, denn es maß nur ungefähr 60 Zentimeter.

Scheuchzer wies die meisten Drachengeschichten zurück, aber denjenigen, denen er Glauben schenkte – darunter alle oben erwähnten –, wurde sein voller Respekt zuteil. Beispielsweise kam der rötliche Kater aus Graubünden, laut Scheuchzer eine Gegend, die »so gebirgig und mit so vielen Höhlen versehen [ist], daß es seltsam wäre, dort keine Dra-

chen zu finden«[12]. Man könne die echten von den falschen Drachen durch die Zahl der Vögel unterscheiden, die sie im Flug einsögen. Ohne Besorgnis erregen zu wollen, schloß er dennoch: »Aus den Berichten über Schweizer Drachen und ihrem Vergleich mit denen anderer Länder ... geht eindeutig hervor, daß solche Tiere tatsächlich existieren.«[13]

Nicht alle glaubten ihm. Aber danach senkte sich für mehrere Jahre respektvolles Schweigen über die Alpen.

Die Stille wurde 1741 von zwei Briten, den Herren Pococke und Windham, durchbrochen. In jenem Jahr führten sie eine kleine Gruppe von Landsleuten nach Chamonix, einem Tal in Savoyen unterhalb des Montblanc. Nach modernen Maßstäben war es ein ereignisloser Ausflug. Die Reisenden unterhielten sich dadurch, daß sie Peitschen knallen ließen und Pistolen abfeuerten, um das Echo von den Bergen zurückscheppern zu hören. Sie stiegen den Montenvers hinauf, staunten über die von Lawinen angerichtete »gräßliche Verwüstung« und über die Aussicht, die bald »herrlich«, bald »schrecklich genug« war, »um die meisten Menschen den Kopf abwenden zu lassen«[14]. Windham, der hauptsächliche Chronist der Gruppe, war verblüfft beim ersten Anblick der Gletscher und des Mer de Glace, einer gewaltigen Eisschlange, die sich von unterhalb des Montenvers bis hin zu nadelartigen Gipfeln in der Ferne windet. »Ich gestehe Dir, daß es mir äußerst schwerfällt, Dir die richtige Vorstellung davon zu vermitteln«, schrieb er einem Freund in Genf, »da ich in meinem Leben nichts kennengelernt habe, was die geringste Ähnlichkeit damit hat. Die Beschreibung, die Reisende über die Seen von Grönland mitbringen, kommt ihm wohl am nächsten. Du mußt Dir Euren See von einem starken Wind aufgewühlt und gleichzeitig zugefroren vorstellen, aber vielleicht würde nicht einmal das die gleiche Erscheinung hervorbringen.«[15] Hexen, so erzählte man ihm, kämen herbei, um »ihre Streiche auf dem Gletscher zu spielen und zum Klang ihrer Instrumente zu tanzen«[16].

Sie bekamen weder Hexen noch Drachen noch irgendeinen der Banditen zu Gesicht, die, wie man ihnen versichert hatte, durch die Region streiften. Trotzdem riet Windham künftigen Besuchern, sich zu bewaffnen: »Es ist eine einfache Sicherheitsvorkehrung ... und oftmals hilft sie einem Mann aus der Klemme.«[17] In Wirklichkeit hatte der schlimmste Schock mit der Ernährung zu tun: »Es gibt einige Orte, wo man keine Lebensmittel erhält, und die wenigen, die man an anderen Orten bekommt, sind sehr schlecht.«[18] Pococke, der kurz zuvor den Nahen Osten besucht hatte und zur Prahlerei neigte, füllte leere Momente damit, daß er sich als orientalischer Potentat verkleidete, was bei den Führern einige Besorgnis auslöste. Doch davon abgesehen, amüsierten sich alle bestens. Sie waren in erster Linie Touristen, und Windham machte daraus kein Hehl: »Ein Mann von Genie könnte viele Dinge tun, auf die wir verzichtet haben. Wir können nur darauf Anspruch erheben, anderen, die über dieselbe Neugier verfügen, den Weg bereitet zu haben.«[19]

Angezogen von Pococke und Windham, aber ebensosehr durch eine neue Blüte der Alpenliteratur, sollten tatsächlich andere nach Chamonix kommen. 1732 hatte der Schweizer Naturforscher und Philosoph Albrecht von Haller das Gedicht »Die Alpen« veröffentlicht. Haller genoß innerhalb und außerhalb Europas großes Ansehen. Einer Geschichte zufolge war sein Ruhm so verbreitet, daß Piraten, die ein Schiff mit einer an ihn adressierten Bücherkiste kaperten, die Sendung im nächsten Hafen mit der Anweisung hinterlegten, sie an ihn weiterzuleiten. Sein Gedicht, das weniger den Bergen selbst als vielmehr ihren moralischen Aspekten gewidmet war, wurde mit ähnlicher Ehrfurcht behandelt. Man druckte es zu seinen Lebzeiten dreißigmal nach und rezitierte es auswendig in den Salons von Frankreich und Deutschland. Der französische Schriftsteller Jean-Jacques Rousseau, der Apostel der edlen Wildheit, gab als einer der ersten zu bedenken, daß gepuderte Perücken und höfischer Glanz nicht die einzigen Maßstäbe für den menschlichen Wert sein mochten. Rousseau stellte die natürliche Schönheit über die künstlichen und recht armseligen Moden jener Zeit und löste dadurch eine Sucht nach rauher Landschaft und rustikaler Einfachheit aus, die noch heute nicht abgeklungen ist. Die Alpen waren das nächstgelegene Beispiel von Rauheit, und obwohl Rousseau bestenfalls über ihre unteren Hänge spazierte, enthielt sein 1761 erschienener Roman *Die neue Heloise* einen langen Abschnitt, in dem ihre emotionale Wirkung beschrieben wurde. »Die Hügellandschaft hat etwas Magisches und Übernatürliches, das den Geist und die Sinne bezaubert«, lautete eine typische Passage. »Man vergißt alles, man vergißt sein eigenes Wesen, man weiß nicht mehr, wo man sich befindet.«[20] Wie Haller vor ihm wurde Rousseau einer der Bestsellerautoren des Jahrhunderts.

Rousseau und Haller zogen Menschen an, die nach dem spirituellen Erlebnis der Alpen suchten. Pococke und Windham taten das gleiche im Hinblick auf die physische Schönheit des Gebirges. Es wurde zu einer Wallfahrtsstätte für literarisch gesonnene Europäer und für vermögende junge Briten, die sich auf die Grand Tour des Kontinents begaben. Man malte die Alpen, schrieb über sie und brachte seine Bewunderung zum Ausdruck, und ihr Gletscherwasser wurde literweise von denjenigen getrunken, die von seinen angeblichen Heilkräften gehört hatten. Den Menschen wurde bewußt, daß man Berge nicht zu fürchten brauchte, sondern sich an ihnen erfreuen konnte. Die mittelalterliche Haltung, Städte als Oasen des Komforts in einer harschen Welt anzusehen, wurde von einem antistädtischen Trend abgelöst. Zum Beispiel merkten die Bewohner von Paris, daß man ihre Stadt unter gewissen Bedingungen früher riechen als sehen konnte. Das gleiche traf auf andere Zentren zu. Saubere Luft, klarer Himmel und grüne Bäume wurden plötzlich geschätzt, und nirgends waren diese Qualitäten reichlicher vorhanden als in den Alpen. Doch obwohl die Menschen zu den Alpen kamen, lehnten sie es ab, die Berge zu besteigen. Die neue Welle des Tourismus schwappte nicht über die Schneegrenze hinweg. Beispielsweise waren Pococke und Windham durch Chamonix gestiefelt, ohne ihren ständigen Gefährten, den Montblanc, den höchsten Berg der Alpen, auch nur ein einziges Mal zu erwähnen. Die Höhe war anscheinend so abschreckend wie eh und je.

Künstler, Schriftsteller und Philosophen hatten die Alpen – oder zumindest gewisse, leicht zugängliche Teile davon – populär gemacht, aber wenig zu ihrer Erforschung beigetragen. Dem Vernehmen nach konnten die oberen Hänge noch immer von Drachen, Dämonenscharen und unbekannten Menschenarten bewohnt sein. Niemand hatte eine Ahnung von den Gletschern, jenen monströsen, ständig und unerklärlicherweise abwärts gleitenden Eismeeren, deren Ausläufer in die meisten Täler vorstießen. Man glaubte allen Ernstes, sie seien Vertreter des Teufels, und rief immer wieder Priester herbei, um sie in Schach zu halten. Die Gegend blieb ein Geheimnis, bestehend aus »großen Erdwucherungen, die ihrer äußeren Erscheinung nach weder einen Zweck noch Anmut besitzen«[21]. Ein wissenschaftlicher Geist war erforderlich, um ihre Rätsel zu untersuchen – ein Geist wie der des Genfer Aristokraten Horace Bénédict de Saussure.

2

Ein Merkmal der Stadt Genf im 18. Jahrhundert war die außergewöhnliche Zahl von Selbstmorden. Bürger erhängten, erschossen, vergifteten sich und sprangen mit ermüdender Regelmäßigkeit entweder in den See oder in einen seiner Zuflüsse. Ein Bewohner machte dafür behutsam die Engländer verantwortlich, die nach Genf als einem geordneten, nichtkatholischen Zentrum der Aufklärung strömten. Ein Engländer dagegen meinte, diese Auffassung könne »rundweg verworfen«[1] werden, hatte aber auch keine andere Erklärung anzubieten. Und ein Franzose überlegte, ob die Selbstmorde von der bedrückenden Landschaft verursacht würden – ein Kommentar, den derselbe Engländer für albern hielt.

Horace Bénédict de Saussure selbst beging zwar nicht Selbstmord – im Gegensatz zu mehreren seiner Freunde und Verwandten –, aber er wurde zweifellos durch diese vermeintlichen Ursachen dafür beeinflußt. 1740 – ein Jahr bevor Pococke und Windham in Chamonix eintrafen – geboren, wuchs er in einer Genfer Villa auf, die sein Vater nach einem Besuch in Yorkshire im englischen Stil gebaut hatte. Er begann seine Laufbahn in der damals typisch englischen Art als Anwalt, wobei er jedoch hoffte, nichts mit Gesetzen zu tun haben zu müssen, sondern »Wissen über allgemeine Angelegenheiten« zu erwerben. Nachdem er die Juristerei zugunsten einer Karriere als Geologe aufgegeben hatte, korrespondierte er mit englischen Kollegen, von denen viele Genf regelmäßig besuchten. Genf, eine wackere kleine Republik, die laut dem Zensus von 1781 rund 25 000 Einwohner hatte (darunter die verblüffende Zahl von 6000 Uhrmachern), war eines der reicheren Mitglieder der Schweizer Konföderation und fühlte sich jeder Nation gleichwertig, abgesehen von Prunk, Kochkunst und Autoritarismus – genau die Eigenarten, die sie in den Augen von Engländern des 18. Jahrhunderts von ihren ruhmsüchtigen französischen Nachbarn unterschieden.

Stärker als durch alles Englische wurde Saussure von dem anderen Dämon der Selbstvernichtung beeinflußt: der bedrückenden Landschaft. Im allgemeinen konnten sich Genfer Bürger zwei Dinge anschauen: den See und die Berge. Für manche mag das deprimierend gewesen sein, doch Saussure fand den Anblick erfrischend. »Seit meiner Kindheit bin ich ganz und gar begeistert von den Bergen«, schrieb er später. »Ich erinnere mich noch an die Empfindung, als meine Hände zum ersten Mal die Felsen des Salève [im nahegelegenen Savoyen] berührten und meine Augen die Ausblicke genossen, die er bot.«[2] Seine Liebe zu den Bergen war weniger Leidenschaft als Besessenheit. 1760, während er noch an der Genfer Akademie studierte – zwei Jahre später sollte er zum Professor für Naturgeschichte berufen werden –, war er frustriert angesichts der kleineren Hügel in seiner Umgebung. Er wollte seinen Aktionskreis auf die riesigen, in der Ferne sichtbaren Gipfel ausweiten. »Ich kann es nicht abwarten, die größeren Alpengipfel, die von der Spitze unserer Berge aus so majestätisch wirken, aus nächster Nähe zu sehen.«[3] Also legte er im Alter von 20 Jahren die 80 Kilometer nach Chamonix auf den Spuren von Pococke und Windham zurück.

Saussure hatte nicht nur Albrecht von Hallers Alpengedicht gelesen, sondern kannte den alten Mann persönlich. Der vordergründige Zweck seiner Reise bestand darin, Pflanzen für Hallers Sammlung zu besorgen. Er war nicht besonders erfolgreich, wofür er den Mangel an vorhandenen Exemplaren verantwortlich machte. Vermutlich gab er sich auch keine besondere Mühe. »Ich fürchte, daß Sie, eifrig wie Sie sind, auf Ihren Ausflügen ein wenig zu schnell wandern«, tadelte Haller ihn. »Man sollte so langsam wie möglich gehen und sich vor allem in den Alpen von Zeit zu Zeit hinsetzen oder sogar hinlegen, um einen gründlichen Blick auf die wachsenden Pflanzen werfen zu können.«[4] Sich hinlegen? Nichts hätte Saussure ferner sein können.

Als Junge hatte er Geschichten über die Berge um Chamonix gehört, deren größter der Montblanc war. Seine eisigen Hänge und jene der angrenzenden Gipfelkette waren dorthin gesetzt worden, so hieß es, um die Sünder zu bestrafen. Doch sobald Saussure das Tal von Chamonix betrat, war er hingerissen. »Die frische Luft, die man atmet ... der gut bestellte Boden, die hübschen Dörfer, denen man überall begegnet ... erwecken den Eindruck einer neuen Welt, einer Art irdischen Paradieses, das von einer gütigen Gottheit durch den Kreis der Berge abgeschlossen wurde.«[5] Und das Eis war für ihn keine Strafe, sondern ein Geschenk. »Diese majestätischen Gletscher, getrennt durch große Wälder und gekrönt durch Granitspitzen von erstaunlicher Höhe, welche die Gestalt großer Obelisken haben und sich mit Schnee und Eis abwechseln, bilden eines der herrlichsten und ungewöhnlichsten Schauspiele, das man sich vorstellen kann.«[6]

Nachdem er im Haus des örtlichen Priesters – der einzigen anständigen Unterkunft – Quartier bezogen hatte, streifte Saussure enthusiastisch durch sein neu entdecktes Paradies. Wenn keine Pflanzen zu finden waren, nahm er ein Gewehr mit und rechtfertigte seine Expedi-

Horace Bénédict de Saussure

tionen damit, daß er Alpenvögel sammeln wolle. Er erkletterte den Brévent, einen 2526 Meter hohen Berg gegenüber dem Montblanc. Er überquerte das Mer de Glace, um einen Hirten auf einer weiter entfernten, kümmerlichen Weide zu besuchen, und bestaunte die Felsenspitzen, die sich um ihn herum schwindelerregend in den Himmel erhoben. Wenn er nicht die Natur erforschte, studierte er die Einheimischen. Die Frauen leisteten, wie er bemerkte, den größten Teil der landwirtschaftlichen Arbeit, während die Männer sich mit den gefährlichen Gewerben der Gamsjagd und des Kristallsammelns beschäftigten (Bergkristall war im 18. Jahrhundert ein Hauptbestandteil des Kostümschmucks). Die Bürger von Chamonix waren außerdem berühmt für ihre Käseerzeugung und verdingten sich im Sommer in anderen Tälern, wodurch sich die Bevölkerung erheblich verringerte.* Unter den Übriggebliebenen suchte sich Saussure einen Mann namens Pierre Simon aus, der ihm beim Gang durch die wunderbare, doch unbekannte Landschaft helfen sollte. »Er ist von kleiner Gestalt«, schrieb ein Zeitgenosse, »sein Kopf versinkt unter einem großen Hut; helle kleine Augen, ein kurzer Mantel, schwere Nagelschuhe und ein Nagelstock, eine eigenartige Sprache, die genauso schwer zu verstehen wie zu sprechen ist ... Aber erfahren, umsichtig, mutig und treu.«[7] Daneben ist kaum etwas über Pierre Simon bekannt, aber er geht in die Annalen als einer der ersten Alpenführer ein, deren Kenntnisse und Geschicklichkeit auf dem Eis ihren Arbeitgebern später helfen sollten, über die Gletscherzonen zu den Gipfeln zu gelangen.

Saussure besuchte Chamonix immer wieder. Bis 1778 war er achtmal – 1776 gleich zweimal – dort gewesen und staunte immer noch über jede Kleinigkeit. Zum Beispiel nahm ihn in Balme ein Bergführer beiseite und teilte ihm in gedämpftem Tonfall mit, daß Feen und andere übernatürliche Wesen einst das Land beherrscht hätten. Dafür gebe es Beweise, denn an manchen Stellen hätten sich Schlangen, Schnecken und allerlei unbeschreibliche Geschöpfe in Stein verwandelt. Saussure eilte zu einer der Stellen, fand jedoch nichts als Ammoniten und andere

* Der überall in den Alpen verbreitete Brauch der Wanderarbeit dürfte den Gerüchten über seltsame, untermenschliche Rassen zusätzliches Gewicht verliehen haben. Einer der Sommerreisenden stieß zu seiner Verwirrung auf ein Dorf, dessen Bewohner sämtlich entweder mißgestaltet oder geistesgestört waren.

Fossilien vor. Interessanterweise verwarf er die »Feen« des Bergführers jedoch erst, als er die Indizien selbst ins Auge gefaßt hatte. Sogar einem Mann wie Saussure erschien die Existenz von Drachen und ähnlichen Wesen nicht unmöglich. Das war noch nicht alles: Als die übernatürlichen Verwandlungen Saussure nicht überzeugten, erzählte der Bergführer ihm von einem Palast, den die Feen in den Hang getrieben hätten. Der Palast enthalte Kammern voll glänzender Säulen, und in dem riesigen Audienzsaal befinde sich eine bodenlose Grube, in der ungeahnte Reichtümer verborgen seien. Wiederum machte sich Saussure zu Nachforschungen auf. Wie er erwartet hatte, war die Caverne de Balme eine lange Grotte voller Stalaktiten und Stalagmiten. Aufregend erschien Saussure nur der Umstand, daß er auf einer Kristallschicht dahinschreiten konnte, die sich auf längst verdunstetem Wasser gebildet und genau zwischen Boden und Decke einen Sims hervorgebracht hatte. Im übrigen erwies sich die Höhle als nichts Besonderes, und Saussure verzeichnete enttäuscht, daß sie nicht einmal an Pool's Hole in Derbyshire heranreiche.

Aber die Grube, die er nicht erforschen konnte, weil ihre Tiefe von 180 Metern nur mit speziell angefertigten Seilen zu bewältigen war, blieb ein verlockendes Rätsel. Menschen hatten Steine hinuntergeworfen und gehört, wie diese von Metall abprallten. Beim Abstieg auf der Suche nach dem Feengold waren sie von einer schwarzen Ziege zurückgetrieben worden, die aus dem Abgrund auftauchte und ihnen in die Beine biß. Saussure schenkte den Geschichten jedoch keinen Glauben, denn er befragte einen Mann, der bis zum Boden der Grube vorgedrungen war. Es handelte sich um den einzigen Überlebenden einer zwölfköpfigen Gruppe, die sich, mit Kruzifixen und anderen Glücksbringern ausgerüstet, abgeseilt hatte, um den Feenschatz zu bergen. Allerdings fanden sie nur zwei Kupferarmbänder, eine Reihe Gemsenskelette und mehrere zerbrochene Schädel unbekannter Herkunft.

Saussure hätte die Grube nur zu gern untersucht, besonders als er von seinem Informanten hörte, daß ein künstlicher Tunnel, in dessen Wand das Bild einer Geige eingemeißelt sei, in eine weitere Höhle führe. Aber die Seile waren nicht zu beschaffen, und er mußte sich damit begnügen, Steine in die Grube zu werfen, um ihre Tiefe zu beurteilen. Es war ein schwacher Trost. Auf seine präzise Art schrieb Saussure, er könne sich der Tiefe nicht sicher sein, da die Steine beim Fall von den Seiten abgeprallt seien. Wiederum jedoch verwarf er die abergläubischen Behauptungen nicht rundweg, denn er erwähnte die schwarze Ziege in seinem Tagebuch respektvoll in Großbuchstaben.

Chamonix und seine Umgebung interessierten Saussure allerdings nicht so sehr wie der Montblanc. Pococke und Windham hatten ihn kaum zur Kenntnis genommen – vielleicht weil er von Chamonix aus perspektivisch verkürzt kaum eindrucksvoller als die Nachbargipfel erscheint –, aber Saussure hatte ihn von Genf aus betrachtet und seine Bedeutung erkannt. Seiner Meinung nach hatte er den höchsten Berg Europas, Afrikas oder Asiens vor sich, den er unbedingt erobern mußte. Er war so vernarrt in den Montblanc, daß er seine Herbergen auf dem Weg nach Chamonix nicht um ihrer Bequemlichkeit willen, sondern je nach ihrem Ausblick auf den Gipfel wählte. Als er am Ende des Sommers 1760 aus Chamonix abreiste, ließ er in jeder Gemeinde des Tales einen Anschlag anbringen. Darauf setzte er für die erste Person, die den Montblanc bezwang, eine Belohnung aus – die genaue Summe ist nicht bekannt. Außerdem versprach er, jeden, der scheiterte, für die aufgewandte Zeit zu entschädigen. Bei einem zweiten Besuch in Chamonix im Jahre 1761 wiederholte er das Angebot. Vielleicht handelte es sich nur um die Laune oder die Geste eines wohlmeinenden jungen Mannes, der über reichlich Geld verfügte, aber die Bewohner von Chamonix gerieten ins Grübeln.

Während Saussure die Einheimischen mit klingender Münze lockte, war ein anderer Mann, Marc-Théodore Bourrit, dabei, die Welt durch seine Bilder des Montblanc in Erregung zu versetzen. Bourrit, der Präzentor der Genfer Kathedrale, war ein ungewöhnlicher Mensch: ein Künstler, Sänger, Frauenheld, Snob und nicht zu bremsender Raconteur, und dazu ein liebenswerter Feigling mit einem Talent für Eigenwerbung. Ein Reisender schilderte ihn als »lang und dünn, mit einem Teint so dunkel wie der eines Negers, mit brennenden, von Genie und Leben erfüllten Augen; sein Mund ist durch eine gewisse Beweglichkeit und ein gutes Wesen gekennzeichnet, das Vertrauen einflößt.«[8] In physischer Hinsicht entsprach diese Beschreibung den Tatsachen, doch sie ließ Bourrits übrige Attribute unberücksichtigt, etwa seine Stimmbänder, auf die er über die Maßen stolz war. »In Paris hat man mir versichert, daß meine Stimme mit den besten in Europa konkurrieren könne«, erklärte er. »Falls meine Leidenschaft für die Musik die Oberhand gewinnt, könnte ich durchaus versucht sein, mich der Welt bekannt zu machen.«[9] Zudem malte er, wenn auch nicht sehr gut, und erwarb sich ein gewisses Ansehen durch den Verkauf seiner Aquarelle an eine erfreulich bedeutende Klientel, darunter die Herrscherhäuser von Frankreich, Rußland, Sardinien und Preußen. Und er konnte reden, denn beim geringsten Anlaß brachte er einen nicht enden wollenden Wortschwall hervor, begleitet von wilden Gesten und häufig auch von Tränen. Aber damit erschöpfte sich sein Genius, und er legte eine reizbare Unsicherheit an den Tag. Er war empfindlich, und in Harnisch gebracht, zögerte er nicht, Verleumdungen, Schmähungen und anonyme Briefe gegen seine vermeintlichen Feinde einzusetzen.

Immerhin hatte Bourrit einen Zug, der das alles wettmachte: seine Leidenschaft für die Alpen. Er malte sie, schrieb und sprach über sie, reiste ausgiebig in den Bergen herum und nannte sich selbst den »Histo-

Marc-Théodore Bourrit

riker der Alpen« oder den »Unerschöpflichen Bourrit«. Und er gab sich alle Mühe, die Menschen – vorzugsweise, wenn sie reich waren und über gute Beziehungen verfügten – mit ihrer Schönheit bekannt zu machen. Zu einem war er jedoch nicht imstande: die Alpen zu besteigen. Er versuchte es immer wieder – zwischen 1769 und 1819 unternahm er jedes Jahr mehrere Anläufe –, aber seine Pläne wurden infolge von drei Schwächen durchkreuzt: Er fürchtete Kälte, er haßte Regen, und er litt unter Höhenangst. Seine Gefährten verzweifelten an ihm. Er trug in der Regel unpraktische Pelzstiefel, die keinen Halt gaben; er wanderte, in einen roten Umhang gehüllt und einen großen roten Schirm in der Hand, über Viehweiden, und wenn er sich mehr oder weniger steilen Hängen näherte, stützte er sich so schwer auf seine Führer, daß sie fast zusammenbrachen. Ab und zu arrangierte er eine Klettertour, zögerte sie hinaus und sagte sie dann ab, wenn ihm das Wetter nicht paßte. Sogar beim Malen ließ er einen bedauerlichen Mangel an Entschlossenheit erkennen. Er zauderte am Rand von Gletschern und beschloß dann, daß es für die Inspiration zu kalt sei. In einem seltenen Fall, als er tatsächlich einen Hügel erklomm, stellte er seine Staffelei auf den Gipfel und holte seine Aquarellfarben hervor; nach einer Weile bemerkte er, daß er bis zur Hüfte in den Schnee eingesunken war und ausgegraben werden mußte. Ihm fehlten die einfachsten naturwissenschaftlichen Kenntnisse. »Man würde sich wünschen, daß er sich präzise ausgedrückt hätte«, klagte ein Übersetzer, der sich bemühte, Bourrits geborgten Gletschertheorien einen Sinn abzugewinnen. »[In dieser] Hinsicht wird der Geist nicht vollauf befriedigt«[10]. Lieber war es Bourrit, wenn er zwischen den Vorhügeln herumlaufen und – mit einigem Erfolg – unentdeckte Täler erforschen konnte oder wenn er Touristinnen erklärte, wie sie sich zu verhalten hätten.

Aber Bourrit hatte ein nicht zu leugnendes Gespür für die Alpen. Während Rousseau und andere sich damit zufriedengaben, die Berge von unten zu beschreiben, wollte Bourrit den Menschen unbedingt mitteilen, wie die Berge von oben aussahen. Bei seiner ersten Begegnung mit einem Gletscher war er hingerissen.

> Ein neues Universum rückte ins Blickfeld; mit welchen Worten kann ich ein Schauspiel beschreiben, das uns den Atem verschlug? ... Der Reich-

tum und die Vielfalt der Farben ergänzten die Schönheit der Formen. Gold, Silber, Scharlachrot und Himmelsblau glänzten allenthalben, und die über die Spalten gewölbten Schneebrücken erfüllten mich mit noch größerem Staunen. Ihre offenbare Stärke ermutigte uns, sie zu überqueren. Wir waren sogar tapfer genug, in der Mitte haltzumachen und in den Abgrund zu schauen.[11]

Über die umgebenden Gipfel, die er nicht erreichen konnte, bemerkte er nur, daß sie »unzählige Arten von Zacken aufwiesen«. Als es ihm 1775 endlich gelang, einen der kleineren Berge, Le Buet, zu besteigen (er brauchte allein zwei Jahre dafür, ihn ausfindig zu machen), erging er sich in so ausschweifenden Reden und Liedern, daß man ihm zu Ehren einen großen Felsblock »La Table au Chantre« nannte.

Seine Landsleute verspotteten ihn, seine Berggefährten konnten ihn nicht ausstehen, und die Behörden nahmen verärgert seine häufige Abwesenheit von der Kathedrale zur Kenntnis. Aber man konnte sich seiner Präsenz nicht entziehen, sein Wissen schien keine Grenzen zu haben, und sein Enthusiasmus war so offenkundig, daß viele Menschen schon deshalb in die Alpen strebten, um ihren fanatischsten Publizisten kennenzulernen. Ein solcher Pilger war Prinz Heinrich von Preußen, der Bourrits Atelier einen Besuch abstattete. Später wurde dieser nicht müde, die Episode zu erzählen. »M. Bourrit zeigte uns eine kleine Treppe, die wirklich sehr schmal ist«, schrieb ein englischer Besucher. »Er sagte, Prinz Heinrich habe, als er sie hinuntergegangen sei, zu seinem Gefolge bemerkt: ›Wie viele große Treppen es für kleine Männer gibt! Ich freue mich, endlich einen großen Mann mit einer kleinen Treppe gefunden zu haben.‹ Ich hoffe um M. Bourrits willen, daß ein wirkliches Mißverhältnis zwischen seiner Treppe und ihm besteht und daß die Antithese des Prinzen begründet ist... Als ich ihn betrachtete, sah ich, daß er ein Loch im Ärmel hatte.«[12] Bei Einbruch der Nacht kampierte Bourrit im Hof auf einem kleinen Eisenbett, um sich auf die Bedingungen in größeren Höhen vorzubereiten. Trotz all seiner Fehler fiel es schwer, den Mann ganz und gar abzulehnen.

Saussure war das genaue Gegenteil von Bourrit. Im Alter von 24 Jahren war er, einem Bekannten zufolge, »ohne es zu wissen bereits ein großer Gelehrter, geistreich mit einer gewissen Spur von Naivität, die

Gefallen erwecken mußte, und obwohl er nicht leicht in Verlegenheit gesetzt werden konnte, errötete er fast ausnahmslos, wenn ein Mädchen oder eine junge Frau ihn ansprach«[13]. Im Unterschied zu Bourrit, einem Mann von schneidiger Gestalt, hatte Saussure ein steifes, sprödes Äußeres, das seinem methodischen, wissenschaftlichen Herangehen an die Berge entsprach. Er schrieb, daß er all seine Exkursionen »mit einem Bohrfäustel in der Hand [unternahm], allein zum Zweck der Untersuchung der Naturgeschichte, wobei ich alle zugänglichen Gipfel, die interessante Beobachtungen zu versprechen schienen, erkletterte und stets Proben aus den Höhlen und Bergen mitnahm, besonders solche, die Licht auf physikalische Theorien warfen«[14]. Er machte es sich zur Regel, an Ort und Stelle Aufzeichnungen anzufertigen und sie am selben Abend in ein Tagebuch zu übertragen, das er für die Veröffentlichung dann umschrieb. Er war überaus – zuweilen übertrieben – exakt. »[Er] unterweist dich kühl und läßt dich manchmal einschlafen«,[15] beschwerte sich ein deutscher Autor.

Bourrit dagegen fiel gern über arglose Opfer her und langweilte sie zu Tode. Einmal stieß er in Chamonix auf eine Truppe nichtsahnender englischer Touristen und schwadronierte ihren Bergführern gegenüber: »Versetzt euch in die Haut der Fremden, die aus fernen Ländern kommen, um sich an den Wundern der Natur in dieser wilden und brutalen Gegend zu erfreuen, und rechtfertigt das Vertrauen, das sie euch entgegenbringen ...«[16]. Flankiert von einer auf Besuch weilenden Prinzessin und dem örtlichen Polizeichef fuhr er im selben Tenor fort und vergoß ein paar Tränen, während sich seine Leidenschaft erhitzte. Das Publikum gaffte ihn verstört an. 1787 traf Baron de Frenilly zufällig in einer Alpenherberge mit Bourrit – »ein Mann von vulkanischer Phantasie« – zusammen. Bourrit schickte sich an, einen Sonnenaufgang in den Bergen zu beschreiben. »Ich glaube, daß ich Bourrit eine halbe Stunde lang lauschte, ohne einzuschlafen«, berichtete der Baron. »Aber dann wurde ich von Müdigkeit überwältigt, und ich weiß nicht, ob er es schaffte, die Sonne aufgehen zu lassen.«[17]

Bourrit und Saussure gehörten, wenn auch an den entgegengesetzten Enden des Spektrums, zur Avantgarde der Alpenerforschung. Anfangs waren ihre Bemühungen jedoch fruchtlos. Saussures Prämie für die Besteigung des Montblanc führte zu zwei halbherzigen, letztlich erfolglosen Versuchen Pierre Simons. Danach geschah für eine Weile kaum etwas. Und bei aller Schwärmerei konnte Bourrit, der durch ganz Europa reiste, um seine Bilder zu verkaufen, die Touristen nicht aus der Sicherheit ihrer literarischen Exkursionen hervorlocken. Es blieb einem Genfer Brüderpaar, Jean-André und Guillaume Antoine De Luc, vorbehalten, die erste ernsthafte Erkundung des Berges vorzunehmen.

Jean-André und Guillaume Antoine, 1717 beziehungsweise 1729 geboren, waren Amateurwissenschaftler von einiger Berühmtheit. Sie bewunderten Rousseau und hatten ihn und seine Geliebte 1754 um den Genfer See gerudert. Rousseau hielt die Brüder für recht langweilig, was ihn jedoch nicht daran hinderte, sie nach Details über die Alpen auszufragen, die später ohne Verweis in *Die neue Héloïse* auftauchten. Ob dies die Brüder empörte, ist nicht bekannt. Jedenfalls verbanden sie die Liebe zur Wissenschaft mit jener zu den Bergen und beschlossen, einige Höhenexperimente anzustellen. Sie hatten zwei Ziele: mit Hilfe eines Barometers den unterschiedlichen Luftdruck an der Spitze und am Fuß eines Berges zu messen (wodurch sie hofften, seine Höhe berechnen zu können) und festzustellen, wie lange ein Wasserkessel auf verschiedenen Höhen über dem Meeresspiegel zum Kochen benötigte. Die Bedeutung, die sie diesen simplen Zielen zumaßen, spricht Bände über den Mangel an Informationen hinsichtlich der Alpen. Sie wählten Le Buet, einen beeindruckenden, doch wenig anspruchsvollen Berg von 3100 Meter Höhe als geeignete Stätte für ihre Experimente.

Die erste Expedition der De Lucs im Jahr 1765 war ein Mißerfolg. Sie folgten dem Rat von Bauern, die sich nur mit den Bergweiden auskannten, und kletterten eine lange Böschung hinauf, bis sie von Abgründen gestoppt wurden. Es war sinnlos, die Besteigung fortzusetzen, und überdies hatten sie ihr Thermometer zerbrochen. Im August 1770 wagten sie einen weiteren Versuch und nahmen einen einheimischen Bergführer mit, der zugleich Käsemacher und »Jägerlehrling«[18] war. Er erklärte, daß er den Lauf seines Gewehr gern doppelt lade, um, wenn nötig, einen zweiten Schuß abgeben zu können. Nachdem sie mehrere Male die falsche Richtung eingeschlagen hatten, fanden sie sich erneut in einer Sackgasse wieder. Um den Tag nicht völlig zu verschwenden, stellte Jean-André seinen Kessel auf und begann, Wasser zu kochen. Der

Bergführer brach in Gelächter aus und nutzte die Gelegenheit zu einer Ruhepause. Er ließ sich schwer auf Jean-Andrés Fuß fallen, so daß dieser sich den Knöchel verstauchte. Dann entsann er sich plötzlich, daß seine Kühe gemolken werden mußten, überließ die De Lucs sich selbst und stieg hinunter. Guillaume Antoine half seinem verletzten Bruder, so gut er konnte – also fast gar nicht, wie Jean Luc berichtete. Er beschrieb nachträglich das Gefühl, auf dem Rücken »500 Meter senkrecht hinunterzurutschen«[19], aber sie konnten keinen Unterschlupf erreichen und mußten die Nacht unter freiem Himmel verbringen. Ihre einzige Decke war das Tuch, in das sie ihre Vorräte eingewickelt hatten; es war kaum lang genug für ihre Beine. Sie schliefen unruhig und waren beim Erwachen so steif und verkrampft, daß es recht lange dauerte, bis sie sich humpelnd in Sicherheit gebracht hatten. Jean-André kommentierte später geduldig, daß der Führer »nicht der Experte war, den wir benötigten«[20].

Unverzagt unternahmen sie im September 1770 einen dritten Versuch, und diesmal heuerten sie einen Führer an, der den Weg wenn vielleicht auch nicht zum Gipfel, dann doch wenigstens zu der Stelle kannte, von der aus man ihn erreichen konnte. Sie kletterten immer höher, wobei sie »eine Fülle angenehmer Empfindungen genossen«, bis sie zur Schneegrenze kamen. Nun wurden sie etwas nervös. »Wir hatten nicht das richtige Schuhwerk«, erklärte Jean-André. »Aber unser Führer schob den Schnee mit seinen dicken Nagelstiefeln zur Seite, während er voranstieg. So trat er kleine Stufen in die Schneekruste, die ihm Halt gaben, und darauf kletterten wir, auf unsere Stöcke gestützt, ihm nach, [bis] wir die gewaltige Alpenkette, die sich über mehr als 240 Kilometer hinzog, erblickten.«[21]

Sogleich machte Jean-André Feuer und setzte den Kessel auf. Während er mit dem Thermometer in der Hand darauf wartete, daß das Wasser kochte, hatte er Zeit, die herrliche Aussicht zu genießen. Dabei wurde er auf ein unangenehmes Detail aufmerksam: Er führte sein Experiment nämlich auf einer Schneewächte aus, also auf einer bedrohlichen, bogenförmigen Schneeverwehung, die über den Gipfel hinausragte und nur von der Bindungskraft ihrer Moleküle gehalten wurde. 150 Meter gähnender Leere trennten ihn von dem Felsen unter ihm. Heutzutage weiß man, daß Schneewächten von Natur aus instabil sind und jederzeit abbrechen können. In seiner Unschuld vertrat Jean-André einen anderen Standpunkt. Das Gewicht von Eis und Schnee sei bereits so hoch, überlegte er, daß es auf einen einzigen Menschen und seinen Kessel nicht ankomme. Buchstäblich am Rande der Katastrophe kochte er weiter, wobei er abwechselnd auf seine Uhr schaute und das Thermometer ins Wasser tauchte. In aller Ruhe nahm er auch barometrische Messungen vor. Dann packte er seine Geräte ein und schlenderte zurück zur Sicherheit des Gipfels.

Die Expedition der De Lucs war eine großartige Leistung – und nicht deshalb, weil Le Buet ein besonders hoher oder schwer zu bezwingender Hügel gewesen wäre. Einem Experten zufolge war »der Berg nichts als eine lange Plackerei Wiesen, steile Geröllhänge und einen kleinen, fast horizontalen Gletscher hinauf. Der Aufstieg ist nie schwierig, aber äußerst langweilig.«[22] Sogar Bourrit gelang es später, auf den Berg zu klettern. Doch die Expedition der De Lucs zum Le Buet war deshalb wichtig, weil es sich um eine Erstbesteigung handelte und weil die Anhänger der wissenschaftlichen Untersuchung damit zum ersten Mal über die unteren Hänge hinaus vorgedrungen waren.

Die De Lucs unternahmen noch weitere Wasserkoch-Expeditionen, von denen sie – wenn ihre Thermometer und Barometer nicht zerbrachen, was häufig geschah – mit Daten zurückkehrten, die zwar originell, aber nicht besonders nützlich waren. Aber sie stiegen nie auf einen wirklich hohen Gipfel. Dieses Privileg gebührte Abbé Murith, einem Priester am Großen Sankt-Bernhard-Hospiz. Murith war ein Amateurnaturwissenschaftler, hauptsächlich Botaniker, der sich 1779 vornahm, auf den Mont Vélan zu klettern, den mit 3734 Metern höchsten Berg seiner Umgebung. Nachdem er am 31. August mit zwei Gamsjägern aufgebrochen war, verwirklichte er seinen Plan. Dabei erwiesen sich die Jäger als kaum belastbare Führer, die dauernd über Hitze, Müdigkeit und Heimweh klagten. Die Tatsache, daß die Gruppe den Gipfel unversehrt erreichte, hatte nur mit Muriths Hartnäckigkeit zu tun. Einmal hackte der Abbé persönlich Stufen in eine steile Eiswand und zerrte seine Gefährten hinter sich her. Unterwegs stellte er pflichtbewußt Messungen mit seinem Barometer und seinem Thermometer an. Außerdem verzeichnete er die Pflanzenarten, die er auf unterschiedlichen Höhen vorfand. Doch vor allem begeisterte ihn die Aussicht von der Spitze.

Er schrieb Saussure, was dieser hätte erleben können: »Sie wären des prächtigsten Schauspiels von Bergen und Gletschern teilhaftig geworden, das Sie sich vorstellen können; Sie hätten einen großen Kreis aus Gipfeln unterschiedlicher Höhe überschauen können, von Turin bis zum Kleinen Sankt Bernhard, vom Sankt Bernhard bis zum Genfer See, von Vevey bis zum Sankt Gotthard, vom Sankt Gotthard bis nach Turin.«[23]

In einem Brief an Bourrit schilderte er weitere Einzelheiten. Während er dem empfindlichen Präzentor zugestand, daß die Sicht von Le Buet sehr schön sei, erklärte er, daß nichts mit derjenigen vom Vélan verglichen werden könne: »Sie hätten das Universum zu Ihren Füßen gehabt, denn die Gipfel und Spitzen der höchsten Berge sahen aus wie die aufgewühlte See.«[24] Nach seinen Berechnungen war der Gipfel »kaum 100 Toises [210 Meter] niedriger als der höchste Punkt des Montblanc ... Ich glaube, ich habe einen der ersten großen Gipfel bestiegen, die man jemals in Europa bezwungen hat.«[25]

Offiziell waren die Aussicht, die Murith genoß, und die Höhe, die er erreicht hatte, natürlich weniger relevant als seine Beiträge zur Wissenschaft. Trotzdem bereitete es ihm eine unverhohlene Freude, seine Leistung Saussure gegenüber zu betonen. »Ich kann nicht versprechen, daß ich Ihnen helfen werde, sich ebenfalls an einer so hinreißenden Aussicht zu ergötzen«, schrieb er. »Trotz meiner eigenen Unerschrockenheit bereitete es mir zu viel Mühe, zum Gipfel dieses winterlichen Giganten vorzudringen.«[26] Ohne ins einzelne zu gehen, sprach er von »einer schrecklichen Tour«.

Langsam, aber stetig bahnten sich die Männer der Wissenschaft einen Weg zu wichtigen Erkenntnissen. Drachen, Dämonen und Geschichten über Hexen, die auf Gletschern tanzten, leisteten sie Lippenbekenntnisse, doch vor allem waren sie an harten Tatsachen interessiert: den Messungen mit Thermometern und Barometern, dem Ausmaß elektrischer Aktivität, der Schallgeschwindigkeit, der Beschaffenheit und Zusammensetzung von Felsen, der Vielfalt von Flora und Fauna, der Formation von Gletschern und den Auswirkungen der Höhe auf den menschlichen Körper. Doch selbst die nüchternsten Gemüter empfanden eine fast abergläubische Ehrfurcht, wenn sie die Welt betrachteten, die sie erobern wollten.

Nach einer Expedition schrieb Guillaume Antoine De Luc: »Die hohen Gipfel konnten, ganz weiß vor frischem Schnee, durch die Lücken zwischen den Wolken erspäht werden; sie erschienen wie Riesen von enormer Größe, so alt wie die Welt, die aus ihren Fenstern auf uns arme, kleine, kriechende Geschöpfe herunterschauten.«[27]

3

Im Gegensatz zu Murith und den Brüdern De Luc war Saussure kein Pionier. Seit 1760 hatte er seine Universitätslaufbahn in den Semesterferien mit Reisen durch wohlbekannte Gegenden verbunden, manchmal allein, manchmal in Begleitung von Freunden und dann und wann mit seinem treuen Führer Pierre Simon. Saussure war von Natur aus kein robuster Mensch und reiste fast nie ohne einen Diener, der eine so prächtige blaue Livree trug, daß man ihn oft für einen Armeeoffizier hielt. Während dieser Zeit bestieg Saussure keinen bedeutenden Gipfel, sondern machte seine üblichen Aufzeichnungen – eine Rohfassung, die er meist rittlings auf einem Esel sitzend schrieb, eine zweite Fassung, wann immer er eine Herberge erreichte, und dann zu Hause eine Reinschrift für den Drucker. Er hätte gern mehr unternommen, doch daran hinderte ihn zum einen sein Posten an der Akademie, zum anderen seine Frau, eine Erbin namens Albertine Amélie Boissier, die nichts für solche Exkursionen übrig hatte. In einem Tagebuch aus ihrer Jugend beschrieb sie sich selbst mit erstaunlicher Offenheit: »Ich bin fünfzehneinhalb, nicht gerade hübsch, aber auch nicht unansehnlich. Manche finden meine Liebenswürdigkeit und Freundlichkeit reizvoll. Bin ich klug? Nein, aber auch nicht direkt dumm ... Ich neige eher zu Trägheit als zu Lebhaftigkeit. Aus eleganter Gesellschaft mache ich mir nichts, und, kurz gesagt, Nichtstun ist meine Leidenschaft.«[1] Sie hätte es gern gesehen, wenn ihr Mann diese Leidenschaft mit ihr geteilt hätte, und schalt ihn oft wegen seiner langen Abwesenheit. Bei einer dieser Gelegenheiten erwiderte er scharf: »Ein feister Kanonikus, der nach einem ausgiebigen Mittagessen den ganzen Tag in der Ecke am Kamin sitzt und schläft, wäre dir lieber als jemand, der – auf Kosten einiger Pfunde und mehrerer Wochen Abwesenheit – mit herausragenden Entdeckungen zu unsterblichem Ruhm gelangt.«[2]

Trotz des Widerstandes seiner Frau setzte Saussure seine Reisen fort. Zwischen 1774 und 1784 erkundete er ausgiebig die Alpen. Er fuhr von Genf Richtung Süden bis ins Herzogtum Savoyen und dann noch weiter südlich bis ins Piemont, die norditalienische Provinz, die Teil des Königreichs Sardinien war. Er reiste nach Osten in die Schweiz und durch das Berner Oberland und dann wieder Richtung Süden bis in den Kanton Wallis. Sein Ziel, wie das der meisten Geologen seiner Zeit, war es, grundlegende Entdeckungen darüber zu machen, wie sich die Landschaft geformt hatte. So elementar die Theorien der Gebirgsbildung und Erosion heutzutage auch erscheinen mögen, im 18. Jahrhundert waren sie noch Diskussionsgegenstand. Zwar verstand man die Prinzipien, doch wurde ihre Anwendung dadurch erschwert, daß die Aussage der Bibel, die Erde sei einst von Wasser überflutet gewesen, stillschweigend akzeptiert wurde. Die Unwiderlegbarkeit dieser Lehre stützte sich einzig und allein auf den Klerus, der zwar keine unmittelbare weltliche Macht besaß, aber weitreichenden Einfluß auf die Entscheidungen und das Mäzenatentum der Adligen ausübte. Die Pracht unzähliger Kapellen und Kirchen zeugt bis heute davon, daß jeder Wohlhabende hoffte, sich den Weg in den Himmel erkaufen zu können, und diejenigen, die Geld hatten, waren nicht gewillt, ihr Seelenheil zu riskieren, indem sie mittellose Ketzer unterstützten. Die biblische Zwangsjacke war so eng, daß selbst finanziell unabhängige Wissenschaftler wie Saussure sich weigerten, eine Theorie gutzuheißen, welche die Sintflut ausschloß.

Unter diesen Umständen gab sich Saussure größte Mühe, die Entstehung der Alpen religiös zu interpretieren. 1778 schrieb er:

> Während ich mit dem Verstand die Abfolge der großen Umwälzungen unserer Erdkugel nachzeichnete, sah ich das Meer, das die gesamte Oberfläche der Erde bedeckte und durch sukzessive Ablagerungen und Kristallisierungen zuerst die ursprünglichen und dann die sekundären Gebirge bildete. Ich sah, wie sich diese Ablagerungen in konzentrischen Schichten symmetrisch anordneten, und danach, wie das Feuer und andere elastische Flüssigkeiten aus dem Erdinnern nach oben kamen und die

> Kruste durchbrachen und dabei den inneren und ursprünglichen Teil dieser Kruste herauspreßten, wodurch sich die äußeren oder sekundären Teile gegen die inneren Schichten stauten. Als nächstes sah ich, wie sich die Wasser in die aufgerissenen, durch die Explosion der elastischen Flüssigkeit entstandenen Abgründe stürzten (und somit das Gestein erodierten). Und schließlich sah ich, nachdem die Wasser sich zurückgezogen hatten, wie die Keime von Pflanzen und Tieren, durch die neu geschaffene Atmosphäre befruchtet, begannen, sich auf dem von den Wassern zurückgelassenen Boden und in den Wassern selbst, dort, wo diese sich noch in den Vertiefungen der Oberfläche befanden, zu entwickeln.[3]

Einige Jahre darauf, als Saussure die Gesteinsschichten eingehender untersucht hatte, zog er aufgrund der Verwerfungen den Schluß, daß die Gebirge durch Kompression und nicht durch unterirdische Explosion entstanden seien. Es war ein Schritt in die richtige Richtung, doch er hielt weiterhin an der allgemeinen Sintfluttheorie fest. Interessanterweise fiel es ihm schwer, das Gesehene abzubilden, vielleicht deshalb, weil er seine wissenschaftlichen und religiösen Überzeugungen nicht in Einklang bringen konnte. »Es ist ein schreckliches Unterfangen«, teilte er seiner Frau mit, »einen Berg im Detail zu zeichnen, ihn so deutlich zu gestalten, daß die Schichten und Verbindungsstellen nicht flach wirken und daß er nicht wie ein gespaltenes Brett aussieht. Oh, ist das schwierig! Dennoch – ich gebe nicht auf.«[4]

Was Gletscher anging, war Saussure völlig ratlos. Auch hier versuchte er, Phänomene zu erklären, die heute belanglos erscheinen. Gletscher sind Akkumulate alljährlicher Schneeschichten, die durch Schliffe im Eis gekennzeichnet sind. Sie bewegen sich hauptsächlich infolge ihrer Plastizität bergabwärts, aber auch infolge eines Rutschprozesses, bei dem durch Reibung geschmolzenes Eis als Gleitmittel dient. Saussure und seine Zeitgenossen stimmten letzterer Theorie zu, wobei sie allerdings glaubten, die Hitze der Erdkruste lasse das Eis schmelzen. Die Vorstellung, daß Eis wie eine erstarrte Flüssigkeit dahingleiten könne, war jedoch schwer nachzuvollziehen. Wenn man die bedrohlichen Brocken betrachtete, die von den Gletschern am Montblanc und im Berner Oberland abgebrochen waren, schien es nicht einzuleuchten, daß ihre Bewegung in irgendeinem Zusammenhang mit der von Wasser stand.

Saussure stimmte Scheuchzer zu, daß Gletscher durch die Ausdehnung von in Spalten gefrorenem Wasser talwärts gedrängt würden. Was die Moränen betraf, also die Geröllstreifen, die zurückgehende Gletscher auf den Hängen ablagern, so nahm Saussure sie in seinen Aufzeichnungen immer wieder zur Kenntnis, weigerte sich jedoch, sie mit ihrer wirklichen Ursache in Verbindung zu bringen. Statt dessen interpretierte er sie als Geröll, das die Sintflut hinterlassen habe, und flocht sie stolz in seine biblische Weltdeutung ein.

Schließlich wollte Saussure die grundlegende Frage klären, wie die verschiedenen alpinen Gebirgszüge verliefen und wie sie miteinander verbunden waren. Das vorliegende Kartenmaterial war so dürftig, daß es sich als nutzlos erwies: Es bestand keine Einigung hinsichtlich der Lage eines bestimmten Berges, die Höhenangaben waren durchweg unterschiedlich, und viele Karten enthielten nicht existierende Berge. Wirkliche und imaginäre Berge hüpften wie Figuren bei einem kartographischen Brettspiel über den Atlas und verunsicherten selbst den klügsten Betrachter. Für einen Reisenden, der sich abseits der Hauptrouten bewegte, waren die Karten keine Hilfe. Schon bei ihrem Anblick kam ein Gefühl der Verzweiflung auf, denn die Gipfel waren als kleine Kleckse eingezeichnet, so als wäre eine Katze über das Blatt getappt, und für einen Wissenschaftler wie Saussure taugte das Material ohnehin nicht.

Während er sich mit dem Terrain, den Karten und seinen geologischen Zeichnungen herumschlug (die er schließlich verwarf), verzeichnete Saussure alles, was für ihn von Interesse war. Als er einmal auf einen Bergkamm bei Genf stieg, fand er zu seinem Erstaunen auf der Spitze ein Grasplateau vor, auf dem sich die Jugendlichen der unterhalb gelegenen Dörfer an den beiden ersten Sonntagen im August ein Stelldichein gaben. Ein Pärchen habe sogar dort oben seine Hochzeit gefeiert, erzählte man ihm, aber die Braut sei beim Bewundern der Aussicht über den Abhang gerutscht. Der Bräutigam habe versucht, sie festzuhalten und sei dabei ebenfalls in den Tod gestürzt. »Man zeigt auf einen rötlichen Felsen, der mit ihrem Blut befleckt sein soll«,[5] kommentierte Saussure. Weniger dramatisch war die Begegnung mit einem jungen Paar, auf das er bei einer Wanderung durch eines der Täler stieß. Sie stammte aus der Nähe von Genf, er aus einem Kanton im Gebirge. Die beiden waren verlobt und unternahmen eine zweitägige Wanderung, denn der Mann wollte seine zukünftige Frau überzeugen, daß sein Zuhause so schön war, wie er es ihr versprochen hatte. An anderer Stelle beschrieb Saussure das an Maulwürfe erinnernde Wühlen derer, die in den Alpen nach Gold, Blei und anderen Mineralien gruben. Sie verbrachten eine derart lange Zeit unter der Erde, und ihre Arbeit war so gefährlich, daß stillgelegte Stollen in Kapellen umgewandelt wurden – mit Altären, flackernden Kerzen und Gedenktafeln.

Manche Eindrücke waren äußerst unangenehm. Zum Beispiel erwiesen sich in einem Dorf bei Aosta im Piemont alle Einwohner entweder als schwachsinnig oder als kropfkrank. Beide Krankheiten waren in Europa nicht ungewöhnlich – die Insel Wight schien berüchtigt für Kröpfe zu sein –, aber nirgendwo waren sie verbreiteter als in entlegenen Alpentälern. Es sollte noch ein Jahrhundert dauern, bis die medizinische Wissenschaft entdeckte, daß Kretinismus und Kröpfe durch Jodmangel verursacht werden. Bis dahin konnten die Ärzte nur spekulieren – schlechte religiöse Gewohnheiten und mangelnde Hygiene wurden als wesentliche Faktoren angesehen –, und Reisende konnten sich beim Anblick der enormen Kröpfe sowie der verkümmerten Körper, unförmigen Köpfe und stumpfen Hirne der Kretins nur schütteln. Saussure hatte noch nie so viele Menschen mit demselben Leiden an einem Fleck gesehen und war entsetzt. Soweit er beurteilen konnte, war kein einziger Mensch in diesem Ort gesund.

> Ich fragte die erste Person, der ich begegnete, nach dem Namen des Ortes, und als sie nicht antwortete, fragte ich die zweite und dann eine dritte, doch eine bedrückende Stille oder ein paar unverständliche Laute waren die einzige Antwort, die ich erhielt. Das dumme Staunen, mit dem sie mich anschauten, die enormen Kröpfe, die wulstigen Lippen und halb geöffneten Münder, die schweren, heruntersackenden Augenlider, die herabhängenden Kinnladen und die tölpelhaften Mienen waren furchterregend. Es schien, als habe ein böser Geist alle Einwohner in dumme Tiere verwandelt und nur die menschliche Gestalt übrig gelassen, um zu zeigen, daß sie einmal Menschen waren. Ich verließ den Ort mit einem Gefühl der Furcht und Traurigkeit, das sich meinem Gedächtnis für immer eingeprägt hat.[6]

Diese und andere Betrachtungen gingen in ein überaus einflußreiches Werk mit dem Titel *Voyages dans les Alpes* ein, das in vier Bänden erschien – die ersten zwei im Jahr 1786, die anderen beiden 1796 – und Saussures Ruf als Alpenexperte sicherte. Doch währenddessen ließ ihn der Montblanc nicht los. Von fast jedem Ort aus konnte er den Berg sehen. Selbst im weit entfernten Lyon waren seine blassen, schroffen Umrisse zu erkennen. Saussure wartete sehnsüchtig auf die Eroberung des Berges. »Es wurde«, so schrieb er später, »zu einer Art Krankheit; meine Augen konnten nicht auf dem Montblanc ruhen ..., ohne daß ich von einer erneuten Melancholie-Attacke befallen wurde.«[7] Nichts hätte verlockender für ihn sein können als der Brief, den Murith nur ein paar Jahre vor der Veröffentlichung der ersten beiden Bände der *Voyages* geschrieben hatte. Wenn Murith den Vélan hatte besteigen können, dann war doch gewiß jemand fähig, auf den Gipfel des Montblanc zu gelangen. Er war nicht der einzige, der so dachte. Bourrit teilte seine Verbissenheit, mehr noch, Saussure schrieb mit einem Anflug von Sorge: »Noch mehr als mir ist M. Bourrit daran gelegen, den Montblanc zu erobern.«[8]

Seitdem Saussure eine Belohnung für die Besteigung des Montblanc ausgesetzt hatte, war Bourrit kaum noch zu halten. Er hatte mehrere Bücher über Chamonix geschrieben und die verschiedenen Routen zum Gipfel des Montblanc analysiert. Er war auf der gegenüberliegenden Seite des Tales auf den Brévent gestiegen und hatte die recht einfache Tour in den düstersten Farben geschildert: »Es war eine unendliche Mühe; der Schweiß lief uns übers Gesicht; immer wenn wir uns ganz sicher fühlten und uns an festes Gestein klammerten, erwies sich die Kante als trügerisch und brach uns in der Hand ab; oder der Felsen, auf den wir den Fuß setzten, entschwand, und wir wurden mit dem Geröll hinabgezogen.«[9] Als sie den Gipfel erreichten, hätten seine Begleiter und er »sich in vielsagendem Schweigen angeschaut« und dann den Abstieg begonnen. Der sei noch grausiger gewesen als der Aufstieg: »Bei jedem Schritt waren wir unsicher und zitterten, und die Gefahr stand mit all ihren Schrecken vor uns.«[10] Später bahnte sich Bourrit einen Weg über das Mer de Glace. Saussure hatte den riesigen Gletscher ohne Schwierigkeiten überquert, doch Bourrit verursachte er Alpträume. »Ich verdoppelte meine Leidenschaft und kletterte erneut mit unbeschreiblichem Eifer von Fels zu Fels, und mit der Vorsicht eines Reptils auf einer borstigen Pflanze schob ich mich an den Spuren dieser ornamental gewundenen Gruften entlang ... bis ich – erstaunt über die ungeheure Höhe, in der ich mich befand, und erstaunter gar über das, was es noch zu tun galt – endlich das ganze Ausmaß dessen begriff, wozu ich fähig war.«[11]

Bourrit war ein treuer und manchmal geradezu serviler Bewunderer Saussures. Er lieferte die Illustrationen zu den *Voyages* – alle aus der Ferne, keine von oben – und kartierte die Routen nach Chamonix genau so, wie Saussure es getan hatte. Ehrfurchtsvoll schrieb er, daß die Bewohner von Chamonix stets den Hut lüpften, wenn Saussures Name fiel. Seine Einstellung zur Erforschung der Alpen unterschied sich jedoch von der Saussures, denn er neigte eher zum Dramatischen als zum Wissenschaftlichen. In Balmes erkundete er zum Beispiel dieselbe mysteriöse Höhle mit der verlockenden Grube. Während Saussure zum Boden hatte hinabsteigen wollen, gab Bourrit sich damit zufrieden, eine Granate hinunterzuwerfen, um festzustellen, was passieren würde. (Sämtliche Fackeln erloschen.) Dennoch erreichte er ein breites Publikum und trug nicht weniger als Saussure dazu bei, den Montblanc populär zu machen.

Bourrits Ergüsse und die von Saussure ausgesetzte Belohnung führten zu mehreren Versuchen, den Montblanc zu besteigen. Sie blieben allesamt fruchtlos, und nachdem 1783 wieder drei Führer gescheitert waren, verkündete Bourrit, daß er selbst den Berg besteigen werde. Er war zuversichtlich, zumindest einige seiner Phobien überwinden zu können, denn er hatte sich einer strengen Akklimatisierung unterzogen. »Er schläft acht Monate des Jahres unter einem Walnußbaum in seinem Garten«, schrieb ein Bekannter, »im Juli in einem Pelzmantel und im Januar ohne Paletot.«[12] Das einzige Problem war, daß Bourrit einen Grund brauchte, den Montblanc zu besteigen. Nur den Gipfel erreichen zu wollen genügte in den Augen der Öffentlichkeit nicht. Die Besteigung mußte von wissenschaftlichem Nutzen sein. Bourrit bat Saussure, ihm ein Barometer zu leihen, *das* Emblem der wissenschaftlichen Achtbarkeit, doch vergeblich. Er lud den Genfer Naturalisten H. A. Gosse ein, ihn zu begleiten, aber dieser lehnte ab. Schließlich gewann Bourrit Michel-Gabriel Paccard, einen 26jährigen Arzt aus Chamonix, für die

Expedition – Saussure zufolge »ein hübscher Jüngling, offenbar voller Intelligenz, an Botanik interessiert ... der den Montblanc besteigen oder es zumindest versuchen will«[13].

Wie so viele der gebildeten Alpenbewohner war auch Paccard ein Amateurwissenschaftler. Er korrespondierte mit der Akademie in Turin, legte einen Garten mit Alpenpflanzen an und hatte mehreren ausländischen Besuchern bei der Suche nach seltenen Pflanzen geholfen. Das waren zwar keine bemerkenswerten Qualifikationen, doch verliehen sie Bourrits Unternehmen den nötigen Glanz. Ebenso wichtig für Bourrit war Paccards bergsteigerische Erfahrung. Zwei seiner Cousins hatten an erfolglosen Montblanc-Expeditionen teilgenommen. Paccard selbst hatte 1775 auf einer Wanderung, bei der Pflanzen gesammelt wurden, eine mögliche Route zum Gipfel ausgekundschaftet. Zudem hatte er es sich zur Gewohnheit gemacht, jeden Aufstieg zum Berg schriftlich festzuhalten. Und er besaß ein Barometer.

Bourrit, Paccard und drei Führer brachen am 15. September 1783 auf und wählten den Aufstieg über den zentralen Glacier des Boisson. Es wurde ein Mißerfolg, doch laut Bourrit ein ruhmreicher. Zutiefst beeindruckt berichtete er von seinem Kampf gegen Schnee und Eis und von seinen Gefühlen, als er sich »von schrecklichen Gletscherspalten und riesigen gefrorenen Klippen umgeben« sah. Er beschrieb, wie seine Gruppe und er sich einen Weg durch dicke Regenschleier bahnen mußten. Sie kamen nicht einmal bis in die Nähe des Gipfels, doch als das Wetter aufklarte, wurden sie durch »einen atemberaubenden Blick« auf den Berg und seine umliegenden Felsnadeln belohnt. »Das waren prächtige Szenen, die uns dafür entschädigten, den Gipfel des Montblanc nicht erreicht zu haben«,[14] schrieb er, um den Versuch so triumphal wie möglich erscheinen zu lassen. Paccard verfaßte ebenfalls einen Bericht über die Tour. Dieser war knapper und stimmte nicht ganz mit dem seines Begleiters überein. »Ich startete mit M. Bourrit, dem Müller Marie und Jean-Claude Couttet ... wir kamen nur bis zum Gletscher ... der Montblanc war in Wolken gehüllt, und M. Bourrit wagte sich nicht aufs Eis.«[15] Im folgenden Jahr machten sowohl Paccard als auch Bourrit erneut einen Versuch, aber bezeichnenderweise nicht gemeinsam.

Am 9. September 1784 nahm Paccard den Aufstieg über eine neue Route von Westen her, über den Glacier de Bionnassay, in Angriff. Inzwischen war das Scheitern geradezu Pflicht geworden. »Mein Führer, Henri Pornet, erkrankte, wahrscheinlich aufgrund von Erschöpfung und wegen des Brandys, den er getrunken hatte«, schrieb Paccard resigniert. »Beim Überqueren des Bionnassay zerbrach ich mein Barometer, und Joseph Jacques de Villette gab mir seines … Der Fels bröckelt und ist schwieriger zu besteigen, als es den Anschein hat.«[16] Schlechtes Wetter trieb ihn zurück, und beim Abstieg nach Chamonix »zerbrach ich schon wieder das Barometer«.

Sieben Tage später, am 16. September, trat Bourrit in Paccards Fußstapfen und nahm einen Hund, vier Führer und einen Skizzenblock mit. Alles verlief nach dem üblichen Muster. In einer gewissen Höhe begann Bourrit zu frieren, und er fühlte sich nicht wohl. Er setzte sich hin und zeichnete die Landschaft, und dann, während zwei der Führer weitergingen, brachte er sich mit den beiden anderen in Sicherheit. Bourrit gab eine hochtrabende Beschreibung der Klettertour und schloß mit der Information, daß um 23 Uhr, während er in einer Hütte schlief, die beiden fehlenden Männer ankamen und verkündeten, »sie seien dank Gottes Hilfe ohne Unfall vom Montblanc zurückgekehrt«[17].

Michel-Gabriel Paccard

Paccard vermerkte lakonisch in seinem Tagebuch, daß Bourrit »Kopfschmerzen hatte, entsetzlich fror ... ganz bleich war«[18], als er auf den Gletscher stieß und nicht weitergehen konnte. Die beiden Führer, die als letzte zurückgekommen waren, trafen um 19.30 Uhr, nicht um 23 Uhr ein und mußten keine der Schwierigkeiten überwinden, die Bourrit angedeutet hatte. Vielmehr »litten sie ... überhaupt nicht und kamen wie Vögel vom Berg herunter«[19].

Paccards Geschichte des Montblanc, die sich schließlich bis ins Jahr 1827 erstreckte, wurde zu seinen Lebzeiten nicht mehr veröffentlicht. Selbst ohne Paccards Einsichten entdeckten Kenner jedoch eine gewisse Freizügigkeit in Bourrits Beschreibungen. »Bourrit hat gerade ein Kurzmanuskript seines erneuten Versuchs, den Montblanc zu bezwingen, abgeliefert«, schrieb Guillaume Antoine De Luc an seinen Bruder, der damals in England war. »Der Titel ist sehr komisch, und einige Passagen sind es ebenfalls. Man erkennt sofort, daß er nicht von seinem Freund Bérenger korrigiert wurde.«[20] Bérenger war Bourrits Lektor und schwächte die wilden Behauptungen des Präzentors meist ein wenig ab. Bei dieser Gelegenheit scheint er nicht zur Verfügung gestanden zu haben, und so kam Bourrit mit der Andeutung davon, nicht Paccard, sondern er selbst habe dessen Route zuerst versucht.

Bourrit disputierte noch in Chamonix, als Saussure beschloß, seine eigene Montblanc-Besteigung zu unternehmen. Was ihn über die Maßen gereizt hatte, war ein Brief von Paccard, in dem dieser seine Klettertour vom 9. September beschrieb. Er traf im Sommer 1785 ein und beabsichtigte, Paccards Route zu folgen. Bourrit wollte er auf keinen Fall mitnehmen, doch das ließ sich leider nicht vermeiden. Hatte Bourrit die Route nicht als seine eigene Entdeckung veröffentlicht? Ihn zu übergehen wäre eine unverzeihliche Beleidigung gewesen. »Obwohl ich es in der Regel bei weitem vorziehe, diese Art von Exkursion nur mit meinen Führern zu unternehmen, konnte ich nicht umhin, M. Bourrit mit einzubeziehen«,[21] schrieb er. Bourrit nutzte die Situation und brachte seinen 21jährigen Sohn mit, der keinerlei Bergerfahrung besaß, dessen wissenschaftliche Meriten jedoch »von keineswegs gewöhnlicher Art« seien.

Die Expedition startete am 14. September 1785 und bestand aus Saussure, *père et fils* Bourrit und 17 Trägern, in deren Gepäck sich Barometer, Thermometer, Hygrometer und Elektrometer befanden, außerdem eine scheinbar willkürliche Zusammenstellung von sechs Bettlaken, fünf Decken und drei Kopfkissen sowie riesige Mengen Nahrungsmittel und Wein. Ob sie den Proviant brauchten, ist fraglich. Frühere Bergsteiger hatten die Erfahrung gemacht, daß ihr Appetit mit zunehmender Höhe nachließ. Alkohol, sogar im Tiefland integraler Bestandteil eines jeden Unternehmens, war den Expeditionsmitgliedern in der Höhe oft zuwider (trotzdem wurden große Mengen konsumiert, vielleicht in der Hoffnung, daß sich dadurch die Probleme von selbst lösten). Wonach es die Bergsteiger am meisten verlangte, war Wasser, um ihren unerklärlichen Durst zu stillen. Und manchmal wollten sie selbst das nicht. Ein Mitglied des Drei-Mann-Versuchs von 1783 hatte erklärt, um den Montblanc zu besteigen, sollte man alles beiseite werfen; man brauche nur einen Regenschirm und eine Flasche Riechsalz.

Die Gruppe verbrachte die erste Nacht in einer kleinen Hütte aus Felsplatten, die Bourrit am Fuß der Aiguille du Goûter errichtet hatte. Die Bourrits fühlten sich unwohl und gingen früh zu Bett, während Saussure, der schon »ein wenig Verdruß« verspürte, draußen blieb, um bei Sternenlicht die Aussicht zu genießen. Nachdem er den Montblanc so viele Jahre lang von unten bestaunt hatte, war er nun, da er tatsächlich dort war, von einem fast religiösen Gefühl der Ehrfurcht erfüllt. Hochstimmung mischte sich mit Furcht. »Die Ruhe und tiefe Stille in dieser riesigen Weite, die durch meine Vorstellungskraft noch größer wurde, löste eine Art Grauen in mir aus«, schrieb er. »Mir war, als wäre ich der einzige Überlebende des Universums, dessen toten Körper ich zu meinen Füßen liegen sah.«[22]

Der Morgen des 15. Septembers war kalt, und die Bourrits weigerten sich, die Hütte vor 6.20 Uhr zu verlassen – viel zu spät für Saussures Geschmack. Die sich langsam fortbewegende Gruppe kletterte fünf Stunden lang, bevor dichter, weicher Schnee ihre Pläne vereitelte. Zwei Führer wurden vorausgeschickt, um die Route auszukundschaften, und nach einer Weile riefen sie hinunter, daß es unmöglich sei weiterzugehen. Widerstrebend erklärte sich Saussure zum Rückzug bereit. Er verweilte allerdings eine Zeitlang, um Beobachtungen zu machen, bevor er sich der Gruppe in der Hütte wieder anschloß. Dort stellte er zu seiner Bestürzung fest, daß die Bourrits Vorkehrungen für einen sofortigen

Abstieg ins Tal getroffen hatten. Er schwor, nie wieder in Begleitung anderer – außer von Führern – zu klettern, und während seine Gefährten abstiegen, bereitete er sich auf eine zweite Nacht in der Hütte vor. Anhand seiner Messungen kalkulierte er, daß sie bis auf 3475 Meter gestiegen – »höher als irgendein anderer Beobachter vor mir in den Alpen«[23] – und somit bis auf 460 Meter an den Gipfel herangekommen waren. Bei letzterer Schätzung verrechnete er sich um mehr als 600 Meter.

Als er Chamonix endlich erreichte, erfuhr Saussure, daß die Bourrits ihre Geschichten schon unter die Leute gebracht hatten. Um seine Frau nicht zu beunruhigen, hatte Saussure es sich zur Regel gemacht, die Risiken, denen er beim Bergsteigen ausgesetzt war, nicht an die große Glocke zu hängen. Bourrit jedoch ließ groteske Geschichten darüber kursieren, welche Gefahren Saussure und er gemeistert hätten. Darüber hinaus kritisierte er Saussures bergsteigerische Fähigkeiten. »Ich konnte nicht umhin festzustellen, daß die Art und Weise Ihres Abstiegs nicht die glücklichste war«, ließ Bourrit ihn wissen. »Sie hätten rückwärts fallen können, Sie hätten von den Felsbrocken getroffen werden können, die von den auf Ihr Geheiß hinter Ihnen kletternden Führern losgetreten wurden, und wir merkten, welche Mühe es sie kostete, dies zu verhindern. Was meine Methode des Abstiegs betrifft, so folgte ich dem Rat [meines Führers]; er sah, daß ich mich mit meinen ruinierten Stiefeln, bei denen die Absätze fehlten [Bourrit trug wie gewöhnlich seine unpraktischen Pelzschuhe], nicht aufrecht erhalten konnte. Ich mußte in seinen Fußspuren gehen, und wenn ich mich auf ihn stützte, war ich vorsichtig und tat es so leicht wie möglich.«[24] Saussures Erwiderung war beispielhaft beherrscht: »Niemand glaubt mehr als ich an die Güte und Bescheidenheit Ihres Herzens, doch weiß ich nur allzugut, daß Ihnen durch Ihre flatterhafte Phantasie die Dinge oft in einem falschen Licht erscheinen. Würden Sie dieser Neigung nicht nachgeben, so bestünde kein Grund, unsere Exkursion nicht in angenehmer Erinnerung zu behalten.«[25]

Bourrit jun. hatte auch etwas beizusteuern. »Mein Herr«, schrieb er an Saussure, »beneiden Sie mich nicht um meine 21 Jahre? Wen wird es wundern, wenn ein so junger Mann, der nichts zu verlieren hat, sich wagemutiger zeigt denn ein Familienvater, ein Mann von 46 Jahren?«[26] Widerstrebend griff Saussure zur Feder.

Monsieur, ein gesundes Maß an Prahlerei ist kein schlimmes Verbrechen, zumal in Ihrem Alter ... Sie sagen, Sie seien behende abgestiegen. Es ist wahr, Sie stiegen auf leichten Strecken behende genug ab, doch auf den schwierigen Strecken haben Sie sich, wie Ihr Vater, auf die Schulter eines Führers vor Ihnen gestützt und wurden von einem weiteren hinter Ihnen gehalten. Ich nehme Ihnen diese Vorsichtsmaßnahmen nicht übel; sie waren weise, umsichtig, ja unbedingt notwendig; aber in keiner Sprache der Welt ist das behendes Klettern. Doch genug ... Nach dem, was ich Ihnen mitgeteilt habe, mein Herr, können Sie getrost sagen oder schreiben, was Sie möchten, und nichts liegt mir ferner, als Sie zu bitten, mir Ihren Bericht zu zeigen. Im Gegenteil, ich wünsche mir, daß diese Diskussion hiermit zu einem Ende kommt.«[27]

Paccard berichtete in seinem Tagebuch sehr distanziert von der ganzen Angelegenheit. Er vermerkte, daß Saussure »schon immer eine Abneigung gegen verschneite Wege gezeigt hatte, obwohl er auf felsigem Boden ein guter Bergsteiger war«, und daß er »wie ein Gefangener«[28] an seine Führer angeseilt gewesen sei. Was die Bourrits anging, so stützte sich der Vater auf die Schulter eines Führers, und ein anderer hielt ihn am Kragen fest; der Sohn war zudem höhenkrank und klammerte sich an den Mantelsaum der Führer. Nach Paccards Meinung waren alle als Bergsteiger gleichermaßen inkompetent. Und von Saussures Höhenmessungen hielt er ebenfalls nicht viel.

Saussure hatte das Scheitern der Expedition entmutigt. Aus Genf schrieb er einem Freund: »Um den Gipfel zu erreichen, ist es also unabdingbar, eine Unterkunft für die Nacht an einer höheren Stelle zu finden als der, wo wir uns befanden, und ein Jahr zu wählen, in dem im Juli oder spätestens Anfang August kein (neuer) Schnee mehr auf dem Berg liegt, und selbst dann wird das Unternehmen noch recht gefährlich und immer unendlich mühselig sein.«[29] Beim Gedanken an die nicht bewältigte Strecke fragte er sich, ob man nicht lieber mit einem Ballon auf den Montblanc fliegen solle. »Aber ich glaube, das wäre sehr gefährlich«, fügte er traurig hinzu und zählte mit typischer Genauigkeit alle Risiken auf, die eine solche Anstrengung mit sich brächte.

Ein Vierteljahrhundert war vergangen, seit Saussure seine Belohnung ausgesetzt hatte. Er fragte sich nun, ob er sie jemals würde auszahlen müssen. Der Montblanc war offensichtlich nicht zu bezwingen.

4

Ein Jahr nach dem gescheiterten Versuch Saussures und Bourrits, den Montblanc zu bezwingen, fand sich in Paccards Journal ein noch dürftigerer Eintrag als gewöhnlich: »Unsere Wanderung vom 8. August 1786; kamen um sechs Uhr 23 Minuten an; brachen um sechs Uhr 57 Minuten wieder auf; ruhten uns 34 Minuten aus.«[1] Etwas ausgeschmückt könnte dieser Bericht folgendermaßen lauten: Am 7. August waren Paccard und ein einheimischer Führer namens Jacques Balmat um vier Uhr morgens von Chamonix aufgebrochen; nach einem mehr als 36stündigen Aufstieg (einschließlich des Nachtlagers), bei dem sie gegen Sturm, Höhenkrankheit und Schneeblindheit anzukämpfen hatten, erreichten sie am folgenden Tag um 18.23 Uhr den Gipfel des Montblanc, den sie um 18.57 Uhr wieder verließen. Sie hatten das Unmögliche geschafft.

Die Hauptperson bei dieser Bergtour war der Bauer und Kristallsucher Balmat. Er sah verschlagen aus, war klein gewachsen, prahlerisch und nicht besonders liebenswürdig, aber über die Maßen durchtrainiert und ebenso entschlossen wie seine bekannteren Dienstherren, den Gipfel zu stürmen und sich damit Saussures Belohnung zu verdienen. »Damals war ich ein echter Kerl«, erinnerte er sich. »Ich hatte stramme Waden, einen Magen wie aus Gußeisen und konnte drei Tage hintereinander marschieren, ohne etwas zu essen, was mir sehr zugute kam, als ich mich auf dem Buet verirrte. Ich mampfte ein wenig Schnee – mehr nicht. Ab und zu warf ich einen verstohlenen Blick auf den Montblanc und sagte mir: Mein schöner Freund, was immer du auch sagen oder tun magst, eines Tages werde ich auf deiner Spitze stehen.«[2]

Wiederholt bestieg er den Brévent, der eine gute Sicht auf die Hänge des Montblanc bot, und machte eine mögliche Route nach oben aus. Sie führte über das Dörfchen La Côte und den Glacier de Taconnaz zu den als Grands Mulets bekannten Felsnasen und weiter zum schneebedeckten Dôme du Goûter. Von dort aus hoffte er, in einem Schwung bis zum Gipfel zu kommen.

Balmat wollte für jede nur vorstellbare Schwierigkeit gewappnet sein und trainierte so besessen, daß selbst seine Träume von nichts anderem mehr beherrscht wurden. »Ich setzte die Füße auf Felsen und fühlte sie wie lose Zähne herumwackeln«, schrieb er, »und der Schweiß brach mir aus allen Poren ... Macht nichts, geh weiter! Ich war wie eine Eidechse an der Wand und sah die Erde unter mir wegsinken. Aber das spielte keine Rolle, ich schaute nur zum Himmel auf. Es ging mir einzig und allein darum, den Gipfel zu erreichen ... In dem Moment erwachte ich, denn meine Frau hatte mir eine Ohrfeige versetzt, und Sie werden es nicht glauben, ich hatte mich an ihr Ohr geklammert und zerrte daran, als wäre es aus Gummi.«

Am 5. Juni 1786 setzte Balmat seine Pläne schließlich in die Tat um. Er erzählte seiner Frau, er gehe auf Kristallsuche und werde in zwei Tagen wieder zurück sein. Geheimhaltung, so beschloß er, sei unabdingbar, denn andere könnten die Ergebnisse seiner Geländeerkundung für sich nutzen. Ohne Zwischenfälle kam er bis zu den Grands Mulets. Dort hinderte ihn eine Wolke, die sowohl die Bergspitze als auch ihn selbst einhüllte, jedoch daran, das Terrain weiter auszukundschaften. Balmat ließ sich nicht beirren und tat etwas, das noch keiner vor ihm gewagt hatte: Er beschloß, die Nacht an Ort und Stelle zu verbringen. Da er kein Zelt und nur einen Laib Brot und eine Flasche Brandy bei sich hatte, war seine Entscheidung in jedem Fall tollkühn, an den Maßstäben seiner Zeit gemessen jedoch eine unvorstellbare Torheit. Nie zuvor hatte jemand eine Nacht in so großer Höhe im Freien verbracht, und man war allgemein davon überzeugt, daß kein Mensch einen solchen Versuch überleben könne.

Balmat suchte sich einen schmalen, rund 1,80 Meter langen Rastplatz aus, der mit Harsch bedeckt und von Felsen umgeben war. Knapp daneben gähnte ein 240 Meter steiler Abhang. Da er fürchtete, im Schlaf hinunterzurollen, blieb er wach, setzte sich auf seinen Rucksack und schlug Hände und Füße aneinander, um die Kälte abzuwehren. Kurz vor Mitternacht begann es zu schneien. »Mein Atem gefror«, erinnerte er sich, »und meine Kleider waren durchnäßt…, und bald hatte ich das Gefühl, ich sei splitternackt. Ich bewegte die Hände und Füße schneller und sang, um die sich überstürzenden Gedanken aus meinem Gehirn zu verscheuchen.« Balmats Stimme verhallte im Schneegestöber, kein Echo war zu hören. »Alles war tot in dieser vereisten Welt, und meine eigene Stimme jagte mir Angst ein. Ich verstummte und fürchtete mich.«

Um zwei Uhr morgens wurde der Himmel ein wenig heller, und um vier Uhr war Balmat überzeugt, daß er die Nacht überleben würde. Es sollte allerdings über 24 Stunden dauern, bis seine Kleider aufgetaut waren. Er blieb noch einen Tag und eine weitere eisige Nacht auf dem Berg, bevor er den Rückweg antrat. Doch beim Abstieg kam ihm zu seinem Entsetzen eine Gruppe von drei Leuten entgegen. Angeblich suchten sie nach verirrten Ziegen, doch Balmat ließ sich nichts vormachen. »Ich spürte sofort, daß die Männer versuchten, mich hinters Licht zu führen, und vermutete, daß sie die Tour, bei der ich gerade gescheitert war, in Angriff nehmen wollten.« Und wenn sie Erfolg hatten, würden sie die Belohnung erhalten. Ihre Fragen nach den Bedingungen weiter oben bestätigten Balmats Verdacht. Inzwischen war er zwei Tage lang mehr oder weniger pausenlos geklettert, aber der Gedanke, die frischeren Männer könnten ihm seinen Triumph stehlen, war unerträglich. Als sie ihm vorschlugen, sie zu begleiten, sagte er deshalb sofort zu. Doch es gab ein Problem: Balmat hatte seiner Frau versprochen, innerhalb von zwei Tagen zurück zu sein. Es zeugt von seiner außerordentlichen Energie, daß er nach Chamonix hinabrannte, sich bei seiner Frau zurückmeldete und ihr, nachdem er sich etwas zu essen und ein paar frische Socken geschnappt hatte, erklärte, er werde sich erneut auf den Weg machen.

Balmat brach um 23 Uhr von zu Hause auf und holte die anderen nach zwei Stunden ein. Um drei Uhr morgens stand die gesamte Gruppe auf dem Dôme du Goûter. Von dort erblickten sie im Morgengrauen den Gipfel des Montblanc. Schon bald stießen zwei weitere Führer zu ihnen. Ihre Erklärung, sie hätten den Dôme aus Anlaß einer Wette bestiegen, verärgerte Balmat. Bestürzt über die Aussicht, die Belohnung mit so vielen Personen teilen zu müssen, ging er allein weiter und saß nach wenigen Stunden rittlings auf einer Arête, einem schmalen Kamm, der zum Gipfel führte. Es war »ein Pfad, der nur für einen Seiltänzer geeignet schien«, und zudem von einem scheußlichen Felsklumpen versperrt wurde. Als Balmat hinabschaute, glaubte er jedoch, eine Route über den unterhalb gelegenen Gletscher, das sogenannte Grand Plateau, ausmachen zu können. Leider war er nicht mehr in der Lage, die Besteigung fortzusetzen. Er litt an akutem Schlafentzug, hatte keinen Proviant mehr, und das Wetter verschlechterte sich. Es gab keine andere Wahl, als den Rückzug anzutreten.

Wieder am Dôme angelangt, stellte er fest, daß die anderen ebenfalls aufgegeben hatten. Sie waren in der Annahme, Balmat werde ihnen folgen, heimgekehrt. Aber Balmat ging den Rest des Tages kreuz und quer über das Grand Plateau. In der folgenden Nacht schlief er wieder unruhig am Berghang. Weit unter sich konnte er die Lichter von Chamonix erkennen, die eines ums andere erloschen. Das trug nicht dazu bei, seine Stimmung zu heben. »Niemand ist aus Eisen«, gab er zu, »und ich war alles andere als frohgemut. Wenn nicht gerade eine Lawine abging, hörte ich von Courmayeur her [auf der italienischen Seite des Montblanc] deutlich einen Hund bellen, obwohl das Dorf über acht Kilometer von dieser Stelle entfernt war. Das Geräusch lenkte mich ab, denn es war der einzige irdische Laut, den ich vernahm. Um Mitternacht hörte

Jacques Balmat

das Bellen auf, und Grabesstille breitete sich aus.« Gletscher brachen weiterhin unter Getöse auseinander, und Lawinen donnerten bergab; das konnte »kein menschliches Wesen beruhigen, sondern ihm nur Angst einjagen«.

Um zwei Uhr morgens erwachte er und begann den Abstieg. Sechs Stunden später traf er mit einem schweren Sonnenbrand und völlig erschöpft zu Hause ein. Er verschmähte sein Schlafzimmer – »ich befürchtete, von den Fliegen gepeinigt zu werden« –, ging in die Scheune und streckte sich auf einem Ballen Heu aus, wo er 24 Stunden lang schlief. Alles in allem hatte seine Odyssee gut fünf Tage gedauert. In dieser Zeit schlief er nur zwei Nächte – und dann auch nur schlecht – und legte in erstaunlichem Tempo eine unglaubliche Zahl von Höhenmetern zurück. Selbst wenn die Zeitangaben übertrieben waren, mußte er bei seinem zweiten Aufstieg geradezu gerannt sein. Er lieferte den Beweis, daß man in sehr großer Höhe eine Nacht im Freien überleben kann, und vor allem fand er eine Route zum Gipfel. Es war in der Tat eine außerordentliche Leistung, und Balmat kümmerte es wenig, wenn er nicht sogleich Profit daraus schlagen konnte. »Ich war niedergeschlagen, doch hatten die beiden vergeblichen Versuche mich nicht entmutigt«, schrieb er, »und ich war mir ganz sicher, daß ich beim dritten Mal mehr Glück haben würde.«

Drei Wochen lang war der Montblanc in Wolken gehüllt, so daß Balmat sich in Geduld üben mußte. Die im Tal so harmlos aussehenden Wolken verwandelten sich in den höheren Regionen in Schneestürme und Schneeregen, was selbst ein Mensch von Balmats Konstitution nicht lange aushalten konnte. Außerdem war für Beobachter bei derartigem Wetter nicht zu erkennen, ob jemand die Bergspitze erreicht hatte. Ein Gipfelsturm war ziemlich sinnlos, wenn er nicht vom Tal aus durch ein Teleskop verfolgt werden konnte. Und noch etwas: Balmat mußte einen angesehenen Partner finden, der mit ihm kletterte. Selbst wenn er die Bergspitze erreichte und vor 1000 Zuschauern Purzelbäume schlug, hatte das keinen Wert ohne die Begleitung eines Wissenschaftlers mit Barometer. Wo war in Chamonix ein solcher Mann zu finden? Im Hause des kritischen, wortkargen Chronisten Dr. Michel-Gabriel Paccard.

Über drei Jahre hatte Paccard mit seinem Teleskop vergeblich nach einer Route zum Gipfel des Montblanc gesucht. Als Jacques Balmat ihm von seiner Entdeckung erzählte – er fragte den Arzt nebenbei um Rat wegen seines Sonnenbrandes – und ihm anbot, gemeinsam einen Versuch zu wagen, zögerte Paccard nicht. Sie vereinbarten, bei einer Wetterbesserung sofort aufzubrechen. In den frühen Morgenstunden des 7. August 1786 lösten sich die Wolken auf, und die Umrisse des Montblanc zeichneten sich in voller Pracht am Himmel ab. Noch vor Tagesanbruch stand Balmat vor Paccards Tür.

1832 stattete der Schriftsteller Alexandre Dumas Balmat einen Besuch ab und überredete ihn, aus seiner Sicht von den Erlebnissen jenes Tages zu berichten. Die aus dieser Begegnung resultierende Schilderung geht zum Teil auf Balmats Aufgeblasenheit zurück, zu einem größeren Teil aber auf die journalistischen Fähigkeiten und noch mehr auf die Interviewtechnik von Dumas – er kaufte drei Flaschen Wein, die Balmat leerte. Da es sich um die einzige detaillierte Beschreibung dieser historischen Bergtour handelt, lohnt es sich dennoch, daraus zu zitieren.

> Ich ging zu Paccard und fragte ihn: »Nun, Herr Doktor, sind Sie fest entschlossen? Haben Sie Angst vor Kälte, Schnee oder Abgründen? Sprechen Sie frei heraus, wie ein Mann.« »In Ihrer Begleitung fürchte ich nichts«, erwiderte Paccard. »Nun denn, die Zeit ist gekommen, diesen Maulwurfshügel zu besteigen.« Der Arzt erklärte, er sei bereit, doch als er die Haustüre abschließen wollte, überkamen ihn wohl doch Zweifel, denn er konnte den Schlüssel nicht aus dem Schloß ziehen und drehte ihn mal nach links, mal nach rechts. »Hören Sie, Balmat«, meinte er, »um die Sache richtig anzugehen, sollten wir zwei Führer mitnehmen.« »Nein«, antwortete ich, »entweder wir beide klettern allein, oder Sie schließen sich den anderen an. Ich will der erste, nicht der zweite sein.« Paccard überlegte einen Moment, zog den Schlüssel ab, steckte ihn in die Tasche und folgte mir mit gesenktem Haupt. Nach kurzer Zeit gab er sich einen Ruck und sagte: »Nun denn, Balmat, ich muß Ihnen vertrauen.« … Er versuchte, beim Singen den Ton zu halten, und ärgerte sich, daß es ihm nicht gelang.

Sie brachen um 17 Uhr getrennt auf, um keine Aufmerksamkeit zu erregen, und trafen sich in La Côte. »Am Abend schliefen wir auf der Höhe zwischen den Gletschern von Bossons und Taconnaz. Ich hatte eine Decke dabei und wickelte den Doktor wie ein Baby darin ein. Dank dieser Vorsorge war die Nacht für ihn erträglich. Ich selbst schlief fest bis halb eins. Um zwei sah man den ersten Lichtstreifen am Horizont, und bald danach ging die Sonne am wolkenlosen Himmel auf. Ein herrlicher Tag stand uns bevor! Ich weckte den Doktor, und wir begannen unseren Tagesmarsch.«

Nach einer Viertelstunde überquerten sie den Glacier de Taconnaz und überwanden Gletscherspalten, »deren Tiefe unermeßlich war«, sowie Schneebrücken, die »unter den Füßen nachgaben«. »Der Doktor war bei den ersten Schritten unsicher und zögerte«, hielt Balmat fest, »doch meine Wachsamkeit gab ihm Selbstvertrauen, und wir kamen gut voran.« Als Balmat seinem Begleiter auf den Grands Mulets zeigte, wo er übernachtet hatte, schwand Paccards Zuversicht aufs neue. »Er schnitt eine vielsagende Grimasse, schwieg zehn Minuten lang und blieb dann plötzlich stehen. ›Balmat‹ meinte er, ›glauben Sie wirklich, daß wir den Gipfel des Montblanc heute erreichen?‹ Ich merkte, wie sich seine Gedanken überschlugen, und gab ihm lachend Antwort.« Bei den hervorstehenden Felsen, die als Petits Mulets bekannt sind, kam Wind auf und fegte Paccard den Hut vom Kopf.

> Als ich ihn aufschreien hörte, drehte ich mich um und sah seinen Hut über den Berg in Richtung Courmayeur fliegen. Mit ausgestreckten Armen blickte er ihm nach. »Wir müssen Trauer anlegen«, erklärte ich, »Sie werden ihn niemals wiedersehen, denn er ist ins Piemont geflogen, und ich wünsche ihm viel Glück.« Mein kleiner Scherz hatte wohl den Wind beleidigt. Denn ich hatte kaum geendet, als wir durch eine noch kräftigere Böe gezwungen wurden, uns auf den Bauch zu legen, um dem Hut nicht nachzufolgen. Der Wind peitschte die Hänge hinunter und fuhr pfeifend über unsere Köpfen hinweg, wobei er riesige Schneeballen – fast so groß wie Häuser – vor sich her trieb. Der Doktor war bestürzt … Bei der ersten Gelegenheit erhob ich mich, doch mein Gefährte konnte sich nur auf allen vieren weiterbewegen.

Am Dôme du Goûter holte Balmat sein Teleskop hervor und schaute auf das Städtchen unter sich. Er hatte mit einer Ladeninhaberin vereinbart, sie solle um diese Zeit Ausschau halten, und da stand sie tatsächlich mit 50 weiteren Leuten. Balmat schwenkte seinen Hut, und die Dorfbewohner winkten zurück. Doch den hutlosen Paccard, der sich »aus

Gründen der Selbstachtung« endlich doch aufgerichtet hatte, konnte man nur an seinem langen Mantel erkennen.

Wenn man Balmat Glauben schenken darf, verlor Paccard in diesem Moment völlig die Nerven.

> Nachdem er mit letzter Kraft wieder auf die Beine gekommen war, konnten ihn weder die Ermutigungen von unten noch die flehentlichen Bitten meinerseits veranlassen, den Aufstieg fortzusetzen. Mit meinem Latein am Ende, ermahnte ich ihn, sich zu bewegen, um nicht vor Kälte zu erstarren. Er hörte zu, schien aber nichts zu verstehen und erwiderte: »Schon gut.« Der Frost machte ihm offensichtlich zu schaffen, und auch ich war dem Erfrieren nahe. Ich überließ ihm die Flasche, ging allein weiter und sagte, ich würde bald zurück sein. »Ja, ja!«, antwortete er. Dann schärfte ich ihm nochmals ein, nicht still herumzustehen, und machte mich auf. Ich hatte kaum 30 Schritte getan, als ich mich umschaute und sah, daß er wahrhaftig – wenn auch mit dem Rücken zum Wind – im Schnee hockte.
>
> Danach machte die Route kaum noch Schwierigkeiten, doch je höher ich stieg, desto schwerer fiel mir das Atmen. Fast alle zehn Schritte mußte ich stehenbleiben und tief Luft holen, als hätte ich die Schwindsucht. Meine Lungen schienen aufgegeben zu haben, und mein Brustkorb war ganz leer. Ich hielt mir ein Taschentuch vor den Mund und atmete durch den Stoff, was ein wenig angenehmer war. Es wurde immer kälter, und ich brauchte eine Stunde, um kaum mehr als einen Kilometer zurückzulegen. Mit gesenktem Haupt stieg ich weiter, doch als ich auf einer mir unbekannten Spitze anlangte, schaute ich hoch und merkte, daß ich endlich den Gipfel des Montblanc erreicht hatte!
>
> Ich hatte keine Kraft mehr weiterzugehen; meine Beine schienen nur noch von der Hose gehalten zu werden. Doch siehe, ich befand mich am Ziel meiner Reise … Ich hatte es allein und ohne Hilfe geschafft – mit bloßer Willensstärke und Kraft. Alles um mich herum gehörte mir! Ich war der König des Montblanc, die Statue auf diesem einzigartigen Sockel! Ah, und dann wendete ich mich gen Chamonix und schwenkte meinen Hut auf dem Stockende. Durch das Teleskop konnte ich die Reaktion beobachten: Meine Untertanen im Tal nahmen mich wahr. Das ganze Dorf hatte sich auf dem Marktplatz versammelt.

Dann erinnerte sich Balmat an Paccard. Er rief nach ihm, erhielt aber keine Antwort. Beunruhigt ging er den Weg zurück und fand Paccard zu einem Knäuel zusammengerollt im Schnee, »wie eine Katze, die sich in einen Muff verwandelt hat«. Sogar die Nachricht, Balmat habe den Gipfel bezwungen, ließ Paccard ungerührt. Er sagte nur: »Wo kann ich mich hinlegen und schlafen?« Balmat half dem Arzt auf die Beine und gab ihm, als er über kalte Hände klagte, einen seiner mit Hasenfell gefütterten Fäustlinge – »beide hätte ich niemandem gegeben, nicht einmal meinem Bruder«. Dann schob er Paccard vor sich her in Richtung des Gipfels, den sie kurz nach 18 Uhr gemeinsam erreichten.

Die Sonne schien, und am tiefblauen Himmel waren Sterne zu sehen. Balmat hatte sich völlig von den Strapazen erholt und genoß den Anblick.

> Unter uns waren nur kahle Bergspitzen, Eis, Felsen und Schnee. Die lange Gebirgskette, die sich quer durch die Dauphiné bis nach Tirol erstreckt, lag zu unseren Füßen, und ihre 400 Gletscher glänzten in der Sonne. Gab es irgendwo auf der Erde noch Platz für grüne Flächen? Der Genfer und der Neuenburger See waren kleine blaue Flecken am Horizont. Zur Linken erhoben sich die schneebedeckten Berge meines geliebten Landes aus saftig grünen Wiesen, und zur Rechten erblickten wir das ganze Piemont, die Lombardei bis nach Genua, und uns gegenüber lag Italien.

Sie blieben eine Stunde oben. Obwohl es fünf Grad unter Null war, packte Paccard sein Thermometer und Barometer aus, doch beim Notieren der Messungen gefror die Tinte. Um 19 Uhr winkte Balmat den Dorfbewohnern im Tal ein letztes Mal mit dem Hut zu, griff Paccard buchstäblich unter die Arme und begann den Abstieg, zu dem ihnen nur noch zweieinhalb Stunden Tageslicht blieben. Der Arzt war »wie ein Kind, kraft- und willenlos. Ich führte ihn auf den leichten Strecken und schob oder trug ihn auf den schwierigen.« Alle paar Minuten blieb Paccard stehen, weigerte sich weiterzugehen und mußte gewaltsam vorangetrieben werden. Als sie um 23 Uhr unterhalb der Schneegrenze anlangten, erklärte Paccard, er spüre seine Hände nicht mehr.

> Ich zog ihm die Fäustlinge aus und sah, daß seine Hände totenbleich waren. Auch meine Hand, für die ich keinen Fäustling mehr hatte, war starr vor Kälte. Ich sagte: »Nun haben wir zusammen drei erfrorene Hände.« Es war ihm einerlei, er wollte … nur schlafen. Allerdings sagte er mir, ich solle ihm die Hände mit Schnee einreiben, und das war leicht getan. Zu-

erst rieb ich seine Hände und dann meine. Das Gefühl kehrte schnell in sie zurück, aber sie schmerzten auch und fühlten sich an, als werde jede Ader mit Nadeln gestochen. Ich wickelte mein Baby in die Decke und legte es unter einem schützenden Felsen zur Ruhe; wir aßen und tranken ein wenig und fielen eng aneinander gepreßt in tiefen Schlaf.

Am nächsten Morgen war Paccard völlig schneeblind. »Es ist seltsam, Balmat«, sagte er, »ich höre die Vögel singen, kann aber das Tageslicht nicht sehen.« Er fragte sich, ob es daran liege, daß er die Augen nicht öffnen konnte. Doch laut Balmat »starrten [sie] wie die einer Ohreule«. Paccard folgte Balmat ins Tal und hielt sich dabei an dessen Rucksack fest. Als sie La Côte erreichten, eilte Balmat nach Hause, und der Arzt mußte allein, mit Hilfe eines Stockes, den Weg finden.

Beim Blick in einen Spiegel erschrak Balmat. »Ich erkannte mich kaum wieder. Meine Augen waren rot, meine Lippen blau und mein Gesicht schwarz. Jedesmal wenn ich lachte oder gähnte, spritzte mir Blut aus Lippen und Wangen, außerdem war ich halb blind.« Nach einer Woche war er jedoch wieder kräftig genug, um nach Genf zu reisen und seinen Anspruch auf Saussures Belohnung geltend zu machen. Und schon einen Monat später veröffentlichte der Historiograph der Alpen, der unermüdliche Bourrit, die Geschichte von Balmats Montblanc-Besteigung.

Während Saussure sich über den Erfolg von Paccard und Balmat freute, war Bourrit äußerst eifersüchtig. Seiner Ansicht nach war Paccard nur deshalb in den Vordergrund gerückt, weil er den »Unermüdlichen« auf den Berg hinaufbegleitet hatte. Und jetzt hatte der Emporkömmling ihn, Bourrit, um den Ruhm gebracht. Und das mit nur einem Bergführer statt der zehn, die der Präzentor allein dafür benötigte, einen Gletscher zu überqueren. Wenn Bourrit die Eroberung schon nicht für sich beanspruchen konnte, wollte er alles daransetzen, diesen Ruhm auch Paccard vorzuenthalten.

Bourrit sprach mit Balmat in Genf, als dieser »noch die ehrenhaften Male seiner Unerschrockenheit im Gesicht trug«[3], und veröffentlichte einen Bericht, der im großen und ganzen mit dem von Dumas 46 Jahre später übereinstimmte. Ein paar Unterschiede gab es gleichwohl: Balmat war 70, als er mit Dumas sprach, und schon etwas senil, außerdem hegte er Paccard gegenüber eine offen zur Schau getragene Animosität. Die erniedrigende Szene am Dôme du Goûter zum Beispiel war reine Erfindung. Die beiden waren nie dort gewesen, sondern über das unterhalb gelegene Grand Plateau aufgestiegen. Auch Balmats Behauptung, er habe sich allein zum Gipfel hoch gekämpft, während Paccard in einen unterkühlten Schlummer verfallen sei, muß in Zweifel gezogen werden: Paccard wäre in den anderthalb Stunden erfroren, die Balmat schätzungsweise brauchte, um auf die Bergspitze zu gelangen, seinen »Untertanen« zuzuwinken und dann zu Paccard zurückzukehren. Und selbst wenn dieser nicht tot gewesen wäre, hätte er keineswegs Temperaturen aufzeichnen und Beobachtungen mit dem Barometer anstellen können, was er zweifellos tat. Abgesehen von solchen Einzelheiten waren sich die beiden Darstellungen jedoch erstaunlich ähnlich. Laut Bourrit, der seine Untersuchungen in einem Brief vom 20. September 1786 veröffentlichte, war Balmat der Held und Paccard nichts weiter als ein schwächliches Anhängsel. Balmat habe nicht nur als erster den Gipfel erreicht, sondern auch den Arzt dauernd anspornen müssen. In jeder Hinsicht sei Balmat die treibende Kraft des Unternehmens gewesen, während Paccard hinterher trottete und nur unter ständigem Zureden und Drohungen auf den Gipfel geschubst worden war. Es war eine meisterhaft erzählte und spannende Geschichte – auch wenn sie sich allzu ausführlich mit Bourrits eigenen Leistungen im Vorjahr befaßte –, die auf typisch elegante Weise in folgenden Worten gipfelte: »Chamonix bewunderte sie, Fremde sahen sie von unten durch das Teleskop. Sie hatten den Aufstieg mit Unruhe verfolgt und beim Anblick der beiden kleinen Geschöpfe auf einem so erhabenen Gipfel der Erdkugel gejubelt.«[4]

Damit nicht genug: Bourrit war der Meinung, Paccard habe den Führer bei weitem unterbezahlt. »Balmat hätte eine ehrliche Belohnung verdient«, schrieb er und ignorierte dabei Saussures Prämie. »Schon oft haben Unbeteiligte dem, der als erster den Montblanc besteigt, eine stattliche Summe versprochen, es dann aber anscheinend vergessen, denn bisher hat er keine Prämie erhalten. Er hat sein Leben oder zumindest seine Gesundheit aufs Spiel gesetzt, und vielleicht ist er schon ein ganz anderer Mensch. Sein Gefährte braucht keine Belohnung, weil sein Vater einer der reichsten Männer im Tal ist; zudem ist es etwas ganz anderes, wenn man einen Amateur als Führer hat.«[5] Das alles war wirklich beeindruckend. Doch nichts davon stimmte im geringsten mit Paccards Version der Geschehnisse überein. Als Paccard von den Machenschaften Bourrits Wind bekam, legte er einen ausführlichen, von Balmat unterzeichneten Nachweis über den Verlauf des Aufstiegs vor. Darin hieß es unmißverständlich, Paccard habe die Route vorgeschlagen, den Aufstieg geführt und Balmat ermutigt, als dieser hinterher hinkte; er habe Balmat auch geholfen, sein Gepäck zu tragen, und als sie den Gipfel erreichten, »mußte [Balmat] rennen, um möglichst gleichzeitig mit ihm auf der besagten Spitze anzulangen«[6]. Balmat erklärte unumwunden: »Paccard rief mich, und ich folgte.«[7] Seine Unterschrift wurde von zwei anderen Bergführern bestätigt, womit Paccard wohl ein wenig zu weit ging. Doch Saussure gegenüber gab er einen maßvolleren Bericht. Dieser schrieb in seinem Tagebuch, daß sie in der Nähe der Spitze »infolge der dünnen Eiskruste, die sie manchmal trug, dann aber wieder unter ihren Füßen nachgab, unter großer Erschöpfung litten. Der Führer sagte, er könne nicht weitergehen, es sei denn, er (Paccard) steige von Zeit zu Zeit voraus und spure den Schnee, und das tat er bis zum Gipfel hinauf.«[8] Zwei deutsche Barone, denen Saussure geraten hatte, die Besteigung von einem nahegelegenen Hügel aus zu beobachten, hatten die beiden Männer von oben winken sehen. Alle von Saussure und anderen danach verfaßten Berichte schrieben die Besteigung wenn nicht einzig und allein Paccard, dann zumindest beiden Männern zu.

In Chamonix erhitzten sich die Gemüter. Als Balmat Paccard beschuldigte, den Nachweis gefälscht zu haben, schlug der Arzt ihn zu Boden. Zum Schluß mußte Saussure eingreifen und Bourrit zwingen, seinen Brief weniger kontrovers neu abzufassen. Bourrit flüchtete sich in lahme Ausreden: Paccard habe den Gipfel nicht wirklich erreicht; seine Beschreibung sei schlecht verfaßt; sie enthalte Informationen, die Saussures Ruf schadeten; wenn er, Bourrit, nicht an das geglaubt hätte, was er geschrieben habe, hätte er es anonym veröffentlicht; und so weiter. Letzten Endes nahm Bourrit widerwillig einige Änderungen vor, aber selbst das revidierte Dokument schadete Paccard. Einer seiner Verwandten landete für einen Tag im Gefängnis, weil er sich unflätig über den Verfasser geäußert hatte.

Paccard setzte sich zur Wehr, so gut er konnte. Er schickte zwei Briefe an das *Journal de Lausanne* und stellte Bourrits Behauptungen richtig. Außerdem gab er einen Prospekt heraus, in dem er dazu einlud, seine in Kürze erscheinende Erzählung vorzubestellen. Sein Manuskript, das er törichterweise Bourrits Lektor Bérenger gegeben hatte, wurde nie veröffentlicht oder zirkulierte nur privat. Jedenfalls hat man nie eine Kopie davon gefunden, und da es keinen nennenswerten Widerstand gegen Bourrits Version gab, wurde sie als die offizielle akzeptiert. Denn war er nicht der Geschichtsschreiber der Alpen? Balmat wurde als Eroberer des Montblanc anerkannt, Paccard galt nur als sein Gehilfe. Balmat erhielt Saussures Belohnung, und obendrein schenkte ihm der König von Sardinien, der ihm auch den Titel ›Balmat *dit* Montblanc‹ verlieh, 50 piemontesische Pistolen. Unklugerweise hatte Paccard keinen Anspruch auf die Prämie erhoben. Er brauchte das Geld nicht, wie Bourrit schon erklärt hatte, doch hätte er damit seine Position gestärkt. Für Balmat wurde ein öffentlicher Spendenfonds eingerichtet, den Bourrit mehr oder weniger schlecht verwaltete. Eine Zeitlang wurde er sogar verdächtigt, sich selbst daran bereichert zu haben. Von den Erlösen baute sich Balmat ein stattliches Haus. Plaketten und Statuen wurden zu seinen Ehren gestiftet und Straßen nach ihm benannt. In Chamonix verehrte man ihn, und er wurde zum begehrtesten Führer im Tal.

Wer also hat den Montblanc bezwungen? Seit zwei Jahrhunderten versuchen Historiker in Europa, eine Antwort auf diese Frage zu finden. Infolge von Bourrits Brief erntete Balmat die Lorbeeren. Als dann im frühen 20. Jahrhundert Saussures Tagebücher und weiteres Material zum Vorschein kamen, sprach man Paccard die Ehre zu. Die Wahrheit liegt irgendwo in der Mitte. Paccard war ein gebildeter Mensch, der es nicht nötig hatte zu lügen, sondern durch Bourrits Bericht zu der Behauptung getrieben wurde, er habe Balmat auf den Gipfel geführt. Balmat hingegen hatte allen Grund, Lügenmärchen zu erfinden, war aber zweifellos der Kräftigere von beiden, und wenn überhaupt jemand die Führung übernommen hat, dürfte er es gewesen sein. Die Berichte, die Paccard den Triumph bescheinigen, sollten nicht für bare Münze genommen werden. Damals war es üblich, Siege jeglicher Art dem Renommiertesten zuzuschreiben – mehrere Leute, darunter der britische

Lord Palmerston, gratulierten Saussure zu der Eroberung, obwohl dieser gar nicht daran beteiligt war –, und man kann sich Balmats Empörung darüber vorstellen, daß er einem anderen, nur weil dieser Arzt war, den Ruhm abtreten sollte. Ein Kommentator des 20. Jahrhunderts überbot diese Ungerechtigkeit noch, als er zu Paccards Verteidigung bemerkte, Balmat sei für seine Arbeit bezahlt worden und hätte sich mit dem Geld zufriedengeben sollen. Andererseits war Paccard ein ernsthafter und engagierter Bergsteiger. Die Beschreibung, die er Saussure von den Bedingungen während des Aufstiegs lieferte, war plausibler als die Balmats. Und er war alles andere als schlecht in Form, denn innerhalb weniger Tage stieg er nochmals auf den Montblanc, um eine leichtere Route zum Gipfel ausfindig zu machen.

Vom heutigen Standpunkt aus ist es schwierig, die Sache gerecht zu beurteilen. Im Grunde genommen drehte sich die Kontroverse um Bourrits Unsicherheit und Balmats Bestreben, an Saussures Prämie heranzukommen. Daß zwei Männer gemeinsam den höchsten Gipfel Europas erklommen hatten, geriet dabei zur Nebensache. Wenn Saussure eine Prämie für die Eroberung eines anderen Gipfels ausgesetzt hätte – und davon existierten ja genug –, hätte es ähnliche Querelen gegeben. Man kann der Schlußfolgerung des Alpenhistorikers Paul Payot, vor einiger Zeit Bürgermeister von Chamonix, nur zustimmen: »Wenn Bergsteiger sich anseilen, dann bilden sie ein Team, das in guten und in schlechten Zeiten zusammenhalten muß. Hätten Paccard und Balmat moderne Methoden angewandt und ein Seil benutzt, wären diese Streitigkeiten nie aufgekommen. Sie hatten kein Seil, waren aber dennoch ein Team.«[9] Man sollte also beiden gleichermaßen Anerkennung zollen.

Bedeutende Persönlichkeiten nahmen von der Besteigung durch Balmat und Paccard damals kaum Notiz. Viele wußten nicht einmal um den damit verbundenen Aufruhr. Auch wenn Bourrit und Saussure beim Bewundern der Aussicht in Verzückung gerieten, waren wissenschaftliche Beobachtungen der Hauptgrund, einen Berg in den Alpen zu besteigen. Was diese Beobachtungen zeigen würden, war ungewiß – Saussure glaubte, die Alpen seien einmal Inseln in einem Urmeer gewesen, weshalb er, wie viele vor Darwin, hoffte, sie würden Licht auf den Ursprung des Menschen werfen –, doch mußten sie gemacht werden, und Paccards durch Eis und Schnee erschwerte Untersuchungen mit dem Barometer hatten nichts ergeben (das Instrument war bei der Besteigung natürlich beschädigt worden). In den tonangebenden Kreisen galt der Montblanc nach wie vor als unbezwungen, und es oblag Saussure, die Aufgabe zu Ende zu führen.

5

Bei seinem Besuch in Genf hatte Balmat Saussure seine Dienste für eine Bergbesteigung im folgenden Jahr angeboten. Saussure hatte sofort zugesagt, und als er im Sommer 1787 in die Provence reiste, um Messungen auf Meereshöhe vorzunehmen, hinterließ er Anweisungen für Balmat, bei den ersten Anzeichen von Tauwetter Kontakt mit ihm aufzunehmen. Den ganzen Juni hindurch erkundete *le courageux Balmat*, wie Saussure ihn jetzt nannte, erfolglos die Hänge. Am 5. Juli erreichte er dann mit zwei anderen Führern, Jean-Michel Cachat und Alexis Tournier, den Gipfel. Zwei Tage später erschien Saussure in Chamonix, doch zu seiner großen Enttäuschung war das Wetter für einen sofortigen Aufstieg zu schlecht. Den Rest des Monats wartete er gereizt darauf, daß die Wolken sich auflösten, und organisierte unten im Tal Träger und Vorräte.

Er war nicht als einziger ungeduldig. Entgegen einem seiner Grundsätze hatte er seine Frau sowie seine beiden Söhne und Schwägerinnen eingeladen, das große Unternehmen mitzuverfolgen. Kurz nach ihnen reisten Bourrit und dessen Sohn aus Genf an. Auch Paccard kehrte von einer Kletterexpedition aus Courmayeur zurück. Es war ein bunt zusammengewürfelter Haufen. Zu Saussures großem Erstaunen unternahm seine Frau ein oder zwei kleinere Wanderungen und hatte enormen Spaß daran: »Madame Saussure ist nie zuvor so guter Laune gewesen«,[1] berichtete eine ihrer Schwestern. Derweil drängte Bourrit darauf, am Aufstieg teilnehmen zu dürfen, erhielt jedoch eine eindeutige Abfuhr. Paccard seinerseits wartete die Ereignisse mißtrauisch ab. »Ich glaube, er will mich vor meiner Expedition nicht sehen«, kommentierte Saussure, »denn offenbar scheut er keine Mühe, um immer ein wenig weiter und höher zu steigen als ich.«[2]

So vergingen die Tage. Saussure erprobte seine Instrumente, seine Schuhe und seine Ausdauer an den niedrigeren Hängen – 500 Höhenmeter am Tag waren seiner Einschätzung nach das Äußerste –, und wenn es für Arbeiten im Gelände zu stark regnete, orderte er Pakete mit Büchern und Delikatessen aus Genf, redete mit Reisenden, die auf Ankündigung seines geplanten Aufstiegs hin nach Chamonix gekommen waren, und las die griechischen Klassiker. Bourrit mietete ein Chalet und verkaufte seine Bilder an Touristen. Ab und zu besuchte er die Saussures in der Hoffnung, den großen Mann erweichen zu können. Bourrit jun. überreichte den Frauen Wiesenblumengebinde – doch vergeblich. Das Wetter wurde schlechter, und Paccards Vater ertrank bei einer gefährlichen Flußdurchquerung, was den Arzt noch unansprechbarer machte als sonst.

Am 29. Juli verzeichnete Saussure Stein- und Staubströme, die vom Montblanc heruntergeweht wurden. Am 30. Juli berechnete er die Wolkengeschwindigkeit mit 20 Metern pro Sekunde. Und dann, als er schon mehrere Passagen aus der *Ilias* auswendig gelernt hatte, klarte das Wetter am 1. August auf. »Das Barometer steigt schnell«, notierte er in seinem Tagebuch. »Daher treffe ich alle Vorkehrungen für einen Beginn, halte dies aber vor meiner Frau geheim.«[3]

Er hatte geplant, der von Balmat begangenen Route zu folgen, doch sollte es diesmal keine Hatz zum Gipfel hinauf geben. Saussure wollte so viel Zeit wie möglich für seine Beobachtungen haben, und deshalb beabsichtigte er, die erste Nacht in La Côte und die zweite auf dem Grand Plateau unterhalb des Dôme du Goûter zu verbringen. Alles sollte so komfortabel wie möglich vonstatten gehen; eine Gruppe von 18 Führern war angeheuert worden, um Nahrungsmittel, Wein und Saussures Instrumente zu tragen, dazu Utensilien wie einen Sonnenschirm, Wäsche zum Wechseln, drei Paar Schuhe, zwei Nachthemden und ein Bett mit »Matratzen, Laken und Tagesdecke sowie einen grünen Vorhang«. Ein Zelt, das groß genug für die ganze Mannschaft war, wurde speziell angefertigt. Auch Saussures leidgeprüfter Diener war mit von der Partie, obwohl seine Aufgabe dabei nicht ganz klar ist.

Saussure mit seinem Sohn und Führern beim Aufstieg zum Col du Géant, 1788

Es erwies sich anfangs als schwierig, Führer zu engagieren. »Sie glaubten, daß es nachts auf den schneebedeckten Höhen unerträglich kalt sei«,[4] klagte Saussure. Obwohl Balmat ihnen das Gegenteil bewiesen hatte, »fürchteten sie allen Ernstes, sterben zu müssen«[5]. Geduldig erklärte Saussure ihnen, sie könnten ein Loch in den Schnee graben und das Zelt darüber aufschlagen. Damit – und durch die eigene Körperwärme – würden sie auch bei größter Kälte vor den Elementen geschützt sein. »Diese Vorkehrungen gaben ihnen ein Gefühl der Sicherheit«, meinte er, »und so brachen wir auf.«[6]

Zunächst erschien alles fast wie ein Kinderspiel. Sie stiegen nach La Côte auf, bis unterhalb der Gletscher von Taconnaz und Bossons, und Mme. de Saussure ließ frische Fleischvorräte hinaufschaffen. »Ich war wirklich verärgert darüber, das Du nur genug Proviant für zwei Tage mitgenommen hast«, nörgelte sie. »Es beruhigt mich zu wissen, daß Du jetzt weitere Vorräte hast.« Sie machte eine spitze Bemerkung darüber, daß Saussure sich heimlich fortgeschlichen habe, lenkte aber schließlich ein: »Ich habe rosarotes Papier genommen, damit Du außer dem Weiß des Schnees noch eine andere Farbe betrachten kannst. Wirst Du in Deinem Zelt gut schlafen, *mon cher ami*? Ich hoffe es.«[7]

Der erste Tag verlief ohne Zwischenfälle, doch am zweiten sah es schon anders aus. Beim Überqueren der Gletscher zeigte Saussures Mannschaft erste Ermüdungserscheinungen. Einer der Führer stürzte durch eine Schneebrücke und wurde nur gerettet, weil er vorn und hinten angeseilt war. Alle hatten Angst, besonders Saussure.

> Wir… fanden uns in einem Labyrinth aus Eisfelsen gefangen, die durch große Spalten voneinander getrennt waren. Manchmal waren sie sehr breit, manchmal ganz oder teilweise von Schnee bedeckt, der eine Art Bogen bildet, und dieser bleibt einem dann als der einzige Weg über die Gletscherspalten. Ein anderes Mal sind es unebene Eisrippen, die als Brücke dienen. An einigen Stellen sind die Spalten völlig leer, wir mußten bis zum Grund klettern und an der anderen Seite über Stufen, die wir mit einem Beil ins Eis schlugen, wieder hinaufsteigen… Und zuweilen, wenn wir am Boden einer dieser Abgründe anlangten, konnten wir uns nicht vorstellen, jemals wieder hinauszukommen.[8]

Um die tiefsten Gletscherspalten zu überqueren, nahmen sie eine Leiter mit, die Balmat vorher in einer Höhle am Fuß des Gletschers gelagert hatte – er hatte auch eine lange Stange untergestellt, die aber unerklärlicherweise gestohlen worden war –, doch an manchen Punkten war die Spalte so breit, daß die Leiter nicht ausreichte. Unter solchen Umständen konnte man nur die Schneebrücken benutzen.

»So schmal und steil die Eisrücken auch sein mögen«, schrieb Saussure, »die unerschrockenen Männer aus Chamonix … wirken weder verängstigt noch unsicher, sie reden, lachen und scherzen miteinander. Doch wenn sie die leichten Dächer über den tiefen Abgründen überqueren, tun sie das in tiefem Schweigen; die ersten drei sind mit je anderthalb bis zwei Meter Abstand an Seilen angebunden, die anderen gehen zu zweit und halten sich an den Stockenden fest. Ihre Augen auf die Füße gerichtet, versuchen sie haargenau und sachte in die Spur des vor ihnen Gehenden zu treten.«[9]

Sie überwanden viele derartige Hindernisse, und nach jedem Sieg gaben sie ihrer Erleichterung mit lebhaftem Geschwätz Ausdruck. Am Rand einer Gletscherspalte ließ Saussures Diener den Barometerständer fallen. »Er rutschte pfeilschnell den Abhang hinunter und blieb tief unten am gegenüberliegenden Ufer stecken, wo er wie der Speer des Achilles am Skamander zitterte.«[10] Der Ständer war unentbehrlich, denn er stützte nicht nur das Barometer, sondern auch den Kompaß, das Teleskop und fast alle anderen Instrumente, die Saussure besaß. Ein Führer ließ sich am Seil hinunter und barg ihn. Laut Saussure brauchten sie »drei Stunden zur Überquerung des abschreckenden Gletschers, obwohl er kaum mehr als einen Kilometer breit war«[11].

Auf dem Grand Plateau angekommen, wo sie die nächste Nacht verbringen wollten, wurden sie von Kälte und Hunger geplagt. Doch bevor sie essen und schlafen konnten, mußte ein geeigneter Platz für das Zelt gesucht werden. Das war leichter gesagt als getan. Es sollte ein Flecken sein, der vor den Lawinen, die vom Dôme du Goûter herunterkamen, geschützt war. Und sie mußten nach Gletscherspalten Ausschau halten: Saussure war einer besonders tückischen gefolgt, die mit einem Mal aus dem Blickfeld verschwand, aber in Richtung Grand Plateau verlief. Im Geiste sah er sein Team das Zelt auf einer Schneebrücke aufschlagen und ins Verderben stürzen.

Schließlich fanden sie das geeignete Gelände und konnten mit der Arbeit beginnen. Häufig hatte Saussure auf seinen Expeditionen die abgehärteten Führer von Chamonix gelobt. Doch als sie anfingen, ein Loch für das Zelt zu graben, war er verblüfft. »Diese robusten Männer, für die der sieben- oder achtstündige Marsch, den wir gerade hinter uns hatten, eine Kleinigkeit gewesen war, konnten nur fünf oder sechs Schaufeln Schnee heben, bevor sie die Aufgabe für unmöglich erklärten.«[12] Saussure hatte ein Gebiet für sein Lager gewählt, im dem die Luft – wie er später schrieb – »stagnierte«. Die Männer konnten nicht richtig durchatmen, und die geringste Anstrengung wurde zu einer Qual. Als ein Führer zum Grund einer Gletscherspalte abstieg, um Wasser zu holen, kam er unverrichteter Dinge und von Höhenkrankheit gepeinigt zurück. »Den Rest der Nacht hindurch hatte er schreckliche Schmerzen«,[13] vermerkte Saussure. Alle litten unter starkem Durst, den sie nur stillen konnten, indem sie Schnee schmolzen. Zu diesem Zweck hatten sie kleine Pfannen sowie Kohle auf dem Rücken mitgeschleppt.

In seinem später veröffentlichten Journal wies Saussure ausdrücklich darauf hin, daß die Höhe ihm keine Schwierigkeiten mache und er nicht im geringsten unter Höhenkrankheit gelitten habe. In seinem

Tagebuch stand jedoch etwas ganz anderes. »Phantastische Sicht ... aber Übelkeit. Ich esse ein wenig Brot und gefrorenes Rindfleisch, roh und ekelhaft, und trinke etwas Wasser, das man zu mir hoch geschleppt hat.«[14] Die Tour war nicht so reibungslos verlaufen, wie er sich das vorgestellt hatte. An jenem Abend krochen die Führer nach einem unverdaulichen Mahl ins Zelt und machten jede Ritze dicht, wie ihr Expeditionsleiter sie geheißen hatte. Saussaure erhielt eine Ecke, in der er sich ausstrecken konnte. Die anderen kauerten sich, die Knie aneinandergepreßt, so gut es ging nieder, plapperten in panischer Angst vor sich hin und wandten sich hin und wieder zur Seite, um sich zu übergeben. »Verabscheuungswürdige Nacht«, schrieb Saussure in sein Tagebuch, »Höhenkrankheit, Koliken, schlechte, durch 20 überhitzte und keuchende Insassen erzeugte Luft.«[15] Schließlich ging er an die frische Luft und war überwältigt von dem Anblick, der sich ihm dort bot: »Die prächtige Senke, beschienen von einem Mond, der überaus hell an einem elfenbeinfarbenen Himmel stand, bot ein herrliches Schauspiel. Hinter der Aiguille du Midi stieg Jupiter auf, und der Schnee blendete mich derart, daß ich nur Sterne erster und zweiter Größenordnung sehen konnte.«[16] Aber der Anblick war auch einschüchternd. »Es gab kein Lebewesen, kein Anzeichen von Vegetation – ein Reich eisiger Stille. Bei dem Gedanken, daß Balmat und Paccard diese Wüste gegen Abend erreicht hatten, ohne die Möglichkeit, von irgend jemandem gerettet zu werden, ja ohne zu wissen, daß Menschen dort oben überleben können, und dennoch weitergegangen waren, konnte ich nicht umhin, ihren Mut zu bewundern.«[17] Saussure kehrte in seine feuchte Ecke zurück und wurde kurz nach Mitternacht von einer Lawine geweckt, die über die Hänge, die er am folgenden Tag überqueren wollte, herabstürzte. Er schlief unruhig und stand vor Tagesanbruch auf, um Messungen vorzunehmen. Die Temperatur betrug minus 20,5 Grad.

Sie brachen um sieben Uhr auf und hatten nur noch rund 800 Meter zu überwinden. Verglichen mit der schon zurückgelegten Strecke war das nicht viel. Doch Saussure fand es sehr anstrengend und mußte alle 30 Schritte stehenbleiben, um nach Atem zu ringen. Nach zwei Stunden und über 500 Höhenmetern stießen sie an eine entsetzliche Gletscherspalte. »Dies war der furchtbarste Ort«, notierte Saussure in seinem Tagebuch. »Der Hang hatte eine Neigung von 39 Grad, der Abgrund war schreckerregend, und der an der Oberfläche harte Schnee fühlte sich darunter wie Mehl an. Wir schlugen Stufen, sanken jedoch im Pulverschnee ein, und die darunter liegende Kruste war oft sehr dünn, so daß man wegrutschte.«[18] Saussure schwankte an diesem Hindernis nur dank einem Stock vorbei, den zwei Führer wie eine Balustrade am Steilabfall entlang hielten. Er wurde immer schwächer. Alle 15 Minuten mußte er anhalten, und oft gaben seine Beine nach. Für die restlichen 270 Meter brauchte die Gruppe genauso lange wie für die vorangegangenen 500 – im 19. Jahrhundert sollte der Bergsteiger Edward Whymper 50 Minuten für dieses letzte Stück vorsehen –, doch schließlich erreichte Saussure am 3. August 1787 um zehn Uhr morgens den Gipfel.

In dem ersten von ihm veröffentlichten Bericht schreibt Saussure, sein erster Gedanke habe seiner Frau gegolten. Das entsprach – was die sentimentalen Europäer sicher enttäuschte – jedoch nicht ganz der Wahrheit. Zwar sah er sie durchs Teleskop eine Flagge entrollen, das vereinbarte Zeichen dafür, daß sie ihn auf dem Gipfel erkennen konnte. Doch in späteren Zusätzen zu seinem Tagebuch brachte er seine tatsächlichen Gefühle zum Ausdruck: Enttäuschung, ja sogar Wut. »Da ich in den letzten beiden Stunden schon fast alles gesehen hatte, was man auch vom Gipfel wahrnimmt, war die Ankunft kein *coup de théâtre*, sie bescherte mir nicht einmal die erwartete Freude«, schrieb er. »Der mühsame Kampf, der Gedanke daran und der noch gegenwärtige Eindruck der Anstrengung riefen eine Art Ärger hervor. Ich stapfte eher wütend als erfreut auf dem Schnee herum, der die Spitze krönte.«[19] Zudem hatte die langwierige Kletterei viel kostbare Zeit geraubt, in der er »die Beobachtungen und Experimente, die allein meine Unternehmung rechtfertigten«, hätte machen können, »und ich zweifelte an meiner Fähigkeit, auch nur einen Teil von dem, was ich geplant hatte, durchzuführen«[20].

Das Panorama war auch von einem wissenschaftlichen Standpunkt aus großartig – soviel mußte er einräumen. Zwar hatte er weder die Zeit noch das Können dafür, eine Karte zu zeichnen, doch gewann er endlich eine Gesamtschau von der Anordnung der Alpen. »Ich traute meinen Augen nicht«, notierte er. »Mir war wie im Traum zumute, als ich unter mir diese majestätischen Gipfel sah ... denn sogar an deren Fuß kam man nur unter Schwierigkeiten und Gefahren heran. Ich verstand, wie sie zusammengehörten und miteinander verbunden waren, durchschaute die Struktur, und ein einziger Blick klärte alle Ungewißheiten, die jahrelange Arbeit nicht zu beseitigen vermocht hatte.«[21] Noch viereinhalb Stunden mühte er sich mit seinen Instrumenten ab und nahm Messungen vor, die er später als »erstaunlich« beschrieb. So versuchte er beispielsweise herauszufinden, ob der Himmel, aus der Höhe betrachtet, tatsächlich dunkler war, als vom Tal aus gesehen. Vor Beginn seiner Tour hatte er 16 Karten in verschiedenen Blautönen gemalt. Während er sie auf dem Montblanc durchblätterte, um sich zu überzeugen, welche am ehesten dem Blau des Himmels entsprach, mischten mit ihm befreundete Wissenschaftler in Genf und Chamonix wie vereinbart ähnliche Karten. Das Urteil wurde mit gebührender Feierlichkeit verkündet: Der Himmel wirke vom Montblanc aus tatsächlich dunkler als von unten. Von gewissen Stellen aus seien sogar tagsüber Sterne zu sehen. Aber es handelte sich keinesfalls um das von Leonardo da Vinci und anderen dokumentierte stratosphärische Schwarz. Anhand der Karten war der Himmel über Genf der siebten Blauschattierung vergleichbar, über Chamonix der fünften oder sechsten und auf dem Montblanc mehr oder weniger der ersten – dem Königsblau.

Um 15.30 Uhr mußte Saussure aufgeben. Wolken zogen heran, und er fürchtete, nicht vor Einbruch der Nacht zurück zu sein, wenn der Abstieg genauso lange dauerte wie der Aufstieg. Voller Bedauern brach er auf. »Ich hatte das schmerzliche Gefühl, nicht in der Lage gewesen zu sein, den größtmöglichen Nutzen aus allem zu ziehen«, schrieb er. »Was ich getan hatte, war nur ein Bruchteil von dem, was ich zu tun gehofft hatte.« Alles in allem, erklärte er, erging es ihm »wie einem Feinschmecker, der, zu einem köstlichen Fest eingeladen, durch entsetzliche Übelkeit davon abgehalten wird, es zu genießen«[22].

Der Abstieg dauerte nur halb so lange, wie Saussure erwartet hatte, woraus er den Schluß zog, daß man »beim Aufsteigen ungeheuer ermüdet, weil durch das Anheben der Knie Druck auf den Brustkorb ausgeübt wird«[23]. Am folgenden Morgen um 9.30 Uhr kamen sie unterhalb der Schneegrenze an, wo sie von Bourrit begrüßt wurden. Der verzweifelte Präzentor war in Tränen ausgebrochen, als er Saussure auf dem Gipfel stehen sah, und seither auf der Suche nach einem Führer wie eine Motte um den Montblanc herum geflattert – »aber die Führer weigern sich«[24], schrieb Saussure. Das Team ließ Bourrit zurück, wo es ihn vorgefunden hatte. Es war Sonntag. Saussure ritt den Rest der Strecke auf einem Muli und traf unter Glockengeläut in Chamonix ein.

Der Gelehrte hatte einen leichten Sonnenbrand, war etwas schneeblind und steif, aber ansonsten fühlte er sich wohl. Er umarmte seine Angehörigen und eilte dann nach Hause, um sein Tagebuch zu schreiben. Auf dem Weg nach Genf begegnete er einem alten Briefpartner namens Wyttenbach. »Gratuliere mir!« rief er, als er seinem Freund in die Arme fiel. »Ich komme von der Eroberung des Montblanc zurück!«[25]

Saussure wurde bei seiner Rückkehr nach Genf wie ein Held gefeiert. In den Augen der Welt hatte es Paccard und Balmat offenbar nie gegeben. Saussure war der wahre Sieger, und nach der Veröffentlichung seines Reiseberichtes erlangte er noch mehr Ruhm. »Zitternd haben wir Sie an Abgründen vorbei und durch Gefahren begleitet«, schrieb Mme Necker, die Schwiegermutter seiner Tochter. »Sie haben meinen Geist beflügelt, Monsieur, indem sie mir diese Schatzkammern der Welt gezeigt haben, und ich trauere ständig ob der Schwäche, die mich daran hindert, in Ihre Fußstapfen zu treten. Doch meine Vorstellungskraft macht meine fehlende Stärke wett. Beim Lesen Ihres Berichtes höre ich das dumpfe Krachen der Lawinen und das Klopfen der elektrischen Ströme ... Ich könnte mir vorstellen, meine Tage in jenen friedlichen Winkeln mit Monsieur Necker an meiner Seite enden zu wollen, um der Natur und der ehelichen Liebe eine letzte Huldigung darzubringen – den einzigen Dingen, die uns nach dem Zusammenbruch aller Illusionen des Lebens bleiben.«[26] Und das war noch längst nicht alles. Saussures Bericht erschien in englischer und italienischer Übersetzung, und ein Jahr später wurde er zum Fellow der Royal Society in London gewählt. In wissenschaftlichen Kreisen verglich man ihn mit Joseph Banks, der durch seine Erdumseglung mit Captain James Cook von 1768 bis 1771 zu einem der berühmtesten Männer des Jahrhunderts geworden war.

Inzwischen verfaßten Genfer Poeten ganze Litaneien – eine schrecklicher als die andere – über Saussure und alles, was mit ihm zusammenhing. Ein 112 Zeilen langes Opus im klassischen Stil widmete sogar dem Teleskop von Madame de Saussure fünf Zeilen, »diese Röhre, die uns Gegenstände, durch Distanz entfernt, näher bringt«[27]. Saussure war

Freiwild für jeden, der eine Feder besaß und halbwegs reimen konnte. Sogar ein Häftling, der wegen Mordes eine lebenslängliche Strafe verbüßte, leistete vom »Hôtel de Patience, am 18. August, im 129. Monat seiner Gefangenschaft«[28] einen Beitrag. Der einzige Mißklang ging von einer Ode aus, in der Balmat als Kolumbus der Alpen gerühmt, Paccards Name falsch geschrieben, Saussure als Laie abgetan und mehrere lobende Anspielungen auf einen Mann namens Marc-Théodore Bourrit gemacht wurden. Man schenkte ihr kaum Beachtung.

Der arme Bourrit. Nachdem er sich so lange danach gesehnt hatte, den Montblanc zu besteigen, war er jetzt in die Rolle des hilflosen Mitläufers abgedrängt worden – genau die Rolle, die er zuvor Paccard zugeschrieben hatte. Am Tag nach Saussures Gipfelsturm fand er endlich Führer, die gewillt waren, ihn auf den Gipfel zu geleiten. Doch sein Mut ließ ihn wieder im Stich. Er verlor seine getönte Brille, und beim ersten Windstoß gab er mit der Entschuldigung auf, ihm sei Staub in die Augen geweht. Zu seiner Bestürzung fand vier Tage später ein junger Brite namens Mark Beaufoy die Brille und trug sie auf dem Weg zum Gipfel, den er laut Paccard unerschütterlich wie ein Führer zurücklegte. Bourrits Kummer verstärkte sich noch, als er zu Beaufoy eilte und diesen nach seinen Eindrücken befragte. Hatte der erste Gedanke auf dem Gipfel, wie bei Saussure, seiner Frau gegolten? (Bourrit war in die junge Frau vernarrt, die sich gerade im selben Raum befand.) Beaufoys ernüchternde Antwort lautete: »Keineswegs.«[29]

1788 kam dann Bourrits Stunde. In jenem Jahr schloß er sich einem Engländer und einem Niederländer an, um die fünfte erfolgreiche Montblanc-Besteigung durchzuführen. Sie wurde wegen des damals herrschenden schlechten Wetters bekannt, und Bourrit beschrieb sie mit allem ihm zur Verfügung stehenden Elan. Auch wenn man seine Übertreibungen abzieht, muß es ein unangenehmer Aufstieg gewesen sein. Die Temperatur sank bis auf minus 10,5 Grad, und der Holländer kehrte um, weil er um sein Leben fürchtete. Erschöpfte Führer lagen auf dem Grand Plateau und rangen in der dünnen Luft nach Atem, bevor sie seinem Beispiel folgten. Die übrigen, die schließlich den Gipfel erreichten, litten an schwerer Unterkühlung. Als sie beim Abstieg auf den Grands Mulets biwakierten, waren »dem Engländer Woodley beide Füße erfroren, [und] er hörte nicht mehr auf zu jammern; Dominique

Balmat war fast erblindet; die Hände von Cachat le Géant waren entsetzlich zugerichtet, und auch den anderen Führern erging es nicht viel besser«[30]. Woodley verbrachte in Chamonix 13 Tage mit den Füßen in einem Eis- und Salzbad, bevor er sie wieder richtig bewegen konnte, Bourrit tat einen Tag lang das gleiche. Der einzige Haken – und in seiner Schilderung versucht er, dies so gut wie möglich zu verschleiern – war, daß Bourrit es nicht ganz bis auf die Spitze schaffte. Er hinkte hinterher – oder, mit seinen eigenen Worten, Woodley drängte allzu schnell voran – und kam 120 Meter unterhalb des Gipfels nicht mehr weiter. Dennoch war es ganz erstaunlich, daß er überhaupt so weit gelangte; und hatte Saussure nicht gesagt, das letzte Stück biete wenig Neues? Wenn auch nicht in Wirklichkeit, so hatte Bourrit doch im Geiste den Montblanc bezwungen. Diese Meinung jedenfalls äußerte er in seinem Bericht, und es wäre kleinlich, ihm das heute streitig zu machen. Gleichgültig, welche Fehler er hatte, man sollte dem Hartnäckigsten der vom Montblanc Geschlagenen für seine Beinahe-Eroberung die gebührende Anerkennung zollen.

6

Der Montblanc war von seinem Sockel gestoßen worden – oder genauer gesagt, er war selbst zum Sockel geworden –, aber es gab noch viele andere Herausforderungen, denen Saussure sich unbedingt stellen wollte. Die erste, die seine Aufmerksamkeit erregte, war der Col du Géant. Das ist kein Gipfel, sondern ein Gebirgspaß, der von Chamonix über das Montblanc-Massiv nach Courmayeur führt und der infolge einer gescheiterten Überquerung im Jahr 1689 für seine Unpassierbarkeit berüchtigt war. Ein Kollege Saussures namens Exchaquet hatte ihn jedoch 1787 bezwungen und dabei den Gletscher, den gefährlichsten Teil der Route, überwunden. Etwas später im selben Jahr überquerte Bourrit den Col mit seinem Sohn. Er brauchte 17 Stunden bis Courmayeur, elf davon auf dem Eis. Danach schrieb er: »Die Schwierigkeiten des [Montblanc] sind nichts im Vergleich mit dieser Expedition … Die Gletscherspalten waren furchterregender und größer als die auf dem Montblanc, und mußte man dort Angst vor Lawinen haben, so stellten hier die abgehenden Séracs kein geringeres Risiko dar.«[1] (Séracs sind gefährliche Eisblöcke, die ohne jede Vorwarnung abbrechen, und wie Gletscherspalten sind sie ein Merkmal glazialer Landschaften.) Ihre Kleider und Schnürsenkel gefroren. Noch bevor sie am höchsten Punkt anlangten, hatte Bourrits Sohn kein Gefühl mehr in den Händen und Füßen. Zwei Zentimeter lange Eiszapfen hingen von seinem Kreppschleier herunter. »Die Führer … liefen hin und her wie Männer, die nach einem Schiffbruch den Wellen dadurch zu entkommen versuchen, daß sie von Stein zu Stein springen.«[2] Als sie nach fünfeinhalbstündigem Abstieg in Courmayeur ankamen, war Bourrit überglücklich. Er kehrte nach Genf zurück, »wobei er von dieser denkwürdigen Expedition die außergewöhnlichsten Eindrücke mitbrachte und sich brüsten konnte, an einem Tag ... durch tausend Gefahren hindurchgegangen zu sein – Gefahren, die ihm Genugtuung verschafften und die Beweis dafür waren, was Menschen um des Ruhmes willen auf sich nehmen«[3]. Es war die »kühnste Expedition, die je in den Alpen unternommen wurde«,[4] dramatisierte er. (Aus Enttäuschung darüber, nicht wie angenommen als erster auf dem Col gewesen zu sein, äußerte er sich geringschätzig über Exchaquet, der nach eigenen Angaben auf der Strecke »keinen Schwierigkeiten begegnet« war.)

Was die Legenden auch besagten und was immer Bourrit ihnen hinzufügte, der Aufstieg zum Col war relativ einfach. Saussure wußte Bescheid, aber das kümmerte ihn nicht. Er wollte in erster Linie die meteorologischen Messungen nachholen, die er auf dem Montblanc nicht hatte durchführen können. In vieler Hinsicht war seine Überquerung des Col du Géant bewundernswerter als die Montblanc-Besteigung. Der Paß liegt auf über 3350 Meter Höhe und ist infolge des gefährlichen Gletschers nicht zu unterschätzen.

Saussure wollte den Col nicht nur überqueren, sondern 16 Tage dort oben zubringen. Zwei Jahre zuvor hatte man noch geglaubt, niemand könne eine Nacht in solcher Höhe überleben, und Saussure beabsichtigte nun, mehr als zwei Wochen dort zu bleiben. Das hatte noch keiner gewagt. Bisher war er wegen seiner Gewissenhaftigkeit immer zweiter gewesen, doch diesmal wollte er der erste sein. Er formulierte es so: »Es schien mir interessant zu sein.«[5]

Die Expedition startete am 2. Juli 1788 und umfaßte Saussure, seinen neuen Diener (der alte hatte schließlich kapituliert), seinen Sohn Etienne und eine Mannschaft von Führern, von denen vier unter der Leitung Jacques Balmats auf dem Col bleiben, Briefe nach Chamonix bringen und Proviant von dort holen sollten. Für einen so langen Aufenthalt war das alte Montblanc-Zelt nicht geeignet, und Saussure entschied sich für zwei robustere aus präpariertem Segeltuch, eines für die Vorräte und eines zum Wohnen und Schlafen. Die Zelte kamen von Tillard aus Paris und waren »äußerst empfehlenswert, wenn der Geruch einem nichts ausmacht«[6].

Den Anstieg bewältigten sie ohne große Mühe – obwohl ein Führer in eine Gletscherspalte fiel und mit bösen Abschürfungen wieder auftauchte –, und Saussure war sehr erfreut, daß er nicht wie auf dem Montblanc unter Höhenkrankheit litt. Das auf Exchaquets Rat hin ausgewählte Lager befand sich für Saussures Geschmack weder hoch genug, noch bot es ausreichend Platz. Es handelte sich um einen schmalen, unebenen und schneebedeckten Vorsprung, und bevor man die Zelte aufschlagen konnte, mußten zuerst Steine aus dem Weg geräumt werden. An einem Ende war ein provisorischer Felsunterschlupf, kaum zwei mal zwei Meter groß, der zur Hälfte mit Schnee gefüllt war und zu beiden Seiten steil abfiel. Saussure war enttäuscht, denn obwohl er dauernd Bergtouren machte, schätzte er seinen Komfort. Der Platz eignete sich jedoch für seine Beobachtungen, und anfangs kam ihm der Unterschlupf gelegen, wenn es im Schlafzelt zu stickig wurde.

Trotz ein oder zwei heftiger Stürme und der unerwarteten Ablenkung durch Exchaquet, der dem Lager mit ein paar Freunden einen 24stündigen Besuch abstattete, gelang es Saussure, die meisten seiner Experimente durchzuführen. Man arbeitete den ganzen Tag hindurch. Saussures Sohn stand um vier Uhr auf, sein Vater drei Stunden später. Sie lasen die Anzeigen von Barometer, Thermometer, Elektrometer, Hygrometer, Kompaß und Pendel ab. Sie untersuchten die Reaktion von Gesteinen, die in verschiedene Säuren getaucht wurden, berechneten die Geschwindigkeit von Wolkenformationen, beobachteten Sternschnuppen – enttäuschend kleine – und waren froh, daß diese nicht, wie man allgemein vermutet hatte, unter ihnen, sondern über ihnen zerfielen. Um 22 Uhr ging Saussure *fils* zu Bett, während der Vater sich noch zwei Stunden mit dem Elektrometer beschäftigte, bevor er sich in die Hütte zurückzog. »Auf meiner kleinen Matratze, die auf dem Boden neben der meines Sohnes lag, schlief ich besser als zu Hause in meinem Bett.«[7] An schönen Tagen sonnten sie sich, während unter ihnen Chamonix in Wolken gehüllt war. Ganze Schwärme von verwirrten Schmetterlingen, die durch Aufwind vom Tal über die Schneegrenze geweht wurden, landeten auf dem Zeltlager und zogen Scharen von Alpenkrähen an. Obwohl die Temperaturen nachts auf minus 20 Grad sanken und das Wasser im Glas gefror, hatte Saussure seine Freude an alledem.

Er war in erster Linie Wissenschaftler, und seine Tagebücher spiegeln das wider. Seine Strukturanalysen von Gesteinen können unerträglich langweilig sein, doch manchmal kommt der heimliche Romantiker zum Vorschein. In einer Passage, die er kurz vor dem Abstieg schrieb, schildert er enthusiastisch die Aussicht vom Col:

> Diese Höhen haben uns sehr auf die Probe gestellt, doch heute hatten wir einen wunderschönen Abend. Die hohen Bergspitzen um uns herum und der Schnee, der sie voneinander trennt, schimmerten in den schönsten Rosarot- und Karmesintönen. Der Horizont nach Italien hin war von einem breiten Gürtel umgeben, aus dem der zinnoberrote Vollmond mit königlicher Erhabenheit aufstieg... Schnee und Felsen, deren Glanz im Sonnenschein verschwindet, bieten im sanften Mondlicht einen wunderbaren, prächtigen Anblick. Wie herrlich ist der Kontrast zwischen den Granitklippen, die verschattet sind oder scharf und kühn hervortreten, und dem glitzernden Schnee! ... Das Herz geht auf, der Geist schwingt sich empor, und inmitten dieser majestätischen Stille scheint man die Stimme der Natur zu vernehmen und zum Vertrauten ihrer innigsten Geheimnisse zu werden.[8]

Aber es gab auch schlechte Tage. Saussure lagerte genau auf der Höhe, in der sich Gewitterstürme bilden. Um die Konsequenzen abschätzen zu können, muß man ein wenig über dieses furchterregende Phänomen wissen. Normalerweise bleibt die kalte Luft der oberen Atmosphäre von der wärmeren darunter getrennt. Manchmal dringen jedoch warme Lufttaschen in die Kaltluft ein. Anfangs bilden sich dabei harmlose Kumuluswölkchen. Aber wenn sie sich zusammenballen, entsteht eine große Wolkendecke, über der eine sich schnell abkühlende Feuchtigkeitsschicht liegt. Gefriert die Luft, stellt sie die Wolke auf den Kopf. Diese stürzt zur Erde und erzeugt zunächst den Wind, der einem Sturm vorausgeht, und dann sintflutartige Regenfälle. Und während die Kaltluft absackt, strömt Warmluft mit 160 Stundenkilometern von unten in das entstandene Vakuum und schafft so die Voraussetzungen für einen weiteren Wolkenbruch. Jeder derartige Zyklus wird als Feuchtigkeitszelle bezeichnet, und jede Wolke kann bis zu fünf Zellen enthalten. Eine Zelle ist kurzlebig – sie existiert ungefähr 20 Minuten –, doch während die Wolke dahintreibt, kann nochmals Warmluft zuströmen und ein Gewitter von mehreren Stunden Dauer hervorbringen.

Manchmal hagelt es während eines Gewitters, das heißt, es bilden sich in ca. 4600 Meter Höhe gefrorene Wasser- bzw. Staubtröpfchen, die durch den Aufwind hochgeworfen werden, bis sich um sie herum eine enorm schwere Eisschicht formt. Das Eis fällt nach unten, wodurch das Unwetter eine neue Dimension bekommt. Und dann treten Blitze auf. Während die Gewitterwolke dahintreibt, wirft sie einen positiv geladenen elektrischen Schatten auf die Erde. Der Sturm selbst ist negativ geladen, und wenn Sturm und Schatten durch die Berghöhen aneinandergeraten, ist das Ergebnis explosiv. Vom Boden hinaufzuckend – der Blitz kommt nämlich entgegen der landläufigen Vorstellung nicht vom Himmel herunter –, schießt die Elektrizität in sieben bis acht Kilometer langen, oft nur bleistiftdünnen Kanälen mit über 100 Millionen Volt nach oben. Die Gase, die sich in diesen überhitzten Passagen bilden, dehnen sich aus und verursachen den Donner. Wenn man Wind und Elektrizität berücksichtigt, enthält eine einzige Gewitterwolke so viel Energie wie zehn Hiroshima-Atombomben.

Den ganzen 3. Juli hindurch hatten sich über Chamonix Wolken angesammelt, und am folgenden Morgen um ein Uhr war Saussure der erste Mensch, der das Leben im Zentrum eines Gewittersturms beschreiben konnte. Es war »das Schrecklichste, was ich je durchgemacht habe«. Der Wind wütete derart, daß sein Sohn und er sich aneinander schmiegten. Sie fürchteten,

> daß die Steinhütte, in der [wir] schliefen, jeden Augenblick davongetragen werden könnte. Der Sturm hatte die Eigenart, daß er durch Intervalle von äußerster Stille unterbrochen wurde. In diesen Pausen hörten wir den Wind unter uns heulen ... während es um unsere Hütte absolut still war. Doch wurden diese ruhigen Momente von unbeschreiblich heftigen Windstößen abgelöst. Doppelschläge erklangen wie bei einem Artilleriefeuer. Wir spürten sogar, wie der Berg unter unseren Matratzen zitterte. Der Wind drang durch die Ritzen in der Hüttenwand, einmal wirbelte er sogar meine Laken und Decken in die Luft, und ich fror am ganzen Körper.[9]

Im Morgengrauen flaute der Wind ein wenig ab, und sie konnten sich den Führern in einem der verhältnismäßig geschützten Zelte anschließen. Doch bald wütete der Sturm aufs neue, und die vier Führer waren gezwungen, die Stangen festzuhalten, damit das Zelt nicht um-

Unwetterwolken über dem Montblanc

kippte und mitsamt den Insassen weggefegt wurde. Zweimal, als der Sturm sich etwas legte, rasten die Führer zum Vorratszelt, um Proviant zu holen. Obwohl es nur fünf Meter entfernt lag, mußten sie sich auf halber Strecke an einen Felsen klammern, um nicht über den Abhang geweht zu werden. Dort hingen sie »zwei oder drei Minuten lang, während der Wind ihnen unter die Kleider fuhr, und Hagel auf sie niederprasselte, bis sie dann endlich ihr Vorhaben ausführen konnten«[10]. Gegen sieben Uhr morgens

> fing es auch noch an, ununterbrochen zu hageln und zu donnern. Ein Blitz schlug direkt neben uns ein, und wir hörten ganz deutlich, wie ein Funke an der nassen Zeltwand, genau hinter meinem Sohn, herunterzischte. Die Luft war so voller Elektrizität, daß ich nur die Spitze des Elektrometers aus dem Zelt zu halten brauchte, und schon schlug es voll aus, und bei jedem Donnern wechselte die Ladung von positiv zu negativ oder umgekehrt.[11]

Am 4. Juli gegen Mittag legte sich der Sturm. Die 24stündige Tortur hatte die Männer schwer mitgenommen, aber ihre Zuversicht nicht beeinträchtigt. Ihre Zelte waren zwar nicht besonders robust, aber sie hatten den schlimmsten Unbilden der Natur standgehalten, und Saussure wußte zu seiner Erleichterung nun, daß er seinen Aufenthalt bei jeglichem Wetter zu Ende bringen konnte.

In seinen Briefen malte er ein rosiges Bild vom Leben auf dem Col. »Ich habe mich noch nie so kerngesund gefühlt«, versicherte er seiner Frau. »Letzte Nacht schlief ich in meinem Zelt, auf dem sich nach dem Regen eine Eisschicht gebildet hatte, und die Zeltbahn klirrte wie ein Armreif, doch leide ich bisher an keinerlei Unwohlsein oder Erkältung.«[12] In einem weiteren Brief hieß es: »Ich schreibe Dir in der Stille der Nacht; all meine Gefährten schlafen, während ich eingehüllt in Felle in meinem geschlossenen Zelt mit den Füßen auf einem heißen Stein [sitze] ... Gerade war ich draußen, um meine Beobachtungen zu machen. Was für eine wunderschöne Nacht!«[13] Und dann: »Man könnte glauben, wir lebten in einer Schmiede. Die Kohle brennt nur, wenn die Glut angefacht wird. Daher sind die Blasebälge sehr strapaziert und rauchig. Unsere Führer, die ebenfalls einen Bärenhunger haben, schnappen sich den Ofen, sobald wir damit fertig sind, so daß man andauernd ihren Blasebalg hört, dessen Geräusch sich mit dem Lärm von Schnee-

und Steinlawinen um uns herum mischt. Aber wir sind ganz sicher vor ihnen. Es ist eine der Lieblingsbeschäftigungen [unseres Sohnes] und der Führer, große Felsbrocken bergab zu rollen. Auf vereisten Hängen erzeugen sie wahrhaft prächtige Stein- und Schneestürze.«[14]

Die besonders glanzvollen Schilderungen, die er seiner Frau geschickt hatte, wurden später in sein Journal aufgenommen. Doch als das Buch veröffentlicht wurde, fügte er die Details hinzu, die er zunächst vorsichtshalber ausgelassen hatte. Jeden Tag um 17 Uhr – ganz gleich, wie gut das Wetter war –, kam, von Schnee und Hagel begleitet, ein bitterkalter Nordwestwind auf, der das Leben »äußerst unleidlich [machte]. Die wärmsten Kleider – selbst Felle – boten keinen Schutz: Wir konnten kaum Feuer in den Zelten anzünden, und die Hütte ... ließ sich durch unsere kleinen Öfchen fast gar nicht aufheizen. Ohne den Einsatz von Blasebälgen schwelte die Kohle nur, und wenn wir es schließlich schafften, Füße und Waden aufzuwärmen, blieben unsere Körper infolge des Windes, der durch die Hütte fegte, dennoch kalt.«[15] Fünf Stunden lang tobte der Sturm und flaute erst um 22 Uhr ab.

Im Laufe der Tage wurde aus dem hübschen Unterschlupf *»notre miserable petite cabine«*, und Saussure kroch der Wärme wegen ins Zelt. Hagel und Graupel peitschte die Männer, und die Stürme waren unberechenbar. Die Zeltschnüre spannten sich manchmal bis zum Zerreißen, während sie im nächsten Moment schlaff herunterhingen, um dann plötzlich laut zu surren. Derweil litten die Bewohner von Courmayeur unter einer Dürre. Schuld daran waren eindeutig die Hexenmeister, die auf dem Col du Géant ihre Zelte aufgeschlagen hatten. Eine Gruppe starker Männer stand bereit, sie mit Gewalt herunterzuholen.

Saussures Qual fand – wie die Courmayeurs – dank seinen Führern ein Ende. Zwei Wochen lang waren sie unter großen Mühen mit Saussures Briefen ins Tal abgestiegen und mit Kohle und Essen zurückgekehrt. Verglichen mit dem, was sie durchmachten, waren die Unbequemlichkeiten ihres Arbeitgebers trivial, und ihnen war nicht einmal die kleine Freude vergönnt, Beobachtungen anzustellen. Balmat, der sich wahrscheinlich über seine Rolle als Kurier ärgerte, brauchte immer länger, um Saussures Briefe zuzustellen, und einmal blieb er sogar eine Woche lang aus, um ein Porträt von sich malen zu lassen. Am 20. Juli erwachte Saussure und stellte fest, daß seine Lebensmittelvorräte verschwunden waren. Die Führer hatten den Proviant vertilgt, denn Saussures Entzücken über einen besonders herrlichen Abend ließ sie befürchten, daß er seinen Aufenthalt ausdehnen könnte. Nahrungsentzug schien das einzige Mittel zu sein, ihn ins Tal zurückzutreiben. Er machte gute Miene zum bösen Spiel und stieg schwindelig vor Hunger, aber in Hochstimmung nach Courmayeur ab. Seine Beobachtungen waren bahnbrechend, auch wenn sie zu keiner neuen wissenschaftlichen Erkenntnis führten. Vor allem jedoch empfand er eine tiefe Befriedigung darüber, in so großer Höhe so lange überlebt zu haben, und der ganze Aufenthalt hatte ihn stark beeindruckt. Er war, mit seinen eigenen Worten, ein »Nachbar des Himmels«[16] gewesen.

Damit ging der erste große Sturm auf die Alpen zu Ende. Nach seinen Triumphen auf dem Montblanc und dem Col de Géant weitete Saussure seine Forschungen auf die Schweizer Kantone aus. Er reiste ins Berner Oberland nach Grindelwald und sah sich die Jungfrau, die mächtige Wand des Wetterhorns, den senkrecht abfallenden Eiger und das Schreckhorn an, das damals nach dem Montblanc als zweithöchster Gipfel der Alpen galt. 1789 erforschte er ein unentdecktes Tal unterhalb des Lysjochs und erklärte, es gebe dort keine Anzeichen einer untergegangenen Zivilisation, wie es im *Journal de Paris* geheißen hatte. Er reiste ins Wallis nach Zermatt, wo er die unteren Kuppen des Monte Rosa bestieg und den furchterregenden Felsen betrachtete, der als Mont Cervin oder Matterhorn bekannt ist. Saussure meinte nur, der Berg sehe wie eine abgestumpfte Pyramide aus. Als er einen Fluß durch Zermatt fließen sah, überlegte er, wohin das Geröll vom Matterhorn wohl geschwemmt werde. Doch nichts davon reichte an seine beiden sensationellen Besteigungen von Chamonix aus heran.

Saussure setzte sich in Genf zur Ruhe. Seine Gesundheit war durch die Bergsteigerei arg in Mitleidenschaft gezogen, genau wie seine Frau befürchtet hatte. Von seinem Herrensitz aus, den Bourrit als das schönste Haus der Stadt beschrieb, widmete er sich der Politik und bemühte sich vergeblich, Geographie im ganzen Land als Schulfach einführen zu lassen. Berühmte Leute statteten ihm Besuch ab und bewunderten seine Sammlungen, die außer einer Vielzahl von Gesteinsproben auch Zimmer voll ausgestopfter Vögel, Tafeln mit aufgespießten Schmetterlingen und eine Reihe von Fossilien enthielten, darunter »den Oberkiefer einer großen Krokodilart und mehrere Elefantenknochen« sowie ein paar Nilpferdzähne. Seine Bibliothek war die »größte und beste in privater Hand«[17].

1789 wurde Saussures Ruhestand von der Französischen Revolution überschattet. Zehn Jahre später sollte die Revolution ihren Fuß in die Tür aller Nachbarstaaten gesteckt und manchmal die Tür sogar eingetreten haben, und die Alpenländer waren dieser Gefahr nicht weniger ausgesetzt als andere. Eine unmittelbare Folge davon war Saussures Bankrott. Den Großteil seines Geldes hatte er in Frankreich angelegt, und 1793 waren diese Investitionen wertlos. Seine Frau schrieb an ihre Söhne, die damals in England studierten: »Ihr müßt Euch um Posten als Privatlehrer bemühen oder Ausschau nach einer reichen Braut halten. Wenn das nicht gelingt, müssen wir mit unseren alten Sachen, den alten grünen Wandteppichen und mit einem kleinen Hausmädchen in einem schwarzen Häubchen weiterleben.«[18] Saussure spielte eine Zeitlang mit dem Gedanken auszuwandern. Großbritannien zum Beispiel machte Schweizern, die ihr Land verlassen wollten, ein attraktives Angebot, und das Parlament hatte 50 000 Pfund Sterling für die Schaffung eines »New Geneva« in Irland bewilligt. Diese Modellstadt in der Nähe von Waterford sollte nach den besten Plänen gebaut werden und sogar einen eigenen wettbewerbsfähigen Goldstandard* zugunsten der Schweizer Uhrmacher haben. Aber 1794 war ans Reisen nicht mehr zu denken. In jenem Jahr verabschiedete die Stadt Genf eine auf dem französischen Modell basierende, radikale Verfassung – und Saussure erlitt einen Herzinfarkt. Die Tagebücher, in denen er seine Reisen durch die Alpen so detailliert dargestellt hatte, sprachen jetzt eine andere Sprache: »Schwächer und dünner« – »Beine tragen nicht mehr« – »Schreiben schwierig.«[19] Statt auf Gipfel zu steigen, hielt er sich häufig in Kurorten auf und suchte vergeblich nach Heilung. Er bemühte sich um einen Posten, irgend etwas, »das mir ermöglicht, fünf- oder sechshundert *Louis* pro Jahr auf die Seite zu legen«[20], fand aber nichts Geeignetes. Man bot ihm eine Stelle als Chemie- und Physiklehrer in Paris an, doch

* Etwa 20 000 Pfund Sterling wurden für das Projekt ausgegeben, bevor man es mangels Interessenten begrub.

er konnte sich die Reise dorthin nicht leisten und war ohnehin zu schwach. Seine Frau schrieb eine Liebesgeschichte und hoffte, damit ein wenig Geld zu verdienen, doch obwohl Saussure jedes Mal weinte, wenn ihm seine Frau daraus vorlas, blieb das Geld aus. Ein Freund bemerkte: »Liebesgeschichten zu schreiben entspricht der hiesigen Mode. Jedermann kann für jeden Anlaß ein Manuskript aus der Tasche ziehen.«[21]

Saussure versuchte, eine »Theorie der Erde« zu entwickeln, doch hinderten ihn seine Krankheit und seine religiöse Überzeugung daran, mehr als eine Skizze zu verfassen. Es war ein bruchstückhaftes Werk, in dem er die Grundsätze der geologischen Forschung aufstellte, es aber nicht wagte, mit der Bibel zu brechen. In den Jahren unmittelbar vor seinem Tod arbeitete er an den letzten Bänden der *Voyages*. 1798, zwei Jahre nach ihrer Veröffentlichung und zu dem Zeitpunkt, als Frankreich Genf annektierte, starb er. Die Endredaktion der *Voyages* besorgte sein Sohn Théodore, der uns die denkwürdigste Äußerung seines Vaters im Wortlaut überlieferte: »Erst seit gestern und nur für einen Tag auf diesem Planeten weilend, können wir nur hoffen, einen Blick auf das Wissen zu erhaschen, das wir vermutlich nie erlangen werden.«[22]

7

Mit Saussure ging es zu Ende, doch das Interesse an den Alpen war ungebrochen, und es kamen mehr Touristen als je zuvor. Adlige aus ganz Europa reisten in die Berge: Polen, Russen, Italiener, Franzosen und Deutsche fanden wegen der Scharen britischer Aristokraten, für welche die Alpen im Sommer zu einer Art zweiter Heimat geworden waren, nur schwer Hotelzimmer. Briefe und Tagebücher aus dieser Zeit lesen sich wie eine Mischung aus *Burke's Peerage* und dem *Gothaer Almanach*. Von überall her lockte es Herzöge, Grafen, Lords und Bischöfe mit ihren Frauen und Geliebten in bekannte Kurorte wie Evian und Leukerbad. Jeder Kurort war auf die Heilung bestimmter Krankheiten spezialisiert – manche auf Skrofulose, andere auf Verdauungsstörungen und Leberbeschwerden, während Pfäffer besonders erfolgreich bei Verstauchungen war, aber auch als Erholungsort nach Folterungen empfohlen wurde. Doch ging es den meisten Besuchern weniger um die Behandlung als um ein reges Gesellschaftsleben. Nicht nur Adlige strömten herbei, sondern ebenso Lebemänner, Stutzer und Taugenichtse. Einer davon war Charles James Fox, ein britischer Politiker, der angeblich einmal 24 Stunden ununterbrochen um Geld spielte und dabei zehn Pfund Sterling pro Minute verlor; William Beckford, Schriftsteller und Bonvivant, war ein weiterer. Er rauschte 1792 unter solchem Aufsehen nach Neuchâtel, daß es dem dort weilenden Lord Cloncurry fast die Sprache verschlug: »[Er] reiste in derart großem Stil, daß es selbst die heutigen degenerierten Prinzen in Erstaunen versetzt hätte. Seine Reisemenage bestand aus rund 30 Pferden mit vier Kutschen und einem entsprechenden Gefolge von Dienern. Gleich nach seiner Ankunft bezog Mr. Beckford eine prächtige Jacht auf dem See.«[1] Zwei Jahre später kaufte er Gibbons gesamte Bibliothek, »um auf meiner Durchreise durch Lausanne etwas zu lesen zu haben«[2]. Und dann gab es noch den Grafen Joseph Gorani, einen in allen europäischen Ländern geächteten Abenteurer, der 1794 durch nicht weniger als 31 Schweizer Dörfer und Städte eilte, während ihm im Auftrag der Königin von Neapel eine Gruppe von gedungenen Mördern auf den Fersen war.

Diese illustre und zuweilen etwas anrüchige Gesellschaft fand die Höhen so abstoßend wie eh und je. Manche bewunderten die Aussicht und setzten zögernd einen Fuß auf die unteren Gletscher. Doch im allgemeinen waren sie mehr an dem ausschweifenden Leben in den Kurorten interessiert, wo Männer und Frauen bisweilen sogar in denselben Wassern badeten. Wenn man überhaupt Bergtouren machte, waren sie in der Regel eher lächerlich. Als Beispiel mag eine Passage aus dem Tagebuch des deutschen Reisenden Friedrich Bouterweck dienen, der 1794 das Lauterbrunner Tal im Berner Oberland besuchte:

> Eine elegante, nicht unbekannte Lady aus England war nach Grindelwald gekommen, um die Gletscher zu sehen, und sie wollte vier Männer anheuern, die sie für den üblichen Lohn von einem neuen *Louis d'or* über die Kleine Scheidegg (der Paß, der Grindelwald mit Lauterbrunnen verbindet) tragen sollten. Man suchte nach den vier stärksten Männern von Grindelwald. Aber so gern sich ein Schweizer auf ehrliche Weise Geld verdient, war keiner bereit, eine so bedeutende Lady zu tragen ... Doch die wollte getragen werden. Man schickte nach vier weiteren Männern, den nächststärksten, und verdoppelte den Lohn. Die acht getreuen Diener schauten einander an und faßten einen Plan. In zwei Schichten, sich gegenseitig ablösend, schleppten sie die groteske Last in Richtung Scheidegg.

Nach Beendigung ihrer Aufgabe schliefen die Träger, wie Bouterweck voller Ehrfurcht berichtete, »die ganze Nacht und den ganzen nächsten Tag hindurch und waren immer noch erschöpft, als sie aufwachten«[3].

Das war kein neues Phänomen. 1786 hatte sogar der großmütige Saussure bei der Montblanc-Besteigung ein Gefühl der Verachtung verspürt, als er beobachtete, »wie sich Wanderer, auf ihre Führer gelehnt, über den unteren Bossons-Gletscher kämpften und wahrscheinlich für

Eiger, Mönch und Jungfrau

ihre Rückkehr einen aufgeblasenen Bericht über ihren Mut und die Risiken ersannen, denen sie ausgeliefert waren«[4]. Derweil schwappte die Touristenwelle weiter. In den achtziger und neunziger Jahren des 18. Jahrhunderts hatte Chamonix jährlich rund 1200 Besucher. Die Ausflüge auf den Montenvers und das Mer de Glace waren so populär, daß man berühmteren Touristen riet, Stoßzeiten zu vermeiden. Die überlasteten Führer alterten infolge der ständigen Anstrengung vorzeitig früh.

Aber es gab auch verständige Besucher. William Wordsworth war 1790 zutiefst bewegt:

> Wir sind nun ... an dem Punkt angelangt, wo wir diese erhabene und wunderschöne Gegend hinter uns lassen müssen. Und Sie können sich nicht vorstellen, wie melancholisch mich diese Vorstellung macht ... Ich habe die Dinge betrachtet, die mir dieses Land zu meinem immer größeren Vergnügen vor Augen geführt hat, und mich so lange gewissermaßen mit ihnen ausgetauscht, daß die Vorstellung, mich von ihnen trennen zu müssen, eine ähnliche Traurigkeit in mir auslöst wie der Abschied von einem geliebten Freund ... In diesem Moment, da viele der Landschaften vor meinem inneren Auge vorüberziehen, verspüre ich große Befriedigung bei dem Gedanken, daß wohl kaum ein Tag in meinem Leben vergehen wird, an dem ich nicht Freude an diesen Bildern haben werde.[5]

Turner war zwölf Jahre später ähnlich gerührt. Er ließ sich nicht über die Landschaft aus, sondern malte still vor sich hin und schuf 400 Skizzen, aus denen er – die Farben später aus dem Gedächtnis hinzufügend – eine Sammlung lebenssprühender Gemälde schuf.

Manche Menschen empfanden die Alpen jedoch als düster, schrecklich und gefährlich. Chateaubriand schrieb 1805:

> Die Großartigkeit der Berge, um die soviel Aufhebens gemacht wird, basiert nur auf der Erschöpfung, die sie bewirken... Ich war erfreut über die Ufer des (Genfer) Sees, aber keineswegs über Chamonix. Hohe Berge erdrücken mich. Es gefiel mir nicht, mich zwischen diesen schweren Bergmassiven so winzig und eingeengt zu fühlen... Letztlich mag es sein, daß ich großes Pech hatte, aber ich sah in diesen gefeierten Chalets, die durch die Phantasie J. J. Rousseaus berühmt geworden sind, nichts als schmutzige Hütten, voll von Kuhdung oder dem Gestank von Käse und fermentierter Milch. Sie werden nur von elenden Bergsteigern bewohnt, die sich ausgeschlossen fühlen und den Tag herbeisehnen, an dem sie ins Tal hinuntergehen können.[6]

Mit » Bergsteigern« meinte Chateaubriand nicht das, was wir heute darunter verstehen, sondern lediglich die Bergbewohner. Alpenbesucher waren als Reisende oder *étrangers* bekannt. Den Begriff Bergsteiger als solchen gab es noch nicht, und die wenigen, die jene Höhen erklommen, gehörten zu der nicht weiter klassifizierten Spezies der Idioten. 1792 beschloß eine Gruppe von vier Engländern, nur zum Spaß auf den Montblanc zu steigen. Laut Bourrit kletterten sie, als handele es sich um »eine Vergnügungsreise ... Ihre Verantwortungslosigkeit und Unüberlegtheit hatten Konsequenzen, die nahezu beklagenswert waren«[7]. Sie lösten einen Steinschlag aus, bei dem ein Führer einen Beinbruch und ein anderer einen Schädelbruch erlitt. Alle zogen sich die eine oder andere Verletzung zu, und sie kehrten völlig aufgelöst zurück. »Expeditionen auf diesem gefährlichen Berg stehen im Widerspruch zu Vernunft und Menschlichkeit, es sei denn, sie würden zu eindeutig nützlichen Zwecken unternommen«, schrieb John Owen im selben Jahr. »Saussure war Philosoph, und bei seiner Montblanc-Besteigung ging es um die damals aktuellen Fragen der Höhe, der dünnen Luft und um andere physikalische Phänomene. Vor kurzem versuchten vier Engländer, auf den Gipfel zu klettern. Der Ausgang dieser Expedition sollte ein letztes Beispiel dafür sein, wozu solche Neugier führen kann.«[8] Bourrit stimmte zu: »Ohne ein erhabenes Ziel vor Augen ... sollte man derartiges nicht in Betracht ziehen.«[9] Diese Auffassung wurde von vielen geteilt. Die Alpen waren dazu da, daß man sie bewunderte oder anhimmelte, nicht dazu, daß man auf ihnen herumtrampelte. Klettern wurde als gefährlicher, törichter, unverantwortlicher, ja fast schon lasterhafter Zeitvertreib angesehen.

Während der Napoleonischen Kriege von 1799 bis 1815 waren die Möglichkeiten, in die Alpen zu reisen, geschweige denn sie zu besteigen, drastisch eingeschränkt. In den ersten Jahren wurden sie praktisch zum Sperrgebiet, denn französische Soldaten marschierten kreuz und quer durch die Schweiz, Italien und Österreich. Die britischen Touristen, ohne die man sich die Alpen damals kaum vorstellen konnte, verschwanden fast völlig. Doch einige kamen nach wie vor, zum Beispiel eine Gruppe, die der Inhaftierung nur entging, weil ihre Mitglieder dreifarbige Kokarden trugen. Sie überquerten wenige Tage nach Napoleon und seiner Armee den Großen Sankt Bernhard und nahmen interessiert zur Kenntnis, wie viele Leichname überall auf der Straße lagen. Die meisten Briten zogen den Alpen nun jedoch Matlock Bath in Derbyshire vor, wo sie Heilwasser trinken und die zerklüftete Landschaft bewundern konnten. Die Felsen waren nicht besonders hoch, aber Matlock liegt in einer Schlucht, daher wirkten sie sehr eindrucksvoll und waren zudem leicht zu erreichen. Die wirklichen Berge Großbritanniens mied man, weil sie zu hoch und barbarisch waren. Der Friede von Amiens bot Briten die Gelegenheit, zwischen 1802 und 1803 in die Alpen zurückzukehren. In dieser Zeit schrieb Coleridge seine »Hymne vor Sonnenaufgang im Tal von Chamouni«, die am 11. September 1802 in der *Morning Post* veröffentlicht wurde. Doch dann machte man sich wieder nach Matlock auf.

Auf dem Kontinent, wo Savoyen, das Piemont und die Schweizer Föderation Teil des napoleonischen Reiches geworden waren, erholte sich der Alpentourismus nach der anfänglichen Aufregung wieder. Um 1801 war der Normalzustand weitgehend wiederhergestellt, und die Reisenden kamen nach Chamonix zurück. Bourrit hielt wie gewohnt hof, amüsierte sein Publikum durch sein Palaver und führte berühmte Persönlichkeiten über das Mer de Glace. Nachdem er den Col de Géant und (fast) den Montblanc bezwungen hatte, legte er eine gockelhafte Autorität an den Tag. Ein Bewunderer flüsterte einem anderen zu: »[D]er Mann muß Rousseaus Augen geerbt haben, denn ich habe noch nie eine so auffallende Ähnlichkeit gesehen.«[10] Paccard, inzwischen Bürgermeister von Chamonix, verfügte über eine seriösere Ausstrahlung. Er zeigte Besuchern an klaren Tagen die Route, die er zum Gipfel genommen hatte. Ein deutscher Besucher meinte: »Paccard ist eine der stattlichsten und imposantesten Erscheinungen, denen ich je begegnet bin.«[11]

Inzwischen war es an der Tagesordnung, daß Kinder durch die Straßen streiften und Murmeltiere vorführten, und Saussures alter Bekannter Exchaquet trieb einen schwunghaften Handel mit holzgeschnitzten Modellen des Montblanc. Diese waren über einen Meter lang und naturgetreu bemalt; die Gletscher wurden durch Kristallsplitter repräsentiert. Ein vier Meter langes Modell wurde Napoleon als Geschenk überreicht. Um sich nicht übertrumpfen zu lassen, ließ der Bürgermeister von Genf daraufhin mit einer Riesenforelle aufwarten. Als Militär hielt Napoleon nicht allzuviel von den Alpen. Im Jahre 1800 hatte er den Großen Sankt-Bernhard-Pass etwas unsicher auf einem Muli überquert und sich nicht über die landschaftlichen Schönheiten ausgelassen. Seine Gemahlin Josephine bewies jedoch ein ausgeprägteres Gefühl für die Verpflichtungen einer Besatzungsmacht und importierte einen Schweizer Bauern und dessen Frau, sieben Kühe und einen Stier, die in der Nachbildung einer Alpensennhütte am Stadtrand von Paris untergebracht wurden.

Bei aller Aufregung um die Touristen blieb die Bergsteigerei eine Leidenschaft, zu der man sich noch nicht bekennen durfte. 1802 unternahmen ein Deutscher namens Doorthesen und ein gewisser Monsieur Forneret aus Lausanne den Versuch einer Montblanc-Besteigung, der jedoch fehlschlug. Sie brachen am 10. August mit nur sieben Führern auf und gaben sich schon zwei Tage später geschlagen. Bourrit gegenüber schilderten sie ihre Qualen in großer Höhe, und dieser teilte der Welt mit, daß der niedrige Luftdruck ihnen fast die Lunge aus dem Körper gerissen habe. Fast zur selben Zeit versuchte ein Mitglied der Ballonfahrerfamilie Montgolfier, ohne Führer den Gipfel zu bezwingen – er scheiterte ebenfalls. Doch im Jahr 1809 bestieg ein junges Mädchen namens Marie Paradis als erste Frau den Montblanc. Jacques Balmats

Version der Geschichte lautete, daß er mit zwei anderen Führern zum eigenen Vergnügen einen Aufstieg geplant habe. Beim Aufbruch begegneten sie Marie Paradis, und dem charmanten Balmat gelang es, sie zum Mitkommen zu überreden: »Ich bin ein alter Hase, was das Klettern angeht, aber auch ich kann keinen Erfolg versprechen. Ich bitte dich nur, mutig zu sein.«[12] Sie stiegen bis zu den Grands Mulets, wo sie übernachteten, und am folgenden Tag, dem 14. Juli 1809, erreichten sie den Gipfel. Balmat verkündete stolz, wenn auch nicht sehr galant, daß Marie auf dem Grand Plateau nicht habe mithalten können. »Geht etwas langsamer, Jacques, mein Herz macht nicht mit«, habe sie gefleht. »Geht so, als wärt Ihr selbst auch müde.«[13] Doch Balmat ließ sich nicht erweichen. Die beiden anderen Führer griffen ihr unter die Arme und zerrten sie auf den Gipfel. Bei ihrer Rückkehr nach Chamonix, am 15. Juli, wurde sie von anderen Frauen nach ihren Eindrücken befragt. Ihre einzige Antwort war, es würde viel zu lange dauern, über die Wunder zu berichten, und wenn jemand wissen wolle, was sie erlebt habe – der Berg sei ja da und warte.

Marie Paradis' eigener Bericht war noch weniger romantisch. »›Du bist ein hübsches Mädchen und mußt Geld verdienen‹«, hätten die Führer gesagt. »›Komm mit uns. Reisende werden dich sehen wollen und dir ein gutes Trinkgeld spendieren.‹ Das gab den Ausschlag, und ich ging mit.«[14] Auf dem Grand Plateau wurde ihr übel, doch sie bat Balmat nicht, langsamer zu gehen, sondern forderte ihn auf: *»Ficha mé din una cravasse et alla o vo vodra«* – »Werft mich in eine Gletscherspalte und steigt, wohin ihr wollt.«[15] Bei ihrer Rückkehr habe sie anderen nicht großspurig geraten, ihre Erfahrungen nachzuvollziehen. Mit Schrecken erinnerte sie sich: »Ich kletterte, ich konnte nicht atmen, ich starb nahezu, sie zogen mich, trugen mich, ich sah abwechselnd weiß und schwarz, und dann kamen wir wieder hinunter ins Tal.«[16]

Die beiden ganz unterschiedlichen Geschichten bewiesen eines: Mit dem Montblanc war Geld zu machen. Die Besteigung hatte Balmats Ruf gefestigt, und Marie Paradis wurde eine der berühmtesten Persönlichkeiten im Tal. Man nannte sie »Marie Montblanc«, in Anlehnung an »Balmat *dit* Montblanc«. An den bemerkenswerten hüpfenden Wasserfällen bei Les Pèlerins, einer längst verschwundenen Touristenattraktion von Chamonix, eröffnete sie einen Teeausschank. Unter einem

Nordwand der Tour Rondeand im Gebiet des Montblanc

Baum breitete sie eine Decke aus und bot Besuchern Milch, Sahne und Gebäck an. Wie die Führer vorausgesagt hatten, gab man ihr reichlich Trinkgeld.

Bourrit war kein begeisterter Bürger des französischen Reiches. Er hatte konservative Ansichten, was die Revolution betraf, und äußerte sich vernichtend über ihre Anhänger. Gleichwohl war er immer bereit, Leuten, die von den Alpen fasziniert waren, ungeachtet ihrer politischen Ansichten tatkräftig zur Seite zu stehen. Seine größte Leistung in dieser Hinsicht war der Bau einer stabilen Schutzhütte auf dem Montenvers, von wo aus man das Mer de Glace erkunden konnte. 1779 hatte ein Engländer namens Blair – »dessen Rotwein, Jagdhundmeute und

Vermögen in Dorsetshire so rasch zur Neige gegangen waren, daß er England verlassen mußte«[17] – dort bereits eine Steinhütte errichtet. Der primitive Unterschlupf war in der Gegend als »Blairs Hütte« oder »Château de Folie« bekannt, und man nahm an, er habe Blair als Weinkeller für seine Ausflüge auf den Gletscher gedient. Mittlerweile wurde er häufig als Berghütte benutzt, war aber viel zu klein für die große Zahl von Touristen. 1792 begleitete Bourrit den französischen Diplomaten Sémonville auf den Gletscher und pries ihm dessen Schönheiten so überschwenglich an, daß der Mann sich erbot, den Bau einer neuen Hütte zu bezahlen. Unglücklicherweise wurde Sémonville kurz darauf von österreichischen Soldaten gefangengenommen, und Bourrit mußte einen neuen Gönner finden. Der stellte sich in Gestalt von Monsieur Desportes ein, einem Freund Saussures, der zum französischen Gesandten in Genf ernannt worden war und 200 Franc für die Errichtung eines »der Natur gewidmeten Tempels« spendete. Es wurde zwar kein Tempel, wohl aber eine etwas größere Hütte als die Blairs. Sie war in grandiosem Stil entworfen: mit einem klassischen Giebeldreieck sowie einer Inneneinrichtung, die Hängematten, eine Feuerstelle, Kochgeschirr, Arzneivorräte, ein Beil, Alpenstöcke, ein Thermometer und ein Barometer umfaßte. Ein Glasfenster und sogar ein Wandspiegel waren vorgesehen, und ein Schloß sollte unerwünschte Gäste fernhalten. Der Stadtrat von Chamonix – dessen Bürgermeister, wie erwähnt, kein anderer als Bourrits alter Gegenspieler Dr. Paccard war – bewilligte den Bau, und den ganzen Sommer des Jahres 1795 hindurch schleppten Arbeiter Material über den neu angelegten Mulipfad zum Montenvers. Bourrit war hoch erfreut über das Ergebnis – er hatte sogar seine Tochter überredet, mit anzupacken –, und Paccard war er so dankbar, daß er erstaunlicherweise seine Aussagen über die Besteigung des Montblanc zurückzog. Paccard möge sich den Ruhm mit Balmat teilen, »wenn er nicht sogar unserer begründeten Annahme zufolge den Erstanspruch hat«[18]. Zugegebenermaßen hatte sich Bourrit 1803, als diese Worte geschrieben wurden, offenbar mit Balmat zerstritten – den er nun als »diesen Mann aus Chamonix« bezeichnete –, gleichwohl kann man von einem Rückzieher sprechen.

Der Montenvers-Tempel sah dem Zeitalter der Romantik entsprechend malerisch, wenn auch etwas heruntergekommen aus. 1803 wirkte er noch baufälliger. Fenster und Spiegel waren zerbrochen, und man hatte alle tragbaren Gegenstände, darunter das Schloß, gestohlen. Bourrit engagierte sich für einen Wiederaufbau, und mit Hilfe eines neuen Gönners, eines Präfekten aus Brüssel namens Doulcet de Pontécoulant, wurde die Hütte 1806 instand gesetzt. Man strich sie neu an, stellte zwei Betten und Stühle hinein und sorgte durch einen Blasebalg und eine Feuerzange für eine anheimelnde Note. Besucher wurden aufgefordert, ihre Namen in die Wände einzuritzen, was Bourrit mit Begeisterung tat, und später legte man ein Gästebuch aus. Kaiserin Josephine besuchte den Tempel – die Seite mit ihren Kommentaren wurde drei Tage später entwendet –, und Napoleons zweite Frau, Marie-Louise von Österreich, kam ebenfalls.

Als Bourrit älter wurde, beendete er seine erfolglose Bergsteigerlaufbahn. Er malte weiterhin, reiste in der Touristensaison nach Chamonix und brachte wie früher Lobeshymnen auf die Schönheit der Alpen aus. Der Tempel war nun zu seiner größten Sorge geworden. Seit 1816 bröckelte das Gemäuer, und Bourrit hielt wiederum nach Gönnern Ausschau. Desportes, der inzwischen in Deutschland im Exil lebte, kam zu Hilfe. Er veranlaßte eine Instandsetzung und ließ ein Sims anbringen, auf dem die Namen berühmter Naturforscher eingeritzt werden sollten. Das Ganze kostete 300 Francs, und als es 1819 fertig war, ging es auch mit Bourrit zu Ende. Er starb im selben Jahr und hinterließ den Tempel als Zeugnis seiner lebenslangen Passion.

Bourrits Tod markierte das Ende einer Ära. Nach Saussure war er der Mann gewesen, den man am häufigsten mit der Erforschung der Alpen in Verbindung brachte. Aus den mühevollen Anfangstagen waren nur noch Paccard und Balmat übriggeblieben. Paccard starb 1827 und ließ Balmat als den letzten Protagonisten der Montblanc-Saga zurück. Besucher hatten über 50 Jahre lang Balmats Kraft und Genialität auf Schnee und Eis bewundert. »Für jede Entdeckungsreise braucht man Balmat, man könnte fast sagen, er ist dabei unentbehrlich«, schrieb 1803 ein beeindruckter Bergsteiger. »Wenn ich behaupte, daß wir ohne ihn nichts hätten ausrichten können, ist das nicht übertrieben. Er hat einen Instinkt für Gletscher und wählt sofort den geeigneten Weg … Die anderen Führer akzeptieren seine Überlegenheit und sind nicht eifersüchtig.«[19] Leider besaß Balmat aber auch einen Instinkt für Geld. Seine

Gier hatte sich zuerst offenbart, als er so hastig nach Saussures Prämie strebte, und im Laufe der Jahre wurde sie immer stärker. Beispielsweise lehnte er es ab, sich von anderen Führern begleiten zu lassen, da er dann seinen Lohn hätte teilen müssen. »Er mag nicht mit anderen Führern durch diese Eiswüsten gehen«, bemerkte der erwähnte Bergsteiger arglos. »Er sagt, er sei nie glücklicher und trittsicherer als in Situationen, in denen er von Abgründen umgeben ist, aber die Gegenwart seiner Gefährten mache ihn nervös und unsicher.«[20] Saussures Großenkel beurteilte Balmat treffender: »Es war nur die hohe von [Saussure] ausgesetzte Belohnung, die Balmat auf den Gipfel des Montblanc lockte. Mehrere Male brach er den Versuch ab, als ihm andere Führer folgten. Er war habgierig, und nichts fürchtete er mehr, als sich mit anderen das Geld – nicht den Ruhm – teilen zu müssen.«[21]

Balmat trank viel und legte sein Geld unklug an. Wenn seine Mittel versiegten, was oft geschah, machte er sich auf die hektische Suche nach Bodenschätzen. Ein Bergsteiger, der sich 1814 darauf gefreut hatte, den berühmten Balmat *dit* Montblanc anzuheuern, stellte enttäuscht fest: »Wir hatten kaum Hoffnung, ihm zu begegnen. Dieser außergewöhnliche Mann eilt durch die Berge, ohne je einem ausgetretenen Pfad zu folgen. Er fliegt wie ein Vogel von Fels zu Fels, wie es ihm gerade beliebt, und späht nach Edelsteinen und Mineralien ... Er besitzt eine eiserne Konstitution, mit der er Raubbau treibt, die er aber noch nicht zerstört hat.«[22]

Geldgier, nicht Alkohol sollte Balmat zum Verhängnis werden. Als es 1834 schlechter denn je um seine Finanzen bestellt war, hielt er im nahegelegenen Sixt nach Gold Ausschau. Dabei stürzte er einen Steilabhang hinunter und ward nie mehr gesehen. Ein Junge hatte seinen Absturz beobachtet, doch man hielt das Ereignis jahrelang geheim, um zu verhindern, daß andere die Suche nach dem Gold antraten, welches paradoxerweise gar nicht existierte. In Chamonix gingen Gerüchte herum, er sei ermordet worden, und man brachte eine weitere Gedenktafel an seinem Haus an.

8

Das große napoleonische Abenteuer starb 1815 in Waterloo, und die Alpennationen, die bis dahin unter französischer Kontrolle gewesen waren, kehrten mehr oder weniger reibungslos zu ihrem früheren Status zurück. Großbritannien dagegen befand sich in einer Art Schwebezustand. Es hatte fast eine Generation lang Krieg geführt, und nach dem Anbruch des Friedens – und der überraschenden Erkenntnis, daß ihm der größte Teil des Globus gehörte – wußte es nicht so recht, was es mit sich anfangen sollte. John Barrow, der stellvertretende Marineminister, hatte eine Idee: Forschung und Entdeckung. Unter seiner Ägide stachen in den folgenden 30 Jahren immer wieder Marineexpeditionen auf der Themse in See, um den Verlauf des Niger oder den Nordpol, den Südpol oder die Nordwestpassage zu erkunden. Forschungseifer wurde zu einem Teil des Nationalbewußtseins. Aber nicht jeder eignete sich für Barrows Art der Forschung. Für diese Menschen – denen die Ausbildung fehlte, denen das Ziel zu erschreckend oder zu fern war oder die Dörrfleisch, Schiffszwieback, Pökel- und gelegentlich auch Menschenfleisch nicht vertrugen – waren die Alpen die zweitbeste Lösung.

Wieder eilten Briten, angeführt von einer neuen Generation romantischer Dichter und Schriftsteller, in die Berge. 1816 unternahmen Byron, Shelley und Shelleys Frau Mary eine Reise nach Genf, die bei ihnen bleibende Eindrücke hinterließ. Die beiden Männer verwendeten all ihre Kunst auf Gedichte zu Ehren der Berge, und Mary Shelley wurde derart vom Eis betört, daß sie später, ein wenig unterstützt von Barrows Arktisforschern, die Frankenstein-Geschichte verfaßte. Als erster hatte

Bourrit 1803 nach einer Besteigung auf eine Ähnlichkeit zwischen den Alpen und der Arktis hingewiesen: »Alles hier war ganz erstaunlich, nicht weniger beängstigend als die eisigen Pole für die kühnen Seefahrer.«[1] Auch Mary Shelley fand in den Alpen die gleiche winterliche Leere vor, welche die Arktis charakterisiert. Zwar bestieg sie keinen nennenswerten Berg, aber sie hätte Bourrits beim Ausblick vom Brévant aus gemachter Beobachtung zugestimmt: »Du betrachtest [die Berge], als wären sie eine Wüste, denn du siehst nichts, was an eine bekannte Welt denken läßt … Du hast das Gefühl, auf einem unbewohnten Planeten zu sein.«[2] In eine solche Eiswüste hinaus schritt Frankensteins Monster am Ende ihres einflußreichen Romans, der 1818 erschien.

Die Ausblicke hatten Gesner, Haller, Rousseau, Goethe, Wordsworth, Turner und alle früheren Romantiker inspiriert, die in die Alpen gekommen waren. Und die Ausblicke beeindruckten auch die nächste Generation am stärksten. »Ich habe nie gewußt – habe mir nie vorstellen können –, was Berge sind«, stöhnte Shelley bei seinem ersten Besuch in Chamonix. »Die Unermeßlichkeit der luftigen Gipfel rief, als sie plötzlich in mein Blickfeld drangen, eine ekstatische Verwunderung hervor, die nicht ganz von Wahnsinn zu trennen ist.«[3] Sein Gedicht »Montblanc« »wurde unter dem unmittelbaren Eindruck der innigen und mächtigen Gefühle geschrieben, welche die Berge hervorrufen; ein unbeherrschtes Überfließen der Seele, beruht sein Streben nach Anerkennung auf dem Versuch, die unbezähmbare Wildheit und die unzugängliche Pracht zu imitieren, aus denen jene Gefühle entsprangen«[4]. Byron war ähnlich bewegt, während er den Versuch machte, »meine eigene elende Identität in der Würde und der Macht und der Herrlichkeit um mich herum, über und unter mir, aufgehen zu lassen«[5]. Das Ergebnis waren einige seiner berühmtesten Werke, nämlich *Ritter Harolds Pilgerfahrt*, *Der Gefangene von Chillon* und *Manfred*.

Aber die Romantiker verharrten bei den Ausblicken. In Wirklichkeit war die Wildnis zähmbar und die Pracht zugänglich, wie Saussure und vielleicht in noch höherem Maße Bourrit nach besten Kräften gezeigt hatten. Doch das erschien nicht als wünschenswert. Während die Romantiker nicht zögerten, sich auf anderen Gebieten, die ihr Interesse erregten, stärker zu engagieren, mußten die Alpen aus irgendeinem Grund rein und unberührt bleiben. Das mag daran gelegen haben, daß es einfach nicht glanzvoll genug war, sie zu besteigen; über den Hellespont zu schwimmen, wie es der klumpfüßige Byron 1810 tat, war akzeptabel; in Rom der Schwindsucht zu erliegen (Keats 1821) galt als überaus elegant; auf einem Scheiterhaufen am Strand von Viareggio verbrannt zu werden (Shelley 1822) war noch besser; in Missolonghi zu sterben, während man angeblich für die griechische Unabhängigkeit kämpfte (wiederum Byron 1824), ließ sich nicht übertreffen. Solche Akte verbanden modernes Drama mit klassischen Mythen. Aber worin bestand der Glanz, was konnte die Seele rühren, wenn man unter beträchtlichen Kosten einen großen Hügel hinauf und hinunter geführt wurde, nur um halb erfroren, halb verbrannt und schneeblind in einen kleinen Ort voller Touristen zurückzukehren?

Man konnte Rousseaus »edle Wilde« nicht auf dem Gipfel des Montblanc finden. Allerdings gab es auch in den Tälern nicht viel edle Wildheit. Allgegenwärtiger Kretinismus und Kröpfe brachten ganze Gemeinden voller Mißbildungen hervor. »Die Menschen in diesen erlesenen Tälern sind ohne Ausnahme die häßlichsten Kreaturen, die man sich vorstellen kann«, schrieb ein Besucher. »Die Männer sind schon schlimm genug, aber die Frauen sind gräßliche, nicht zu übertreffende Vetteln und die Kinder unglückliche kleine, mißgestaltete Geschöpfe, die manchmal keine Arme oder nur eine halbe Hand haben. Von den Frauen hatte jede zweite, die wir sahen, einen riesigen Kropf, den sie anscheinend für recht schmuckvoll halten, denn sie bedecken ihn nie, sondern hängen Halsketten und Kreuze usw. um ihn. Die meisten ihrer Zähne sind ausgefallen, und ihre Haut ist dunkelbraun, faltig & schmutzig, und abstoßende Mienen lassen sie ganz und gar wie Harpyien aussehen.«[6]* Unter diesen Umständen überraschte es nicht, daß die Romantiker den Traum der Realität vorzogen.

Gleichwohl veränderten sie die allgemeine Einstellung den Alpen gegenüber. Ihre Botschaft war Teil eines Trends, den Haller und Rousseau im 18. Jahrhundert begonnen hatten, aber ihr Stil war frisch und dynamisch, und außerdem wurde die Botschaft dank Bevölkerungs- und

* Diese beiden Krankheiten bewirkten die Freistellung vom Militärdienst und hatten dadurch eine gewisse Achtbarkeit erworben. Ein schwachsinniges Kind galt als glückliches Omen, und ein Kropf – eine für erblich gehaltene Mißbildung – war die beste Mitgift, die eine junge Frau sich wünschen konnte.

Wohlstandswachstum von mehr Menschen gehört. Die Alpen gingen in den Wortschatz der Gebildeten ein, und während einige ungerührt blieben, gab es Tausende, deren Leidenschaften in Wallung gebracht wurden. Vom Blitz zerfetzte Freiheitsbanner flatterten im Sturm, Sterne schrieben Himmelspoesie aufs Firmament, und die Einsamkeit wisperte leise und hartnäckig in der verschneiten Landschaft. Burgfelsen, kriechende Gletscher und Kristalle, in denen das Mondlicht erstarrte, versetzten auch die dürftigste Phantasie in Erregung. Lord Brougham, der 1816 durch die Schweiz reiste, schrieb: »Es ist ein Land, in dem man sich für zwei Stunden – oder zweieinhalb, wenn das Wetter gut ist – aufhalten sollte, aber nicht länger. Ennui stellt sich in der dritten Stunde ein, und Selbstmord fällt vor Einbruch der Nacht über dich her.«[7] Doch sogar er fühlte sich wieder aufgerichtet, als er den Shelleys begegnete. Niemand zuvor hatte Metaphern oder eine Sprache wie ihre gehört. Die postnapoleonischen Dichter waren die Filmstars ihrer Zeit – besonders Byron, den man überall auf dem Kontinent vergötterte. Wo sie gewesen waren, dorthin wünschten andere zu folgen.

Von den Romantikern angezogen, kamen ganz normale Leute ebenfalls in die Alpen. Auch sie bewunderten die Schönheit der Berge und blieben den Gipfeln fern. In einem Reiseführer von 1818 hieß es: »Niemand sollte sich in der trügerischen Erwartung außergewöhnlicher Pracht den Gefahren, der Erschöpfung und den beträchtlichen Kosten aussetzen, die bei einem Ausflug zum Montblanc unumgänglich sind.«[8] Man riet Besuchern, in den Tälern zu bleiben und sich mit Wanderungen von Dorf zu Dorf zufriedenzugeben: »Jeder junge Mann in der Blüte seiner Gesundheit und seines Lebens muß in der Lage sein, mit seinem Rucksack auf den Schultern und einem Stock in den Händen durch ferne Gegenden zu schreiten«,[9] schwärmte der Herausgeber des Reiseführers. Zwölf Monate seien angemessen, um die Alpen vollauf zu würdigen, aber ein junger Mann, der bereit sei, im Freien zu schlafen, könne sie innerhalb von vier Monaten durcheilen. Auf den letzten Seiten desselben Bandes erschien folgende Reklame:

> Reisende, die sich direkt in die Schweiz begeben wollen, sollten sich an den Agenten Mr. Emery bei Mr. Recordon, Cockspurstreet, Charing Cross, oder an den White Bear, Piccadilly, wenden. Die Reise dauert 16 Tage, wovon zwei in Paris verbracht werden, und man übernachtet stets

in einem Ort. Die Eigentümer stellen Unterkunft und Verpflegung zur Verfügung. Die Kutsche ist geräumig und bequem, die Zahl der Passagiere beschränkt sich auf sechs. Jeder hat Anrecht auf einen Zentner Gepäck, und der Preis beträgt nur 20 englische Guineen.[10]

Tausende strömten jedes Jahr zu Mr. Recordon oder zum White Bear, und dies war ebenfalls ein Grund für die zwiespältige Haltung der Romantiker gegenüber den Alpen: Es gab plötzlich zu viele Touristen. Shelley war entsetzt, als er 1816 den Besitzer des gerade entstehenden Museums für Naturgeschichte von Chamonix kennenlernte. Dieser sei »der nichtswürdigste Vertreter jener nichtswürdigen Art von Betrügern, die, zusammen mit dem ganzen Heer der *aubergistes* und Bergführer, von der Schwäche und Leichtgläubigkeit der Reisenden leben wie Blutegel von den Kranken«[11]. Byron äußerte sich fünf Jahre später noch verächtlicher: »Die Schweiz ist ein verfluchtes, eigensüchtiges, abscheuliches Land von Unmenschen, das in der romantischsten Region der Welt liegt. Ich konnte seine Einwohner nie ausstehen, und ihre englischen Besucher schon gar nicht. Aus diesem Grund gab ich meine Idee sogleich auf, nachdem ich schriftlich einige Informationen über Häuser eingeholt und gehört hatte, daß sich eine Kolonie von Engländern überall in den Kantons von Genf usw. ausgebreitet hat.«[12]

So gräßlich die Täler und so furchteinflößend die Gipfel aber auch schienen, so gab es doch immer noch ein paar Menschen, welche die Alpen aus nächster Nähe kennenlernen wollten. Im Jahr 1816 unternahm der preußische Heeresoffizier de Lusi einen mutigen Ansturm auf den Montblanc. Er mußte an den »derniers rochers« umkehren, stieg mißgelaunt ab und zwang seine Führer, eine Erklärung zu unterzeichnen, daß kein Franzose so weit gekommen sei. 1818 erreichte der polnische Graf Matzewski den Gipfel – »erhabener als alles, was er je zuvor erlebt hatte«[13]. Er bat um Anonymität, als sein Bericht in *Blackwood's Magazine* veröffentlicht wurde, denn er werde nicht von dem Streben nach Ruhm getrieben, sondern durch »Neugier und die Freude, das zu tun, was nicht jeden Tag getan wird«[14]. 1819 machten die beiden Amerikaner Jeremiah van Rensselear und Howard eine Europareise und beschlossen, sich am Montblanc zu versuchen. Auf dem Weg nach oben tranken sie Essig und Wein – dieses Gebräu, ein verbreitetes Heilmittel für Skorbut, sollte der Höhenkrankheit entgegenwirken –, und nachdem sie den Gipfel erreicht hatten, stiegen sie derart schneeblind wieder ab, daß sie in einer verdunkelten Kutsche nach Genf zurückkehren mußten – »vielleicht hatten sie die Befriedigung ihrer Neugier zu teuer bezahlt«[15]. Im selben Jahr folgte Captain J. Undrell von der Royal Navy ihrem Beispiel, wobei er eine bescheidene Auswahl an Geräten mitnahm: »Der alte Dr. Paccard rüstete mich mit allem aus, was er hatte.«[16]* Undrell ließ seine Führer einen Trinkspruch auf das »gute alte England« ausbringen und kam, »schwer unter entzündeten Augen leidend«, herunter. Dann, 1820, löste Dr. Hamel die erste Katastrophe am Montblanc aus.

Bis dahin waren die Gefahren der Alpen oftmals unterstrichen worden, aber soviel die meisten wußten, existierten sie nur in Bourrits überhitzter Phantasie. 1791 war ein junger Zürcher Beamter namens Escher von einem wackeligen Felsen am Col de Balme in den Tod gestürzt. Ein anderer junger Mann mit einem ähnlichen Namen, Eschen, entfernte sich am 8. August 1800 auf Le Buet von seinen Führern, wobei er den gewichtigen dritten Band von Saussures *Voyages* bei sich trug, und starb bei einem Sturz in über 30 Meter Tiefe. Bourrit, dessen handliche Bücher Eschen verschmäht hatte, schrieb, es sei ein »beklagenswerter Tod, der möglicherweise auch andere Reisende erwartet, die unklug genug sind, meinen Ratschlag zu ignorieren«[17]. Und ein oder zwei Personen waren im Arveyron ertrunken, als sie dessen Quelle am Fuß des Mer de Glace betrachteten. Aber es handelte sich um seltene Einzelfälle, die sich, Eschens Sturz ausgenommen, unterhalb der Schneegrenze ereignet hatten. Niemand war in einer Gletscherspalte begraben, niemand von einem Gletschersturz zermalmt, niemand von einer Lawine hinweggefegt worden und niemand dem Erfrierungstod zum Opfer gefallen. Deshalb ging die Öffentlichkeit im allgemeinen leichthin über die von den Alpen drohenden Gefahren hinweg. Das war ein Fehler.

Wer Publikationen über die Alpen las, hatte es zumeist mit Berichten von Wissenschaftlern zu tun, die sie erklettert hatten. Darin war von

* Die Amerikaner hatten eines von Paccards Thermometern zerbrochen, und man kann sich denken, daß er es überdrüssig war, eine Art Wissenschaftskrämer zu spielen.

den Risiken die Rede, welche die Autoren auf sich genommen hatten, doch manches wurde verschwiegen. Man beschrieb weder das Ausmaß noch die Kontinuität der Alpenerosion. Die klimatischen Extreme, mit denen Reisende zu kämpfen hatten, blieben fast unerwähnt. Nichts deutete darauf hin, daß die Alpen eine der unwirtlichsten Zonen Europas sind. Zum Beispiel kamen jeden Winter allein auf den Pässen Dutzende von Menschen um. 1825 entdeckte der Maler William Brockedon ein dem Hospiz am Großen Sankt-Bernhard-Pass zugehöriges Leichenschauhaus, in dem die Jahr für Jahr anfallenden Opfer verwahrt wurden. Es schauderte ihn zutiefst bei dem Anblick, zumal der Raum nur ein paar Schritte von dem Saal entfernt war, in dem er gerade diniert hatte.

> Hier hat man die Leichen der Unglücklichen gelagert, die in diesen Bergen gestorben sind; sie tragen noch ihre Kleidung, um die Identifizierung durch ihre Freunde, falls sie welche haben, zu erleichtern. In diesen hohen Lagen gibt es kaum genug Erde, sie zu begraben, und außerdem kann man den Boden bei so heftigem Frost nicht aufbrechen. Sie sind hier genauso gelagert, wie man sie gefunden hat, und durch die Gitterfenster sind die Körper in der Haltung zu sehen, in der sie das Leben verloren haben. Sie sind »ausgetrocknet und verdorrt«, denn die Verdunstung ist in dieser Höhe so geschwind, daß der Gestank des Todes kein so großes Ärgernis ist wie in wärmeren Gegenden, und die Körper halten sich lange, weil sie ohne Verwesung getrocknet sind. An manchen haftet ihre Kleidung, obwohl zerfetzt wie die eines Gehenkten, seit 18 Jahren. Manche dieser Leichen boten einen gräßlichen Anblick; Teile der Schädelknochen waren entblößt und gebleicht, während schwarze Hautstücke an anderen Teilen des Gesichts klebten. Dies stach uns besonders bei einem sitzenden Bauern ins Auge. Eine Mutter und ihr Kind waren unter den letzten Opfern, mehrere Leichen standen an der Wand, auf der Anhäufung ihrer elenden Vorgänger, und boten ein abscheuliches Bild.[18]

Wenn die Leichen schließlich in sich zusammensackten, wurden die Knochen in einem Ossuarium untergebracht, das Brockedon gerade noch an der entfernten Seite des Raumes ausmachen konnte. »Man könnte sie im Sommer entfernen und begraben«, schrieb er, »aber sie werden von den Mönchen ihrem langen Verfall überlassen, wahrscheinlich aus dem religiösen Gefühl heraus, Denkmäler der Sterblichkeit vor sich zu haben.«[19]

Dem Großen Sankt-Bernhard-Pass fielen pro Jahr sieben oder acht Menschen zum Opfer, und auf anderen Pässen war es ähnlich. Außer im Hochsommer konnte niemand die Wetterbedingungen vorhersagen. Man mochte unter der hellen Sonne dahinwandern, und plötzlich brach ein Schneesturm los. Auf diesen Höhen war der Schnee dünn und trocken; er bildete keine klebrigen Hügel, sondern weiche Wächten, die sämtliche Spuren in weniger als einer Stunde zudeckten. Unaufmerksame Reisende sanken manchmal bis zu den Schenkeln im Schnee ein, verloren die Orientierung und stolperten über eine Klippe. Zumeist waren es Schmuggler, aber manchmal konnte es, wie Brockedon erfuhr, auch eine ganz gewöhnliche Familie sein, die vom Wetter überrascht wurde. Viel mehr Menschen starben jedes Jahr bei dem Versuch, die Alpen zu überqueren, als bei der Besteigung der hohen Gipfel.

Und viel, viel mehr starben in den Tälern. 1618 kamen etwa 2430 Menschen um, als eine Lawine den Ort Pleurs bei Chiavenne überrollte. Das war die größte Alpenkatastrophe der Geschichte. Seitdem hatte man gelernt, die schützenden Wälder über den Siedlungen nicht zu fällen. Aber die Zahl der Opfer nahm trotzdem zu. 1806 wurde das Schweizer Dorf Goldau ausgelöscht, als ein ganzer Berghang über ihm zusammenbrach. Den Aufzeichnungen zufolge flogen riesige Felsbrocken wie Kanonenkugeln durch das Tal und landeten im acht Kilometer entfernten Löwertzsee, wo sie eine 21 Meter hohe Flutwelle verursachten. Als der Lärm erstarb, war Goldau von einem acht Kilometer langen und fünf Kilometer breiten Geröllfeld bedeckt. Hie und da erhoben sich mehr als 100 Meter hohe Felshügel, und darunter lagen die Überreste von 300 Häusern und 450 Menschen. Die Zahl der Opfer in den Orten am Löwertzsee ist nicht dokumentiert, aber sie muß hoch gewesen sein, denn ein Zeuge erinnerte sich, daß Heubüschel an den Kirchentürmen gehangen hätten.

Im Jahr 1818 rutschte eine Gletscherscheibe ab und blockierte einen Fluß in Bagnes. Während das Wasser stieg, machten die Einwohner den verzweifelten Versuch, eine Schleuse anzulegen. Sie bohrten Tunnel von beiden Seiten der 200 Meter breiten Barriere, doch als sie die Mitte erreichten, war der eine Tunnel ungefähr sieben Meter höher als der andere. Man grub einen neuen Tunnel, und die Schleuse war gerade fertig, als das Wasser bereits hineinplätscherte. Aber alle Bemühungen konnten die Stauung nicht verhindern. Als der Damm brach, strömten 15 000 Kubikmeter Wasser mit einer Geschwindigkeit von zehn Metern pro Sekunde ins Tal, wobei sie Brücken 30 Meter über dem normalen Wasserstand des Flusses mit sich rissen, 400 Häuser zerstörten und 34 Menschen töteten. Die Räumungskosten wurden auf eine Million Schweizer Livres geschätzt.

1819 zerschmetterte eine Lawine 120 Häuser in dem Dorf Randa bei Zermatt. Niemand starb, denn es war Weihnachten und alle hielten sich während des Festes in Zermatt auf. Aber der Pfarrer, dessen Haus in einiger Entfernung vom Dorf stand, wurde durch das Beben aus seinem Bett geworfen und, als er hinaustrat, von dem Windstoß, der am gegenüberliegenden Hang abprallte, beinahe erstickt.

All diese Risiken wurden zu Hamels Zeit jedoch nicht beachtet. Schon gar nicht die Lawinengefahr. Lawinen entstehen dadurch, daß sich frischer Schnee auf einer Schicht gefrorenen Schnees ansammelt. Bei kaltem Wetter, wenn der Neuschnee zu dicht fällt, oder umgekehrt, bei warmem Wetter, wenn die Masse ihre Haftung verliert, gerät sie ins Rutschen. Es gibt kleine Lawinen – Schneebrocken, die unablässig von überhängenden Felsen stürzen – und große: wachsende Schollen aus Schnee und Eis, die in die Tiefe sausen, bis das Gefälle nachläßt, gewöhnlich an den oberen Talhängen. Zuweilen sind sie gigantisch: Dann rutscht der gesamte Schnee eines Hanges ins Tal und schwappt die andere Seite bis zur halben Höhe hinauf. Nichts kann einer kräftigen Lawine widerstehen, und es gibt kaum eine Möglichkeit, ein solches Ereignis vorauszusagen. »Ein Stein oder sogar ein unbedachter Zuruf könnte eine Lawine auslösen«,[20] schrieb ein Viktorianer. Siedlungen, die seit Jahrhunderten ungefährdet sind, können innerhalb einer Sekunde erstickt werden. Die schiere Luftdruckverdrängung durch eine Lawine vermag Lungen leer zu pumpen. Durch ihren weichen, zermalmenden Aufprall kann sie Menschen in Mus verwandeln, in Hautsäcke, die nur Fleisch und kleine Knochenstücke enthalten.

Im August 1820 wurde Hamel als erster Kletterer von einer Lawine getroffen. Der russische Wissenschaftler und »Staatsrat des Zaren« wollte den Montblanc besteigen, um den Effekt von verdünnter Luft auf tierische Organismen zu beobachten. Begleitet wurde er von M. Selligue, einem Schweizer Ingenieur aus Genf, und zwei Engländern, Joseph Dornford und Gilbert Henderson von der Oxford University. Zu seinem Gepäck gehörte ein Käfig mit Brieftauben, die er am Gipfel freilassen wollte, um herauszufinden, ob sie in einer so dünnen Atmosphäre fliegen und, wenn ja, seine Triumphbotschaft nach Hause tragen konnten. Zwölf Bergführer wurden angeworben, drei für jedes Mitglied der Gruppe; ihr Oberhaupt war Joseph-Marie Couttet. Man verließ Chamonix am 18. August und hatte am Abend die Grands Mulets erreicht, wo ein Lager auf der dafür üblicherweise benutzten Felsbank aufgeschlagen wurde. Das Wetter verschlechterte sich, und zwei Nächte und einen Tag lang kauerten die Expeditionsteilnehmer an der beengten Stätte, während ein Sturm über sie hinweg tobte. Als sie am Morgen des 20. August erneut aufbrachen, schloß Selligue sich ihnen nicht an. Er fühlte sich schlecht, und es war seine Meinung, »daß ein verheirateter Mann eine heilige und zwingende Pflicht zu Besonnenheit und Vorsicht habe, wenn sein eigenes Leben auf dem Spiel zu stehen scheint; daß er für den Ruhm genug getan habe, da er zwei Nächte hintereinander wie ein Adler auf einer Klippe gehockt hatte, und nun habe er als vernünftiger Mann die Aufgabe, nach Genf zurückzukehren, solange dies noch möglich sei«[21]. Zwei Bergführer blieben zurück, um ihn nach unten zu begleiten.

In Dreiergruppen angeseilt, überquerte die nun kleinere Gruppe das Grand Plateau ohne Zwischenfälle. Das Wetter war nicht besonders gut, aber auch nicht sonderlich schlecht – wahrscheinlich schien die Sonne durch eine Wolkendecke –, und Hamel war sich seines Erfolgs so sicher, daß er beschloß, kostbare Zeit am Gipfel zu sparen, indem er zwei Notizen mit der Beschreibung seiner Ankunft vorbereitete; die genaue Zeit sollte später eingefügt werden. Hinter ihm trödelten Dornford und Henderson dahin und diskutierten über Protokollfragen: Auf wen sollten sie am Gipfel zuerst trinken – den König von England, den Zaren von Rußland oder Saussure? Couttet war nicht ganz so fröhlich. Er wies darauf hin, daß Neuschnee gefallen sei und der Wind nun von Süden komme, was instabile Schichten um so eher dazu bringen könne, an der Nordwand, an der sie sich nun befanden, hinunter zu rutschen. Hamel wies Couttets Besorgnis zurück. Sei es denn nicht sonnig? Habe der

Sturm sich nicht gelegt? Sie sollten voraneilen, solange das Wetter es zulasse.

Die Männer überquerten eine Gletscherspalte von der Art, die Saussure solche Furcht eingeflößt hatte, und lösten ihre Seile. Laut Dornford waren diese »völlig nutzlos« und verursachten »unerträgliche Erschöpfung«[22]. Ungehindert kletterten sie durch den frischen Schnee. Die Sonne schien weiterhin, und der Wind blies unverändert von Süden her.

Die drei vorderen Bergführer, die Hamels Kompaß, Hygrometer und Tauben trugen, trieben Stufen für ihre Gefährten in die steileren Hänge. Möglicherweise lag es an dieser stetigen Zerstückelung der Kruste, vielleicht am Gewicht der ihnen folgenden Gruppe, oder vielleicht waren sie bloß zur falschen Zeit am falschen Ort. All diese Faktoren könnten zu dem Untergangsgefühl beigetragen haben, das Dr. Hamel plötzlich überkam, und zwar im buchstäblichen Sinne. Ein lauter Knall ertönte, und dann rutschte der ganze Hang in die Tiefe. Hamel jagte seinen Alpenstock tief in den Schnee, aber ohne Erfolg. Alles war in Bewegung.

Für Alpenverhältnisse handelte es sich um eine kleine Lawine, die laut Couttet nur rund 200 Meter zurücklegte. Aber sie war immer noch stark genug, um Hamel bis zum Kopf zuzuschütten, so daß er fast erstickt wäre. Zu seinem Glück befand er sich am Rand der Lawine. Als er sich hinauskämpfte, stellte er fest, daß der Hang immer noch in die Tiefe rutschte und seine Mannschaft mit sich riß. Die drei Führenden – Pierre Balmat, Pierre Carrier und Auguste Tairraz – wurden in eine Spalte geschleudert, die sie eine Stunde zuvor überquert hatten, und von etlichen Tonnen Schnee verschüttet. Was die nächsten vier betraf, so konnte einer seinen Halt behaupten, während ein anderer über die Gletscherspalte hinweggefegt wurde und Joseph-Marie Couttet und sein Bruder David aus dem Blickfeld verschwanden. Henderson konnte sich am Rand des Abgrunds abbremsen. Nur Dornford und drei Bergführer – voller Furcht, ebenfalls in die Tiefe zu gleiten – blieben weit oben auf den Beinen.

Julien Dévouassoud, der den vierten Platz einnahm, schilderte das Erlebnis später:

> Plötzlich hörte ich eine Art Rauschen: Es war nicht sehr laut, aber ich hatte keine Zeit, darüber nachzudenken, denn im selben Moment ereilte uns die Lawine. Ich spürte, wie meine Füße unter mir fortrutschten, und

sah die ersten drei Männer, die mit den Füßen nach vorn in den Schnee gefallen waren. Beim Stürzen schrie ich: »*Nous sommes tous perdus!*« Ich versuchte, mich abzustützen, indem ich den Eisstock unter mir in den Boden bohrte, aber vergebens. Das Gewicht des Schnees schob mich über den Stock hinweg, und er glitt mir aus den Händen. Ich rollte in einer Masse lockeren Schnees wie ein Ball nach unten. Am Fuß des Hanges war eine klaffende Schlucht, auf deren Rand ich mich rasch zu bewegte. Dreimal sah ich das Licht, während ich den Hang hinunterrollte; und als wir alle am Abgrund waren, bemerkte ich das Bein eines meiner Kameraden, der gerade in die Spalte sauste. Es muß der arme Auguste gewesen sein, denn das Bein sah schwarz aus, und ich erinnere mich daran, daß Auguste schwarze Gamaschen trug. Das war mein letzter Blick auf meine Kameraden, die kopfüber in die Schlucht stürzten und die niemand je wieder zu Gesicht bekam.[23]

Dévouassoud entging dem Tod nur wegen des Barometers, das er bei sich hatte. Dessen langes Holzetui verfing sich am Rand der Gletscherspalte, wodurch er auf die andere Seite geschleudert wurde, und 16 Meter bis zum Boden einer weiteren Spalte hinunterstürzte. Als er zu sich kam, lag er zerschrammt, aber lebendig mit dem Kopf auf einer frischen Schneewehe.

Die Überlebenden sammelten sich und gruben rasch Couttet aus, dessen Arme und Brust unter dem Schnee eingeklemmt waren und dessen Gesicht bereits blau wurde. Dann fanden sie seinen Bruder David, dessen Arme aus einem weißen Haufen winkten. Danach wußten sie nicht, was sie unternehmen sollten. »Wir alle waren mehr oder weniger verletzt«,[24] verzeichnete Couttet. Einige Bergführer weinten und wanderten ziellos umher. Einer saß nur da und schaute, vor sich hin murmelnd, über das Tal hinweg. Dornford verlor kurzfristig den Verstand, und Henderson »war in einem Zustand, der einen die Folgen fürchten ließ«[25].

Hamel und Henderson kletterten hinunter in die Gletscherspalte, aber sie konnten nichts tun, denn die Körper waren unter 30 Meter Schnee begraben. Henderson teilte Couttet später mit, er sei auf Schlachtfeldern gewesen und habe das Gemetzel im Operationsraum eines Kriegsschiffes erlebt, doch nichts habe ihn so sehr entsetzt wie das, was sie gerade durchgemacht hätten.

Die Überlebenden schlichen benommen zurück nach Chamonix. Es war die schlimmste Katastrophe, die das Dorf je heimgesucht hatte. Vor allem herrschte Bestürzung darüber, daß man die Leichen nie bergen würde. Wenn Jäger oder Kristallsammler in den Tod stürzten, kam es zu einer langwierigen, zumeist gefährlichen, doch letztlich erfolgreichen Suche nach den Überresten. Davon konnte in diesem Fall jedoch keine Rede sein. Man machte Hamel nicht nur für den Unfall verantwortlich, sondern auch dafür, daß es nichts Konkretes zu betrauern gab. Der Russe war laut Couttet kühl und teilnahmslos und reiste bald, mit Schande beladen, nach Genf ab. Dornford und Henderson verteilten etwas Geld im Ort, bevor sie sich ähnlich rasch empfahlen. »Die englischen Reisenden ... versprachen, die Familien unserer Freunde nie zu vergessen«, entsann sich Couttet. »Seitdem haben wir nichts mehr von ihnen gehört.«[26]

Zwei Jahre lang schien ein Leichentuch über Chamonix zu liegen. Die Hamel-Tragödie unterstützte die Argumente derjenigen, die das Klettern für dumm und tollkühn hielten. Sogar die Bergführer hatten plötzlich Zweifel daran, ob sie den Montblanc besteigen sollten – jedenfalls über die traditionelle Route –, und gaben sich damit zufrieden, *étrangers* über die unteren Gletscher zu geleiten. Mittlerweile war Chamonix nicht mehr die einzige Attraktion auf den Karten der Touristen. Orte wie Grindelwald und Lauterbrunnen im Berner Oberland zogen Besucher gleichermaßen an. Vom ersteren konnte man sich hinauf auf einen Gletscher tragen lassen, um dort wilde Erdbeeren zu essen, während ein bärtiger Mann in ein Alpenhorn blies. Im letzteren konnte man die zahllosen Wasserfälle bewundern, die von den Klippen herunterstürzten, und vielleicht die Kleine Scheidegg überqueren, wie es die schwergewichtige Engländerin in vornapoleonischen Zeiten getan hatte. Das waren die wichtigsten Urlaubsorte, aber es gab Hunderte anderer, wo Besucher mit Gott, der Natur und jenem netten Ehepaar aus Cheltenham Spa kommunizieren konnten.

Es war jedoch unvermeidlich, daß früher oder später jemand versuchen würde, Hamels Geist zu bannen. Dieser Mann war Frederick Clissold, ein unglaublich durchtrainierter Engländer, der sich am Mount Snowdon versucht hatte und sich dem Montblanc durchaus gewachsen fühlte. Er tauchte am 2. August 1822 in Chamonix auf und bewies seine Tüchtigkeit sofort, indem er den Brévent in der unerhörten Zeit von zweieinhalb Stunden bestieg. Danach besorgte er sich zwei Kreppschleier, einen schwarzen und einen grünen, bestellte eine Burgunderpech-Kompresse, um seinen Brustkasten vor Temperaturumschlägen zu schützen, und befahl Joseph-Marie Couttet sowie fünf anderen Führern, ihm den Weg zum Gipfel des Montblanc zu weisen.

Dieser schroffe Besucher versetzte Chamonix in Erstaunen. Paccard – der inzwischen häufig betrunken war, jedenfalls seinem Feind Balmat zufolge, der seinerseits gewöhnlich kaum auf den Beinen stehen konnte – bot ihm wissenschaftliche Instrumente an. Clissold lehnte ab. Er wollte keine Messungen vornehmen und kein zusätzliches Gepäck mitschleppen, sondern nur den Gipfel so schnell wie möglich erreichen. Paccard zog sich verdutzt zurück. Couttet war ähnlich entgeistert, als Clissold verkündete, daß er nicht beabsichtige, auf den Grands Mulets zu übernachten. Er wolle vor Mitternacht aufbrechen, die Dunkelheit und den Tag hindurch marschieren und dann auf dem Gipfel ein Lager errichten. Beim Abstieg werde man vielleicht auf dem Grand Plateau übernachten, räumte Clissold ein, aber darauf wollte er sich nicht festlegen.

Im Einklang mit seinen gebieterischen Anweisungen verließ das Team Chamonix am 18. August 1822 um 22.30 Uhr. Man startete notwendigerweise langsam und mußte sich mit Fackeln behelfen, aber bei Tagesanbruch eilte Clissold voraus. Er verblüffte seine Gefährten, indem er ungestüm Gletscher überquerte und über Spalten sprang. Gelegentlich fiel er hinein, doch dann kletterte er mit unverminderter Energie wieder raus. Er verlor seinen Alpenstock, aber auch dadurch ließ er sich nicht bremsen. Couttet und die anderen blieben bald hinter ihm zurück. Als Clissold das bemerkte, kehrte er um, packte den Rucksack einer der Bergführer und setzte seinen Ansturm fort. Couttet konnte es nicht fassen. »*Diable, vous n'êtes pas fatigué du tout*«,[27] keuchte er. Nach 20 Stunden schlug Couttet vor haltzumachen. Doch Clissold wollte derart verzagte Reden nicht hören. Sie hätten beim Warten darauf, daß müde Führer sie einholten, bereits drei Stunden verloren, er wolle den Gipfel vor Einbruch der Dunkelheit erreichen. Wäre er allein gewesen, hätte er seinen Plan wahrscheinlich ausführen können, doch letzten Endes weigerten die Führer sich, weiter als bis zu den Rochers Rouges über dem Grand Plateau zu steigen. Clissold zerrte Couttet noch ein wenig höher, doch sie kehrten zurück, um die Nacht bei den anderen zu verbringen. Es war 22.30 Uhr, und sie – oder zumindest Clissold – waren seit 24 Stunden ununterbrochen unterwegs.

In jener Nacht legten sie Holzbretter auf den Schnee, wickelten sich in Decken ein und schliefen bei Temperaturen unter dem Gefrierpunkt. Clissold erwachte früh am nächsten Morgen und ließ sich kaum noch zurückhalten. Er wurde ein wenig nachdenklich, als er merkte, daß eine Flasche seines besten Hermitage über Nacht gefroren war. Aber was machte ein bißchen Kälte schon aus? Am 19. August um 5.30 Uhr standen sie auf dem Gipfel, und drei Stunden später nahm Clissold seine stürmische Reise wieder auf. Um 13.30 Uhr erreichten sie die Grands Mulets, wo sie nur eine kurze Pause einlegten, um sich das Grollen einer Lawine an den Hängen anzuhören, die sie kurz zuvor hinter sich gelassen hatten, und um 19.30 Uhr trieb Clissold sie im Gewaltmarsch triumphierend zurück nach Chamonix. Von Anfang bis Ende hatte die Besteigung die Rekordzeit von 45 Stunden in Anspruch genommen.

Clissolds Augen waren in einem fürchterlichen Zustand. Er hatte auf den Gebrauch seiner beiden Schleier verzichtet, weil »die Szenerie zu außergewöhnlich ist, als daß sie durch den Schutz aus grünem Krepp oder durch irgendein anderes Medium betrachtet werden sollte«[28]. In jeder anderen Hinsicht fühlte er sich jedoch vorzüglich. »Es war kein Krieg«, schrieb er beiläufig über die Besteigung. Ehrlich gesagt, war der Montblanc trotz der herrlichen Aussicht eher eine Enttäuschung für ihn gewesen, und er wünschte sich, daß er statt dessen zum Chimborazo in Peru gereist wäre. Die von Erschöpfung gequälten Bergführer teilten seinen Wunsch wahrscheinlich.

Man hoffte, daß Clissold eine Ausnahme sei, ein einzelner Verrückter, dessen Beispiel niemand folgen würde. Aber nein, im selben Jahr kletterten Mrs. und Miss Campbell auf den Col du Géant. Und im August 1823 traf H. H. Jackson in Nankingjacke und -hose, ausgerüstet mit einem kleinen Rucksack und einer Brieftasche voller Franken, aus England ein. Jackson wollte den Montblanc besteigen – »aus einer Liebe zu kühnen Unternehmungen, die bei einem jungen Mann, wie er hoffte, entschuldbar sei«[29]. Er versuchte, Clissolds Bergführer aus dem Vorjahr anzuheuern. Diese erklärten sofort, ihre Dienste seien bereits gebucht, weshalb er eine Gruppe von fünf anderen zum Preis von jeweils 60 Franken anstellte. Er eilte den Berg hinauf, schlief unter einem alten Laken auf den Grands Mulets und verbrachte zehn Minuten auf dem Gipfel, bevor er wieder hinunterhetzte. Die Besteigung wurde in einer neuen Rekordzeit von 36 Stunden bewältigt.

Trotz der abschreckenden Worte der Romantiker, der Wissenschaftler, der Reiseführer und sogar der Ortsansässigen lag es auf der Hand, daß manche Menschen den Montblanc unbedingt bezwingen wollten. Deshalb gründeten die Behörden von Chamonix 1823 die »Compagnie des Guides«. Angeblich handelte es sich um eine Genossenschaft von Berufskletterern, aber in Wirklichkeit stellte sie eher ein Verzeichnis von Einheimischen dar, die bereit waren, ihre Tätigkeit als Jäger und Kristallsammler zu unterbrechen, um Besucher auf die Hügel zu begleiten. Gleichwohl erlangte die Compagnie die offizielle Billigung des Herzogs von Savoyen; der wieder eingesetzte Herrscher hielt es für notwendig, einen festen Tarif »für jene festzulegen, die Besucher zu den Gletschern und zu anderen bemerkenswerten Stätten im Tal von Chamonix führen«[30]. Die herzögliche Charta war nicht kurz und deckte fast jede Eventualität ab, mit der es die Bergführer zu tun haben konnten. In Artikel 15 zum Beispiel wurde der Unterschied zwischen gewöhnlichen und außergewöhnlichen Wanderungen beschrieben. Als gewöhnlich galt alles unterhalb der Schneegrenze, als außergewöhnlich alles darüber. Eine eigene Kategorie war der Besteigung des Montblanc gewidmet. Eine gewöhnliche Tour kostete sieben Livres pro Tag für einen Führer, eine außergewöhnliche zehn Livres, wobei zwei Führer pro Person vorgeschrieben waren. Für den Montblanc dagegen wurden 40 Livres pro Tag verlangt, und jeder Besucher mußte vier Führer anstellen. Ein anderer Artikel sah vor, daß für die Führer ein Zuteilungssystem galt, damit alle, unabhängig von ihren Verdiensten, die gleiche Chance hatten, sich die Montblanc-Rosine herauszupicken.

Aus nicht ersichtlichen Gründen schien dieses System die unziemliche Hast beim Aufstieg zu dämpfen. Als Dr. Edmund Clarke und Captain Markham Sherwill 1825 ihren Preis für die Besteigung des Montblanc entrichteten, marschierten sie in gemäßigtem Tempo, übernachteten an der geeigneten Stelle, empfanden auf der richtigen Höhe Übelkeit, wurden müde, wenn Müdigkeit angebracht war, und ließen auf dem Gipfel die gebührende Wertschätzung erkennen. Sherwill fühlte sich so schwindelig, daß er erklärte, ein einziger Messerschnitt unter seinen Stiefeln würde ihn in die Luft schweben lassen. Sie taten nichts Aufregendes, abgesehen davon, daß sie eine Zeitkapsel am Gipfel vergruben: ein breites Glasrohr, in das sie einen Olivenzweig vom Mittelmeer stopften, »zusammen mit dem Namen Georgs IV. und seines verdientermaßen populären Ministers sowie den Namen einiger der bedeutendsten Personen der Epoche«. Das Rohr wurde tief im Schnee versenkt, und man hoffte, »daß es viele Jahrhunderte lang, wie in Bernstein konservierte Insekten, unverändert bleiben möge«[31]. Es wurde zwei Jahre später gefunden, halb mit Wasser und einer schwammigen Masse aus Zweig und Papier gefüllt.

Im Tal strömten Touristen zu Hunderten nach Chamonix. Sie brachen in Genf auf, kletterten in hochachsige Kutschen, deren Sprungfedern für die schlechten Straßen verstärkt waren, und ratterten dann mit Regenschirmen in der Hand unsicher dem Montblanc entgegen. (Jahre zuvor hatte sich Bourrit große Mühe gegeben, die Genf-Chamonix-Route von Steinen säubern und die Straßendecke erneuern zu lassen, aber sie war im Lauf der Jahre zerbröckelt.) Ein hoher Prozentsatz der Touristen waren Frauen, was die Genfer entzückte. Bei jeder Abreise versammelte sich ein Publikum, das den Anblick so vieler in die Kutsche gehobener Turnüren genoß. Man nannte das Schauspiel *»l'ascension des ballons«*[32].

Für kurze Zeit schien alles wieder normal zu sein. Die gewöhnlichen Touristen zahlten ihre sieben Livres, um über die Gletscher eskortiert zu werden. Die außergewöhnlichen zahlten zusätzlich drei Livres, um sich über die Schneegrenze führen zu lassen. Aber niemand wollte den Gipfelpreis entrichten. Nicht, daß man Angst gehabt hätte. Viel schlimmer: Man hatte einfach kein Interesse an ihm. Die Höhe, einst ein Fluch, war nun allen ganz und gar gleichgültig.

Die neuen *étrangers* in den Alpen waren mit den Teufelskerlen der Vorkriegsjahre nicht zu vergleichen. Die Engländer, die alle anderen Nationalitäten an Zahl bei weitem übertrafen, schienen während des Krieges besonders heruntergekommen zu sein. Die mit Titeln versehenen Stutzer wurden von Männern und Frauen aus allen Schichten abgelöst, die mithin, wie manche *aubergistes* anmerkten, »keineswegs den besten Kreisen entstammten«[33]. Sie feilschten um die Preise, tranken bis Mitternacht, machten die Bettwäsche unnötig schmutzig, beanspruchten ihre Bergführer über Gebühr und benahmen sich überhaupt ganz so, als wären sie auf Urlaub – was natürlich stimmte. In der besten Tradition englischer Urlauber trugen sie gräßliche Kleidung, die dem örtlichen Stil nachempfunden war. Ein verwirrter Besucher von Chamonix berichtete 1825: »Wir erblickten eine Tierart, die in diesen Bergregionen recht häufig ist: nicht die Gemse oder den Lämmergeier, sondern den Alpendandy. Er war vortrefflich ausgestattet für kühne und wagemutige Abenteuer, mit Gürtel, Stock und hübsch besticktem Wams – eine Tracht, die bewundernswert geeignet war, weiblichen Schrecken auszulösen, und die zur begründeten Besorgnis Anlaß gab, das Geschöpf könnte tagsüber auf einige mächtige Hügel und Flüßchen stoßen, bevor es zurückkehrte, um bei Brot und Butter den Vorsitz am abendlichen Teetisch zu führen.«[34] Im selben Jahr und am selben Ort begegnete ein anderer Engländer einer ähnlichen Erscheinung, einem Londoner, »der weit von seinem Weg abgekommen zu sein schien und ziellos umherwanderte ... Er beklagte sein elendes Schicksal – anscheinend hatte er das Logbuch seiner Vernunft verloren und war völlig verwirrt. Er glaubte, zehn Jahre seines (wertvollen) Lebens durch ein solches Abenteuer eingebüßt zu haben, und unzweifelhaft hätte er sich, wäre er in der Lage gewesen, Fortunatus' Wunschhut zu erlangen, sogleich zur Bond Street befördert. Er konnte dem ›Mount Blank‹ nichts abgewinnen und fragte sich, was ihm andere abgewannen, die ein solches Aufhebens davon machten.«[35] Die englische Nobilität, die sich allein für fähig hielt, die Alpen zu würdigen, war entsetzt über die Neuankömmlinge, von denen viele aus irgendeinem Grund aus dem verarmten Londoner Eastend stammten. Als William Brockedon eine Familie am Nachbartisch im Cockney-Akzent miteinander reden hörte, war er erfüllt von »Unglauben darüber, daß ein so vulgäres Benehmen den Großen Sankt Bernhard erreicht haben könnte. Ich verzeichnete es nur als Gegenstand des Erstaunens, wie solche Leute je auf den Gedanken kamen, eine solche Reise zu machen. Ich hatte keine Ahnung, daß sich die edlen Klänge Wappings jemals so weit von der Themse entfernt hatten.«[36]

Die vom Klassenbewußtsein zerfressenen Briten verhöhnten einander. Die Europäer dagegen vertraten einen eher egalitären Standpunkt: Alle Briten waren gleichermaßen fürchterlich. Das lag weniger an ihrer Kleidung oder ihrem Akzent als an ihren Manieren. Gewiß, Großbritannien hatte den Krieg gewonnen, sicher, Europa war politisch instabil, und es stimmte, den Alpen fehlten die Londoner Annehmlichkeiten. Aber war das ein Grund, unhöflich und hochmütig zu sein? Die Briten waren als »Ja-und-nein-Touristen« bekannt, weil sie sich weigerten, mit anderen zu sprechen. Die Milords, mehr noch als die Wamsträger, waren schroff, desinteressiert und gefühllos. »Was für eine Rüstung an Würde oder etwas anderem müssen diese einzigartigen Sterblichen besitzen«, schrieb ein überraschter Schulmeister, »um in der Lage zu sein, zehn Stunden durch diese Täler zu wandern, ohne… irgendein Zeichen des Grußes oder der Höflichkeit oder auch nur der Zivilisiertheit erkennen zu lassen!«[37] George Sand meinte die Antwort zu kennen:

> Albions Inselbewohner bringen ein eigenartiges Fluidum mit sich, das ich das britische Fluidum nennen würde. Darin eingehüllt reisen sie und sind so unzugänglich für die Atmosphäre der Gebiete, die sie durchqueren, wie eine Maus im Zentrum einer Tretmühle. Ihre ewige Teilnahmslosigkeit ist nicht allein auf die vielen tausend Vorsichtsmaßnahmen zurückzuführen, die sie treffen. Sie geht nicht darauf zurück, daß sie drei Paar Hosen, eine über der anderen, tragen und ihr Ziel trotz Regen und Schlamm völlig trocken und sauber erreichen; nicht darauf, daß ihre steife und metallische Frisur der Feuchtigkeit infolge ihrer Wollmützen trotzt; auch nicht darauf, daß sie mit genug Pomaden, Bürsten und Seife beladen sind, um ein ganzes Regiment bretonischer Rekruten in Adonisse mit stets gepflegtem Bart und makellosen Fingernägeln zu verwandeln. Der Grund ist, daß die äußere Luft keinen Einfluß auf sie hat, denn sie gehen, trinken, schlafen und essen eingekapselt in ihr Fluidum wie in ein sieben Meter dickes Gefäß, aus dem heraus sie mitleidig auf Reiter herabblicken, deren Haar vom Wind zerzaust wird, und auf Fußgänger, deren Schuhe vom Schnee beschädigt werden.[38]

Es gab jedoch ein paar Briten, die bereit waren, sich stärker auf die Außenwelt einzulassen. Zu ihnen gehörte Charles Fellows.

Fellows – später Sir Charles Fellows – war ein junger Mann, der es eilig hatte. Eine viermonatige Wanderung durch die Alpen, wie sie die

Reiseführer empfahlen, war seine Sache nicht. Er bereiste Europa der Form halber und hatte keine Zeit zu verschwenden. Am 20. Juni 1827 ging er in Ostende von Bord und raste durch Belgien, Holland, Deutschland, Italien, die Schweiz und Frankreich, bevor er am 11. August wieder in Hastings landete und einen Begleiter namens William Hawes mitbrachte. Eine von Fellows' Stationen war Chamonix, wo er sich enttäuscht über die »stinkende und grobe« Vegetation der Felder zeigte und über das »kränkliche grüne Laubwerk« an den unteren Hängen höhnte. Er hätte das Tal so rasch verlassen wie all seine anderen Ziele, wenn er nicht den Montblanc gesehen und von dessen Ruf erfahren hätte. Man teilte ihm mit, es sei unmöglich, den Berg zu besteigen; so viele Menschen seien bei dem Versuch gestorben, daß er jeden Gedanken daran aufgeben solle. Die Geschichte von Hamels Katastrophe war nicht nur frisch in Erinnerung, sondern sie blühte geradezu – der letzten Version zufolge hatte die Lawine die Bergführer nicht 200 Meter, sondern mehr als drei Kilometer den Hang hinuntergefegt. Fellows' Interesse war sogleich geweckt, und er verkündete, daß er einen Versuch machen wolle. Eine ganze Reihe versehrter Bergführer riet ihm von seinem Vorhaben ab; ein Mann, der sich 1792 den Schädel gebrochen hatte, ließ ihn die Stelle betasten, an der ihm das Schädeldach geöffnet worden war. Aber der Anblick von zerschmetterten Knochen diente Fellows nur als Ansporn.

Er war ein Mann seiner Zeit. »Obwohl der Versuch im allgemeinen für verrückt erachtet wurde, besonders da im Verhältnis zu den sehr wenigen Erfolgreichen so viele andere ihrer Neugier zum Opfer gefallen waren, ließen wir uns nicht abschrecken.«[39] Offensichtlich hatte er die *Quarterly Review* gelesen – und war von ihr beeinflußt worden –, in der Barrow seine Ansichten über die Arktis und über Forschungsreisen insgesamt ausbreitete.

Die Tatsache, daß Barrows Expeditionen weitgehend gescheitert waren, brachte Fellows nicht von seinem Plan ab. »Wenn Einwände und Befürchtungen in Sachen Unternehmungsgeist stets ihre Entmutigung mit sich brächten«, räsonnierte er im Stil von Barrow, »würde die Kühnheit des Abenteuers abgewürgt, und all jene Interessengebiete, welche die Entdeckungen von wagemutigen Menschen eröffnen, wären der Welt verschlossen.«[40]

Normalerweise wurde eine Besteigung des Montblanc von einem gründlichen Studium des Wetters, der Anhäufung von Lebensmitteln, der Anwerbung von Bergführern, dem Abschied von Nahestehenden und anderen zeitraubenden Details begleitet. Auf all das verzichtete Fellows.

Später sagte er: »Während unserer gesamten Tour war es unsere Maxime gewesen, Verzögerungen zu vermeiden.« Mithin stiegen Hawes und er schon einen Tag nach ihrer Ankunft auf den Montblanc, zusammen mit zehn Bergführern und zehn Trägern, die mit Decken, Laken, Kleidung, Bettwäsche, zusätzlichen Schuhen, Kerzen, Holz, Stroh und einem Kochtopf zum Schmelzen von Schnee beladen waren; »hinzu kommt eine angemessene Menge Proviant aus acht Bratenstücken, einem Dutzend Hühner, Würsten, acht Laiben Brot und einem Käse, Zitronen, Rosinen, Dörrpflaumen und Zucker, mit 42 Flaschen Wein, Brandy, Haarwasser, Himbeersirup etc.«[41] Unten in Chamonix nahm der oberste Gerichtsbeamte ihre Testamente und die Adressen ihrer Angehörigen in Verwahrung.

Hawes, der nicht so begeistert wie Fellows war, empfand die Tour als anstrengend und unwirklich. Während er sich über den Glacier des Bossons kämpfte, hörte er die ferne Unterhaltung von Schmetterlingsjägern auf der Aiguille du Midi, die ihre Tage in Seidennetze eingehüllt verbrachten und hofften, seltene Exemplare für Touristen zu fangen. Fellows dagegen war durch nichts zu beeindrucken. Er beschrieb die Überquerung von Schneebrücken, bei der Hawes und er sich flach wie Bretter ausstreckten und, an ein Seil auf der gegenüberliegenden Seite gebunden, von den Bergführern hinübergezerrt wurden. Vor den Napoleonischen Kriegen hätte ein solcher Akt rasende Furcht ausgelöst. Fellows widmete ihm jedoch nur einen einzigen Satz. Die Schneebrücken hielten nicht immer, und manchmal stürzte er hindurch. Während Saussure diese Situation auf mehreren Seiten geschildert und Bourrit ein Kapitel oder sogar ein Buch daraus gemacht hätte, war Fellows wiederum ganz unbesorgt. An seinem Seil baumelnd, hatte er »Gelegenheit, die Wunder um mich herum zu betrachten und zu bestaunen. In dieser neuen, aber gräßlichen Lage waren die Farben des Schnees über mir wahrhaft schön; sie variierten zwischen reiner Weiße und dunklen Blau- und Grüntönen, während die hängenden Eiszapfen, von denen einige ungeheuer groß waren, in allen Farben des Prismas funkelten.«[42] Das war alles, was er über das Thema zu sagen hatte.

Sie verbrachten die Nacht auf den Grands Mulets. Die Träger waren mittlerweile verschwunden, und die beiden Briten mit ihren zehn Führern schliefen an einem 90 Meter tiefen Abgrund auf zwei Felsbänken, von denen die eine 0,3 und die andere drei Quadratmeter groß war. Die Temperatur lag bei minus 21 Grad Celsius. Als sie am folgenden Morgen erwachten, war Fellows ein wenig verblüfft über die Lebensmittel, welche die Führer für ihren Aufstieg zum Gipfel vorgesehen hatten: »Der Tagesproviant für die ganze Gruppe dürfte kaum reichlicher gewesen sein als das, was ich selbst am Vortag gegessen hatte.«[43] Zuerst konnte er diese Maßnahme nicht verstehen, aber nachdem er erlebt hatte, wie die Höhe den Appetit zügelt, meinte auch er, sie hätten vielleicht zuviel mitgenommen. »Eine Brotkruste, etwas Limonade und ein paar Rosinen machten all die Nahrung aus, die ich im Lauf von 30 Stunden zu mir nahm«,[44] schrieb er später.

Sie überquerten das Grand Plateau wohlbehalten, stellten dann aber fest, daß Balmats alte Route durch Lawinenstürze blockiert war. Dar-

aufhin suchte Fellows eine andere Route und fand sie, nachdem er ausgiebig von mehreren kleinen Hügeln in die Umgebung gespäht hatte. Sie führte nach Osten, im Gegensatz zu dem lawinenanfälligen westlichen Trichter, den sie bis dahin benutzt hatten. Beim Klettern begann Fellows, einige der Schönheiten des Montblanc zu würdigen. Er konnte die Sterne am Mittag sehen und wunderte sich darüber, daß sie nicht »an den Himmel angeklebt zu sein, [sondern] in verschiedenen Entfernungen in der Luft zu hängen«[45] schienen. Sie waren kleiner, als er es gewohnt war, und machten den Eindruck, als könne er die Hand ausstrecken und sie berühren.

Weniger gut gefiel ihm die dünne Atmosphäre des Montblancs: »Ich denke mir, daß wir genauso litten, wie wir es hätten erwarten können, wären wir unter die sich allmählich leerende Glocke einer Luftpumpe gestellt worden.«[46] Hawes, die Bergführer und er begannen aus der Nase zu bluten; danach spuckten und erbrachen sie Blut und schieden es schließlich auch beim Urinieren aus (Hawes behauptete allerdings, er habe nur unter Kopfschmerzen gelitten). Aus fast jeder Körperöffnung blutend, erreichten sie den Gipfel am 25. Juli um 14.20 Uhr. Äußerlich war er – eine geneigte, eiförmige Ebene von 46 Meter Länge und neun Meter Breite – nichts Besonderes. Hawes verspürte »ein unbeschreibliches Gefühl der Melancholie«[47], aber Fellows wurde zu kurzzeitiger Erregung hingerissen: »Der außergewöhnliche Glanz des Tages und die dünne Luft erweckten den Anschein, als ob wir am Himmel selbst schwebten.«[48]

Fellows steckte seine Mütze an seinen Stock und wedelte fröhlich mit ihr durch die Luft. Er legte keinen Wert darauf, wissenschaftliche Beobachtungen anzustellen – ohnehin hatte er sein Thermometer und Barometer auf den Grands Mulets zurückgelassen – aber er machte eine nützliche Entdeckung, als er alle aufforderte, mit ihm »God Save the King« anzustimmen (die Bergführer kannten den Text nicht und entschieden sich statt dessen für ein Schweizer Kirchenlied): Es war unmöglich zu singen. Die Töne kamen aus ihrem Mund, verklangen jedoch sofort. »Es fehlte der Atmosphäre derart an Resonanz, daß wir keine Note in eine andere überleiten konnten.«[49]

Sie blieben nicht lange am Gipfel – zur Enttäuschung derjenigen im Tal, für die eine Besteigung des Montblanc immer noch selten und interessant genug war. Der Maler David Wilkie notierte, daß sich 25 englische Touristen in einem Hotelzimmer drängten und ein einziges Teleskop von einem zum anderen weitergaben. Auch beim Abstieg ließ man sich wenig Zeit. Die Führer schienen von Fellows' Hast angesteckt worden zu sein, denn statt vorsichtig hinabzuklettern, rutschten sie auf ihren Alpenstöcken hinunter.

Dieses bemerkenswerte Kunststück bedeutete, daß man sich mit dem Rücken an den Alpenstock lehnte und mit den Füßen voran durch den Schnee glitt, wobei man mit den Absätzen bremste und steuerte. Das Verfahren war nichts Neues: Straßenarbeiter, welche die Pässe instand hielten, benutzten es traditionell, um im Winter rasch heimzukehren; allerdings verwendeten sie Schaufeln anstelle von Alpenstöcken. Saussure hatte die Methode ebenso verzeichnet wie Bourrit, der erklärte, es sei sehr leicht, wenn man den Bogen erst einmal heraus habe, und seine Leser nahezu überzeugte, daß auch er selbst diese Kunst beherrsche.

Fellows war trotzdem sehr beeindruckt. Er selbst machte keinen Versuch, doch er rutschte in sitzender Haltung hinter einem der Bergführer hinunter, wobei er »das Auge starr auf dessen Hut fixierte«. So stieg er »mit unvorstellbarer Geschwindigkeit über Strecken von jeweils mehr als 200 Metern«[50] ab. Einmal bremste der Führer zu abrupt, so daß sie in die Luft flogen und zum Fuß des Hanges purzelten. Fellows spuckte Schnee und verkündete, es sei ein sehr amüsanter Vorfall gewesen (rückblickend betrachtet).

Danach gab es kaum noch etwas, das ihn aus der Fassung bringen konnte. Sie übernachteten auf den Grands Mulets und wurden von einem Gewitter überrascht. »Nur diejenigen, die es erlebt haben, können verstehen, wie überaus verdrießlich es ist, eine Nacht unter solchen Umständen zu verbringen«,[51] klagte Fellows. Er war in der gleichen Situation wie einst Saussure auf dem Col du Géant. Aber während Saussure in seinem Zelt gekauert und sein Elektrometer wie ein Kreuz vor einem Vampir geschwenkt hatte, merkte Fellows bloß an, daß er seine Nachtmütze dauernd habe auswringen müssen und daß ihre Seidenquaste eishart gewesen sei, als er einschlief.

Beim Abstieg begegneten sie allen möglichen Hindernissen, die Fellows als Trivialitäten abtat. Der Gletscher war von Lawinen umgeformt worden, und bei einer Gelegenheit mußten sie Stufen in eine frische Spalte treiben, während über ihnen ein 70 Meter hoher Eisblock bedrohlich aufragte. Die Arbeit dauerte eine Viertelstunde, und währenddessen knackte der Block dreimal; »es klang, als halle ein Pistolenschuß in der Mitte des Berges wider«[52]. Kurz nachdem sie die Spalte überquert hatten, krachte der Block genau auf ihren früheren Standort hinunter. Fellows zeichnete den Vorfall mit mäßigem Interesse auf. Am 26. Juli um neun Uhr erreichte die Gruppe Chamonix, nachdem sie 48 Stunden am Berg verbracht hatte. Die Engländer machten eine zweistündige Wanderung durch das Tal, weil sie glaubten, ihre Beine ausschütteln zu müssen, zechten danach bis Mitternacht und standen am folgenden Morgen um sechs Uhr auf, um mit der Kutsche nach Genf zu fahren.

Die entscheidende Frage jedes Forschungsunternehmens war laut Fellows: »Sind die Schwierigkeiten, Anstrengungen und Gefahren durch das wettgemacht worden, was du erlebt hast? Was ich für mich selbst [Hawes war vielleicht anderer Meinung] damit beantwortete – und noch beantworte –, daß ich *reichlich* entschädigt wurde. Ich erlebte, was ich mir sonst nie hätte ausmalen können, und erweiterte dadurch meine Ideen von der Schöpfung, die trotz all ihrer Größe kaum mehr als einen Fleck im Universum bildet.«[53]

Bedenkt man, daß Fellows bis dahin nie derartige Gefühle hatte erkennen lassen und daß er wohl der allerletzte Mann auf Erden war, der sich für einen Fleck gehalten hätte, klingt in diesen Worten eine sympathische Unaufrichtigkeit an. Bei aller Gelassenheit war er insgeheim jedoch sehr stolz auf seine Leistung und reproduzierte in seiner Reisebeschreibung eine Kopie der Urkunde, die ihm in Chamonix für die Besteigung verliehen worden war.

Später wurde Fellows ein geachteter Archäologe des Nahen und Mittleren Ostens, während Hawes von der Bildfläche verschwand. 1828 hatte der letztere seinen eigenen Expeditionsbericht veröffentlicht, in dem Fellows als Schwächling und er selbst als Übermensch geschildert wurde. Aber seine wahren Gefühle kommen am besten im letzten Absatz von Fellows Journal zum Ausdruck, der vermutlich auf Hawes' Drängen hin geschrieben worden war. Er lautet: »Jeder, der seinem eigenen Leben oder dem derjenigen, die ihn auf einer solchen Expedition begleiten müssen, den geringsten Wert beimißt, geht ein Risiko ein, das

Rutschpartie am Montblanc, 1827

er nach reiflicher Überlegung vermeiden sollte. Und wenn es mir je beschieden ist, einen Freund von dem abzuhalten, was wir durchgemacht haben, so werde ich der Auffassung sein, daß ich ihm das Leben gerettet habe.«[54]

9

1827 war ein ereignisreiches Jahr. Es war das Jahr, in dem Fellows eine neue Route zum Montblanc eröffnete. Es war das Jahr, in dem ein Schotte namens John Auldjo der neuen Route folgte und beim Anzünden seiner Pfeife die Entdeckung machte, daß »die Dünnheit der Luft das Aroma von Tabak so übermächtig und unangenehm werden ließ, daß ich davon ablassen mußte«[1]. Diese Erkenntnis war, so ein Chronist des frühen 19. Jahrhunderts, »von profundem Interesse« und brachte Auldjo »die Goldene Bürgerverdienstmedaille des verstorbenen Königs von Preußen, ein signiertes Anerkennungsschreiben des ehemaligen Königs von Bayern und vom König von Sardinien einen wertvollen Diamantenring«[2] ein. 1827 war auch das Jahr, in dem Paccard den letzten Eintrag in sein Montblanc-Tagebuch machte. Er war von typischer Kürze: »Mr. Auldjo, Engländer, traf am 9. [August] um 11 Uhr auf dem Gipfel ein, verließ ihn um 11.40 Uhr wieder und kehrte um 20 Uhr nach Chamonix zurück.«[3]

Paccard starb, bevor das Jahr zu Ende ging. Von den ersten Helden des Montblanc blieb nur noch Jacques Balmat übrig, und auch er sollte bald das Zeitliche segnen. Im Lauf der Jahrzehnte hatte Paccard gebieterisch in Chamonix residiert und jenen, die in seinen Fußstapfen zum Gipfel wandeln wollten, seine Barometer und Thermometer angeboten. Alle, die das Tal besuchten, und besonders diejenigen, welche den höchsten Berg Europas besteigen wollten, hatten ihn stets als ersten aufgesucht. Doch in den zwanziger Jahren des 19. Jahrhunderts dürfte er des öfteren enttäuscht gewesen sein. Meistens wurden seine Instrumente beschädigt oder gar nicht benutzt. Clissold war so deprimierend kühn gewesen, sie völlig zurückzuweisen, ebenso wie Auldjo, der erklärte: »Ich bedauerte ihr Fehlen nicht allzu sehr, denn ich behauptete nicht, meinen Aufstieg aus wissenschaftlichen Gründen durchzuführen; meiner Meinung nach hatte ich dem Fundus des bestehenden Wissens sehr wenig hinzuzufügen.«[4] Paccard repräsentierte ein vergangenes Zeitalter. Der Montblanc war kein Geheimnis mehr und Chamonix nicht länger ein wunderliches Dörfchen, in dem sich Reisende beim Curé einquartierten. Die Alpen waren nicht mehr die Heimat von Drachen – jedenfalls soweit es sich feststellen ließ. In Paccards Jugend hatte die Wissenschaft an erster Stelle gestanden. Jener dünne Schleier der Gelehrsamkeit wurde nun in regelmäßigen Abständen von Kletterern zerrissen, die den Montblanc aus ganz und gar unwissenschaftlichen Gründen bestiegen. Zum Beispiel hatte Matzewski seine dichterischen Fertigkeiten verbessern wollen (der erste Bericht über seine Besteigung fand sich in einer ausführlichen Fußnote zu einem Gedicht mit dem Titel »Maria«). Rensselear hatte nichts Besseres zu tun gehabt, und Auldjo hatte einen genaueren Blick auf das Spiegelbild des Berges in einem See werfen wollen. Die Impulse, die spätere Kletterer antrieben, waren kaum rühmlicher: 1830 bestieg der Ehrenwerte Edward Bootle Wilbraham, ein Heeresoberst, den Montblanc, weil man ihm davon abgeraten hatte; 1834 machte sich Dr. Martin Barry, ein Quäker, zum Gipfel auf, um seinen Horizont zu erweitern; im selben Jahr war Comte Henry de Tilly bedrückt über eine nicht lange zurückliegende Liebesaffäre und meinte, daß ein wenig körperliche Ertüchtigung ihm guttun werde; 1837 wollte H. M. Atkins, ein 19jähriger englischer Jüngling, einfach irgend etwas unternehmen; 1838 bestieg Comtesse Henriette D'Angeville den Montblanc in Männerkleidung, um zu beweisen, daß sie George Sand gleichwertig sei (um diesen Vorsatz zu unterstreichen, ließ sie sich am Gipfel auf die Schultern ihrer Bergführer heben, wodurch sie eine größere Höhe erreichte als jeder andere Mensch). Nicht ohne Berechtigung hieß es in Murrays Reiseführer von 1851: »Es ist eine bemerkenswerte Tatsache, daß ein hoher Prozentsatz derjenigen, die diesen Aufstieg bewältigten, geistesgestörte Personen waren.«[5] Außerdem gab es die schrecklichen Engländer, die in ihren Trachten über die unteren Hänge schwärmten.

Kurz, 1827 war das Jahr, in dem sich die Alpen unwiderruflich als Touristenziel etablierten. Die Straßen waren nun – was man hauptsächlich Napoleon zu verdanken hatte – besser als je zuvor. Dampfschiffe tuckerten über die Seen, und sehr bald sollte die erste Eisenbahnstrecke durch die Berge verlegt werden. In den folgenden Jahrzehnten trafen Tausende von Briten ein, um sich an den Wundern der »Schweiz« zu ergötzen – ein Sammelbegriff, der nicht nur die Schweiz, sondern jede Gegend in Frankreich, Savoyen, im Piemont oder in Italien umfaßte, in der es Berge gab. Sie kamen wegen der Bäder, der Gletscher, der Aussicht und der Berge. Sie kamen wegen der Bewegung, des Klimas und der Gesellschaft. Sie kamen in der Hoffnung, Byrons Unterschrift an einer Wand zu finden (die Hotelbesitzer waren ihnen dabei nur zu gern zu Diensten). Sie kamen in der Hoffnung, berühmte Autogramme aus Hotelregistern zu stehlen (wiederum waren ihre Gastgeber gut vorbereitet: Sobald eine Seite entfernt war, wurde sie durch eine andere mit den gleichen Kommentaren und der gleichen Unterschrift der Berühmtheit ersetzt, die das Hotel niemals besucht hatte). Sie kamen in der Hoffnung, eine Kur für jedes denkbare Zipperlein zu finden – »jene, die zumindest der gallenkranken, magenkranken, hypochondrischen, pillenschluckenden Schicht angehören«,[6] wie ein Arzt sie abschätzig nannte. Und sie kamen, weil die Alpen ein kontinentales England geworden waren.

In Genf war es unmöglich, englischen Tönen zu entgehen. Die Schweiz übernahm die Melodie von »God Save the King« für ihre Nationalhymne. Die besten Hotels boten speziell für die Engländer eine *table d'hôte* um 13 Uhr und zwei weitere um 17 Uhr und um 20 Uhr an. Viele Briten ließen sich in der Schweiz nieder – ein Trend, der sich das ganze Jahrhundert hindurch fortsetzen sollte. Unter den Neuankömmlingen war ein vornehmes Ehepaar namens Arbuthnot. Als Mrs. Arbuthnot von einem Blitz erschlagen wurde, zog das Drama Hunderte von britischen Pilgern an. Letzten Endes mußte ein Denkmal errichtet werden. Weniger romantisch, aber nicht weniger typisch war Lord Vernon, der die schweizerische Staatsbürgerschaft annahm, um beim Basler Wettschießen antreten zu können. Er verkündete, er werde das Land nicht verlassen, bevor er nicht den Sieg davongetragen habe.

Die Briten gingen gern auf Wandertouren und waren stolz auf die

Tatsache, daß sie mit leichtem Gepäck reisen konnten. »Ein gesunder und kräftiger Fußreisender ... braucht nur ein einziges Gepäckstück mitzunehmen, und zwar in Form eines wasserdichten Rucksacks von mäßiger Größe«,[7] schrieb ein Enthusiast. Sie rüsteten sich lediglich mit einer Garnitur leichter Kleidung zum Wechseln aus und trugen breitkrempige Schlapphüte mit kleinem Kopfteil. Die Umsichtigeren packten Windsor-Seife ein – »sie ist in den Gasthäusern selten anzutreffen«[8]. Die Briten spazierten, ritten und dampften durch die Alpen. Hin und wieder bestiegen sie einen der niedrigeren Gipfel, was sie geradezu in Ekstase versetzte.

»Ich kann nur schlecht beschreiben, was ich spürte, aber ich weiß, daß es lebhafte und starke Gefühle waren«, schrieb ein Mann, der den bescheidenen Riffelberg von Zermatt aus bezwungen hatte und den majestätischen Kreis der ihn umgebenden Gipfel betrachtete. »Während wir dort oben gleichsam in der Himmelsmitte saßen, auf dem glatten, warmen Sims unseres Felsens ... unter einem Firmament aus üppigstem Blau, das entweder wolkenlos oder an manchen Stellen mit jenen luftigen und sonnenhellen Wolken geschmückt war, die seine Tiefe nur verstärkten ... schienen wir uns zu fühlen, als könne es keine andere geistige Stimmung geben denn eine erlesene, doch fröhliche Gelassenheit – eine Art köstlicher Abstraktion oder Absorption unserer Kräfte durch eine großartige, vage, doch überaus schwelgerische Wahrnehmung von Schönheit und Lieblichkeit. Zu einem anderen Zeitpunkt – nein, wie es schien, fast zum selben Zeitpunkt, so rasch wechselten die Stimmungen – brachten die unermeßliche Weite des Schauplatzes ... die völlige Stille und das Fehlen jeden Hinweises auf Leben und lebendige Dinge ... eine ganz andere Geisteshaltung hervor: feierlich, ehrfurchtsvoll, melancholisch.«[9] Als er seine Gedanken schweifen ließ, wurden die Gipfel zu »einem hehren Zirkel aus titanischen Sphinxen«.

Nicht alle Touristen kamen aus Großbritannien, und nicht alle wußten den Glanz der Alpen auf so fromme Art zu schätzen. Am 5. Juni 1832 besuchte Alexandre Dumas eine Beerdigung in Paris. Ein paar Tage später las er in den Zeitungen, er habe in der Hauptstadt an einem blutigen Aufstand teilgenommen und sei, mit der Pistole in der Hand, am 6. Juni erschossen worden. Diese Berichte und der Umstand, daß in Paris eine Choleraepidemie ausgebrochen war, trieben ihn in die Alpen. Er erlebte ereignisreiche Tage, in denen er «Balmat vom Montblanc« befragte, scheinbar ein gebratenes Kleinkind aß, das sich als Murmeltier erwies, durch Überschwemmung aus einem Hotel und durch Feuer aus den oberen Etagen eines anderen gejagt wurde, einer Verhandlung beiwohnte, in der lebendige Bären als Zeugen aufgerufen wurden, und als Sekundant bei einem Duell zwischen einem Franzosen und einem Engländer diente. Letzteres kam zustande, weil der Franzose das Benehmen des Engländers beim Abendessen nicht ertragen und ihn deshalb mit einem Brötchen beworfen hatte. Daraufhin schlug ihm der Engländer sogleich eine Flasche Wein über den Kopf. Deshalb trafen sie sich am nächsten Morgen, um ihre Differenzen mit Pistolen auszutragen. Der Engländer, ein berühmter Schütze, feuerte als erster. Der Franzose ging auf ihn zu. Der Engländer feuerte erneut. Der Franzose kam trotzdem immer näher. Dumas schaltete sich ein und bat den Franzosen, in die Luft zu schießen. »Sie haben gut reden«, sagte der Franzose und zeigte auf zwei Löcher in seiner Brust. Dann schritt er weiter, setzte die Pistole an den Kopf des Engländers und drückte den Abzug durch. Kurz darauf kehrte Dumas heim; er war ziemlich verstört und äußerte sich kaum noch über die Schönheit der Alpen.

Deutlicher beschrieb ein im Exil lebender französischer Graf 1837 seinen Aufenthalt in dem Schweizer Kurort Interlaken:

> Frühmorgens wird man durch den Lärm einer Kavalkade geweckt, die sich auf einen Ausflug zum Staubbach oder zum Grindelwald vorbereitet. Fünf oder sechs junge Frauen warten auf ihren Pferden, während zwei Matronen auf Esel gehievt werden, um dem Unternehmen den Anschein von Schicklichkeit zu verleihen. Ein Dutzend Dandys in Blusen und mit langen Nagelstöcken, die sie wie Lanzenschwerter tragen, umrunden die Karawane auf ihren Rössern. Nach viel Gerede und Geschrei, und als feststeht, daß niemand im Dorf ungestört geblieben ist, entfernen sie sich in wildem Durcheinander. Wenn das Wetter gut ist, wird der Abend Spaziergängen gewidmet. Aber wenn es regnet, entgeht man nicht der Qual, abscheuliche Musik zu hören, gespielt von Laien, die sich eines Klaviers bemächtigen und die Stücke verhunzen, die im vorhergehenden Winter in Paris große Mode waren.[10]

Seiner Meinung nach kamen Besucher aus folgenden Gründen in die Schweiz: »Aus Stolz, der Mode wegen und weil sie nichts Besseres zu tun haben, nur selten aus echter Neugier … Man ist bereits nach der Hälfte der Tour gelangweilt und führt sie nur zu Ende, um nicht die eigene Spur zurückverfolgen zu müssen.«[11]

Weniger gehässig, doch genauso kritisch waren die Berichte des Genfer Lehrers und Autors Rodolphe Töpffer, der zwischen 1830 und 1842 eine internationale Brigade von Schulkindern durch die Alpen führte. Seine Exkursionen waren herrlich chaotisch und bewegten sich nahtlos von einem Mißgeschick zum nächsten. Er zeichnete seine Erlebnisse humorvoll auf, konnte jedoch seine Unzufriedenheit mit der Gegend nicht verhehlen. Er empfand die Gasthäuser als dürftig, die Zollbeamten als korrupt, die Engländer als fraglos absonderlich, die Dampfer als entnervend, die Zölle als erpresserisch, und auf dem Großen Sankt-Bernhard-Pass entdeckte er eine Maus in seinem Regenschirm. Er neigte zu Schwindelanfällen und hatte wenig Freude am Besteigen steiler Hügel: »Das Herz pocht, der Kopf dreht sich, die Beine zittern, und unfähig, vorwärts oder zurück zu gehen, sich hinzusetzen oder aufzustehen, verwandelt sich auch der selbstsicherste Grenadier der Welt in einen Kloß, der schreit: ›Kommt und holt mich raus! … Kommt ganz schnell und holt mich raus!‹ … Ach, die schrecklichen Momente! Ach, die abscheuliche Erholung!«[12]

Ob enthusiastisch oder nicht, ob energiesprühend oder schlapp, Touristen machten nun das Gros der Alpenbesucher aus. Allerdings gab es immer noch einige, welche die Alpen als Gegenstand von wissenschaftlichem Interesse betrachteten. Sie wurden jedoch nicht – wie Saussure und andere – von den Gipfeln, sondern von den Gletschern angezogen. Wie hatten sich diese gebildet? Warum bewegten sie sich und wie schnell? Was brachte die Moränen hervor, die sich an ihren Rändern und in ihrer Mitte ansammelten? Warum rückten sie auf so unerklärliche Weise vor und zogen sich wieder zurück? Wichtiger noch, hatten sie etwas mit jenen sogenannten erratischen Blöcken zu tun, Findlingen, die nicht in ihre Umgebung passen und in verwirrenden Reihen in ganz Nordeuropa, besonders konzentriert aber in der Schweiz, anzutreffen sind? Man hatte verschiedene Lösungen für die meisten dieser Probleme vorgeschlagen. Gletscher bildeten sich durch eine Anhäufung von Schnee, der sich in großen Höhen zu Eis verdichtet – in Ordnung. Sie bewegten sich, weil die Hitze der Erdkruste die unteren Gletscherschichten schmelzen läßt, so daß er wie eine Schnecke dahingleitet – fast richtig. Die »erratischen« Blöcke waren von einer oder mehreren Sintfluten, die den Globus in früheren Zeiten überschwemmt hatten, zurückgelassen, durch Vulkanausbrüche an ihren jetzigen Standort geschleudert oder vielleicht von »Eisflößen« deponiert worden, die in den Hügeln entstanden waren, sich dann über den Boden gewälzt und die Blöcke mit sich getragen hatten, bevor sie zu gigantischen Pfützen schmolzen – völlig falsch.

Heutzutage steht die Geologie nicht im Ruf, besonders aufregend zu sein. Aber damals befand sie sich an der vordersten Front der Wissenschaft. In einer Welt, in der alles von der Bibel abhing, war die Geologie die einzige Philosophie – um einen altertümlichen Begriff zu benutzen –, die es wagte, die biblische Schöpfungsgeschichte in Frage zu stellen. Die De Lucs hatten zu den ersten gehört, die auf die Möglichkeit hindeuteten, daß die in den Alpen so sichtbaren Felsformationen einen Schlüssel zur Vorgeschichte der Erde lieferten. Auch Saussure hatte sich über die Kräfte Gedanken gemacht, welche die Alpen geschaffen hatten. Waren sie irgendwie zusammengepreßt oder von einer unbekannten unterirdischen Energie hochgehoben worden? Saussure bevorzugte die

Alpentouristen in den dreißiger Jahren des 19. Jahrhunderts (Zeichnungen v. Rodolphe Töpffer)

erstere, die De Lucs die letztere Lösung. Überall in Europa legte eine wachsende Zahl von gutsituierten Laien Fossiliensammlungen an, die nicht nur auf ausgestorbene Arten hindeuteten, sondern auch Belege dafür lieferten, daß der Planet beträchtliche klimatische und topographische Umwälzungen durchgemacht hatte.

Das orthodoxe, auf der Bibel beruhende Denken führte seine besten Argumente ins Feld: Fossilien seien Überreste jener Geschöpfe, welche die Arche Noah nicht mitgenommen habe; die seltsamen, vertikalen Felsschichten in den Alpen und anderen Gebirgen gingen auf den Mechanismus zurück, den Gott für die Bildung der Kontinente benutzt habe; und »erratische« Blöcke seien offenkundig von der Sintflut hinterlassene Trümmer. Aber die orthodoxe Beweisführung enthielt zu viele Löcher, zu viele rätselhafte Fakten, die durch die Bibel nicht erklärt werden konnten. Als Leute wie Saussure mit ihren Hämmern durch die Alpen zogen, trug jede Gesteinsprobe, die sie einsammelten und dann in die grauen, eigens dafür vorgesehenen Papierbögen einwickelten, zu dem unguten Gefühl bei, daß das orthodoxe Denken nicht der Wahrheit entsprach.

Unter den Zweiflern war ein Pfarrerssohn namens Louis Agassiz, der am 28. Mai 1807 in Neuenburg geboren wurde, einem Schweizer Kanton, der durch eine Laune der Geschichte zu Preußen gehörte. Seine Familie war nicht vermögend, und als Heranwachsender hatte er bereits gelernt, Schuhe herzustellen, Kleidung zu schneidern und wasserdichte Fässer anzufertigen. Vor allem aber hatte er eine natürliche Begabung für die Geologie, die ihm 1832 die Professur für Naturgeschichte in Neuchâtel einbrachte. »Was immer mir widerfährt«, schrieb er, »ich bin sicher, daß ich dem Studium der Natur stets meine ganze Energie widmen werde. Sein mächtiger Zauber hat so sehr von mir Besitz ergriffen, daß ich ihm immer alles opfern muß, sogar die Dinge, die Menschen in der Regel am höchsten schätzen.«[13] Tatsächlich opferte er alles – sein eigenes Geld, das seiner Frau und das der Universität –, und beschäftigte in den dreißiger Jahren des 19. Jahrhunderts ein zwölfköpfiges Forscherteam, einen Maler und einen Fossilsammler, deren Entdeckungen von den 20 Angestellten seiner privaten Druckerei veröffentlicht wurden. Sein Spezialgebiet waren »Fossilfische«, die sich leicht aus den Alpen meißeln ließen und die einen der ersten und beunruhigendsten Hinweise auf eine nichtbiblische Vorgeschichte lieferten. Er korrespondierte über das Thema regelmäßig mit seinem Freund, Baron Alexander von Humboldt, einem der einflußreichsten Forschungsreisenden und Naturwissenschaftler des frühen 19. Jahrhunderts. Er war besessen vom Studium der »Fossilfische« – Kollegen in England nannten ihn den »berühmten ausländischen Fischhändler«[14] – und kehrte alljährlich zu diesem Thema zurück, wenn er aufgefordert wurde, vor dem Helvetischen Bund von Neuenburg zu sprechen – ein Forum, das er zur Erörterung geologischer Angelegenheiten gegründet hatte. Alte Knochen hätten sein Leben auch weiterhin ausgefüllt, wäre Agassiz nicht 1836 von seinem Freund Jean de Charpentier gebeten worden, einen Gletscher bei Bex in der Schweiz zu untersuchen.

Seit Beginn des Jahrhunderts vermuteten einige wenige, daß ein Gletscher die einzige zur Beförderung von erratischen Blöcken fähige Naturkraft sei. Der britische Professor John Playfair hatte den Gedanken 1802 vorgebracht und war darin 1804 von Sir John Leslie unterstützt

Louis Agassiz

worden. In späteren Jahren vertraten nicht nur Wissenschaftler, sondern auch einfache Laien diese Theorie. Jean-Pierre Perraudin, ein Gamsjäger aus Lourtier, und Marie Deville, ein Bergführer aus Chamonix, stimmten der Hypothese zu, ebenso wie Bauern an Orten wie Meiringen, Yverdon und Val Ferret. Charpentier hatte 1815 bei Perraudin gewohnt, sich dessen Theorie angehört und den Schluß gezogen, daß sie »zu phantastisch war, um ernsthaft ins Auge gefaßt zu werden«[15]. Doch als die Idee an Boden gewann, meinte Charpentier, daß zu ihrer Widerlegung gründliche Arbeit geleistet werden sollte, zumal sich auch einer seiner besten Freunde dazu bekannt hatte: ein Ingenieur namens Venetz, der die Schleuse von Bagnes gebaut hatte. In den späten zwanziger und in den dreißiger Jahren des 19. Jahrhunderts nahm Charpentier eine detaillierte Untersuchung der erratischen Blöcke vor, die über das Schweizer Tiefland verstreut sind, und stellte zu seinem Entsetzen fest, daß Gletscher in der Tat als die wahrscheinlichsten Ursachen dafür in Frage kamen. Diese Erkenntnis wollte er mit einem Kollegen teilen, weshalb sich Agassiz 1836 in Bex wiederfand.

Agassiz' Zweifel waren nicht weniger ausgeprägt als die von Charpentier. Aber als er das Material sah und sich Charpentiers Beweisführung anhörte, akzeptierte er die Theorie vollständig. Mehr noch, das einzige, was er daran auszusetzen hatte, war ihre Begrenztheit. Für Agassiz wurde der Besuch in Bex zum Damaskus-Erlebnis. In einem jener seltenen Momente der Wissenschaftsgeschichte wurde plötzlich alles deutlich: Er begriff, daß die gesamte europäische Landschaft von Gletschern gestaltet worden war.

Im Sommer 1837 versammelten sich die Studenten von Neuchâtel beim Helvetischen Bund, um der üblichen Predigt über »Fossilfische« zu lauschen. Zu ihrem Erstaunen begann Agassiz über Gletscher zu sprechen. Er behauptete, daß Eis einst allgegenwärtig gewesen sei und die Erde vom Nordpol bis nach Zentraleuropa bedeckt habe. Es habe zahlreiche Lebewesen getötet und die Landschaft zu ihrer nun erkennbaren Form zurechtgeschnitten. Der von ihm hinterlassene Schutt sei in jedem Gebirgstal in Gestalt von Seitenmoränen (das Geröll, das am Rand eines Gletschers befördert wird), Endmoränen (das Geröll, das ein Gletscher an seiner Abschmelzstelle ablagert) und Mittelmoränen (die sich an der Schnittstelle von zwei Gletschern bilden) zu sehen. Das war unglaublich radikal. Der berühmte Geologe Leopold von Buch lief mit den Worten »*O sancte de Saussure, ora pro nobis!*«[16] aus dem Saal. Ähnliche Szenen wiederholten sich anderswo.

»Agassiz stieß in Dublin zu uns und hielt eine lange Vorlesung in unserer Abteilung«, schrieb Reverend Adam Sedgwick von der British Association. »Aber was meinen Sie? Statt uns zu lehren, was wir wissen wollten und uns seiner überströmenden ichthyologischen Kenntnisse teilhaftig werden zu lassen, verlas er eine lange und dumme hypothetische Abhandlung über Geologie, die er aus den Tiefen seiner Ignoranz bezogen hatte ... Ich hoffe, wir werden ihm diesen faulen Zauber bald austreiben können.«[17] Aber der faule Zauber hatte Wurzel gefaßt und gedieh zur Bestürzung der organisierten Wissenschaft in ganz Europa. »Wenn man Agassiz einmal zugesteht, daß seine tiefsten Schweizer Täler ... einst mit Eis und Schnee gefüllt waren, dann sehe ich keinen Halt mehr«,[18] brüllte Sir Roderick Murchison von der Royal Geographical Society. In freundlichsten Tönen riet Humboldt Agassiz, bei seinen »Fossilfischen« zu bleiben.

Aber Agassiz ließ sich nicht beirren. Im folgenden Jahr besuchte er die Alpen zusammen mit seinem Freund Edouard Desor, einem Journalisten, und 1840 schlug er ein Lager auf einem Gletscher auf, um seine Theorien zu verfeinern. Die Stelle, die er wählte, war ein überhängender Felsen auf halber Strecke der Mittelmoräne des Unteraar-Gletschers im Berner Oberland. Eine Steinmauer wurde unter dem Felsvorsprung errichtet, der Boden mit flachen Platten eingeebnet und ein Vorhang vor dem Eingang angebracht. Eine Nische davor diente als Küche und ein kleines Loch unter einem Felsbrocken als Speisekammer. Vorräte wurden regelmäßig von dem nahegelegenen Grimsel-Hospiz herbeigeschafft. Die Unterkunft konnte sechs Personen aufnehmen und wurde als *Hôtel des Neuchâtelois* bekannt. Seine ersten Bewohner waren Agassiz, Desor und vier Wissenschaftlerkollegen: Charles Vogt, Célestin Nicolet, Henri Coulon und François de Pourtales, ein 17jähriger Student der Universität Neuchâtel.

Die Sechserbande war mit einer Vielzahl wissenschaftlicher Instrumente – Barometer, Thermometer, Hygrometer, Hypsometer und Mikroskope – sowie mit einem Gerät zum Bohren von Löchern in den Gletscher ausgerüstet.

Agassiz organisierte ihre Pflichten mit großer Sorgfalt. Pourtales und er waren für meteorologische Beobachtungen und für die Messung der Temperatur des Gletschers in verschiedenen Tiefen verantwortlich; Vogt wurde angewiesen, roten Schnee zu erforschen, ein verwirrendes Phänomen, das man nicht nur in den Alpen, sondern auch in der Arktis bemerkt hatte; Nicolet beschäftigte sich mit der Flora auf dem Gletscher und den umliegenden Felsen; Desor und Coulon studierten die Gletschermerkmale im weitesten Sinne, darunter Moränen und Felsbewegungen.

Man triangulierte die Position von 18 großen Felsbrocken auf dem Gletscher und verzeichnete ihre Bewegungen während der Jahreszeiten. Man maß die jährliche Abschmelzrate und trieb quer über den Gletscher Pfähle ein, um die Geschwindigkeit abzuschätzen, mit der er sich bewegte. Man goß gefärbtes Wasser auf seine Oberfläche und grub Löcher in Spaltenwände, um zu registrieren, wie rasch der Farbstoff sich einen Weg durch die Kapillarrisse des Gletschers bahnte. Und im Lauf dieses und der folgenden Jahre stieg man auf alle umliegenden Berge – darunter die Jungfrau, das Schreckhorn und das Finsteraarhorn –, um sich ein besseres Bild von dem Drachen zu verschaffen, mit dem man es zu tun hatte.

Fünf Jahre lang, mit Ausnahme der Winter, lebte Agassiz auf dem Eis. Das *Hôtel des Neuchâtelois* zog Wissenschaftler und Touristen aus ganz Europa an, die in jeder Saison durch irgendeine Neuentdeckung belohnt wurden. Zum Beispiel beschloß Agassiz 1841, ein Loch zum Grund des Gletschers zu bohren, um die Schliffbildungen im Eis zu untersuchen. Auf diese Schliffe, abwechselnd von klarem Eisblau und schäumendem, mit Luftblasen gefülltem Weiß, hatte ihn James Forbes aufmerksam gemacht, ein Professor aus Edinburg, der das *Hôtel* in jenem August besuchte. Sie stellten ein Rätsel dar, das Agassiz lösen wollte. Folglich wurde er, auf einem schmalen Brett sitzend, das oben an einem Dreifuß vertäut war, in das Loch hinuntergelassen. Desor leitete die Operation und beugte sich über das Loch, um Agassiz' im

Das Hôtel Neuchâtelois

Schacht widerhallende Instruktionen zu hören. In 24 Meter Tiefe stieß Agassiz auf einen Eisblock, der den Schacht in einen breiten und einen schmalen Kanal teilte. Er wählte die breitere Öffnung, nur um mit einem Tunnellabyrinth konfrontiert zu werden, das ins Innere des Gletschers führte. Deshalb rief er zu Desor hinauf, man solle ihn zurück zu der Gabelung hieven und dann in den schmaleren Kanal hinunterlassen. Auf seinem Brett hockend, kam er an wackeligen Eisstalaktiten vorbei, die ihm jederzeit auf den Kopf fallen konnten. Die Schliffe wurden immer undeutlicher, und da er sich so sehr auf sie konzentrierte, bemerkte er erst in einer Tiefe von 38 Metern, daß seine Beine in eiskaltem Wasser steckten. Er brüllte zu Desor hinauf, der ihn mißverstand und mehr Seil gab. Erst nach einem zweiten Schrei wurde Agassiz, durchnäßt und frierend, aus dem Loch gerettet. Es war das gefährlichste Experiment, das Agassiz je versuchte und das er als »Abstieg in die Hölle«

beschrieb. Er gelobte, es niemals zu wiederholen: »Hätte ich all die Gefahren gekannt, wäre ich vielleicht nicht zu einem solchen Abenteuer bereit gewesen. Jedenfalls würde ich niemandem raten – es sei denn, er wird von einem starken wissenschaftlichen Motiv angetrieben –, meinem Beispiel zu folgen.«[19]

Michael Faraday, der Pionier der Elektrotechnik, wollte Agassiz bei der Arbeit beobachten, aber er hatte Angst vor dem Eis und gelangte nur bis Grimsel. Der Pädagoge Rodolphe Töppfer wurde ebenfalls durch den Gletscher abgeschreckt, aber er traf sich mit Desor in Grimsel und schrieb aufgeregt, daß »sie eine bereits 18 Meter tiefe Grube ausheben, daß Gletscher Flöhe haben wie Köche und Hunde und daß der rote Schnee seine Farbe Insekten mit scharlachroten Mägen verdankt«[20] (tatsächlich hatte Nicolet eine Insektenart gefunden, die er als Gletscherflöhe bezeichnete; der rote Schnee wird allerdings von mikroskopischen Pflanzen verursacht). Verwegener waren zwei junge britische Lords, die in der Absicht beim *Hôtel* auftauchten, es als Jagdhütte zu benutzen, sowie Mr. und Mrs. Cowan aus Edinburg, die in einer Sänfte mit elf Bergführern in der irrigen Annahme eintrafen, das *Hôtel* sei wirklich ein Gasthaus. Doch der wichtigste Besucher jener Saison war James Forbes, der selbst eine wissenschaftliche Reise durch die Alpen unternahm.

»Ich gestehe offen, daß ich nie den Reiz jener wilden Gegenden vergessen werde«, schrieb Forbes über seinen Aufenthalt im *Hôtel.* »Die wechselnden Effekte von Sonnenschein, Gewölk, Sturm und Gewitter, welche sich am Himmel, auf den Bergen und den Gletschern äußerten, die rosigen Farbtöne des Sonnenscheins, das kalte, matte Licht des Mondes an einem Orte, wo sich auch nicht die geringste Spur von Leben erblicken läßt und dessen einziger Zeuge unsere Gesellschaft war.«[21] Als Gletscherexperte von Rang hatte er Agassiz gegenüber professionelle Vorbehalte und erklärte, daß »ich bisher eine Menge interessanter Tatsachen in bezug auf die alpinen Gegenden und Landschaften, besonders hinsichtlich der Gletscher, übersehen hatte. Lebhafte und freundschaftliche Erörterungen entspannen sich daraus zwischen uns. Ohne in allen Fällen die Schlüsse meines eifrigen und energischen Lehrers einzuräumen, konnte ich nicht anders, als ihnen Scharfsinn zuzugestehen.«[22] Es war eine taktvolle Formulierung dafür, daß sich ein wissenschaftlicher Disput anbahnte. Zunächst jedoch war Forbes zu stark abgelenkt, als daß er die Angelegenheit vertieft hätte. Die Landschaft war wunderschön, es gab unendlich viele neue Dinge zu untersuchen, die Gesellschaft war angenehm, und er rauchte die erste Zigarre seines Lebens.

Das Wetter war im allgemeinen gut, und wenn sich ein Sturm ankündigte, zog man sich einfach in das Hospiz in Grimsel zurück und setzte die Diskussionen an einem lodernden Feuer fort. Bei einer dieser Gelegenheiten verfaßte Forbes ein Kurzporträt der Gruppe:

> M. Agassiz, fröhlich, gutmütig und offenherzig, der aktiven Anstrengung im Hause nicht sonderlich zugeneigt, doch stets bereit, zur lustigen Geselligkeit einer Gruppe beizutragen, als deren Oberhaupt er sich zu Recht betrachtet. Dr. Vogt, ein zu Späßen aufgelegter, dabei kluger junger Mann von 23 Jahren, ein wahrer Deutscher nach Gesichtsfarbe, Gleichmut und Gewohnheiten... M. Desor, von Geburt Franzose... und der Journalist der Expedition: wie jeder Journalist in einer recht schwierigen und zweifelhaften Lage, aus der er sich auch durch ein gewisses Maß an natürlicher Schnelligkeit und französischer Munterkeit nicht völlig befreien konnte. M. Burckhardt, der Künstler unseres Agassiz-Clubs, ein scharfsinniger, vernünftiger Mann mit einem verschmitzten Lächeln und trockenem Humor, den er oft erfolgreich einsetzte, um die Ausfälle von M. Desor zurückzuschlagen.[23]

Manchmal drängten sich 30 oder 40 Gäste im Hospiz, aber »alles wurde glatt, fröhlich und ohne Ärger oder ein einziges unfreundliches oder hastiges Wort abgewickelt ... So verbrachten wir viele angenehme Abende!«[24] Forbes traf am 8. August im *Hôtel* ein, und nach zwei Wochen im wissenschaftlichen Paradies gab er bedauernd bekannt, daß er seine Reise fortsetzen müsse. Er wollte noch mehrere andere Gletscher erkunden, und die Saison näherte sich ihrem Ende. Agassiz entgegnete jovial, er werde Forbes einen Teil des Weges begleiten – und warum solle man dabei nicht auf die Jungfrau klettern?

Die Bergkette über dem *Hôtel des Neuchâtelois* war nicht nur für ihre Schönheit, sondern auch für ihre Unzugänglichkeit bekannt. Die Nordwände von Gipfeln wie dem Finsteraarhorn, dem Schreckhorn und der Jungfrau bestanden aus unüberwindlich schroffen Granitklippen. Im Süden brachten sie Gletscher hervor, die auf traditionelle Art mit Seilen,

Steigeisen und Leitern bezwungen werden konnten. Unter all diesen Bergen galt die Jungfrau als der ästhetisch reizvollste. Aber er war auch der höchste und schwierigste. 1811 war er zum ersten Mal von Mitgliedern der einheimischen Familie Meyer bestiegen worden. Niemand schenkte ihnen Glauben, weshalb sie den Aufstieg 1812 wiederholten und diesmal eine Fahne, die von allen Seiten zu sehen war, auf den Gipfel pflanzten. Aber man glaubte ihnen noch immer nicht, und die Bergführer behaupteten, wenn eine Fahne von unten auf dem Gipfel zu erspähen sei, dann hätten sie selbst, nicht die Meyers diese aufgerichtet. Aus diesen verwirrenden Berichten und der Tatsache, daß 1828 ein Wissenschaftler namens Baumann die Spitze ohne Kontroversen erreichte, läßt sich ersehen, daß die Erstbesteigung der Jungfrau recht willkürlich anerkannt wurde.

Forbes und Agassiz, die eigene Bergführer mitnahmen, hatten ein anstrengendes Abenteuer vor sich. Sie mußten zunächst zwölf Stunden lang mehrere Gletscher überqueren, bevor sie den Aufstieg überhaupt beginnen konnten. Der Erfolg bei der Überwindung der Gletscherspalten hing von einer Leiter ab, die eine Expedition 1832 in Märjelen am Fuß der Jungfrau versteckt hatte. Forbes war körperlich in schlechter Verfassung, da er eine Woche zuvor in eine Gletscherspalte gerutscht war und sich den Knöchel verstaucht hatte. Sie brachen am 27. August 1841 um fünf Uhr in Grimsel auf, wobei Forbes eine Mischung aus Freude und Furcht empfand.

> Als wir vom Hospiz aus den Abhang hinunter gingen, verschwanden die schon nicht mehr lebhaft glänzenden Sterne vor der grauenden Morgendämmerung. Uns dünkte es, als sei uns die Gegend nie zuvor so romantisch erschienen. Kaum ein Wort wurde zwei Stunden lang in unserer zahlreichen Gesellschaft laut … Ein jeder war mit seinen eigenen Gedanken beschäftigt und hing diesen nach, wie das Unternehmen endigen würde und wie weit wir den beabsichtigten Zweck erreichen möchten. Alle wahrscheinlich fühlten, daß sie bei einem Unternehmen beteiligt waren, welches mit ebenso viel Gefahr als Mühseligkeit und Arbeit verknüpft sein mußte, und das freiwillig, auf die eigene Verantwortlichkeit eines jeden einzelnen hin – ein Gedanke, welcher für einen Augenblick am lebhaftesten hervortrat, am meisten den Geist beschäftigte.[25]

Die aus zwölf Teilnehmern – sechs Bergführer und sechs Wissenschaftler – bestehende Gruppe marschierte über Fels, Schnee und Eis, und jedes neue Terrain hinterließ seinen Eindruck in Forbes' Aufzeichnungen. Besonders imponierte ihm der Vietsch-Gletscher, über den er schrieb: »Hier zeigte sich roter Schnee häufig. Beim Darauftreten kam seine rote Farbe daraus hervor, so daß unsere Spur wie mit Blut gezeichnet erschien.«[26]

Als sie ihr Basislager bei den Chalets von Märjelen erreichten, stellten sie fest, daß jemand die Leiter gestohlen hatte. Sie entsandten einen der Bergführer ins Tal, damit er sie zurückholte, doch er kehrte mit leeren Händen zurück. Daraufhin schickte man ihn erneut mit einem solchen Schwall von Drohungen hinunter, daß der Dieb seine Beute zurückgab und die Expedition fortgesetzt werden konnte. Die Leiter war acht Meter lang, und der Bergführer trug sie mit einer erstaunlichen Leichtigkeit. Nachdem sie die Verzögerungen genutzt hatten, um volle zwölf Stunden zu schlafen, brachen sie am Morgen des 28. August um 6 Uhr früh erneut auf.

Die Jungfrau hat zwei Hauptgipfel, von denen der eine fast unmerklich niedriger ist als der andere. Diesen niedrigeren steuerten Forbes und Agassiz an. Es war eine nicht sehr anspruchsvolle Tour, abgesehen

James Forbes

davon, daß sie an der Spitze des letzten Gletschers auf eine Spalte von unergründlicher Tiefe trafen, über die sich ein fast vertikaler Eishang bis hin zum niedrigeren Gipfel wölbte. Die Leiter wurde eingesetzt. Sie war gerade lang genug, um die Kluft zu überbrücken, und die Führer kletterten hinauf, um Stufen in das Eis über der Spalte zu schlagen. Dann rammten sie einen Alpenstock in den Hang und banden die Leiter daran fest, um ein notdürftiges Geländer herzustellen. Aber trotz dieser Hilfe waren einige dem Plan, eine so fürchterliche Klippe zu besteigen, nicht gewachsen. Vier Männer weigerten sich rundweg, auch nur den Versuch zu machen, weshalb Forbes, Agassiz, Desor und fünf andere ohne sie weiterkletterten.

Plötzlich änderte die Route ihren Charakter. Dies war kein stures Fortschreiten wie am Montblanc, wo man normalerweise Zelte, Barometer und genug Lebensmittel besaß, um eine Armee zu ernähren. Vielmehr war es ein gefahrvolles Ringen zwischen dem Individuum und dem Berg an Flanken, deren Neigung nie weniger als 43 und zuweilen sogar 60 Grad betrug. Die Wissenschaftler hielten sich wacker, aber es war ein aufreibendes Erlebnis. Während Forbes mühsam den Stufen folgte, welche die Bergführer in die Eiswand gehackt hatten, war er sich stets des Abgrunds bewußt und begann zu verzweifeln. »Unsere Lage erschien ziemlich grausig, indem wir an dem glatten, schlüpfrigen Eise förmlich hingen, welches so steil wie das Dach einer Kathedrale … war, während uns am Rande des Abhanges Abgründe von unbekannter und schwindelnder Tiefe entgegengähnten.«[27] Je höher sie kletterten, desto gespenstischer wurde es. »Wir waren so vollständig von Dünsten eingehüllt«, schrieb Forbes, »daß wir nur dann und wann unsere unmittelbare Stellung zu erkennen vermochten, in welcher wir mitten in und über den eisigen Bergen schwebten, so daß es wirklich schien, als könnte ein einziger Windstoß die ganze Gesellschaft hinabschleudern.«[28] Am unteren Gipfel erwartete sie eine noch gräßlichere Aufgabe. Um das kleine Stück zum oberen Gipfel zurückzulegen, mußten sie einen langen Schneekamm überqueren. Es war ein Alptraum: eine Messerschneide mit einem über 100 Meter tiefen Abgrund zu beiden Seiten. Der Chef der Bergführer ließ sich sehr behutsam bäuchlings darauf nieder und trieb seinen Alpenstock in die eine Seite; dann grub er, am Abgrund schwankend, Stufen in die andere. So schob er sich allmählich über den Kamm hinweg, und seine Schutzbefohlenen folgten ihm genauso langsam.

Schließlich erreichten sie den Gipfel am 28. August um 16 Uhr. Er war so schwindelerregend, daß es ihnen den Atem verschlug. Die Jungfrau hatte keine Ähnlichkeit mit dem Montblanc, wo Dutzende von Menschen mit ihren wissenschaftlichen Geräten herumlungern konnten – interessanterweise hatten Agassiz und Forbes ohnehin nur ein Thermometer mitgenommen. Die Spitze war so scharf, daß man sie kaum erklimmen konnte. »Sie gleicht in der Form beinahe einem Bienenkorbe, ist mit Schnee bedeckt und so klein, daß, selbst wenn dieser plattgeschlagen und festgetreten ist, kaum mehr als eine Person auf einmal darauf stehen kann.«[29] Die Männer mußten sich, einer nach dem anderen, von ihren Führern hinaufhelfen lassen, damit sie sich ihre eigene Leistung bewußt machen konnten. Der Nebel hatte sich nun verzogen, und die Aussicht war herrlich. »Ich blieb nur ein paar Minuten auf dem Gipfel«, schrieb Desor, »aber es war lang genug, um mich zu überzeugen, daß der Ausblick von der Jungfrau nie aus meinem Gedächtnis schwinden würde. Nachdem ich die beeindruckendsten Aspekte dieser einzigartigen Landschaft gemustert hatte, hastete ich Agassiz entgegen, denn ich fürchtete, daß ein so überwältigendes Gefühl mir meine gewohnte Fassung rauben würde, und ich mußte den Druck einer Freundeshand spüren … Ich glaube, wir hätten beide geweint, wäre es uns nicht peinlich gewesen.«[30] Sie pflanzten eine Fahne auf und blieben eine halbe Stunde lang auf dem Gipfel, obwohl ihr Thermometer fast minus 15 Grad anzeigte. Dann begannen sie ihren Abstieg.

Wieder überquerten sie den angsterregenden Grat, die nicht weniger schreckliche Flanke und die Leiter darunter. Dabei schien unablässig die Sonne, doch als sie wieder zu ihren Gefährten stießen, war die Nacht bereits angebrochen. Auf Beharren der Bergführer angeseilt, überschritten sie die Gletscher im Mondschein. In den Morgenstunden hörten sie ein fernes Jodeln über den Hang hinweg. Es war ein Bauer, der heraufgeschickt worden war, um sie mit einem Eimer warmer Milch zu retten. Die Milch war inzwischen kalt, aber die Männer schlürften sie trotzdem hinunter. »Danach setzten wir ohne ein weiteres Hindernis mit frischer Kraft auf dem Gletscher den Weg abwärts fort, bei dem

Das Gletschertor des Gornergletschers um 1840

prächtig leuchtenden Scheine des Mondes, welcher von der kristallinischen Oberfläche des Eises tausendfach zurückgestrahlt wurde.«[31] Um 11.30 Uhr erreichten sie Märjelen. Sie waren siebenundzwanzigeinhalb Stunden lang ununterbrochen gewandert und geklettert, und fühlten sich aber »durchaus nicht übermüdet«[32]. Und was seinen Knöchel betraf, verzeichnete Forbes: »Ich muß gestehen, daß sich die Ersteigung der Jungfrau als ein vortreffliches Mittel gegen die Verstauchung bewährte!«[33] Dies mag nach Übertreibung klingen, doch alle standen sie am nächsten Morgen schon früh auf: Forbes, um 14 Tage am Nordfuß des Monte Rosa zu verbringen, und Agassiz, um mit seinen Freunden zurück nach Unteraar zu marschieren. Ihre Besteigung hatte ein unerfreuliches Nachspiel. 1843 besuchte Forbes die Gegend erneut und hörte, wie die Tour in einem Gasthof diskutiert wurde. Wie es sich für die Jungfrau gehörte, stimmten alle darin überein, daß er die Spitze nicht erreicht habe.

Mittlerweile stießen Agassiz' Gletschertheorien zunehmend auf Anerkennung. »Sie haben alle Geologen bei uns gletscherverrückt gemacht«, schrieb ein britischer Meeresbiologe, »und man verwandelt Großbritannien in ein Eishaus. Ein oder zwei Pseudogeologen haben amüsante und äußerst absurde Versuche gemacht, gegen Ihre Ansichten Stellung zu beziehen.«[34] In jenem Jahr unternahm Agassiz eine »Gletscherjagd« durch Schottland, Nordwales und Nordengland. Dabei fand er auf Schritt und Tritt uralte Moränen, die seinen Standpunkt untermauerten. Charles Darwin, dessen Evolutionstheorien bald aktuell werden sollten, war zutiefst beeindruckt. Nach dem Besuch mehrerer »erloschener Gletscher« verkündete er: »Sie haben mir mehr Freude bereitet als fast alle Erfahrungen, an die ich mich erinnern kann, seit ich zum ersten Mal einen erloschenen Vulkan sah.«[35]

1842 begann Agassiz' *Hôtel* zu zerbröckeln, und er zog in eine mit Segeltuch abgedeckte Holzhütte. Von den drei Zimmern war eines seinen Bergführern und ein anderes ihm selbst und seinen Freunden vorbehalten, während das dritte als Eß- und Wohnzimmer sowie als Labor diente. Es gab Bücherregale, Kleiderhaken, einen Tisch, zwei Bänke und ein paar Stühle für den Fall, daß wichtige Besucher kamen. Die Hütte erhielt den Spitznamen »Die Arche«. Nachdem Agassiz sich in diesem relativ bequemen Quartier eingerichtet hatte, machte er eine Reihe neuer Beobachtungen. Da das Eis manchmal in Form eines Halbmondes barst, dessen Wölbung nach oben zeigte, zog er den Schluß, daß sich Gletscher an den Seiten schneller als in der Mitte bewegten. Außerdem entwickelte er eine Theorie der Gletscherbewegung weiter, die zuerst von Scheuchzer vorgebracht worden war: die sogenannte Ausdehnungstheorie. Nach Agassiz blieben Gletscher im Winter untätig und wurden in den Sommermonaten aktiv, wenn sie zu schmelzen begannen. Das Oberflächenwasser fließe in Kapillarrisse innerhalb des Gletschers und gefriere dann über Nacht. Während das Wasser zu Eis werde, dehne es sich aus und drücke den Gletscher bergab. Agassiz besaß den Beweis dafür, daß diese Kapillarrisse existierten, da er sie im Vorjahr mit Forbes überprüft hatte. Sie hatten ein Loch in die Seite einer Gletscherspalte gebohrt und dann Farbstoff auf die Oberfläche darüber gegossen. Eigentlich war es kein Farbstoff, denn Agassiz hatte zwei Flaschen Wein für das Experiment opfern müssen. Aber der Wein schien seinen Zweck zu erfüllen, denn er tröpfelte freundlicherweise auf die Häupter der unten stehenden Beobachter.

Agassiz wollte auch bei der Entstehung einer Gletscherspalte dabei sein. Am Nachmittag des 7. August 1842 wurde seine Geduld belohnt.

> Ich hörte in einer geringen Distanz ein Geräusch wie vom gleichzeitigen Abschuß mehrerer Feuerwaffen. Als ich in Richtung des Lärms eilte, wiederholte er sich unter meinen Füßen mit einer Bewegung, die an ein leichtes Erdbeben erinnerte. Der Boden verschob sich gleichsam und gab unter mir nach, aber nun unterschied sich das Geräusch von dem vorhergehenden und erinnerte an ein Bröckeln von Felsen, jedoch ohne daß sich die Oberfläche merklich senkte. Gleichwohl bebte der Gletscher, und ein Granitblock von einem Meter Durchmesser, der auf einem 60 Zentimeter hohen Sockel ruhte, fiel plötzlich herunter. Im selben Moment öffnete sich ein Spalt zwischen meinen Füßen und setzte sich rasch in einer geraden Linie über den Gletscher hinweg fort.[36]

In den folgenden anderthalb Stunden sah er, wie sich drei weitere Spalten bildeten, und hörte die Entstehung anderer. Als er zu Bett ging, hatten sich acht neue Risse auf einer 38 Meter langen Fläche gebildet, und das Splittern dauerte die Nacht hindurch an. Keine der jungen Gletscherspalten war mehr als eineinviertel Zentimeter breit, aber Agassiz meinte, daß sie ungewöhnlich tief sein müßten, da sie ein mit Wasser gefülltes Bohrloch von 40 Meter Tiefe und 15 Zentimeter Durchmesser innerhalb von Minuten trockenlegten.

Agassiz wandte seine Aufmerksamkeit auch weniger dramatischen Problemen zu, etwa der Zahl von unerklärlichen halbmondartigen Vertiefungen oder Meridianlöchern, die den Gletscher durchzogen. Sie waren stets nach Süden gerichtet, hatten eine steile Eiswand an der Oberseite, eine niedrige an der Unterseite und enthielten kleine Schutthaufen. Nach langer Untersuchung schloß Agassiz, daß die Vertiefungen von Schmutzansammlungen stammten, die auf den Gletscher gefallen und dann von der Sonne aufgewärmt worden waren. Dunkle Materie zieht Hitze an, und da die Sonne morgens tief, mittags hoch und in der Abenddämmerung wieder tief stand, mußte der Schmutz auf ähnliche Art Hitze in sich konzentrieren. Die entstehenden Löcher waren laut Agassiz »die Sonnenuhren des Gletschers«.

Insgesamt war 1842 ein aufregendes Jahr für Agassiz und sein Team. Sie beobachteten eine Sonnenfinsternis vom Gipfel des Siedelhorns aus, machten eine Exkursion nach Nagerlisgratli und fanden mehrere Relikte der Schlacht, die dort während der Napoleonischen Kriege ausgefochten worden war. Desor bestieg das Lauteraarhorn und ein Besucher, Johann Sulger, das Finsteraarhorn. Agassiz begleitete sie nicht, denn nach seinen früheren Heldentaten hatte seine Mutter ihm das Versprechen abgenommen, auf weitere Abenteuer zu verzichten. Die Saison endete mit einem Höhepunkt. Mehrere Arbeiter waren angestellt worden, Schächte durch das Eis zu bohren, und bevor sie sich verabschiedeten, baten sie um Erlaubnis, ein paar Freunde heraufzubringen. Die Gäste trafen an einem Samstag ein und wurden durch schlechtes Wetter gezwungen, über Nacht zu bleiben. Am Sonntag beschloß Agassiz, da so viele Menschen anwesend waren, einen Ball zu veranstalten. Ein Geiger und ein Zimbelspieler wurden aus Oberwald angeheuert, und als die Musiker nach der Sonntagsmesse eingetroffen waren, spielten sie sich die Finger wund, während Wissenschaftler, Bergführer, Arbeiter und ihre Gäste auf dem Gletscher herumhüpften. Der Tanzboden war uneben, die Musiker mittelmäßig, doch als die Party bei Sonnenuntergang endete, verkündete Desor, er habe sich nie im Leben besser amüsiert.

Um 1843 ließ Agassiz' Begeisterung für die Arbeit im Eis allmählich nach. Das romantische *Hôtel* war verschwunden, die Kälte lästig und die Ernährung so ungesund, daß er Gefahr lief, sich Skorbut zuzuziehen. »Die größte Entbehrung ist der Mangel an Obst und Gemüse«, schrieb er seinem Freund, dem Prinzen von Canino. »Kaum eine Kartoffel alle 14 Tage, aber immer und jeden Tag, morgens und abends die ewig gleiche Hammel- und Reissuppe … Was für ein Kontrast zwischen diesem Leben und dem in der Ebene.«[37] 1843 verbrachte Agassiz weniger Zeit als sonst auf dem Gletscher – obwohl die Saison nicht ohne Glanzpunkte war: Sie erforschten eine Gletscherhöhle bei Nacht, wobei sie ihren Weg mit einer Schüssel brennenden Kölnischwassers beleuchteten; sie rutschten auf einer Leiter den Gletscher hinunter und machten dabei zunächst vor Spalten halt, doch als sie feststellten, daß die Leiter über die Risse hinweggleiten konnte, fuhren sie gnadenlos Schlitten; und Desor bestieg weitere Gipfel, während Agassiz seinem Versprechen gehorchend unten blieb. 1844 besuchte Agassiz Unteraar überhaupt nicht, sondern verließ sich darauf, daß andere die Messungen anstellten und ihre Berichte zurück nach Neuchâtel schickten. 1845 baute ein

Monsieur Dollfuss-Ausset seine eigene Hütte auf dem Gletscher, und die ehemaligen *Hôtel*-Bewohner wurden seine Gäste. Seiner Mutter zum Trotz kletterte Agassiz auf das Wetterhorn, und Desor schaffte die Erstbesteigung des Galenstocks. Es war Agassiz' letzte Saison auf dem Eis. 1846 gab er die Beschäftigung mit den Alpen auf, um ein bequemeres Leben in Amerika zu führen. Er ließ einen der bis heute gewaltigsten Blöcke der Gletscherforschung zurück. Allerdings nahm er das Wissen mit, daß beinahe jede Schlußfolgerung, die er aus seinen Untersuchungen abgeleitet hatte, falsch war. Dafür war er seinem Freund, Professor James Forbes, zu Dank verpflichtet.

10

James Forbes war ein seltsamer, sprunghafter Mann. Am 20. April 1809 als Kind einer patrizischen schottischen Familie in Edinburg geboren, war er wie Agassiz in erster Linie Autodidakt. Aber im Unterschied zu Agassiz wirkte er düster, ruhelos und komplexbeladen. Sein Vater war in Forbes' Jugendjahren gestorben, und so hatte er den verzweifelten Drang, es im Leben zu etwas zu bringen. Das gelang ihm dank seinen Beziehungen und seiner Intelligenz. Er veröffentlichte seinen ersten naturwissenschaftlichen Artikel – über den Vesuv – anonym im Alter von nur 19 Jahren und ließ ihm im Lauf seines Lebens 148 weitere folgen; ihre Themen reichten von der Untersuchung eines einzigen Felsblocks in den Pentland Hills bis hin zur gesamten Alpenkette. Er erforschte Sonnenstrahlen, magnetische Variationen, die Temperatur heißer Quellen, die Farben des Himmels sowie die von Dampf und von Tautropfen. Außerdem beschäftigte er sich mit Hitze, Luftspiegelungen und atmosphärischen Brechungen. 1832 schrieb er eine »Notiz bezüglich einer verglasten Burg in Carradale in Argyllshire«. 1833 hielt er Vorlesungen über Alpenausblicke. 1834 schrieb er »Über die stündlichen Schwankungen des Barometers bei Edinburg, abgeleitet aus 4410 Beobachtungen«, und im selben Jahr sprach er über Magnetzündungen und legte eine frühe Analyse von Ultraviolettstrahlen vor. Im nächsten Jahr folgte ein Artikel über Hydraulik, der nur als Lückenfüller diente, bevor er 1836 die Ergebnisse seines Experiments über »Die Elektrizität von Turmalin und anderen Mineralien bei Hitzeeinwirkung« publizierte. Wenn nichts Neues zu Tage kam, erklärte er seinem Publikum, wie er es nicht entdeckt hatte. »Über die für das Aufsteigen auf Ebenen von unterschiedlicher Neigung erforderliche Muskelanstrengung« erschien in der Ausgabe des *Philosophical Magazine* vom April 1837.

Forbes war ein Mann von vielen Begabungen, doch infolge seiner Ungeduld lasteten sie schwer auf ihm. Den größten Teil seines Lebens litt er an Krankheiten, und 1839 schrieb er: »Mit jedem Jahr verspüre ich eine größere Bereitschaft zu sterben.«[1] Es kam ihm darauf an, seine Arbeit in der ihm noch verbleibenden Zeit so genau und überzeugend wie möglich zu erledigen. Einer seiner Verwandten berichtete: »Er schien viel zu angespannt zu sein.«[2] Das traf zu. Seine Schriften zeigen ihn als eine calvinistische Gestalt, die wenig Zeit für alle nicht unmittelbar mit dem jeweiligen Thema verbundene Belange hatte. Die Wissenschaft war sein Leben, und er ging ihr mit einer grimmigen, unbeirrbaren Entschlossenheit nach. Aber er besaß eine Quelle der Ermunterung: die Alpen. Nachdem er sie zum ersten Mal als 18jähriger besucht hatte, war er ausgiebig durch die Berge gewandert, denn ihre felsige Einsamkeit befriedigte sowohl seine geistigen als auch seine emotionalen Bedürfnisse.

1843 schrieb er, er habe die Hauptkette der Alpen 27mal über 23 verschiedene Pässe durchquert, gewöhnlich zu Fuß. »Ich bediente mich keines Zeichners oder Gehilfen, sondern führte alles, was nur möglich war, selbst aus, notierte mir alle Beobachtungen auf der Stelle und dehnte sie später, sobald als es geschehen konnte, weiter aus.«[3] Sein Held war Saussure. Wie dieser machte er es sich zur Gewohnheit, seine Eindrücke sofort in ein Notizbuch einzutragen – er ermahnte seine Leser, stets einen unauslöschlichen Stift zu benutzen –, um sie später ausführlich niederzuschreiben. Ebenfalls wie Saussure hatte er stets einen Geologenhammer bei sich; allerdings war dessen Spitze in Forbes Fall geschärft, damit er ihn als Eisaxt benutzen konnte, falls er in eine Gletscherspalte stürzen sollte. Nur als Arbeitgeber unterschied er sich von Saussure. Er spottete über die »Nutzlosigkeit und Unbequemlichkeit« großer Bergführerteams und nahm nur einen Führer – oder manchmal zwei – auf seine Reisen mit. Sogar diese geringe Zahl kam ihm zuweilen übertrieben vor, besonders in Gasthöfen, wo ihm die »Genußsucht« der Bergführer, verbunden mit der »systematischen Ausbeutung« durch die Gastwirte, unnötige Ausgaben verursachte. Sollen die Führer doch ihre Verpflegung selbst bezahlen, murrte er knauserig.

Forbes verabscheute gewöhnliche Alpenreisende und äußerte sich höhnisch über die »ausgetretenen Pfade, entlang derer die Touristen einander gleich einer Herde Schafe in unendlicher Reihe folgen«[4]. Seiner Meinung nach waren ihre Exkursionen »Wunder der Schnelligkeit und Kühnheit, aus welchen höchstens durch Art und Weise der Anschauung einiger Vorteil zu ziehen wäre«[5]. Statt dessen befürwortete er den einsamen Austausch mit der Natur, bei der sich das Individuum an seiner Umgebung erfreuen und sie dann – bezeichnenderweise – erobern konnte. »Glücklich der Wanderer«, schrieb er, »der gern anderen den Ruhm überläßt, die Tausende von Meilen, welche er zu Land und Wasser zurücklegt, zu zählen, wenn er in einer Gebirgsgegend Zuflucht gefunden hat, mit seinen Büchern versehen, an dem stillen Morgen eines langen Julitages seine erste Wanderung antritt, den Tau von sich abstreift, mit seinem Stock bewaffnet, die Kuppe eines Hügels erreicht, von wo aus er seinen Sommeraufenthalt vor sich sieht mit dessen Wundern, Schönheiten und Schwierigkeiten, die zu erklären, anzustaunen und zu überwinden sind.«[6]

Abgesehen von Saussure und Professor Playfair, deren Student er gewesen war, hatte Forbes wenig übrig für Wissenschaftler der Vergangenheit. Besonderen Anstoß nahm er an Bourrit – der vieles behauptet haben mochte, jedoch nie, Wissenschaftler zu sein – und schrieb abfällig: »[Er erzählt] die geringfügigsten Tatsachen in jener unglücklichen Breite, die den Leser bis zum Überdrusse ermüdet.«[7] Alle anderen tat er mit einem maßlosen Pauschalurteil ab: »Es scheint sonderbar, daß geistreiche Männer, die zu einem eigenen Urteil imstande wären, sich auf Schlüsse verlassen sollten, die sich auf mehr oder weniger unsichere Daten stützen, oder auf grundlose Behauptungen des Landvolkes über Gegenstände, an denen sie nicht das geringste Interesse nehmen.«[8] Auch die Wissenschaftler der Gegenwart sagten ihm wenig zu. Überhaupt lehnte er alle ab, die nicht so dachten und handelten wie er, und um 1843 dehnte er diese Einschätzung auch auf Agassiz und dessen Mannschaft aus. Es sei gut und schön, ein Lager unter Felsen aufzuschlagen, schrieb er, aber »wie unterhaltsam auch solche Entbehrungen für gewisse Zeit sein mögen und wie angenehm es auch ist, in guter Gesellschaft darüber zu lachen, so dienen solche Unternehmungen doch eher dem Amüsement als der Belehrung«[9].

Was war seit 1841 geschehen, das ihn gegen Agassiz aufgebracht hatte? Es war das Eis. Als Forbes ihn auf die blauweißen Schliffe im Gletscher aufmerksam gemacht hatte, erklärte Agassiz verblüfft, sie seien ihm vorher nie aufgefallen. Kurz darauf behauptete er, die Schliffe im Vorjahr bemerkt, sie jedoch für reine Oberflächenphänomene gehalten zu haben. Forbes dagegen meinte, daß sie die Grundstruktur des Gletschers bildeten, und schrieb seine Folgerungen 1841 nieder, als Agassiz einen Brief an Humboldt veröffentlichte, in dem er – Agassiz – seine erstaunliche Entdeckung alternierender Eisschichten schilderte.

Damit begann eine nebensächliche, für Forbes jedoch ungeheuer wichtige Auseinandersetzung. Wer hatte die Eisschliffe zuerst gesehen? In dem sich anschließenden Briefwechsel, der in der *Edinburgh Philosophical Review* und anderswo publiziert wurde, ging Forbes bis an die Grenze der Verleumdung, indem er Agassiz und dann Desor verunglimpfte. Agassiz erklärte, er habe die Schliffbildungen am Mer de Glace bereits 1838 bemerkt. Forbes sammelte eidesstattliche Erklärungen, um zu beweisen, daß dies eine Lüge sei. Agassiz behauptete, er habe die Schliffe im Jahr zuvor auch am Unteraar-Gletscher gesehen, aber ihre Bedeutung erst 1841 durchschaut. Forbes erwiderte, das sei Unsinn. Schließlich gab Agassiz zu, daß sein Kollege Arnold Guyot die Schliffe 1838 als erster beobachtet habe, aber sei nicht von ihm, Agassiz, mehr zu ihrer Erforschung geleistet worden als von jedem anderen? Forbes entgegnete, das sei ganz unerheblich. Guyot mochte die Schliffbildung gesehen haben – was zutraf –, aber er habe die Tatsache nicht veröffentlicht, weshalb er, Forbes, der erste sei, der ihre Existenz bekannt gemacht habe.

»Das Dilemma, in das M. Agassiz sich selbst gebracht hat«, schrieb Forbes an Guyot, »scheint folgendes zu sein: Entweder wußte er am 9. August um diese Beschaffenheit des Eises, oder er wußte es nicht. Wenn er es nicht gewußt hat, erfuhr er es von mir, denn er hat sich nie zu der Behauptung verstiegen, es mir gezeigt zu haben. Wenn er es wußte, hatte er es von Ihnen erfahren. Und wenn er es von Ihnen oder mir erfuhr, wie kann er die Entdeckung dann in dem Brief an Humboldt und in zumindest einem anderen Privatschreiben, das noch nicht veröffentlicht ist, für sich selbst beanspruchen?«[10] Der fröhliche, optimistische Agassiz saß in der Klemme. Er war ein intuitiver Wissenschaftler, der in einer kleineren, sanfteren und höflicheren Welt als Forbes lebte. Wahrscheinlich hatte er nicht geahnt, daß er ein Ärgernis auslösen würde, als er Forbes' Bemerkungen über das Eis in seinen eigenen Jahresbericht einbezog. Der Unteraar-Gletscher war Agassiz' Privatexperiment, also sollte ihm doch eine gewisse Oberhoheit über die zufälligen Bemerkungen von Gästen zustehen, die gekommen waren, um ihr Wissen auf seine Kosten zu erweitern. Wäre die Beobachtung von jemandem angestellt worden, den er besser kannte – einem Schweizer, einem Deutschen oder einem Franzosen –, hätte sich die Sache rasch und ohne viel Lärm beilegen lassen. Unglücklicherweise hatte er es jedoch mit Forbes zu tun, und Agassiz war dessen unerbittlichem, granithartem Charakter nicht gewachsen.

Den Winter 1841 und das Frühjahr 1842 hindurch flatterten Briefe hin und her, und Forbes wurde durch jeden erboster. Im Sommer 1842 beschloß er, die Angelegenheit ein für allemal zu entscheiden. Er packte ein Bündel roter und weißer Flaggen, Dosen mit roter und weißer Farbe, Pfähle, Pinsel sowie jedes der Menschheit bekannte Vermessungsgerät ein und machte sich zum Mer de Glace von Chamonix auf. Inzwischen war Bourrits Tempel durch eine gut eingerichtete zweistöckige Zuflucht erweitert worden. Sie hatte einen großen Wohnraum, eine kleine Küche und drei Schlafzimmer, unter denen sich das Quartier der drei Diener befand, die dort für vier Monate des Jahres wohnten. Es gab nur Hammelfleisch zu essen, aber sonst war die Unterkunft sehr komfortabel, und Forbes ließ sich dort voller Hohn über Agassiz' primitive Behausung nieder. (Das Hammelfleisch sei ausgezeichnet, sagte er bewußt spöttisch.) Dann machte er sich mit Hilfe nur eines einzigen Führers, Auguste Balmat, daran, den Gletscher beispiellos gründlich zu vermessen. Zehn bis dreizehn Stunden pro Tag streifte er über das Eis, pflanzte Fahnen ein, malte Felsen an und triangulierte ihre Positionen. Bald glich das Hinterland des Montblanc einem Sprenggelände.

Mit dünnem Flanellstoff bekleidet, darüber ein Anzug aus Gamsleder, und mit einem Strohhut, unter dem sich eine Samtmütze verbarg – oder eine Pelzmütze, wenn er zu lange stillstehen mußte –, wurde Forbes zu einem regelrechten Eiskobold. Er verzichtete auf künstliche Kletterhilfen wie Nagelschuhe oder Steigeisen und verließ sich allein

auf ein gutes Paar Londoner Schuhe mit Doppelsohlen und Noppen. Wenn er von Touristen überrascht wurde, sprang er über den Gletscher hinweg in Sicherheit, wobei er sich seinen Weg durch die Spalten bahnte, als wäre er hier geboren worden. Er muß einen verblüffenden Anblick geboten haben, besonders bei kaltem Wetter, wenn er sich in eine dicke schottische Plaiddecke hüllte. Sobald die Eindringlinge verschwunden waren, hastete er zurück in seine stille Hütte und schrieb dort seine Ergebnisse nieder. Nur einmal geriet er in engen Kontakt mit der Öffentlichkeit, und auch da nur zufällig. Am 29. August, während Forbes durch seinen Theodoliten blinzelte, traf Balmat in großer Aufregung ein. Er wurde von zwei Männern aus Chamonix begleitet, die einen zerzausten amerikanischen Touristen stützten. Der Amerikaner war offenbar bei einer Wanderung oberhalb des Mer de Glace ausgerutscht, eine steile Klippe hinuntergestürzt und auf einem schmalen Vorsprung gelandet, wo er mehrere Stunden lang lag, bevor die beiden Männer seine Rufe hörten. Sie hatten ihm nicht helfen können, bis Balmat auftauchte. Er hatte sich hinuntergelassen, die Hand des Amerikaners gepackt und ihn von dem Vorsprung nach oben gezerrt. Der Mann war ein Wrack, »so erschöpft, daß ich zuerst an seinem Aufkommen zweifelte«[11], schrieb Forbes. Er schickte den Amerikaner hinunter nach Chamonix, von wo dieser, nachdem er sich erholt hatte, sofort das Weite suchte. »Später hörte ich mit Bedauern, daß er nicht gerade sehr erkenntlich für seine Lebensrettung war.«[12]

Am folgenden Tag begab sich Forbes zu dem Vorsprung, von dem der Amerikaner gerettet worden war, und war schockiert. Der Mann war eine 70 Meter hohe Granitwand hinabgestürzt und nach sieben Metern auf dem nur 30 Zentimeter breiten und kaum zwei Meter langen Vorsprung gelandet, der auf der einen Seite in eine Spitze auslief und auf der anderen an einen über drei Meter hohen Fels stieß. Die Leiste war von Steinen übersät, und an mehreren Wacholdersträuchern hingen Fetzen der Kleidung des Amerikaners. Unten wartete der Gletscher,

Forbes auf dem Mer de Glace

in dessen offenen Spalten er spurlos versunken wäre, oben war eine Wand, »zu der kaum eine Katze hinanklettern könnte«. Auf diesem einsamen Vorsprung hätte er, die Rettung knapp außerhalb seiner Reichweite, den Tod gefunden, wären die beiden Männer aus Chamonix und Balmat nicht zufällig vorbeigekommen. »Kaum ist eine erstaunlichere Rettung denkbar«,[13] schrieb Forbes.

Er setzte seine Experimente bis Ende September fort, als er – inzwischen zeigte das Thermometer minus 14 Grad an, und das in seinem Schlafzimmer – seine Arbeit für abgeschlossen hielt. Den Winter hindurch schrieb er die Resultate nieder, machte einen kurzen Besuch in Chamonix, um sie zu bestätigen, und veröffentlichte dann 1843 *Travels through the Alps of Savoy* (*Reisen in den Savoyer Alpen*), in dem er den bis dahin ausführlichsten und genauesten Überblick über Gletscherbewegung und -bildung lieferte. Er berichtete, daß sich Gletscher in der

Mitte schneller bewegten als an den Rändern, und zwar sowohl nachts als auch tagsüber, sowohl im Winter als auch im Sommer. Die Schliffe bildeten sich am Gletscherkopf, wo Risse im Firn, das heißt im ewigen Schnee, mit Schmelzwasser gefüllt würden, das sich im Winter in Eis verwandele. Vor allem aber berichtete er, daß Agassiz im Irrtum sei. Gletscher bewegten sich nicht durch Ausdehnung, denn sonst würden sich Gegenstände auf ihrer Oberfläche voneinander entfernen. Das sei seinen Messungen zufolge jedoch nicht der Fall. Außerdem habe er wiederholt festgestellt, daß sich die Sommerschmelze, selbst wenn das Oberflächenwasser bei schlechtem Wetter gefror, weiter unten fortsetze. Wenn das Wasser in den Rissen also nicht gefror, könne es sich nicht ausdehnen.

1842 vermaß James Forbes die Gletscherbewegung mit unanfechtbarer Gründlichkeit

Nachdem er Agassiz niedergeschmettert hatte, erklärte Forbes seinerseits, weshalb Gletscher sich bewegen. Es liege daran, daß sie plastisch seien: Ungeachtet ihrer scheinbaren Festigkeit flössen sie ähnlich wie Wasser dahin, nur viel langsamer. Zum Beweis schilderte Forbes den Lesern, wie sie sich zu Hause einen eigenen Gletscher herstellen könnten, indem sie Gips mit Leim (um die Abbindung zu verhindern) mischten und in einen geneigten Trog gossen. Diejenigen, die seinen Anweisungen folgten – Forbes war hilfsbereit genug, Zeichnungen zu liefern –, konnten sich von der perfekten Funktionsfähigkeit des Modells überzeugen. Und wenn sie Reihen von Farbpulver über ihren Gletscher »streuten«, konnten sie die unterschiedlichen Geschwindigkeiten verfolgen, mit der die Seiten und die Mitte voranschritten.

Die hausgemachten Gletscher bildeten den meisterhaften Schlußpunkt einer bis heute unwiderlegbaren Theorie. Als Forbes' Buch herauskam, war die Wissenschaftlergemeinde äußerst gespannt.* Kein Wunder also, daß Agassiz seine Gletschersaison 1843 abkürzte und Unteraar 1844 überhaupt nicht aufsuchte. Sein Biograph behauptet, er habe sich damals in seinem Arbeitszimmer eingeschlossen, um seine Ergebnisse täglich bis weit nach Mitternacht zu Papier zu bringen. Aber man hat das klägliche Bild eines von Gipsstaub und Leim bedeckten Mannes vor sich, der bei Kerzenlicht verzweifelt zuschaut, wie sein »Gletscher« tadellos zum Endpunkt gleitet. Agassiz' eigene Landsleute machten sich über ihn lustig. »Es ist nun sehr in Mode, den ... Gletscher des Aar zu besuchen, und viel Lärm wird darum gemacht«, schrieb ein gewisser Professor Chaix. »Mr. Forbes ist ein sehr kühner und unerschöpflicher Forscher, und nicht viele werden wagen, ihm überall dorthin zu folgen, wo er gewesen ist.«[14] Am schlimmsten aber: Agassiz' eigene Männer in Unteraar berichteten ihm, daß Forbes' Theorie zweifellos zutreffe. Deshalb war es keine Überraschung, daß Agassiz 1846 in den frühen Stunden eines Märzmorgens in seine Kutsche kletterte, seinen Studenten Lebewohl sagte – sie waren mit Fackeln gekommen, um

* Als Forbes 1844 eine Vorlesung vor der British Association for the Advancement of Science hielt, war sein Publikum jedoch viel stärker angetan von Dr. Hodgkins Vortrag zum Thema »Der Hund als Gefährte des Menschen«. Die *Illustrated London News* brachte Forbes' Vortrag in einer schmalen Spalte unter, die mit Bildern einer Bulldogge, eines Huskys und eines Dalmatiners illustriert war.

ihn zu verabschieden – und davonratterte, der unbestreitbaren Verheißung Amerikas entgegen. Forbes hatte ihn in Europa vernichtet.

Agassiz konnte jedoch etwas Trost aus einer kaum bekannten Tatsache ziehen: Forbes' Theorie war bereits von einem anderen formuliert worden. 1838 hatte Bischof Rendu von Annecy die Eisschliffe bemerkt und den Schluß gezogen, daß sich Gletscher in der Mitte am schnellsten bewegen und wahrscheinlich plastisch sind. Er hatte seine Befunde 1841, zwei Jahre bevor Forbes' Buch in den Druck ging, veröffentlicht. Forbes erklärte, er habe nichts von Rendus Buch gewußt, sondern seine Theorie unabhängig entwickelt, bessere Beweise vorgelegt und so weiter. »M. Rendu war aufrichtig genug, seine geistreichen Mutmaßungen nicht so zu behandeln, als führten sie zu einem bestimmten Ergebnis«, schrieb er, »da sie nicht auf verläßlichen Experimenten beruhten.«[15] Aber Rendu *hatte* die Theorie als erster vorgelegt, und Forbes war in der gleichen Lage wie Agassiz: Er hatte Anspruch auf eine Entdeckung erhoben, die ihm nicht zustand. Dieser demütigende Vorwurf schwebte mehr als ein Jahrzehnt lang über ihm und wurde 1856 zum Thema einer offiziellen Auseinandersetzung. Forbes legte auf 20 mit kleinen Buchstaben bekritzelten Seiten dar, warum er der Urheber der Theorie sei. Das Urteil fiel zu seinen Gunsten aus – doch nur deshalb, weil die Schiedsrichter Briten waren.

Inzwischen war Forbes ein kranker Mann. Gastrisches Fieber und ein Lungenleiden setzten ihm zu, und er spuckte Blut. Als Rektor der St. Andrews University in Schottland hustete er sich durch eine gestrenge Amtszeit hindurch. Auf der anderen Seite des Atlantik war Agassiz bei bester Gesundheit, hatte sich an der Ostküste etabliert, erneut geheiratet und plante eine Reise nach Brasilien. Sein Vater hatte Agassiz einmal bescheinigt, er habe »eine Manie dafür, Hals über Kopf in die Zukunft zu stürmen«[16], und in diesem Fall war es eine glückliche Zukunft. Er wurde zu einem der herausragenden Wissenschaftler Amerikas, und obwohl er sich einen Hang zu bedauerlichen Kontroversen bewahrte – etwa durch einen tragikomischen Versuch, Darwins Theorie zu widerlegen –, wurde er im allgemeinen als brillanter Neuzugang zur Intelligenz der Neuen Welt begrüßt.

Forbes war Wissenschaftler, und seine Expeditionen dienten wissenschaftlichen Zwecken. Doch während seiner Reisen eröffnete er der Welt eine ganz neue Region der Alpen. Die Dauphiné – oder das *Massif des Ecrins* – war ein praktisch unerforschter Bereich im Südwesten der Montblanc-Kette. Forbes wanderte durch die gesamte Gegend und bot seinen Lesern neben geologischen Beobachtungen die bis dahin beste Beschreibung des Lebens jenseits der ausgetretenen Pfade. Darüber hinaus lieferte er auf seine seltsame, kritische Art ein Bild der edlen Wildheit, das sogar jenes von Rousseau übertraf. Zum Beispiel war er fasziniert von den ungeschlachten Sennhütten aus Stein, in denen Viehhirten während der Sommermonate wohnten und die oft von Kletterern wie ihm selbst als Zwischenstation benutzt wurden. Jeder Hirte hatte zwei Hütten: eine für den Tag und eine für die Nacht. In den Tageshütten, die einen Lehmfußboden, keine Fenster, keinen Schornstein und eine Feuerstelle neben der Tür besaßen, stellten sie Käse her. Das einzige Möbelstück war ein einbeiniger Melkschemel, das einzige Kochgerät ein breiter Kupferkessel, in dem sie die Milch anwärmten, und das einzige sonstige Utensil ein 15 Zentimeter langer Holzlöffel zum Abschöpfen der Milch. »Morgens, mittags und nachts denken diese Hüttenbewohner nur an Milch«, schrieb Forbes. »Es ist ihre erste, ihre letzte, ihre einzige Sorge; sie leben nur von aus Milch bereiteten Speisen, ihre alleinigen Gefährten sind die Tiere, welchen sie ihre Nahrung verdanken; Geld kann ihnen *hier* keinen Luxus verschaffen – sie zählen ihre Reichtümer nach Käsen.«[17] Nebenan war eine Nachthütte, die ebenfalls weder Fenster noch einen Schornstein, noch eine Feuerstelle hatte. Die Tür war knapp einen Meter hoch, und Reisende krochen hinein, um sich auf den mit Gras bedeckten Boden niederzulegen und sich in Heu zu hüllen.

Forbes war überwältigt. Die Sennhütten waren malerischer, als er es sich je vorgestellt hatte – bemerkenswerterweise spottete er nicht über den Mangel an Komfort –, und wenn er morgens auftauchte, hatte er das Schauspiel mehrerer hundert Kühe vor sich, die auf einer Terrasse angebunden waren und von ihren Besitzern gemolken wurden. Dies war die weltabgeschiedene Existenz, nach der es ihn verlangte. »Eine unbeschreibliche Einheit der Gedanken füllt dieser Männer Gemüt«, notierte er über seine Gastgeber. »Während der schönen, regsamen Zeit des Jahres leben sie in dem stillen Frieden ihrer erhabenen Alpennatur. Kaum einmal sehen sie ein fremdes Antlitz, ja nur wenig Bekannte und immer dieselben. So leben sie dahin mit ihren treuen, stummen Gefährten – ihren Herden –, an alle Entbehrungen gewöhnt, unbekümmert um das Schicksal ganzer Völker und seiner Herrscher, kein Traum spiegelt ihnen Bilder des Überflusses und Wohllebens vor.«[18] Er schilderte die Männer als schüchtern, sanftmütig und sprach von ihren tadellosen Manieren.

Die Lauterkeit dieser Menschen wurde ihm durch seine Begegnungen mit der Zivilisation noch deutlicher. Im Tal bei Evolène traf er auf Dorfbewohner, die so rüde und ungastlich waren, daß er nur den Historikern zustimmen konnte, die meinten, es handele sich um einen Hunnenstamm, der dort im 5. Jahrhundert steckengeblieben sei. Auf einem Hochpaß stieß er auf das Obdach von zwei Piemonteser Zollbeamten.

> Die gänzliche Entbehrung von allem, in welcher diese Männer leben, übersteigt fast die jedes anderen Berufes. Harte Kost, schlaflose Nächte, mit persönlichen Gefahren verbunden, eine verletzende Geringschätzung von seiten des Volkes, große Strapazen, stete Aufmerksamkeit – das sind die Hauptmomente in ihrem Leben ... Stundenlang als Wache auf einem Gletscher in einer Meereshöhe von 9000 Fuß aufgestellt, pflegen sie, gleich Raubtieren, nur während des Tages in einer verlassenen Hütte in ihren durchnäßten Kleidern der Ruhe – wahrlich, das Leben der Schmuggler ist ein üppiges, vergleichen wir es mit dem rastlosen und gefährlichen ihrer Verfolger![19]

Der Mensch war nichtswürdig und die Natur erhaben. Forbes sah mehr Spiritualität in einem Gletscher als in seinen Mitmenschen, was er seinen Lesern durch einen mühsamen Vergleich zwischen der Bewegung des Eises und dem Aufstieg einer Seele in den Himmel erklärte. Er tat sein Bestes, die in jenem Zeitalter der Arktisforschung so populäre Idee auszuräumen, das Eis sei unbewegt und tödlich. Gletscher hätten ein eigenes Leben: »Staunend saß ich so lange auf der Moräne des Miage-Gletschers und sah dem großartigen Schauspiel zu, das die stille Tätigkeit des Eises und der Sonne gewähren. Kein Tier kommt in diese Einsamkeit – und doch herrscht dort keine Stille. Krachend treibt das Eis sich vorwärts.«[20]

Allerdings war die Natur nicht durchweg erhaben, wie er ehrlicherweise einräumte. Steinschläge jagten ihm Angst ein; er beschrieb sie als »unheilvolle Lawinen«, denn »sie gehören zu den schrecklichsten Verteidigungsmitteln, womit der Genius der öden Gletscherwelt gegen das Eindringen kecker Fremdlinge gerüstet ist«[21]. Mit einiger Ehrfurcht beobachtete er auch, welchen Preis ein Alpenschneesturm unvorsichtigen Wanderern abverlangen konnte.

Beim Überqueren eines einzigen Passes fand Forbes die Leichen von drei Männern in verschiedenen Stadien der Verwesung. Die frischeste lag, das Gesicht nach unten und die Hände noch in den Taschen, an einem Geröllhang. Sie war so gut erhalten, daß Forbes glaubte, es handele sich um einen nicht lang zurückliegenden Unfall, bis er den Körper umdrehte und das im Tauwetter am Hang abgeschürfte Gesicht sah. Die zweite Leiche bestand aus einem Häufchen Knochen, die einen Rucksack umgaben. Die dritte war die eigenartigste von allen. Sie lag auf einem Gletscher, und ihr Fleisch war seit langem verschwunden. Das Skelett war jedoch noch unversehrt und auf ungewöhnliche, doch anatomisch korrekte Art ausgebreitet: von Kopf bis Fuß maß es viereinhalb Meter. Hätte Forbes es früher gefunden, wäre er vielleicht geneigt gewesen, Agassiz' Ausdehnungstheorie zuzustimmen. Doch nach Lage der Dinge hatte er keine Erklärung. Er konnte das Phänomen nur mit einer Gletschereigenschaft in Verbindung bringen, die er noch nicht ergründet hatte.

Die Leichenfunde verstörten ihn zutiefst, und in einem seltenen Moment der nichtwissenschaftlichen Reflexion schrieb er: »Mit ganz andern Gedanken blickten wir nun auf die Öde, die uns umgab; allmählich beschlich uns das Gefühl unserer Abgeschlossenheit von menschlichen Wohnungen, menschlicher Hilfe und menschlicher Mitempfindung, als ob unsere Einsamkeit mit der Natur uns der Gegenwart des höchsten Wesens näher gebracht hätte.«[22] Er eilte zur anderen Seite des Passes und erfuhr, daß eine Gruppe von zwölf Personen versucht hatte, ihn im vorherigen Winter zu überqueren, jedoch durch Schnee zurückgetrieben worden war und drei Männer zurückgelassen hatte. Zwei Leichen waren bereits geborgen worden, und die Überlebenden sprachen Forbes ihre Dankbarkeit für die Entdeckung der dritten aus. Zur Identität der anderen Skelette konnten sie keinen Hinweis liefern. Forbes hatte volles Verständnis. »Wir sind Männer«, schrieb er, »wir standen in der Kammer des Todes.«[23]

Als Forbes' *Reisen in den Savoyer Alpen* 1843 herauskam, verursachte es großes Aufsehen. Das lag nicht nur an seiner Gletschertheorie, sondern auch an seiner Erforschung der Dauphiné. Aus der Schweiz teilte Professor Chaix der Londoner Royal Geographical Society mit, Forbes' *Reisen* sei »bei weitem das Beste, was von Einheimischen oder Ausländern über unsere Alpen geschrieben worden ist. Mr. Forbes erweist sich durch seine Bescheidenheit, die Schärfe seiner Beobachtungen, seinen Verzicht auf Scharlatanerei und seine gründlichen Forschungen als würdiger Nachfolger von Saussure.«[24] Das traf zu. Tatsächlich hatte sich Forbes durch seine Reisen und seine wissenschaftliche Arbeit zu Saussures geistigem Erben aufgeschwungen. Beide Männer waren der Wissenschaft ergeben und hatten zudem den Wirkungsraum der Alpenforschung erweitert. Und beide waren Schlüsselgestalten am Rand eines neuen Zeitalters. Saussure hatte den Andrang von Kletterern zum Montblanc ausgelöst. In den fünfziger Jahren des 19. Jahrhunderts war Forbes für eine ähnliche Welle von Forschern verantwortlich. Saussures Schüler hatten sich, seinem Beispiel folgend, bei ihren Besteigungen von zahlreichen Bergführern begleiten lassen. Forbes' Anhänger gingen bescheidener auf die Berge zu und engagierten nur ein oder zwei Führer und manchmal sogar keinen. Eine neue Einstellung deutete sich an.

Nachdem Sir John Barrow, der Vater der Arktisforschung und Gründer der Royal Geographical Society, Forbes' Buch gelesen hatte, war er aufgeregt und zornig. Die Aufregung galt der Tatsache, daß er sich einer weiteren Eiswelt widmen konnte. Der Zorn ging darauf zurück, daß diese seiner Heimat so nahe Welt immer noch nicht kartiert war und zu seinen Lebzeiten wahrscheinlich auch nicht kartiert werden würde (er war damals 79 Jahre alt und sollte fünf Jahre später sterben). Forbes hatte in seinem Buch die Vorzüge einiger dreidimensionaler, von Exchaquet und anderen hergestellter Modelle anerkannt, während er die verfügbaren alten Karten ohne Umschweife kritisierte. »Es ist für europäische Geographen nicht verständlich«, schrieb Barrow, »daß zu einer Zeit, da unsere detaillierten Kenntnisse des Ural und Kaukasus, des Balor Tagh, des Altai und des Himalaya und der Gebirgsmassive Amerikas täglich erweitert werden, solche Ignoranz und Verwirrung hinsichtlich des Gebirgsmassivs vorherrscht, das als Zentralknoten der Umwälzung des europäischen Kontinents betrachtet werden kann.«[25] Er sprach sich eindeutig für weitere Forschungen aus. »In den Alpenregionen Europas kann der europäische Geograph ... die wichtigen Fakten, die Reisende in ferneren Gebieten gesammelt haben ... richtig verstehen und zu Erklärungen heranziehen. Professor Forbes' Schilderung des erbärmlich mangelhaften Wissens über einen Teil der europäischen Alpen ... zeigt, daß diese Maxime völlig mißachtet worden ist.«[26] Barrow endete mit einem schrillen Ton: »Es ist zu hoffen, daß die Region, da die Vorbereitungen für eine verbesserte Geographie der Alpen nun getroffen sind, nicht mehr lange einen Vorwurf an das moderne geographische Wissen verkörpern wird.«[27]

Das sollte in der Tat nicht mehr lange der Fall sein. In den fünfziger Jahren des 19. Jahrhunderts leitete die schweizerische Regierung eine gründliche topographische Vermessung der Region ein. Professor Chaix, offenbar ein recht devoter Anglophile, erstattete der Royal Geographical Society in regelmäßigen Abständen Bericht über die Fortschritte. Aber es war eine zeitraubende Angelegenheit, und bevor sie abgeschlossen wurde, hatten mehrere Personen aus Großbritannien die Arbeit bereits zu ihrer eigenen Zufriedenheit geleistet. Und noch bevor die Vermessung begann, wurde der Gedanke an ein so prosaisches Unternehmen von dem prominentesten Ästheten des Jahrhunderts, John Ruskin, in Frage gestellt. Ruskin wollte nicht, daß die Alpen kartiert, sondern daß sie verstanden würden.

11

Es fällt schwer, Ruskin einzuordnen. 1819 als Sohn eines Londoner Weinhändlers geboren, war er Schriftsteller, Künstler, Architekt, Designer, Kritiker und ein gesellschaftlicher Meinungsbildner, wie es ihn nie zuvor gegeben hatte. Er vertrat so viele verschiedene Ideen, kannte sich auf so vielen Gebieten aus und war so absolut in seinen Urteilen, daß man nicht wußte, ob man ihm mit Spott oder Ehrfurcht begegnen sollte. Gewöhnlich tat man beides.

Eine von Ruskins tief empfundenen Überzeugungen lautete, daß die Menschheit von ihrem natürlichen Zustand abgewichen sei. Er sprach nicht als Maschinenstürmer, sondern als Gesellschaftsreformer und verkündete einen christlichen Sozialismus in Verbindung mit einer die Rückkehr zu den Grundlagen postulierenden Anleitung zur Selbsthilfe, wie sie später von der Arts-and-Crafts-Bewegung in die Praxis umgesetzt werden sollte.

Man kann seine Einstellung verstehen. Um 1850 steckte Großbritannien tief in der Industrialisierung, und wo immer Ruskin hinschaute, sah er Anhaltspunkte dafür, wie die Natur erniedrigt wurde. In den Tälern von Lancastershire war es unmöglich, 1000 Meter zurückzulegen, ohne auf eine Fabrik oder einen Hochofen zu stoßen. Die Industrialisierung ruinierte nicht nur die Landschaft, sondern auch den Charakter der Waren, die sie hervorbrachte: Bier wurde mit Schwefelsäure gewürzt; Weißbrot enthielt Alaunpulver; Vollkornbrot wurde mit Kartoffeln, Kreide und Kaolin verpanscht; Tee aus Blättern und Heckenschnipseln hergestellt; Pfeffer mit Kehricht angereichert und Milch mit

Wasser verdünnt. 1856 schrieb Ralph Waldo Emerson: »Im wahrhaftigen England ist alles falsch oder gefälscht.«[1]

Ruskin wünschte sich eine Gesellschaft, in der Menschen ehrliche, gesunde Produkte in einer ehrlichen, gesunden Umwelt erzeugen konnten. Zudem glaubte er, daß die beste Arbeit – zu der er die Kunst rechnete – nur in einem Umfeld von maximaler Schönheit geleistet werden könne. Er vertrat eine Ökonomie der Ästhetik, und in Europa gab es nichts, was er für ästhetischer hielt als die Alpen. Er suchte sie zum ersten Mal 1823 im Alter von 13 Jahren auf und kehrte den größten Teil seines Lebens hindurch immer wieder zurück. Für ihn waren Berge »das ein und alles jeder natürlichen Landschaft«[2]. Allerdings bestieg er sie selten, und wenn er es doch tat, beschränkte er sich auf Pässe und die zugänglichsten niedrigen Gipfel. 1844 kletterte er mit Joseph-Marie Couttet, Dr. Hamels altem Bergführer, den Le Buet hinauf. Es war neblig und stürmisch, und er kam nicht in den Genuß der berühmten Aussicht. Der denkwürdigste Moment des ganzen Tages trat ein, als Couttet bemerkte: »Armer Junge – er versteht nicht zu leben!«[3] Ruskin hielt diese Worte für einen Scherz, aber sie entsprachen der Wahrheit. Bis in seine mittleren Jahre im Bann seiner übermächtigen Eltern, war Ruskin zu vielem fähig, ergriff jedoch selten die Initiative. Er hatte eine ähnliche Einstellung zum Hochgebirge wie zu seiner seltsamen, nicht vollzogenen Ehe: Betrachten, aber nicht berühren. Einem Biographen zufolge verglich er den Körper seiner Frau mit einem Berghang voll fürchterlicher Schluchten. Es sollte vielleicht nicht überraschen, daß er seine ästhetische Ökonomie nicht verwirklichen konnte. Die Alpen blieben unverändert: sehr schön und sehr arm.

Immerhin verfügte Ruskin über ein sehr einfühlsames Beobachtungsvermögen, auch wenn er seine Wahrnehmung der Realität vorzog. Er malte und beschrieb, was er sah, und wurde zum Nachfolger der Romantiker. Sein Einfluß war enorm, und heute gibt es nur wenige Menschen, die etwas über die Alpen gelesen haben, ohne irgendwie von Ruskins Schriften berührt worden zu sein.

Eines von Ruskins vielen Interessengebieten war die Geologie. Obwohl Laie, wäre er gern Vorsitzender der Londoner Geological Society geworden, und er bewunderte die Werke von Saussure und Forbes. Letzterem begegnete er 1844, als er (zusammen mit seinem Vater) den

Simplon-Pass überquerte. Er zeigte Forbes einige Skizzen, unter anderem vom Matterhorn. »Seine Augen wurden scharf und sein Gesicht aufmerksam, während er die Zeichungen musterte«, schrieb Ruskin, »und er behandelte mich sogleich wie einen anerkannten Berufskollegen, der, obwohl noch jung, nicht weniger hingebungsvoll war als er selbst. Er hörte sich meine Fragen nach der Kette, die ich gemalt hatte, freundlich an, dann sagte er nur mit einem leichten, stolzen Lächeln über meinen Gipfel, der das Matterhorn sein sollte: ›Nein, und wenn Sie das Matterhorn einmal gesehen haben, werden Sie es nie wieder mit etwas anderem verwechseln!‹ Er teilte mir so viel mit, wie ich in jener kurzen Zeit aufnehmen konnte … aber ich wußte damals nichts von Gletschern, und er mußte noch die Arbeit des Abends abschließen. Ich sah ihn nie wieder.«[4] Ruskin erinnerte sich stets voller Stolz an dieses Gespräch und wurde in späteren Jahren ein leidenschaftlicher Anhänger von Forbes. Anderen Geologen gegenüber war er allerdings weniger wohlwollend. Seiner Meinung nach bildeten die Alpen »einen Hintergrund nicht nur für eine spezielle Reihe von Experimenten, sondern für eine lohnende Existenz überhaupt«[5]. Er äußerte sein Mißfallen über »jene wertlosen und häßlichen Quarzitsteinchen, die durch den Namen ›Probe‹ ausgezeichnet in den Augen einer gewissen Schicht von Leuten derart kostbar werden«[6]. Und er konnte nicht verstehen, wieso die Menschen die Landschaft so einseitig betrachteten. »Manch ein Alpenreisender, manch ein geschäftiger Vertreter der Wissenschaft schildert uns wortreich seine Freude an den Alpen«, schrieb er, »aber ich kenne schwerlich einen, der sie nicht bereitwillig zu Schutt zermahlen ließe, wenn er nur als erster einen Kiesel davon in der Royal Institution ausstellen könnte.«[7] Diese Situation parodierte er in einer halb fiktiven Begegnung von zwei Engländern:

> Ein paar rosige Wolken waren am Himmel verstreut oder umhüllten den Fuß der Berge, aber deren Gipfel erhoben sich rein und prachtvoll und röteten sich gerade in der Nachmittagssonne. Hier und dort reckte sich eine rote Spitze aus schierem Fels aus der Schneeumhüllung hinauf ins Blau.
>
> »Wie wunderschön«, sagte ich zu meinem Gefährten. »Diese Felsnadeln ragen in den Himmel wie Vorgebirge, die in das tiefe Blau eines transparenten Ozeans vorstoßen.«

»O ja, braun, Kalkstein – vertikale, oder fast vertikale Schliffe, Neigungswinkel acht-fünfeinhalb«, erwiderte der Geologe.[8]

Es war kein übertriebenes Bild, obwohl wenige Geologen so weit gingen wie Ruskin, der dabei porträtiert wurde, wie er Proben aus Grabsteinen schlug. Außerdem sollte erwähnt werden, daß die Wissenschaftler, die Ruskin so verabscheute, eine viel engere Bekanntschaft mit den Alpen geschlossen hatten als er selbst. Gewiß, sie liebten »Klippen und Gletscher« nicht »um ihrer selbst willen«, noch »ergründeten sie ihre Geheimnisse mit ehrfürchtigem und ernstem Sehnen«[9], aber sie kletterten immerhin tatsächlich auf Berge. Ruskin tat nichts dergleichen. 1858 verbrachte er ganze Wochen in Turin und berichtete seinem Vater von den verschiedenen Stimmungen der Alpen. Er schimpfte, wenn sie von Wolken verhüllt waren, schwärmte, wenn er ihre Gipfel sehen konnte, und war wie verwandelt, wenn sich die Kette zur Gänze zeigte. Später sollte er die Berge aus nächster Nähe inspizieren, doch vor dem Aufstieg zurückschrecken. Als er Chamonix 1859 besuchte, widmete er einem angeblich in den Wäldern lebenden Geist und der Geschichte von einem vergrabenen Schatz mehr Aufmerksamkeit als dem Montblanc. Der Geist erwies sich als Hirngespinst, und bei seinen Versuchen, den Schatz mit einer Wünschelrute zu finden, stieß er nur auf einen alten Schlüssel. Zwar stieg er auf ein paar Pässe, doch sie enttäuschten ihn: »Ich hielt die Spitze des Sankt Gotthard für sehr langweilig und albern«[10]. Am wohlsten fühlte er sich, wenn er auf einer Niederung stehen und die Landschaft um sich herum bewundern konnte. Von Chamonix aus kalibrierte er rund 20 ansprechende Linien auf der Aiguille de Blaitière. Er ordnete sie alphabetisch an, wobei Linie a-b zum Gipfel führte – »*the most beautiful single curve I have ever seen in my life*«[11] –, bis er die Linien s-t und u-w erreichte, die bloß flache Wölbungen an einem verschwommenen Punkt der unteren Hänge darstellten.

Letztlich blieb Ruskin dem Boden verhaftet. »Die besten Aussichten auf Berge sind an ihrem Grund«,[12] schrieb er. Seiner Meinung nach sollte alles, was sich in den Alpen anzuschauen lohnte, jedem Besucher zugänglich sein. Er erklärte: »Die wahre Schönheit der Alpen ist nur dort zu sehen, wo alle sie betrachten können, das Kind, der Krüppel und der ergraute Mann.«[13] Hunderte von Briten stimmten ihm zu. Sie

Zwei Riesen der Berner Alpen: links das Schreckhorn, rechts das Finsteraarhorn

zogen im Sommer nach Süden, um das Mer de Glace von Chamonix auf einem Muli zu besichtigen, die unteren Hänge des Glacier des Bossons mit einem Bergführer zu überqueren – genauso, wie alle Touristen es seit Saussure taten –, um die Gipfel anzustarren und dann mit der Neuigkeit heimzukehren, daß sie die Alpen erlebt hätten. Eine genauso große Zahl machte sich jedoch zu höheren Zwecken in die Berge auf. Für sie hatte Ruskin die Alpen zur Verkörperung des Erhabenen werden lassen.

Ruskins Gedanken über die Alpen reiften über einen langen Zeitraum hinweg und wurden der Öffentlichkeit in *Modern Painters* (*Moderne Maler*) vorgestellt, einem fünfbändigen Werk, dessen Veröffentlichung sich von 1843 bis 1860 hinzog. Seine Botschaft war die der Einsicht. »Das größte, was eine Menschenseele jemals in dieser Welt erreichen kann, ist, daß sie etwas sieht und auf klare Art sagt, was sie sah. Hunderte von Leuten können reden gegen einen, der denken kann, aber Tausende können denken gegen einen, der sehen kann. Klar sehen ist Dichtkunst, Weissagung und Religion – alles in einem.«[14] Ruskin meinte, daß Turner ein Mann mit Einsicht gewesen sei, und er setzte sich leidenschaftlich für die Vision des Malers ein. Er hatte eine Vorahnung, daß all die lohnenden Dinge, die man in der Natur – hier bezog er die Alpen ein – sehen konnte, sehr bald von der Industrie hinweggefegt oder vom Materialismus verseucht sein würden. Drachen, Hexen und Dämonen erkannte er nicht an – jedenfalls nicht öffentlich –, und seine Suche nach dem Geist von Chamonix wurde nur in den Tagebüchern seiner Frau erwähnt. Aber er fand in den Alpen und anderen Gebirgen ein spirituelles Element, das in zugänglicheren Gegenden nicht mehr vorhanden war. Er flehte die Menschen an – und erteilte ihnen zuweilen den Befehl –, das Beste aus den noch bestehenden Möglichkeiten zu machen.

Um die Mitte des 19. Jahrhunderts waren das kontroverse Thesen in Großbritannien, als Fleiß und Einfallsreichtum täglich neue »Verbesserungen« mit sich brachten. Lady Eastlake lehnte *Moderne Maler* wegen seiner »falschen Annahmen, unnützen Mutmaßungen, widersprüchlichen Behauptungen, schrullenhaften Ansichten und seines romantischen Unsinns«[15] ab. Das berührte Ruskin nicht. Er war widersprüchlich, schrullenhaft und manchmal vielleicht romantischer, als es der damaligen Mode entsprach. Aber seine Annahmen und Mutmaßungen waren begründet, und er trieb sie auf die Spitze. Er ahnte, daß er gegen die Zeit arbeitete. Würden die Menschen sehen können, bevor es zu spät war? So viele Dinge waren bereits vom Fortschritt verdorben. Würde es sich in ein paar Jahren noch lohnen, das anzuschauen, was überlebt hatte? Würde es – wie wirkliches Bier, wirkliches Brot, wirkliche Milch, wirklicher Tee und wie die wirklichen Täler von Lancashire – Geschichte geworden sein? Welche Rolle spielte die Wahrheit – jegliche Wahrheit außer der des Profits – in der modernen Gesellschaft?

Ruskin verbreitete seine Ansichten pausenlos, wahllos und erbarmungslos. Bei einer Gelegenheit mußte er sie sogar vor Gericht verteidigen. Aber seine Werte blieben ihm heilig, und er wich nicht von ihnen ab, besonders was die Alpen anging. Seine Schriften, gemeinsam mit jenen der romantischen Dichter vor ihm – für die er in gewisser Weise als Dolmetscher fungierte –, veranlaßten die Menschen, die Berge auf eine halb religiöse, transzendentale Weise aufzufassen. Jeder rauhe Felsen genügte seinen Jüngern. Sie fanden Trost im walisischen Snowdonia, im englischen Lake District und, in geringerem Maße (weil es weiter entfernt war), im schottischen Hochland. Auch die Pyrenäen und die Ostalpen wurden alsbald in die Sphäre der ruskinschen Hohepriesterschaft einbezogen. Aber es waren die Zentralalpen – vom Montblanc im Westen zum Wetterhorn im Osten und zum Matterhorn im Süden –, auf denen er sein Altartuch ausbreitete. Diese Region, die frühere Pilger eher als Hindernis empfunden hatten, wurde nun ihrerseits zum Gegenstand von Pilgerfahrten. Schriftsteller und Maler suchten dort nach Inspiration. Mendelssohn, Liszt und Wagner komponierten im Schatten der Berge. »Laßt mich mehr Werke schaffen von der Art, die ich in jener ruhigen und glorreichen Schweiz ersonnen habe, die Augen auf die schönen, goldgekrönten Berge gerichtet«, schrieb Wagner 1859, nachdem er gerade Alpenhörner in die Partitur für *Tristan und Isolde* aufgenommen hatte. »Es sind Meisterwerke, und ich hätte sie nirgendwo sonst ersinnen können.«[16] Ruskin beeinflußte Christen ebenso wie Agnostiker und Forschungsreisende. Sir Leslie Stephen, der zu unterschiedlichen Zeiten jeder der drei Kategorien angehörte, geriet in den Bann der Alpen, und zwar »in hohem Grade durch die Überzeugungskraft von *Moderne Maler*«.

Erwachsene der damaligen Zeit und Schulkinder aller folgenden Generationen verspürten die Wucht von Ruskins Rhetorik. Der Alpenhistoriker Ronald Clark kommentiert: »Er schrieb ausgiebig, manchmal großspurig, manchmal prächtig, aber über ganze Ozeane der Prosa segelt die Botschaft hinweg, daß Berge einen schönen, erhebenden, anregenden Anblick bieten. Fast ein halbes Jahrhundert lang nutzte Ruskin diese Botschaft, um den langsam schwindenden Glauben, daß Berggegenden voll von Schrecken und Häßlichkeit und Gefahr seien, noch weiter zu untergraben. Dafür stehen alle Menschen auf ewig in seiner Schuld.«[17]

Ruskins Botschaft fand Gehör, und sie trieb Männer und Frauen in die Alpen. Dort angelangt, vergaßen einige jedoch, was die Botschaft gewesen war. Sie mochten die Berge als Gegenstand der Schönheit betrachtet haben – was alle behaupteten –, aber viele sehnten sich nach einer Dramatik, die der atemberaubenden Szenerie gleichkam, einem Moment der Aktion, der die Kulisse zum Leben erweckte. Sie wünschten sich Lawinen wie die, welche die Hamel-Expedition überrollt hatte, und wenn sie Glück hatten, wurde ihr Wunsch erfüllt. 1848 besuchte John Forbes, Königin Viktorias Leibarzt (kein Verwandter von James

Forbes), die Alpen und wurde Zeuge einer Lawine. Sie rutschte von einem Sims und nahm eine V-Form an, der eine 30 Meter hohe Säule aus Schnee und Eis folgte. Diese Masse hing mehrere Sekunden lang in der Luft, bevor sie in die Bäume krachte. Forbes bemerkte über die Reaktion seiner Gefährten auf das Schauspiel: »Es ist wie jener [Zustand], der den triumphierenden Abschluß einer komplizierten und schwierigen Melodie durch einen hervorragenden Opernsänger begleitet und ihr folgt ... Es hätte mich kaum erstaunt, wenn die Zuschauer bei dieser Gelegenheit ... nach einer Pause freudigen Entzückens ekstatisch in die Hände geklatscht und mit ›Bravo!‹-Rufen geendet hätten.«[18]

Billiger Applaus sagte Ruskin nicht zu. Wären ihm solche »Bravo«-Rufe zu Ohren gekommen, hätte er die Jubelnden wahrscheinlich beiseite genommen und mit einer Mahnung bedacht. Doch Applaus gehörte zum Alltag des nächsten und prominentesten Propagandisten der Alpen. Während sich Ruskin über den Glanz der Alpen ausließ, galoppierte ein ungeratener Mediziner, einen Karren im Schlepptau, auf die Szene. Der Karren enthielt nichts als billige Leinwand, auf die Bilder des Montblanc gemalt waren, eine Reihe von Stangen, um die Leinwand zu stützen, und eine Schachtel mit Kerzen – zur Steigerung des Effekts. Er bereiste die Grafschaften Englands unter solchem Beifall, daß sich sowohl seine Karriere als auch die Einstellung der Welt zu den Alpen änderte. Sein Name war Albert Smith.

12

Hatte Saussure seinen Erben in Forbes gefunden, so wurde Bourrits Tradition von Albert Smith fortgesetzt. Wie Bourrit war Smith kein sonderlich begabter Kletterer, aber er verspürte den unstillbaren Drang, der Welt mitzuteilen, wie wunderbar die Alpen seien. Doch während Bourrit seinen Enthusiasmus nur durch mittelmäßige Gemälde und schwülstige Prosa hatte ausdrücken können, verfügte Smith über den ganzen Einfallsreichtum des mittleren 19. Jahrhunderts. Ihm war es weitgehend zu verdanken, daß sich die Kunde von den Alpen in den fünfziger Jahren des 19. Jahrhunderts über Wissenschaftsreisende, Gentleman-Abenteurer und Urlauber hinaus verbreitete. Im Lauf von acht Jahren warb er so erfolgreich für die Alpen, daß kaum eine Seele in Großbritannien nicht von ihren Schönheiten und Gefahren erfuhr. Denn Smith war jene schillernde, zweifelhafte, amüsante und vergängliche Gestalt: ein viktorianischer Showman.

Albert Smith wurde am 24. Mai 1816 als Sohn eines Arztes in dem Themse-Ort Chertsey geboren. Es war ein Provinzstädtchen, in dem sich nichts Aufregendes ereignete und dessen topographischen Höhepunkt ein kleiner Hügel bildete, »von dem aus man, wie fabuliert wurde, einmal mit einem Teleskop die Kuppel der St. Paul's Cathedral erspäht hatte«[1]. Smith fühlte sich wohl dort. Aber 1825 wurde ihm ein Buch mit dem Titel *The Peasants of Chamouni* geschenkt, das eine herzzerreißende Beschreibung der Hamel-Katastrophe enthielt. Dieser Umstand und die Entdeckung, daß er eine gute Stimme hatte – als Junge stand er bei einer Dinnerparty auf und »sang zwei Lieder im Stil von Matthews mit einer Begabung und Vielseitigkeit, die alle verblüffte«[2] –, änderten sein Leben. Sein Vater hatte stets vorausgesetzt, daß er Arzt werden würde, doch Smiths Neigungen gingen in eine andere Richtung. Er wollte Entertainer sein und sich, wenn möglich, mit den Alpen beschäftigen. Im Alter von elf Jahren verängstigte er seine jüngere Schwester durch »ein kleines bewegliches Panorama der Schrecken des Montblanc nach Mr. Auldjos Erzählung«[3], und ein paar Jahre später lernte er Französisch allein zu dem Zweck, Saussures *Voyages* zu übersetzen. 1838 begann er tatsächlich, Medizin in Paris zu studieren, aber der einzige Vorzug der Stadt bestand für ihn darin, daß sie dem Montblanc näher war als London. In seinem ersten Studienjahr reiste er so billig wie möglich nach Chamonix. Fast alles, was er besaß, war in einem französischen Armeerucksack aus zweiter Hand verstaut; dazu trug er einen Geldgürtel mit Fünf-Franc-Münzen im Gegenwert von zwölf Pfund bei sich.

Als erstes wunderte er sich über die unterschiedlichen Wechselkurse in Europa. In Savoyen reichte er einem Obstverkäufer eine französische Zehn-Sous-Münze und erhielt dafür sechs Birnen sowie zwölf Savoyer Sous Wechselgeld. Aber seine Verwunderung ließ bald nach, und er rumpelte auf dem Heu einer *banquette*, dem billigsten Reisegefährt, nach Chamonix. Danach beglückwünschte er sich dazu, daß er sein Ziel zu einem Viertel der üblichen Kosten erreicht hatte. Wie jeder andere besichtigte er den Gletscher am Montenvers, war jedoch wenig beeindruckt. »Die Geschichte, daß das Mer de Glace dem plötzlich in einem Sturm gefrorenen Meer ähnelt, ist nichts als Unsinn«, verzeichnete er in seinem Tagebuch. »Aus Montenvers sieht es eher wie ein riesiger Acker aus.«[4] Mit dieser Meinung, so bemerkte er, stehe er nicht allein. Nachdem er über den Gletscher spaziert war, verbrachte er vier Stunden in Bourrits Tempel, wo er »Angehörigen beinahe jeder Nation der Erde« begegnete, die »fast ausnahmslos den Standpunkt vertraten, daß sie in ihrem eigenen Land etwas genauso Gutes antreffen könnten«[5]. Aber er liebte das Klima und die Atmosphäre, war vom ersten Anblick des Montblanc überwältigt und erklärte, nachdem er buchstäblich von der Straße gezerrt worden war, um ein Glas Champagner auf den Geburtstag eines Landsmanns zu trinken: »Chamouni ist der angenehmste Ort in Europa.«[6] Er erbot sich, jedem, der den Montblanc besteigen wolle, als Träger zu dienen, aber es gab keine Interessenten, und er hörte später zu seiner großen Enttäuschung, daß Henriette D'Angeville ihren Aufstieg am Tag nach seiner Abreise begonnen habe. Bei seiner Heimkehr bedauerte er nur, daß er nicht noch billiger gereist war. Denn einer seiner Pariser Freunde hatte ihn wissen lassen: »Mit einem Messer, einem Stück Schnur und einem Spazierstock würde ich von hier bis zur Quelle des Niger wandern.«[7]

1841 begann Smith eine halbherzige Laufbahn als Arzt; er beschrieb seine Approbation als »Genehmigung, Menschen mit Pulver und Kugeln, Abführmitteln und Pillen zu töten«[8]. Der Montblanc beschäftigte seine Phantasie unablässig, und in seiner Freizeit holte er das Panorama aus seiner Kindheit hervor, malte die Bilder in größerem Maßstab neu und entwickelte mit Hilfe eines Tischlers einen Mechanismus, der sie glatt abrollen ließ. Damit bahnte sich seine erste professionelle Vorführung an. Es war das Zeitalter der Literary and Philosophical Society, als jeder wißbegierige britische Bürger samstags gewöhnlich im Rathaus zu finden war, um sich einen Vortrag über die Physiologie des Auges anzuhören oder zuzusehen, wie Holzkohle in einer Sauerstofflasche verbrannt wurde. In diese einschläfernde Umgebung platzte Albert Smith mit »einem grandiosen Vortrag über die Alpen«[9] hinein. Seine Show umfaßte Auszüge aus Auldjos Darstellung, angereichert durch eigene Kommentare über die Gletscherbewegung und die Gefahren des Grand Plateau, von denen er nicht die geringste Ahnung hatte. Währenddessen drehte Smiths Bruder Arthur im Licht von Öllampen eine Kurbel, um dazu eine stets wechselnde Kulisse von Alpenszenen zu liefern. Einer der beliebtesten Momente trat ein, wenn Arthur hinter die Szene huschte und eine Kerze hoch hielt, um den Mond auf den Grands Mulets zu beleuchten. Die Kulisse war äußerst wackelig, und durch Öllampe und Kerzen wäre es mehrmals fast zur Katastrophe gekommen, doch erfreute sich die Show großer Beliebtheit. Drei Jahre lang zogen die beiden, den Montblanc auf die Ladefläche eines Karrens gepackt, durch Richmond, Brentford, Guildford, Staines, Hammersmith, Southwark und die meisten Vororte von London. Smith sagte später, es sei die schönste Zeit seines Lebens gewesen.

Als die Tournee beendet war, widmete Smith seine freien Stunden dem Journalismus. Zunächst machte er es sich nicht einfach und entging nur knapp dem Tod, als ein Ballonflug von Vauxhall Gardens scheiterte. Aber bald entdeckte er sein Geschick für die leichteren, weniger anspruchsvollen Themen, welche die frühviktorianische Gesellschaft so sehr beschäftigten. »Das Bekenntnis von Jasper Buddle, Gehilfe im Obduktionssaal« war sehr erfolgreich, ebenso wie »Die Physiologie des Londoner Medizinstudenten« und eine »Geschichte der Abendgesellschaften«. Darauf folgte eine Reihe von Skizzen und Farcen, die ihn laut einem Freund zu »einem der populärsten und produktivsten Autoren jener Zeit«[10] machten. Also gab er die Medizin auf und wurde Schriftsteller. Er entwickelte sich zum Hauptmitarbeiter von *Bentley's Miscellany*, war unter den ersten, die Beiträge zum *Punch* beisteuerten, und arbeitete als Theaterkritiker für die *Illustrated London News*. Außerdem schrieb er einen Fortsetzungsroman mit dem Titel *Christopher Tadpole*, der ihm Ruhm hätte einbringen können, wäre das Werk nicht die dürftig getarnte Imitation des literarisch bedeutenderen Romans *Dombey und Sohn* gewesen, den Charles Dickens zur selben Zeit in Fortsetzungen herausbrachte. Zudem gründete er eine Zeitung für neue Autoren, *The Man in the Moon*, die er mit Elan, wenn auch ohne Finesse bis 1849 redigierte, als er plötzlich alles stehen und liegen ließ, um eine Reise

Albert Smith

nach Konstantinopel und Kairo anzutreten. Danach schrieb er ein beachtliches Buch über seine Heldentaten in der Levante und machte seine Abenteuer aus unerfindlichen Gründen zum Gegenstand einer Show mit dem Titel »Die Überlandreise«, in der eine Fahrt nach Indien beschrieben wurde. Smith trug vor und sang dazu, das Panorama hatte ein fähiger Künstler namens William Beverley gemalt. Wieder war das Publikum begeistert. Smith drückte es so aus: »Es gibt keine Nation der Welt, die stärker von fernen Abenteuern und Wanderlust hingerissen wird als die Engländer – und keine, die sich stets mit solch einer tief verwurzelten und beständigen Zuneigung, unverändert durch Zeit oder Entfernung, ihrem HEIM zuwendet.«[11] Mit Vorführungen wie »Die Überlandreise« hoffte Smith sich beide Vorlieben gleichzeitig nutzbar machen zu können. Und seine Kasseneinnahmen zeigten, daß seine Rechnung aufging.

Ein Zeitgenosse malt ein interessantes Bild von Smith in dessen *Man in the Moon*-Tagen:

> Ich erinnere mich an ihn als einen stämmig gebauten, breitschultrigen Mann mit kurzem Hals, blauen Augen, hellbraunen, wallenden Locken und buschigen Koteletten; später im Leben trug er einen Bart, und insgesamt hatte er eine sehr auffällige Ähnlichkeit mit Mr. Comyns Carr. Seine Stimme war überaus schrill, und sein Arbeitszimmer glich einem Raritätenladen, wiewohl die »Raritäten« aus der Perspektive großer Kunst weder besonders bemerkenswert noch sehr antik waren. In dem Zimmer, das im Erdgeschoß lag, waren Stapel französischer Romane mit gelbem Pappeinband, Puppen, Karikaturen, Spielzeug jeder erdenklichen Art, ein *debardeuse*-Seidenhemd, eine scharlachrote Schärpe, eine Samthose, das weiße Leinengewand eines Pierrots, Seifenstücke aus Wien in Obstgestalt, Eisenschmuck aus Berlin nach dem historischen »Gold gab ich für Eisen«-Motto, Schweizer Miniaturchalets, Porzellan- und Meerschaumpfeifen – obwohl Albert nicht rauchte – und die Nachbildung einer französischen *diligence* verstreut.[12]

Einem anderen Freund hatten sich Smiths schäbige Kleidung, seine grellen Halstücher, seine mit Amuletten versehene Uhrkette und das Skelett eingeprägt, das im Flur stand und manchmal mit an der Speisetafel saß, wenn 13 Personen anwesend waren.

Viele konnten diesen seltsamen, zwitschernden Mann mit seinem eklektischen Geschmack und seiner merkwürdigen Kleidung nicht leiden. Sein Eigendünkel war legendär, und sogar seine Freunde nannten ihn Albert den Großen oder Lord Smith. Er hatte eine Silberzunge und dazu ein Lachen wie »das Rasseln eines Trockenbaggers«[13], gab vor, »mit jedem auf vertrautem Fuß zu stehen, nannte Fremde sofort beim Vornamen und schüttelte Hunderten die Hand«[14] – Eigenschaften, die im bürgerlichen viktorianischen Großbritannien wenig Anklang fanden. Dem *Punch*-Historiker zufolge »war er häufig die Zielscheibe von Witzbolden«[15]. Thackeray konnte ihn nicht ausstehen, und Dickens seufzte, daß »wir alle unsere Smiths haben«[16]. Als der Herausgeber Douglas Jerrold Smiths Initialen unter einem Zeitschriftenartikel sah, meinte er, sie stünden für zwei Drittel der Wahrheit. Ein anderes Mitglied des Garrick Club verunglimpfte ihn »mit so beleidigenden Worten, daß Smiths Freunde arg rätselten, wie sie ihren Groll darüber am besten zum Ausdruck bringen konnten«[17].

Aber viele Menschen liebten ihn, und wenn man seine Werke über die Alpen liest, ist es schwer, ihn nicht zu mögen. Zum Beispiel erzählte er bei der Beschreibung des Montblanc von einem »Reisenden von einiger Körperfülle, der hinaufstieg und dessen Kopf infolge der verdünnten Luft mit einem Knall davonflog«,[18] oder er teilte vertraulich mit: »Ich glaube, irgendwo auf dem Gletscher kann man sich eine ganze Jungenschule aus Genf zeigen lassen, die im Eis eingeschlossen ist wie ... Erdbeeren in einem Klecks Gelee.«[19] Er war so offenkundig ein Mann ohne Falsch, entschlossen, das jeweils beste Geschäft zu machen, sich die schönste Aussicht oder das größte Publikum zu verschaffen – ein Mann, der bereit war, von nichts zu leben, aber wenn er etwas Geld hatte, die gleiche Bereitschaft zeigte, es auszugeben. Er war ein Showman und behauptete nie, etwas anderes zu sein. Sogar Dickens durchschaute das, bedauerte seine frühere verächtliche Bemerkung und bat Smith um Rat für die Gestaltung öffentlicher Vorträge. Deshalb war es schön, daß Smith 1851 seinen größten Ehrgeiz verwirklichen konnte: den Montblanc zu erklimmen.

Seit seinem ersten Besuch im Jahr 1838 verbrachte Smith alljährlich mindestens drei Wochen in Chamonix. Er hatte nie genug Geld besessen, den Montblanc zu besteigen – die Honorare der Bergführer schnellten immer weiter in die Höhe –, aber 1851 wollte er, finanziell gestärkt durch den Erfolg der »Überlandreise«, es auf einen Versuch ankommen lassen. Seine Freunde rieten ihm ab und wiesen darauf hin, daß er keineswegs in guter Form sei. »Mut wird mir das Training ersetzen«,[20] erwiderte Smith majestätisch und kletterte hinauf in seine Dachkammer, um seinen alten französischen Armeerucksack zu suchen. Obwohl er nun wohlhabend war, wollte er die Reise wie in seiner Jugend unter geringem Kostenaufwand machen und nur ein Minimum an Ausrüstung mit sich tragen. Von Anfang an sah er dem Unternehmen mit Freude entgegen. »Ich fand meinen alten Rucksack in einem Lagerraum«, schrieb er, »klopfte die Motten und Spinnen heraus und füllte ihn wie früher, und am 1. August 1851 verließ ich London Bridge im Postzug der South Eastern Railway, zusammen mit meinem Oberbürgermeister und anderen bedeutenden Mitgliedern der Stadtverwaltung, die aus Anlaß der Weltausstellung zu den *fêtes* in Paris fuhren und die, da sie keinen Rucksack unter dem Sitz hatten, all ihr Gepäck verloren, was ohne Zweifel im Stadtarchiv verzeichnet ist.«[21]

In Chamonix erwartete ihn jedoch eine Enttäuschung. Nachdem er Jean Tairraz, den Chef der Bergführer, zu sich gerufen und ihm mitgeteilt hatte, daß er nun zum Aufstieg in der Lage sei, mußte er hören, daß davon keine Rede sein könne. Er sei in zu schlechter Form, seine Gesundheit sei angegriffen, und außerdem schlage das Wetter um. Aber Tairraz hatte eine Schwäche für Smith und versprach ihm, sich am folgenden Morgen mit den Bergführern zu treffen und ihre Meinung einzuholen. Wie sich herausstellte, hatte Smith Glück – nicht, weil die Führer ihn für bergtauglich gehalten hätten, sondern weil er sich drei Studenten anschließen konnte, die den Montblanc im Vormonat auf einer Lesereise entdeckt und ihn sich zum Ziel auserkoren hatten. Einer von ihnen sagte: »Richards vom Trinity College ist letztes Jahr aufgestiegen. Warum sollen wir es nicht auch versuchen?«[22] Während sich der schwitzende Smith tapfer seinen Weg nach Süden bahnte, unterzogen sich die drei jungen Männer – sie hießen Floyd, Philips und Sackville-West – einem gründlichen Training in Chamonix. Sie trafen in der ersten Augustwoche ein und engagierten ihre Führer. Als sie darauf warteten, daß das Wetter aufklarte, erhielten sie eine Notiz mit der Nachricht, daß »ein Mr. Smith aus London« sie zu begleiten wünsche. Zunächst ignorierten sie ihn nach dem bewährten britischen Prinzip, daß man mit niemandem spricht, dem man nicht vorgestellt worden ist, aber nachdem sie erfahren hatten, daß es sich um *den* Mr. Smith, den bekannten Autor komischer Texte, handele, machten sie sich mit ihm bekannt. Man schüttelte sich die Hand, Smith klopfte allen nach gewohnter Art auf die Schulter, und die drei gelangten zu dem Schluß, daß er »ein Pfundskerl«[23] sei und einen ausgezeichneten Klettergefährten abgeben würde. Smith war so aufgeregt, daß er mehrere Nächte lang nicht schlafen konnte.

Seine Persönlichkeit sorgte dafür, daß er rasch vom Nachzügler zum Anführer wurde. Die Expedition, die am Dienstag, dem 12. August, begann, war die größte und extravaganteste, die man in Chamonix je erlebt hatte. Den Vorschriften zufolge mußte jeder Kletterer vier Bergführer mitnehmen; außerdem engagierte Smith rund 20 Träger für den Transport der ihm angemessen scheinenden Vorräte. Seine Bestandsliste aus dem Hôtel de Londres, wo er wohnte, lautete folgendermaßen:

60 Flaschen Vin Ordinaire	6 Päckchen Zucker
6 Flaschen Bordeaux	4 Päckchen Backpflaumen
10 Flaschen St. George	4 Päckchen Rosinen
15 Flaschen St. Jean	2 Päckchen Salz
3 Flaschen Cognac	4 Wachskerzen
1 Flasche Himbeersirup	6 Zitronen
6 Flaschen Limonade	4 Hammelkeulen
2 Flaschen Champagner	6 Stücke Kalbfleisch
20 Brote	1 Stück Rindfleisch
10 kleine Käse	11 große Hühner
6 Tafeln Schokolade	35 kleine Hühner

Das Ganze kostete 456 Franken, was etwa 45 Pfund und damit mehr als dem Siebenfachen des Betrags entsprach, den Smith sich 1838 für seine gesamte Fahrt bewilligt hatte. Nachdem er billig gereist war, hatte er offensichtlich nicht vor, billig zu klettern.

Aber Smith wollte den Montblanc nicht nur besteigen, sondern auch dessen Mythos brechen. In all den Jahren, in denen er nach Chamonix gekommen war, hatte er sich nicht nur über die Schönheit des Berges, sondern auch über seine scheinbare Zugänglichkeit Gedanken gemacht.

Vom Tal aus wirkte der Montblanc keineswegs wie der Monolith, als den man ihn hinstellte. Daran hat sich nichts geändert, und heutige Besucher, die zur Spitze des Brévent steigen, kratzen sich den Kopf bei dem Gedanken, daß der Montblanc eine schwierige Klettertour erfordere oder auch nur sehr hoch sei. Mit seinen glatten, an Dromedare erinnernden Schneehöckern sieht er lächerlich leicht aus. Smith war ein moderner Mensch und meinte deshalb, daß die Schwierigkeiten und Gefahren übertrieben würden, damit die Bergführer – wie auf dem Mer de Glace – eine höhere Gebühr verlangen könnten. Mithin habe er als geradliniger Mann des Volkes die Aufgabe, »die ganze Sache als Betrug zu entlarven«[24]. Und er wollte sie auf so dramatische Art wie möglich entlarven, mit jedem denkbaren Komfort und mit Champagner, den man auf dem Gipfel knallen lassen konnte. Hier wird begreiflich, warum manche ihn nicht leiden konnten. Es war nicht zu übersehen, daß er seinen eigenen Traum verwirklichen und die Träume von anderen zerschmettern wollte. Zum Glück erfüllte sich sein Wunsch nicht.

Smiths Karawane brach am 12. August um 7.30 Uhr auf. Der General ritt auf einem Muli voran, und etliche Freunde, Familienangehörige und Geliebte hüpften hinter der Gruppe her. Um 16 Uhr – inzwischen war Smith abgestiegen und der Troß umgekehrt – erreichten sie die Grands Mulets. Es war nicht kalt, sondern eher ein bißchen schwül, und sie breiteten ihre nasse Kleidung zum Trocknen auf dem Gestein aus, das wie eine natürliche Speicherheizung Wärme ausstrahlte. Dann hielten sie ein üppiges Bankett ab, das mit einem Wettbewerb endete, um zu ermitteln, wer die leeren Flaschen am weitesten in die Tiefe werfen konnte. Der einzige Mißton wurde dadurch verursacht, daß ein Ire, der ihnen mit seinem Führer gefolgt war, zu ihnen stieß. Sie verbannten ihn empört in die weiter oben liegenden Felsen. Als ein zweiter Nachzügler, ein

Smiths Besteigung des Montblanc

bekannter amerikanischer Abenteurer und Ballonflieger namens Vansittart, ebenfalls mit einem Führer eintraf, wurde auch er aufgefordert, anderswo zu schlafen. Von solchen Belästigungen abgesehen, war es genau die Art Tour, mit der Smith gerechnet hatte. In seiner Freude über den bisherigen Fortgang verzichtete er in jener Nacht auf ein Zelt. Alle schliefen unter freiem Himmel, und Smith, in den Bann der Landschaft geschlagen, legte den Kopf auf seinen alten Rucksack. Bei Sonnenuntergang verglich er die Gipfel mit »Inseln, die aus einem verschleierten Ozean auftauchen – ein Archipel aus Gold«. Der Anblick war »mehr als die Verwirklichung der herrlichsten Visionen, die Opium oder Haschisch heraufbeschwören konnten«[25]. Und alle hatten den Eindruck, daß die Besteigung des Montblanc tatsächlich ein Schwindel war. Sie hatten die erste Etappe ohne den geringsten Zwischenfall bewältigt, wobei die Oxford-Studenten nur leichte Kricketkleidung trugen und der vor ihnen liegende Weg »so glatt« aussah »wie eine Rennbahn«[26].

Smith erwartete, die Spitze innerhalb von zwei Stunden erreichen zu können. Sie waren so optimistisch, daß sie um Mitternacht aufstanden, um die Besteigung bei Laternenlicht fortzusetzen. Als sie am Lager des Iren vorbeikamen, hörten sie, wie er sich »auf sehr heitere Weise« vergnügte und seinem Bergführer beibrachte, »God Save the Queen« zu singen.

Ihre Euphorie hielt nicht lange an. Smith begann kurz nach dem Aufbruch von den Grands Mulets zu frieren und Übelkeit zu empfinden. Als sie auf dem Grand Plateau ankamen und die Führer auf die Hamel-Spalte deuteten, nahm er es nur halbherzig zur Kenntnis. Kurz darauf entdeckten sie den Iren, der sie überholt hatte, wie er sich im Schnee liegend erbrach und aus der Nase blutete. Sie schickten ihn zurück zu den Grands Mulets. Floyd war beunruhigt. »Dadurch erhielten wir eine Vorstellung von den Schrecken eines Gewaltmarsches und dem dafür nötigen Mumm«,[27] schrieb er. Mittlerweile machten sich Smiths Gedanken selbständig. »Jeder Schritt, den wir taten, wurde der Möglichkeit eines entsetzlichen Todes abgerungen«,[28] verzeichnete er pathetisch. Es wurde kälter. Er setzte sich hin und weigerte sich weiterzuklettern. Die Bergführer schleppten ihn voran. Eine Stunde später, auf der steilen, doch relativ harmlosen Mur de la Côte, taumelte er wie ein Betrunkener und erklärte, er wolle allein gelassen werden, um zu schlafen. Wiederum zerrte man ihn weiter. »Es ist ein fast senkrechter Eisberg«, log Smith in seinem Journal. »Man steigt schräg an ihm empor; darunter ist nichts als eine Kluft im Eis, fürchterlicher als alles, was hinter uns lag. Sollte der Fuß abrutschen oder der Stab nachgeben, hat man keine Überlebenschance. Man würde wie ein Blitz von einer gefrorenen Klippe zur anderen gleiten und schließlich Hunderte von Metern darunter in den gräßlichen Tiefen des Gletschers in Stücke geschlagen werden.«[29] Eine Zeitlang wurde er von Angst überwältigt. »Er sah wirklich sehr krank aus«, schrieb Floyd, »und reagierte kaum, als ich ihm ein Glas Champagner in die Kehle goß.«[30] Derart gestärkt, setzte Smith seine zunehmend düstere Litanei fort. »4300 Meter über dem Meeresspiegel, am Rande eines eisigen Abgrunds, so tief, daß sich der Boden im Dunkel verliert; in einer stark verdünnten Atmosphäre einem Wind ausgesetzt, dessen Kälte und Heftigkeit man sich nicht vorstellen kann; die gepeinigten Muskeln bereits weit über ihre Kräfte belastet; die Nerven erschüttert von unablässig steigender Aufregung und Mangel an Ruhe; mit blutunterlaufenen Augen, einem rasenden Durst und einem Puls, der eher hüpft als schlägt – all das legt den Gedanken nahe, daß die grausige Mur de la Côte zu ihrer Besteigung mehr als ein gewöhnliches Maß an Entschlossenheit verlangt.«[31] Er wurde an einem Seil hinaufgezogen, zwei Führer hackten Stufen ins Eis, und am 13. August um 9 Uhr erreichte er, auf Händen und Knien kriechend, den Gipfel. Endlich war es geschehen: Albert Smith hatte den Montblanc bestiegen. Er schlief sofort ein.

Man blieb nur eine halbe Stunde auf dem Gipfel. In dieser Zeit erholte sich Smith hinreichend, um die Aussicht und mehrere Gläser Champagner zu genießen. Dann eilten sie zurück zu den Grands Mulets, wo sie ihre letzten Vorräte vertilgten, den Iren abholten und den Marsch hinunter nach Chamonix begannen. Die Umstände ihrer Ankunft entschädigten Smith reichlich für die Mißhelligkeiten des Aufstiegs. In einer Reihe schritten sie durch die Felder und zogen denselben Troß an, der sie bei ihrem Aufbruch begleitet hatte. Touristen wie Einheimische drängten sich in den Straßen von Chamonix, wedelten mit Taschentüchern und jubelten der Prozession zu, als wäre sie von einem Feldzug zurückgekehrt. Orchester spielten, und um das Bild zu vervollständigen, donnerten Kanonensalven durchs Tal. Dies war mittlerweile die traditionelle Begrüßung für Bezwinger des Montblanc, und eine kleine Kanone gehörte für jeden Hotelier in Chamonix, der etwas auf sich hielt, zum Inventar. Im Hof des Hôtel de Londres wartete ein mit Blumen und Champagnerflaschen gedeckter Tisch auf die Eroberer. Und am Abend lud Floyds Cousin Sir Robert Peel die gesamte Compagnie des Guides zu einer überschwenglichen Feier ein.

Smith hatte die Reputation des Montblanc zwar nicht zerstört, aber ihm war das Zweitbeste gelungen: nämlich sie zu untermauern. Als er nach London abreiste, hatte er bereits einen Text im Kopf, der ihm einen erklecklichen Gewinn versprach. Die Öffentlichkeit erhielt den ersten Hinweis auf das, was kommen würde, als die *Times* am 20. August 1851 einen kurzen Brief von Smith abdruckte, in dem er die Welt auf seine Leistung aufmerksam machte. Dann folgte das komplette Journal. Es erzählte die Geschichte in dramatischem Stil, wobei Smith die Gefahren übertrieb und den Namen des Iren und des Amerikaners, die er lediglich als »Begleiter« bezeichnete, ausließ. Daneben verschwieg er die Tatsache, daß er den Gipfel als letzter erreicht hatte, und machte viel Aufhebens um die Erfrierungen, die er an einer Hand erlitten haben wollte: »Noch während ich jetzt schreibe, habe ich kein Gefühl im kleinen Finger, und wenn es kalt wird, schmerzt er stark.«[32]

Manche Leser schrieben an die *Times*, um sich zu beschweren, und zwar in erster Linie über den Wert derart riskanter Expeditionen. Dies war schließlich das Jahr, in dem die Nation einsehen mußte, daß ihr heldenhafter Forschungsreisender Sir John Franklin, der 1845 zur Suche der Nordwestpassage in See gestochen war, nicht mehr zurückkehren würde, genausowenig wie seine beiden Schiffe und die 135 Mann Besatzung. Danach galten Schnee, Eis und Tod als untrennbar miteinander verbunden. Sinnlosigkeit war das Wort, das stets im Zusammenhang mit Risiko erwähnt wurde, und Smith hatte unzweifelhaft von Risiko gesprochen. Zweitens beschwerte man sich über Smith selbst. »Saussures Beobachtungen und seine Überlegungen über den Montblanc leben in seiner poetischen Philosophie fort«, hieß es in den *Daily News*, »die von Mr. Albert Smith dagegen werden zu Recht als Gewebe aus mittelmäßigen Wortspielen und abgedroschenen Scherzen, getrieben von einem beständigen Drang nach Schlaumeierei, in die Nachwelt eingehen. Die ziellose Kletterpartie von vier Fußgängern zum Gipfel des Montblanc, begleitet von Sir Robert Peels Orgie am Fuß des Berges, wird wenig dazu beitragen, in der Schweiz den zweifelhaften Ruf der englischen Touristenherde auszutilgen, die für ihren hirnlosen und reichlich vulgären Überschuß an viehischem Geiste bekannt ist.«[33]

All das traf auf Smith durchaus zu, und er entgegnete zurückhaltend: »Jene, die mich nach meiner Rückkehr von [dieser] Leistung in der Presse auf so mutwillige und völlig unangebrachte Weise angegriffen haben, wissen nicht das geringste von der Angelegenheit.«[34] Aber derselbe Autor machte den Fehler, Smiths zweiten »Begleiter« Vanstittart zu schmähen, der im Gegensatz zu dem Iren bis auf den Gipfel gelangt war. In einer Passage über unnütze Heldentaten verspottete der Autor »Aeronauten, die ihr Leben riskieren, um sich ein paar Shilling als Showman zu verdienen oder um ihre Eitelkeit zu befriedigen«[35]. Ballonflieger seien dumm genug, aber wenigstens setzten sie nur ihre eigene wertlose Existenz aufs Spiel; Kletterer dagegen seien an Idiotie nicht zu übertreffen, da sie auch das Leben ihrer Bergführer riskierten. Doch mit Vanstittart hätte sich der Verfasser des Artikels nicht anlegen sollen. Der war weitgereist, sehr intelligent und sich etwaiger Risiken durchaus bewußt. Er zermalmte seinen Widersacher mit einer frostigen Entgegnung: »Nachdem ich in einem Tauchapparat in mehr als 30 Meter Tiefe über den Meeresboden spaziert, nachdem ich sowohl in den Eisengruben von Dannemora in Schweden als auch in den Salzbergwerken Polens ins Erdinnere hinabgestiegen bin, nachdem ich Ballonflüge unternommen und viele hohe Berge bestiegen habe, kann ich kategorisch feststellen, daß solche Anstrengungen ein Vergnügen in sich bergen, das denen, die sie nicht erlebt haben, ganz und gar unbekannt ist.«[36] Floyd schrieb ebenfalls an die *Daily News*, um die Expedition zu verteidigen, und der Mann schrumpfte bald in sich zusammen.

Smith war hoch erfreut über die Kontroverse, denn sie rückte seine Aktion ins Blickfeld der Stammtischreisenden, die er als potentielles Publikum ausersehen hatte. Und er hatte auch bereits eine Show in Arbeit, die solchen Menschen, wie er meinte, sehr gefallen würde. »Die Besteigung des Montblanc« eröffnete am 15. März 1852 in der Egyptian Hall, Piccadilly. Sie bestand aus zwei Teilen: Der erste war eine Beschreibung der Reise von London nach Chamonix, die alles einbezog, was nicht unbedingt auf der Strecke lag, aber als mehr oder weniger sensationell gelten konnte, zum Beispiel die Leichenhalle auf dem Großen Sankt-Bernhard-Pass; der zweite Teil porträtierte Chamonix und den Montblanc. Smith hielt sich an seine gewohnte Praxis, das heißt, er stand auf der Bühne und sang und redete, während eine Reihe von William Beverleys Illustrationen vorgeführt wurde. Er übertrieb schamlos: Jede Böschung war ein Abgrund, jeder Schneeball eine Lawine, jeder Fels eine Klippe, jede Spalte eine Schlucht. Am ersten Abend fürchtete er, daß der Montblanc für Londoner vielleicht nicht attraktiv genug sein werde. Aber dann schrieb er: »Ich habe zu meiner unendlichen Freude entdeckt, daß ein großer Teil der Öffentlichkeit genau wie ich an dem Thema interessiert zu sein scheint.«[37] Die Zuschauer waren gefesselt, und sechs Jahre lang war Smiths »Besteigung« die populärste Show in London. Er schöpfte seine Möglichkeiten mit vollendetem Professionalismus aus. Jedes Jahr wurde die Route nach Chamonix geändert – Smith selbst nahm sich jährlich sechs Wochen Urlaub, um die

Recherchen anzustellen – und wann immer möglich eine Neuheit eingeführt. In einem Jahr japsten Bernhardiner durch die Reihen; um ihren Hals waren Schächtelchen mit Schokolade gebunden, nach denen Kinder greifen konnten.* In einem anderen Jahr stolzierten zwei Melkerinnen aus den Alpen in ihrer traditionellen Tracht über die Bühne (in Wirklichkeit waren es zwei Bardamen aus Chamonix, die sich hatten überreden lassen, die Rolle zu spielen). Und bei einer Gelegenheit traten vier nervöse Gemsen auf. Smith bastelte an den Bildern herum, um sie wie Fotografien aussehen zu lassen. Am Ende jeder Saison überreichte er persönlich allen Frauen im Publikum einen Blumenstrauß.

Noch immer lachte man über Smith – schließlich wedelte er dauernd mit seiner Montblanc-Urkunde –, und die Presse überschüttete ihn und seinen Berg mit Hohn. »Der Montblanc ist zu einem eindeutigen Ärgernis geworden«,[38] schrieb die *Times*, »zu einem bloßen Theaterutensil ... ungefähr so imposant wie die Geheimnisse des Themse-Tunnels ... Wirklich, die Welt im allgemeinen macht sich sehr wenig aus der Sache.«[39] Ruskin, der Smiths champagnersprühenden Abstieg vom Montblanc miterlebt und seine Protzigkeit mißbilligt hatte, wies darauf hin, daß man mit dem Geld, das Smith durch seine »Besteigung« verdient hatte, die Alpenwirtschaft für immer hätte sanieren können – wobei er allerdings vergaß, daß nach seiner eigenen Argumentation nicht Bargeld, sondern geographische Schönheit den stärksten Anreiz für materiellen Erfolg lieferte. Aber zuletzt lachte Smith. Nach nur drei Monaten hielt er eine private Matinée für Königin Viktorias Gatten Prinz Albert und ihre beiden Söhne, Prinz Eduard und Prinz Alfred, ab. Zwei Jahre später gab er eine weitere Privatvorstellung in Osborne, nach der Königin Viktoria ihm eine diamantenbesetzte Krawattennadel überreichte (daraufhin schenkte er ihr zwei Bernhardiner). Und wiederum zwei Jahre später unterhielt er die Königsfamilie erneut, diesmal in Windsor, wobei der gesamte Hof sowie König Leopold I. aus Belgien zugegen waren. 1857 begleitete er den Prinzen von Wales nach Chamonix.

* Es waren keine echten Bernhardiner. Die ursprüngliche, schlankere Rasse war früher im Jahrhundert ausgestorben, als eine Krankheit die Zwinger des Sankt-Bernhard-Hospizes heimgesucht hatte. Die Doggen, die Smith mietete, waren das Beste, was die Mönche durch Rückzüchtung erreichen konnten. Die Tiere erinnerten kaum an die Hunde mit dichtem Pelz, wie wir sie heute kennen.

Tausende kannten Smith als den »Mann vom Montblanc«. Ein Brettspiel, genannt »Das neue Spiel vom Montblanc«, kam heraus, und unzählige Kinder überall im Reich beteten bei jedem Rollen des Würfels, daß sie auf der Mur de la Côte landen würden, weil sie dann für ihren außerordentlichen Mut bei der Besteigung zwei Jetons von jedem Spieler erhielten. In London tanzten ihre Eltern die »Montblanc Quadrille« und die »Chamonix Polka«, oder sie konnten im Baker Street Glaciarium das ganze Jahr hindurch auf einer Fläche von 280 Quadratmetern inmitten einer von Schnee und Rauhreif bedeckten Alpenlandschaft Schlittschuh laufen. Das Land war von einem »umfassenden Montblanc-Fieber«[40] gepackt, wie die *Times* schrieb. Smith ließ sich einen Bart wachsen und posierte mit markantem Gesicht für Fotos. Als die »Besteigung« 1858 schloß, hatte sie ihm schätzungsweise 30 000 Pfund eingebracht.

Unter denen, die sich Smiths Show ansahen, war ein neunjähriger Junge namens Douglas Freshfield. In späteren Jahren sollte er Saussures Biograph und einer der führenden britischen Alpenbergsteiger werden. Laut einem Historiker war er eine »grimmige, reservierte Gestalt«[41], und er wollte auf keinen Fall mit Smiths Geschmacklosigkeit in Verbindung gebracht werden. Aber Freshfield räumte ein: »[Smith] trat gerade in dem psychologisch wichtigen Moment hervor, als Eisenbahnstrecken durch Frankreich die Alpen für den langen Urlaub des Engländers zugänglich gemacht hatten. Und er empfand, so seltsam es klingt, eine aufrichtige Leidenschaft für den Montblanc, aus der Gewinn zu schlagen ihm das Schicksal oder vielmehr sein eigener Enthusiasmus ermöglichte.«[42]

Enthusiasmus und Gewinn spielten eine ebenso große Rolle für die Hoteliers von Chamonix. 1848 war der Kontinent durch eine Reihe von Revolutionen aufgerüttelt worden, die ihn fast so nachhaltig beeinflußte wie die Napoleonischen Kriege. Mehrere Monate lang waren sämtliche europäische Staaten von Umwälzungen betroffen, und die Herzogtümer, Königreiche und Konföderationen der Alpen bildeten keine Ausnahme. Die sich anschließende autokratische Reaktion hatte dem noch brodelnden Topf nur einen Deckel aufgesetzt. Normalität war das Gebot der Stunde, und Smith trug zu ihr bei. Er wurde in Chamonix zum Helden, nicht nur wegen der Touristenscharen, die, durch ihn inspiriert, den Ort aufsuchten, sondern auch wegen der Zeit und des Geldes, die er in den Ort investierte. Er leistete Beiträge zu mehreren öffentlichen Projekten und organisierte Hilfsfonds, als Chamonix in den fünfziger Jahren des 19. Jahrhunderts durch Feuer und Überschwemmungen verwüstet wurde. Seine alljährliche Rückkehr wurde mit einem Kanonensalut begrüßt, er erhielt eine Suite mit einem Namensschild aus Messing im Hôtel de Londres, Fest- und Feiertage wurden zu seinen Ehren abgehalten, und während seines Aufenthalts behandelte man ihn als Gesellschaftslöwen der Alpen.

Dank Smith wollten so viele Menschen den Montblanc besteigen, daß die Bergführer im Winter 1853/54 eine Hütte auf den Grand Mulets bauten. Sie war vier mal zwei Meter groß, hatte zwei verglaste Fenster, eine Tür, »die mehr oder weniger gut schloß«, und war mit Bänken, Tischen, Regalen und einem eisernen Ofen ausgestattet. Natürlich gehörte Albert Smith zu der fünfzigköpfigen Schar von Honoratioren und Bergführern, die an der Eröffnung teilnahmen. Er notierte entzückt, daß es sich um die größte Gruppe handelte, die je zu den Grand Mulets aufgestiegen sei. Noch zufriedener war er, als sie zu spät eintrafen und die Nacht in der Hütte verbringen mußten – bedeutende Persönlichkeiten in Unannehmlichkeiten zu sehen amüsierte ihn stets. Einer nach dem anderen nahmen die Honoratioren mit angezogenen Knien an der Wand Platz, dann setzten sich weitere Reihen vor sie, bis schließlich alle 50 Personen Unterschlupf gefunden hatten. Die Führer schlossen die Fenster, heizten den Ofen an und begannen zu rauchen. Der Gestank weckte Smiths nostalgische Erinnerungen an die *diligences*, die Überlandkutschen, mit denen er in seiner Jugend gereist war. Ein anderer Insasse war weniger erfreut: »Das krampfhafte und sich rasch wiederholende ›Ppahh, ppahh‹ von 50 Rauchern am Montblanc – wie konnte jemand dabei schlafen?«[43] Hinzu kam die »boshafte Ausgelassenheit« von Albert Smith, der die Runde zum Witzeerzählen ermunterte; dabei hob jeder, dem etwas Gutes einfiel, die Hand, um auf sich aufmerksam zu machen. So ging es die ganze Nacht hindurch weiter. Smith huschte gelegentlich hinaus, um frische Luft zu schöpfen, bis der Morgen anbrach und alle heimkehrten.

Ein späterer Alpinist, Edward Whymper, war der Meinung, daß die »Besteigung« endlos hätte weiterlaufen können. Aber der wankelmütige Smith ließ Chamonix 1859 im Stich und reiste nach China, von wo er mit einer neuen profitablen Show zurückkehrte. Sie wurde nur ein Jahr lang gezeigt, bevor er einen Schlaganfall erlitt. Im Frühjahr 1860 zog er sich Bronchitis zu und starb am 23. Mai. Die Beerdigung wurde fünf Tage später auf dem Brompton Cemetery abgehalten, und da Smith angeordnet hatte, daß sie nicht mehr als 20 Pfund kosten dürfe, nahmen nur einige seiner Verwandten an ihr teil. »Der arme, liebe Albert ist nicht mehr!« weinte ein Freund. »Die fröhliche Stimme, das lustige Lachen, die spaßige Bemerkung, die wunderliche Anekdote werden nie mehr zu hören sein.«[44] Oder, wie ein anderer Freund es ausdrückte, man würde nie wieder sein großes, rotes Gesicht sehen, das aus dem Kutschenfenster grinste, während er mit seinen Einnahmen heimfuhr.

13

»Die Besteigung des Montblanc« fand Hunderttausende von Zuschauern. Viele kehrten mit der Erinnerung an einen Abend voll angenehmen Geplauders heim und dachten nicht weiter darüber nach. Einige beschlossen jedoch, Smiths Beispiel zu folgen und den Gipfel zu erklimmen. Und ihre Anwesenheit blieb nicht unbemerkt. Zwischen 1786 und 1853 hatte es 45 Besteigungen des Montblanc gegeben. Doch allein im Jahr 1854 waren es 16, hauptsächlich durch Briten. Viele von ihnen bewältigten die weniger gefährliche Tour zu der Hütte auf den Grand Mulets, die nun ihrerseits zu einer Attraktion geworden war. Smith hatte zweifellos dafür gesorgt, daß mehr Touristen die Alpen besuchten, aber der Zustrom von Briten war nicht allein auf ihn zurückzuführen.

In den fünfziger Jahren des 19. Jahrhunderts befand sich Großbritannien auf einem Höhepunkt seiner Geschichte. Es war das Jahrzehnt der Weltausstellung, als man überall auf dem Globus die britische Überlegenheit auf fast jedem Gebiet anerkannte. Großbritannien war die wohlhabendste und technologisch am weitesten fortgeschrittene Nation Europas. Außerdem war es der stabilste Staat, denn die Revolutionen, die 1848 über Europa hinweggefegt waren, hatten es verschont. Seine Hochöfen loderten bis in die Nacht hinein, seine mit Gas beleuchteten Spinnereien spien Ballen um Ballen Baumwolle und Kammgarn aus, die Luft in Wigan und anderen Bergbauzentren war meilenweit schwarz von Kohlenstaub. Lokomotiven rasten über Viadukte, durch 30 Meter tiefe Gräben und lange, lichtlose Tunnel. Energie war überall. Die allgemeine Stimmung wurde von Königin Viktoria nach einem Besuch der Weltausstellung zum Ausdruck gebracht. Am 29. April 1851 schrieb sie in ihr Tagebuch: »Wir sind fähig, alles zu tun.«[1]

Man dachte nicht nur, daß die Briten alles tun könnten, sondern auch, daß sie es tun *sollten*. Es war eine Epoche, in der Erfolg als Gottesgeschenk galt. Obwohl einige *Radicals* das Gegenteil behaupteten, glaubte man allgemein, daß die Armen arm und die Reichen reich seien, weil Gott es so verfügt habe. Wenn man diese Philosophie weitertrieb, lag es auf der Hand, daß Großbritannien deshalb Erfolg hatte, weil es von Natur aus und von Gott begünstigt besser war als alle anderen Nationen. Großbritannien hatte das Recht, wenn nicht die Pflicht, der Welt seinen Stempel aufzudrücken. Genau das taten britische Soldaten, Ingenieure und Industrielle mehr als ein halbes Jahrhundert lang, und ihre Errungenschaften wiederum untermauerten die Theorie.

In den fünfziger Jahren des 19. Jahrhunderts war dieser Chauvinismus noch nicht zum Dogma geworden, doch Briten – insbesondere Engländer – waren bereits erfüllt davon. Manche brachten ihre Überlegenheit dadurch zum Ausdruck, daß sie ferne Territorien eroberten oder Missionare in Afrika wurden, andere bauten Kanalisationssysteme und Gaswerke in fremden Städten, wieder andere verkauften Werkzeugmaschinen an sich entwickelnde Ökonomien. Eine besondere Gruppe verwirklichte ihr gottgegebenes Recht – und sich selbst –, indem sie die Alpen eroberte. »Ich behaupte, ohne zu zögern«, schrieb ein Kletterer, »daß dieses Kräftemessen mit der Natur in ihren wildesten Launen Freude hervorbringt, einen stillen Stolz auf die geleistete Arbeit und den gegen alle Widerstände errungenen Erfolg.«[2] Er wußte nicht, ob dieser aggressive Trieb »auf unser angelsächsisches Blut« zurückzuführen sei, »wie manche meinen, oder ob es sich nur um eine der Seinsweisen handelt, in denen bei gewissen Individuen die ›Widerspenstigkeit‹ des menschlichen Charakters zum Vorschein kommt«[3]. Wie auch immer, der Trieb existierte, und anderthalb Jahrzehnte lang schwärmten Briten über die Alpen hinweg und hakten Gipfel auf ihrer Tagesordnung ab wie Partnerinnen auf einer Tanzkarte. Sie sprachen vom Goldenen Zeitalter der Bergsteigerei.

Das Goldene Zeitalter war ein Segen für die Anwälte, Ärzte, Geistlichen und alle übrigen, die das Bürgertum Großbritanniens ausmachten. Ihre Arbeit hielt sie davon ab, sich in große Abenteuer zu stürzen.

Aber sie hatten Geld und gut sechs Wochen im Jahr Sommerurlaub, wo sie auf Forschungsreisen gehen konnten. Dem Wunder des zeitgenössischen Eisenbahnverkehrs war es zu verdanken, daß man den Montblanc innerhalb von 24 Stunden und die Schweizer Alpen in knapp über 56 Stunden erreichen konnte. Also kamen sie, siegten und kehrten heim. Am Bahnhof London Bridge konnte man an einem späten Augustmorgen, wenn der Himmel hinter dem Smog verschwand, Gruppen von Reisenden antreffen, die ihre Alpenstöcke schwenkten, sich ihre Rucksäcke aufluden und Erfahrungen über Klettertouren, die Kanalfähre und die Vorzüge der französischen Eisenbahnen im Vergleich mit den britischen austauschten. Dann kamen die Droschken, und die Touristen zerstreuten sich aufgeregt, um ihren verschiedenen Berufen nachzugehen. Die Spannung war immer noch greifbar. Männer, die seit Chamonix kaum Zeit gehabt hatten, ihre Socken zu waschen, klagten Hunderte von Verbrechern an, versorgten Hunderte von Patienten und hielten Hunderte von Predigten.

Nach allgemeiner Überzeugung begann das Goldene Zeitalter mit der Besteigung des Wetterhorns durch Alfred Wills. Dieser Mann, der später als Sir Alfred Wills den Vorsitz bei Oscar Wildes Gerichtsverhandlung führte, war ein vermögender Rechtsanwalt, der nicht allzu viele Mandanten hatte. 1854 fuhr er nach Grindelwald. Er kannte die Alpen bereits, aber dies war seine Hochzeitsreise, und er wollte seiner Braut vorführen, wie man einen bedeutenden Gipfel besteigt. Außerdem wollte er herausfinden, ob er überhaupt dazu fähig war: »Ich hatte manch einen erhabenen Col überquert und mir einen Weg durch manch ein Labyrinth aus tiefen, gähnenden Gletscherspalten gebahnt. Ich hatte auf der Moräne eines Gletschers und am rauhen Berghang übernachtet, aber ich hatte noch nie einen jener schneebedeckten Gipfel erklommen, die sich in verlockender Herrlichkeit über die Kämme der Cols und der höheren Pässe erheben.«[4] Das liebste Ziel wäre ihm die Jungfrau gewesen, auch das Finsteraarhorn oder das Schreckhorn kamen in Frage. Aber er befand sich auf der falschen Seite der Bergkette und hatte nicht genug Zeit, sie zu umrunden, um die zugänglicheren Hänge zu erreichen. Also entschied er sich für das Wetterhorn, einen 3704 Meter hohen Berg, den er von Grindelwald aus erreichen konnte und der angeblich noch nie bestiegen worden war.

Am 17. September 1854 brach er um 13.30 Uhr aus Grindelwald mit vier Bergführern auf: Auguste Balmat, mit dem ihn Forbes in London im Vorjahr bekannt gemacht hatte, einem zweiten Einheimischen von Chamonix namens Auguste »Samson« Simond, der einen erwachsenen Mann am ausgestreckten Arm vom Boden heben konnte, Peter Bohren, einem Führer aus Grindelwald, der in jener Saison bereits drei Besteigungsversuche unternommen hatte, und dem Leiter Ulrich Lauener, einem »hochgewachsenen, straffen, energischen, kenntnisreich wirkenden Mann, der sich eine Hahnenfeder keck an seinen hohen Hut gesteckt hatte«[5]. Sie reisten recht leicht, so daß ein einziger Träger für die Beförderung ihrer Lebensmittel und ihres Weines genügte. Ein außergewöhnliches Gepäckstück hatten sie jedoch bei sich. Lauener – vielleicht eingedenk der Streitereien um die Besteigung der Jungfrau durch die Meyers – nahm eine Fahne mit, die nicht leicht fortgeweht oder zerstört werden würde. Sie bestand aus einer Eisenblechplatte von einem mal 0,6 Meter Größe, die an einem dreieinhalb Meter langen Metallmast angebracht war.

Die erste Nacht auf dem Berg verbrachten sie in einer Höhle, die von Gamsjägern benutzt wurde. Für Wills war es eine gräßliche Erfahrung. Das kalte, klebrige Dach war nur eine Handbreit von seinem Kopf entfernt, Lauener benutzte seine Füße als Kissen, die Luft war stickig, in ihren Decken wimmelte es von Flöhen, und er wurde durch das Geräusch »eines schäumenden Gletscherbachs, der keine zwei Meter von meinem Kopf entfernt vorbeisprudelte«,[6] wach gehalten. Zudem war er sehr hungrig, denn er hatte die Abendmahlzeit nicht essen können. Das Hammelfleisch war mit Knoblauch, den er verabscheute, gewürzt gewesen. »Ich muß sagen, daß ich mich äußerst unbehaglich fühlte«,[7] schrieb er. Balmat konnte ebenfalls nicht schlafen, und die beiden schlichen sich aus der Höhle ins Mondlicht hinaus. »Oh, wie angenehm war die kühle Nachtluft! Wie erfrischend die Brise vom Gebirgsbach her!« notierte Wills. »Die Sterne leuchteten heller, als ich es je gesehen hatte, wie zahlreiche Feuerkugeln auf der schwarzen Wölbung. Die Gletscher funkelten im sanften Licht des abnehmenden Mondes … Von Nordwesten her blies eine frische Brise … Einen so schönen nächtlichen Anblick wie diesen hatte ich noch nie gewahrt.«[8] Wills war nun so munter geworden, daß er beschloß, ein Bad zu nehmen. Also zog er sich um zwei

Eine Gipfelwächte

Uhr morgens auf halber Höhe eines imposanten schneebedeckten Berges nackt aus und tauchte seinen Körper in den nahegelegenen Gletscherbach. Es »war eiskalt, aber es brachte mir mehr Nutzen als eine mühselige Nacht in dem Loch«[9].*

* Es ist ein altes Klischee, daß Engländer auf kalte Bäder versessen sind. Mitte des 19. Jahrhunderts traf es durchaus zu. Ob aus Gründen der Hygiene, der Abhärtung oder der Wunderlichkeit, sie wuschen sich unter jeder Pumpe, unter jedem Wasserfall und in jedem Strom, der zur Verfügung stand. Sogar Smith hatte diese Gewohnheit. Engländer konnten nicht verstehen, wieso andere ihrem Beispiel nicht folgten, und sahen sich wiederum in ihrem angelsächsischen Überlegenheitsgefühl bestätigt. Die Kontinentaleuropäer dagegen hielten sie für verrückt.

Um 4.30 Uhr setzten sie den Aufstieg fort. Lauener trug die »Fahne« auf dem Rücken und benutzte die Stange als Alpenstock. Sie hielten Laternen in der Hand, um das Eis und das Gletschergeröll überqueren zu können, und um zehn Uhr gelangten sie auf das Hauptplateau, aus dem die drei Gipfel des Wetterhorns aufragen. Hier legten sie eine Pause ein. Aber während sie die Szenerie bewunderten, entdeckten sie zwei Gestalten auf dem Hang über sich. Einer von ihnen hatte merkwürdigerweise eine Tanne geschultert. Nach zahlreichen Rufen fanden sie heraus, daß die beiden Männer Christian Almer und Ulrich Kaufmann waren, zwei Gamsjäger, die von der Expedition gehört hatten und den Gipfel nun als erste erreichen wollten. Die Tanne war das improvisierte Gegenstück zu Laueners Eisenfahne, und die beiden Männer beabsichtigten, sie zu Ehren ihres Tales auf der Spitze aufzupflanzen. Wills war außer sich vor Empörung, Balmat mußte zurückgehalten werden, damit er die beiden nicht angriff. Aber letzten Endes taten sich die beiden Teams zusammen, und Balmat war so beeindruckt von den Rivalen, daß er sie zu »bons enfants« erklärte und ihnen jeweils einen Riegel Schokolade schenkte.

Die Mitglieder der nun größer gewordenen Gruppe seilten sich aneinander und hackten sich einen Pfad über den Gletscher, der zunächst mit 45, doch bald mit erschreckenden 70 Grad anstieg. Während die Führer Stufen in den Hang trieben, hagelten Eisbrocken auf die Kletterer unter ihnen nieder. Wills wich den Brocken aus, so gut er konnte, doch ein Geröllstück traf ihn gleichwohl am Kopf, »wonach ich aufmerksamer nach seinen Nachfolgern Ausschau hielt«[10]. Aus seiner Position konnte Wills nur einen steilen Eishang erkennen, über dem eine undurchdringliche Wächte hing. Er war sich sicher, daß der Gipfel, mutmaßlich eine Kuppel wie so viele andere, jenseits der Wächte lag. Aber wie sollten sie den Überhang hinter sich bringen? Er »neigte sich über uns wie ein Wellenkamm, in unregelmäßigen Abständen unterbrochen durch Zapfen und Zacken aus Eis, von denen viele mit der Länge eines hochgewachsenen Mannes herunterragten«[11].

Nach einer kurzen Unterredung erhielt Lauener eine Axt und wurde aufgefordert, sein Bestes zu tun. Wenn er die Wächte abschlagen konnte, wäre der Weg zum Gipfel frei. Sie klammerten sich nervös an das Eis, während Lauener die Axt schwang. »Von dieser Attacke hing es ab«, schrieb Wills, »ob jene unbezwingliche Festung uns gehören würde oder ob wir, abgewiesen von seiner stillen, massigen Kraft, langsam und traurig zurückkehren müßten.«[12] Lauener schlug zu, ein großer Eisblock löste sich von der Wächte und rollte auf den Gletscher unter ihnen. Dann folgte einer der denkwürdigsten Ausrufe in der Alpengeschichte: »Ich sehe blauen Himmel!«[13]

Es gab keine Kuppel. Die Wächte war das letzte Hindernis. Sie bildete den Gipfel. Lauener drosch mit seiner Axt drauflos, und bald entstand eine Öffnung, durch die er hindurchschlüpfen konnte. In einer Sekunde hatte Wills eine leere Eiswand vor sich, in der nächsten wurde eine Hand nach unten ausgestreckt und packte ihn. »Ich trat hinüber und hatte den Grat des Wetterhorns überquert! ... Die ganze Welt schien mir zu Füßen zu liegen. Im nächsten Moment wurde ich durch die Gräßlichkeit unserer Lage nahezu aus der Fassung gebracht. Die Seite, die wir heraufgekommen waren, sah steil aus, aber verglichen mit der, die von meinem Standpunkt aus in die andere Richtung abfiel, konnte man sie eher als sanfte Anhöhe bezeichnen. Ein paar Meter funkelnden Eises vor unseren Füßen und dann nichts zwischen uns und den grünen Hängen von Grindelwald in 2700 Meter Tiefe.«[14]

Wills schnappte nach Luft – nicht wegen der Höhe, denn sie waren fast um eine Mount-Snowdon-Länge unterhalb des Montblanc-Gipfels, sondern aus purem, sprachlosem Erstaunen. Er empfand eine Art Erbauung: »Wir fühlten uns in der unmittelbaren Gegenwart desjenigen, der diese gewaltige Zinne errichtet hatte, und wir standen unter dem ›majestätischen Dach‹ Seines tiefblauen Himmels wie auf halber Strecke zwischen der Erde und dem Firmament.«[15] Balmat war ähnlich ergriffen. »[Er] teilte mir danach mehrfach mit, es sei der furchtbarste und erschütterndste Moment in seiner langen Bergerfahrung gewesen.«[16] Sogar Lauener zitterte »wie ein Kind«. Bald hatten sie noch mehr Grund zum Zittern. Als Lauener und Samson den gefährlichen Überhang weggehackt hatten, saß die Gruppe rittlings auf einem nur sechs Zentimeter breiten Grat. Wills war vor Angst wie gelähmt. Obwohl ihn eine Landschaft von »unbeschreiblicher Erhabenheit« umgab, »war es unmöglich, das Auge lange von dem entsetzlichen Hang abzuwenden, an dessen Spitze wir uns befanden. Der Gletscher wölbte sich über 20 oder 30 Meter immer steiler in die Tiefe, bis uns seine gerundete Form den Blick versperrte ... Nichts anderes durchbrach die schauderhafte Leere, und die nächsten Gegenstände, auf denen das Auge ruhen konnte, waren in ... fast zwei Meilen absoluter Tiefe unter uns.«[17] Schließlich brachte er den Mut auf, sich aufrecht hinzustellen, »obwohl der Platz nicht reichte, meine beiden Füße nebeneinander zu setzen«, und schwenkte seinen Hut in Richtung Grindelwald. Gleichzeitig »begannen [die Führer] eine Reihe gespenstischer Schreie, die ... einen seltsamen und unangenehmen Effekt auf die Nerven hatten«[18]. Wenn man zwischen den Zeilen liest, entsteht der Eindruck, daß Wills beinahe das Gleichgewicht verloren hätte. Auf jeden Fall verlor er seinen Handschuh, der das Eis hinunter gen Grindelwald schlitterte und später gegen Wills' ausdrücklichen Befehl von Bohren gerettet wurde.

Sie pflanzten ihre beiden nicht zueinander passenden Fahnen auf und wollten gerade den Abstieg beginnen, als sie eine andere Fahne unter dem einen Ende der Wächte bemerkten. Sie war dort früher im Jahr von einem Team plaziert worden, das den Gipfel nicht hatte erreichen können. »Kein besserer Kommentar hätte über die Wirklichkeit und Größe der Schwierigkeit ersonnen werden können, die wir mit dem Besteigen der Wächte überwunden hatten«, schrieb Wills. »Jene Forscher waren dem Gipfel auf weniger als drei Meter nahe gekommen, doch von der finsteren Barriere des überhängenden Eises aufgehalten worden.«[19] Balmat forderte ihn auf, zu der Fahne zu kriechen und ihr einen verächtlichen Tritt zu versetzen. »Dabei«, so Wills, »erhaschte ich einen Blick auf den Kamm unter uns, der im Schwarzwaldgletscher endete und mich schaudern ließ.«[20]

Unten im Tal rätselten die Grindelwälder über den sich ihnen bietenden Anblick. Da war die Fahne, da war Wills – erkennbar an seiner weißen Flanellhose –, und da waren seine vier Führer. Aber was hatte es mit den beiden anderen Männern auf sich? Und das Ding neben der Fahne – war es ein Baum? Der Besitzer von Wills' Hotel telegrafierte nach Bern, wo man das große Teleskop des Observatoriums herumschwenkte und auf das Wetterhorn richtete. Ja, telegrafierte man vom Observatorium zurück, auf dem Gipfel seien sieben Männer, und sie stünden neben einer schwarzen Fahne und einer Tanne.

Lauener hatte die Wächte um 11.20 Uhr durchbrochen, und um 11.40 Uhr begann die Gruppe um Wills mit dem Abstieg. Nachdem sie den

Eishang hinter sich gelassen hatten, bewegten sie sich mit verblüffender und bisweilen leichtsinniger Geschwindigkeit vorwärts. Sie schlitterten Geröllfelder hinunter, so daß sie mit jedem Schritt vier Meter zurücklegten. Wo der Schnee es zuließ, rutschten sie »mit Eisenbahntempo« dahin. Wenn der Boden fest war, hasteten sie im Laufschritt hinunter. Um 14.50 Uhr erreichten sie die Höhle, in der sie die Nacht verbracht hatten, und legten nur eine kleine Pause ein, um ihren Wein auszutrinken, bevor sie weiter eilten. Auf den unteren Weiden flogen sie geradezu dahin und strebten mit enormen Schritten über Zäune und Hecken. Wills und Lauener, rennend und lachend wie zwei Schuljungen, lagen an der Spitze. Einmal übernahm Wills die Führung, doch Lauener holte ihn rasch ein, und sie übersprangen gemeinsam eine Hecke, nur um jäh abzustoppen, als sie sich »plötzlich und sehr zu unserer gegenseitigen Verblüffung«[21] keine zehn Schritte von Mrs. Wills wiederfanden, die mit ihrem Bruder einen Spaziergang machte.

Mrs. Wills betrachtete ihren Mann und seinen Führer voller Verwirrung. Die Gesichter der beiden waren von tiefem Purpur überzogen, und sie schienen fast taub zu sein. Unterdessen schaute Wills auf seine Uhr. Sie hatten 24 Stunden gebraucht, um den Berg zu besteigen, und waren in knapp sechs Stunden zurückgekehrt. Die Gruppe, ihre Hüte mit roten Beeren geschmückt, zog unter Gewehr- und Kanonenschüssen in Grindelwald ein. Noch Tage danach wies man in den Straßen auf Wills und nannte ihn »Wetterhörner Herr«. Dies freute ihn so sehr, daß er nicht einmal enttäuscht war, als sich herausstellte, daß zwei von Desors Führern den Gipfel bereits in den vierziger Jahren des 19. Jahrhunderts bestiegen hatten. Er verzieh Lauener, der ihm das normalerweise Erstbesteigungen vorbehaltene Honorar abverlangt hatte, und erklärte, dieser habe jeden Centime verdient. Allerdings war er ein wenig gekränkt, als man seine Leistung in Frage zu stellen begann. Die Fahne sei doch da, sagte Wills. Man könne sie sehen, und das Berner Observatorium habe ihre Position bestätigt. Ja, erwiderten die Ansässigen, aber aus ihrer Sicht scheine im Westen ein höherer Teil des Bergrückens zu liegen. Wills vertrat seinen Standpunkt energisch, aber schließlich gab er es auf. »Noch nie habe ich einen so ungläubigen Menschenschlag erlebt wie die Leute von Grindelwald«,[22] sagte er verzweifelt.

Wills war keineswegs der einzige britische Bergsteiger, der in jener Saison die Alpen unsicher machte. Doch er gehörte zu den ersten, die ihre Erfahrungen niederschrieben, und wie Smith fand er ein interessiertes Publikum. Während Smith den Leuten mitgeteilt hatte, wohin sie reisen sollten, ließ Wills sie wissen, was sie zu tun hätten, nachdem sie eingetroffen waren. Er erzählte ihnen von Wänden aus blauem Eis und gefährlichen Schneewächten, von stürzenden Felsen und den Couloirs oder Rinnen, durch welche die Brocken hinunterfielen, von sternenklaren Nächten und Winden in der Morgendämmerung, die »Rauchschwaden« von den Gipfeln herunterfegten. Schließlich ermunterte er sie, aufzubrechen und das alles selbst zu erleben: weil es Spaß machte, weil es Freude bereitete, den Gipfel zu erreichen, und weil es die Möglichkeit bot, trotz der schmuddeligen Industriewelt, in der sie lebten, eine wirkliche Beziehung zu Gott und der Natur herzustellen. Wills brachte all die unterschiedlichen Prinzipien des viktorianischen Zeitalters – nationale Pflichterfüllung, körperliche Ertüchtigung, spirituelle Belohnung, Weiterbildung – miteinander in Einklang und richtete sie auf ein kleines, als Alpen bekanntes Stück Europas. Kurz, er war der erste, der das Bergsteigen als Beschäftigung um ihrer selbst willen befürwortete. Das war neu.

Die Leistungen Auldjos, Fellows' und all der anderen, die den Montblanc »geschafft« hatten, verblaßten im Vergleich mit Wills' Philosophie. Sie waren Abenteurer gewesen, Wills dagegen trat als Lehrer auf. Die gesamten fünfziger Jahre des 19. Jahrhunderts hindurch folgten Briten seinem Beispiel, erkletterten einen unentdeckten Gipfel nach dem anderen und schwelgten in jeder Minute. Bergsteiger vom Kontinent – unter denen es mehrere sehr erfolgreiche gab – wurden als Störenfriede abgetan. Wie so viele andere Teile der Welt gehörten die Alpen nun Albion.

In ihrer Gesamtheit wurden die Neuankömmlinge vielleicht von einem unterbewußten Chauvinismus motiviert. Doch individuell betrachtet, hatte jeder Kletterer seine eigenen Gründe für den Besuch der Alpen. Manche wünschten sich sportliche Ertüchtigung, andere Aufregung, noch andere Aufklärung. Ärzte hielten einen Alpenurlaub für die allerbeste Medizin. Geistliche sahen die Gipfel als natürliche Kirchtürme, die näher zu Gott führten. Agnostiker betrachteten sie als Alternative zur Religion. Anwälte erfreuten sich an der klaren Einfachheit eines Berges. Ästheten waren entzückt von den Formen, denen sie begegneten. Geologen fanden sich im Urparadies wieder. Entdecker hatten die Genugtuung zu wissen, daß die Felsen, mit denen sie rangen, nie zuvor von Menschenhand berührt worden waren. Und Historiker konnten die letzteren eines Besseren belehren, als sie während einer kurzen Unterbrechung der Streitigkeiten über Hannibals Route erfuhren, daß eine Pfeilspitze aus der Bronzezeit auf der Spitze eines Berges von amerikanischen Touristen gefunden worden war. Die Alpen hatten jedem etwas zu bieten, und für ein Zeitalter des Fortschritts besaßen sie überdies den Vorteil, daß sie aufwärts, in die Höhe führten.

Die neuen Bergsteiger hatten zwangsläufig den Wunsch nach einem Forum, wo sie ihre Ideen und Erfahrungen erörtern konnten. Es ergab sich die Gestalt jener durch und durch viktorianischen Institution: des Clubs. Der Gedanke wurde zuerst von einem Alpenenthusiasten namens William Mathews zur Sprache gebracht. Am 1. Februar 1857 bat er einen Klettergefährten, Reverend Fenton John Anthony Hort, Fellow am Trinity College, in einem Brief, »darüber nachzudenken, ob es nicht möglich wäre, einen Alpenclub zu gründen«[23]. Mathews schwebte etwas Unkompliziertes vor: beispielsweise ein jährliches Dinner, bei dem Bergsteiger Geschichten über ihre Leistungen austauschen könnten. Möglicherweise könne man ihre Erfahrungen in einem jährlich oder zweijährlich erscheinenden Sammelband veröffentlichen. Natürlich werde es einen Präsidenten geben, aber sonst solle alles recht informell ablaufen.

Hort antwortete zurückhaltend, es sei eine brauchbare Idee, solange das Dinner nicht zuviel koste. Mathews ließ sich nicht abschrecken, begab sich in jenem Sommer auf eine Kletterexpedition in die Schweiz und fragte seine Gefährten – seinen Cousin Benjamin St. John Edward Mathews, seinen Freund Edward Shirley Kennedy und zwei andere, Mr. Ellis und Reverend J. F. Hardy – nach ihrer Meinung zur Gründung eines Alpenclubs. Sie hielten den Vorschlag für glänzend, und als sie am 13. August 1857 als erste Briten das Finsteraarhorn bestiegen, kam er ihnen noch glänzender vor. In die Heimat zurückgekehrt, versammelten sie sich in Mathews' Haus am Rand von Birmingham und fertigten eine Liste von Personen an, denen die Mitgliedschaft angetragen werden sollte.

Kennedy ergriff die Initiative bei der Werbung von Mitgliedern – eine Aufgabe, für die er sich hervorragend eignete. Er war ein Mann, der besser 50 Jahre früher zur Welt gekommen wäre, als blaue Schwalbenschwänze noch in Mode waren und jeder Mann von Format einen Degen bei sich trug, mit dem er den Nachtwächter anstupsen konnte. Er hatte mit 16 Jahren ein Vermögen geerbt und sich von da an dem Leben gewidmet. Eine Zeitlang wohnte er bei Dieben und Halsabschneidern, und einmal spazierte er mit einer Meute Landstreicher von London nach Brighton. Er war berühmt für die Wendung »Stimmt das denn?«, die er auf jede Situation anwandte. Die Alpen »stimmten« in seinen Augen, und er überredete viele, sich seiner Meinung anzuschließen. Außerdem baute er Mathews' Vorschlag zu etwas aus, das ihm viel besser gefiel. Man werde nicht ein Dinner, sondern zwei pro Jahr abhalten und berühmte Personen als Redner einladen; und jeder solle eine Guinee als jährlichen Mitgliedsbeitrag zahlen. Hort war beunruhigt. Es sei völlig angemessen, daß der Club exklusiv sein solle, ließ er Kennedy wissen, aber: »Ist eine Guinee pro Jahr nicht recht viel verlangt, neben *zwei* Dinners und (für alle außer den Londonern) zwei Hin- und Rückfahrten in die Stadt?«[24] Außerdem gab es ein oder zwei andere Klauseln in Kennedys Entwurf, die Hort nicht zusagten: »Was verbirgt sich hinter ›geographische Forschungsreisende‹ und ›andere Gäste von Prominenz‹? fragte er. »Wir wollen doch bestimmt keine Reden von Dr. Livingstone oder Sir Roderick Murchison hören?«[25] Je mehr er über die Angelegenheit nachsann, desto besorgter wurde er. »Der Jahresbeitrag von einer Guinee erscheint möglicherweise protzig und sollte deshalb neu überdacht werden«, schrieb er und setzte ein verzweifeltes Postskriptum hinzu. »Lightfoot, der heute morgen von hier abgereist ist, bittet mich, dies auch in seinem Namen zu unterstreichen.«[26]

Kennedy ignorierte Horts Vorbehalte, setzte dessen Namen auf die Liste und unterrichtete Mathews, daß alles in Ordnung sei. Am 22. Dezember 1857 wurde der Alpine Club dann offiziell in Astley's Hotel, Covent Garden, gegründet. Sein erklärtes Ziel war »die Förderung von guter Kameradschaft unter Bergsteigern, von Bergsteigerei und Bergforschung auf der ganzen Welt und von besserer Kenntnis der Berge durch Literatur, Wissenschaft und Kunst«[27]. Es kam zu einem leichten Ärgernis, als Albert Smith, einer der ersten Eingeladenen, allen erzählte, er habe bereits mehrere Jahre zuvor mit Auldjo über einen solchen Club gesprochen und er freue sich, daß seine Idee nun aufgenommen worden sei. Aber davon abgesehen, nahm der Alpine Club einen reibungslosen Anfang. John Ball, der irische Politiker und Wissenschaftler, der seit 20 Jahren durch die Alpen kletterte und 1855 stellvertretender Kolonialminister gewesen war, wurde Präsident, während man den Verleger William Longman zum stellvertretenden Präsidenten wählte.

Zunächst beschloß man, daß Mitglieder eine Höhe von wenigstens 3960 Metern bewältigt haben sollten. Aber später wurden auch Personen zugelassen, die über die Alpen geschrieben, »Bravourstücke am Berg« vollbracht oder einfach Interesse an der Region gezeigt hatten. »Zuerst nahm man an«, schrieb Longman, »daß der Club die Form einer zwanglosen Zusammenkunft von ein paar Bergsteigern, nicht eines wirklich bedeutenden Verbands erhalten werde.«[28] Dieser Umstand und die gelockerten Bedingungen für die Mitgliedschaft erwiesen sich als sehr attraktiv. Im ersten Jahr traten 80 Personen dem Club bei; 1861 hatte er bereits 158, und zwei Jahre später zahlten 281 Mitglieder ihren Jahresbeitrag von einer Guinee. Das Verzeichnis von 1863 war aufschlußreich. Es enthielt 57 Barrister, 34 Geistliche, 23 Solicitors, 19 Grundbesitzer und 15 Universitätsdozenten. Das war zu erwarten, denn die Angehörigen dieser Berufsgruppen hatten ein gutes Einkommen und reichlich Urlaub. Doch faszinierender war die Tatsache, daß 133 Mitglieder – also fast die Hälfte – auf solche Privilegien verzichten mußten, aber trotzdem ihre ganze Freizeit der Bergsteigerei widmeten. Der Alpine Club stand allen offen, unabhängig von Gesellschaftsschicht oder Einkommen, und bildete damit eine Rarität in der viktorianischen Clublandschaft. Während der Club wuchs, schloß sich ihm auch ein gewisser Prozentsatz von Nichtbergsteigern an: Wilfrid Scawen Blunt zum Beispiel war in erster Linie Diplomat und Betreiber eines Arabergestüts; Richard Burton gelangte mit Mühe unter der Rubrik »Allgemeine Reisen: Gebirgsketten in allen Teilen der Welt« in den Club; Thomas Atkinson, ein Maurergeselle, war als Spion des Zaren durch Rußland gezogen und dann nach Großbritannien zurückgekehrt, wo er ein prominenter Architekt wurde; und der Dichter Mathew Arnold gab als Grund schlicht an: »Jeder sollte die Alpen wenigstens einmal sehen, um zu erfahren, was sie sind.«[29] Die meisten waren aufrichtig von den

Alpen begeistert und hatten auch den Wunsch, sie zu besteigen. Sie waren, wie es in einer Zeitschrift hieß, »von der Tarantel des Sports gebissen«[30] worden.

1859 veröffentlichte der Alpine Club unter großem Zuspruch seinen ersten Band mit Bergsteigergeschichten. *Peaks, Passes and Glaciers* war von John Ball herausgegeben worden und enthielt eine Auswahl der wichtigsten Bergtouren, die Clubmitglieder in den vorhergehenden Jahren unternommen hatten. Wills, ebenso wie viele andere Prominente, steuerte eine Geschichte bei. Die Erzählungen waren gut geschrieben, hervorragend illustriert und äußerst spannend. Wills berichtete den Lesern, wie es ist, in einer Grotte an den Hängen des Montblanc Zuflucht zu suchen; John Tyndall beschrieb die Schrecken eines Steinschlags zwischen den Eisnadeln des Col du Géant, wo eine halbe Tonne schwere Steinbrocken von Säule zu Säule prallten und Streifen kondensierten Wassers hinter sich her zogen; Kennedy schließlich schilderte mit allen packenden Details seinen Aufstieg – den allerersten – auf den Bristenstock, bei dem sein Gefährte und er den Gipfel ohne Führer erreichten und dann den Fehler machten, über eine andere Route abzusteigen.

Von allen Kapiteln in *Peaks, Passes and Glaciers* war Kennedys das fesselndste. Ihr Gastwirt hatte ihm und seinem Freund versichert, daß der Bristenstock leicht zu besteigen sei: Jeder habe es bereits getan, und mehrere Führer hätten den Auf- und Abstieg in weniger als sechs Stunden bewältigt. Also machten sich die beiden Briten auf den Weg. Sie erreichten den Gipfel ohne Zwischenfälle und beschlossen dann, über den am leichtesten aussehenden Hang und nicht über den Grat zurückzukehren, auf dem sie gekommen waren. Der leichte Hang wurde allmählich immer schwieriger und verwandelte sich dann in einen mit Felsvorsprüngen versehenen Abgrund. Sie glitten von Sims zu Sims und waren überzeugt, bald unten anzulangen. Aber nach 600 Metern kamen sie nicht weiter. Unter ihnen fiel der nackte Fels 1500 Meter tief ab. Da sie ihn nicht umgehen konnten, hatten sie keine andere Wahl, als umzukehren. Es war spätnachmittags, und ihnen blieben nur ein paar Stunden, um sich in Sicherheit zu bringen, bevor die Dämmerung einbrach. Als sie von Sims zu Sims gerutscht waren, hatten sie keinen Gedanken an eine Rückkehr verschwendet; häufig hatten sie sich mehr als eine Mannshöhe fallen lassen. Kennedy beschrieb den Rückweg, auf den er manchmal auf nur ein paar Zentimeter breiten Vorsprüngen balancierte und sich mit den Fingern an jeden verfügbaren Riß klammerte, während sein Gefährte auf seine Schultern stieg, um das nächste Sims zu erreichen. Über einen Vorsprung nach dem anderen mühten sie sich zurück zum Gipfel. Dann beschlossen sie unglaublicherweise, eine weitere Abkürzung nach unten einzuschlagen. Sie war so hoffnungslos wie die erste, und bei Anbruch der Nacht waren sie auf einer anderthalb mal drei Meter großen, oben und unten von Klippen umgebenen Leiste gefangen. Sie errichteten eine kleine Mauer, um nicht über den Rand zu rollen, und dann schlief einer in den Armen des anderen ein. Wenn sich einer von ihnen drehte, stürzten Geröllbrocken ins Tal. Am folgenden Tag arbeiteten sie sich wieder auf sicheren Boden vor und stiegen auf einer neuen Abkürzung ab. Diesmal hatten sie Glück und gelangten unter die Schneegrenze. Als sie sich durch die Kiefern hindurchkämpften, trafen sie zu ihrer Erleichterung auf einen Holzfäller und fragten ihn nach dem Weg. Verblüfft erklärte er ihnen, daß die meisten Kletterer auf dem Pfad abstiegen, der nur ein paar Meter entfernt sei.

Bei Kennedys Rückkehr nach 36stündiger Abwesenheit erfuhr er, daß sein Gastwirt übertrieben hatte, als er von einer leichten Tour sprach und behauptete, jeder habe sie bereits geschafft. In Wirklichkeit war noch niemand auf den Gipfel gelangt. »Er gab zu, daß weder er noch sonst jemand etwas über den Berg wußte, daß die offiziellen Führer den Gipfel nie erreicht hatten und daß allem Anschein nach nur ein einziger Mann je dort gewesen und dabei umgekommen war.«[31] Im Lauf ihrer Reisen hörten Kennedy und sein Gefährte, daß zwei junge Männer auf dem Bristenstock elend zugrunde gegangen seien: »Von ihren zerschmetterten Leichen wurde nichts gefunden, nur zwei kleine Fetzen blutbefleckter Kleidung.« Kennedy gab eine Probe des derbsten viktorianischen Humors, indem er erwiderte, daß er einige rauhe Stellen hinuntergerutscht sei. »Danach fand ich mich eines Teils meiner unteren Hüllen beraubt, und dies sind unzweifelhaft die Kleidungsfetzen, von deren Entdeckung die Rede ist.«[32]

Solche Geschichten faszinierten die britische Leserschaft. *Peaks, Passes and Glaciers* wurde nach nur sechs Wochen erneut aufgelegt und erhielt begeisterte Rezensionen. Forbes, Smith und Wills hatten das Ihre getan, um die Menschen mit den Alpen bekannt zu machen, aber durch den Alpine Club trat das Gebirge unwiderruflich in den Vordergrund. »Ziel und Zweck des Alpine Club sind von nobler Art«, jubelte ein Rezensent in *Blackwood's Magazine* und erläuterte den Grund mit recht abstoßenden Worten: »Die sportliche Leidenschaft existiert in größerem oder geringerem Maße, in der einen oder anderen Form in der Brust jedes wahrhaft britischen Mannes. Sie ist ein Überrest der Barbarei, den wir zu dulden bereit sind, der uns im Lauf der gesamten fortschrittlichen Zivilisation angehaftet hat und der uns, wie wir hoffen, bis zuletzt erhalten bleiben wird.«[33] Sport wurde als »körperliche Übung, verbunden mit Gefahr« definiert und hatte sich in englischen Augen bis dahin auf die Fuchsjagd oder, mit einigen Vorbehalten, auf die Löwenpirsch und die Büffeljagd beschränkt. Es war etwas, das Angehörige anderer Nationalitäten nur mit Mühe begreifen konnten – sie zögen lieber in den Krieg, spottete der Rezensent, als habe er den noch nicht lange zurückliegenden Konflikt mit britischer Beteiligung auf der Krim vergessen. Aber nicht jeder könne sich leisten, »die nationale Sehnsucht« auf traditionelle Art »zu befriedigen«. Was also sollten sie tun, diese »Hunderte von lebenslustigen Briten, gebildet, wohlerzogen, ausgestaltet mit gutem Geschmack und hehren Sympathien, voll überschüssiger Energien, aber mit relativ leeren Taschen«[34]? Sie sollten natürlich in die Alpen reisen. Nicht zu den üblichen Kurbädern – »nur ein aus der Art geschlagener Brite würde sich unter die Stammgäste eines deutschen Badeorts mischen«[35], warnte der Rezensent –, sondern auf die hohen Gipfel, denn »die große Entdeckung unserer Tage ist eine Sportart, der ihre Anhänger den nicht unpassenden Namen Bergsteigerei geben«[36].

Damit war es geschehen. Die Bergsteigerei hatte einen Namen, einen Zweck und eine Anhängerschaft. Und da die Alpen größtenteils unerschlossen waren, galten sie als Forschungsbereich, der genauso viel Aufmerksamkeit verdiente wie jeder andere. Die Royal Geographical Society, Großbritanniens Hauptantriebskraft auf dem Gebiet der Forschungsreisen, hatte den Alpen bis dahin kaum Aufmerksamkeit gewidmet. Abgesehen von Barrows kurzer Aktivität im Jahr 1844, nahm die Society nur dann von der Region Notiz, wenn Professor Chaix aus Genf hin und wieder eine Mitteilung über die Schweizer Versuche zur Kartierung der Gebirgskette schickte. Der Alpine Club konnte also die Erschließung eines neuen Teils von Europa für sich beanspruchen. »Es muß als nationale Ehre gelten«, schloß der Artikel in *Blackwood's*, »daß sich die meisten der bisher für unzugänglich gehaltenen Gipfel und viele der bisher für unpassierbar erachteten Pässe dem Mut und der Beharrlichkeit jener Inselbewohner ergeben haben, deren noch kühnere und ausdauerndere Landsleute die ewige Nacht des arktischen Winters in Dunkelheit und Leid verbrachten, um Probleme zu lösen, die nicht viel wichtiger sind, oder die Qual des Durstes in den brennenden Wüsten Zentralafrikas ertrugen, wobei sie ein eingestandenermaßen höheres Ziel anstrebten, doch in einem nicht unähnlichen Geiste«[37]. Keiner dieser Vergleiche war exakt, aber die Erklärung, daß die Alpen erforschenswert seien, wurde von vielen begrüßt. Plötzlich erkannten die Menschen, daß es in der Mitte Europas eine Zone mit eigener Flora und Fauna, einem eigenen Klima und aberhunderten von unbezwungenen Gipfeln gab. Das war nicht neu, denn die Wissenschaftler wußten seit mehr als 150 Jahren, daß die Alpen ein einzigartiges Biotop bildeten. Neu war jedoch die Nachricht, daß praktisch jeder dorthin reisen und die Gipfel besteigen konnte. Und wer wußte, was man finden würde? Drachen zu erwarten war vermutlich zu hoch gegriffen – obwohl man nie sicher sein konnte –, aber es gab die Aussicht auf unbegrenzte Entdeckungen in kleinerem Maßstab. Und dazu brauchte man nur dem Alpine Club beizutreten.

»Wir prophezeien«, hieß es in *Blackwood's*, »daß dies für Männer von Intelligenz und von Elan bald einer der populärsten Clubs sein wird.«[38] So war es.

14

John Tyndall war ein blasser, hochintelligenter, sehr aggressiver irischer Wissenschaftler, der sich durch die schiere Kraft seines Intellekts einen Namen machte. Am 2. August 1820 geboren, wurde er von einem Dorfpfarrer mit einigen schulischen Grundkenntnissen ausgestattet. Er begann in England als Vermesser zu arbeiten, bevor er an verschiedenen europäischen Universitäten studierte. Es wäre eine Untertreibung, ihm eine schnelle Auffassungsgabe zu bescheinigen. 1854 schrieb er: »Ich bin... leider sehr verwirrt, denn ich weiß nichts über den Magnetismus. Die Experimente, die jeder zu verstehen scheint, machen mir am meisten zu schaffen.«[1] Bereits im folgenden Jahr hielt er vor der Royal Society einen Vortrag über Magnetismus. Aber seine Stärke waren Gase, und zeit seines Lebens hustete er bei der Arbeit mit ihnen bis zum Erbrechen. Später wurde er einer der berühmtesten Physiker Großbritanniens. Er war eher ein Popularisierer als ein Neuerer, doch zahlreiche Entdeckungen erhielten seinen Namen: zum Beispiel der »Tyndall-Effekt«, eine Analyse der Streuung von Lichtstrahlen, die erklärt, warum der Himmel blau aussieht. Nach Faraday war er der erfolgreichste Wegbereiter der Wissenschaft auf der Welt. Seine Bücher verkauften sich nach Tausenden, und zu seinen Vorlesungen erschienen nicht weniger Menschen.

Tyndall war schlank, hatte jedoch riesige Hände und einen enormen Kopf mit ausgeprägten Gesichtszügen, die in gleichem Maße Humor und Reizbarkeit erkennen ließen. Um sein langes Gesicht kürzer wirken zu lassen, trug er einen Kinnbart – der Stil war nach dem berüchtigten

Londoner Schafott als Newgate-Franse bekannt –, und setzte sich gewöhnlich einen hohen Hut auf, von dem er sich erhoffte, daß er die gleiche Wirkung hatte. Keine der beiden Methoden war jedoch erfolgreich, so daß er noch seltsamer aussah. Dessen war er sich wahrscheinlich bewußt, was seine Reizbarkeit verstärkt haben mag. Augenblicklich verabscheute er jeden, der nicht mit seinen Ansichten übereinstimmte. Einmal drohte er einem Mann Prügel an, der sich abfällig über seinen Lieblingsdichter Carlyle geäußert hatte. Und er vertrat eindeutige Ansichten über die Alpen.

Zum ersten Mal besuchte er die Berge 1849 und unternahm, noch als Student, wie Smith und so viele andere eine Wandertour. Er war völlig mittellos. »Ich verließ mich auf meine Beine und meinen Stock, wies Führer zurück, lebte von Brot und Milch und schlief, wann immer möglich, in Dörfern, wo niemand meinen Akzent bemerkte. So kam ich erstaunlich billig davon.«[2] Die Menschen, denen er begegnete, und die Neuheit des Alleinreisens interessierten ihn mehr als die Alpen selbst. Den von Touristen gepriesenen Rigi-Gipfel, der bei Sonnenaufgang und -untergang angeblich die schönste Aussicht der Welt zu bieten hatte, beschrieb er lediglich als »einen umwölkten Berg, berühmt für Prasserei und Lärm«[3]. Nach seiner Heimkehr erklärte er, dem Beispiel Ruskins folgend: »Der ferne Anblick der Alpen erschien mir viel herrlicher als die Sicht aus der Nähe.«[4] Vermutlich hätte er diese Meinung nie aufgegeben, wäre da nicht die schieferartige Abspaltung gewesen.

Dies war das Thema – gemeint ist ein bestimmtes Resultat des auf Mineralstoffe ausgeübten Drucks – eines Vortrags, den Tyndall am 10. Juni 1856 vor der Royal Institution hielt. Mittlerweile war er ein angesehener Wissenschaftler (1853 hatte ihn die Royal Society mit einer von zwei alljährlich verliehenen Medaillen auszeichnen wollen, doch er schlug das Angebot in einer Anwandlung von Purismus aus; die andere wurde von Charles Darwin akzeptiert). Tyndall und sein Freund und Kollege T. H. Huxley, die beide Forbes' *Reisen* gelesen hatten, fragten sich, ob die Theorie der schieferartigen Abspaltung auf die Schliffbildungen anzuwenden sei, die Forbes in den Gletschern gefunden hatte. In jenem Sommer reisten sie in die Alpen, um Nachforschungen anzustellen. Wissenschaftlich gesehen war das einzige interessante Ergebnis dieses Aufenthalts eine wütende Auseinandersetzung, die sich um eine von Tyndall vorgeschlagene Korrektur der Theorie von der Gletscherbewegung sowie um die Frage drehte, wer zuerst die Idee formuliert habe, daß Gletscher plastisch seien. Tyndall meinte, es sei Rendu durch Vermittlung von Agassiz gewesen, Forbes beanspruchte die Idee für sich. Die Gemüter erhitzten sich. »Forbes ist *kein* großer Mann«,[5] schrieb Tyndall in sein Tagebuch. Ein Kollege ging noch weiter und erklärte, daß Forbes »egoistisch, unaufrichtig und überhaupt nicht großmütig«[6] sei und daß man seine Argumentation »von Anfang bis Ende als verachtenswert«[7] bezeichnen müsse. Beide Männer waren ungefähr gleichrangig, was ihr wissenschaftliches Ansehen sowie ihre Persönlichkeit, Reizbarkeit und Gesundheit betraf (Forbes litt unter Magenproblemen, Tyndall unter chronischen Verdauungsstörungen und Schlaflosigkeit), und sie pflegten einen cholerischen Briefwechsel, aus dem Forbes als knapper Sieger hervorging. Das war beachtlich, denn Tyndall galt »in der Debatte als ungeheuer schroffer und unbesiegbarer Gegner … Er erfreut sich am intellektuellen Streit um des Streits willen, und ich bin mir nicht sicher, ob seine Gewandtheit beim Austeilen scharfer Hiebe ihm nicht ein Quell der Freude ist.«[8] Unter Tyndalls Kollegen machte sich stille Genugtuung darüber breit, daß er seinen Meister gefunden hatte.

John Tyndall

Von sekundärer, aber dauerhafterer Bedeutung war die Tatsache, daß Tyndall sich in die Alpen verliebte. »Nach und nach«, hatte er 1855 geschrieben, »wenn der Geist zu groß für seine Behausung geworden ist, fällt es ihm häufig schwer, die Wände dessen zu durchbrechen, was sich aus seinem Heim in sein Gefängnis verwandelt hat.«[9] Ein von Zweifeln umgetriebener Agnostiker, wünschte er sich etwas Emotionaleres als die Wissenschaft und etwas Greifbareres als die Religion. »Meine Macht über die Wissenschaft erhöht sich, wie ich glaube, noch immer beträchtlich. Aber die Macht und Energie dessen, was ich meine Seele nenne, ist nicht von gleicher Größe«,[10] schrieb er im selben Jahr. Die Alpen boten die physische und spirituelle Befreiung, die er sich ersehnte. Nach einer Klettertour mit Huxley ruhte er sich bei Hammelfleisch und Bratkartoffeln aus, die er mit kühl schäumendem Sallenches-Bier runterspülte. »Ich kann mir kaum denken, daß ... Menschen glücklicher sein können, als wir es damals waren«,[11] schrieb er. In einem Brief an Michael Faraday vom 27. August 1856 sprach er kaum von der Wissenschaft, sondern wortreich über den Ausblick von den Gletschern des Berner Oberlands:

> Eine Szene von unbeschreiblicher Pracht entfaltete sich vor uns. In unmittelbarer Nähe war das mächtige Massiv des Finsteraarhorns, weiter dem Horizont entgegen erhob sich der großartige Gipfel des Weisshorns, zur Linken waren die schneebedeckten Spitzen des Monte Rosa, neben denen der Kegel des Matterhorns wie ein schwarzer, mit Schneestreifen tätowierter Wilder emporragte. Noch weiter links vervollständigte die Furka-Kette mit so glatten Schneeschultern, als wären sie aus Carrara-Marmor gemeißelt, das Bild. Über all das verströmte die herrliche Sonne ihren ungetrübten Glanz. Es war eine Szene, die das Herz eines Mannes aufwühlen und einen dauerhaften Platz in seinem Gedächtnis erobern muß.[12]

Damit verglichen, wirkte die schieferartige Abspaltung eher langweilig.

Tyndall machte weitere Abstecher in die Alpen und behauptete dabei immer wieder, er werde allein von wissenschaftlichen Motiven geleitet. Gleichzeitig verkündete er, daß es für ihn nichts Schöneres gebe als eine anstrengende Besteigung unentdeckter Hänge. Nach und nach und ohne es eine Sekunde lang zuzugeben, mutierte er vom Wissenschaftler zum Forschungsreisenden – eine Entwicklung, in der sich der allge-

Ostseite des Weisshorn-Nordgrats

meine Trend widerspiegelte. Da die große Gletscherfrage mehr oder weniger gelöst war, nahm das Interesse der Wissenschaftler an den Alpen ab. Das bedeutete jedoch nicht, daß das Gebirge nichts zu bieten gehabt hätte. Ganz im Gegenteil: Geologen, Botaniker, Astronomen, Meteorologen, Glaziologen und Geographen fanden immer noch genug Beschäftigung. Aber relativ betrachtet war der Einfluß der Wissenschaft zurückgegangen. Die große Herausforderung für moderne Forschungsreisende bestand darin, neue Gebiete zu erschließen, auf noch nicht bestiegene Gipfel zu klettern und – obwohl es noch eine Weile dauern sollte, bis dies zum Ausdruck gebracht wurde – die inneren, spirituellen Vorzüge des Bergsteigens zu ergründen.

Nach einigen Jahre betrieb Tyndall der Bergsteigerei aus reinem Vergnügen. Bei der Lektüre der Aufzeichnungen aus seinen Kletterjahren bekommt man einen Eindruck von seinen Motiven. Zu Hause in London machte ihm seine Gesundheit sehr zu schaffen: Er wurde von ständigen Kopfschmerzen geplagt, jeden Monat quälte ihn irgendein neuer Schmerz in einem anderen Körperteil, und seine Verdauung war so schlecht, daß er einmal, nachdem er etwas Brot mit Butter zum Frühstück und eine Schüssel Suppe zu Mittag gegessen hatte, drei Stunden lang spazierengehen mußte, bis das Unwohlsein nachließ. Er wog nie mehr als 63,5 Kilogramm – in voller Bekleidung. Am schlimmsten war seine Schlaflosigkeit: Höchstens einmal im Monat gelang es ihm, sechs Stunden zu schlafen, sonst mußte er sich mit fünf Minuten und dem einen oder anderen Nickerchen zufriedengeben. Er versuchte, diesen Zustand durch eine sorgfältig geplante, doch unwirksame Mischung aus einfachem Essen, Brandy, Zigarren, Chloroform und Bewegung zu bekämpfen. Täglich ging er eine Stunde lang in den Kensington Gardens spazieren, manchmal lief er sogar. Er sehnte sich verzweifelt danach, eine Frau zu finden, doch fürchtete er, daß sein Alter, seine körperlichen Eigenarten und seine Hingabe an die Wissenschaft ihm dabei im Weg waren. Seine Einsamkeit wurde durch seine außerordentliche Kinderliebe noch schlimmer. Sein wissenschaftlicher Geist ließ es nicht zu, daß er Linderung in der Religion suchte, und er bezog offen Stellung gegen jenen anderen viktorianischen Trostspender, den Spiritismus.

In den Alpen vergaß Tyndall seine Leiden. Seine Verdauung funktionierte plötzlich, er schlief besser und war in der Lage, seine Enttäuschungen auf der Suche nach einer Ehepartnerin zu verdrängen. Zudem fand er dort eine Quelle der Erquickung, die er kaum definieren konnte, die jedoch ein Vakuum auszufüllen schien. »Es gibt gewisse Aspekte der Natur«, schrieb er, » welche die ... menschliche Seele *zum Ausdruck bringen* oder manifest machen.«[13] Und mit ähnlichem Tenor: »Die Seele ist eine Form, in die sich jene Massen hineingießen, so daß sie ihr die eigene Fülle und Vitalität vermitteln.«[14] In den Monaten Juli, August und September wurde sein Journal aus einer Aufzählung von Plagen und Zweifeln zu einem Muster positiven Denkens. »Ein Hoch auf die Alpen!«[15] begann ein typischer Eintrag, als er zu einer neuen Serie von Besteigungen aufbrach. Durchdrungen von der Kraft der Berge, erkletterte er sie mit manischer Zähigkeit. 1858 bestieg er das Finsteraarhorn einmal und den Monte Rosa zweimal – bei der zweiten Gelegenheit ohne Führer, Träger und Lebensmittel, abgesehen von einer

Flasche Tee und einem Schinkensandwich. Auf dem Gipfel entglitt ihm die Axt, ohne die er den Abstieg nicht hätte bewältigen können. Sie rutschte dem Rand des Abgrunds entgegen und blieb 30 Meter davor liegen. Er holte sie zurück und tat den Vorfall in seinem Journal als Nebensächlichkeit ab. Aber es war der schlimmste Moment seines Lebens, wie er einem Freund kurz vor seinem Tod anvertraute. Später in derselben Saison bestieg er den Montblanc zusammen mit Wills und Auguste Balmat unter so grauenhaften Bedingungen, daß Balmat fast beide Hände durch Erfrierungen verloren hätte und die Träger »wie abgelebte, alte Männer [aussahen], ihre Haare und Kleider weiß vom Schnee und ihre Gesichter blau, verstört und verängstigt«[16]. Im folgenden Jahr kletterte er erneut mit Balmat den Montblanc hinauf, um an den Hängen eine Kette permanenter Thermometer aufzustellen. Schon am Anfang der Expedition fühlte er sich elend, und sein Befinden verschlechterte sich. Aber er weigerte sich aufzugeben – »hätte ich … geschwankt, so wäre die ganze Gesellschaft auseinandergegangen«[17] – und verbrachte bei minus 15 Grad beispiellose 20 Stunden auf dem Gipfel. Dabei feuerte er Pistolen ab, um die Übertragung von Schallwellen zu testen, zündete Kerzen an, um zu prüfen, wie schnell sie abbrannten, schoß Raketen in die Höhe, um die Geschwindigkeit und das Ausmaß ihrer Verbrennung zu untersuchen, und stellte sorgfältige Beobachtungen der bei Sonnenaufgang ausgesandten und reflektierten Lichtstrahlen an. Dann kehrte er nach Chamonix zurück, nachdem er nur ein einziges Mal die Beherrschung verloren hatte und ihm vermutlich – wenngleich er es nicht erwähnte – immer noch übel war.

Seine Gier nach Mühsal beschrieb er folgendermaßen: »Tiefe, nur zu ahnende Verbindungen, die noch aus barbarischen Zeiten herrühren, sind mit besonderer Stärke auf mich vererbt worden.«[18] Es hatte fast den Anschein, als wolle er sich als einen von Rousseaus edlen Wilden definieren. Falls es ihm gelang, dürfte er ein besonders aggressiver, viktorianischer Wilder gewesen sein. Er attackierte Berge ungestüm und ehrgeizig, erpicht darauf, neue Gebiete – gleichgültig, ob wissenschaftliche, geographische oder spirituelle – zu erschließen. Er war entschlossen, Siege zu erringen, seinen Geist aus dessen Behausung und seine Seele von ihren Fesseln zu befreien. Seine Reputation verbreitete sich schnell. »Einer der besten Bergsteiger ist einer der führenden englischen Wissenschaftler«, schrieb der belgische Ökonom Emile de Laveleye. »Man kennt ihn überall in den Schweizer Alpenbezirken… [als] robusten und unerschrockenen Kletterer… Bergführer sprechen nur… mit höchstem Respekt von ihm.«[19] Sein Freund Huxley war derart von Tyndalls Zähigkeit beeindruckt, daß er ihm den Spitznamen »Katze« gab. Nun war Tyndall nicht mehr ein seltsamer Mann mit einem langen Gesicht, einem albernen Bart und schmalen Schultern. Zwar besaß er diese physischen Attribute weiterhin – allerdings wurden seine Schultern mit der Zeit kräftiger –, doch seine Präsenz machte ihn zu einem Giganten.

Ein Genfer Kletterer namens Thioly, der ähnlich unbeherrscht wie Tyndall war, erinnerte sich an ein Treffen mit ihm. »Mr. Tyndall… musterte mich von Kopf bis Fuß (ich trug weiße Leinengamaschen), wie ein Mitglied des Jockey Club vielleicht die Läufe eines Rennpferds betrachten würde. Da ich nicht völlig mit Woll- und Pelzkleidung ausgestattet war, erschien ich ihm als bloßer Amateur, der unbefugt versuchte, die von Gott selbst für den ausschließlichen Gebrauch englischer Bergsteiger errichteten Alpenriesen herauszufordern.«[20] Im Labor war Tyndall ein sorgfältiger Praktiker, in den Bergen war er der Herr der Schöpfung.

Tyndall gehörte zu den ersten Bergsteigern, die begriffen, daß diejenigen, die ins Unbekannte vorstoßen wollten, ihre Technik verbessern mußten. Die Kletterfertigkeiten hatten im 16. Jahrhundert ein gewisses Niveau erreicht und sich seitdem kaum weiterentwickelt. Kletterer gingen, mit einem Alpenstock und Steigeisen und wenig anderem ausgerüstet, in die Berge. In Chamonix war der typische Alpenstock zwei bis zweieinhalb Meter lang und am Ende mit einer Eisenzwinge versehen. Er taugte dazu, steile Gletscher zu überwinden, war ein prächtiger Rutschstab und, waagerecht gehalten, ein gutes Trapez, wenn sich Schneebrücken unter den Füßen auflösten. Aber er war klobig und so glatt, daß er sich nur als Stütze eignete, wenn man ihn am oberen Ende packte. Die Oberländer waren etwas fortgeschrittener: Sie bevorzugten kürzere Stäbe mit einem kleinen Axtkopf, der in Spalten gehakt werden konnte und für zusätzliche Hebelkraft sorgte. Sowohl in Chamonix als auch im Oberland trug man kleine Beile bei sich, um Eisstufen zu hacken. Die moderne Eisaxt mit einem Pickel und einer Schneide war noch im frühesten Stadium, und auch Steigeisen waren kaum höher entwickelt. Im späten 18. Jahrhundert hatten Jäger aus Chamonix Steigeisen benutzt, die aus einer einzelnen Eisenstange bestanden und am Innenrist festgeschnallt wurden. Saussure empfand das als überaus unbequem und schlug ein besseres Gerät vor, nämlich eine Art Hufeisen mit vorn und an den Seiten angebrachten Nägeln. Man übernahm es ohne Zögern, denn es war bereits im Oberland verbreitet. Aber die Briten trauten niemandem, was Schuhwerk anging. Sie verzichteten völlig auf Steigeisen und trieben zwei Reihen dreiköpfiger Nägel rundum in die Doppelsohlen ihrer »Londoner« Stiefel. Kontinentale Nägel waren zur Not akzeptabel, doch Reisenden wurde geraten, den echten Artikel von einem anständigen Schuhmacher am Londoner *Strand* zu kaufen. Was jedoch Seile betraf, waren die Bewohner von Chamonix, die Oberländer und die Briten gleichermaßen verbohrt. Bis zur Mitte des 19. Jahrhunderts galt der Gebrauch von Seilen als unmännlich und unprofessionell, wenn nicht sogar als gefährlich. Allgemein glaubte man, wenn ein Mitglied an einem steilen Hang ausrutschte, würde die gesamte Seilschaft mit ihm ins Verhängnis gezerrt. Nein, Seile taugten nicht für ernsthafte Kletterer, sie waren ein Placebo für Zaghafte. Bergführer banden eine Reihe von Touristen aneinander und führten sie über die Gletscher, wobei sie ein Ende des Seiles festhielten, als wäre es eine Hundeleine. Wenn man Seile bei einem großen Aufstieg für notwendig hielt, herrschte die gleiche Einstellung vor: Kräftige Hanfseile und gute Knoten wiegten die *étrangers* in Sicherheit, die Führer dagegen zogen es vor, das Seil einfach nur festzuhalten oder es höchstens um einen freien Arm zu schlingen.

Der Gedanke, daß Leben durch Seile gerettet werden könnten, war zum ersten Mal nach der Hamel-Katastrophe laut geworden. Doch Dornford hatte den Vorschlag verworfen. Als Überlebender konnte er voller Überzeugung behaupten, daß Seile beim Klettern eine Behinderung seien und der Verzicht darauf ihm wahrscheinlich das Leben gerettet habe. In seinem speziellen Fall hatte er vielleicht sogar recht, denn das Gegengewicht von einem, zwei oder sogar zwanzig Männern wäre gegen die Wucht einer Lawine nutzlos gewesen. Aber es gab andere Fälle, in denen er unrecht gehabt hätte, was Mitglieder des Alpine Club rasch begriffen. Eines von ihnen war Tyndall.

Das Wetter war 1860 in den Alpen schlechter als seit Jahren. Gleichwohl beschlossen drei Briten, begleitet von drei Führern, den Col du Géant zu besteigen. Sie erreichten den Gipfel ohne Schwierigkeiten, doch beim Abstieg waren die Briten erschöpft. Deshalb entschieden sie sich für eine Abkürzung über einen gefährlichen Schneehang, statt die längere, doch sicherere Route über die Felsen einzuschlagen. (Dies war eine weitere Einsicht, zu der sich die Bergsteigergemeinschaft allmählich durchrang: Felsen, obwohl härter und scheinbar nicht so sicher wie Schnee, bergen weniger Gefahren, da sie lawinenfrei sind und ihre Stabilität nicht so sehr vom Wetter abhängig ist. Tyndall, seiner Zeit voraus, war ein »Felsenmann«.) Die drei Briten wurden mit einem Führer, Frédéric Tairraz, zwischen sich aneinander geseilt. Die beiden anderen Führer hielten das Seil wie gewohnt am jeweiligen Ende fest. Erschöpft rutschte einer der Briten aus. Er zerrte zuerst Tairraz und dann seine Gefährten von den Beinen. Alle vier glitten durch den frischen Schnee und lösten eine Lawine aus, die sie in den Tod fegte. Den Führern, die sie hätten sichern sollen, wurde das Seil entweder aus den Händen gerissen, oder sie ließen es los. Tyndall hielt sich damals in der Gegend auf. Als Mitglied des Alpine Club – und folglich als eine Art Honorarkonsul im Land der Bergsteigerei – beschloß er, den Unfall zu untersuchen. Seine Ergebnisse waren höchst unerfreulich.

Begleitet von einem Führer aus Courmayeur, stieg er die Hänge hinauf, an denen die Kletterer abgestürzt waren. Es bereitete ihm keine Mühe, ihrer Route zu folgen. In regelmäßigen Abständen griff seine

Hand nach einem Felsen, nur um Spuren der Verstorbenen zu finden: ein Taschenmesser, einen Kompaß, Kleidungsfetzen, eine nagelneue Axt. Am Col angelangt, war er zutiefst deprimiert: »Als ich dort war und von oben die Linie betrachtete, in der wir hinaufgestiegen waren, steigerten sich meine traurigen Gefühle. Es schien kein genügender Grund für die entsetzliche Katastrophe da zu sein. Mit gewöhnlicher Vorsicht konnte zuerst das Ausgleiten vermieden werden, und dann war ich überzeugt, daß auch mit geringem Aufwand von Kraft und Geschicklichkeit die Bewegung gleich, nachdem sie angefangen, hätte aufgehalten werden können.«[21] Gewissenhaft rekonstruierte er die Tragödie. Es war neblig gewesen, und auf dem Gipfel befanden sich alle in einem Zustand der Ermüdung. Selbst auf den weniger steilen Hängen war einer der Briten wiederholt ausgerutscht. Beim Abstieg hätten sich die Führer der Gefahr bewußt sein müssen, die erschöpften Männern auf schwierigem Gelände drohte. Aber das war nicht der Fall. Der erste Mann glitt aus, und die anderen wurden mit ihm abwärts gerissen. Sie rutschten mit zunehmender Geschwindigkeit, während sich die Schneekruste von dem darunter liegenden Eis trennte, und wurden über einen Felsrücken geschleudert, der den obersten Rand eines Abgrundes bildete. Der Schwung trieb sie über einen steilen Felshang hinweg, der zum Rand eines zweiten Abgrunds führte. Sie prallten hinüber und jagten auf einen dritten Abgrund zu. Ein Brite wurde am Boden des zweiten Abgrunds aufgehalten, der zweite blieb am Rand des dritten Abgrunds hängen, und der letzte,

Verbesserte Klettertechniken im späten 19. Jahrhundert

immer noch an seinen Gefährten angeseilt, baumelte am Felsrand. Tyndall präzisierte nicht, wo Tairraz landete, aber er wurde viel weiter nach unten geschleudert, so daß sein Leichnam »noch weit mehr zerschmettert«[22] war.

Tyndall war überzeugt, daß alle einen schmerzlosen Tod gefunden hatten: »Ich glaube nicht, daß sie auch nur eine Sekunde lang Schmerz empfunden haben. Während des wilden Rutsches abwärts war die Betäubung zu groß, um auch nur Furcht aufkommen zu lassen, und am Fuß des Abgrundes hörten Gefühl und Leben zu gleicher Zeit plötzlich auf.«[23] Außerdem hatte er keinen Zweifel daran, daß die Briten gestorben waren, wie es sich für Briten gehörte. »Tairraz schrie«, verzeichnete er, »aber die anderen ertrugen, wie echte Engländer, ihr Geschick ohne einen Schreckenslaut.«[24] Und noch überzeugter war er davon, daß die beiden anderen Führer ihre Pflicht vernachlässigt hatten: »Welche Anstrengungen gemacht wurden, den entsetzlichen Rutsch aufzuhalten, in welchem Moment die beiden Führer den Strick losließen, welcher von ihnen es zuerst tat, das weiß man nicht, aber man sollte es wissen. Alles, was man weiß, ist, daß die beiden Männer, der, welcher die Gesellschaft führte und der, welcher ihr folgte, den Strick losließen und entkamen, während die drei Engländer und Tairraz der Vernichtung anheimfielen.«[25]

Tyndalls Verdikt lautete, daß unzureichender Gebrauch von dem Seil gemacht worden war. »Jeder Mann hätte sich beim Fallen augenblicklich auf das Gesicht werfen, mit dem Alpenstock die obere Schicht von lockerem Schnee durchstechen und dann mit beiden Händen die Spitze in die untere feste Masse eindrücken müssen. Er hätte dadurch einen Halt bewirkt, der nicht nur genügt hätte, ihn selbst zur Ruhe zu bringen, sondern auch bei einiger Geschicklichkeit eine zweite Person anzuhalten.«[26] Die Stürzenden seien dazu aus irgendeinem Grund nicht fähig gewesen – an dieser Stelle schleicht sich eine vorwurfsvolle Note in Tyndalls Analyse ein –, aber die Führer an den beiden Enden hätten es tun können, wären sie an der Hüfte angeseilt gewesen, so daß sie beide Hände zum Gebrauch des Alpenstocks hätten einsetzen können. »Ich spreche diese Meinung nicht leichtfertig aus«, schloß Tyndall, »sie gründet sich auf mannigfache Erfahrung mit Abhängen, die wenigstens ebenso steil waren wie der, von dem wir sprechen.«[27]

Auf einem leichteren Gipfel (Zeichnung von Rodolphe Töpffer)

Eine offizielle Untersuchung sprach die überlebenden Führer von jeder Schuld frei, was Tyndall in Wut und Empörung versetzte. »Man darf nicht hinnehmen, daß eine Katastrophe dieser Art mit einem rein richterlichen Freispruch abgetan ist«, schrieb er an die *Times*. »Was kann ein gewöhnlicher Beamter über die Macht oder die Pflicht eines Führers unter solchen Umständen wissen? Wenn man einen solchen Beamten auf einen derartigen Abhang befördert, wird er unweigerlich scheitern, woraus er naturgemäß schließt, daß dies auch allen anderen unter ähnlichen Bedingungen widerfährt. Aber wenig Gewicht ist der Meinung eines Mannes zuzumessen, der in solchen Dingen unerfahren ist ... Die Führer von Chamonix sollten diese schreckliche Tragödie als einen Schandfleck für ihren Orden betrachten, der nur durch Jahre treuer und kluger Dienste getilgt werden kann.«[28]

Tyndalls Brief wurde am 8. September 1860 gedruckt. Vier Tage später gab ein anderer Leser folgende Antwort: »Ich würde ... gern erfahren, welches Recht wir vermögenden Fremden haben, die Schweiz zu unserem Spielplatz zu machen und uns dann durch reine Mutwilligkeit in alle möglichen gefährlichen Situationen zu bringen, wobei wir die armen Bewohner des Landes bestechen, uns unter Einsatz ihres eigenen Lebens zu helfen und zu beschützen.« Tyndall solle sich vorstellen, was geschehen würde, wenn die Schweizer über das schottische Hochland herfielen, wenn »ihre überfütterten und übersättigten Genußmenschen und ihre blassen und müden Anwälte« Berge in Begleitung beliebiger Einheimischer erkletterten, die bereit seien, ihr Geld anzunehmen. Und wenn sie dann ausrutschten und abstürzten? Wäre das den Hochländern anzulasten? Oder wären die Schweizer verantwortlich, weil sie die Einheimischen durch ihre unerschöpflichen Geldsäcke zu vorher nie versuchten Taten verlockt hätten? »Und dann stellen Sie sich einen Schweizer Mr. Tyndall vor«, schloß er, »der an die *Times* schreibt, um die ungebildeten Bauern anzuprangern und zu tadeln, welche von gebildeten Männern wie ihm selbst, die es besser hätten wissen müssen, zu dem närrischen und tödlichen Unternehmen verleitet worden waren.«[29] Der Autor unterzeichnete mit DER GESUNDE MENSCHENVERSTAND.

Der Alpine Club eilte Tyndall zu Hilfe. Ein Schwall von Briefen landete auf dem Redaktionsschreibtisch – die meisten anonym, doch wurden sie trotzdem veröffentlicht. Alle Schreiber wandten sich gegen die Argumentation des GESUNDEN MENSCHENVERSTANDES. Die Führer wüßten, was sie täten; diese Arbeit biete ihnen die beste Möglichkeit, Geld zu verdienen; ihr Einkommen sei ohnehin gering; die Risiken ließen sich mit denen ihrer üblichen Beschäftigung, der Gamsjagd, gar nicht vergleichen. Nur Tyndall meldete sich nicht zu Wort. Aber es war nie seine Art gewesen, Auseinandersetzungen in der Presse zu führen.

Im Gegensatz zu vielen anderen Bergsteigern verlor Tyndall die bedrohlichen Elemente nicht aus den Augen. Er warnte, »daß die Gefahren für den Wanderer in den Hochalpen in Wahrheit entsetzlich sind und man sie nur durch Erfahrung, Vorsicht, Geschicklichkeit und Kraft überwinden kann«[30]. Dies war die richtige Einstellung, und darin unterstützten ihn etliche Mitglieder des Alpine Club. Seltsamerweise gab es jedoch einige, welche die Gefahren für übertrieben hielten. »Mit ausreichendem Training und angemessenen Schutzmaßnahmen braucht man nichts Ernstes zu fürchten«,[31] erklärte der Kletterer Thomas Hinchcliff. Noch erstaunlicher war, daß Kennedy nach der Besteigung des Montblanc verkündete: »Das Risiko eines schweren Unfalls war kaum größer als das für einen Fußgänger auf den Straßen von London.«[32] Schon die Kleidung mancher Abenteurer zeugte von deren Sorglosigkeit. 1787 hatte Beaufoy den höchsten Berg Europas, wie er schrieb, in einer Art Schlafanzug bezwungen; Wills erreichte den Gipfel des Wetterhorns in Stiefeln mit Gummischäften und einer Krickethose; Smiths Gefährten aus Cambridge bestiegen den Montblanc in »leichter Bootskleidung«[33]. Diese Personen unterschätzten die Gefahren der Alpen nicht unbedingt, sondern meinten, ihnen gewachsen zu sein. Ihr Urteil wurde durch Vertrautheit getrübt. Sie mußten wachgerüttelt werden, und genau das geschah 1861, als sich die Gletscher des Montblanc einmal mehr in Erinnerung brachten.

Im Frühjahr 1861 wurde Auguste Balmat von Tyndall eingeladen, auf einer Versammlung im Britischen Museum einen Vortrag zu halten. Die Veranstaltung verlief zunächst ruhig, doch mittendrin wurde Balmat von einem alten Mann im Publikum unterbrochen. Dieser wollte wissen, ob Balmat aus Chamonix sei. Balmat bejahte. »Wann wollen Sie dann die Leichen meiner drei Führer bergen?« fauchte der Mann. »Ich bin Dr. Hamel.« Balmat konnte nur stotternd entgegnen, daß die Leichen bestimmt früher oder später auftauchen würden. »Ja, ja, das glaube ich auch, und das wird ein glücklicher Tag für Chamonix sein«, höhnte Hamel. »Sie werden sehr interessante Ausstellungsstücke abgeben, und zahlreiche Touristen werden sie sich ansehen wollen.«[34] In der anschließenden Aufregung nahm Balmat Platz und sagte kein Wort mehr. Seit 41 Jahren, das heißt seit der Katastrophe von 1820, verwünschten die Bürger von Chamonix den russischen Arzt, der ihrer Meinung nach den Tod von drei tapferen Männern verschuldet hatte.

Der Alpine Club in Zermatt, Saison 1864 (Zeichnung von Edward Whymper)

Sein Name war Legende geworden und diente zur Ermahnung oder Zurechtweisung von ungezogenen Kindern. Das Zusammentreffen mit Hamel war für Balmat die Begegnung mit einem Gespenst.

Hamels bitterer Auftritt war kein Zufall. 1858 hatte Professor James Forbes bei seinem letzten Besuch in Chamonix die verschiedenen Gletscherbewegungen gemessen und ausgerechnet, daß die Leichen von Hamels Führern 38 bis 40 Jahre nach dem Unfall erscheinen würden. Er irrte sich nur um ein Jahr. Am 12. August 1861 traf ein keuchender Bergführer mit einem Sack auf dem Rücken im Rathaus von Chamonix ein. Der Sack enthielt eine Reihe von Gegenständen, die er in einer Spalte am Grund des Glacier des Bossons gefunden hatte. Man breitete den Inhalt auf einem Tisch aus, um ihn von Dr. Million, dem Ortsarzt, inspizieren zu lassen. Million schloß die Türen und begann seine Untersuchung. Sein Befund, der in dem späteren *procès-verbal* vorgelegt und dann vom Polizeichef unter einem Pseudonym veröffentlicht wurde, lautete folgendermaßen:

> Mehr als drei Viertel von zwei Schädeln mit daran haftendem Fleisch.
> Mehrere Strähnen blonden und schwarzen Haares an den Kopfhäuten.
> Ein kompletter Kieferknochen mit gesunden, weißen Zähnen.

Ein Unterarm mit der dazugehörigen Hand; der letzteren fehlt nur ein einziger Finger. Beide zeigen unverwestes weißes Fleisch mit Blutspuren am Stumpf des Ringfingers. Die Gelenke haben noch eine gewisse Flexibilität.
Ein linker Fuß, an der Wade abgetrennt, das Fleisch unverwest und weiß, die Knochen fest, doch etwas dunkel verfärbt.
Mehrere Rippen, unversehrt oder gebrochen, zwei Rückgratwirbel und eine Reihe anderer anatomischer Fragmente, in größerem oder geringerem Maße zerstückelt, doch sämtlich als von menschlicher Art erkennbar.
Neben den Überresten liegen einige andere Gegenstände: mehrere Stofffetzen – Wolle oder Leinen; ein Teil einer Weste; die Hälfte eines schwarzen Filzhuts; einige Schnipsel geflochtenen Strohs, ein Teil eines weiteren Hutes; ein mit Nägeln beschlagener Stiefel, dessen Steigeisen noch mit einem Riemen befestigt ist; der Rand und das Oberteil eines weißen Filzhuts, gefüttert mit gelber Seide; ein Taubenflügel mit schwarzen Federn; ein dunkler Kiefernstab mit einer verrosteten Zwinge, und ein Stück geschärften Eisens, ebenfalls verrostet, von 0,12 Meter Länge und 0,03 Meter Durchmesser; eine Zinnlaterne mit rundem und flachem Boden; eine gekochte Hammelkeule, der einzige Gegenstand unter den Überresten, der übel riecht. Der Führer versichert, er sei auf dem Gletscher so geruchlos gewesen wie alles andere ...[35]

Und so fuhr Million fort, mit klinischer Präzision die vor ihm ausgebreiteten Relikte zu beschreiben, während sich Einheimische vor dem Rathaus drängten und auf Neuigkeiten warteten. Million ließ die Türen nur ein einziges Mal öffnen, um die beiden überlebenden Führer Hamels einzulassen: den 80jährigen Julien Dévouassoud und Joseph-Marie Couttet, inzwischen 72 Jahre alt. Dévouassoud war mittlerweile senil und schien nichts zu erkennen und sich an nichts zu erinnern. Couttet dagegen identifizierte alles ganz genau. Der Schädel mit dem Blondhaar gehöre Pierre Balmat, der andere Pierre Carrier. Der seidengefütterte Hut sei von Auguste Tairraz getragen worden, und der Flügel stamme von einer der Tauben, die er bei sich gehabt habe. Die Eisenzwinge habe zu seinem, Couttets, eigenen Alpenstock gehört. Während der Litanei verlor Couttet die Fassung und versuchte, die auf dem Tisch liegende Hand zu schütteln. »Das ist Balmats Hand, ich kenne sie gut!«[36] rief er, aber keine weitere Bestätigung war erforderlich. Was Dr. Million vor sich hatte, waren die zersplitterten, verstümmelten, doch entsetzlich frischen Überreste der drei Männer, die 41 Jahre zuvor in eine Gletscherspalte gestürzt waren.

Im Anschluß an Millions Arbeit wurde ein Suchtrupp auf den Gletscher entsandt, um nach weiteren Überresten Ausschau zu halten. Er wurde durch schlechtes Wetter zurückgetrieben, und erst im folgenden Jahr fand man etwas weiter unten ein paar grausige Überbleibsel, darunter einen horizontal aus der Wand einer Gletscherspalte ragenden Unterarm, dessen Hand so aussah, als wolle sie geschüttelt werden. Der Mann, der sie entdeckte, ein gewisser Francis Wey, schüttelte sie tatsächlich. Die Knöchelgelenke waren völlig mobil, obwohl sich das Fleisch weiß und die Fingernägel rosa verfärbt hatten. Er zog den Unterarm heraus, der sich vom Körper gelöst hatte, und als er ihn in die Sonne hielt, begann das Fleisch zu verschrumpeln, und die Nägel nahmen eine dunkle Alabasterfarbe an. Nach und nach – und mit jeder neuen Saison immer weiter unten – wurden mehr Körperteile freigelegt. Man barg noch eine Hand, die einen Alpenstock so fest umklammerte, daß sich Holzsplitter in die Handfläche gegraben hatten. 1863 wurde zum allgemeinen Kummer der Teil eines Rückens im Eis sichtbar.

Genau wie Hamel vorhergesagt hatte, übergab man die Relikte der Großnichte eines der Führer, die sie in ihrem Haus in einem Sarg ausstellte und von Touristen begaffen ließ. Die Nachfrage war so groß, daß ihre Tür täglich 24 Stunden lang offenstand. Schließlich setzte man die Überreste in einem Gemeinschaftsgrab bei – außer dem Fuß, den die Museumsbehörde in Annecy in einer Vitrine unterbrachte. In den folgenden zwei Jahren öffnete man das Grab achtmal, um zusätzliche Körperteile darin zu beerdigen. Mittlerweile wurden die einfachsten aus dem Gletscher geborgenen Gegenstände für unglaubliche Summen verkauft. Winzige Stoffetzen brachten 10 Franken ein, größere Stücke sogar 100 Franken pro Meter. Ein eisernes Steigeisen und ein Teil einer Zinnlaterne wurden fast mit ihrem Gewicht in Gold aufgewogen. In London wetterte der Alpine Club gegen diese Kommerzialisierung: »Es ist aufrichtig zu hoffen, daß ein entwürdigender Handel mit diesen Relikten in Chamonix nicht zugelassen wird.«[37] Die Worte blieben ohne Wirkung: Ein Engländer zahlte ein Pfund Sterling für einen Hosenknopf.

Wenn irgend etwas die Bergsteiger aufrüttelte, dann war es die Entdeckung dieser Überreste. Nachdem man das gräßliche Resultat eines Prozesses beobachtet hatte, bei dem Männer ganz langsam von Glied zu Glied zerrissen und dann in einem so ursprünglichen Zustand ausgestoßen wurden, als wären sie am Tag zuvor gestorben, schätzte man die in den Alpen drohenden Gefahren weniger optimistisch ein. Niemand verglich sie mehr mit den Risiken beim Überqueren einer Londoner Straße, und auch Krickethosen als ideale Klettertracht fanden wenig Zuspruch. In den sich anschließenden Jahren trugen die meisten Bergsteiger Knickerbocker aus Tweed (der heute als veraltet gilt, doch unter feuchten Bedingungen ausgezeichnete Dienste leistet), und sie verhielten sich in der Nähe von Gletschern sehr vorsichtig. Außerdem seilten sie sich vorschriftsmäßig an – jedenfalls hin und wieder.

15

Normalerweise verstand sich Edward Shirley Kennedy aufs Schreiben. Doch gelegentlich verfaßte er unglaublich schlechte Prosa. Während er 1855 den Montblanc mit Reverend Charles Hudson, einem der talentiertesten Kletterer des Goldenen Zeitalters, bestieg, überlegte er, weshalb sie sich an einem derart müden alten Hügel versuchten, auf dem so viele wissenschaftliche Experimente vorgenommen worden waren: »Können wir jener Gebirgstasse des Wissens, die kurz vor dem Überfließen steht, vielleicht noch einen weiteren Tropfen hinzufügen?« fragte Kennedy unbeholfen. »Der Rucksack der Alpenkunde schließt sich; und dürfen wir verlangen, daß jene, die ihn packen, einen kleinen Winkel frei lassen?«[1] Seine Antwort auf die erste Frage lautete, daß »uns die Besteigung dieses Monarchen der Berge grenzenlose Genugtuung verschaffte«[2]. Mit anderen Worten, sie taten es nur des Vergnügens wegen – und um der Befriedigung willen, den Berg aus einer Richtung zu attackieren, die ihnen ermöglichte, die schändlichen Gebühren der Compagnie des Guides von Chamonix zu sparen. Aber in einer Hinsicht hatte er recht: Der Rucksack schloß sich, und während die Schar der Alpine-Club-Mitglieder mehr und mehr Gipfel abhakte, blieb nur ein einziger übrig, der neben dem Montblanc die höchste Herausforderung darstellte: das Matterhorn.

Reisende und Wissenschaftler hatten das Matterhorn aus der Ferne betrachtet, doch nie davon zu träumen gewagt, es zu besteigen. Warum nicht? Weil es kein Berg war, sondern ein Felsen, der größte Felsen der bekannten Welt, welcher der Menschheit durch seine erhabene Pracht und seine steilen Hänge trotzte. Es war ein zerfallender Felsen, und Jahrhunderte der Erosion hatten um seinen Fuß herum einen Damm aus kleineren Steinen geschaffen. Den ganzen Tag hindurch rollten Blöcke an seinen Flanken hinunter, bevor sie unten ins Geröll schmetterten. Im Winter waren seine Wände von lockerem Schnee bedeckt, im Sommer wurde der Schnee zu einem Lack aus schwarzem Eis. Es gab keinen klar erkennbaren Weg hinauf, und seine Hänge waren so unzugänglich und abschreckend, daß niemand auch nur daran gedacht hatte, einen Weg zu suchen. Außerdem lebten dort Drachen.

Tyndall glaubte nicht an Drachen. Er glaubte an das, was er sah, und er sah Schönheit. »Bisweilen schien der Gipfel wie ein brennender Berg zu rauchen«, schrieb er, »denn gleich nach seiner Bildung wurde der Nebel vom Wind in langen Streifen fortgetrieben. Als die Sonne tiefer sank, nahm die Röte des Lichtes zu, bis diese Streifen Flammenfahnen glichen.«[3] 1860 beschlossen Tyndall und sein Freund Vaughan Hawkins, das Matterhorn zusammen mit dem Oberländer Führer Johann Bennen zu besteigen. Jeder im Alpine Club hatte einen Lieblingsführer, und Bennen war der Tyndalls. Dieser hatte keine ungetrübte Beziehung zu seinen Bergführern. Bei seiner ersten Besteigung des Montblanc im Jahr 1857 wies er die Dienste von Balmat zurück – »die Verschlagenheit des Burschen gefiel mir nicht«[4] – und wählte einen Führer namens Simond, der ihm anscheinend noch weniger zusagte: »Hätte sich eine Katastrophe ereignet, wäre er gewiß von jeder Schuld frei gewesen, denn von Anfang bis Ende kam ihm nie ein Wort der Ermutigung über die Lippen ... Simond ›fürchtet‹ – seine Furcht läßt nie nach. Dauernd sieht er Schwierigkeiten voraus.«[5] Nach der Besteigung traf Tyndall wieder auf »jenen habgierigen kleinen Balmat ... [Er] versetzte mich stets in eine Stimmung, die es mir zu einem Vergnügen gemacht hätte, ihn mit Tritten zu traktieren«[6]. Später schrieb er über den geachteten Führer Christian Lauener, er könne ihn nicht leiden, weil dessen Hose zu bauschig sei: »Man bevorzugt eine Maschine, deren Teile glatter arbeiten und ihre Energie nicht durch Reibung an den Kontaktstellen vergeuden.«[7]

Doch mit Bennen hatte Tyndall den Mann gefunden, den er sich wünschte. Bei ihrer ersten Begegnung im Jahr 1858 beschrieb er den Bergführer folgendermaßen:

> Seine runden Schultern waren nach vorn gebeugt, und fest auf ihnen saß das kräftige Podest eines Nackens, auf dem ein massiger runder Kopf ruhte. Er trug Ohrringe. Sein Rumpf war durchweg von derselben Breite. Durch sein ausladendes Becken standen seine Beine recht weit auseinander, aber dies wurde durch eine leichte Säbelbeinigkeit mehr oder weniger ausgeglichen. Seine Gliedmaßen waren schwer, bewegten sich jedoch rege und mit Entschiedenheit. Die Miene des Mannes war fest und offen, ein Licht der Gutmütigkeit glänzte aus seinen Augen und ließ sein Gesicht sympathisch wirken. Kurz, der ganze Mann macht den Eindruck von großer physischer Kraft, verbunden mit einer ausgeprägten Entschlossenheit des Charakters.[8]

Hawkins war genauso begeistert und nannte Bennen »bemerkenswert«. Dieser gehöre zu einem

> Typus von Bergbewohnern, der viele von den einfachen, heroischen Eigenschaften besitzt, welche wir, mit Recht oder Unrecht, dem teutonischen Blute zuschreiben, und gänzlich von dem des Französisch sprechenden, geschmeidigen, listigen Bewohners von Chamounix verschieden ist und für mich bedeutend höher steht... Er vereinigt Kühnheit und Klugheit mit einer ihm eigentümlichen Leichtigkeit und Kraft und besitzt eine Begabung, Pläne zu entwerfen und zu durchdenken, eine Art und Weise, seine Gedanken auf einen Punkt zu konzentrieren und seine Ideen mit einer Klarheit und Bestimmtheit durchzuarbeiten, die ich nie sonst bei einem solchen Manne bemerkt habe... Jeder aber, der Bennen beobachtete, wenn er durch die Labyrinthe eines zerrissenen Gletschers wanderte oder wie eine Gemse die schlüpfrigen, eisbedeckten Klippen entlanglief, Axt und Fuß gleichzeitig benutzend, wird meinen, daß nur eine Lawine ihn ins Unglück bringen könnte.[9]

Nachdem Tyndall ihn als »Garibaldi der Führer« bezeichnet hatte, erwiderte Bennen: »Nicht wahr?«[10]

In Wirklichkeit war Bennen weit weniger bemerkenswert, als Tyndall und Hawkins dachten. Er war unentschlossen, zuweilen nervös und wollte weniger führen, als geführt werden. Nachdem er seine Frau verloren hatte, suchte er die Isolation und wechselte den Wohnort mit seltsamer Regelmäßigkeit, weil die Menschen »ihm nicht zusagten«. 1860 hielt er sich in Laax bei seiner Mutter und seinen drei Schwestern auf, wo er laut Hawkins »auch nicht ganz zu Haus zu sein«[11] schien.

Damals machten sich die Mitglieder des Alpine Club kaum Gedanken über den Charakter ihrer Bergführer. Mit ein oder zwei Ausnahmen hielten sie sich an klischeehafte Vorstellungen: In fast allen Tagebüchern erscheint der Bergführer als einfacher, männlicher Typ mit Lungen wie Blasebälge, Beinen aus Stahl, einem herzlichen Lachen, scharfen Augen und Umgangsformen, wie man sie in der Londoner Gesellschaft nicht perfekter hätte finden können. Gelegentlich wurde ihm eine Portion Witz zugestanden. Über Wills' Führer Franz Andermatten hieß es, ein Engländer habe ihn einmal mit den Worten »Es muß gehen!« anstacheln wollen, einen besonders schwierigen Gipfel zu besteigen. Andermatten habe erwidert, daß es vielleicht gehen werde, er aber nicht.

Was Bennen betraf, schillerte das Bild. Er war aufgeweckt, doch widerspenstig, bestimmt, doch furchtsam, in einem Moment kühn, im nächsten verängstigt. Er war herzhaft, wenn Herzhaftigkeit gefordert wurde, aber er hatte eine beunruhigende Neigung, in Tränen auszubrechen. Im Privatleben hätte man ihn fast für einen Menschenfeind halten können. Außerhalb der Saison arbeitete er als Zimmermann und ging mit einem schweigsamen Freund namens Bortis auf Gamsjagd. Man erhält den Eindruck, daß er sich aus dem gleichen Grund in die Berge begab wie seine Arbeitgeber: Er suchte Befreiung. Welche Dämonen auch auf den Gipfeln lauern mochten, sie waren nur Kobolde verglichen mit denen, die ihn im Tal heimsuchten.

Das Matterhorn, auf das Bennen Tyndall hinaufführen sollte, liegt an der Grenze zwischen der Schweiz und Italien, und man konnte es aus zwei verschiedenen Richtungen angehen. Zum einen von Norden her aus Zermatt, doch es hieß, daß diese Route die menschliche Leistungsfähigkeit überfordere. Ein Blick genügte, um jeden von der Besteigung abzuschrecken. Wie die meisten Nordwände der Alpen besteht die des Matterhorns aus schierem Fels und scheint nicht den kleinsten Halt zu bieten. Die andere Route begann im italienischen Breuil, also im Süden, wo Gletscher und eine Reihe kleinerer Gipfel einen besseren Zugang ermöglichten. Hawkins und Bennen hatten das Matterhorn 1859 in Augenschein genommen und gefolgert, daß sie den Gipfel von Breuil aus – »fast« laut Bennen – erreichen konnten. Also machten sie sich zusammen mit Tyndall (den Hawkins zufällig im Zug nach Basel kennengelernt hatte) zur Bezwingung des Giganten auf.

Tyndall glaubte nicht an Drachen, aber Hawkins tat es – oder jedenfalls glaubte er an etwas Ähnliches. »Auch umgibt diesen Berg die Idee der Unbezwinglichkeit, die nicht ohne Einfluß auf das Gemüt ist, so daß man immer erwartet, einer neuen, ungeahnten Gefahr auf ihm zu begegnen«,[12] schrieb er. 1860 bestand neben Steinschlägen eine der Hauptgefahren darin, daß eine dünne Schneedecke die Terrassen verbarg, an denen hinauf sie ihre Route geplant hatten. Schon vor dem Aufbruch war ihnen klar, daß sie kaum eine Chance hatten, ihr Ziel zu erreichen. Aber sie wollten wenigstens beweisen, daß der Berg in Teilen besteigbar war. Mit sich nahmen sie einen zottelhaarigen unbekümmerten Träger namens César Carrel, der als bester Mann für die Aufgabe galt. 40 oder 50 Jahre alt – schwer zu sagen –, hatte er nicht nur Humor, sondern auch einen Sinn für die Realität. Er war bereit, jeder Anweisung zu folgen, aber Hawkins meinte: »Ich glaube nicht, daß seine Hoffnungen für unseren Erfolg sehr sanguinisch waren.«[13]

Die Gruppe verließ ihr Hotel in Breuil am Montag, dem 20. August, um drei Uhr morgens. Carrel trug eine Laterne, um den anderen den Weg über die Unebenheiten zu zeigen. Jenseits ihres Lichtes zeichnete sich die Silhouette des Matterhorns in der aufkommenden Dämmerung ab. »Wenn wir mit dem Auge die Entfernung messen, die wir noch bis zu seiner Spitze erklettern müssen, so scheint es, als ob ein Erfolg möglich sein *müsse*«,[14] verzeichnete Hawkins. Es war eine Besteigung, wie sie noch nie zuvor jemand versucht hatte. Der Montblanc, die Jungfrau, das Wetterhorn und sogar das Breithorn sind im großen und ganzen Schneeberge. Das Matterhorn hingegen ist ein Fels – in jenem Jahr bestand es allerdings auch aus Eis mit einer dünnen Schneedecke. Sie schlugen eine Stufe nach der anderen ins Eis, und Tyndall rief Hawkins von oben immer wieder die »Vorschriften« zu. Sie lauteten: »Wenn dein Fuß von den Stufen ausrutscht, wirf dich gleich auf dein Gesicht und bohre deinen Alpenstock mit beiden Händen tief unter deinem Körper ein. So kannst du dich möglicherweise festhalten. Einmal auf dem Rücken, ist alles verloren, wenn dich andere nicht retten können. Du hast jede Möglichkeit verscherzt, dir selbst zu helfen.«[15] Doch bald ließen sie den Schnee hinter sich und betraten ein Plateau: »Wir befinden uns in einer Wildnis von Felsblöcken, überdacht und behangen von großen Platten und Stalaktiten aus Eis, so groß, daß man beinahe Lust hätte, sie zu fassen und hinaufzuklettern.«[16] Bennen hielt nach einem Fluchtweg aus dieser surrealen Landschaft Ausschau und fand ihn schließlich: einen schmalen Felsrand, über dem sich eine Klippe ohne jeden Halt erhob und unter dem der Berg senkrecht zum Gletscher abfiel. Der Vorsprung war 30 Zentimeter breit und stark abgeschrägt. Während sie sich darauf vorschoben, fürchtete Hawkins: »Wenn die Nägel in unseren Stiefeln nicht halten, [werden] wir hinunterstürzen.«[17] An einer Stelle umrundeten sie einen Felsvorsprung und fanden sich unter einem Wasserfall wieder. Sie schritten hindurch, und an der anderen Seite endete das Sims.

Durchnäßt, wie sie waren, dachten sie über ihre Alternativen nach. Der einzige Weg nach oben führte durch einen Felskamin. Tyndall und Hawkins konnten sich nicht vorstellen, wie man darin hinaufklettern sollte. Die Seiten waren mit schwarzem Eis von einem Zoll Dicke überzogen, und der Boden öffnete sich ins Nichts. Keiner der beiden Briten konnte begreifen, was Bennen als nächstes tat. Eben noch stand er auf dem Sims, und dann rollte er sich »wie eine Katze«[18] zum oberen Rand des Kamins und warf den anderen ein Seil zu. Tyndall kletterte als erster hinauf, gefolgt von Hawkins, der sich an die Seiten stemmte, dort abrutschte und nur vom Seil gerettet wurde. Carrel wurde als letzter hinaufgezogen.

Drei Stunden später, nachdem sie eine endlose Abfolge von Kämmen und Schneehängen überwunden hatten, verlor Hawkins den Mut. »Indes waltet ein besonderes Geschick bei allen solchen Unternehmungen, und bei mir machte sich allmählich die Ansicht geltend, daß das Geschick sich dieses Mal gegen uns gekehrt habe.«[19] Bennen glaubte, sie hätten noch eine Chance, und Tyndall äußerte keine Meinung; er würde tun, was der Bergführer für richtig hielt. Am »Fuß eines mächtigen Felsblockes, unförmiger und häßlicher als irgendeiner der früheren, zu dem ein kleiner Schneegrat wie eine Zugbrücke führte«[20], machte sich Bennen, gefolgt von Tyndall, daran, den Block zu erklettern. Hawkins ließ das Seil los und setzte sich zusammen mit Carrel hin, um das Ergebnis abzuwarten.

Schweigen senkte sich über die beiden Männer, und Carrel zog seine Pfeife hervor. Hawkins begann, seine Ansicht sowohl über die Durchführbarkeit des Vorhabens als auch über die Schönheiten der Berglandschaft zu revidieren. »Die Luft war merkwürdig still«, schrieb er. »Ein gelegentlicher Windstoß fuhr um die Ecke des Berges, aber sonst war alles eigentümlich starr und bewegungslos und außer aller Beziehung zu den schlagenden Herzen und den sich bewegenden Gliedern, dem Leben und der Tätigkeit des Menschen. Diese Steine und dieses Eis kennen kein Erbarmen, keine Sympathie mit menschlichem Unternehmungsgeist; sie dulden schweigend, was der Mensch tun kann, aber er gehe einen Schritt zu weit, möge Herz und Hand ihm untreu werden, Nebel sich ansammeln oder die Sonne untergehen, so werden sie ihn ihre Rache aufs strengste empfinden lassen. Das Gefühl des ›Erhabenen‹ hängt, wie ich glaube, in solchen Fällen sehr von einem gewissen Verhältnis zwischen den Naturkräften und der Fähigkeit des Menschen ab, mit ihnen zu ringen; sind sie zu mächtig für ihn, so wird das, was erhaben war, nur schrecklich.« Hätte er in jenem Moment den schönsten Alpensonnenuntergang vor sich gehabt, so hätte er darin nicht die so oft beschriebene »unirdische Schönheit« entdeckt, »sondern nur das zürnende Auge der sinkenden Sonne, das sich auf die schwarzen Felsen und den tödlich weißen Schnee heftete«[21].

Hawkins rief zu Tyndall hinauf, ob dieser bald zurückkehren wolle. »In anderthalb Stunden«, kam die Antwort. Hawkins fühlte sich einsamer als je. Das Matterhorn, als wäre es sich seiner Verzweiflung bewußt, schleuderte einen Felsbrocken hinunter. Er stürzte von den Klippen, hüpfte an der Felswand entlang und schoß dann, Hawkins knapp verfehlend, durch eine Schlucht in der Nähe. Unterwegs löste sich ein Splitter von dem Brocken und traf Tyndall am Hals, so daß er fast erstickt wäre. Dieser Warnschuß sowie die Tatsache, daß ihnen die Zeit knapp wurde, bewog Tyndall und Bennen zum Rückzug. »Ich war froh, daß er ... weitergegangen und nicht auf meine Verantwortung umgekehrt war«,[22] meinte Hawkins, als das Klappern von Nägeln auf Gestein lauter wurde.

Der Abstieg, bei dem Bennen sein rätselhaftes Kunststück im Eiskamin wiederholte, war nach Hawkins' Meinung genauso schlimm wie der Aufstieg. Doch Tyndall schien sich durch die Gefahren nicht beeindrucken zu lassen. »Eine köstliche Übung für uns, dies hier«,[23] rief er glückselig aus, wenn eine schwierige Stelle nach der anderen überwunden wurde. Angeseilt zwischen Tyndall und Carrel, der mittlerweile so benommen war, daß er ständig ermahnt werden mußte, das Seil nicht loszulassen, fühlte sich Hawkins ein bißchen unbehaglich. Nach zwei Stunden hatten sie die meisten größeren Hindernisse hinter sich gelassen und standen vor der Wahl, auf dem ursprünglichen Weg zurückzukehren oder eine Abkürzung durch einen Schneetrichter zu nehmen, der zum Gletscher darunter führte. Bennen befürwortete die zweite Route, denn es war mittlerweile Nachmittag und die Felsen mußten durch das schmelzende Eis schlüpfrig geworden sein. Aber der Trichter war »schrecklich, steil, tief mit frischem Schnee bedeckt, der unter der mächtigen Sonne glänzt und schmilzt«[24]. Es war der perfekte Ort für eine Lawine und außerdem geradezu ein Leitungsrohr für herabstürzende Felsen. Nach einer kurzen Diskussion entschied man sich, durch den Trichter abzusteigen.

Tyndall muß entweder unter der Sonne gelitten haben oder sehr müde gewesen sein. Schon vorher hatte er seine Vorschriften gelockert und Carrel – der als letzter gehend eine wichtige Position innehatte – erlaubt, das Seil zu halten, statt es sich um den Körper zu binden. Und nun blieb er nicht auf dem harten Boden, wie es seine Gewohnheit war, sondern beschloß, durch den Schnee hinabzusteigen – genau das war den vier Männern auf dem Col du Géant zum Verhängnis geworden. Am unteren Ende des Trichters waren ein paar kleine Vorsprünge, die, wie er sich einbildete, einen Sturz hemmen würden – eine seltsame Theorie, bedenkt man sein Wissen um das Gegenteil, aber so argumentierte er häufig, wenn er einen gefährlichen Schritt rechtfertigen wollte. Hawkins war weniger sicher und schrieb über die Vorsprünge: »Mir kommt aber ihr zartes Mitleid sehr zweifelhaft vor.«[25] Die vier Männer verteilten ihr Körpergewicht so gut wie möglich und kletterten auf einem von Bennen vorgezeichneten Zickzackkurs durch den Trichter. Keine Felsen fielen, aber tatsächlich ging eine Lawine ab. Sie donnerte zu ihrer Rechten in die Tiefe, nachdem die Männer gerade einen Schlenker nach links gemacht hatten. Es war eine kleine Lawine, doch sie jagte mit ungeheurem Tempo hinunter. Hawkins, der ihr am nächsten war, berichtete, er habe das Gefühl gehabt, in einem Vorortzug zu sitzen, während der Expreß nach London vorbeirast. Zu ihrem unglaublichen Glück war das der einzige gefährliche Moment. Sie erreichten die Sohle ohne weitere Abenteuer und stapften, bis zur Hüfte einsinkend und ohne Rücksicht auf Spalten, über den Gletscher hinweg. Über dem Matterhorn ballten sich Sturmwolken zusammen.

Sobald sie trockenen Boden erreichten, rannte Tyndall so rasch er konnte nach Breuil. Hawkins, Bennen und Carrel folgten ihm mit einer gewissen Würde und machten an einer Sennhütte halt, um etwas Milch zu trinken. Sie boten dem Kuhhirten 40 Centimes als Bezahlung an, doch er wies das Geld zurück, da es zuviel sei. Hawkins war verblüfft und beschämt. Wie Forbes und andere Bergsteiger dachte er unwillkürlich über die Gegensätze zwischen seiner Welt und jener nach, die von diesen einfachen, gastfreundlichen Menschen bewohnt wurde. Im Industriezeitalter schienen sich die uralten Vermutungen zu erfüllen: Die Alpen beherbergten tatsächlich eine außerirdische Rasse.

Bennen, Tyndall, Hawkins und Carrel hatten etwas Imponierendes vollbracht. Sie hatten bei dem, was trotz Hawkins' früherer Hoffnungen nur als Erkundungsexpedition gedacht war, eine Höhe von 3960 Metern erklommen, und bei ihrem abschließenden Vorstoß hatten Tyndall und Bennen eine relativ leichte Route zu einer Anhöhe ausgemacht, die eine Art Trittbrett zum Hauptgipfel darzustellen schien. Aber Tyndall haderte mit sich. »Hätte ich das Bewußtsein gehabt, daß wir bei dieser Gelegenheit unser Möglichstes getan hätten, so würde ich jeden ferneren Gedanken an den Berg aufgegeben haben. Unglücklicherweise aber fühlte ich das Gegenteil, und so blieb eine kleine Wolke der Unzufriedenheit über der Erinnerung an diesen Versuch.«[26] Er sagte nie explizit, was sein Mißvergnügen ausgelöst hatte, aber es könnte Bennens Benehmen gewesen sein. Als Bennen und er die Felsen auf die waghalsige Art emporkletterten, die Tyndall am besten gefiel, hatte Bennen aufgeregt erklärt, er wolle ihn zum Gipfel führen. Tyndall war gleichermaßen aufgeregt und hätte »Bravo!« gerufen, wäre er nicht wie ein Frosch an den Fels gepreßt gewesen – in einer Position, in der er aus dem Gleichgewicht geraten wäre, hätte sich seine Lunge zu einem Ruf gefüllt. Doch später zauderte Bennen und fragte seinen Arbeitgeber, was zu tun sei. Das war nach Tyndalls Ansicht eines der schlimmsten Verbrechen, die ein Bergführer begehen konnte. Er äußerte keine Meinung, und Bennen beschloß nach reiflicher Überlegung, den Rückzug anzutreten.

Tyndall war bereit, sich von einem Berg besiegen zu lassen, doch nicht von der Nervosität eines Bergführers. 1861 traf er, zu einem zweiten Versuch gerüstet, in Breuil ein. Doch Bennen verkündete, er habe den Berg untersucht und festgestellt, daß dieser schwieriger und gefahrvoller sei, als zunächst angenommen. Der Gipfel lasse sich nicht innerhalb eines Tages erreichen, und wenn sie die Nacht am Hang verbrachten, würden sie wahrscheinlich erfrieren. Tyndall war erstaunt, denn er wußte, daß es manchen Kletterern gelungen war, auf dem Montblanc zu übernachten. Er fragte, ob sie wenigstens den kleineren der Gipfel erreichen könnten, weit entfernt vom Hauptgipfel, doch nur 130 bis 170 Meter über der Stelle, an der sie im Vorjahr umgekehrt waren. Bennen antwortete: »Selbst das ist schwer, und wenn Sie ihn erreicht haben, was dann? Der Gipfel hat weder Namen noch Ruf.«[27] Tyndall beherrschte sich mühsam. Während er Bennen zuhörte, strich er sich gedankenvoll den Bart, aber später zertrat er das Gras mit seinen eisernen Nägeln, um die Wut über seine Enttäuschung abzureagieren. Er verglich die Tatsache, daß er das Matterhorn nicht einmal zum Teil besteigen konnte, mit der »Entbehrung einer süßen Droge oder [der] Vernichtung eines religiösen Glaubens. Ich wußte kaum, was ich mit mir anfangen sollte. Eins war gewiß – … nur die Berge konnten mir wiedergeben, was ich verloren hatte.«[28]

In jenem Jahr machte sich Tyndall zu einer ungestümen Besteigungskampagne auf. Von Grimsel aus kletterte er auf das Eggishorn, stieg zum Aletsch-Gletscher hinab und war begeistert über die Aussichten, die sich ihm vom Hotel Belalp boten. Er entdeckte eine Fichte, die horizontal aus der Schlucht am Ende des Gletschers herauswuchs, und kletterte den Stamm entlang, um seine Frustration durch den kühlen Wind, der von unten aufstieg, lindern zu lassen: »Ich hielt mich am Stamm fest und sah hinunter in die Schlucht. Einige Minuten waren nötig, ehe ich meine Furchtsamkeit überwunden hatte, und als der Wind heftiger gegen mich blies, hielt ich mich fester an dem Baume. Allein an diesem wilden Platz, sah ich den ersterbenden Feuern des Tages nach, bis der letzte Schimmer von den Bergen verschwunden war.«[29]

Von der Belalp aus erblickte er die graue Zinne des Sparrenhorns und stieg hinauf. Später bewältigte er auch den Monte Moro und das Alte Weisstor, wobei Bennen und er von einem Steinschlag überrascht wurden. Sie hatten die Überquerung einer Schlucht gewagt, als ein einzelner Felsblock herunterpolterte. Rasch duckten sie sich hinter einen

Vorsprung, und der Block hüpfte über ihre Köpfe hinweg. Doch danach folgte ein Schauer kleinerer Steine, von denen jeder genügt hätte, »einem menschlichen Leben ein Ende zu machen«[30]. In jenem Moment hingen sie an einem schrecklich steilen Eishang, der nur mit Hilfe von künstlichen Stufen überschritten werden konnte. Ein einziger Ausrutscher hätte den Tod bedeutet. »›Schnell!‹ mit seinem metallischen Klang kam aus Bennens Munde, und nie sah ich ihn seine Axt so kräftig und rasch schwingen.«[31] Bennen hackte Stufen und Handgriffe – kaum mehr als Kratzer laut Tyndall – ins Eis und führte seine Gruppe, die sich mit den Fingernägeln vorarbeiten mußte, zur anderen Seite der Schlucht. Es war ein Beispiel erstaunlicher Koordination: Während Bennen Stufen hackte, mußte er der Steinkanonade ausweichen und zugleich seinen Arbeitgeber beschützen. »[Er] fing einmal mit dem Griff seiner Axt, wie der Ballspieler den Ball auf seiner Keule, ein Felsstück auf, das meinem Klettern sicher ein Ende gemacht haben würde.«[32] Hackend, sich bückend und Steine abwehrend, führte Bennen sie weiter: »Ein letzter Sprung brachte uns aus der direkten Schußlinie, und so entgingen wir einer außerordentlich aufregenden Gefahr.«[33] Tyndall mochte die Episode aufregend gefunden haben, die anderen dagegen nicht. Der erfahrene Bergführer Franz Andermatten, der zur Seilschaft gehörte, war so erschrocken, daß er bei der nächsten Überquerung ausrutschte, Bennen von den Beinen stieß und vielleicht alle in die Tiefe gerissen hätte, wenn es ihm nicht gelungen wäre, seinen Sturz zu bremsen. Hätte er Tyndalls spätere Äußerung über das Seil gehört – »es war nicht in England gemacht worden und vielleicht schwächer, als es hätte sein sollen«[34] –, wäre er wohl noch erschütterter gewesen. Schließlich erreichten sie den Gipfel, aßen einen Happen kaltes Hammelfleisch und tranken dazu Champagner.

Vom Alten Weisstor abgesehen, war Tyndalls größte Tat in jenem Jahr die Erstbesteigung des Weisshorns, eines 4511 Meter hohen Berges, der von Zermatt aus neben dem Matterhorn und dem Monte Rosa das imposanteste Schauspiel bietet. »Ich habe es immer für den edelsten Berg gehalten«,[35] schrieb er mehr oder weniger aufrichtig an Faraday. Am Freitag, dem 16. August 1861, brach er um 4.30 Uhr auf der Belalp auf und steuerte Randa bei Zermatt an – »der östliche Himmel glühte unter der aufgehenden Sonne«[36]. Er hatte Bennen angewiesen, das

Weisshorn auszukundschaften, und ausnahmsweise war dessen Vorhersage günstig. Außerdem hatte Tyndall zwei Paar Wolldecken zusammennähen und nach Randa vorausschicken lassen, falls beim Aufstieg Schlafsäcke benötigt würden.

Tyndall, Bennen und ein Bergführer namens Wenger nahmen das Weisshorn am 18. August um 13 Uhr von Randa aus in Angriff. Wie üblich hatte Tyndall weder gut gegessen noch geschlafen, doch er stärkte sich durch einen Krug Milch in einer Sennhütte. »Die Wirkung der Milch war zauberhaft. Sie schien mir neue Kräfte zu geben und meinen Geist von neuem zu beleben.«[37] Da die Gruppe ihre erste Nacht unter freiem Himmel verbrachte, kamen die Schlafsäcke zum Einsatz. Bei Sonnenuntergang schlug Tyndalls Herz höher. »Eine sehr hell beleuchtete Geranienblüte scheint in ihrer eigenen Farbe zu schwimmen, die die Blütenblätter wie eine dichte Schicht umgibt und es durch ihren Glanz dem Auge unmöglich macht, die scharfen Umrisse der Blätter zu erkennen. Eine ähnliche Erscheinung konnte man hier auf den Bergen beobachten ... Die Krone des Weisshorns war in dieses wundervolle Licht gehüllt.«[38] Er betrachtete die über ihm funkelnden Sterne und bedeckte sich schließlich die Augen mit einem Taschentuch, um nicht geblendet zu werden. Schlafen konnte er jedoch nicht.

Um 3.35 Uhr setzten sie ihren Weg fort. Tyndall zog seine Tweedjacke aus – »ich wußte, daß die Sonnenstrahlen und meine eigene Anstrengung mich den Tag über warm genug halten würden«[39] – und verstaute sie bis zu seiner Rückkehr am Hang. Nach drei Stunden langsamen Fortschreitens konnten sie den ersten Blick seit ihrem Aufbruch aus Randa auf den Gipfel des Weisshorns werfen. Er schien in Reichweite zu sein. Als Tyndall eine entsprechende Bemerkung machte, erwiderte Bennen feierlich: »Ich erlaube mir nicht, den Gedanken an ein Mißlingen aufkommen zu lassen.«[40] Unter sich entdeckten sie die Gestalten von zwei Führern aus Randa, die offenbar planten, ihnen zum Gipfel zu folgen – oder sie sogar zu überholen. Tyndall war unbesorgt: Sollten sich die armen Narren doch abmühen. Sie waren Bennen, Wenger und ihm selbst bestimmt nicht gewachsen. Ohnehin würden sie den Gipfel sehr bald erreichen.

Aber sechs Stunden später schien der Gipfel nicht näher gekommen zu sein, und Tyndall fühlte sich ungewohnt matt. »Es gibt kaum eine für ein menschliches Wesen mögliche Stellung, die ich nicht zu irgendeiner Zeit während dieses Tages annehmen mußte«, schrieb er. »Bald bedurfte es eines kräftigen Klimmzugs, bald einer schrägen Biegung um die Kante einer Felssäule, bald des Griffs mit den Fingerspitzen in einen schmalen Spalt, um dann den ganzen Körper seitlich daran vorbeizuschieben. Oft genug hing ich mit dem Kopf nach unten und sah meine Füße über mir.«[41] Der schlimmste Moment trat ein, als sie einen sieben Meter langen Grat erreichten, der zwei Felsenreihen überspannte. Er war von einem Schneekamm gekrönt und von Abgründen flankiert. Tyndall stoppte. »Ich wußte nicht, wie wir diese Schneerippe überqueren sollten, denn ich hielt es nicht für möglich, daß ein Menschenfuß sich einer so gebrechlichen Stütze anvertrauen könnte.«[42] Bennen trampelte den Schnee nieder und schritt dann auf einem Pfad, der kaum breiter als eine Hand war, zur anderen Seite. Tyndall »folgte ihm wie ein Knabe, der auf einer horizontalen Stange geht, mit auswärts gekehrten Zehen. Rechts und links waren die Abgründe grauenerregend.«[43] Am gegenüberliegenden Felsen konnte Tyndall nur über Bennens Klugheit staunen. Stets Wissenschaftler, fragte er sich, wie Bennen erfahren hatte, daß die Schneemoleküle durch den Druck »halb fest« werden würden, »statt eine Pulvermasse zu bleiben«[44]. Bennen entgegnete, er habe einfach den Fuß auf den Schnee gesetzt und dieser sei ihm fest genug vorgekommen.

Inzwischen waren alle erschöpft, und Tyndall fürchtete, daß sie es nicht schaffen würden: »Wenger klagt über seine Lungen, und Bennen stand die Erschöpfung ins Gesicht geschrieben, während ich von dem unablässigen Hin und Her halb verstört und betäubt war.«[45] Der Gipfel, einst so erreichbar, schien nun »hoffnungslos fern«[46] zu sein. Wenger und Bennen stärkten sich mit Essen und Wein. Tyndall, der dazu nicht in der Lage war, kräftigte sich durch patriotische Gefühle: »Ich dachte an die Engländer in der Schlacht, an die Eigenschaften, die sie berühmt gemacht hatten: Es war besonders die Eigenschaft, daß sie nicht wußten, wann sie nachgeben sollten – daß sie aus Pflicht kämpften, selbst wenn sie nicht mehr von der Hoffnung begeistert wurden. Solche Gedanken halfen mir die Felsen erklimmen.«[47] Genau diese Eigenschaften hatten allerdings auch viele britische Forschungsreisende und Soldaten in den Tod getrieben, aber solche Überlegungen wies Tyndall von sich.

Die Gruppe kämpfte sich weiter voran, einem trügerischen Horizont nach dem anderen entgegen, bis sie Stunden später einen messerbreiten Kamm aus weißem Schnee erreichte, der sich zu einem kleinen Punkt zuspitzte. Zuerst wollte Tyndall nicht glauben, daß dies der Gipfel war, doch nachdem er am Kamm entlanggerutscht war und sich unsicher auf die Spitze gestellt hatte, begriff er, daß das Weisshorn nun endlich ihm gehörte.

»Bennen warf die Arme in die Luft und schrie wie ein Walliser«, schrieb Tyndall, »und Wenger stieß den gellenden Ruf des Oberlandes aus.«[48] Rund 1000 Meter unter ihnen hörten die Konkurrenten aus Randa die Rufe. »Immer und immer wieder wurde der Triumphschrei ihnen hinunter gesandt«,[49] bis sie ihre Niederlage eingestanden und den Heimweg einschlugen. Dann entfernte Bennen das Blatt aus einer ihrer Äxte und steckte den Griff, an dem ein rotes Tuch festgebunden war, in den Schnee. Tyndall war zu bewegt, um diese Begeisterung zu teilen. Er konnte nur vor sich hin starren und war nicht einmal in der Lage, sich wissenschaftliche Notizen zu machen. »Ich hatte nie vorher einen Anblick gehabt, der mich so wie dieser ergriff. Ich wollte in meinem Notizbuch einige Beobachtungen niederschreiben, aber ich unterließ es bald. Es lag etwas Unharmonisches, wenn nicht Entweihendes darin, wenn ich den wissenschaftlichen Gedanken gestattete, sich einzuschleichen, wo schweigende Huldigung ›die einzig verständige Handlung‹ schien.«[50] Doch die größte Freude bereitete ihm nicht die Aussicht, sondern der Umstand, daß niemand in Randa geglaubt hatte, das Weisshorn könne bezwungen werden, schon gar nicht von einer schwächlichen Bohnenstange, die nicht einmal ihr Essen herunterbrachte. Tyndall hatte alle eines Besseren belehrt, und das mit nichts Gehaltvollerem als zwölf Fleischtabletten.

Der Abstieg war riskant. Wie Kennedy früher auf dem Bristenstock wählte Bennen eine andere Route als für den Aufstieg. Einmal fürchtete Tyndall, inzwischen unglaublich erschöpft, nachdem er 48 Stunden lang fast nichts gegessen und überhaupt nicht geschlafen hatte, daß sie in eine Sackgasse geraten seien. »Ich war vollständig ratlos«,[51] verzeichnete er, als er die Klippen vor sich anstarrte. Aber Bennen fand einen Weg nach unten. Während sie abstiegen, gab das Weisshorn eine dramatische Demonstration seiner Verachtung: Ein einzelner Felsbrocken stürzte vom Gipfel, er hüpfte herunter, wobei er Staubwolken aufwirbelte und Hunderte von kleineren Felsstücken mit sich riß, von denen jeder mehr Staub in die Luft wirbelte. Innerhalb von Sekunden entwickelte sich ein mächtiger Steinschlag. »Das Gepolter war betäubend«, schrieb Tyndall. »Schwarze Felsmassen durchbrachen hier und dort die Wolken und fuhren wie fliegende Teufel durch die Luft. Sie bewegten sich nicht nur gerade fort, sondern sie wirbelten und zuckten in ihrer Flucht, als ob sie von Flügeln getrieben würden. Von allen Seiten hallten die Echos, vom Schallenberg zum Weisshorn und zurück, bis endlich, nach manchem tiefdröhnenden Fall in den Schnee, der ganze Haufen seine Ruhe am Fuße des Berges fand.«[52] Die Felsen kamen ihnen nicht nahe, aber nach seinem Erlebnis auf dem Alten Weisstor wurde Tyndall nervös. Es war »eine der außerordentlichsten Erscheinungen, die ich je beobachtet hatte«[53].

Sie erreichten Breuil um 23 Uhr, und Tyndall gelang es, eine Schüssel Brühe und ein Stück gekochtes Hammelfleisch zu sich zu nehmen. Dann gönnte er sich ein heißes Fußbad und schlief ganze sechs Stunden hintereinander. Es war der willkommene Höhepunkt einer Saison voller beispielloser Triumphe und Belastungen. Doch als er aufwachte, wurde er weiterhin von dem Gedanken an das Matterhorn gequält. Er war entschlossen, es zu besteigen, wie er Bennen mitteilte. 1862, erklärte er, werde der »Wilde« ihm gehören.

16

»Während es vom Campanile in Sondrio Mitternacht schlug, rumpelte eine Kutsche in den Hof des Hotel della Maddalena.«[1] Mit diesen einprägsamen Worten eröffnete Edward Shirley Kennedy seinen Bericht über die Erstbesteigung des Monte della Disgrazia im August 1863. Es war kein außergewöhnlich hoher oder besonders schwerer Berg. Aber die Schilderung der Expedition erwies sich deshalb als denkwürdig, weil sie mit solcher Eleganz geschrieben war und weil es sich um den ersten Artikel in der ersten Ausgabe des *Alpine Journal* handelte. Als direkter Nachfolger von *Peaks, Passes and Glaciers* lieferte das *Alpine Journal* den bis dahin genauesten Maßstab dafür, wie populär die Alpen geworden waren. Die erste Ausgabe erschien 1864 und schäumte geradezu vor Energie. Wie in der früheren Zeitschrift wurde über neue Besteigungen berichtet, aber man ging auch auf eine Menge faszinierender Einzelheiten ein. Leser erkundigten sich, ob dieser oder jener Mann diesen oder jenen Berg bestiegen habe oder ob der Berg überhaupt existiere. Sie empfahlen Schweizer Gasthöfe, warnten vor inkompetenten Führern, schimpften auf das Banditenunwesen und diskutierten über Stiefel, Seile und Alpenstöcke. Ungewöhnliche Schilderungen füllten die Seiten: Ein Verfasser erzählte, wie er auf dem Montblanc kurz vor dem Morgengrauen einen vollkommen grünen Schatten geworfen habe; ein anderer beschrieb phosphoreszierenden Schnee, der bei jedem Schritt an den Stiefeln seines Gefährten aufleuchtete; ein dritter berichtete, wie ihm das Haar – genau wie die Kreppschleier seiner Gefährten – zu Berge gestanden und wie seine erhobene Hand in der elektrischen Entladung eines Gewitters wie ein Kessel gepfiffen habe. Auf jeder Seite hallte das Echo von Kennedys Erklärung auf dem Gipfel des Monte della Disgrazia wider: »Deshalb bin ich berechtigt, für die Bergsteigerei den ersten Rang unter den athletischen Sportarten zu beanspruchen, denn sie nährt jene vielfältigen Elemente, die zusammen das ausmachen, was am angelsächsischen Charakter lobenswert ist.«[2]

Die Aufregung war überwältigend – sie erinnerte in gewisser Weise an die Gefühle der Bürger einer neu gegründeten Republik. Hier hatte man es mit einer Gruppe von Männern zu tun, die nur an ihre eigenen Vorschriften gebunden und keiner Regierung und keinem Souverän verpflichtet waren, die den Auftrag hatten, eine neue Welt nach ihrem eigenen Gutdünken zu erschließen. Vor allem aber kannte ihre Republik keine politische oder territoriale Verantwortlichkeit. Sie ignorierte Grenzen (konnte jemand behaupten, daß ein Abgrund seinem Wesen nach zu Frankreich, Italien oder der Schweiz gehörte?), ihre Botschaft war übernational (das Schweizer und das italienische Gegenstück des Alpine Club wurden 1863 gegründet, das deutsche und österreichische 1869, das französische 1864 und das amerikanische kurz danach; ein Karpatenclub tauchte in Polen auf), und nichts schränkte ihr Betätigungsfeld ein.

In der ersten Nummer des *Alpine Journal* beschrieb ein Mann eine Besteigung auf der Sinai-Halbinsel; bald folgten Berichte aus Norwegen, Grönland, Spitzbergen, der Türkei, den Anden, den Rocky Mountains, dem Kaukasus und dem Himalaya – eben von überall, wo es einen Berg gab. Ihre Republik war ein Gebilde des Geistes und des Körpers. »Was denkt jemand, wenn er den Gipfel erreicht«? fragte sich Kennedy auf dem Monte della Disgrazia. »Wie steige ich ab?« oder »Wo ist der Wein?« oder »Was für eine Aussicht!« oder »Gib mir mein Barometer!« Nein, so fuhr er fort, man denke an »das berauschende Gefühl der überwundenen Schwierigkeit und an den durch Beharrlichkeit errungenen Erfolg«[3]. Er schilderte den Überschwang seiner Rückkehr mit Worten, welche die Leser gleichsam anstachelten, nach ihren Stiefeln zu suchen: »So hatten wir einen Tag von 24 Stunden hinter uns, aber ob es derselbe, der nächste oder der Tag nach jenem Tag war oder ob er in derselben Woche oder in der nächsten Woche endete, das war eines jener Dinge, deren man sich nie sicher sein konnte.«[4]

Kennedy war der Chefpropagandist des Alpine Club. Er teilte den Mitgliedern genau das mit, was sie hören wollten, und zwar in einem Tonfall, der Dramatik mit Vertraulichkeit verknüpfte. Als er in den Hof des Hotel della Maddalena ratterte, beabsichtigte er durchaus, an den Hängen des Disgrazia »Angelegenheiten von antiquarischem und geologischem Interesse« zu klären. Aber er fügte sozusagen mit einem Augenzwinkern hinzu: »Es gab noch einen anderen und mächtigeren Reiz; unsere Betrachtung galt einem unbestiegenen Gipfel, und welcher Kletterer kann dem Charme eines solchen Objekts widerstehen?«[5] Unbestiegene Gipfel zogen Menschen wie ein Magnet an. Noch existierte eine große Zahl von ihnen: 1862 war kaum die Hälfte aller Gipfel der Hauptalpenkette um den Montblanc, um Grindelwald und Zermatt bezwungen worden, und in anderen Gebieten fand man ebenfalls aber Dutzende. Selbst wenn ein Berg erobert war, bestand die Aussicht, neue, anspruchsvollere Routen zum Gipfel zu entdecken. Die Mitglieder brannten darauf, sich den Herausforderungen zu stellen.

Der Alpine Club gewann an Ansehen und an Mitgliedern, darunter eine Auslese von ungestümen Wahnsinnigen. Da war zum Beispiel Francis Fox Tuckett, der bei seiner Hast von Gipfel zu Gipfel ein fast makelloses Verzeichnis von Beinahe-Katastrophen aufweisen konnte. 1863 entging er um Haaresbreite einer der gewaltigsten Lawinen, welche je den Eiger heimgesucht hatten. Da war Lucy Walker – als Frau kein Mitglied des rein männlichen Alpine Club, doch gleichwohl Angehörige des engeren Zirkels –, die sich normalerweise die Zeit mit Näharbeiten und gepflegter Konversation vertrieb, bis man ihr einen hohen Berg zeigte, woraufhin sie ein handfestes Kleid anlegte und auf den Gipfel stürmte. Was sollte man von einem Mann wie James Benjamin Redford Bulwer halten, der gleichzeitig Barrister, Musiker, Maler, Schauspieler, Kricketspieler, Eisläufer, Soldat, konservativer Parlamentsabgeordneter und Vormundschaftsrichter war? Und dann gab es noch Leslie Stephen.

Stephen, der Kennedy auf den Monte della Disgrazia begleitet hatte, ragte wie ein Fels der Vernunft aus dem Strom des Alpenenthusiasmus hervor. Er war Literat und ist uns heute am besten als Herausgeber des *Dictionary of National Biography* und als Vater von Virginia Woolf und Vanessa Bell in Erinnerung geblieben. Er hatte etwas von Tyndall an sich, denn er war ein kränkliches, schüchternes Kind gewesen, hatte seine Schwächen durch körperliche Ertüchtigung überwunden und war zu einem großen, dünnen, bärtigen Mann mit scharfem Geist, einem Abscheu vor Untätigkeit und einem Hang zur Überanstrengung herangewachsen. Er legte große Entfernungen mit einem Tempo von gut sechs Kilometern pro Stunde zurück und marschierte die 80 Kilometer zwischen Cambridge und London einmal in zwölf Stunden, um an einem Dinner des Alpine Club teilzunehmen. Er war zum Priester geweiht worden, hatte sich jedoch vom Christentum losgesagt, um den gleichen mehr oder weniger agnostischen Weg wie Tyndall zu beschreiten. Dessen aufbrausendes Wesen teilte er nicht, aber er hatte die Begabung, sich unbeliebt zu machen. Grund dafür war nicht etwa ein besonders unerfreulicher Charakterzug, sondern der überwältigende Wunsch, in Ruhe gelassen zu werden. »Ich empfinde so rasch Langeweile wie kein anderer«,[6] sagte er einmal. Wenn ein Besucher zu lange blieb, wurde Stephen sichtlich nervös, zwirbelte sein Haar und murmelte schließlich recht hörbar vor sich hin: »Warum geht er nicht? Warum geht er nicht?«[7] Seine ausdrückliche Meinung lautete: »Das Leben wäre erträglicher, gäbe es keine Mitmenschen. Sie überfallen uns wie Bienen, und da wir sie nicht vernichten können, werden wir in eine sichere Zuflucht getrieben. Immerhin bleiben noch die Alpen.«[8] Und dorthin reiste er.

Jahr um Jahr stolzierte er, bekleidet mit einem langen Tweedmantel, der zu seinem Kennzeichen wurde, durch die Schweiz wie ein Stechzirkel über eine Karte. Virginia Woolf erinnerte sich daran, daß er den Mantel, in der Taille von Seilen gelb verfärbt, voller Stolz in London trug. Er hatte nichts gegen die Gesellschaft anderer Bergsteiger einzuwenden, denn im Umgang mit ihnen »können kleine Abenteuer förderlich für eine intellektuellere Verständigung und die Entstehung permanenter Freundschaften sein«[9], aber im allgemeinen zog er es vor, sich nur in Begleitung von Bergführern auf lange, meditative Wanderungen zu begeben. Seine Meditationen stärkten seinen Glauben an den Allmächtigen nicht, aber sie führten wie bei fast jedem Bergsteiger – darunter auch Tyndall – zu einem Gefühl der Ergriffenheit. Auf dem Schreckhorn sagte er: »Man hatte den Eindruck, als könne ein unsterbliches Wesen, das keine besonderen Pflichten zu erfüllen hat, in aller Ruhe auf einem dieser einsamen Felsen sitzen und zusehen, wie die kleinen, schattenhaften Falten der Ebene, die wirkliche Gebirgsketten sind, im langsamen Lauf der geologischen Epochen aufsteigen und fallen.«[10]

Für Stephen waren die Alpen das einzige Gebiet der Erde, in dem es sich zu leben lohnte. Einem amerikanischen Freund teilte er mit: »Ihr armen Yankees seit in vieler Hinsicht zu bemitleiden, aber am meisten dafür, so fern von der Schweiz zu sein.«[11] Und in einem anderen Brief: »Du armer Sohn eines entarteten Schlages, der Du wohl eine Reise zu den White Mountains oder einen sonstigen zweitrangigen Ersatz für das Original planst, beneidest Du mich nicht?«[12] Er trottete unaufhaltsam weiter und war genauso zufrieden mit der Besteigung alter wie neuer Gipfel, denn Schönheit fand er überall. Über einen Sonnenuntergang am Montblanc schrieb er:

> Der Schnee zu unseren Füßen glühte vor überfließendem Licht, und die Schatten in unseren Fußstapfen hoben sich dunkelgrün davon ab. Unter uns war ein riesiger horizontaler Boden aus dünnen, ebenen Nebeln, die in allen Tönungen des Sonnenuntergangs gefärbt mitten in der Luft hingen und sich wie ein Baldachin über die grenzenlose Landschaft ausbreiteten. Durch ihre Risse und Lücken konnten wir die niedrigeren Berge, die fernen Ebenen und einen Teil des Genfer Sees sehen, der in einem düstereren Purpur dalag. Über uns ragte das würdige Massiv des Montblanc im prächtigsten Glanz eines Alpensonnenuntergangs empor. Das Gefühl einsamer Erhabenheit war fast erdrückend.[13]

Stephen hatte nichts für diejenigen übrig, die einen Berg nur deshalb erklettern wollten, weil er höher war als ein anderer, und er bezog bei seiner Verurteilung bergsteigerischer Exzesse einen ähnlichen Standpunkt wie Ruskin: »Die bloße Aussage, daß ein Berg eine vertikale Höhe von soundsoviel Metern über dem Meeresspiegel besitzt und soundsoviele Tonnen Granit enthält, bedeutet überhaupt nichts. Der Montblanc ist ungefähr drei Meilen hoch. Na und? Drei Meilen entsprechen einem einstündigen Spaziergang für eine Lady, einer Taxigebühr von acht Pence, das heißt der Strecke von Hyde Park Corner bis zur South Bank – ein Schnellzug könnte sie in drei und ein Rennpferd in fünf Minuten zurücklegen.«[14] Andererseits respektierte (und teilte) er den Drang seiner Clubgefährten, nicht nur zu klettern, sondern so hoch wie möglich zu gelangen. »Ich bin ein Fanatiker«, schrieb er. »Ich glaube, daß die Besteigung von Bergen ein entscheidendes Kapitel in der vollständigen

Pflichterfüllung des Menschen darstellt und daß es falsch wäre, irgendeinen Bezirk zu verlassen, ohne den Fuß auf seinen höchsten Gipfel gesetzt zu haben.«[15]

Als Vorsitzender, Vizepräsident und dann Präsident (sowie als Herausgeber des *Alpine Journal*) war Stephen der geistige Mentor des Clubs. Er kritisierte Besteigungen ohne Bergführer und gab die berühmte – wenn auch unzutreffende und viele verärgernde – Erklärung ab, daß auch der beste Laie nicht einmal einem drittrangigen Führer gewachsen sei. Zudem legte er größten Wert auf Sicherheit und äußerte sich geringschätzig über Wissenschaftler: »Wahre Alpenreisende liebten die Berge um ihrer selbst willen und hielten wissenschaftliche Eindringlinge mit ihren Barometern und ihrer Theoretisiererei einfach nur für lästig.«[16] Diese Ansicht war durchaus begründet, da das Zeitalter der wissenschaftlichen Alpenforschung immer schneller seinem Ende entgegenging, aber es war unklug, dies so offen zum Ausdruck zu bringen, solange es noch einige Kletterer gab, für welche die Wissenschaft an erster Stelle stand. Wie Stephen später kommentierte: »Meine erste Kontaktaufnahme mit Tyndall war nicht ganz zufriedenstellend.«[17]

Tyndall hatte nie eine problemlose Beziehung zum Alpine Club. Mathews trug ihm die Mitgliedschaft kurz nach der Gründung des Clubs an, doch Tyndall verzichtete. Die Ursache ist unklar, denn Mathews schien willens zu sein, die Aufnahmebedingung von 3960 Metern außer acht zu lassen (Tyndall hatte diese Höhe noch nicht erreicht). Vielleicht hatte es mit Arbeitsdruck zu tun, vielleicht mit Groll darüber, daß er nicht in die Liste der Gründungsmitglieder aufgenommen worden war, vielleicht mit Verdruß, weil der Club die Wissenschaft nicht zu seinem Hauptgegenstand gemacht hatte. Wie auch immer, er trat im folgenden Jahr bei, als man die 3960-Meter-Forderung fallengelassen hatte und ihn mit der Präsidentschaft köderte. Doch als John Ball im Jahr 1868 zurücktrat, war Tyndall in seinen Gletscherstreit mit Forbes verwickelt. Ball war die Debatte gleichgültig – »Zum Henker damit«,[18] schrieb er –, aber er fürchtete, daß Tyndalls Berufung »die tiefgehende Freundschaftlichkeit« der Clubaktivitäten »stören könnte«[19]. Kennedy galt als weniger riskante Wahl, denn, wie Ball Tyndall erklärte, ihm »macht es nichts aus, ob sich das Eis bergan oder bergab bewegt, solange er Gletscher und Gipfel besteigen kann«[20]. Tyndall bot sofort seinen Rücktritt an und bemerkte in seinen privaten Aufzeichnungen, daß Balls Worte »liebenswürdig und kultiviert, aber ohne wahren Zweck und eindeutige Richtung«[21] gewesen seien. Ball reagierte ein wenig schroff: »Ich verstehe gut, daß der Alpine Club und seine Angelegenheiten für Sie von unendlich geringer Bedeutung sind, aber ... ich halte es trotzdem für schade, daß Sie sich von ihm trennen wollen ... Falls Sie dazu entschlossen sind, möchte ich darauf hinweisen, daß es – vorausgesetzt, es kommt Ihnen nicht ungelegen – eine elegante Lösung wäre, wenn Sie am 13. beim Dinner einen Trinkspruch auf Kennedys Gesundheit ausbrächten. Sollten Sie das tun, wäre man Ihnen sehr gewogen, ob Sie im Club bleiben oder ihn verlassen, vor allem auch im letzteren Fall.«[22] Wieder einmal war von einer künftigen Präsidentschaft die Rede. Tyndall nahm seinen Rücktritt zurück, und am 7. November 1861 stimmte man für den Vorschlag, einen zweiten Vizepräsidenten zu berufen und Tyndall mit der Aufgabe zu betrauen. Er akzeptierte und nahm in jenem Dezember seinen Platz beim Winterdinner mit einigem Stolz ein.

Unglücklicherweise war Stephen einer der Redner. In seiner Ansprache, die eine Besteigung des Rothorns beschrieb, verspottete er die Wissenschaftler: »›Und welche philosophischen Beobachtungen haben Sie gemacht?‹ dürfte sich einer jener Fanatiker erkundigen, die durch einen für mich völlig undurchschaubaren Denkprozeß Alpenreisen irgendwie mit der Wissenschaft in Verbindung bringen. Ihnen antworte ich, daß die Temperatur schätzungsweise (ich hatte kein Thermometer bei mir) 135 Grad unter dem Gefrierpunkt betrug. Was Ozon betrifft, so war er, wenn welcher in der Atmosphäre existierte, ein größerer Narr, als ich erwartet hatte.«[23] Wieder trat Tyndall zurück, diesmal unwiderruflich. »Es ist mir ganz unmöglich, an Ihren Sitzungen teilzunehmen oder irgend etwas zu tun, das die Interessen ihrer Organisation auf realistische Weise fördern könnte«, teilte er dem Honorarsekretär mit. »Erwarten Sie daher nicht von mir, daß ich die Korrespondenz über diese Angelegenheit fortsetze.«[24]

Tyndalls Reaktion erschien seltsam. Er war zwar noch Wissenschaftler, aber seit langem führte er keine Messungen mehr in den Alpen durch. Bereits 1859 klagte er, daß er einem Treffen der Royal Society beiwohnen müsse, um sich »einen ermüdenden Vortrag über das ermüdende Thema Eis«[25] anzuhören. Ein Jahr später schrieb er Ball, falls noch eine einzige Person mehr seine Beobachtungen in Frage stelle – ein Mann hatte dies anscheinend gewagt –, »werde ich geneigt sein ... die gesamten Alpen zu verwünschen, sollten sie mir noch viele dieser Belästigungen verschaffen«[26]. Das Problem könnte darin bestanden haben, daß Tyndall weiterhin vom Matterhorn in Anspruch genommen wurde und daß es ein neues Clubmitglied gab, das den Berg genauso sehnlich wie er besteigen wollte. Zudem war dies genau einer der Männer, die vielleicht Erfolg haben würden. Er hieß Edward Whymper, und Tyndall konnte ihn nicht ausstehen. Und diesmal hatte es nichts mit Tyndalls Streitsüchtigkeit zu tun, denn Whymper war tatsächlich ein über die Maßen unsympathischer Mann.

Edward Whymper wurde 1840 geboren. Sein Vater betrieb eine Holzdruckerei in Southwark, und Edward trat als Lehrling in den Familienbetrieb ein. Während seiner Lehrzeit führte er ein Tagebuch, das zugegebenermaßen von einem noch unreifen Jungen stammte, doch gleichwohl die Entwicklung eines sonderbaren Geistes enthüllte. Edward war ein konventioneller Moralist. Er war ein guter Handwerker, hatte aber wenig Interesse am Geschäft, abgesehen davon, daß er sich um die Finanzen sorgte. Seine Freizeit verbrachte er damit, Feuer zu beobachten – bei jedem Großbrand war er zur Stelle – und Zeitungen nach Mordberichten zu durchsuchen. Er spielte Kricket, doch hatte er anscheinend wenig Freunde und zog es vor, abends lange Spaziergänge zu machen oder die Zeiten zu notieren, in denen Würger die Parks heimsuchten. Er war ehrgeizig, ein Einzelgänger, mürrisch und nachtragend. Am liebsten wäre er Arktisforscher geworden – was genau seinen Neigungen entsprochen hätte –, statt dessen mußte er sich mit dem Holzdruck bescheiden, einem zum Untergang verurteilten Gewerbe, das bald von modernen Druckmethoden verdrängt werden würde und das er mit immer weniger Interesse ausübte. Als sich die Whympers vorübergehend in Haslemere niederließen, entzog er sich der Schinderei durch Spaziergänge, bei denen er manchmal 72 Kilometer an einem einzigen Tag zurücklegte. Edward war ein gebildeter, auffallender junger Mann mit blondem Haar, stechenden Augen und einem präzisen Geist. Er war für etwas Größeres als das Druckgewerbe bestimmt, aber er wußte nicht, was es war und wie er es entdecken sollte.

Seine Chance kam 1860. In jenem Jahr wurde Whymper, der sich gerade von einer gescheiterten Liebesaffäre erholte, von Longman, einem der letzten Kunden der Firma, beauftragt, vorbereitende Zeichnungen für eine Reihe von Holzschnitten zur Illustration eines Buches über die Alpen anzufertigen. Sobald er in den Alpen eintraf, fand Whymper seine wahre Berufung. Da standen die Berge: wild, weiß, unzugänglich und mehr oder weniger unerforscht – genau wie die Arktis. Sein Instinkt befahl ihm, sie zu besteigen. Allerdings verspürte er, fast beispiellos unter Alpinisten, kaum eine geistige oder physische Ehrfurcht. Während andere Besucher ganze Bibliotheken mit Emotionen hätten füllen können, blieb Whymper kühl, gleichmütig und kritisch. Sein Tagebuch für August und September 1860 liest sich wie eine Litanei der Enttäuschung.

In Zermatt: »Ich sah natürlich das Matterhorn zu verschiedenen Malen; wie wunderbar doch Ruskin darüber geschrieben hat. Wenn man

Edward Whymper, 1865

wie ich Gelegenheit hatte, den Berg klar zu sehen, so gleicht er einem Zuckerhut, den man auf einen Tisch gestellt hat und dessen Spitze auf der einen Seite eingeknickt ist. Der Berg ist großartig, aber schön kann man ihn meiner Ansicht nach nicht nennen.«[27]

Über die Mischabel-Kette: »Ich habe übrigens nie einen Berg gesehen, der ganz frei von Wolken gewesen wäre. Daher glaube ich auch nicht an die hübschen Bilder, auf denen Schweizer Landschaften in der konventionellen Art dargestellt sind. All diese Landschaften sind schön, aber man kann sie nicht lieblich nennen.«

Bei den Giessbach-Fällen: »Dort vernahm ich einen schrecklichen Kuhreigen, den einige blasse Mädchen mit mißtönenden Stimmen sangen. Bei Murray findet sich ein vorzügliches Stück Unsinn in bezug darauf.«

In Lauterbrunnen: »Dort sind Echos vorhanden, die von hornblasenden Idioten vorgeführt werden.«

In Thun: »Hier hat man mich in das absurdeste Bett gesteckt, in dem ich zeit meines Lebens geschlafen habe, und ich vermute, daß ich auch noch schwer dafür zahlen muß.«

In Martigny: »Martigny macht am Tage einen ungünstigeren Eindruck als bei Mondschein.«

Beim Klettern über den Sankt-Bernhard-Pass: »Noch nie habe ich einen so ereignislosen Tag erlebt, noch wanderte ich je auf einer so uninteressanten Straße.«

Beim Abstieg vom Sankt-Bernhard-Pass: »Die Landschaft ist ziemlich durchschnittlich, die Bevölkerung im allgemeinen sehr dumm und gewissermaßen unzivilisiert.«

In Chamonix: »Dieser Ort ist verrückt, ja tatsächlich wahnsinnig! Heute um Viertel nach zehn Uhr hielt der Kaiser der Franzosen (den man hier einfach Napoleon nennt) mit der Kaiserin seinen Einzug. Das Wetter war immer noch schlecht, aber was machte das? Der Schmutz in den Straßen wurde ja vollkommen durch die Massen von Menschen verdeckt, die von allen Seiten hinströmten. Man hatte Reihen von jungen Fichten in den Boden gesteckt, um den Eindruck zu erwecken, daß man einen blühenden Ort vor sich habe. Es amüsierte mich besonders, daß man auch eine Anzahl kleinerer Stämme vor einige Schweineställe aufgepflanzt hatte.«

Am Colo de Viso: »Das schwülstige Gerede über die furchterregende Größe der Landschaft erscheint jemandem, der den Paß begangen hat, einfach absurd.«

In der Dauphiné: »Ich rate niemand [hier] haltzumachen. Die Unhöflichkeit der Leute und die schlechte Kost dort waren tatsächlich einzig dastehend.«

Auf dem Heimweg: »Nach einer höchst unbequemen Fahrt, die 18 1/2 Stunden dauerte, traf ich schließlich in Paris ein, um dort festzustellen, daß ich nicht vor sechs Uhr morgens über Brighton heimreisen konnte.«[28]

Alles schien ihn aufzubringen oder zu erzürnen. Die Hotels »stanken«, die Sennhütten waren »elend«, die Dörfer »armselig und schäbig«, die Führer »abscheulich«. Wenn er nichts zu beanstanden hatte, wie auf der »ausgezeichneten« Straße nach Briançon, gab er sich mit einem Diskurs über die Mängel der englischen Eastern Counties Railway zufrieden. Zum Glück entsprach Briançon seinen Erwartungen: »Ich ging zum Reisebüro und stellte dort zu meinem größten Ärger fest, daß alle Plätze in der Postkutsche bereits besetzt waren, so daß mir nichts anderes übrigblieb, als zu Fuß nach Grenoble zu gehen ..., wobei ich an verschiedenen trostlosen Dörfern vorbeikam. Ich bewältigte [den Col du Lautaret] in 21 1/2 Stunden ..., davon die letzte halbe Stunden in strömendem Regen.«[29] Nur wenn er ein günstiges Geschäft machen konnte, brachte er ein wenig Befriedigung über die Schweizer zum Ausdruck – zum Beispiel als er an einer Hütte oberhalb von Val Tournanche eine Mahlzeit aus Brot und Käse erhielt: »Der Käse jedoch sah wie eine breiige Masse aus und war schon im Begriff, sauer zu werden. Und womit soll ich erst einmal das Brot vergleichen?«[30] Aber da das Essen nur einen Franken kostete, erklärte er die Leute für sehr gastfreundlich.

Was konnte einen solchen Mann bewegen, in die Alpen zurückzukehren? Die Antwort war, daß Whymper sie als Herausforderung betrachtete. Er mußte sie besteigen, sie ihres Mysteriums berauben und mit Füßen treten. In jener ersten Saison wurde seine Begeisterung durch verschiedene Mitglieder des Alpine Club geschürt. Hinchcliff bot an, ihn auf dem Riffelberg zu unterweisen; Horace Walker (Lucy Walkers Vater) nahm ihn mit zum Trift-Gletscher; er überquerte den Eggishorn-Pass mit einer Gruppe, zu der Leslie Stephen gehörte, und schrieb bewundernd: »Wir gingen viel zu langsam, um Stephen folgen zu können, der nur so vorwärts stürmte und eine Stunde vor uns im Hotel ankam.«[31] Er war entzückt über das ständige Auftauchen von großen Namen. Am 12. August schrieb er: »Nach dem Abendessen traten Stephen, Hinchliff und noch ein Herr in den Salon ein. Sie waren naß wie die Pudel, denn sie kamen gerade von einem Spaziergang auf den Riffelberg zurück. Sie hatten 35 Minuten gebraucht, was einen ziemlichen Unterschied zu meinen vier Stunden am Abend vorher bedeutete. Ich höre soeben, daß Professor Tyndall mit Hawkins auf dem Eggishorn ist, nachdem er in Lauterbrunnen einige wunderbare Klettertouren ausgeführt hat. Heute sind Professor Hall vom King's College und eine ganze Menge neuer Alpinisten eingetroffen, so daß unsere Tischrunde stets interessant ist.«[32] In der Heimat war Whymper ein bescheidener Holzdrucker, der mit einem recht vulgären Londoner Akzent sprach. Dort hätte er den Hut vor Männern wie Stephen, Tyndall, Hall und Hinchliff gezogen, doch hier konnte er sie in Aktion beobachten, mit ihnen speisen, Fachgespräche führen und ihren Wein teilen. Es war berauschend.

Schon bald spielte Whymper den Experten. Über einen mißlungenen Versuch, das Weisshorn zu besteigen, schrieb er, daß er wegen des starken Schneefalls habe scheitern müssen: »So glaube ich, daß dieses Jahr von einer Besteigung keine Rede mehr sein kann, obwohl zu Beginn einige aufschneiderische Mitglieder des Alpine Club behaupteten, es würde ihnen gelingen.«[33] Diese Worte brachte er am 13. August zu Papier, obwohl er bis zu seiner Ankunft in den Alpen fünf Tage zuvor nie einen Berg gesehen hatte. Am 16. August unternahm er seine erste Alpenexpedition mit zwei englischen Touristen und einem Führer über den Grimsel-Pass hinweg. Dies war schon hundertmal bewerkstelligt worden, aber Whymper hielt es für eindrucksvoll. Sein Tagebucheintrag ist der Lektüre wert, da er das Wesen seines Charakters enthüllt.

> Etwa um drei Uhr brachen wir auf. Wir hatten einen Mann engagiert, der uns den Weg weisen und unser Gepäck tragen sollte. Er war aber der Ansicht, es sei für ihn genug, wenn er zwei Rucksäcke trüge, daher schleppte ich meinen den ganzen Weg selber. Natürlich war er nach der Sitte des Landes mit einem Schirm ausgerüstet, wir jedoch nicht. Obwohl er engagiert worden war, uns den Weg zu zeigen, übernahm er die Führung nicht. Von Obergestelen aus sind noch etwa 2600 Fuß zu über-

winden, um auf die Höhe des Passes zu gelangen. Auf halbem Weg gelangten wir an einen der furchtbaren Sturzbäche, von denen man uns erzählt hatte. Die Überquerung mache keine Schwierigkeiten, sofern wir gewillt seien, uns bis auf die Haut durchnässen zu lassen. Das traf nun zu. Nachdem wir die günstigste Stelle für den Übergang ausgesucht hatten, sprangen wir mit Hilfe unserer Stöcke hinüber, ein Spritzer – und wir waren drüben. Unser Führer sagte uns indes, der nächste Sturzbach sei schon schwieriger, der erste sei ja nichts Besonderes gewesen. Wir marschierten weiter, während der Regen anhielt. Als ich nach hinten sah, bemerkte ich, daß das Tal überflutet war. Im Sturzbach entdeckte ich einige schwarze Flecken, zweifellos Überreste einer Brücke oder einer Hütte. Je höher wir kamen, desto stärker regnete es. Es blitzte und donnerte furchtbar, und kurz vor der Höhe gerieten wir in den schwersten Hagelsturm, den ich je erlebt habe. Dieser Umstand vollendete die Niederlage unseres Führers. Er suchte schleunigst hinter einem Felsvorsprung Schutz, duckte sich nieder und forderte uns auf, dasselbe zu tun. Wir warteten eine kurze Weile, sahen aber ein, daß es zwecklos war, denn wir waren bereits ganz durchnäßt. So machten wir uns nach einiger Zeit wieder auf den Weg, stießen an verschiedenen Stellen auf hohen Schnee und gelangten schließlich an einen weiteren Sturzbach, der uns vollkommen den Weg versperrte. Wir meisterten ihn jedoch auf die gleiche Weise wie den anderen. Nachdem dies bewerkstelligt war, tauchte unser Cicerone auf und machte geltend, daß er sich nur bereit erklärt habe, bis zur Höhe des Passes mitzukommen, was, wie ich glaube, auch stimmte. Wir setzten unseren Weg fort, marschierten durch Wassertümpel und Schneereste. Der Hagel peitschte uns Gesicht und Hände. Es war, als ob wir mit dünnen Knotenstricken geschlagen würden. Schließlich hielt es der Führer nicht mehr aus. Er suchte hinter einem Felsen Schutz und weigerte sich weiterzugehen. Er bot wahrhaft ein erbarmungswürdiges Bild, mit seinen zwei Rucksäcken auf dem Rücken, dem Schirm in der Hand (den er nicht aufspannen konnte), während ihm das Wasser in Strömen das Gesicht und den ganzen Körper hinunter lief. Er schnappte nach Luft und schnitt das dümmste Gesicht, das mir je begegnet ist. Ich glaube, in diesem Augenblick machte sich der geldgierige Zug in seinem Charakter erneut geltend, und für einen Franken mehr wäre er sicher weitergegangen. Indes vermuteten wir richtig, er würde uns folgen, wenn wir unseren Weg fortsetzten, und so war es auch. In der Nähe des Hospizes ließ der Hagel nach, und der Wind blies weniger stark. Sofort setzte er sich erneut an die Spitze und bemühte sich, wieder gut auszusehen, um als Sieger einzuziehen. Ich aber holte ihn ein und ließ ihn mit seinem Schirm in der Nachhut.[34]

Whymper hoffte, eine amüsante Beschreibung geliefert zu haben. Vielleicht war sie es nach damaligen Maßstäben auch, aber dem modernen Betrachter zeigt sie einen unreifen, unerfahrenen Mann, der einen leichten Paß als so schwierig wie möglich hinstellte, indem er über einen Führer spottete, der aller Wahrscheinlichkeit nach nie behauptet hatte, mehr als ein Träger zu sein. Klettern, erobern, Schwächlinge ihrem Schicksal überlassen – das war Whympers Bergsteigerphilosophie. Leider leistete sie ihm gute Dienste.

1860 hatte man ihm den noch unbezwungenen Mont Pelvoux in der Dauphiné gezeigt. 1861 kehrte er zurück und bestieg den Berg. Dadurch wurde ihm die Aufnahme in den angesehenen Alpine Club ermöglicht, und von jenem Zeitpunkt an zog er jeweils mehrere Wochen lang durch die Alpen. Gipfel, die bereits erklettert worden waren, bedeuteten ihm wenig, und er betrachtete jeden anderen Bergsteiger als Konkurrenten. Seine Liste von Erstbesteigungen war beeindruckend und seine Ausdauer ohnegleichen. Hin und wieder ließ er sich zu Momenten echter Leidenschaft hinreißen, aber insgesamt legte er eine schroffe Haltung an den Tag. Immer wieder schalt er Träger und Führer, weil sie nicht fähig seien, mit ihm Schritt zu halten, oder weil sie ihn irgendwie betrogen hätten. Die ganze Bergsteigergemeinschaft des Clubs hatte Geschichten von unzuverlässigen Trägern und mangelhaften Gaststätten zu erzählen. Whymper berichtete, wie er Träger leiden ließ und Gastwirte seinem Willen unterwarf. Bei einer Gelegenheit, als ein Träger sämtliche Vorräte einer Gruppe außer einer kleinen Brotrinde aufgegessen hatte, nötigte Whymper den Mann zu einem Gewaltmarsch, der diesen fast das Leben gekostet hätte. Er war beeindruckend, doch unerbittlich. Wie Stephen später schrieb: »Mr. Whymper gebührt das Verdienst, nicht die geringsten Schwächen zu haben.«[35]

Doch Whymper hatte eine Schwäche: das Matterhorn. 1861, nach seinem Erfolg auf dem Mont Pelvoux, wandte er sich dem Matterhorn zu und erreichte Breuil kurz nach Tyndalls Abreise. Er nahm sogleich eine Expedition in Angriff, die Bennen für undurchführbar erklärt hatte: so weit wie möglich mit einem Führer zu klettern, auf den Felsen zu über-

Biwak auf dem Col du Lion, 1861 (Zeichnung von Edward Whymper)

nachten und am folgenden Tag zum Gipfel aufzubrechen. Er scheiterte. Das Zelt war in Gefahr, fortgeblasen zu werden, und wurde abgebaut, so daß Whymper und sein Führer unter freiem Himmel schlafen mußten. Whymper beklagte sich nicht, aber sein Führer »verbrachte den Rest der Nacht in zitternder Erwartung, unter Ausrufen wie ›schrecklich‹ und ›fürchterlich‹«[36]. Als sie den Kamin erreichten, den Bennen so mühelos hinaufgerollt war, gelang es Whymper, ihn hinter sich zu bringen, doch der Führer weigerte sich, ihm zu folgen, band sich los und sagte, er gehe heim. Es kam zu einem albernen Wortwechsel, bei dem

Whymper von oben drohte, während der Führer vergnügt von unten antwortete. Schließlich verlor Whymper die Beherrschung. Er befahl dem Mann, nach Breuil zurückzukehren und allen mitzuteilen, wie er seinen »Monsieur« am Berg im Stich gelassen habe. Der Führer ergriff seinen Rucksack und schickte sich an, den Befehl auszuführen, doch plötzlich merkte Whymper, daß er im Gegensatz zu Bennen nicht ohne Hilfe von unten durch den Kamin absteigen konnte. Also rief er den Führer unter enormem Gesichtsverlust zurück, bat ihn um Hilfe und folgte ihm tobend zurück nach Breuil.

Whymper war außer sich. Seine erste Saison war ruiniert. Gleichgültig, wie viele Gipfel er in den folgenden Jahren bezwang – und es war eine stattliche Zahl –, das Matterhorn schien ihn durch seine Unzugänglichkeit zu verspotten. Es war kein Zuckerhut mehr, »dessen Spitze auf der einen Seite eingeknickt ist«, sondern etwas Größeres und Schrecklicheres, das durchaus Drachen beherbergen mochte. Er erklärte: »Um das Matterhorn herum schien ein Kordon gezogen zu sein, zu dem man emporsteigen konnte, weiter aber nicht. Innerhalb jener unsichtbaren Grenze existierten angeblich Dschinns und Elementargeister – der ewige Jude und die Geister der Verdammten. Die abergläubischen Einheimischen ... sprachen von einer Ruinenstadt auf seinem Gipfel, in der die Geister hausten. Und wenn man lachte, schüttelten sie ernst den Kopf. Sie forderten dich auf, dir die Burgen und die Wände selbst anzuschauen, und warnten dich vor übereilten Schritten, damit die erbosten Dämonen deinen Spott nicht bestraften und Rache von ihren unangreifbaren Höhen herunterschleuderten.«

Whymper konnte nicht schlafen, solange das Matterhorn unberührt war. Er mußte »den Berg so lange ... belagern, bis er oder ich besiegt war«[37].

17

Sowohl Tyndall als auch Whymper waren besessen vom Matterhorn, und 1862 begann ihr Rennen gegeneinander. Wenn der Alpine Club es für angebracht gehalten hätte, Wetten abzuschließen, wäre Tyndall der Favorit gewesen. Er besaß jahrelange Erfahrung als Bergsteiger, liebte das Risiko, war Felswänden gewachsen, kannte den Berg und brannte auf dessen Eroberung. Whymper dagegen war ein Außenseiter. Er hatte erst 1861 ernsthaft mit der Bergsteigerei begonnen, war bei seinem einzigen Angriff auf das Matterhorn in schlechter Form gewesen, hegte ein notorisches Mißtrauen gegenüber Bergführern, die er kollektiv als »Pfadfinder, große Fleischvertilger und Trinker«[1] bezeichnete und bei einer Gelegenheit sogar als Männer beschrieb, deren Gesichter »im höchsten Maße Boshaftigkeit, Stolz, Neid, Haß und Spitzbübigkeit«[2] ausdrückten. Für Whymper sprachen jedoch sein kräftiger Körperbau, seine Kletterfähigkeit und seine unerbittliche Haltung allen Hindernissen gegenüber. Ein Spieler hätte sein Geld auf Tyndall gesetzt, aber auch ein oder zwei Guineen auf Whymper – für alle Fälle.

Whymper kam Tyndall in der Saison 1862 zuvor, als er in Begleitung eines Mannes namens MacDonald, mit dem er im Vorjahr den Mont Pelvoux bestiegen hatte, am 5. Juli in Breuil eintraf. Sie brachten ein von Whymper persönlich entworfenes Zelt mit, das, so hofften sie, den Winden widerstehen würde. Das Zelt hielt stand, sie jedoch nicht. Whymper, MacDonald, ihre beiden Führer und ihr Träger, ein unerfahrener Buckliger namens Luc Meynet, überlebten eine äußerst stürmische Nacht auf dem Matterhorn. Doch am Morgen tobte der Orkan immer noch: »Der Grat war von allen Trümmern entblößt, und fest klammerten wir uns an, als wir sahen, wie Steine, so groß wie eine Mannsfaust, waagerecht in die Luft hinausgeblasen wurden«, schrieb Whymper. »Aufrecht zu stehen durften wir nicht wagen und blieben wie angeklebt auf dem Felsen liegen ... Unsere Wärme und unser Mut verflogen rasch.«[3] Sie packten das Zelt ein und stiegen so schnell wie möglich ab.

Unerschrocken machten sie sich zu einem zweiten Versuch auf. Wiederum nahmen sie einen Träger und zwei Führer mit, aber diesmal hatten sie das Glück, einen Mann namens Jean-Antoine Carrel als leitenden Führer engagieren zu können. Er war der Cousin von César Carrel, der Tyndall und Bennen begleitet hatte, und seine Erfahrung mit dem Matterhorn war unübertroffen. Er hatte dessen Hänge rund vier Jahre lang auf ruhige, unspektakuläre Art ausgekundschaftet – nur für eigene Zwecke, nicht als Mitglied einer Gruppe –, und sein Rekord für die höchste Besteigung war erst kurz zuvor von Tyndall verbessert worden. Whymper freute sich über seine Mitwirkung. »Wir schätzten uns glücklich, denn Carrel betrachtete den Berg als sein *Revier* und uns als *Wilderer*«,[4] schrieb er. Nachdem sie am 9. Juli aus Breuil aufgebrochen waren, schlugen sie ihr Lager unter dem Kamin in einer Höhe von 2550 Metern auf und erkundeten die oberen Hänge am folgenden Tag. Alle Voraussetzungen schienen günstig zu sein, nur schlechtes Wetter würde sie am Erfolg hindern können. Sie kehrten voller Optimismus zum Zelt zurück und wurden am nächsten Morgen von einem wolkenlosen Himmel begrüßt. Aber Whymper sollte wieder einmal enttäuscht werden. Der zweite Führer erkrankte und weigerte sich, den Aufstieg fortzusetzen, und Carrel wollte nicht ohne seinen Kameraden weiterklettern. Der »überaus kühle«[5] MacDonald nahm Whymper beiseite und flüsterte, daß sie die beiden Führer zurücklassen und den Berg allein in Angriff nehmen könnten. Nun war es an Whymper, sich zu weigern – nicht aus Mitgefühl mit dem kranken Führer, sondern weil er argwöhnte, daß MacDonalds Fähigkeiten nicht an seine heranreichten. Wütend kehrte er zum zweiten Mal in dieser Saison nach Breuil zurück und machte sich nicht einmal die Mühe, sein Zelt abzubauen. Am 12. Juli reiste MacDonald nach Hause.

Nun hatte Whymper dreimal versucht, das Matterhorn zu besteigen, und zweimal war er durch die Schwäche seiner Gefährten zum Rückzug

Gewitter auf dem Matterhorn, 1863 (Zeichnung von Edward Whymper)

gezwungen worden. Er vermutete, daß Carrel den letzten Versuch aus Groll sabotiert hatte. Das mochte stimmen, denn Carrel erregte sich tatsächlich über Fremde, die auf seinem Berg »wilderten«. Vor allem aber war Carrel Patriot, und er wünschte sich, daß das Matterhorn, wenn überhaupt, von einem Italiener bestiegen wurde. Dieser Gedanke kam Whymper nicht in den Sinn. Im sicheren Gefühl ihrer stabilen Insellage hatten die Briten sich angewöhnt, Kontinentaleuropa als ein Sammelsurium streitender Königreiche zu betrachten, die entweder Frankreich oder Österreich oder Rußland hörig waren. Aber nach der Revolution von 1848 hatte sich Europa gewandelt: Die Nationen waren größer geworden und hatten dabei kulturelle Blöcke gebildet, die sich deutlich voneinander abhoben. Savoyen wurde 1860 ein Teil von Frankreich. 1861 sorgte das Risorgimento dafür, daß das Piemont und die übrige italienische Halbinsel zu einem Einheitsstaat wurden. 1871 schlossen sich Preußen und die benachbarten deutschen Fürstentümer zu einem politischen Gebilde zusammen. Es war wichtig für die neuen Staaten, ihre Stärke zu beweisen, und von militärischer Expansion abgesehen – auf die sie sich bald verlegen sollten –, bot die Bergsteigerei eine Möglichkeit, den Nationalstolz zum Ausdruck zu bringen. Deutschland sollte das in den dreißiger Jahren des 20. Jahrhunderts durch seine Eiger-Nordwand-Faszination bestätigen. In den sechziger Jahren des 19. Jahrhunderts richtete Italien sein Augenmerk auf das Matterhorn. Ohne es zu wissen, kämpfte Whymper gegen die heimlichen Kräfte des Nationalismus.

Whymper fühlte sich nach seinem letzten Versuch hilflos. »Die Schwierigkeit lag ... im Mangel an Menschen, nicht im Berge«,[6] wütete er. Er verließ Breuil und wanderte nach Zermatt, um die Begeisterung der Schweizer anzufachen. Ohne Erfolg. Während die Italiener das Matterhorn für besteigbar hielten, waren die Schweizer gegenteiliger Meinung. Das war verständlich, denn von der italienischen Seite aus präsentierte das Matterhorn eine Reihe von Kämmen und Plateaus, während es von Zermatt aus als nackte Felswand erschien. Da Whymper keinen Bergführer fand, reagierte er seinen Zorn ab, indem er den Monte Rosa bestieg, von dem aus er grimmig das Matterhorn betrachtete. Am 17. Juli kehrte er schließlich zu einem vierten Versuch nach Breuil zurück. Carrel konnte oder wollte ihm nicht helfen, weshalb

Whymper sich auf die mühselige Aufgabe vorbereitete, zurück zum Kamin zu klettern, um sein Zelt zu bergen.

Whymper hatte nie zuvor eine Alleinbesteigung unternommen und stellte fest, daß sie ihm zusagte. Er wanderte die unteren Hänge hinauf, sammelte Pflanzen – etwas, das er nie zuvor im Leben getan hatte –, und als er das Zelt erreichte, baute er es nicht ab, sondern beschloß, dort die Nacht zu verbringen und den Sonnenuntergang zu beobachten: »Wie ich so dasaß ..., erschien mir die Erde immer unirdischer und fast göttlich. Die Welt war tot und ich ihr einziger Bewohner.«[7] Dieses Gefühl war seit Saussures erster Übernachtung auf dem Montblanc immer wieder geäußert worden, aber für Whymper gewann es nun Bedeutung. Die Einsamkeit gefiel ihm. Als er erwachte, fühlte er sich so gut, daß er sich vornahm, ein wenig höher zu klettern.

Whymper auf dem Matterhorn (Zeichnung v. Edward Whymper)

Whymper war ein sehr praktischer Alpinist. Sein Zelt war beispielhaft für sein handwerkliches Geschick: An den Enden befanden sich zwei Paar mit Bolzen befestigte Holzstäbe, deren Eisenspitzen in die meisten Oberflächen eindringen konnten; die Leinwand war mit einer Regenhaut überzogen, so daß die Insassen geschützt waren und gleichzeitig atmen konnten; die Zeltschnüre wurden durch Steine festgehalten, und das ganze Zelt ließ sich innerhalb von Minuten zu einem Bündel verpacken, das ein einziger Mann mühelos zu tragen vermochte. Bei diesem Aufstieg hatte Whymper noch eine andere seiner Erfindungen bei sich: einen Enterhaken. Ähnlich dem in der Seefahrt üblichen Modell handelte es sich um eine Metallkralle, an der sich ein Seil befestigen ließ. Die Kralle konnte oben an einem Alpenstock angebracht oder geworfen werden, so daß sie über die normale Reichweite hinaus Halt bot. Eine besondere Neuerung war ein Eisenring, durch den man das Seil beim Abstieg hindurchziehen konnte. Mit diesem Enterhaken ausgerüstet, stieg Whymper den Kamin hinauf.

Er erreichte das obere Ende ohne große Mühe und war so begeistert, daß er weiter voranschritt. »Als ich zum Fuß des Turmes kam, wäre es gewiß schade gewesen umzukehren«, schrieb er. »Also ging ich ein wenig weiter, um herauszufinden, was sich hinter der Ecke verbarg, und von dort aus schien mir der Berg interessanter denn je zu sein. Die Spitzen dahinter wackelten im Wind. Man konnte – ich übertreibe nicht – einen Block, gewaltig wie eine Pyramide, 30 Meter hoch oder mehr, packen und ihn hin und her schaukeln.« Dieser surreale Ort hatte von den Talbewohnern den Spitznamen »Hahnenkamm« erhalten. »Seltsam fasziniert«, schrieb Whymper, »ging ich weiter …«[8]

Er ließ den »Hahnenkamm« hinter sich, klammerte sich an winzige Vorsprünge und manövrierte sich über steile Hänge hinweg. Gelegentlich blickte er nach oben und sah Felsen, die ihn vom Grat her mit Dämonenfratzen anzugaffen schienen. Schließlich erreichte er eine Stelle, an der die Klippen immer abschüssiger wurden, und hier gab er auf. Aber er hatte Grund zur Genugtuung, denn er war bis auf 430 Meter an den Gipfel herangekommen und höher geklettert als jeder andere vor ihm. »Einige freundliche Kritiker [er meinte Tyndall] haben verkündet, daß ich bemüht gewesen sei, ganz allein aufzusteigen«, spottete er später. »Ich sollte wohl als erster über einen so unsinnigen Gedanken lachen. Es war eine Verbindung zufälliger Umstände, die mich an jenem Tag veranlaßte, allein höher zu steigen als irgend jemand zuvor.«[9] Auf jedem anderen Berg hätte er eine Fahne aufpflanzen müssen, um den Beweis für seine Leistung zu erbringen. Hier jedoch nicht. Einfach beschreiben zu können, wo er gewesen war, genügte auf dem Matterhorn, dessen Merkmale bald allgemein bekannt werden sollten: der Kamin, der Col du Lion, wo er sein Zelt aufgeschlagen hatte, und der Große Turm, der gerade von Whymper bewältigte Hang.

Er kehrte zu seinem Zelt zurück, ließ es stehen, wo es war, befestigte ein Seil am oberen Rand des Kamins und begann den Abstieg hinunter nach Breuil. Whymper hatte allen Grund, selig über seine Leistung zu sein, doch wie er später schrieb, war sein »Jubel ein wenig verfrüht«[10].

Nachdem er leichter passierbaren Boden erreicht hatte, steuerte er so schnell wie möglich auf das Hotel in Breuil zu, um der Welt von seiner Glanztat zu berichten. In diesem Moment rutschte er aus – was belanglos gewesen wäre, hätte er nicht einen schweren Rucksack getragen und wäre es nicht am Beginn einer 60 Meter langen Rinne geschehen, die in einen Abgrund mündete. 240 Meter darunter lag der Glacier du Lion.

Whymper stürzte kopfüber vier Meter tief auf die Felsen und prallte in die Rinne. Vom Gewicht seines Rucksacks mitgerissen, wurde er von einer Seite zur anderen – von Stein auf Eis auf Schnee – geschleudert. Später schrieb er:

> Ich wußte vollständig, was geschah, und fühlte jeden Schlag, hatte aber wie ein chloroformierter Kranker keine Schmerzen. Jeder Schlag war natürlich stärker als der vorhergehende, und ich erinnere mich genau, daß ich dachte: »Ist der nächste noch stärker, dann ist es vorbei.« Wie bei Personen, die vor dem Ertrinken gerettet wurden, schossen mir eine Menge Dinge durch den Kopf, häufig bloße Kleinigkeiten oder Dummheiten, die ich längst vergessen hatte. Noch merkwürdiger ist, daß dieses Springen durch den leeren Raum mir nicht unangenehm war. Ich denke mir, daß ich nicht mehr tief zu fallen brauchte, um Bewußtsein und Empfindung gänzlich zu verlieren, und darauf stütze ich meine Behauptung, die vielen als unhaltbar erscheinen mag, daß der Tod durch einen Fall von großer Höhe ein so schmerzloses Ende ist, wie es nur eines geben kann.[11]

Während sich Whympers Geist mit der Vernichtung abgefunden hatte, machte sein Körper einen letzten Sprung von 20 Metern und blieb sekundenlang an ein paar Felsen am Rand der Rinne hängen. Er landete mit dem Kopf nach oben und krallte die Finger instinktiv in den Schnee, während er dem Ende entgegenrutschte. Drei Meter vor dem Abgrund kam er zum Stillstand, und sein Hut, sein Alpenstock sowie sein getönter Schleier flogen, gefolgt von einem Felshagel, an ihm vorbei. Zunächst war er in Sicherheit, aber »meine Lage war noch immer ernst genug. Ich konnte die Felsen nicht einen Augenblick loslassen, und mein Blut floß aus zwanzig Wunden. Die schlimmsten Verletzungen hatte ich am Kopfe und suchte sie vergebens mit der einen Hand zu schließen, während ich mich mit der anderen festhielt. Es war nutzlos, das Blut spritzte bei jedem Pulsschlag hervor und blendete mich fast. Endlich hatte ich den glücklichen Gedanken, ein großes Stück Schnee loszureißen und als Pflaster auf den Kopf zu legen. Das half, der Blutfluß verminderte sich.«[12]

Er hatte gerade noch Kraft genug, sich ein Stück die Rinne – die ein Gefälle von wenigstens 60 Grad aufwies – hinaufzuziehen und sich hinter ein paar Felsbrocken einzukeilen, bevor er das Bewußtsein verlor. Als er wieder zu sich kam, ging die Sonne bereits unter, und er zog Bilanz:

> Ich schlug sehr auf, erlitt aber keinen Knochenbruch. Meine schwersten Verletzungen waren ein vier Zoll langer Schnitt oben auf dem Kopf und ein drei Zoll langer an der rechten Schläfe, der furchtbar blutete. Einen Schnitt von der Länge des letzteren hatte ich in der Fläche der linken Hand, und jedes Glied war mehr oder minder zerschunden und aufgeschlitzt. Meine Ohrläppchen waren abgerissen, und eine scharfe Felsenspitze hatte mir mit einem Schlage ein rundes Stück aus meinem linken Stiefel, Strumpf und Knöchel herausgeschnitten. So groß der Blutverlust war, brachte er mir keinen dauernden Nachteil.[13]

Mit übermenschlicher Anstrengung kletterte Whymper – trotz seiner Verletzungen und ohne seinen Alpenstock – die Rinne hinauf und stieg dann in der Finsternis 1460 Meter nach Breuil hinab, »ohne zu fallen oder den Weg zu verfehlen«[14]. Er schlich »aus Scham über den Zustand, in den ich mich durch meine Dummheit versetzt hatte«[15], an der ersten Sennhütte vorbei, ohne die Insassen, die er drinnen schwatzen und lachen hörte, auf sich aufmerksam zu machen. Aber er wurde entdeckt, sobald er den Gasthof betrat. Der Wirt erschien mit einer Lampe und schrie erschrocken auf, als er Whympers Zustand bemerkte. Rasch drängten sich zwei Dutzend Menschen um ihn, und all seine Proteste konnten sie nicht daran hindern, ein probates Heilmittel anzuwenden. In seinen Aufzeichnungen erwähnt er nicht, ob er aufschrie, als die Leute von Breuil Weinessig mit Salz in seine Wunden rieben, aber man kann sich schwer vorstellen, daß er es nicht tat.

Dieses Mittel oder Whympers Beharrlichkeit hatte zur Folge, daß er innerhalb weniger Tage wieder auf den Beinen stand. Er muß einen gespenstischen Anblick geboten haben, als er, das Gesicht von schwarzem Schorf bedeckt, durch das Dorf hinkte. Trotz seiner Wunden konnte er

Carrel zu einem erneuten Ansturm auf das Matterhorn überreden. Carrel, einer seiner Cousins und Whymper brachen am 23. Juli auf, verbrachten eine Nacht in dem Zelt und befanden sich auf 3960 Meter Höhe, als das Wetter umschlug. Whymper meinte, es handele sich bloß um einen örtlich begrenzten Schneefall, und sie sollten eine weitere Nacht warten, bis es aufklarte, »aber mein Führer litt keinen Widerspruch und bestand auf der Umkehr«[16]. Also stiegen sie ab und entdeckten zu Whympers Kummer, daß sie es tatsächlich nur mit einer vorbeiziehenden Wolke zu tun gehabt hatten und daß der Berg unterhalb von 1000 Metern in Sonnenschein getaucht war.

Whymper wurde Carrels überdrüssig.

> [Er] war nicht leicht zu behandeln. Er wußte genau, daß er der Hahn des Val Tournanche war, und kommandierte die übrigen Männer herum, als ob es so sein müsse. Ebenso war er sich bewußt, daß er mir unentbehrlich war, und nahm sich nicht die Mühe, mir das zu verhehlen ... Mir wollte scheinen, daß er an eine Ersteigung auf eigene Rechnung dachte, und so sehr er der erste auf dem Gipfel zu sein wünschte und so wenig er dagegen hatte, von einem anderen dabei begleitet zu werden, doch das Unternehmen nicht zu bald gelingen lassen wollte, um dem endlichen Siege um so größeren Glanz zu verleihen. Da er keine Nebenbuhler fürchtete, so mag er gedacht haben, daß er auch um so höher im Preise steigen werde, je mehr Schwierigkeiten er machte.[17]

Whympers Einschätzung traf weitgehend zu, andererseits dürfte Carrel seinen Arbeitgeber für verrückt gehalten haben. Sein Argwohn bestätigte sich in der Nacht des 24. Juli, als Whymper ihm befahl, sich auf einen weiteren Versuch am folgenden Morgen vorzubereiten.

Carrel nahm die Anweisung offenbar nicht ernst. Als Whymper am 25. Juli im Morgengrauen aufwachte, fand er einen Zettel mit der Mitteilung vor, es sei ein wunderschöner Tag für die Murmeltierjagd und Carrel stehe nicht zur Verfügung. Es war eine maßlose Beleidigung. »Ich sah jetzt ganz deutlich, daß ich mich auf diese Leute nicht verlassen könne«,[18] schrieb Whymper. Er heuerte den buckligen Träger Luc Meynet an und überließ Carrel seinen Murmeltieren. Sie übernachteten im Zelt, und am frühen Morgen des 26. Juli hatten sie die höchste von Whymper erreichte Stelle hinter sich gelassen und mühten sich mit dem Großen Turm ab. »Langsam kletterten wir vorwärts«, verzeichnete

Whymper, »aber endlich hafteten wir wie ausgebreitete Adler an den fast senkrechten Wänden und konnten nicht vorwärts, kaum rückwärts.«[19] An den Fels geklammert, sah Whymper zu allen Seiten glatte Wände von fast drei Meter Höhe. In einer solchen Situation konnte ein Mann dem anderen nicht ohne eine Leiter hinauf helfen. Also kehrte er zum fünften Mal in jenem Jahr um. Meynet versuchte, ihn an jeder gefährlichen Stelle mit den Worten »Man stirbt nur einmal« aufzumuntern: »In dieser Wahrheit schien für ihn ein großer Trost zu liegen.«[20] Aber als Whymper in Breuil eintraf, mußte er feststellen, »daß es mit meinen Plänen plötzlich vorbei war«[21]. Tyndall war eingetroffen.

Es war unvernünftig von Whymper, sich einzubilden, daß er das Alleinrecht auf das Matterhorn besaß, aber man kann seine Enttäuschung verstehen. Tyndall hatte ein unglaublich starkes Team zusammengestellt, das aus dem mächtigen Bennen, einem »kräftigen und tätigen«[22] Walliser Führer namens Anton Walter und – zu Whympers nicht zu besänftigender Empörung – Jean-Antoine und César Carrel bestand. Er hatte eine Leiter erworben, versorgte sich mit Proviant und plante, am folgenden Abend aufzubrechen. Es war fast so, als hätte er Whympers Fortschritte durch eine Kristallkugel beobachtet, die Route und ihre Probleme erkannt und den perfekten Zeitpunkt zum Eingreifen gewählt. Was den Verräter Carrel betraf, so konnte Whymper sein Verhalten nur mit dessen Zorn darüber erklären, daß er, Whymper, sich erdreistet hatte, das Matterhorn ohne ihn zu attackieren. Das traf wahrscheinlich zu. Denn wenn Whymper es als Beleidigung empfand, daß Carrel auf Murmeltierjagd ging, so war es für diesen eine noch größere Beleidigung, daß Whymper seine Fähigkeiten so gering schätzte und an seiner Stelle einen buckligen kleinen Träger mitnahm. »Es wäre nutzlos gewesen, mit dem Professor und seinen vier Führern … einen Wettstreit zu beginnen«, schrieb Whymper, »und ich wartete also das Resultat ihres Versuches ab.«[23] Whymper mochte von Tyndalls Ankunft überrascht worden sein, doch Tyndall war geradezu entsetzt über die Anwesenheit seines Rivalen. Weit entfernt davon, Whymper in einer Kristallkugel zu beobachten, hatte Tyndall in Visp die Zeit totgeschlagen, wie er Huxley mitteilte: »[Ich hatte] nicht einmal davon geträumt, daß der Feind so rasch bei mir sein würde. Aber nun ist er hier, und ich schreibe nicht aus Liebe zu Dir, sondern aus Haß auf ihn.«[24] Aber nach außen hin blieb er höflich, und als Whymper ihm den Gebrauch seines Zeltes anbot, das immer noch auf dem Berg stand, heuchelte Tyndall Entzücken über den Kameradschaftsgeist seines Rivalen. Im Gegenzug fragte er, ob sich Whymper seiner Gruppe anschließen wolle.

»Die Freude an meiner Exkursion wäre zweifellos verstärkt worden, wenn Mr. Whymper mich begleitet hätte«, schrieb er lange danach mit spröden Worten.

> Ich bewunderte seinen Mut und seine Hingabe; er hatte sein Herz offenkundig an die Besteigung des Matterhorns gehängt, und es war mein aufrichtiger Wunsch, daß er nicht enttäuscht werde. Ich beratschlagte mich mit Bennen, der viele – wahrscheinlich übertriebene – Gerüchte über Mr. Whympers Voreiligkeit gehört hatte. Er schüttelte den Kopf, stimmte mir jedoch letzten Endes zu, daß Mr. Whymper eingeladen werden könne, »vorausgesetzt, er erweise sich als vernünftig«. Daraufhin forderte ich Mr. Whymper auf, zu uns zu stoßen. Seine Antwort lautete: »Wenn ich das Matterhorn besteige, muß ich die Führung übernehmen.« In Anbetracht meiner eigenen damaligen Erfahrung, verglichen mit seiner, und vor allem in Anbetracht des Rufes und der Kraft meines Führers hielt ich die Antwort für das Gegenteil von »vernünftig« und machte mich allein auf den Weg.[25]

Whymper konnte nur ohnmächtig zuschauen, als Tyndalls Gruppe gutgelaunt auf den wolkenlosen Berg zusteuerte, während er selbst »neidisch und verstimmt zurückblieb. Hatten sie Erfolg, so raubten sie mir einen Ruhm, für den ich lange gekämpft hatte, scheiterten sie, so hatte ich keine Zeit, einen neuen Versuch zu wagen, da ich binnen weniger Tage in London sein mußte.«[26] Er begann, seine Sachen zu packen.

Tyndall hatte in Wirklichkeit, anders als in seinem Brief an Huxley dargestellt, in Visp nicht nur die Zeit totgeschlagen. Vielmehr hatte er drei Wochen lang auf den Berner und Walliser Alpen trainiert. Er bestieg das Wetterhorn, den Galenstock und den Großen Aletsch-Gletscher, um »die ungesunden Materien zu verbrennen, die eine neunmonatige Arbeit in London in meinen Muskeln abgelagert hatte ... Jeder Tag vermehrte meine Kraft.«[27] Als er durchtrainiert war und jede weitere Verzögerung für hinderlich hielt, beschloß er, zur Tat zu schreiten. In noch höherem Maße als Whymper war Tyndall dem Berg verbunden. Während er den Paß von Zermatt her überquerte, schrieb er: »Das Matterhorn war wirklich unser Tempel, und wir näherten uns ihm mit Gefühlen, die eines solchen Altars würdig waren.«[28]

Wie Whymper scheute Tyndall nicht vor technischen Tricks zurück. Seine Leiter war nicht in Breuil erworben worden, wie Whymper annahm, sondern es handelte sich um ein zusammenklappbares Modell, das er selbst konstruiert hatte. Sie bestand aus zwei Stangen und einem Sack, der Sprossen, Nägel und einen Hammer enthielt. Die Stangen ließen sich als riesige Alpenstöcke verwenden, doch bei Bedarf konnte man die Sprossen hineinhämmern und eine Leiter herstellen. Außerdem hatte er ein nach seinen Vorgaben in London gefertigtes Seil bei sich, das reißfester war als jedes in der Schweiz hergestellte. Mit diesen Geräten ausgerüstet, hatte Tyndall keinen Zweifel daran, daß er das Matterhorn erobern oder zumindest so hoch steigen würde, wie es menschenmöglich war.

Während Tyndall immer höher kletterte und mühelos die Rinne überquerte, in der Whymper fast sein Leben verloren hätte – Tyndall wies in seinem Journal ausdrücklich darauf hin –, packte Whymper seine Sachen zusammen. Dabei bemerkte er, daß er ein oder zwei wichtige Dinge im Zelt zurückgelassen hatte. Daher stieg er erneut das Matterhorn hinauf, um sie zu holen. Es ist schwer vorstellbar, welche wichtigen Gegenstände noch im Zelt hätten sein können: Seine Kletterausrüstung mußte er beim Abstieg mit Meynet mitgenommen haben. Das gleiche galt für andere wertvolle Gegenstände wie seinen Rucksack und seine Teebüchse, ein neuartiges Gerät, das aus einem zylindrischen Rohr bestand. Es enthielt einen kleinen Ofen, eine Tasse und einen Kessel sowie einen Hohlraum für Lebensmittel und Tee. Vermutlich also suchte Whymper nur einen Vorwand, um den Fuß noch einmal auf den Berg zu setzen.

Rasch und geschickt kletternd, überholte er Tyndalls Gruppe, die eine Pause zum Mittagessen eingelegt hatte, und erreichte bald das Zelt. Dann geschah etwas Seltsames. Gerade packten Tyndall und seine Männer ihre Sachen zusammen, »als wir plötzlich eine Explosion über unseren Köpfen hörten«[29]. Ein Felsbrocken donnerte von oben herunter und zersplitterte »wie spritzender Schaum, etwas entfernt von uns, aber doch nahe genug, um uns zu nötigen, scharf aufzupassen«[30]. Zwei oder drei ähnliche Explosionen folgten, und jede von ihnen hinterließ einen starken Schwefelgeruch, als die Felsen zersplitterten und den Abhang hinunterstoben. Es wäre falsch zu behaupten, daß Whymper die Felsbrocken in Bewegung gesetzt hätte. Wie viele andere Kletterer jener Zeit ließ er gern Gesteinsbrocken den Berg hinunterrollen, aber bei all seinen Charakterfehlern hätte er niemals das Leben eines anderen Menschen gefährdet. Außerdem ist der Berg berüchtigt für häufigen Steinschlag. Aber es war geradezu unheimlich, wie das Matterhorn bei dem einzigen Mal, als beide Männer gleichzeitig auf dem Berg waren, seine Macht so eindrucksvoll zur Schau stellte. Fast hatte es den Anschein, als spüre es ihre Rivalität und wolle sich in die Auseinandersetzung einschalten.

Whymper wartete an seinem Zelt, bis Tyndall eintraf, bedachte ihn mit zwiespältigen Glückwünschen und kehrte dann nach Breuil zurück. Im Hotel packte er seine Sachen immer wieder neu. Obwohl er in London erwartet wurde, konnte er sich nicht vom Matterhorn losreißen, solange Tyndall noch auf dem Berg war. Bald trafen die ersten Berichte ein: Man habe eine Fahne auf dem Gipfel gesehen. Whymper erschrak, aber zu seiner Erleichterung war es eine Falschmeldung. Dann wurde Tyndall dabei gesichtet, wie er an dem höchsten von Whymper erreichten Punkt vorbeizog – diesmal wurde die Nachricht bestätigt. »Sein vollständiger Erfolg erschien mir darum als unzweifelhaft«,[31] schrieb Whymper bedrückt.

Auf dem Matterhorn war Tyndall selbst weniger zuversichtlich. »Der Berg ist eine riesenhafte Ruine«,[32] notierte er, während Bennen zwischen Gletscherspalten und abbröckelnden Vorsprüngen voranstieg. Sie erklommen den Großen Turm, wobei sich Walters mit Bennens Hilfe von Sims zu Sims vorarbeitete, um dann die Hand auszustrecken und den nächsten hochzuziehen. »Es war klar, daß unser Kampf jetzt eine Zeitlang sehr ernst sein würde«,[33] schrieb Tyndall, aber er war in seinem Element. »Wir schoben uns Stück um Stück vor und hielten uns geradezu mit den Augenlidern fest«, berichtete er Huxley. »Es war die beste und schwierigste Felskletterei, die jemals vollbracht worden ist. Diese Abgründe bremsten Whymper, aber wir haben sie überwunden.«[34] Bald stand er auf einem Grat, der zu einer kegelförmigen Spitze hinaufführte. Es war nicht der Gipfel, aber jedenfalls eine Art Ziel. Tyndall machte eine entsprechende Bemerkung zu Bennen, doch er erhielt zur Antwort: »Das würde uns nicht befriedigen.«[35] Dann deutete Bennen auf den pyramidenförmigen Gipfel des Matterhorns, der sich vom Himmel abhob. »In einer Stunde sollen die Bewohner von Zermatt unsere Flagge dort aufgepflanzt sehen.«[36] Die Carrels lachten höhnisch, doch laut Tyndall nicht über Bennen, sondern über das Matterhorn. Er schrieb: »Wir waren unseres Erfolges ganz sicher; nicht einer unter uns hegte den geringsten Zweifel... Und mit diesen Gedanken schritten wir weiter, in verfrühtem Triumph unseren Anstieg in einen Festmarsch verwandelnd.«[37] Sie pflanzten eine Fahne auf den niedrigeren Gipfel und musterten dann den noch ausstehenden Weg. Es war ein zerhackter, schmaler Kamm, an dessen Seiten »fürchterliche Abgründe«[38] gähnten und der an einer schieren Klippe endete. Walters gab seinen Bedenken Ausdruck: »Wir können dort noch Schwierigkeiten bekommen.«[39] Die Carrels waren ähnlicher Meinung, und Tyndall hätte fast die Beherrschung verloren: »Derselbe Gedanke hatte wahrscheinlich schon länger auch in anderen Gemütern gebrütet, aber es verdroß mich doch, einen Zweifel am Gelingen klar ausgesprochen zu hören.«[40] Der einzige, der nicht das Wort ergriff, war Bennen.

Tyndall trieb Bennen und die anderen der letzten Wand entgegen. Sobald sie diese erreicht hatten, würde das Matterhorn ihnen gehören. Tyndall ließ Huxley wissen: »Dessen waren wir uns so sicher wie Du Dir Deines Abendessens.«[41] Doch am Ende des Kammes stießen sie auf ein unerwartetes Hindernis: Zwischen ihnen und der Klippe befand sich ein Riß mit glatten Seiten von mehr als 100 Meter Tiefe. »Nie hatte ich einen so wilden Ort gesehen«, schrieb Tyndall, »und ich setzte mich hin mit dem Schmerz der getäuschten Hoffnung. Der Gipfel war nur eine Steinwurfslänge von uns entfernt, und der Gedanke an Rückzug war entsetzlich bitter.«[42] Bennen wußte keinen Ausweg, und Tyndall fragte die Carrels nach ihrer Meinung. Die beiden waren unzufrieden, denn Tyndall hatte sie als Führer angeworben, aber durchweg als Träger behandelt. Nun, wo Bennen in Schwierigkeiten steckte und ihr Sachverstand benötigt wurde, antworteten sie unverblümt: »Fragen Sie Ihre Führer.«[43] Tyndall folgte dem Rat, Bennen dachte eine halbe Stunde lang über das Problem nach und mußte sich dann geschlagen geben. »Unsere Aufregung war gänzlich geschwunden«,[44] verzeichnete Tyndall. Damit galt es nur noch, die erreichte Stelle zu markieren – wozu eine der 1,80 Meter langen Seitenstangen der Leiter benutzt wurde –, bevor man umkehrte. Grinsend bot Jean-Antoine Carrel an, Bennens Platz an der Spitze zu übernehmen. Tyndall lehnte ab: Bennen habe sie heraufgeführt, und er werde sie hinunterführen.

Das war der Unterschied zwischen Tyndall und Whymper: Während Whymper bereit war, sich an die Spitze zu setzen, verließ sich Tyndall stets auf seinen Bergführer. Wenn Bennen ihn nach seiner Meinung fragte, erkundigte sich Tyndall immer wieder nach Bennens Ansicht, bis diesem eine Antwort einfiel. Und wenn nicht, war Tyndall ebenfalls zufrieden. »Wohin Sie gehen, folge ich Ihnen, sei es hinauf oder hinunter«,[45] lautete seine ständige Beteuerung.

Unsicher führte Bennen den Abstieg an. Einmal mußten sie die Überreste der Leiter am Seil hinunterlassen, um sich dann einer nach dem anderen über sie hinweg zu schieben. Da sie die Befestigung nicht lösen konnten, ließen sie das Stück danach an der Klippe hängen. Das Wetter verschlechterte sich, und der Rückzug wurde noch beschwerlicher. »Ein Hagelsturm wurde gegen uns abgefeuert«, schrieb Tyndall im Lager, »als ob das Matterhorn, nicht zufrieden damit, daß es uns seine Tür vor der Nase geschlossen hatte, nun uns auch noch die Treppen hinunterwerfen wollte. Die Eisstückchen trafen uns so schmerzhaft, als ob sie aus Zorn geworfen worden wären, und wir mußten inmitten dieser boshaften Schüsse ... nach Breuil zurückkehren.«[46]

Whymper hatte bis zum letzten Moment ausgeharrt und trank zum Abschied noch ein Glas Wein mit seinem Gastwirt, als Tyndalls Gruppe ins Blickfeld kam. »In ihren Schritten lag keine Sprungkraft – also waren auch sie gescheitert«, frohlockte er. »Die Carrels verbargen ihre Gesichter, aber die anderen führten die Sprache aller Besiegten und sagten, daß der Berg fürchterlich, unersteiglich usw. sei.«[47] Tyndall war so erschöpft, daß er Whymper wie einen alten Freund begrüßte, ihm die Hand schüttelte und ihn eindringlich »ermahnte, dem Berge zu entsagen«[48]. Er sei bis auf einen Steinwurf an den Gipfel herangekommen, doch es sei unmöglich, den Riß zu überqueren, und er werde auf jeden weiteren Versuch verzichten. Seines Erachtens war »das Matterhorn unersteiglich und mag weiterhin trotzig den Kopf recken – der einzige unbesiegte und unbesiegbare Gipfel in den Alpen«[49]. Whymper war erleichtert und ebenfalls »der ziemlich festen Überzeugung, daß das

Matterhorn unersteiglich sei«[50], aber er hätte nicht abreisen können, wenn sich Tyndall zu einem weiteren Versuch angeschickt hätte. Nun sagte Whymper Breuil adieu und deponierte seine Ausrüstung beim Gastwirt, »der sie jedem übergeben mochte, den es nach der Ersteigung des Gipfels gelüstete. Wie ich fürchte, war meine Schenkung mehr Ironie als Großmut. Es mag Leute gegeben haben, die das Matterhorn noch für ersteiglich hielten, aber ihr Glaube war nicht von Werken begleitet.«[51]

Nichts, was Whymper tat, war frei von Kontroversen, und das gleiche traf in geringerem Maße auch auf Tyndall zu. Deshalb war es unvermeidlich, daß es zu einer heftigen Meinungsverschiedenheit kam, als die beiden Männer ihre Darstellungen der bergsteigerischen Abenteuer jenen Jahres veröffentlichten. Tyndall, der sein Buch als zweiter herausbrachte, behauptete, Whymper habe durch Unterlassung gelogen – zum Beispiel habe er seine Weigerung, sich dem Team anzuschließen, es sei denn als dessen Leiter, nicht erwähnt – und Bennen durch die Andeutung verunglimpft, daß Carrel diesem eine Route zum Gipfel gezeigt habe, doch ignoriert worden sei. Tyndall schloß: »Was andere Ungenauigkeiten und Mr. Whympers allgemeinen Ton mir gegenüber betrifft, so fühle ich mich nicht bemüßigt, irgendwelche Bemerkungen zu machen.«[52]

Whymper beeilte sich zu antworten: »Meine Darstellung ... der Niederlage des Professors ist vielleicht nicht so klar, wie sie hätte sein können, denn ich wollte nicht zuviel Nachdruck auf sie legen und faßte sie in ein paar Zeilen zusammen [genauer gesagt, in 95 Zeilen, begleitet von einer Zeichnung mit Tyndalls Matterhorn-Route]. Allerdings bin ich gern bereit, ausführlicher auf sie einzugehen.«[53] Zum Thema der Expeditionsleitung erklärte er, Tyndall habe gewünscht, daß er, Whymper, Bennens Anweisungen willig befolge, was er natürlich abgelehnt habe. »Sie werden sich daran erinnern, Dr. Tyndall«, habe er zu bedenken gegeben, »daß ich viel höher geklettert bin als Bennen und elf Tage auf dem Berg verbracht habe, während er sich nur einen einzigen Tag lang hier aufgehalten hat. Bestimmt erwarten Sie nicht von mir, daß ich ihm gehorche, wenn er unzweifelhaft unrecht hat.«[54] Was Carrels angebliche Bereitschaft betraf, die Besteigung fortzusetzen, so bestritt Whymper, je davon gesprochen zu haben. Nun aber ließ er sich nicht mehr von einem Kommentar abhalten: »Ich habe keinen Zweifel daran, daß er [Carrel] fähig gewesen wäre, eine Route zu finden und das Team zum Gipfel zu führen.«[55] Deshalb sei Tyndalls Erklärung, er habe sich der Spitze bis auf einen Steinwurf genähert, ganz und gar irrig gewesen. Zwar gebe es einen Riß, auf den Tyndalls Beschreibung zutreffe, aber beträchtlich höher folge noch ein zweiter – wie jeder Narr erkennen könne, schwang es in Whympers Worten mit. Zwischen den beiden Rissen lägen noch mindestens 250 Meter unberührten Felsens. Nun setzte Whymper zum Gnadenstoß an. Tyndall habe ihm absichtlich versichert, daß der Berg unbesteigbar sei, und ihm zu verstehen gegeben, daß er keinen weiteren Versuch machen werde. Doch sobald Whymper verschwunden sei, habe er Bennen aufgefordert, eine neue Expedition vorzubereiten. Nur Bennens Weigerung – ob aus Urteilsvermögen oder aus Schwäche – habe Tyndall davor gerettet, zum Schurken zu werden.

Whymper erledigte Menschen genauso wie Berge. Tyndall antwortete nicht, oder seine Erwiderung ist verlorengegangen. Jedenfalls kehrte er dem Matterhorn vorläufig den Rücken und überließ es Whymper, das Problem des letzten Risses zu klären. »Diese Niederlage hat uns ereilt wie der kalte Atem des Alters«, teilte er Huxley mit, »und ich muß mich anderen Taten zuwenden, um sie abzuschütteln ... Der Berg ist von grausamer Erhabenheit ... und insgesamt – aus der Nähe wie aus der Ferne – der grimmigste und wunderbarste Gegenstand in den Alpen. Nun wohl, ich sage ihnen und Dir und meiner Kletterei adieu. Denn es gibt nichts, was mir sonst in den Alpen zu tun beliebte.«[56]

18

»Zwar gibt es von jeher Narren – und sehr große dazu –, aber Mr. Whymper ist der größte von allen.«[1] Diese seltsam persönliche Kritik erschien 1863 in der britischen Presse und verärgerte Whymper nicht wenig. Hätte er von dem herablassenden Kommentar eines seiner Bekannten gewußt, daß »[er] mir im Zusammenhang mit seinem hoffnungslosen Vorhaben hin und wieder einen kleinen Besuch abstattete«[2], wäre er vielleicht noch ärgerlicher gewesen. Aber die Meinungen anderer vermochten ihn nicht von seinem Vorhaben abzubringen. Am 29. Juli 1863 überquerte er den Ärmelkanal, um seinen sechsten Versuch zur Besteigung des Matterhorns zu machen. Bei sich trug er ein Gerät, mit dem er hoffte, den letzten Riß (oder die letzten Risse) überwinden zu können: eine Feuerwehrleiter, die bis auf sieben Meter ausgefahren, doch zur leichteren Beförderung auf die Hälfte zusammengeschoben werden konnte. Es war eine gute Idee, denn die Leiter hatte sich bewährt – im Gegensatz zu dem Enterhaken, den Whymper neben mehreren Seilen und anderer Kletterausrüstung ebenfalls mitnahm. Unglücklicherweise warfen die Schweizer Zollbeamten mißbilligende Blicke auf die Leiter. Als Whymper mit seiner Last an der Grenze eintraf, wurde er nicht wie ein Bergsteiger, sondern wie ein potentieller Einbrecher empfangen. Die Beamten, die nicht wußten, was sie von ihm halten sollten, zögerten, bis einer schließlich eine befriedigende Lösung fand: Whymper sei ein Akrobat, der in Turin auf der Spitze seiner Leiter balancieren werde. Dann, so ein anderer, werde er seine Pfeife anzünden, den Alpenstock in den Pfeifenkopf stecken und ihn herumwirbeln lassen. Das

Seil könne dazu dienen, die Zuschauer auf Distanz zu halten, fügte ein dritter hinzu. »Der Herr ist also Seiltänzer?«[3] fragten sie. Whymper räumte es gleichmütig ein und wurde nun rasch durchgelassen. Auch später war die Leiter »der Quell endloser Scherereien«[4]. Sie paßte nicht recht auf ein Muli, viele Hotelbesitzer wiesen ihn wegen der Leiter ab, und überhaupt war sie nicht der Mühe wert. Aber da Whymper sie so lange mitgeschleppt hatte, wollte er sie nun nicht mehr zurücklassen.

Er erreichte Breuil am 1. August und stellte fest, daß das Matterhorn von frischem Schnee bedeckt war und er warten mußte, bis das Wetter aufklarte. Außerdem erfuhr er, daß MacDonald, mit dem er eine vorläufige Absprache zur Besteigung des Berges getroffen hatte, ihn nun doch nicht begleiten werde. Er schrieb in sein Tagebuch: »Ich habe einen Brief von MacDonald erhalten, aus dem klar hervorgeht, daß *er* nichts mit der Sache zu tun haben will. Ein zuverlässiger Gefährte!«[5] Gereizt machte Whymper mit Jean-Antoine Carrel einen siebentägigen Ausflug zu den Gipfeln und Pässen in der Umgebung des Matterhorns, um den Berg aus jedem möglichen Blickwinkel zu studieren. Unterwegs nahm er, zum Ausgleich für die schnöde Unverfügbarkeit des Matterhorns, die jungfräuliche Dent d'Hérens in Angriff. Auch diese Erfahrung konnte seine Laune nicht verbessern. Während Whymper über die Schneehänge oberhalb des Glacier de Za de Zan aufsteigen wollte, bestand Carrel darauf, ihn den felsigen westlichen Grat hinaufzuführen. In 3800 Meter Höhe hatte es den Anschein, als habe Carrel die richtige Wahl getroffen, denn sie konnten erwarten, in nicht mehr als einer Stunde auf dem Gipfel zu stehen. Doch eine Stunde später balancierten sie auf einem schmalen, unter ihren Füßen bebenden Schneestreifen, und vor ihnen ragte ein massiger Felsbrocken auf, der so unsicher über dem Abgrund hing wie sie selbst. Wären sie in der Lage gewesen, über den Felsbrocken zu steigen – wovon keine Rede sein konnte, denn er war mehr als vier Meter hoch, und nach Whympers ganzen Mühen hatten sie die Leiter nun vergessen –, hätten sie, wie er jetzt schätzte, noch eine weitere Stunde bis zum Gipfel klettern müssen. Whymper rebellierte. »Durch Ausharren war keine Ehre zu gewinnen und ebensowenig brachte es Schande, wenn wir auf einem Platze umkehrten, der durch seine außerordentliche Schwierigkeit gefährlich wurde«,[6] schrieb er. Nach der Rückkehr notiert er jedoch: »Dies ist der einzige Berg, den ich habe ersteigen wollen und der mir nicht früher oder später zugefallen ist. Mein Nichterfolg war beschämend.«[7] Der Fehlschlag war um so kränkender, als MacDonald den Berg vier Tage später auf genau der Route bestieg, die Whymper zunächst vorgeschlagen hatte.

Abgesehen von der Dent d'Hérens war Whymper zufrieden mit seiner Erkundung, denn nun hatte er keinen Zweifel mehr daran, daß das Matterhorn nur von Breuil aus erklettert werden konnte. Carrel und er hatten den Zmutt-Gletscher unterhalb der Westflanke des Matterhorns überquert und festgestellt, daß aus dieser Richtung kein Zugang möglich war. »Es gibt nichts, das unzugänglicher aussähe als das Matterhorn von dieser Seite«, schrieb Whymper, »und selbst bei kaltem Blut hält man den Atem an, wenn man die entsetzlichen Klippen ansieht. Es gibt in den Alpen wenige, die ihnen an Größe gleichkommen, und keine, die den Namen senkrechter Wände mehr verdienten ... Steine, die sich von der Spitze dieser schrecklichen Mauer ablösen, fallen etwa 1500 Fuß tief, ehe sie etwas berühren, und diejenigen, welche von oben herunterrollen und über diese Mauer hinwegspringen, schießen mindestens tausend Fuß über ihre Basis hinaus. Diese Seite des Berges ist mir stets düster, finster, schrecklich erschienen. Sie erinnert an Verfall, Ruin und Tod.«[8]

Laut Whymper hatte Ruskin geäußert: »An den Klippen des Matterhorns bemerkt man von Zerstörung nichts.«[9] Doch als er dann die Westwand sah, explodierte er vor Spott: »Nähert man sich aber und setzt sich neben den Zmutt-Gletscher nieder, so hört man, daß ihre stückweise Zerstörung unaufhörlich und in jedem Augenblick vor sich geht. Man hört sie, wenn man sie auch vielleicht nicht sieht, denn selbst wenn die herabstürzenden Massen so laut wie schwere Geschütze donnern und der vom Ebihorn zurückgeworfene Schall den Lärm verstärkt, nehmen sie sich an der großen alten Mauer, deren Verhältnisse riesig sind, wie Stecknadeln aus.«[10] Von Westen und Norden her hatte Zermatt keine Route zu bieten. Viel besser war es, das Matterhorn über seine weniger steilen südlichen Hänge anzugehen.

Am 10. August 1863, kurz vor Morgengrauen, verließen Whymper und Carrel Breuil mit vier Trägern, darunter Carrels Cousin César und Luc Meynet. Sie waren gut ausgerüstet: mit einem Zelt, Decken, Lebensmittelvorräten, 140 Meter langen Seilen und der ausfahrbaren Lei-

Blick auf die Dent d'Hérens und das Matterhorn

ter. Der Himmel war wolkenlos. Die Männer, erpicht auf das Unternehmen, wirkten zuversichtlich – besonders Meynet, der sich rührend darüber freute, ausgewählt worden zu sein. »Zahlen Sie mir nichts, lassen Sie mich nur mitkommen«, hatte er zuvor gefleht. »Ich brauche nur ein wenig Brot und Käse und werde nicht viel essen.«[11] Nach Whympers Meinung schien alles »einen glücklichen Ausgang zu versprechen«[12]. Er war so fröhlich, daß er unterwegs einige Zeit damit verbrachte, den Wert von Meynets Kleidungsstücken zu schätzen. Dabei gelangte er zu dem Ergebnis, daß sie, wenn man sie nach ihrem Gewicht als Lumpen verkaufte, knapp unter anderthalb Shilling einbringen würden.

Um neun Uhr kamen sie auf dem Col du Lion an. Whymper merkte, daß sich hier seit seinem letzten Aufstieg vieles verändert hatte. Vertraute Felsvorsprünge waren verschwunden; die kleine Fläche, auf der er 1862 sein Zelt aufgeschlagen hatte, »sah sehr zerrüttet aus«; der obere Teil des Col, der eine ansehnliche Breite gehabt und eine Schneedecke getragen hatte, war jetzt »spitzer als der First eines Kirchdaches«[13]. Die Felsen waren mit Eis überzogen und gefährlich: Whymper und Carrel rutschten beide aus und konnten sich nur mit knapper Not retten. Die Gruppe wurde durch lockeren Schnee behindert, der sich wie Mehl in die Stufen ergoß, sobald diese in die Hänge geschlagen worden waren. Aber niemand ließ sich abschrecken. »Das Wetter war prächtig«, verzeichnete Whymper, »und meine Leute nahmen ihre Arbeit so leicht, daß sie laut riefen, um das Echo der Dent d'Hérens zu wecken. Fröhlich gingen wir weiter, erreichten das zweite Zeltlager, den Kamin, die anderen wohlbekannten Punkte und rechneten bereits zuversichtlich darauf, oben auf der ›Schulter‹ zu schlafen.«[14]

Aber bevor sie den Großen Turm erreichten, ließ das Matterhorn die Männer eine seiner Launen spüren. Das erste Anzeichen war ein plötzlicher kalter Windstoß. Er wehte nicht wie ein gewöhnlicher Wind, stellte Whymper erstaunt fest, sondern »kam wie das Wasser in einem Tropfbad herunter«. Sie schauten sich um, sahen jedoch nichts als klaren Himmel. »Alles wurde wieder ruhig«, schrieb Whymper, »die Luft verriet kein Zeichen von Störung, es herrschte völlige Windstille, und nicht ein Wölkchen war zu sehen. In diesem Zustand blieb das Wetter aber nicht lange. Die kalte Luft kehrte zurück, und auch dieses Mal vermochte niemand zu sagen, woher sie kam. Wir drückten unsere Hüte fester, als der Wind den Grat erreichte und zwischen den Klippen heulte.«[15] Unter ihnen bildeten sich Nebelstreifen und vereinigten sich mit unglaublicher Schnelligkeit, bis »das ganze Firmament mit jagenden, wirbelnden Wolken gefüllt war«[16]. Sekunden später blies ein Schneesturm von Osten heran. Bevor sie ihr Gepäck ablegen konnten, war der Grat bereits von zentimeterhohem Schnee bedeckt.

Zwei Stunden lang arbeiteten sie daran, dem Wind und Schnee zum Trotz eine Plattform herzustellen, auf der sie ihr Zelt aufschlagen konnten. Kaum hatten sie ihre Arbeit beendet und waren ins Zelt gekrochen, als sich der Schneesturm in ein Gewitter verwandelte. Whymper war entsetzt: »Zackige Blitze schossen bei den Türmen oben und bei den Klippen unten hervor. Sie waren uns so nahe, daß wir den Mut verloren. Wir glaubten, versengt zu werden, und befanden uns in der Tat im Brennpunkt des Gewitters. Der Donner kam mit den Blitzen zu gleicher Zeit, mit kurzen und scharfen Schlägen, die ich mit keinem anderen Geräusch vergleichen kann als mit dem tausendfach verstärkten Schmettern einer Tür, die jemand heftig ins Schloß wirft.«[17] Der Wind war so heftig, daß sie zwischen den Blitzen nach draußen krochen, um eine Mauer aus Felsbrocken zu errichten. Ohne diesen Schutz wäre das Zelt mitsamt seinen Insassen, dessen war sich Whymper sicher, über den Rand der Klippe geblasen worden.

Der Sturm wütete die ganze Nacht hindurch und wurde vom Krachen herabstürzender Brocken begleitet. Nachdem Whymper sich vom ersten Schock erholt hatte, versuchte er, die Gefahr zu verharmlosen: »Die Nacht verbrachten wir bequem und selbst üppig unter unseren Decken. Aber an Schlaf war bei dem Geräusch des Windes, des Donners und der fallenden Steine wenig zu denken. Um der Blitze willen vergab ich dem Donner. Ein herrlicheres Schauspiel als die Beleuchtung der Matterhornklippen durch sie werde ich wohl nicht wiedersehen.«[18] Es muß ein eindrucksvoller, aber auch ein erschreckender Anblick gewesen sein. Als sich Whymper am folgenden Morgen um 3.30 Uhr hinauswagte, wurde er durch den peitschenden Schnee ins Zelt zurückgetrieben. Es dauerte weitere sechs Stunden, bis ein schwacher Lichtschimmer durch die Wolken drang und sie sich sicher genug fühlten, den Aufstieg fortzusetzen.

Um elf Uhr hatten sie kümmerliche 90 Meter zurückgelegt, und erneut fiel Schnee. Nach Whympers Berechnung würden sie noch vier oder fünf Stunden benötigen, bevor sie Tyndalls verlassenes Seil erreichen und den ersten Riß überqueren konnten. Und selbst wenn ihnen das gelang, würden sie noch etwa 100 Meter auf eisverkrustetem Fels bis zum zweiten Riß zurücklegen müssen, und dahinter lag der Gipfel, der Gott weiß welche Gefahren barg und auf dem das Wetter noch entsetzlicher sein mochte. Vielleicht hätten sie in ihrem Zelt auf das Ende des Sturmes warten können, aber sie besaßen nicht genug Vorräte, und Whymper wurde die Zeit knapp. Er mußte bis zum Wochenende nach London zurückkehren, weshalb er sich zum Rückzug entschloß.

Während ihr Aufstieg langsam gewesen war, erwies sich ihr Abstieg als um so schneller. Am selben Nachmittag trafen sie in Breuil ein, wo man sich ihre Geschichte mit mildem Hohn anhörte. Als sie von den Schwierigkeiten ihrer Tour erzählten, zog der Gastwirt eine Augenbraue hoch und sagte: »Nun, wir haben keinen Schnee gehabt. Während der ganzen Zeit Ihrer Abwesenheit ist das schönste Wetter gewesen, und auf dem Berge hat sich bloß eine kleine Wolke gezeigt.«[19] Nichts konnte ihn davon überzeugen, daß sich in der kleinen Wolke unvorstellbare Schrekken verborgen hatten. Whymper bezahlte seine Männer und trat die Heimreise an: »Diese Wolken hatten mich also geschlagen, und in sehr verdrießlicher Stimmung traf ich am 11. August um Mitternacht in Chatillon ein. Ich war aber wie der Spieler, der jeden Einsatz verliert und nur um so eifriger wieder setzt, weil sich das Glück doch einmal ändern muß. Der Entschluß, neue Pläne zu ersinnen und neue Versuche zu machen, begleitete mich nach London.«[20] Bevor er Breuil verließ, wog er noch Meynets Kleidung. Sie war einen Shilling und fünf Pence wert.

1864 ging Whymper erneut zum Angriff über. Er machte sich jedoch nicht sogleich zum Matterhorn auf, sondern bereitete sich auf die Strapazen vor, indem er einige andere unbezwungene Gipfel erkletterte. Als erstes nahm er die Pointe des Ecrins aufs Korn, einen der höchsten Berge in der Dauphiné. Diesen hatte er zu Beginn seiner Kletterlaufbahn von der Spitze des Mont Pelvoux erspäht, und seitdem hatte die Herausforderung ihn gereizt wie eine Kindheitserinnerung an ein verlorenes Spielzeug. »Dieser Berg störte meine Ruhe«, gab er zu, »und oft kehrten meine Gedanken zu seinem großen, mauerartigen Gipfel zurück, der an scheinbarer Unersteiglichkeit bloß vom Matterhorn übertroffen wurde.«[21] Zwei Seilschaften – eine geführt von dem Pechvogel Tuckett – hatten vergeblich versucht, die Pointe zu besteigen. Damit war Whymper in genau der Situation, die ihm gefiel: Er hatte die Chance, einen neuen Gipfel zu erobern und zugleich seine Überlegenheit zu beweisen.

Er nahm zwei andere Mitglieder des Alpine Club – A.W. Moore und Horace Walker – sowie zwei der besten zur Verfügung stehenden Führer mit: Christian Almer und Michel Croz. Almer war ein stämmiger, unerschütterlicher Oberländer, der sich bereits am Wetterhorn und an anderen hohen Gipfeln einen Ruf erworben hatte. Croz war ein kühler, kein Risiko scheuender Mann aus Chamonix, der sich noch eine Reputation erwerben mußte. Er machte größeren Eindruck auf Whymper als sein Partner:

> Plätze, wo jeder andere keuchte und schwitzte, wenn es auch eiskalt war, erschienen ihm als Lumperei, und bloß, wenn er sich über den Kreis gewöhnlicher Sterblicher erhoben hatte und seine herrliche Kraft in Anwendung bringen und seine unvergleichliche Kenntnis von Schnee und Eis verwerten konnte, ließ sich von ihm sagen, daß er wahrhaft glücklich sei. Von allen Führern, mit denen ich Reisen gemacht habe, war Michel Croz derjenige, der meinen Wünschen am besten entsprach. Er wurde nie stumpf und arbeitete nie mürrisch. Man brauchte ihn nicht anzutreiben und ihm nicht zweimal dasselbe zu sagen. Wußte er, *was* getan werden solle und *wie* es getan werden solle, so *wurde* es getan, wenn es überhaupt möglich war. Solche Männer sind nicht gewöhnlich, und wer sie kennenlernt, der achtet sie hoch.[22]

Whymper hatte eine weitläufige Annäherung an die Pointe des Ecrins geplant, um die Mannschaft für den Aufstieg zu stärken, und vor allem, um das Gelände von so vielen Blickwinkeln wie möglich auszukundschaften. »Alle Bergbesteiger wissen, wie nützlich es ist, einen Weg, der über unbekannten Boden führt, vorher von einer etwas entfernten Höhe zu sondieren«, schrieb er, wobei er sich über Tyndalls Verwirrung wegen der Matterhorn-Risse lustig machte. »Wer kein Laie ist, wird das immer tun.«[23]

Seine Route führte sie über so viel unbegangenes Terrain wie möglich. Am 21. Juni 1864 scheiterten sie bei dem Versuch, die zentrale Zinne der Aiguilles d'Arves zu besteigen. Danach nahmen sie sich die Meije vor, einen imposanten Berg von 3983 Meter Höhe, dessen Anblick genügte, um Whymper in Entzücken zu versetzen. »Ihre zackigen Grate, ihre wie erstarrte Ströme gestalteten Gletscher und ihre fürchterlichen Abgründe sind von der Art, daß man bei ihrer Beschreibung nicht übertreiben kann ... Wollte ich aber von diesen Zügen ohne die Beihilfe von Bildern sprechen, so hieße das ebensoviel, als wollte ich in Worten die Lieblichkeit von Wellenlinien, die Schönheit der Farben oder der Harmonie von Tönen besprechen.«[24] Whymper plante in der damaligen Saison nicht, die Meije zu besteigen, aber er zog ihre westliche Schulter, die Brèche de la Meije, in Betracht. Der hervorragende Bergführer Melchior Anderegg hatte erklärt, daß dies ein schwieriges, doch nicht undurchführbares Unterfangen sei, was Whymper als Aufforderung verstand. Anderegg, ein Oberländer, war eine der geachtetsten Personen in den Alpen, berühmt für die Sicherheit seines Schrittes, sein unglaubliches, instinktives Wissen um das, was erkletterbar war und was nicht, und dafür, daß er zahllose Gruppen ohne den Verlust eines einzigen Menschenlebens zum Erfolg geführt hatte. Er war, wie Whymper schrieb, »auf seine Art auch ein Kaiser, ein Fürst unter den Führern. Sein Reich ist der ewige Schnee, sein Zepter die Eisaxt.«[25]

Im Gegensatz zu Anderegg hielten die Einwohner von La Grave, einem Dorf unterhalb des Nordhangs der Meije – »ein schiefes, gleichsam umgefallenes Nest, in dem es … nur ein Ding gibt, das sich nie verändert: der Gestank«[26] –, die Besteigung der Brèche für unmöglich. Aber Whymper ließ sich nicht abschrecken, brach mit seinen Männern am frühen Morgen des 22. Juli aus La Grave auf und erkletterte innerhalb von fünfeinviertel Stunden die 1981 Meter zum Ende des Passes, wo die ganze Gruppe Triumphschreie ausstieß. Der Erfolg befriedigte Whymper jedoch nicht. Als unermüdlicher Gipfelsammler verlor er das Interesse an der Brèche, nachdem er sie einmal bestiegen hatte. Die Pointe des Ecrins winkte immer noch, und während er an der anderen Seite der Meije hinunterkletterte, wurde er zunehmend gereizt. Er beschrieb die Landschaft als »eine heulende Wildnis, ein Bild der Verwüstung, entblößt vom tierischen wie vom Pflanzenleben, natürlich ohne Wege, ein reines Chaos, und fast in seiner ganzen Länge mit Trümmern von der Größe einer Walnuß bis zu der eines Hauses bedeckt … Unsere Stimmung wurde durch ein beständiges Stolpern verdorben … Wir sahen gar kein Ende und wurden bei jedem Schritt ärgerlicher.«[27]

Whympers Laune verschlechterte sich noch mehr, während sie sich einen Weg zur Pointe des Ecrins bahnten. Am 24. Juli entdeckte er bei der Übernachtung auf dem Glacier de Bonne Pierre, daß ihr Träger all ihre Zigarren aufgeraucht hatte. Der Mann leugnete das, doch laut Whymper war »er als der größte Lügner in der Dauphiné bekannt«[28]. In jener Nacht verschwand auch der größte Teil ihres Weines, den ebenfalls niemand getrunken haben wollte. »So ließ sich die Erscheinung denn nicht anders erklären als durch die Trockenheit der Luft«, schrieb

Whymper sarkastisch. »Merkwürdig ist dabei nur, daß diese Trockenheit der Luft oder die Verdunstung des Weines immer dann am stärksten ist, wenn ein Fremder sich bei einer Gesellschaft befindet; ja, daß bei der Anwesenheit eines einzigen Trägers aus Chamonix die Erscheinung so mächtig auftritt, daß nicht bloß vier Fünftel verschwinden, sondern der ganze Wein. In der ersten Zeit wurde es mir schwer, die Verdunstung zu bekämpfen, aber zuletzt entdeckte ich, daß sie ganz aufhörte, wenn ich die Weinflasche nachts als Kopfkissen benutzte.«[29] Sogar der einfache Akt der Zubereitung von Suppe führte zu einem mürrischen Kommentar: »Fortnum und Masons tragbare Suppe wurde gekocht und als vorzüglich befunden; doch muß ich bemerken, daß wir dreimal so viel nötig hatten, als in der Gebrauchsanweisung benannt wird.«[30] Es sei ratsam, die Suppe zuerst von seinen Freunden trinken zu lassen, weil man sich beim ersten Schluck den Mund verbrenne und weil »die ganze Kraft« ohnehin am Boden der Tasse sitze.

Die Pointe des Ecrins ist von drei Wänden umgeben: dem Glacier Noir, einer der steilsten Eiswände der Alpen, dem etwas weniger schroffen Glacier du Vallon und dem zugänglicheren Glacier de l'Encula. Auf dieser dritten und leichtesten Seite näherten sie sich dem Gipfel. Aber der Begriff »leicht« war relativ: »Man denke sich eine dreieckige Fläche, die 700 bis 800 Fuß hoch ist, in einem Winkel von mehr als 50 Grad niedergeht und glatt und glasartig ist. Man denke sich die höchsten Ränder in Spitzen und Zähnen ausgeschnitten und nach verschiedenen Richtungen gebogen. Man denke sich endlich die glasartige Fläche mit kleinen Steintrümmern bedeckt, die sehr schwach befestigt, aber dafür mit Eis überzogen sind, und man hat eine kleine Vorstellung von der Bergspitze, vor der wir standen.«[31]

Schon vor der Tour war Whymper müde und verstimmt, doch während des Aufstiegs wurde seine Laune noch schlechter, und er steckte die anderen an. Jeder Schritt dauerte eine Ewigkeit. Lockere Steine wurden von den Voransteigenden in Bewegung gesetzt, und von unten waren Flüche zu hören. Als sich einer der Männer über den langsamen Fortschritt beschwerte, geriet Croz in Wut und mußte zurückgehalten werden. Später rutschte Almer aus und hätte fast das Leben verloren. Sie schoben sich vor, wichen zurück, änderten die Route, trieben Stufen in gefährliche Couloirs und mühten sich tückische Grate entlang.

Whymper stellte fest: »Unsere Leute waren ganz erschöpft.«[32] Als der Sieg ihnen um 12.30 Uhr zum Greifen nahe schien, waren sie beinahe zu ermattet, um die Situation zu nutzen. »So klein, so lächerlich klein die Entfernung bis zum Gipfel war, brauchten wir doch eine ganze Stunde, ehe wir ihn erreichten.«[33]

Dort steckte sich Whymper, wie es seiner Gewohnheit entsprach, ein kleines Felsfragment in die Tasche – solche Souvenirs hätten, wie er meinte, eine auffallende Ähnlichkeit mit dem Gipfel, von dem sie stammten – und schrieb vier abgedroschene Sätze über die Aussicht. Um 13.45 Uhr begann er zu überlegen, auf welcher Route sie absteigen sollten.

Alle weigerten sich, den Fuß noch einmal auf denselben Boden wie beim Aufstieg zu setzen. Deshalb entschieden sie sich für eine Reihe von Graten, »so schmal, so dünn, daß man oft förmlich raten mußte, auf welche Seite ein aus dem Gleichgewicht gebrachter Block fallen würde«[34]. Whymper war ungewohnt nervös:

> Hätte mir jemand gesagt: »Du warst ein großer Narr, hierher zu kommen«, so würde ich demütig geantwortet haben: »Das ist nur zu wahr.« Hätte mein Zensor dann weiter gesagt: »Schwöre mir, nie wieder einen Berg zu besteigen, wenn du von diesem glücklich herunterkommst«, so würde ich den Eid wahrscheinlich geleistet haben. In der Tat war unser Spiel des Einsatzes nicht wert. Die Führer fühlten das so gut wie wir. Als Almer beim Hinuntersteigen an die Spitze trat, bemerkte er mehr fromm als logisch: »Der liebe Gott hat uns heraufgeführt und wird uns sicher auch hinunter gelangen lassen.« Er bewies damit, was er dachte.[35]

Die Nervosität war berechtigt, denn die Felsen waren brüchig, und an beiden Seiten lag ein steiler Abgrund. Whymper wurde von einem Schwindelanfall gelähmt, als er 1200 Meter über dem Glacier du Vallon rittlings auf einer steinernen Messerschneide saß, und er konnte nur mit Mühe überredet werden, sich weiter zu bewegen. »Es war ein ›teuflischer Ort‹«, schrieb er. »Eine halbe Stunde lang brachten wir pausenlos die gefahrvollste Kletterei hinter uns, die ich je erlebt habe.«[36] An einer Stelle war der Grat durch einen tiefen Spalt geteilt, der nur überquert werden konnte, indem man zweieinhalb Meter von einem wackeligen Felsblock zum anderen sprang. Interessanterweise war es nicht

Almers Sprung (Zeichnung von E. Whymper)

der draufgängerische Croz, sondern der zurückhaltende Almer, der das Wagnis auf sich nahm. Der Fels bebte, doch Almer fand einen sicheren Halt und konnte seinen Gefährten über den Spalt hinweg helfen. Whymper meinte, es sei nicht schwierig, die Schlucht zu überqueren, solange man nicht an den Abgrund denke. Croz, der gemurmelt hatte, daß sie alle verloren seien, blieb nun stumm. Um 16.45 Uhr erreichten sie die relative Sicherheit eines Gletschers, und vier Stunden später standen sie auf festem Boden. Mit durch den Streß gesteigertem Appetit zerschnitten und aßen sie ihren letzten Bissen: einen Streifen Schweinefett, mit dem sie ihre Stiefel imprägniert hatten.

Whymper nannte dies die schwierigste Tour, die er je unternommen habe. Sein Tagebuch ließ einen bemerkenswerten Mangel an Selbstgefälligkeit erkennen, und seine einzige positive Aussage über die Erfahrung lautete, daß der Gipfel frei von Schnee gewesen sei: »Ich bin so weit davon entfernt, zu einer Wiederholung der Ersteigung zu reizen, daß ich hiermit erkläre: So unglücklich und elend ein Mensch gewesen sein mag, so wird er, wenn er sich nach einem frischen Schneefall auf der Pointe des Ecrins befindet, in einer schrecklicheren Lage sein, als er je zuvor gewesen ist.«[37]

Er setzte seinen Weg durch die Dauphiné fort, wobei er nichts annähernd so Denkwürdiges wie die Eroberung der Pointe des Ecrins* vollbrachte, aber gleichwohl neue Routen erschloß und unbekannte, namenlose Gletscher überquerte. Außerdem führte er ein wenig Humor in seine Beschreibungen ein, um seine Nervosität auf der Pointe zu überspielen. Die Zielscheibe seines Spotts war der Franzose Reynaud, den er eingeladen hatte, mit ihm zusammen auf den unbestiegenen Col de Pilate zu klettern. Reynaud hatte sich die Taschen mit Büchern und den Rucksack mit wissenschaftlichen Geräten und dem Inhalt einer kleinen Speisekammer vollgestopft. Whymper hielt das für lächerlich. »Seine Schultern [waren] mit zwei Brottürmchen geschmückt, und hinten an seinem Tornister baumelte eine Hammelkeule, die wie ein zu groß geratener Schwanz aussah. Der gutmütige Mensch hatte diese Nahrung mitgebracht, weil er meinte, daß wir sie brauchen würden.«[38] Der unglückselige Reynaud sah sich während der Besteigung des Col ebenso wie auf dem Rückweg dauernd Witzeleien ausgesetzt. Whymper fand ihn besonders amüsant, als sie zu einem Bergschrund – die erste große Spalte, die ein Gletscher hervorbringt, wenn er sich vom Berg losreißt – kamen, dessen oberer Rand durch eine bedrohliche Distanz von dem unteren getrennt war.

Wie auf der Pointe des Ecrins mußte man springen. Croz war der erste, Whymper folgte ihm, doch Reynaud zögerte. »Er trat an den Rand und machte Erklärungen«, schrieb Whymper. »Ich glaube nicht, daß er sich vor der Stelle mehr als wir fürchtete, aber er machte schrecklich viel aus der Sache – mit einem Worte, er war ein Franzose. Er rang die Hände. ›Oh, was für ein Teufel von einem Platze!‹ – ›Es ist nichts, Reynaud‹, sagte ich, ›es ist nichts.‹ – ›Springen Sie‹, riefen die anderen, ›springen Sie.‹ Er drehte sich aber herum, so weit eine solche Bewegung in einer Eisstufe ausgeführt werden kann, bedeckte das Gesicht mit den Händen und rief: ›Auf mein Wort, es ist nicht möglich. Nein, nein, nein, es ist nicht möglich.‹«[39]

* Auch sieben Jahre später war sie nur von einem einzigen weiteren Mann bestiegen worden, einem Franzosen namens Vincent.

Was als nächstes geschah, wurde nur von Whymper aufgezeichnet:

> Wie er heruntergekommen ist, weiß ich nicht. Wir sahen einen Fuß ... wir sahen Reynaud als fliegenden Körper und so rasch herunterkommen wie jemand, der einen Kopfsprung ins Wasser macht. Arme und Beine hatte er ausgestreckt, seine Hammelkeule flog in der Luft, sein Stock fiel ihm aus der Hand, und dann machte er ein Geräusch, als wenn ein Bündel Teppiche aus dem Fenster geworfen wird. Als wir ihn auf die Füße stellten, bot er ein jämmerliches Schauspiel. Sein Kopf war ein großer Schneeballen, Branntwein tropfte aus der einen Seite des Tornisters, Chartreuse aus der anderen. Wir beweinten diese Verluste, aber wir schütteten uns vor Lachen aus.[40]

Der Col de Pilate war Whympers letzte Eroberung in der Dauphiné. Danach wanderte er nach Chamonix, denn er hatte sich bereit erklärt, dem irischen Kartographen Anthony Adams-Reilly bei der Kartierung der Montblanc-Kette zu helfen. Mittlerweile waren 20 Jahre vergangen, seit Sir John Barrow zum ersten Mal über die Mängel der Alpenkarten geklagt hatte, und die Schweizer Regierung machte beträchtliche Anstalten, das Problem zu beheben. Vier Fünftel der Montblanc-Kette lagen jedoch innerhalb Frankreichs, und die verschiedenen Restaurationsregierungen, die sich seit 1816 an die Macht klammerten, hatten dringendere Probleme als die Kartierung der Alpen. Forbes' Angaben über das Mer de Glace blieben eine Oase der Vernunft auf einem Atlas, auf dem Berge falsch plaziert, falsch vermessen und zuweilen frei erfunden oder ausgelassen waren. Als Reillys erste Karte der Region 1863 veröffentlicht wurde, war Whymper zutiefst beeindruckt. Er schätzte den Kartographen als »einen Mann von wunderbarer Entschlossenheit und Ausdauer«[41]. Außerdem würde die Anwesenheit dieses Mannes auf dem Gipfel des Matterhorns von unschätzbarem Wert sein.

Trotz seiner Leistungen galt Whymper weiterhin als eine Art Nachzügler. Der Alpine Club mochte eine Vereinigung von Gleichen gewesen sein, aber manche Mitglieder waren gleicher als andere, unabhängig von deren bergsteigerischen Taten. Verglichen mit Leuten wie dem gelehrten Leslie Stephen war Whymper immer noch der Sohn eines Druckers und mußte sich seine beklagenswerte Aussprache nachsagen lassen. Dessen war er sich bewußt, ebenso wie der Tatsache, daß er

Alpenphänomene bloß auf die elementarste Art und Weise zu erklären vermochte. Zwar machte er einige tapfere Vorstöße auf diesem Gebiet, aber er produzierte nur eintönige, langatmige Traktate über das Fortschreiten der Gletscher und die Formation von Gebirgen. Es mangelte ihm an Leslie Stephens Sensibilität und an John Tyndalls wissenschaftlichem Gepräge. Er war schlicht und einfach ein Gipfelsammler. Aber wenn er das Matterhorn besteigen und gleichzeitig demonstrieren konnte, daß er es für eine gute Sache getan hatte, würde sich sein Ansehen unzweifelhaft erhöhen. Adams-Reilly bot die Lösung. Wie es sich fügte, konnte er Tyndall nicht leiden, denn er war ein Protegé von Forbes und wurde später zu dessen Biographen. Whymper machte ihm den Vorschlag, ihm bei der Kartierung der verbleibenden Teile der Montblanc-Kette zu helfen, wenn Reilly seinerseits mit ihm zusammen das Matterhorn bestiege. Dieser hatte zunächst Bedenken: »Als ich hörte, daß Whymper gerade aus der Dauphiné eingetroffen war, wo er zahlreiche Gipfel und Pässe erklettert hatte, waren meine Gefühle ihm gegenüber, wie ich zugeben muß, eine Mischung aus Neid, Bosheit und Abneigung – unchristlich, aber aufrichtig.«[42] Als Reilly schließlich einwilligte, war Whymper überglücklich und schrieb: »Unser mündlicher Vertrag hatte folgenden Inhalt: Ich helfe dir bei deinen Plänen, und du hilfst mir bei den meinen. Ich schlug gern in die dargebotene Hand ein, da alle Vorteile auf meiner Seite waren.«[43]

Whymper hatte nicht allzuviel für die Montblanc-Kette übrig. »Sie kann sich weder der Schönheit des Berner Oberlandes noch der Erhabenheit der Dauphiné rühmen«, meinte er. »Sie zieht aber die vulgären Elemente durch den Besitz des höchsten Alpengipfels an.«[44] »Vulgär« war ein Wort, das er mit enthüllender Häufigkeit in seinen Tagebüchern und Journalen benutzte. Da er fürchtete, durch seine Herkunft in manchen Augen an den Rand der Vulgarität gerückt zu werden, entdeckte er mehr Vulgäres und verurteilte es mit größerem Abscheu – ein anderes Lieblingswort – als die meisten seiner Gefährten. Doch mit der vermeintlichen Vulgarität des Montblanc konnte er sich abfinden, wenn er dadurch die Gelegenheit erhielt, zusammen mit Adams-Reilly auf dem Matterhorn zu stehen. Zudem waren mehrere Gipfel der Kette noch nicht bestiegen worden, und Whymper konnte einem Berg alles verzeihen, wenn er ihn als erster bezwang. (Viele dieser Gipfel waren außerdem sehr schön, doch dieses Adjektiv verwendete Whymper nur selten. Er zog es vor, wenn seine Berge erschreckend, wild, gezackt und schwierig waren und im allgemeinen dazu dienen konnten, seine bergsteigerische Leistung widerzuspiegeln.)

Whymper hatte Croz als Führer bei sich, Adams-Reilly einen Mann aus Chamonix, François Couttet. Für kurze Zeit wurden sie auch von Moore und Christian Almer begleitet. Ihr erstes Ziel war die Aiguille d'Argentière, der sie sich am 6. Juli näherten. Sie blieben erfolglos. Bei ihrem ersten Versuch wurden sie von einem heftigen Wind zurückgetrieben, der ihnen kaum gestattete, aufrecht zu gehen. Beim zweiten Versuch, in dessen Verlauf Couttet nicht weniger als 700 Stufen in einen Eishang hackte, waren die Bedingungen so schlecht, daß sie keine 30 Meter vor dem Gipfel umkehren mußten. Zwei Tage später gelang es ihnen jedoch als ersten, den Col de Triolet zu überqueren, und am 9. Juli eroberten sie dann den Mont Dolent. Am 12. Juli fügten sie die Aiguille de Trélatête ihrer Liste von Erstbesteigungen hinzu. Am 15. Juli kehrten sie schließlich zu ihrem Ausgangspunkt zurück und erkletterten die Aiguille d'Argentière. Es war eine Tour de Force, sowohl was die Zahl der in so kurzer Zeit bestiegenen neuen Gipfel als auch das Ausmaß der vollbrachten kartographischen Arbeit betraf. Adams-Reilly, ein sympathischer Mann mit trockenem Humor, gab sich im Gebirge betont lässig. Während der Ruhepausen lehnte er sich gewöhnlich an einen Felsen, rauchte seine Pfeife und las einen billigen Reißer. Aber sein zwangloses Benehmen täuschte über die Menge seiner Skizzen und Messungen hinweg. Sie kamen rasch zustande, waren präzise und unzweifelhaft verläßlich. Whymper reagierte beifällig:

> Mr. Reilly arbeitete trotzdem bei all unseren Wanderungen unter den ungünstigsten Umständen und auf den gefährlichsten Punkten mit Kopf und Hand. Immer und überall blieb er derselbe, ruhig und freundlich, mochte er nun siegen oder geschlagen werden, und stets bereit, seine Wünsche unserer Bequemlichkeit zu opfern. Durch eine glückliche Verbindung von Klugheit und Kühnheit, mit der sich eine seltene Ausdauer verband, wurde er seiner Aufgabe gerecht und vollendete Arbeiten, die unerträglich gewesen wären, wenn er sie nicht aus Liebe übernommen hätte, und die, von einem einzelnen ausgeführt, wohl herkulisch genannt werden könnten.[45]

Immerhin verschaffte es Whymper eine gewisse Erleichterung, daß Adams-Reilly nicht unerschrocken genug war, das Matterhorn ohne ihn zu besteigen. Wenn der Moment kam, würde das Verdienst daher in erster Linie ihm, Whymper, gebühren.

19

Whymper überließ es Adams-Reilly, sich zum Matterhorn zu begeben, und marschierte seinerseits zusammen mit Croz, Moore und Almer über den Moming-Pass – eine weitere Erstbesteigung – nach Zermatt. Wie so oft war er empört. Über den Col de Forclaz, den er unterwegs überquerte, schrieb er, der Paß mache »der Schweiz keine Ehre«, denn er sei »auch jetzt wieder von Bettlern nicht leer«[1]. Je mehr vulgäre Dinge er sah, desto empörter wurde er.

> Wir kamen an mehreren müden Fußgängern vorbei, die in diesem Backofen keuchten und von Schwärmen bettelnder Kinder verfolgt wurden. Solche Kinder sind hier so zahlreich wie Maden in einem verdorbenen Käse. Sie tragen Körbchen mit Früchten und martern den müden Reisenden damit. Wie Fliegen summen sie um ihn herum, halten ihm die Früchte ins Gesicht und bringen ihn durch ihre Hartnäckigkeit in Verzweiflung. Hüte dich vor ihnen, berühre ihre Früchte nicht! In den Augen dieser Kinder ist jeder Pfirsich, jede Traube das Lösegeld eines Fürsten wert. Ärgerlich zu werden hilft nichts, denn sie sind wie Wespen und summen bloß noch mehr. Was du auch sagst oder tust, das Ende ist stets dasselbe: »Schenken Sie mir etwas«, ist das Alpha und Omega ihrer Reden. Diesen Spruch, sagt man, lernen sie früher als das Alphabet. Man hört ihn aus jedem Munde. Von dem Kinde, das kaum das Gehen gelernt hat, bis zum sechzehnjährigen Mädchen stimmt alles in den großen Chor ein: »Schenken Sie mir etwas, seien Sie so gut, mir etwas zu schenken.«[2]

Whympers Bissigkeit kannte keine Grenzen. Nachdem er die »Schwärme« hinter sich gelassen hatte, suchte er Zuflucht in einer Sennhütte, die »von Mistpfützen und Unreinigkeiten aller Art umgeben« war. »Ein übelriechender Senn lud uns zum Eintritt ein.«[3] Es folgen weitere überaus kritische Bemerkungen. Andere hatten das Leben in den Sennhütten bezaubernd gefunden, nicht jedoch Whymper. Sein Palast, wie er ihn ironisch nannte, war viereinhalb mal sechs Meter groß und hatte eine Deckenhöhe, die zwischen anderthalb und zwei Metern variierte. In einer Ecke rauchte sein Gastgeber eine Pfeife und blies zwischen den Zügen in einen Kessel mit Milch. »Vielleicht erklärt sich dadurch der Geruch, den gewisse Schweizerkäse haben«,[4] schrieb Whymper verdrießlich. Auch andere mochten die Gegend für unerfreulich halten, doch niemand verdammte sie so nachdrücklich wie Whymper.

Um seinen Fremdenhaß zu besänftigen – oder aber, um den Vorfall aus seinem Gedächtnis zu verbannen –, stürzte er den Moming-Pass hinauf und führte seine Gruppe dabei offenbar vorsätzlich über die gefährlichsten Hänge. Am folgenden Morgen kletterten sie über ein labiles Eisfeld auf dem Schallhorn. »Wir führten im Angesichte eines Feindes, der uns jeden Augenblick angreifen konnte, eine Flankenbewegung aus. Die Gefahr lag auf der Hand, ja wir begingen eine Dummdreistigkeit, einen verrückten Streich. Wir hätten zum Rückzuge blasen sollen.«[5] Moore war entsetzt: »Ich schäme mich nicht zu bekennen, daß während der ganzen Zeit, die wir auf diesem Abhang zubrachten, mir das Herz sank und daß ich mich nie von einer so schweren Sorgenlast befreit fühlte wie in dem Augenblick, als wir nach etwa zwanzig Minuten die Felsen erreichten und in Sicherheit waren.«[6] Almer, den man sonst nie fluchen hörte, murmelte die schlimmsten Verwünschungen vor sich hin, die Moore je gehört hatte. Kaum hatten sie den Abhang überquert, als eine turmhohe Eisnadel, »so hoch wie das Monument an der London Bridge«,[7] wie an einem Scharnier umfiel und auf den Abhang stürzte, jedes Atom ihrer Spur auslöschte und das Schneefeld in eine gläserne Eisfläche verwandelte. Als Entschuldigung dafür, daß sie diese Route eingeschlagen hatten, erklärte Whymper, daß sie sonst noch eine weitere Nacht in einer Sennhütte hätten verbringen müssen.

Dann führte er sie über einen messerscharfen Eiskamm zwischen zwei Gletscherspalten. Croz dazu: »Wo fester Schnee liegt, kann man

Alpenpanorama: (von links) Matterhorn, Weisshorn und die Dent Blanche

gehen, wo Eis existiert, kann man Stufen hauen. Das ist eine Frage der Kraft, ich habe Kraft und folglich brauchen Sie nichts zu tun, als mir zu folgen.«[8] Tatsächlich folgten sie Croz, doch niemand außer Whymper war damit zufrieden. Moore schrieb: »Nach einem wahrhaft verzweifelten und aufregenden Kampfe, und nach einer Arbeit mit dem Eise, wie sie nicht schlimmer sein kann, erreichten wir die oberste Fläche.«[9] Letzten Endes brachten sie jedoch die erste Überquerung des Moming-Passes zustande und schleppten sich nach Zermatt. Die Tour hatte zwölf Stunden gedauert und bewiesen, daß der Moming-Pass zwar den direkten Weg nach Zermatt darstellte, daß es jedoch leichter, sicherer und nicht viel zeitaufwendiger gewesen wäre, eine Kutsche zu nehmen.

Zermatt hatte sich seit seiner »Entdeckung« durch Saussure mehr als 70 Jahre zuvor kaum verändert. Als kleines, in ein schmales Tal gezwängtes Dorf ähnelte es Chamonix. Doch im Gegensatz zu Chamonix, das sich zu einem bedeutenden Touristenzentrum entwickelt hatte, war Zermatt ein einfacher Ort geblieben. Kleinbauern fristeten ihr Dasein auf den Terrassen unterhalb der Schneegrenze. Das Dorf hatte eine Kirche und zwei Hotels: das Mont Cervin für Touristen bot eine Aussicht auf das Matterhorn, das weniger teure Monte Rosa besaß keine. Über Zermatt erheben sich einige der majestätischsten Berge der Alpen: der Monte Rosa, das Weisshorn und natürlich das Matterhorn. Bergsteiger, die das Tal hinter sich ließen, kamen in den Genuß einiger der faszinierendsten Alpenpanoramen.

Whymper malte ein lebhaftes Bild der Szene, von der Neuankömmlinge empfangen wurden:

> An der Mauer vor dem Hotel Monte Rosa sitzen gewöhnlich zwei Dutzend Führer, gute, schlechte und mittelmäßige, Franzosen, Schweizer und Italiener. Sie rechnen auf Verwendung und schauen nach Touristen aus, warten auf neue Ankömmlinge und berechnen die Zahl von Franken, die sich ihnen aus der Tasche locken läßt. Die Messieurs, die zuweilen seltsam und wundersam gekleidet sind, stehen in Gruppen umher oder dehnen sich in Sesseln oder lungern auf den Bänken vor der Tür. Sie tragen merkwürdige Stiefel und noch auffallendere Hüte. Ihre abgeschälten, mit Blasen bedeckten und geschwollenen Gesichter sind des Studiums wert. Einigen ist es durch Wachsamkeit und besondere Sorgfalt gelungen, sich eine Gesichtsfarbe wie ungebrannten Ton zu verschaffen. Die meisten dagegen haben weniger Glück gehabt. Sie sind auf Felsen verbrannt und auf Gletschern geröstet worden. Ihre Backen, die zuerst anschwollen und dann aufsprangen, haben eine terpentinartige Flüssigkeit ausgeschwitzt, die ihnen am Gesicht heruntergelaufen und in kleinen Klumpen, wie das Harz an Kiefernstämmen, eingetrocknet ist. Sie haben sie entfernt und große Fetzen ihrer Haut mit abgerissen. Es ist schlimmer und schlimmer mit ihnen geworden, ihr Fall hat sich hoffnungslos gestaltet, Rasierzeug und Messer sind zu Hilfe gerufen worden, mit sanften und zarten Mitteln haben sie auf ihren Backen eine übereinstimmende Farbe zu erzeugen versucht. Es hat sich nicht tun lassen, aber wie verhext haben sie fortgearbeitet und ihre unglücklichen Gesichter endlich in einen Zustand vollständigen und hoffnungslosen Ruins versetzt. Ihre Lippen sind aufgesprungen, ihre Backen geschwollen, ihre Augen mit Blut unterlaufen, ihre Nasen abgeschält und nicht zu beschreiben.
>
> Das sind die Freuden des Gebirgsreisenden! Mit Spott und Verachtung vergleicht der Neuling diesen Anblick mit seinem glatten Gesicht und seinen schmalen Händen, ohne zu ahnen, daß er selbst vielleicht in kurzer Zeit ebenso aussehen wird wie diejenigen, welche er jetzt auslacht. An diesen auffallend gekleideten und sonderbar aussehenden Leu-

ten bemerkt man eine Ungezwungenheit, die an städtisches Leben und vornehme Gesellschaft nicht erinnert. Es ist ein interessanter Anblick, wie diese steifen Gesellen, unsere überkalten Landsleute, hier, im Clubzimmer von Zermatt, sowie sie miteinander zusammenkommen sich aneinander erfreuen, und angenehm ist es, Zeuge des herzlichen Empfangs zu werden, den der Wirt [Herr Seiler vom Monte Rosa] und seine vortreffliche Gattin jedem neuen Gast bereiten.[10]

Das war die Welt, in der sich Whymper wohl fühlte – eine Welt, wo man die Alltagssorgen vergessen konnte, wo soziale Anmaßung in der Gleichheit von schwitzendem Fleisch und knorrigen Stiefeln unterging, wo Größe an körperlicher Leistung gemessen wurde und wo er folglich zu den größten lebenden Menschen zählte. Wenn er in den Ort schritt, wußte er, was er wert war. Und andere wußten es auch. Als Whymper nun, nachdem er wieder eine Reihe von Erstbesteigungen hinter sich gebracht hatte, in Zermatt eintraf, hatte er keinen Zweifel daran, daß die versammelten »Messieurs« ihn voller Respekt betrachteten – vielleicht um so mehr, als er sich anschickte, das Matterhorn zu erobern.

Aber in jenem Jahr konnte er das Matterhorn nicht besteigen. Auf dem Postamt übergab man ihm einen Brief, in dem aus geschäftlichen Gründen seine sofortige Anwesenheit in London verlangt wurde. Er bot Adams-Reilly, der gerade mit ihren Vorräten in Zermatt erschien, Croz und das Matterhorn an. Wie Whymper vermutet hatte, lehnte Adams-Reilly ab, da er sich sogar in Croz' Begleitung der Herausforderung nicht gewachsen fühlte. Whymper ärgerte sich darüber, daß er, obwohl ihm eine so starke Mannschaft zur Verfügung stand, in diesem Jahr auf den Aufstieg verzichten mußte: »Unsere Tätigkeit im Jahre 1864 war ein ununterbrochener Erfolg gewesen, aber die große Ersteigung, die mir am Herzen lag, war unterblieben, und ehe ich sie ausgeführt hatte, kam ich nicht zur Ruhe.«[11] Doch freute er sich aus zwei Gründen: Niemand sonst würde das Matterhorn in Angriff nehmen, und sein Erzrivale Tyndall war anscheinend aus dem Wettbewerb ausgeschieden.

Das Matterhorn-Fiasko von 1862 hätte Tyndalls Bergsteigerlaufbahn fast beendet. Er kletterte weiter, solange er noch dazu fähig war, aber er wurde alt. Die neue Generation des Alpine Club bestand aus jungen Männern – Whymper zum Beispiel war noch in den Zwanzigern –, und seit 1864 konnte Tyndall nicht mehr auf Bennen als Führer zurückgreifen. In jenem Jahr fuhr Tyndall an einem Märzmorgen mit dem Zug von Chislehurst nach London, als ihn ein anderer Passagier auf eine Notiz in der *Times* mit Einzelheiten über eine neue Lawinenkatastrophe in den Alpen aufmerksam machte. Solche Nachrichten waren inzwischen recht häufig, und Tyndall bemerkte streng, daß niemand, der bei Sinnen sei, dem Schnee so früh im Jahr trauen würde. Am folgenden Tag erfuhr er, daß Bennen zu den Opfern gehört hatte.

Bennen war engagiert worden, zwei Bergsteiger – den Franzosen Boissonnet und den Engländer Gossett, der dem Schweizer Vermessungsdienst zugeordnet war – den Haut de Cry hinauf zu führen. Der Berg war weder hoch noch schwierig, doch wie viele andere im März von Neuschnee bedeckt. Bennen hatte Zweifel. Als sie sich einer Schlucht näherten, fragte er, ob diese frei von Lawinen sei. Die drei ortskundigen Führer, die Gossett angeheuert hatte, versicherten Bennen, daß man nichts zu befürchten habe. Aber er glaubte ihnen nicht. Während die drei Einheimischen eine Furche – genau wie die, welche die Hamel-Katastrophe verursacht hatte – durch den Schnee pflügten, wählte Bennen eine höher gelegene Route über festeren Boden und bedeutete seinen Arbeitgebern, ihm zu folgen. Gossett und Boissonnet taten wie geheißen, und die drei, mit Gossett in der Mitte, seilten sich an. Sie mußten einen kleinen Graben von vielleicht vier Meter Breite, der mit weichem Schnee gefüllt war, überqueren und sanken sofort bis zu den Hüften ein.

Nach wenigen Schritten hörten sie einen dumpfen, doch auch schneidenden Ton. »Das Schneefeld hatte sich ungefähr 14 oder 15 Fuß über uns gespalten«, berichtete Gossett. »Der Riß war erst nur ganz schmal, nur einen Zoll breit. Ein ängstliches Schweigen folgte. Es dauerte nur wenige Sekunden und wurde dann durch Bennens Stimme unterbrochen: ›Wir sind alle verloren!‹ Seine Worte kamen langsam und feierlich, und die, welche ihn kannten, wußten, was es bedeutete, wenn ein Mann wie Bennen sie aussprach. Es waren seine letzten Worte.«[12] Gossett stieß seinen Alpenstock so tief wie möglich in den Schnee – nur noch sieben Zentimeter ragten hervor, als er sich endlich ins Eis bohrte – und wartete auf die Lawine. In den noch verbleibenden Momenten der Ruhe warf er einen Blick auf Bennen, um sich zu überzeugen, daß dieser die gleiche Vorsichtsmaßnahme ergriffen hatte. Aber zu seinem Erstaunen hatte Bennen den Alpenstock fallen gelassen, sich dem Tal zugewandt und beide Arme ausgebreitet. Erst langsam, doch dann mit zunehmender Geschwindigkeit bewegte sich der Boden.

Gossett hatte nur verschwommene Erinnerungen an das, was folgte. In einer Sekunde wurde er fast vom Schnee erstickt, und in der nächsten, als das Seil an einem Stein hängenblieb, an die Oberfläche bis zum Kamm der Lawine getragen: »Es war der schauerlichste Anblick, den ich je hatte.«[13] Der Schnee deckte ihn erneut zu, und er schwamm mit den Armen gegen die Strömung, bis die Lawine plötzlich mit einem tiefen Knarren haltmachte. Gossett war von einer harten Schneekruste überzogen und konnte nur die Hände bewegen, da sie noch über der Oberfläche waren. Er begann zu erfrieren, auf seiner Brust lastete schwerer Druck, und er bekam wenig Luft. Mit den Fingerspitzen kratzte er an dem Schnee über seinem Gesicht und sah bald einen schwachen Lichtschimmer. Aber seine Finger konnten den letzten Teil der Kruste über seinem Kopf nicht erreichen, und ihm blieb nichts anderes übrig, als heftig zu blasen und zu hoffen, daß sein Atem den Schnee entweder schmelzen lassen oder fortblasen würde. Er hatte Glück, nach ein paar Atemzügen brach die Kruste zusammen – »es war hohe Zeit, denn viel länger hätte ich es nicht mehr ausgehalten«[14] –, so daß ein kleines rundes Loch entstand, durch das Gossett den Himmel erkennen konnte. »Ein Todesschweigen herrschte um mich her«, schrieb er. »Ich war so überrascht, daß ich noch lebte, und so überzeugt, daß keiner meiner Leidensgefährten noch atmete, daß ich nicht einmal nach ihnen rief. Dann machte ich vergebliche Anstrengungen, meine Beine zu befreien, es war mir aber unmöglich. Das einzige, was ich tun konnte, war, meine Fingerspitzen zusammen zu bringen.«[15]

Minuten später hörte er Rufe. Die drei einheimischen Führer waren am Leben. Der eine war der Lawine ganz und gar entgangen, die beiden anderen waren auf der Schneedecke zum Liegen gekommen. Sie brauchten fast eine Stunde, Gossett auszugraben. Unterdessen konnte er Boissonnets Fuß, der neben seinem Kopf aus dem Schnee herausragte, sehen und sogar berühren. Es war eine quälende Vorstellung, daß Boissonnet zu diesem Zeitpunkt noch am Leben gewesen sein könnte. Nachdem Gossett befreit war, dauerte es nur Minuten, seinen Gefährten auszugraben, aber dieser war mittlerweile tot. Für Bennen gab es überhaupt keine Hoffnung. Das Seil ging senkrecht am Boden von Gossetts Loch in die Tiefe »und zeigte uns, daß dort das Grab des bravsten Führers sei, den das Wallis je hatte und je haben wird«[16]. Fünf Stunden danach hinkten die Überlebenden auf erfrorenen Füßen und mit von Quetschungen übersäten Körpern in die Sicherheit des Ortes. Gossett war ein gebrochener Mann und sollte nie wieder einen Berg besteigen.

Erst drei Tage später wurden die Leichen geborgen. Man fand Bennen zweieinhalb Meter unter dem Schnee in horizontaler Lage vor. Das Gesicht hatte er dem Tal zugekehrt, und sein Körper war erstaunlicherweise unversehrt. Lawinen sind dafür berüchtigt, daß sie ihre Opfer zerfleischen, aber diese, die Bennen nach Gossetts Schätzung fast 600 Meter weit getragen haben mußte, hatte ihm nur die Uhr von der Kette gerissen. Sie wurde im Oktober von einem Schäfer gefunden, der zu dem ursprünglichen Bergungstrupp gehört hatte, und funktionierte noch einwandfrei.

Gossett schickte Tyndall einen Beileidsbrief: »Ich weiß, Sie hingen sehr an Bennen. Dasselbe war bei ihm der Fall, was Sie betraf. Eine Stunde vor seinem Tode zeigte das Matterhorn sein schwarzes Haupt über einem der Grate des Haut de Cry. Ich fragte Bennen, ob er glaube, daß er es je wird besteigen können. Seine Antwort war ein entschiedenes ›Ja‹.«[17] Tyndall, der wußte, daß das Matterhorn niemals bestiegen werden konnte, war für posthume Ermunterungen nicht empfänglich. Seltsamerweise schien auch Bennens Tod ihn kaum zu berühren. In seinem Journal – ungewöhnlich dürftig in diesem und im folgenden Jahr – wurde die Katastrophe nicht erwähnt. Tyndall spendete ein Denkmal, schrieb jedoch keinen Nachruf im *Alpine Journal*, wie das inzwischen beinahe an der Tagesordnung war, wenn beliebte Bergführer starben. Erst 1871 veröffentlichte er einen kleinen Absatz zum Andenken an Bennen. Seinem alten Bergführer treu ergeben – ohne allerdings ausschweifend zu werden, denn der Absatz umfaßte nur viereinhalb Zeilen –, behauptete er, daß Bennen mit dem Frühjahrsschnee nicht vertraut gewesen und durch den Rat schlechterer einheimischer Führer irregeleitet worden sei. Das war alles.

Wäre Tyndall abergläubisch gewesen, hätte ihm das seltsame Zusammentreffen der anschließenden Ereignisse vielleicht zu denken gegeben. Am 30. Juli 1864 brach er aus Pontresina auf, um den Piz Morterasch mit zwei Gefährten, Hutchinson und Lee-Warner aus Rugby, zu besteigen. Ihre Führer waren Walter, Bennens einstiger Stellvertreter auf dem Matterhorn, und ein riesiger, hartnäckiger Mann namens Jenni. Über ihn schrieb Tyndall: »[Er] ist der kühnste und männlichste der Führer von Pontresina. Die Art und Weise, mit der er die anderen in der Unterhaltung beherrscht und sie seinem eigenen Willen fügsam macht, zeigt, daß er der Diktator des Ortes ist. Er ist ein großer und eher häßlicher Mann, und sein Schritt bergan, obgleich rastlos, ist langsam.«[18] Jenni schien Tyndall durch seine Fähigkeiten beeindrucken zu wollen. Vielleicht hatte er es auf den von Bennen frei gemachten Posten abgesehen. Wenn ja, stellte er es nicht richtig an. »Er führte zwei gewagte Unternehmen aus«, notierte Tyndall, »das eine glücklich, das andere war nur um eine Haaresbreite von einem schrecklichen Ausgang entfernt.«[19]

Nach Tyndalls Meinung war der Piz Morterasch »ein sehr schöner Berg und, wie wir glaubten, leicht und gefahrlos zu besteigen«[20]. Das traf zu. Nachdem sie Pontresina um vier Uhr morgens verlassen hatten, brachten sie bereits um 12.30 Uhr mit schneegekühltem Champagner Trinksprüche auf ihre Eroberung aus. Tyndall beobachtete eine Stunde lang die Wolken, die schillernd an den Gipfeln vorbeitrieben und »von Augenblick zu Augenblick ihre Gestaltung veränderten. Die Schönheit der Wolken ist sehr mannigfaltig. Ich hatte sie kaum schöner gesehen, als sie sich heute zeigten, während die Überraschungen, die sie uns durch ihren ewigen Wechsel bereiteten, selbst dem erfahrenen Bergbesteiger selten so schön zuteil werden.«[21] Der prächtige Anblick versetzte Tyndall in wissenschaftliches Entzücken, weshalb er sich über die Beschaffenheit des Dampfes und der darin enthaltenen Partikel ausließ. Dann begann er den Abstieg.

Sie erreichten einen Bergschrund von der Art, wie ihn Forbes bei seiner Besteigung der Jungfrau mit einer Leiter überquert hatte. Aber sie besaßen keine Leiter. Walter, der die Führung übernommen hatte, zögerte vor der Gletscherspalte, doch Jenni hatte eine leichte Lösung anzubieten: »[Er] trat vor, und halb durch Zureden, halb durch Befehl nötigte er [Walter], sich in einiger Höhe über der Spalte auf den Schnee zu setzen. Ich glaube, er half ihm außerdem mit einem Stoße nach.«[22] Walter rutschte so schnell den Abhang hinunter, daß er über den Bergschrund hinweg schoß und auf der anderen Seite landete. Die anderen folgten ihm der Reihe nach, bis nur noch Jenni übrig blieb. Bedächtig suchte er sich den breitesten Teil des Abgrundes aus und »schoß darüber hinweg und noch ein gutes Stück den Schneeabhang auf der anderen Seite hinunter. Es war dies ein Beweis der praktischen Erfahrung, die ein langer Aufenthalt in den Bergen allein geben kann und worin die besten englischen Bergbesteiger weit hinter ihren Führern zurückbleiben.«[23]

Das war Jennis erste kühne Tat, bei der zweiten hatte er jedoch weniger Glück. Nachdem die Gruppe zum oberen Teil des Morterasch-Gletschers hinuntergerutscht war, sah sie sich einer breiten Rinne gegenüber, die mit geschmolzenem und danach gefrorenem Schnee gefüllt war, wodurch sich ein steil abfallender Eiswall gebildet hatte. Jenni wollte die Rinne überqueren, während Tyndall lieber den sichereren Weg über die Felsen gewählt hätte. Jenni tat so, als höre er ihn nicht, und schritt auf die Rinne zu. An deren Rand protestierte Tyndall: »Jenni, Ihr wißt, wohin Ihr geht. Der Abhang ist reines Eis.«[24] Der Führer erwiderte, er wisse es in der Tat: Das Eis sei nur ein oder zwei Meter breit, und er werde Stufen hineinhacken. Dahinter liege Schnee, der kein Risiko bedeute.

Wenn überhaupt jemand, dann hätte Tyndall wissen sollen, daß ein Hang, bedeckt mit frisch gefrorenem Schnee, der noch nicht an der Oberfläche haftete, zu einer Katastrophe geradezu einlud. Aber er hatte Vertrauen zu seinem Führer. Sie seilten sich an. »Bleiben Sie achtsam in den Stufen, meine Herren«, sagte Jenni, während sie den Fuß auf das Eis setzten. »Ein Fehltritt hier kann eine Lawine losreißen.«[25] Aber die Lawine nahm bereits ihren Anfang, bevor ein Fehltritt gemacht worden war. Es gab keine Warnung, kein Krachen von oben, sondern nur ein plötzliches Rauschen von Schnee und Körpern, das Tyndall von den Beinen fegte. Er versuchte, seinen Alpenstock ins Eis zu stoßen, doch dieser prallte vom Fels ab, so daß Tyndall in die Luft geschleudert wurde. In jenem Moment stieß er mit Jenni zusammen, wodurch beide ihren Alpenstock verloren. Sie jagten in die Tiefe und wurden von ihrer Geschwindigkeit über den unteren Rand einer Gletscherspalte getragen.

Tyndall und Jenni versuchten, sich aufzurichten. Eine Sekunde lang hatte es den Anschein, daß sie die Kontrolle zurückerhalten würden, doch dann wurden sie in Richtung einer zweiten Spalte gefegt. Tyndall erreichte die gegenüberliegende Seite, aber Jenni, der über 82 Kilo wog, ließ sich absichtlich hineinfallen, um den Schwung zu bremsen. Das Seil quetschte ihn fast zu Tode, bevor er wieder herausgerissen wurde.

Während sie hinunterglitten und Jenni sich mit dem Ruf »Halt! Herr Jesus, halt!«[26] immer wieder vergeblich gegen den Boden stemmte, schien Tyndalls Geist frei zu werden: »Alle meine alten Erinnerungen standen plötzlich vor mir, wie es bei Leuten der Fall ist, die dem Ertrinken nahe waren, und meine geistigen Fähigkeiten blieben unberührt. Ich dachte an Bennen auf dem Haut de Cry und murmelte: ›Jetzt kommt die Reihe an mich.‹ ... Ich empfand keine besondere Furcht. Der Sturz war zu schnell eingetreten und die Aufregung des Rutschens zu groß, als daß Schrecken und Angst aufkommen konnten.«[27] Er sah ihr Schicksal genau vor sich: eine weniger steile Strecke, auf der sich ihr Tempo verringern würde, gefolgt von einer Klippe, die den Tod versprach. Vergebens versuchte er, sich vom Seil zu lösen. Dann beobachtete er teilnahmslos, wie Hutchinson die Arme um Lee-Warner schlang, als sie sich der letzten Schlucht näherten.

Auf dem sanfteren Gefälle wurden sie durch Jennis Bemühungen langsamer. Tyndall richtete sich auf und stemmte sich ebenfalls mit seinem Gewicht gegen das Seil. Die Lawine stürzte über die Klippe, doch die Männer konnten dank Jenni und Tyndall am Rand Fuß fassen. Das war knapp: Nach Tyndalls Berechnung wären sie drei Sekunden später alle tot gewesen. Hutchinsons Stirn blutete, Jenni hatte ein Stück Fleisch an seiner Hand verloren, Tyndall hatte einen Seilbrand am Arm, »und wir empfanden alle ein kitzelndes Gefühl auf den Händen wie beim Beginn des Erfrierens. Es hielt noch einige Tage an.«[28] Aber sie hatten überlebt.

Neuschnee, ein heimtückischer Hang, eine Lawine – es hätte eine Neuinszenierung von Bennens Unfall sein können, mit dem Unterschied, daß alle am Leben geblieben waren. Aber es gab noch eine weitere Übereinstimmung: Ein Teil seiner Uhrkette hing an Tyndalls Hals, ein paar Glieder davon lagen in seiner Tasche, doch die Uhr selbst war fort. Am 16. August kehrte Tyndall in Begleitung von fünf Freunden zurück, um nach ihr zu suchen. Seiner Theorie zufolge würde die goldene Uhr, wenn sie aufs Zifferblatt gefallen war, die Sonnenstrahlen reflektieren und dadurch im Gegensatz zu dunkleren Gegenständen nicht tiefer in den Schnee sinken. Seine Theorie bestätigte sich. Nach 20minütiger Suche wurde die Uhr entdeckt. Sie war trocken, unbeschädigt und funktionierte wie die Bennens immer noch perfekt. Tyndall behandelte sie wie einen weiteren Überlebenden. »Das kleine Geschöpf hatte unter dem Schnee weiterhin getickt«, schrieb er. »Ich habe sie in eine Innentasche an meinem Herzen gesteckt, damit sie durch die jetzige Wärme für die schreckliche Kälte entschädigt wird, die sie erlitten haben muß.«[29] Seine Sentimentalität könnte tiefe Einsamkeit und die Verzweiflung darüber widergespiegelt haben, daß seine Bergsteigertage fast vorbei waren.

Tyndall mochte die Übereinstimmung der Ereignisse auf dem Piz Morterasch nicht für bedeutsam gehalten haben, aber sie fügte sich in einen seltsamen Trend, der sich in jenem Jahr in der Schweiz bemerkbar machte. Richard Wagner, der die meisten seiner Opern in Sichtweite der Alpen komponiert und die Berge seit fünf Jahren nicht mehr besucht hatte, kehrte plötzlich als politischer Flüchtling hierher zurück. Und Johannes Brahms zog es nach Basel, wo er sein erstes Solokonzert in dieser Stadt gab. Elizabeth Gaskell, die nie zuvor in der Schweiz gewesen war, beschloß unerklärlicherweise, in einem Hotel in Pontresina *Frauen und Töchter* zu schreiben. In Morzine wurden Soldaten eingesetzt, um eine Wahnsinnsepidemie niederzuschlagen, die eine Versammlung von 100 jungen Frauen heimgesucht hatte. Es herrschte eine Atmosphäre der Erwartung, die sogar die erfahrensten und gewissenhaftesten Alpinisten entnervte. Zum Beispiel zerbrach Leslie Stephen, der in Zinal auf die Aufklarung des Wetters wartete, ein Kirchenfenster, während er auf der Straße Kricket spielte. Etwas lag in der Luft.

Und über allem brütete das Matterhorn. »Prächtiger Fels«, schrieb ein Besucher von Zermatt in jenem Jahr, »wie er dir mit seiner breiten Brust gegenüber steht. Sein Rücken und seine Lenden mit reinem Schnee bedeckt, ein Gletscher zwischen seinen ausgestreckten Pranken. Dort ruht er, klar vom Himmel sich abhebend, wie eine gewaltige Sphinx, die gelassen auf die Welt hinabblickt ... Ich habe die Herrlichkeiten Indiens gesehen, die helle, stille Schönheit im Innern Chinas, den blauen Himmel und die üppige Landschaft Italiens, die purpurnen Hügel und zerstörten Tempel Griechenlands, die jungfräulichen Wälder und parkähnlichen Lande der Tatarei, die wilde Erhabenheit von Eisberg und Gletscher in arktischen Meeren, aber [dies] ... übertrifft alles.«[30]

20

Leslie Stephen beschrieb Whymper als den Robespierre der Bergsteigerei: »Er war eindeutig der fortgeschrittenste, und hätte es nicht die eine beklagenswerte Tragödie gegeben, wäre er auch der erfolgreichste von uns allen gewesen.«[1] Die Tragödie, von der er sprach, hatte ihre Wurzeln in einer Reihe winziger Irrtümer, die für sich genommen unbedeutend waren, jedoch ihren Höhepunkt in einem Unglück fanden, das die Gemeinschaft der Bergsteiger bis ins Mark erschütterte. Es rührte von Whympers Entscheidung her, 1865 zu dem Jahr zu machen, in dem er das Matterhorn eroberte.

Whympers erster Fehler war, daß er sich keinen guten Führer sicherte, als er einen benötigte. 1864 hatte er Croz mündlich für einen Ansturm auf das Matterhorn im Juli des folgenden Jahres engagiert. Er hatte jedoch versäumt, die Abmachung schriftlich zu bestätigen, und als er es im April 1865 endlich tat, hatte Croz bereits vom 27. Juni an eine Beschäftigung in Chamonix angenommen. Sein Arbeitgeber war der Engländer John Birkbeck, der ein paar Jahre zuvor berühmt geworden war, als er mehr als 300 Meter an einem Eishang auf dem Montblanc hinunterrutschte, wobei er sich die Haut von Rücken und Beinen riß und fast gestorben wäre. Birkbeck beabsichtigte, sich am Montblanc zu rächen und dann zum Matterhorn voranzuschreiten. Als Whymper Mitte Juni in der Schweiz eintraf, konnte er also für kaum zehn Tage auf Croz' Dienste zurückgreifen. Er nutzte sie nach Kräften.

Begleitet von Croz, Almer und einem weiteren Führer, Franz Biener, machte sich Whymper zu einer Orgie der Bergsteigerei auf. Der Äbeni

Flue entzog sich ihm am 13. Juni, aber der Grand Cornier fiel am 16. Juni – »ein schreckliches Stück Arbeit«[2] –, der Südwesthang der Dent Blanche am 17. und der Col d'Hérens, der fast so schwierig wie die Pointe des Ecrins war, am 19. Juni. Am 20. überquerte er den Theodul-Pass von Zermatt nach Breuil, und am 21. stieg er über eine neue Route das Matterhorn hinauf: durch eine Rinne, die den Furggen-Grat hinaufführt, welcher die Süd- und Ostwand voneinander trennt. Es war eine seltsame Entscheidung, denn Whymper wußte sehr genau, daß das Matterhorn mehr Geröll erzeugt, als die meisten Berge, und daß Rinnen natürliche Leitungsrohre für Steine sind. Die Führer wurden aufsässig, denn sie waren müde und sich der Gefahren ebenso wie Whymper bewußt. Croz zum Beispiel hegte keinen Zweifel daran, daß das Matterhorn aus jeder Richtung unbesteigbar war, von dieser vertrackten Rinne ganz zu schweigen. Der einzige, der uneingeschränktes Vertrauen in Whymper setzte, war Luc Meynet, der wieder einmal als Träger fungierte. Whymper zerstreute die Bedenken, mußte sich jedoch bald von der Absurdität seines Planes überzeugen lassen. Während sie um zehn Uhr frühstückten, fegte ein so heftiger Steinschlag durch die Rinne, daß sie ihre Rucksäcke zurückließen und schleunigst in Deckung gingen. Whymper beharrte darauf, daß es immer noch möglich sei, an den Rändern der Rinne hinaufzuklettern, doch nur Meynet war bereit, ihm zu folgen. »Kommen Sie herunter«, rief Croz hinter den beiden her. »Es ist nutzlos.«[3] 30 Meter unter ihnen saß Almer, den Kopf in den Händen, auf einem Felsen. Biener, der sich nicht von der Stelle gerührt hatte, war außer Sicht. Whymper machte widerwillig kehrt, gab sich aber noch nicht geschlagen. Sein zweiter Plan bestand darin, das Furkajoch zu überqueren und sich an der für unbezwingbar gehaltenen Nordostwand zu versuchen. Diesmal weigerten sich die Führer ohne Umschweife: Biener sagte, die Tour sei unmöglich, und Almer fragte: »Weshalb versuchen Sie es nicht mit einem Berge, der erstiegen werden kann?«[4] Whymper vermerkte: »Dann hatte ich eine kleine Auseinandersetzung mit Croz, in der er anmaßend auftrat.«[5] Die Frage, wer sich durchsetzen würde, erwies sich als akademisch, weil plötzlich Schnee zu fallen begann. Nun hatten sie keine andere Wahl, als sich zurückzuziehen.

In Wirklichkeit war Whympers Vorschlag, die Nordostwand zu besteigen, durchaus vernünftig, und wäre das Wetter freundlicher gewesen, hätten sie das Matterhorn vielleicht am folgenden Tag erobert. Verglichen mit den Schneehängen und schroffen Klippen, die von Breuil hinaufführten, wirkte die Nordostwand steil, glatt und unbesteigbar. Aber Whymper hatte ein oder zwei neue Tatsachen bemerkt: Auf der italienischen Seite wölbten sich die Felsformationen nach außen, deshalb konnte angenommen werden, daß sie auf der Schweizer Seite nach innen gekrümmt und deshalb besteigbar waren. Außerdem hatte er beobachtet, daß sogar im heißesten Sommer Schneeflecken an der Wand hafteten, was bedeutete, daß der Winkel 45 Grad wahrscheinlich nicht überstieg. Und wenn man über den Zmutt-Gletscher kletterte, was er getan hatte, sah die Wand viel weniger steil aus als von unten.

Die Idee war bereits 1858 geäußert worden, als ein Mitarbeiter der *Illustrated London News* erklärte: »Wenn diese gewaltige Klippe je von Hudson, Kennedy oder einem anderen mutigen Mann bestiegen wird, dann von Zermatt her. Aber es wird ein ganz ruhiger Tag sein müssen.«[6] Diese Worte waren 1860 von den Brüdern Parker bestätigt worden, die von Zermatt aus eine Höhe von 3660 Metern erreicht hatten und nur durch schlechtes Wetter und Zeitmangel zur Rückkehr gezwungen worden waren. Aber Whymper hatte es widerstrebt, die Nordostwand in Angriff zu nehmen, bevor er nicht alle anderen, einfacher wirkenden Möglichkeiten erschöpft hatte. Nun hielten ihn lediglich der Schnee und seine Führer von einem Versuch ab. Er tröstete sich damit, daß später in der Saison besseres Wetter herrschen und vielleicht bessere Führer – beispielsweise Carrel – zur Verfügung stehen würden.

Niedergeschlagen stapfte er mit Croz über die Pässe nach Chamonix. Unterwegs kletterte er auf den Mont Saxe oberhalb von Courmayeur und wäre fast einer Lawine zum Opfer gefallen – »das einzige Abenteuer eines langen Tages«[7]. Danach kam ein schrecklicher Übergang über den Col Dolent, bei dem die Gruppe gezwungen war, an einem 300 Meter hohen Eishang mit einem Gefälle von 50 Grad, wo »ein einziges Ausgleiten das Ende gewesen wäre«[8], Stufen zu hacken. In seinem Journal verharmlost Whymper den Abstieg nicht – laut seinem Biographen Frank Smythe, ebenfalls ein hervorragender Bergsteiger, aus gutem Grund. »Noch heute gilt die Überschreitung des Col Dolent als erstklassige Eistour«, schrieb Smythe 1940, »und die erste Überquerung im Jahr 1865 war eine der besten – vielleicht die beste – Eisexpedition in jener Zeit.«[9] Das galt um so mehr, als Whympers Finger nach der Dent Blanche noch erfroren waren.

Von Chamonix aus erkletterten Whymper, Almer und Biener als erste die Aiguille Verte, einen Gipfel von großer Schönheit, der nach allgemeiner Ansicht unbesteigbar war und der Whymper hauptsächlich seines Trägers wegen in Erinnerung blieb. Der Mann war angewiesen worden, mit den Vorräten unten auf dem Gletscher zu warten, und hatte die Lust verloren. Er wußte genau, daß die Aiguille nicht bestiegen werden konnte und daß seine Dienstherren tot sein mußten. Deshalb aß er die Lebensmittel auf. Als Whymper ausgehungert zurückkehrte, fand er nur noch eine mit Fusseln bedeckte Brotkruste vor. Daraufhin lud er dem Träger so viel Gepäck wie möglich auf und trieb ihn brutal über das Eis. »Der Schweiß lief ihm in Strömen«, schrieb Whymper befriedigt. »Hammelbraten und Käse traten in dicken Tropfen heraus – er spickte den Gletscher.«[10] Doch der Träger sah sich bald gerächt. In Chamonix waren die einheimischen Führer erbost darüber, daß man

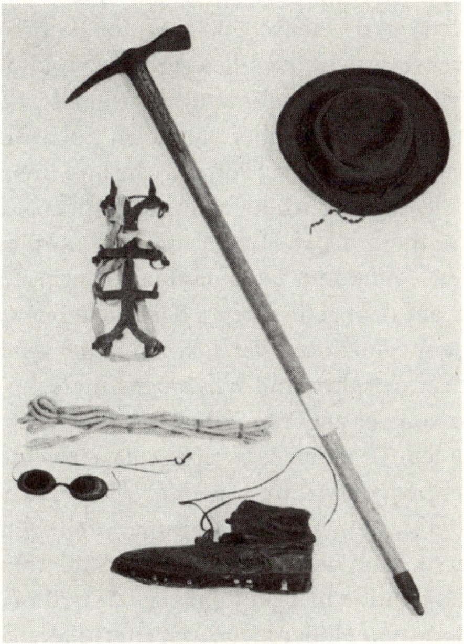

Edward Whympers Bergsteigerausrüstung im Jahre 1865

die Aiguille ohne ihre Hilfe bestiegen haben wollte. Sie beschimpften Whympers Führer in allen Tonarten und bestritten deren Leistung: »Sie seien Lügner, richtiggehende Lügner, die nicht fähig seien, die Aiguille Verte zu besteigen.«[11] Nachdem sich Almer und Biener bei Whymper beschwert hatten, schickte er sie zurück zu der aufgebrachten Menge und spazierte hinter ihnen her, um das Schauspiel zu genießen. Es kam zu einem Aufruhr, der erst durch das Einschreiten der Polizei und eines weiteren Alpine-Club-Mitglieds, T. S. Kennedy, beendet wurde. Er trat dem Rädelsführer entgegen und »hielt ihm seine Einfalt vor«[12]. Whymper war zu müde, um sich einzumischen. »Diese letzten Tage in Chamonix vergingen für mich in einem unglaublichen Wirrwarr«, schrieb er in sein Tagebuch. »Meine Uhr ist zwar repariert, ich bin frisiert, aber eine Menge Menschen erzählten mir unaufhörlich den größten Unsinn. Dabei war das Wetter schlecht, meine Stimmung ebenso. Den ersten Tag nahm fast ausschließlich der Streit um die Aiguille Verte ein, einen Teil des zweiten ebenso. Der Polizeikommissar machte mir seine Aufwartung.«[13]

Am 3. Juli, während in Chamonix immer noch Aufruhr herrschte, überquerte er den Col de Talèfre, und am 6. Juli bestieg er die Ruinette (beide als erster), wo er sich auf endlosen Schnee- und Steinflächen endlich frei von Druck fühlte. Dann überquerte er als erster den Porton-Pass zum Otemma-Gletscher, überschritt den Col d'Oren und danach den Col de Valvournera nach Val Tournanche und Breuil. Dabei verlor er sein eigentliches Ziel jedoch nicht aus den Augen. »Alles, nur nicht das Matterhorn, mein lieber Herr«, jammerte Almer, als er begriff, was sich abspielte. »Alles, nur nicht das Matterhorn.«[14] Zum Glück für Almer wurde er auf dem gefürchteten Berg nicht benötigt. Carrel war gerade von einem erfolglosen Versuch am italienischen Rücken des Matterhorns zurückgekehrt, und Whymper konnte ihn überreden, am 9. Juli eine Tour von der anderen Seite her zu unternehmen. Das erste Lager sollte auf dem Theodul-Pass aufgeschlagen werden, doch Carrel hatte sich auserbeten, daß sie im Fall eines Scheiterns noch einmal am italienischen Grat starten würden. Whymper zahlte Almer und Biener aus – »sehr ungern, denn nie haben zwei Führer mir treuer und williger gedient«[15] –, und damit endete ein 18tägiger Marathon, in dessen Verlauf er mehr als 30 000 Höhenmeter erklettert hatte. Smythe zufolge stand diese »Tour de Force beispiellos in den Annalen des frühen Alpinismus«[16] da.

In der Alpenliteratur erscheint Whymper als eine Art Übermensch, eine Klettermaschine, die vor keiner Höhe oder Mühsal zurückschreckte. Doch hin und wieder erhascht man in seinen Aufzeichnungen und seinem Archivmaterial einen Blick auf seine menschlichere Seite: Zum Beispiel wettete er mit Moore um zwei Franken, daß sie die Pointe des Ecrins nicht innerhalb von 13 Stunden erreichen würden. Einmal brauchte er so lange, seine Füße in zu kleine Stiefel zu quetschen, daß seine Gefährten ihn beinahe zurückgelassen hätten. Nach der Pointe des Ecrins war er für zwei Tage bettlägerig, während seine Kameraden mühelos weiter in die Höhe strebten. Er verlor vier Franken an Moore und Adams-Reilly, als er mit ihnen gewettet hatte, daß sie und er einen gewissen Berg nie besteigen würden. Nach einer anderen Expedition war er einen Tag und eine Nacht lang gelähmt. Auf der Dent Blanche flehte er die Führer an, haltzumachen und auf ihn zu warten. An einem Feuer aus Rhododendronzweigen ergötzte er sich an Croz' Anekdoten. Diese spärlichen Bilder werden lebendiger, wenn man sich Whympers Alter vor Augen führt: In der Saison von 1865 hatte er gerade erst seinen 25. Geburtstag gefeiert.

Whympers zweiter Fehler in jener Saison bestand darin, daß er Carrel so unbedingtes Vertrauen schenkte. Schließlich hatte er bereits einige Erfahrungen mit der Unzuverlässigkeit des Mannes gemacht. Und er wußte um dessen Besitzansprüche in Bezug auf das Matterhorn, insbesondere den italienischen Grat. Allerdings ahnte er nicht, wie tief Carrels Patriotismus ging. Dieser wollte, daß das Matterhorn von einem Italiener mit einem italienischen Führer (ihm selbst) über den italienischen Bergrücken bestiegen wurde. Obwohl er am 9. Juli mit Whymper aufzubrechen bereit war, hatte er bereits ein Angebot für den 11. Juli von einem Mann akzeptiert, der eher seinem Geschmack entsprach. Felice Giordano war ein Ingenieur und Geologe, der in Absprache mit dem italienischen Finanzminister Quintino Sella beschlossen hatte, das Matterhorn in aller Heimlichkeit zu erobern. Am 7. Juli war Giordano bereit zum Aufbruch und schrieb seinem Gönner aus Turin: »Also wollen wir diesen Teufelsberg angreifen, und wir werden Sorge tragen, daß wir den Erfolg erringen, wenn uns nur Whymper nicht zuvorkommt.«[17]

Am 8. Juli, als Whymper sich auf die Expedition des folgenden Tages vorbereitete, traf die Nachricht ein, daß ein Engländer im Val Tournanche erkrankt sei. Whymper hielt es für eine Ehrensache, seinem Landsmann zu helfen, weshalb er seine Vorbereitungen unterbrach und sich auf den Weg machte, Medikamente zu besorgen. Das war sein dritter Fehler, denn obwohl es sich um eine höchst ehrenwerte Tat handelte, wurde die Besteigung dadurch verzögert. Während Whymper mit seinem dritten Fehler beschäftigt war, wurde er sich der Dimension seines zweiten bewußt. Auf dem Weg nach Val Tournanche begegnete er den beiden Carrels, die einen Italiener nach Breuil begleiteten – nur in der Eigenschaft von Trägern, wie sie ihm versicherten. Mißtrauisch geworden, erinnerte Whymper sie an ihre Vereinbarung mit ihm. Jean-Antoine Carrel erwiderte, es gebe ein kleines Problem, denn sie hätten sich verpflichtet, vom 11. Juli an mit »einer vornehmen Familie«[18] ins Aosta-Tal zu reisen. Es sei sehr bedauerlich, aber daran lasse sich nichts ändern. Denn die Abmachung sei bereits vor langer Zeit getroffen worden, doch man habe die genauen Einzelheiten erst jetzt erfahren. Whymper war verstimmt, aber nicht allzu besorgt. Mit der vornehmen Familie konnte nur eine Damengesellschaft gemeint sein, die auf den unteren Gletschern umherwandern wollte. »Das ist keine Arbeit für einen Mann wie Sie«[19], schalt er Carrel und wies darauf hin, daß er zwei erstklassige Führer in der Erwartung entlassen habe, eine Zeitlang über Carrels Dienste verfügen zu können. Dieser antwortete nicht, sondern lächelte nur entschuldigend, um anzudeuten, daß die Sache seinem Einfluß entzogen sei. Das Gebot der Ehre galt für Bergführer, so schien er sagen zu wollen, genauso wie für englische Herrschaften gegenüber kranken Landsleuten.

Whymper gab dem Kranken eine Arznei und schleppte ihn mit sich zurück nach Breuil, wo er hoffte, vielleicht doch noch mit Carrel aufsteigen zu können. Am 10. Juli schlug das Wetter um, und am 11. verschlechterte es sich weiter. Nun konnte sich Whymper damit trösten, daß sie, selbst wenn Carrel verfügbar gewesen wäre, nichts hätten unternehmen können. Auf keinen Fall wäre es ihnen möglich gewesen, nach Zermatt zu wandern und von dort aufzusteigen. Mittlerweile machte sich Giordano größte Sorgen. »Ich versuche, alles geheimzuhalten«, schrieb er Sella, »aber dieser Bursche, dessen Leben vom Matterhorn abzuhängen scheint, ist hier und steckt argwöhnisch die Nase in jede Einzelheit. Ich habe ihm alle tüchtigen Männer weggenommen, aber er ist so verliebt in diesen Berg, daß er mit anderen aufbrechen und eine Szene machen könnte. Er ist hier in meinem Hotel, und ich versuche, jedes Gespräch mit ihm zu vermeiden.«[20]

Die italienische Verschwörung hatte einen reibungslosen Start. Am Morgen des 12. Juli stand Whympers Patient – ein gewisser Reverend A. Girdlestone, ein zweifelhafter Vertreter der führerlosen Bergsteigerei – früh auf, stellte fest, daß sich die Wolken ein wenig zerstreut hatten, und weckte Whymper mit der Nachricht, daß sich eine Gruppe zum Matterhorn aufgemacht habe. Sie bestehe aus den beiden Carrels, mehreren Trägern und einer Maultierladung Lebensmittel. Seltsamerweise sei die Expedition von einem Hotelgast namens Giordano geleitet worden, der die Gruppe anscheinend jedoch nicht begleitet habe.

Whymper war außer sich vor Wut. Er sah sich »an der Nase herumgeführt«[21]. Als er sich beim Gastwirt beschweren wollte, wurde er mit einem Lächeln wie dem Carrels empfangen: Eine Besteigung von Breuil aus werde das Hotel berühmt machen. Whymper schnappte sich ein Teleskop und spähte hindurch. Tatsächlich, Carrel und seine Gruppe bahnten sich einen Weg die unteren Hänge hinauf. Whymper kehrte in sein Zimmer zurück, schritt hin und her und rauchte eine Zigarre nach der anderen. Carrel hatte sich einen Vorsprung gesichert, aber seine Mannschaft war groß und schwerfällig. Sie würde drei Tage benötigen, um eine Position zu erreichen, von der aus sie den Gipfel in Angriff nehmen konnte. Wenn Whymper sich beeilte, konnte er innerhalb eines Tages in Zermatt sein, am folgenden Tag, wenn die Verhältnisse es zuließen, auf dem Theodul-Pass und am Tag danach auf dem Gipfel stehen. Es war nicht unmöglich. Aber er hatte keinen Führer. Almer und Biener waren verschwunden, und Carrel hatte jeden tauglichen Mann aus Breuil mitgenommen. Nicht einmal Luc Meynet konnte zur Teilnahme an der Expedition überredet werden, da er mit seiner Käseherstellung beschäftigt – oder, wie Whymper meinte, von Carrel bestochen worden – war. Und wenn zufällig ein Führer auftauchte, würde man keine Träger finden. Giordano hatte alles von langer Hand geplant.

Wie durch ein Wunder wurde Whymper durch die Ankunft von Lord Francis Douglas gerettet, einem »überaus liebenswürdigen und begabten« 18jährigen, dessen Bruder, der Marquess of Queensbury, später den Prozeß gegen Oscar Wilde anstrengen sollte. Douglas kannte sich mit gewagten Unternehmungen aus: Im Alter von 14 Jahren hatte er die Mauern des Edinburger Schlosses erklettert und als 16jähriger den Hellespont durchschwommen. Zwar war er kein erfahrener Bergsteiger, aber er hatte in jener Saison einige beachtliche Touren hinter sich gebracht. Whymper war sehr beeindruckt von Douglas' Beschreibung des Gabelhorns, auf dem er selbst fast den Tod gefunden hätte. Im Schlepptau hatte Douglas den jungen Peter Taugwalder, den Sohn des alten Peter Taugwalder aus Zermatt. Der Alte Peter war eine bekannte Gestalt und wurde 1861 von einem Besucher folgendermaßen geschildert: »voller Energie, braun wie eine gute Meerschaumpfeife, ungefähr 1,67 Meter groß mit Kopf und Schultern wie ein Hochlandstier«[22]. Sein Sohn und er hatten sich den Ruf erworben, Touristen die leichteren Hänge hinauf zu führen. Damit gehörten sie zur zweiten Kategorie ihres Berufsstandes – er sei »von recht exzentrischem Benehmen«,[23] hieß es über den Alten Peter in einem Handbuch – ohne das Flair oder Wissen eines Croz oder eines Almer; und mehrere Alpine-Club-Mitglieder waren durch die Leistung der Taugwalders an schwierigen Hängen enttäuscht worden. Aber sie äußerten einige interessante Meinungen über das Matterhorn. Der Alte Peter hatte die Nordostwand ausgekundschaftet und hielt sie wie Whymper für besteigbar. Beiläufig erwähnte Douglas, er habe den Alten Peter zu einem Versuch angeheuert.

Whymper horchte sofort auf. Wolle Douglas das Matterhorn wirklich besteigen? Ja. Von Zermatt her? Ja. Könne der junge Taugwalder ihre Ausrüstung tragen? Ja. Dann sei Whymper sehr gern bereit, sich ihnen anzuschließen, und sie sollten so rasch wie möglich aufbrechen. Douglas erklärte sich einverstanden, oder, wie Whymper es ausdrückte, »bald hatten wir die Verabredung getroffen, daß er sich bei unserem Unternehmen beteiligen solle«[24]. Am folgenden Tag überquerten Douglas und er den Theodul-Pass und gingen hinunter nach Zermatt, wo sie den alten Peter Taugwalder anwiesen, sich für den sofortigen Angriff auf das Matterhorn bereitzuhalten.

Dann tauchte Croz auf. Birkbeck war in Genf erkrankt, und Croz hatte sich mit Reverend Charles Hudson und dessen Protegé Douglas Hadow zusammengetan. Hudson plante ebenfalls, das Matterhorn zu besteigen, und wohnte im selben Hotel wie Whymper: im Monte Rosa. Während Whymper an jenem Tag sein Abendessen beendete, trat Hudson nach einer Erkundung des Terrains ein. Whymper musterte ihn und nahm ihn beiseite. Sie unterhielten sich eine Zeitlang und beschlossen, daß es Kräfteverschwendung wäre, wenn zwei separate Mannschaften auf das Matterhorn kletterten. Man sollte seine Kräfte vereinen. Das war Whympers vierter Fehler.

Hudson, ein Pfarrer aus Skillington in Lincolnshire, war das Aushängeschild der britischen Bergsteigerei. Im Gegensatz zu vielen seiner Kameraden, die sich nicht nur seltsam benahmen, sondern auch seltsam aussahen, war Hudson ein stattlicher, fröhlicher Mann ohne die geringsten Sorgen. Junge Frauen klebten sein Foto in ihre Alben, wo er sie mit einem romantischen Lächeln über einer flotten Unterschrift ansah. Kein anderer Mann schien so verführerisch zwinkern zu wollen wie Hudson. Doch zugleich – und das trug zweifellos zu seinem Charme bei – schob er sich nicht in den Vordergrund. »Er würde neben anderen nicht aufgefallen sein«, schrieb Whymper. »Er hatte in den Alpen das Höchste geleistet, war aber der letzte, der davon sprach.«[25] Leslie Stephen beschrieb Hudson als den »tüchtigsten und unternehmungslustigsten Bergsteiger ... dem ich je begegnet bin«[26]. Andere meinten, seine Fähigkeiten stünden denen eines Bergführers nicht nach. Er besaß unglaubliche Ausdauer und hielt eine Wanderung von 80 Kilometern für eine angemessene Tagesleistung – Whymper fand 50 Kilometer ganz passabel –, und einmal hatte er die 140 Kilometer von Saint-Gervais bei Chamonix bis nach Genf und zurück innerhalb von 24 Stunden bewältigt. Seit 1853 kletterte er in den Alpen, hatte 1855 zusammen mit Kennedy über eine neue Route die erste Besteigung des Montblanc ohne Führer geschafft und war mithin der beste Gefährte, den Whymper sich hätte wünschen können.

So etwas ließ sich von Hadow allerdings nicht sagen. Er war 19 Jahre alt, »hatte aber ein älteres Aussehen und Benehmen«[27], wie Whymper taktvoll schrieb. Zwar war er ein »schneller Fußgänger«, doch es handelte sich um seine erste Saison in den Alpen. Whymper befragte Hudson nach ihm und erhielt zur Antwort, daß Hadow den Montblanc in kürzerer Zeit als die meisten bestiegen habe. Dann zählte Hudson eine Reihe von Hadows weiteren Heldentaten auf und fügte hinzu, er sei tüchtig genug, sie zu begleiten. Das dürfte eine Übertreibung gewesen sein, denn Hadow war jung, unerfahren und erschöpft. Aber was sonst hätte Hudson unter diesen Umständen sagen sollen? Er hatte Hadow unter seine Fittiche genommen und geplant, mit ihm zusammen das Matterhorn zu besteigen. Deshalb wäre es unhöflich gewesen, ihn aus dem einzigen Grund fallenzulassen, daß er in der neuen Situation störte.*

Whympers vierter Fehler bestand also nicht nur darin, die beiden Gruppen zusammenzufassen – ungeachtet der Vorzüge einzelner Teilnehmer sind kleine, bewegliche Mannschaften effektiver als große –, sondern auch darin, Hadow einzubeziehen. Eine derart vielköpfige Expedition – die größte, die jemals das Matterhorn in Angriff genommen hatte – war von ihrem schwächsten Mitglied abhängig. Wenn alle angeseilt waren und ein Mann auf einem gefährlichen Hang stürzte, konnte er einen seiner Gefährten, dann zwei und mit zunehmendem Gewicht die ganze Gruppe mit sich reißen.

Hadow war unzweifelhaft der schwächste Teilnehmer. Er hatte Birkbeck im vorhergehenden Sommer in Settle besucht und dort an einem Hügel eine unglückliche Inkompetenz an den Tag gelegt. »An einer Seite ist ein kleines Felsstück, über das man vorsichtig absteigen muß«, schrieb Mrs. Birkbeck, »aber die meisten von uns konnten es mühelos überwinden. Dem armen Mr. Hadow fiel es sehr schwer, und ihm mußte geholfen werden.« Wenn Birkbeck nicht in Genf erkrankt wäre und zusammen mit Croz und Hudson nach Zermatt hätte reisen können, dann hätte Hadow nach Mrs. Birkbecks Meinung »nicht der Gruppe angehört, denn er war kein Bergsteiger«[28].

Am Donnerstag, dem 13. Juli, schrieb Hudson rasch einen Brief an seinen Freund Joseph McCormick, der geplant hatte, sich ihm und Hadow bei der Matterhorn-Expedition anzuschließen, doch aufgehalten worden war.

* Charles Hudson war über die Maßen großzügig. Im Lauf der Saison hatte er die gleiche Einladung an Birkbeck, T. S. Kennedy, Reverend J. Robertson, Reverend A. Girdlestone, Reverend J. McCormick und den verblüfften Reverend R.Wood ergehen lassen, der kaum jemals einen Berg zu Gesicht bekommen, geschweige denn bestiegen hatte.

Hotel Monte Rosa Donnerstag, fünf Uhr morgens

Mein lieber M'Cormick,

wir und Whymper befinden uns eben im Begriff, die Besteigung des Matterhorns zu versuchen. Der Besitzer des Hotels Monte Rosa kann Sie über alle unsere Bewegungen unterrichten. Folgen Sie uns, wenn Sie Lust dazu haben. Wir rechnen damit, die Nacht im Freien zu verbringen und den Aufstieg morgen vorzunehmen … Wir rechnen damit, morgen zurück zu sein. Es ist möglich, daß wir eine zweite Nacht ausbleiben, doch ist dies wenig wahrscheinlich.

Allezeit Ihr C. Hudson[29]

Hudson hätte ein Chirurg sein können, der einen Patienten beruhigte: Nicht mehr lange, und alles ist vorbei.

Whymper und er preschten das Matterhorn hinauf. Es war viel leichter, als sie erwartet hatten, so daß sie sich an die Spitze setzten und abwechselnd Stufen ins Eis hackten, während die Führer zurückblieben. Als sie ihr Lager auf einem Sims in 3350 Meter Höhe aufschlugen, befanden sie sich geradezu im Delirium. Verglichen mit der italienischen Route, erschien die Nordostwand, die von unten so abschreckend wirkte, lächerlich einfach. Croz und der junge Peter Taugwalder erkundeten das vor ihnen liegende Gelände und kehrten mit der Nachricht zurück: »Alles ist gut, keine Schwierigkeit vorhanden, nicht eine einzige. Wir hätten bequem den Gipfel ersteigen und noch heute zurück sein können.«[30] Alle legten sich in bester Laune zur Ruhe nieder. »Noch lange widerhallten die Klippen von unserem Gelächter und von dem Gesange der Führer«, schrieb Whymper, »denn wir waren in unserem Nachtlager glücklich und dachten an keine Gefahr.«[31] Die Taugwalders und er schliefen im Zelt, die anderen machten es sich, so gut sie konnten, unter freiem Himmel bequem. (Wie Whymper für sich notierte, schnarchten die Taugwalders so laut, daß er nicht schlafen konnte und sich wünschte, ebenfalls im Freien zu nächtigen.) Unterdessen hatte Giordano in Breuil von Whympers Aktionen gehört und, obwohl er der Nachricht keinen Glauben schenkte, Carrel mitgeteilt, dieser müsse »den Berg um jeden Preis besteigen, ohne Zeit zu verschwenden, und die Route begehbar machen«[32].

Whympers Gefährten bei der Matterhorn-Besteigung: v.l.: Michael A. Croz, Douglas Hadow, Lord Francis Douglas

Am folgenden Tag erwiesen sich die Felsen als schwieriger, und Whymper überließ Croz die Führung. »Jetzt kommt etwas ganz anderes«,[33] erklärte dieser. In Wirklichkeit änderte sich die Situation kaum. Croz brauchte seinen Herren nur ab und zu die Hand zu reichen. Die Felsen waren hie und da mühsamer zu bewältigen und sehr ungeschützt, aber Whymper hielt die Route für viel leichter als die Besteigung der Pointe des Ecrins. Allerdings machte er sich Sorgen um Hadow, denn der junge Mann »war an diese Art von Arbeit nicht gewöhnt und bedurfte beständiger Unterstützung«[34]. Sie gelangten immer höher, überquerten bald 120 Meter in horizontaler Linie, brachten darauf 20 vertikale Meter hinter sich und kehrten dann zu einem bequemeren Grat zurück, als ihnen der Weg versperrt wurde. Nach einer »schlimmen Ecke« waren sie nur noch durch 60 Meter Schnee vom Gipfel getrennt. »Der letzte Zweifel verschwand jetzt vollständig«, berichtete Whymper. »Das Matterhorn gehörte uns!«[35]

Wirklich? Während des gesamten Aufstiegs war immer wieder Besorgnis laut geworden, weil das eine oder andere Mitglied der Mannschaft glaubte, Gestalten auf dem Gipfel gesehen zu haben. Es war nicht ausgeschlossen, daß Carrels Gruppe sie geschlagen und bereits den

Whympers Gefährten bei der Matterhorn-Besteigung: v. l.: Charles Hudson,

Peter Taugwalder (Vater), Peter Taugwalder (Sohn)

Rückweg angetreten hatte. Croz und Whymper rannten Kopf an Kopf die letzte Strecke hinauf und stellten zu ihrer Freude fest, daß der Schnee keine Fußabdrücke enthielt. »Um 13.40 Uhr lag die Welt zu unseren Füßen, und das Matterhorn war besiegt!«[36] schrieb Whymper.

Noch gab es eine entfernte Möglichkeit, daß Carrel ihnen zuvorgekommen war: Der Gipfel bestand aus einem Grat von etwa 105 Meter Länge, und vielleicht hatten die Italiener irgendwo anders Spuren hinterlassen. Whymper lief den Grat entlang. Wiederum nichts. Er spähte über die Klippe und sah seine Rivalen, die ungefähr 380 Meter unter ihm wie Ameisen den Hang emporkrochen. Croz und er brüllten und wedelten mit den Armen – anscheinend ohne Erfolg. »Croz, sie müssen und sollen uns hören«,[37] rief Whymper. Er rollte einen Felsblock hinunter, Croz schloß sich ihm an, und gemeinsam ließen sie mehrere Steine über die Klippe poltern. »Diesmal waren wir unserer Sache gewiß«, jubelte Whymper. »Die Italiener machten kehrt und flohen.«[38]

Dann mußte die Fahne aufgepflanzt werden. Eine der Zeltstangen war an jenem Morgen entfernt worden – gegen Whympers Protest, daß sie das Schicksal herausforderten –, und nun plazierte man sie mit Croz' Hemd, das als Flagge daran gebunden war, am Nordende des Grates. Es war ein herrlich ruhiger und klarer Tag, und sie bestaunten ein Panorama, das sich wie eine Namensliste der Alpenerkundung vor ihnen entfaltete. »Alle enthüllten sich uns«, schrieb Whymper:

> Nicht einer der Hauptgipfel der Alpen versteckte sich vor uns. Ich sehe sie jetzt deutlich vor mir, diese näheren Kreise von Riesen mit Ketten, Gebirgsblöcken und Reihen im Hintergrunde. Zuerst kam die Dent Blanche, grau und groß, das Gabelhorn und das spitze Rothorn, weiterhin das unvergleichliche Weisshorn, das turmartige Mischabelhorn, eingefaßt von Allalinhorn, Strahlhorn und Rimpfischhorn, dann der Monte Rosa mit seinen vielen Spitzen, der Lyskamm und das Breithorn. Nun folgten die Berge des Berner Oberlandes, beherrscht vom Finsteraarhorn, die Gruppen des Simplon und des Sankt Gotthard, der Disgrazia und der Ortler. Gegen Süden blickten wir auf Chivasso in der piemontesischen Ebene hinunter und noch weit darüber hinaus. Der 100 Meilen entfernte Viso schien dicht neben uns zu stehen, die Seealpen, von denen uns 130 Meilen trennten, waren von jedem Dunst frei. Dann kam meine erste Liebe, der Pelvoux, die Ecrins und die Meije, es zeigten sich die Gruppen der Grajischen Alpen, und den Schluß im Westen machte, vom hellsten Sonnenlicht bestrahlt, der Monarch dieser ganzen Gebirgswelt, der Montblanc. 10 000 Fuß unter uns lagen die grünen Felder von Zermatt mit ihren Sennhütten, aus denen blauer Rauch langsam aufstieg. Auf der anderen Seite zeigten sich in einer Tiefe von 8000 Fuß die Weiden von Breuil. Da gab es schwarze, düstere Wälder und heitere, sonnige Wiesen, springende Wasserfälle und ruhige Seen, fruchtbare Felder und wüste Einöden, warme Ebenen und eiskalte Hochflächen, die wildesten Formen und die anmutigsten Linien, kühne, senkrechte Klippen und wellenförmige Abhänge, düstere und ernste Felsgebirge und weiße schimmernde Schneegebirge mit Mauern, Türmen, Nadeln, Pyramiden, Domen, Kugeln und Spitzen. Es war eine Verbindung von allem, was die Welt zu geben vermag, und jeder Kontrast, den das Herz sich wünschen kann, war vertreten.«[39]

Ein solcher Anblick mochte sich nur an einem von hundert Tagen bieten, vermutete Whymper. Sie betrachteten das Schauspiel eine Stunde lang, bevor sie sich auf den Rückweg machten.

Die Fahne, die sie zurückließen, war nicht besonders eindrucksvoll, und es gab keinen Wind, in dem sie hätte flattern können. Aber sie war aus allen Richtungen zu sehen. Unten in Breuil versammelten sich die

Einwohner – überzeugt, daß ihre Gruppe gesiegt hatte –, um Carrel, Italien und das Matterhorn zu feiern. Erst als die italienische Mannschaft niedergeschlagen zurückkehrte, wurde das Mißverständnis deutlich. »Die alten Sagen sind wahr«, erklärten die Männer. »Es gibt oben auf dem Matterhorn böse Geister. Wir haben sie selbst gesehen, sie warfen mit Steinen nach uns.«[40]

21

1865 war das Jahr, in dem *Alice im Wunderland* veröffentlicht wurde und in dem der Amerikanische Bürgerkrieg zu Ende ging. Es war das Jahr, in dem das erste vollständige Dodo-Skelett entdeckt und in dem Abraham Lincoln ermordet wurde. Und es war das Jahr, in dem ein kleiner Junge am 14. Juli kurz nach 15 Uhr ins Hotel Monte Rosa rannte und schrie, daß er gerade eine Lawine an der Nordwand des Matterhorns gesehen habe. Er erhielt eine Ohrfeige und wurde ermahnt, nicht so albern zu sein. Wenn eine Lawine abgegangen wäre, hätte man sie gehört. Aber der Junge war durchaus nicht albern. Etwas war am Matterhorn abgegangen.

20 Minuten vor der Meldung des Jungen hatten sich Hudson und Whymper auf die Reihenfolge beim Abstieg geeinigt. Croz sollte die Führung übernehmen und Hadow ihm folgen. Hudson, der auf seinen jungen Begleiter aufzupassen gedachte, würde als nächster hinuntersteigen, danach Douglas, der alte Peter Taugwalder, Whymper und schließlich der junge Peter Taugwalder. Sie hatten genug Seile: zwei 30 Meter lange Stücke des üblichen Manilaseils, weitere 46 Meter einer kräftigeren und mehr als 60 Meter einer viel schwächeren Sorte. Sämtliche Seile hatte Whymper aus London mitgebracht, da seiner Meinung nach die englischen den Schweizer Fabrikaten bei weitem vorzuziehen waren. Während sie sich anseilten, verbrachte Whymper einige letzte Minuten damit, den Gipfel zu skizzieren. Dann eilte er noch einmal zurück, um einen Zettel mit ihren Namen in eine Flasche zu stecken, und nahm seinen Platz in der Kette ein.

Der Adrenalinschub, der sie zur Spitze getragen hatte, hatte sich verflüchtigt, und sie standen nun erschöpft auf zittrigen Beinen. Dementsprechend nahmen sie die Felsen, die sie so eifrig hinaufgeklettert waren, mit übertriebener Vorsicht in Angriff. Immer nur ein Mann schob sich jeweils hinunter, und erst wenn er sicher verankert war, verließ der nächste seinen Standort. Auf Eishängen halfen die Erfahreneren den weniger Geübten. Hadow, der matteste von allen, ließ sich von Croz zeigen, wohin er die Füße zu stellen hatte. Solche Vorsichtsmaßnahmen waren die Norm für eine gut geführte Seilschaft, die nach einer Erstbesteigung zurückkehrte. Aber es gab einen wichtigen Unterschied: Zwar benutzten die ersten eines der stärkeren Seile, doch der Alte Peter und Douglas waren durch das schwächste miteinander verbunden.

Um 15 Uhr legte Croz seine Axt zur Seite, damit er Hadow an einem schwierigen Hang helfen konnte. Was dann geschah, läßt sich nur vermuten. Whympers Theorie lautete, daß Croz Hadow in eine sichere Position gebracht und sich dann umgedreht habe, um seine Eisaxt aufzuheben. In diesem Moment rutschte Hadow aus und stieß Croz um. Whymper konnte nicht beobachten, was sich abspielte, da ihm die Sicht für eine Sekunde durch einen Felsen versperrt war, aber er wurde Zeuge jeder Einzelheit der sich anschließenden Tragödie.

> Ich hörte von Croz einen Ausruf des Schreckens und sah ihn und Hadow niederwärts fliegen. Im nächsten Moment wurden Hudson und unmittelbar darauf auch Lord Douglas die Füße unter dem Leibe weggerissen. Dies alles war das Werk eines Augenblicks. Sobald wir Croz aufschreien hörten, pflanzten der Alte Peter und ich uns so fest auf, als das Gestein uns gestattete. Das Seil war zwischen uns straff angezogen, und der Ruck traf uns, als wenn wir bloß einer wären. Wir erhielten uns, aber zwischen Taugwalder und Lord Douglas riß das Seil. Einige Sekunden lang sahen wir unsere unglücklichen Gefährten auf den Rücken niedergleiten und mit ausgestreckten Händen nach einem Halt suchen. Noch unverletzt kamen sie uns aus dem Gesicht, verschwanden einer nach dem anderen und stürzten von Felswand zu Felswand auf den Matterhorn-Gletscher in eine Tiefe von beinahe 4000 Fuß hinunter. Von dem Augenblicke, wo das Seil riß, war ihnen nicht mehr zu helfen.[1]

Whymper und die beiden Taugwalders verharrten eine halbe Stunde lang. Der Alte Peter brach in Tränen aus, und der Junge Peter schrie:

»Wir sind verloren, wir sind verloren!«[2] Der Vater wurde von der Verzweiflung seines Sohnes angesteckt, und bald rief er ebenfalls, sie seien verloren. Zwischen den beiden gefangen, starrte Whymper hilflos den Hang hinunter. Er war der einzige, der sich unter Kontrolle hatte. Keiner der beiden Taugwalders wollte sich von der Stelle rühren. Mit Mühe durchbrach der 25jährige Londoner die Erstarrung und überredete den Jungen Peter, seinen Platz zu verlassen. Sie waren immer noch aneinander geseilt und hätten festgesessen, wenn sich der Junge Peter nicht bewegt hätte. Dann geleitete Whymper Vater und Sohn zurück nach Zermatt. Sie stiegen langsam und bedächtig ab, suchten unterwegs nach den Leichen ihrer Kameraden und stießen hin und wieder Rufe in der vergeblichen Hoffnung aus, daß einer durch ein Wunder überlebt habe. Keine Stimme war zu hören, nur das Matterhorn gab eine stumme Antwort. Um 18.30 Uhr, als sie den gefährlichsten Teil des Abstiegs hinter sich hatten, zeigte sich ein riesiger Lichtbogen am Himmel. »Bleich, farblos und geräuschlos, aber mit Ausnahme der Stelle, wo die Wolken sich eindrängten, vollständig scharf und abgegrenzt, schien diese überirdische Erscheinung ein Bote aus einer anderen Welt zu sein. Wir erschraken fast, als zu beiden Seiten zwei ungeheure Kreuze hervortraten, deren allmähliche Entwicklung wir mit Staunen beobachteten. Wenn die Taugwalders sie nicht zuerst gesehen hätten, so würde ich meinen Sinnen nicht getraut haben«,[3] schrieb Whymper. Es handelte sich um einen Nebelbogen, ein seltenes, doch nicht beispielloses Phänomen. Aber die Taugwalders waren überzeugt, es mit einem Zeichen des Himmels zu tun zu haben, und obwohl Whymper es besser wußte, wurde auch er vom Aberglauben angerührt. »Es war ein furchtbarer und wunderbarer Anblick, den ich noch nie gehabt und der in einem solchen Moment etwas Erschütterndes hatte.«[4]

Bis dahin hatten die Taugwalders unter Schock gestanden. Der Alte Peter wiederholte dauernd: »Ich kann nicht!«[5], als Whymper ihm zuredete, die Felsen zu überqueren. »In den nächsten zwei Stunden glaubte ich stets, daß der nächste Augenblick mein letzter sein werde, denn die Taugwalders hatten allen Mut verloren und konnten mir nicht bloß keine Hilfe leisten, sondern befanden sich auch in einem solchen Zustande, daß sich jeden Augenblick ein Ausgleiten von ihnen erwarten ließ«,[6] schrieb Whymper später an einen Freund. Seltsamerweise schien

Nachempfundene Darstellung der Matterhorn-Katastrophe vom 14. Juli 1865 (Zeichnung von Gustave Doré)

Nebelbogen nach der Matterhorn-Katastrophe (Zeichnung v. Edward Whymper)

der Anblick der Kreuze die beiden jedoch aufzurütteln, und sie begannen, über ihren Lohn zu sprechen: Wer werde sie nun, da Douglas tot sei, bezahlen? Whymper erwiderte, daß natürlich er sie entlohnen werde. Nach einer kurzen Beratung mit seinem Vater sagte der Junge Peter, sie würden es vorziehen, wenn Whymper ihnen nichts zahle und dies sowohl in seinem Journal als auch im Hotelgästebuch festhalte. Verblüfft erkundigte sich Whymper nach dem Grund. Daraufhin erklärte der Junge Peter, daß im folgenden Jahr zahlreiche Besucher in Zermatt zu erwarten seien und daß sein Vater und er mehr Arbeit erhalten würden, wenn man den Eindruck habe, sie seien schlecht behandelt worden. Whymper war empört und gab keine Antwort. Auch danach sprach er nur noch mit den beiden, wenn es ihm unbedingt notwendig erschien, und »ich eilte die Klippen so schnell hinunter, daß sie mich mehrmals fragten, ob ich sie töten wolle«[7].

Nun war es Whymper, der unter Schock stand. Sein Körper funktionierte noch, doch sein Geist verwirrte sich. Um 21.30 Uhr wählte er »eine elende Felsplatte, die kaum für uns drei Platz bot«,[8] als Ruheplatz für die Nacht. Erschrocken schlugen die Taugwalders vor, im Mondlicht weiter zu klettern. Whymper sah dies als vorsätzlichen Versuch, ihn in einen tödlichen Unfall zu treiben, wonach sich die Taugwalders die einzige Darstellung der Katastrophe ausdenken konnten. Als sie ihn später aufforderten, sich schlafen zu legen, fürchtete er, von ihnen ermordet zu werden.

Kaum etwas davon erschien in seinem Journal, aber in einer Notiz des Alpine Club hieß es später, daß »sich der junge Taugwalder unglaublich leichtsinnig benommen und dabei eine geradezu brutale Gefühllosigkeit gezeigt [habe]. Er habe gegessen, getrunken, geraucht, gelacht und geflucht. Ihr Benehmen sei nach und nach so schrecklich geworden, daß er [Whymper] begonnen habe, um seine persönliche Sicherheit zu fürchten.«[9] Nach einem anderen Bericht schlief Whymper überhaupt nicht, sondern verbrachte die Nacht mit dem Rücken gegen die Klippe gelehnt, mit der Eisaxt in der Hand, während die Taugwalders bedrohliche Grimassen schnitten und auf einem kleinen Felsstück Hunderte von Metern über dem Ort auf ihre Chance warteten.

Sechs Stunden später wurde es hell genug, den Abstieg fortzusetzen, und die Gefahr war vorbei. Sie bewegten sich schweigend nach unten, erreichten die ersten Sennhütten und rannten dann nach Zermatt. Whymper stürmte ins Hotel Monte Rosa und ging, vom neugierigen Gastwirt verfolgt, in sein Zimmer. Beim Schließen der Tür erklärte er: »Die Taugwalders und ich sind zurückgekehrt.«[10] Der Gastwirt begriff sofort, was geschehen war. Innerhalb einer Stunde hatte er die Dorfbewohner mobilisiert, und 20 Männer brachen auf, um das Gelände abzusuchen. Sie kehrten zurück, nachdem sie die Leichen am Fuß der Nordwand entdeckt hatten.

Hudsons Freund McCormick hatte das Angebot ausgeschlagen, sich der Matterhorn-Seilschaft anzuschließen, und war statt dessen auf den nahegelegenen Gornergrat geklettert. Am Samstag, dem 15. Juli, schickte Whymper ihm einen Brief mit der Nachricht von Hudsons Tod: »Eine Führerkolonne ist sofort von hier aus entsandt worden, um nach ihm zu suchen, und ich werde ihr folgen. Ich möchte jedoch, daß mich ein Engländer begleitet, und bitte Sie daher, wenn es Ihnen möglich ist, bis halb fünf Uhr nachmittags zurückzukehren, um mit mir zu kommen.«[11] McCormick erhielt die Botschaft zu spät, um noch am selben Tag Beistand leisten zu können, aber er fand sich am Sonntag, dem 16. Juli, zu einer Bergungsaktion ein.

Die Bergführer von Zermatt konnten nicht helfen, da ihre Priester ihnen mit Exkommunikation gedroht hatten, wenn sie nicht zur Frühmesse erschienen, doch es gab keinen Mangel an anderen, die sich dem Trupp anschließen wollten. Reverend J. Robertson und Reverend J. Philpotts meldeten sich zusammen mit ihrem Führer Franz Andermatten. Ein weiterer englischer Besucher bot seine Führer Joseph und Alexander Lochmatter an. Frédéric Payot und Jean Tairraz aus Chamonix vervollständigten die Gruppe. Sie verließen Zermatt am 16. Juli um zwei Uhr morgens, und um 8.30 Uhr konnten sie die Körper in der Ferne ausmachen. »Als ich sah, wie ein vom Wetter gebräunter Mann nach dem anderen das Fernrohr erhob, totenbleich wurde, sich umwendete und das Instrument dem nächsten gab, da wußte ich, daß es mit aller Hoffnung vorüber sei«,[12] schrieb Whymper.

Der Anblick aus der Ferne war, verglichen mit dem aus nächster Nähe, noch erträglich. Auf dem Schauplatz lagen Croz und Hadow nebeneinander im Schnee und Hudson ungefähr 50 Meter weiter. Während des Sturzes war den Männern fast sämtliche Kleidung abgerissen worden, und man konnte die zerschmetterten Körper kaum noch erkennen. Croz fehlte die obere Schädelhälfte, und er war nur mit Hilfe seines Bartes und eines Rosenkranzkreuzes zu identifizieren, das Reverend Robertson mit einem Taschenmesser aus seinem Kiefer grub. Ihre Stiefel, die als letzte abgerissen worden waren, lagen mit einer kläglichen Ansammlung persönlicher Habseligkeiten neben ihnen. »Ich habe nie etwas derartiges gesehen und wünsche auch nicht, so etwas noch einmal zu sehen«,[13] notierte Whymper. Von Douglas waren lediglich ein Paar Handschuhe, ein Gürtel und ein Stiefel zu entdecken. Seine Leiche war entweder an einem Vorsprung hängengeblieben oder beim Sturz von Fels zu Fels zerfetzt worden. Als einzige weitere Spur von Douglas fand man später einen Mantelärmel.

Sie begruben die Leichen an Ort und Stelle. McCormick versuchte, den Beisetzungstext aus Hudsons Gebetbuch vorzulesen, das unversehrt in der Nähe seiner Stiefel gelegen hatte. Aber da es sich um einen gekürzten Text handelte, gab McCormick sich damit zufrieden, Psalm 90 zu rezitieren. Später schrieb er: »So standen wir vor dem frischen und ungewöhnlichen Grab, von unseren sonnengebräunten Führern umgeben, auf unsere Alpenstöcke oder Eispickel gestützt, inmitten eines vielleicht nie betretenen Schneefeldes, den schrecklichen, drohenden Berg über uns und unter einem wolkenlosen Himmel.«[14] Dann kehrten sie nach Zermatt zurück, wo die Behörden beschlossen, die Leichen zu Tal bringen und christlich beisetzen zu lassen. Am 19. Juli gruben 21 einheimische Bergführer die Leichen aus. Während sie damit beschäftigt waren, stürzte Knyvett Wilson, ein Lehrer aus Rugby, vom Riffelhorn und starb.

Hudson, Hadow und Wilson wurden in einem gemeinsamen Grab beerdigt, auf das man zwei triste viktorianische Grabsteine legte. Croz erhielt einen aufrecht stehenden Stein aus Granit. Später wurde Hudson erneut ausgegraben und in der englischen Kirche von Zermatt beigesetzt.

Die Nachricht verbreitete sich nur langsam und stückweise. Whymper beschrieb die Tragödie im Gästebuch des Hotels Monte Rosa, das fast unverzüglich gestohlen wurde, aber erst am 8. August veröffentlichte er einen endgültigen Bericht in der *Times*. Bis dahin kursierten wilde Gerüchte, die Zermatt kurzfristig zum berühmtesten Ort Europas werden ließen. Bergsteiger aus allen Nationen, die entweder helfen, ihr Beileid ausdrücken oder einfach nur gaffen wollten, eilten in das Dorf. Die größte Attraktion für die Sensationslüsternen war die Geschichte – ausgestreut von den Führern des Ortes –, daß der Alte Peter das Seil durchgeschnitten habe. Whymper wies die Behauptung entschieden zurück: Das Stück Seil befinde sich in seinem Besitz, und es sei offenkundig weder während des Unfalls noch zuvor durchtrennt worden. Unter den Umständen habe der Alte Peter eine solche Tat überhaupt nicht begehen können. Aber die Geschichte wurde weiterhin erzählt, und Taugwalder – wie ein mittelalterlicher Flagellant – zeigte allen möglichen Besuchern die Wunden, die er sich durch den Seildruck zugezogen hatte. »Herr Robertson«, beklagte er sich bei dem Pfarrer, »man sagt, ich hätte das Seil *durchgeschnitten*! Schauen Sie sich doch meine Finger an!«[15] Ein deutscher Student namens Güssfeldt redete dem alten Peter Taugwalder sogar zu, ihn zum Schauplatz der Katastrophe zu führen: »Aber er war verängstigt, versuchte, mich von meinem Plan abzubringen, und zeigte mir die Narben, die das gerissene Seil an seinem Handgelenk zurückgelassen hatte.«[16] * Am 19. Juli entsandte der britische Konsul in Genf seinen Kaplan, um private Ermittlungen anzustellen, und am 21. Juli eröffnete man in Zermatt eine eigene Gerichtsuntersuchung. Während sie im vollen Gange war, traf ein erschütternd naives Telegramm von Douglas' Mutter, Lady Queensbury, ein: »Ist es nicht möglich, oben in den Felsen zu suchen oder Lebensmittel hinunterzulassen?«[17]

Inzwischen war Tyndall unterwegs zum Matterhorn, um einen letzten Besteigungsversuch von Breuil aus zu unternehmen. Er erhielt die

* Trotzdem machten sie in aller Heimlichkeit am 18. September von Breuil aus einen erfolglosen Versuch.

erste Nachricht von der Katastrophe, als ein Reisender ihn auf einem Paß anhielt und ihn fragte, ob er gehört habe, daß Professor Tyndall nicht mehr am Leben sei. Dieser habe den unbesteigbaren Berg bezwingen wollen und sei in den Tod gestürzt. Tyndall eilte nach Zermatt, um herauszufinden, was vorgefallen war.

Als er die Wahrheit erfahren hatte, leitete er sofort eine Aktion ein, um Douglas' Überreste zu bergen. »Der Gedanke, die Leiche auf den Klippen des Matterhorns verdorren zu lassen, war mir unerträglich. Viele hielten es für eine edle Ruhestätte. *Ich* teilte diese Meinung nicht, aber ich kann den Grund nicht erklären.«[18] Auf seiner Reise waren ihm die Fertigkeiten der Schweizer Straßenbauer aufgefallen, die innerhalb einer Stunde ein 30 Zentimeter tiefes Loch in massiven Granit bohren konnten. Er hatte den Einfall, ein paar Metallhaken in die Klippe treiben zu lassen, mit denen er sich sichern konnte, während er an der Route der gestürzten Männer hinunterstieg. Keiner der Führer von Zermatt war bereit, ihn zu begleiten. Deshalb heuerte er einen der Lochmatters aus Sankt Nikolai an und schickte ihn nach Genf, um ein Seil von 900 Meter Länge zu besorgen. Lochmatter kehrte mit dem Seil zurück, das mit Hämmern, Stahlbügeln und einem Zelt auf ein Muligespann geladen war.

Die Gegenstände wurden zu einem geeigneten Depot hinaufgeschleppt, wo sie lagern sollten, bis sich das Wetter besserte. Das geschah aber leider nicht. Das Matterhorn war 20 Tage lang von Wolken verhüllt, und schließlich gab Tyndall seinen Plan auf. Ein Zeitgenosse drückte es etwas anders aus: »Zum Glück fand der Syndikus von Zermatt heraus, was sich abspielte, und schickte ihn und seine Seile davon. Dort waren genug Engländer getötet worden, und man wollte der Liste nicht noch weitere hinzufügen.«[19] Was immer der Grund für Tyndalls Rückzug gewesen sein mochte, er reiste mit dem beruhigenden Wissen ab, daß Douglas ohne Schmerzen gestorben war. »Kein Tod«, schrieb er, »dürfte weniger Qual in sich bergen als einer, der durch den Sturz von einem Berg verursacht wird. *Erwartete* man ihn, wäre er schrecklich, aber nicht, wenn er unerwartet ist.«[20]

Diese Meinung, die vielleicht von denen, welche die Leichen gesehen hatten, nicht geteilt wurde, erhielt 1892 eine pseudowissenschaftliche Bestätigung. Bei einer der ersten Untersuchungen von Beinahe-Todeserfahrungen befragte der Österreicher Albert von Sankt Gallen Heim eine Reihe von Menschen, die Stürze in den Alpen überlebt hatten.

> In fast 95 Prozent der Fälle ereigneten sich unabhängig vom Bildungsgrad der Opfer sehr ähnliche Phänomene mit nur geringen Abweichungen. Bei praktisch allen Personen, die dem Tod durch einen unglücklichen Sturz entgegensahen, entwickelte sich ein gleichartiger Geisteszustand. Es war ein ganz anderer Zustand als der, in den man angesichts weniger plötzlich auftretender Todesgefahren gerät. Er läßt sich in kurzen Zügen folgendermaßen beschreiben: Keine Trauer wurde empfunden, und es kam nicht zu der lähmenden Furcht, wie sie sich in Fällen geringerer Gefahr (zum Beispiel beim Ausbrechen eines Feuers) einstellen kann. Man spürte keine Besorgnis, keine Spur von Verzweiflung, keinen Schmerz, sondern vielmehr ruhigen Ernst, tiefes Einverständnis und eine alles beherrschende Schärfe des Bewußtseins, verbunden mit einem Gefühl der Gewißheit. Die geistige Regheit stieg gewaltig bis auf die hundertfache Geschwindigkeit oder Intensität an. Der Zusammenhang der Ereignisse und ihr wahrscheinlicher Ausgang wurden mit objektiver Klarheit geprüft. Nicht die geringste Verwirrung trat auf. Die Zeit dehnte sich beträchtlich aus. Der einzelne handelte blitzschnell im Einklang mit der präzisen Beurteilung seiner Situation. In vielen Fällen folgte ein plötzlicher Überblick über die gesamte Vergangenheit des einzelnen. Und schließlich hörte die stürzende Person oft schöne Musik und fiel durch einen herrlich blauen Himmel, der rosarote Wölkchen enthielt. Dann wurde das Bewußtsein permanent ausgelöscht, gewöhnlich im Moment des Aufpralls, und dieser wurde allenfalls gehört, doch nie als schmerzhaft empfunden. Anscheinend wird das Gehör als letzter der Sinne ausgelöscht.[21]

Sankt Gallen Heim war selbst von einem Alpengipfel gestürzt, und die Musik und die rosaroten Wolken hatte er vermutlich aus seiner eigenen Erfahrung bezogen. Aber die betäubende Unmittelbarkeit des Schocks war genau so, wie er sie beschrieb. Als einer der Befragten, ein achtjähriger Junge, von einer Klippe stürzte, war seine einzige Sorge, daß ihm sein vom Vater geschenktes Messer aus der Tasche rutschen könne. Sankt Gallen Heim bot keine Erklärung für seine Befunde an, sondern benutzte sie lediglich, um die Hinterbliebenen zu trösten.

Bei seiner Aussage vor dem örtlichen Untersuchungsgericht schilderte Whymper, was geschehen war – wobei er das spätere Verhalten der

Taugwalders jedoch verschwieg –, und machte ausschließlich die Benutzung des schwachen Seils für den Sturz verantwortlich. Die Gerichtsvertreter betrachteten das Stück Seil, das er als Beweismaterial aufbewahrt hatte, und akzeptierten seine Aussage ohne weitere Fragen. Das Seil war offensichtlich durchgerissen, was niemanden verwunderte, denn es war unglaublich dünn.* Das Urteil lautete auf Tod durch Unfall.

Nicht erklärt (oder hinterfragt) wurde jedoch, warum das schwache Seil überhaupt benutzt worden war. Croz und der Alte Peter hatten dem Problem vielleicht keine Aufmerksamkeit geschenkt, da Führer solchen unmännlichen Hilfsmitteln mit notorischer Verachtung begegneten. Hadow und Douglas könnten zu unerfahren gewesen sein, um zu wissen oder sich darum zu kümmern, was für ein Seil verwendet wurde. Aber Hudson, einer der erfahrensten Bergsteiger Europas, mußte es bemerkt haben. Damit ergab sich die Möglichkeit, daß der Alte Peter, offiziell der leitende Führer, den Gebrauch des dünnen Seils absichtlich gebilligt hatte, um nicht mitgerissen zu werden, falls die Männer unter ihm stürzten. »Das Gerücht ist ohne jegliche Grundlage«,[22] sagte Whymper. Damit könnte er allerdings auch versucht haben, seinen eigenen Hals zu retten.

Laut Whymper war das schwache Seil nur für die Verbindung zwischen dem Alten Peter und Douglas verwendet worden. Er selbst sei 30 Meter entfernt gewesen, als die Gruppe sich anseilte, und habe nichts von der gefährlichen Verbindung gewußt. Andererseits gab er zu, daß beim Beginn des Abstiegs zusätzliche gute Seile mit einer Gesamtlänge von 75 Metern zur Verfügung gestanden hatten. Daraus konnte gefolgert werden, daß die ersten Kletterer durch ein 30 Meter langes Manilaseil miteinander verbunden waren, während entweder Croz oder der Junge Peter sich das andere 30 Meter lange Manilaseil sowie die 45 Meter des stärkeren Fabrikats um die Schultern geschlungen hatten. Die Tatsache, daß der Junge Peter wenigstens ein Stück guten Seiles bei sich hatte, wurde durch Whympers Aussage bestätigt, sie hätten Teile davon um die Felsen gebunden, um sich den Abstieg zu erleichtern. Also mußten Douglas, der Alte Peter, Whymper und der Junge Peter sämtlich

* Teile aller drei Seile werden im Alpinmuseum von Zermatt verwahrt. Das durchgerissene ist kaum dicker als eine Wäscheleine.

durch das dünnere Seil gesichert gewesen sein. Und selbst wenn Whymper nicht an das schwächere Seil gebunden war, hätte er blind gewesen sein müssen, um nicht zu sehen, daß es vom Alten Peter und Douglas benutzt wurde. Vielleicht waren Nervosität oder Verwirrung oder die Erregung über den Erfolg der Expedition im Spiel, doch eines steht fest: Whymper mußte gewußt haben, daß das schwächste Seil verwendet wurde, schritt nicht dagegen ein und trug deshalb einen Teil der Schuld. Der einzige mildernde Umstand war Unkenntnis: Im Gegensatz zu seinen späteren Aussagen glaubte Whymper während des Abstiegs nicht, daß das Seil zu schwach sei. Bis zur Herstellung neuer Seile, die nach den Vorgaben des Alpine Club gedreht wurden, hatte er auf seinen Touren stets die schwache Sorte benutzt. Taugwalder erklärte ebenfalls, er habe das Seil für stark genug gehalten, und vor Gericht fügte er hinzu, er hätte das Seil niemals mit auf den Berg nehmen lassen, wenn er anderer Meinung gewesen wäre. Aber Taugwalders Ansicht hatte möglicherweise wenig zu bedeuten, denn für die meisten Führer war ein Seil so gut wie das andere. Dazu ein britischer Bergsteiger: »Ich kann entschieden bestätigen, daß mir ein Mann vorschlug, die Leine vom Wäscheplatz am Riffelberg zu benutzen.«[23] Wie auch immer, der Vorfall warf kein gutes Licht auf Whymper, genausowenig wie die Tatsache, daß sämtliche Seile außer dem Stück, das er als Beweismaterial behielt, später verschwanden.

Whymper setzte auf Ablenkungsmanöver, indem er Hudson tadelte, weil dieser Hadow in die Gruppe aufgenommen habe, und indem er andeutete, es gebe eine Verschwörung in der Justiz von Zermatt. »Ich reichte… nachdem ich vom Untersuchungsgericht verhört worden war, eine Reihe von Fragen ein, die ich so stellte, daß sie dem Alten Peter Gelegenheit boten, sich von dem schweren Verdacht zu reinigen, der sogleich auf ihn gefallen war«, schrieb er 1871. »Die Fragen wurden gestellt und beantwortet, aber ich habe vom Gericht die versprochene Auskunft nie erhalten.«[24] Außerdem griff er Monsieur Clemenz, den Gerichtsvorsitzenden, an: »Es ist sehr zu bedauern, daß er nicht fühlt, wie stark die Unterdrückung der Wahrheit gegen das Interesse der Reisenden wie der Führer ist.«[25] Als man das Protokoll schließlich 1917 veröffentlichte, wurden mehrere Unterschiede zwischen Whympers Version der Ereignisse und der des Alten Peter deutlich. Nichts davon war erheblich für die Schuldfrage, aber es gab ein interessantes allgemeines Merkmal: Wann immer Taugwalder etwas äußerte, das sich von Whympers Aussage unterschied, und dann danach befragt wurde, zog er seine Worte mit dem Eingeständnis zurück, daß Whymper es besser wissen müsse. Damals lobte Whymper den Alten Peter wegen dessen innerer Stärke und Ehrlichkeit. Sechs Jahre später schrieb er dagegen, der Mann stehe am Rande des Wahnsinns: »Wie ich höre, ist er zur Arbeit unfähig, nicht gerade verrückt, aber geschwächten Geistes und fast irrsinnig. Das ist nicht zu verwundern.«[26] *

Im selben Atemzug verunglimpfte er den Jungen Peter, der zwei Tage nach dem Unfall verschwunden war: »Ein so guter Führer er sein mag, werde ich ihm mein Leben nicht anvertrauen und ihn auch anderen nicht empfehlen.«[27] Zu seiner Empörung erfuhr Whymper später, daß der Junge Peter im folgenden Jahr nach Zermatt zurückgekehrt sei und sich, obwohl er mehr als den üblichen Lohn für seine Matterhorn-Tour erhalten hatte, Touristen als glückloser Bettler aufdrängte, der noch auf seine Bezahlung warte.**

Trotz seiner Ausflüchte wurde Whymper nicht von allen als schuldloser Expeditionsteilnehmer betrachtet. T. S. Kennedy, einer der wenigen, die Hudsons Einladung zum Matterhorn in jener Saison nicht Folge geleistet hatten, schrieb, der Unfall sei durch die zu große Teilnehmerzahl der Gruppe und durch Nachlässigkeit, ausgelöst von der Euphorie der Eroberung, verursacht worden. Andererseits fügte er hinzu: »Jemand, der nur drei oder vier Jahre auf den Alpen verbracht hat, kann niemals ein erstklassiger Bergsteiger sein.«[30] Seine Worte galten

* Der alte Peter Taugwalder war nicht ganz so geistesschwach, wie Whymper seine Leser glauben machen wollte. Er emigrierte später nach Amerika, um sich dort seinen Lebensunterhalt zu verdienen, und kehrte dann nach Zermatt zurück, wo er 1888 starb.

** Der Junge Peter wurde ein fähiger und geachteter Führer und lebte 1917 noch, so daß er seine eigene Geschichte von der Matterhorn-Besteigung erzählen konnte. Er verabscheute Whymper, gab interessanterweise jedoch Hudson und Douglas die Schuld an der Katastrophe. Er schrieb, der Alte Peter habe vorgeschlagen, man solle sich in zwei Gruppen mit jeweils eigenen Führern teilen, aber »dies sagte Mr. Hudson nicht zu, der in aller Bescheidenheit glaubte, daß seine Gefährten und er sämtlich besser seien als die Führer«.[28] Sein Kommentar zu Douglas lautete: »Er war kein guter Bergsteiger.«[29]

Hadow und Douglas, aber auch Whymper, der die Alpen zum ersten Mal 1860 aufgesucht hatte, entging der Kategorisierung nur knapp. Und einer der Brüder Parker, welche die Möglichkeiten der Zermatt-Route bereits 1860 erkannt hatten, wurde vom Alten Peter – er behauptete, Whymper habe ihm nicht genug gezahlt – gebeten, eine private Untersuchung durchzuführen. Parkers vorsichtige Einschätzung, die er seinem Vater vertraulich mitteilte, besagte: »Taugwalder ist ein sehr guter Kletterer, und Whymper gilt als schlechter.«[31]

Hadows Vater fand, Whymper sei in seiner Leugnung jeglicher Schuld zu weit gegangen. »Wir sind sehr bekümmert über Mr. Whympers Brief in der *Times* und über den Leitartikel, der sich, wie ich wußte, anschließen würde«, schrieb er McCormick am 10. August. »Er hätte auf jene unnötigen Bemerkungen über den armen Hudson verzichten können, den er eines Mangels an Besonnenheit und Vorsicht bezichtigt hat.«[32] Emily Hudson, Charles Hudsons Frau, war ähnlicher Ansicht. Schauergeschichten kursierten bereits, und sie war wütend auf Whymper, weil er ihren Mann als Übeltäter hingestellt hatte. »Ich kann Ihnen nicht sagen, wie sehr es mich betrübt«, schrieb sie McCormick. »Es überrascht

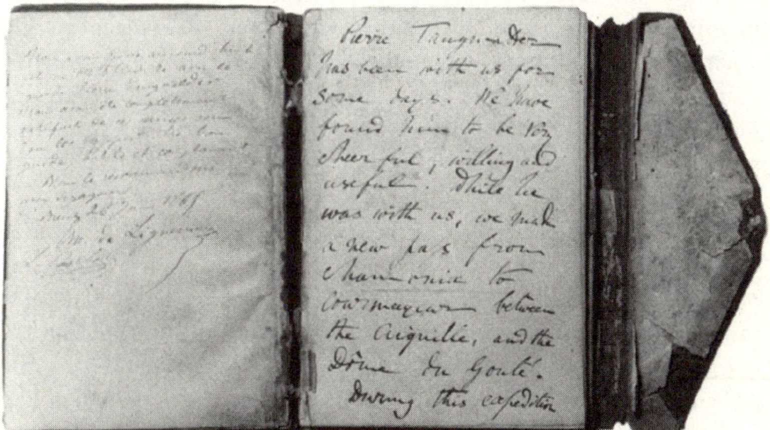

Das Führerbuch des »Jungen« Peter Taugwalder. Der Eintrag für die Matterhornbesteigung von 1865 fehlt, da Lord Douglas, Taugwalders offizieller Arbeitgeber, beim Abstieg ums Leben kam.

mich sehr, daß Mr. Whymper dabei die Hand im Spiel hatte. Natürlich weiß man, daß die Öffentlichkeit nach Sensationen in jeglicher Form giert. Aber der Gedanke, daß ein solches Thema benutzt wird, ihre Gelüste zu befriedigen, ist mir widerlich. Glauben Sie, daß es möglich wäre, dem Einhalt zu gebieten?«[33]

Der einzige positive Aspekt des Jahres 1865 war, daß es Jean-Antoine Carrel gelang, das Matterhorn von Breuil her zu besteigen. Als Giordano von Whympers Erfolg gehört hatte, war er niedergeschlagen gewesen. »Trotz der Tatsache, daß jeder seine Pflicht getan hat, haben wir die Schlacht verloren«, berichtete er Sella. »Und ich bin so erschüttert, daß ich es kaum ausdrücken kann. Aber ich glaube, daß es immer noch angebracht ist, Rache zu nehmen.«[34] Der Racheakt, den er ins Auge faßte, war die sofortige Eroberung des Matterhorns von der italienischen Seite her. Zuerst war niemand außer Carrel zu dem Versuch bereit. Aber ein italienischer Priester, der sich auch als Bergsteiger betätigte und Urlaub von seinem Seminar bekommen hatte, damit er seine Fähigkeiten in den Alpen erproben konnte, traf rechtzeitig ein, um die Gemüter aufzurütteln. Er appellierte an die patriotischen Gefühle der Männer. Wie könnten sie erwarten, für eine solche Arbeit bezahlt zu werden? Die nationale Ehre stehe auf dem Spiel. Er selbst werde sie begleiten. Am 16. Juli, während die Bergungstrupps Zermatt verließen, machten sich Carrel, der Priester und zwei andere von Breuil her zur Besteigung des Matterhorns auf. »Wir taten es aus eigenem Willen, zur Ehre und zur Rächung unseres Landes«,[35] schrieb der Priester. Sie nahmen Giordano nicht mit, weil »Carrel unverhohlen erklärte, er sei gegenwärtig nicht geneigt, auf einen Touristen aufzupassen«[36].

Die Männer überwanden sämtliche Gefahren auf dem italienischen Grat, bevor sie auf die Schweizer Seite überwechselten, wo sie Whympers Weg zum Gipfel folgten. Whymper war beeindruckt. Er hatte sich immer gewünscht, daß Carrel von Breuil aus auf die Spitze gelangte, einfach weil dieser eine solche Entschlossenheit an den Tag legte. »Von allen, die versuchten, das Matterhorn zu besteigen, war er derjenige, der es am ehesten verdiente, den Gipfel als erster zu erreichen«, erklärte Whymper. »Er hatte als erster Zweifel an der Unzugänglichkeit des Berges, und er war der einzige, der unablässig daran glaubte, daß es zu einer Besteigung kommen werde.«[37] Es sei »die schlimmste Kletterpartie« gewesen, »von der man weiß«[38]. Die kleine Felsleiste, auf der die Männer von Westen nach Osten überwechselten, ist noch immer als Carrels Korridor bekannt. Als Whymper ihn fünf Jahre später nach der Tour befragte, erwiderte Carrel: »Kein Mensch kann etwas tun, das viel schwieriger als das wäre.«[39]

Whymper neigte gelegentlich zur Dramatisierung, aber in diesem Fall könnte er Carrels Leistung sogar heruntergespielt haben, glaubt man einem künftigen Präsidenten des Alpine Club. »Anstrengendere Kletterpartien sind gewiß bewältigt worden«, schrieb Sir Edward Davidson 1897, »aber was die Überquerung eines gefährlichen und schwierigen Felsens angeht, der nur die dürftigsten Stufen und Handgriffe zu bieten hat und vollkommene Beständigkeit von jedem Teilnehmer verlangt, so kann ich mich aus meiner eigenen Erfahrung an nichts Schlimmeres entsinnen.«[40]

Und Tyndall? Er war niedergedrückt, denn als vergessener Bewunderer des Berges sah er sich an allen Fronten geschlagen. Aber er war noch nicht besiegt, wie er am 29. Juli 1868 bewies, als ihm die erste Überquerung des Matterhorns gelang. Er kletterte von Breuil aus zum Gip-

Sir Edward Davidson (Mitte) mit Führern

fel und stieg auf Whympers Route nach Zermatt hinunter. Dabei hielt er sich an seinen gewohnten Stil. »Ich rührte zuvor keine Nahrung an, machte ich mich doch bereit, den Gipfel ... in einem Geist der Andacht und des Fastens zu ersteigen«,[41] erzählte er einem alten Freund. Er traf nach neunzehneinhalb Stunden in Zermatt ein und schrieb sofort an Huxley, wobei er den Stift vor Erschöpfung kaum halten konnte. »Vor vielen Jahren sprachst Du im Scherz mit mir über die Möglichkeit, das Matterhorn von Breuil nach Zermatt zu überqueren. Das habe ich gerade unter großer Mühe und einiger Gefahr vollbracht ... Ich werde nun diese halsbrecherische Beschäftigung aufgeben ... zu der ich mich einst verpflichtet hatte. Ich konnte nicht ruhen, bevor das Begonnene nicht vollendet war.«[42]

Die Besteigung rührte ihn zutiefst. Während Whymper über die Zahl der Gipfel frohlockt hatte, die er von der Spitze aus sehen konnte, war Tyndall deprimiert. »Es können kaum zwei Dinge verschiedener sein als der Anblick des Berges von oben und von unten«, verzeichnete er. »Vom Riffel oder von Zermatt gesehen, zeigt er sich als geschlossene Pyramide, glatt und steil, der verwitternden Luft trotzend. Von oben scheint er durch den Frost der Jahrhunderte in Stücke zerrissen zu sein, während seine großen Seitenflächen so verkürzt sind, daß sie in die Ferne wie Ebenen hinauszuragen scheinen ... Und doch liegt etwas, das das Blut erstarren macht, in der Betrachtung des unwiderstehlichen und unbarmherzigen Charakters dieser unendlich kleinen Kräfte, deren fortdauernde Wirkung selbst das Matterhorn nach Jahrhunderten niederreißen wird. Der Anblick des so durch die Zeit zerrissenen und verstümmelten Berges machte mir, von den höheren Klippen aus gesehen, einen höchst betrüblichen Eindruck.«[43]

Sein ganzes Leben hindurch hatte Tyndall in den Alpen Heilung für die Leiden gesucht, die ihn plagten. Im Unterbewußtsein verknüpfte er körperliche Krankheit mit spiritueller Angst und hoffte, durch die Eroberung des Matterhorns von beiden befreit zu werden. Doch er wurde enttäuscht.

> An diese Vorstellung des Verfalls schloß sich indes eine Betrachtung der Zeit, wo das Matterhorn noch im vollen Besitz seiner Bergeskraft war. Meine Gedanken wandten sich zu seiner Bildung und seinem Ursprung zurück. Auch dort verweilten sie nicht, sondern schweiften weiter durch

> geschmolzene Welten bis zu jenem nebelförmigen Dunst, den die Naturforscher, und mit Recht, als die erste Quelle aller materiellen Dinge angesehen haben ... Enthält dieser formlose Nebel die *trübe Stimmung* vorgebildet, mit der ich das Matterhorn betrachtete? Kehrte der *Gedanke*, der jetzt zu ihm eilte, nur in seine eigentliche erste Heimat zurück? ... Wenn ich Himmel und Erde betrachte, meinen eigenen Körper, meine geistige Stärke und Schwäche, selbst diese Grübeleien, und mich frage: Gibt es ein Wesen oder Ding im ganzen Universum, das über diese Sachen mehr weiß als ich? Was würde meine Antwort sein?[44]

Es gab keine Antwort. Tyndall bestieg weiterhin Berge, doch mit immer weniger Enthusiasmus. »Im Jahre 1868 war ich so elend, als ich nach den Alpen reiste, daß ich es selbst auf ihnen schwer fand, wieder zu Kräften zu kommen.«[45] 1869 erklomm er das Aletschhorn, um die Färbung des Himmels zu studieren, aber 1870, nach einem bösen Ausrutscher, der zu einer Blutvergiftung führte, war er bereit, seine Bemühungen aufzugeben. Die Alpen schienen ihm zuzustimmen. In jenem Jahr zündeten Blitze zwei Wälder an, von denen der eine mehrere Tage und Nächte lang brannte. Tyndall schaute fasziniert zu, wie Baumgruppen in Flammen aufgingen. Ein starker Regenfall löschte das Feuer und setzte auch Tyndalls Alpenlaufbahn ein Ende. 1877, nachdem er endlich eine Frau gefunden hatte, baute er ein Ferienhaus auf der Belalp, von wo aus er Gäste auf leichten Spaziergängen über die Gletscher begleitete. Man sprach voller Ehrfurcht von Tyndall, und der Kaiser von Brasilien bat ihn um zwei signierte Fotografien, doch sollte Tyndall nie wieder einen Berg besteigen.

Whymper wurde am 22. Juli 1865 vom Gericht entlassen und eilte hinunter nach Visp, von wo er sich nach Interlaken begab. Dort schrieb er McCormick einen zornigen Brief und erkundigte sich, wieviel Schadenersatz er von den Zermatter Behörden für seine »Haft«[46] während der Verhandlung beanspruchen könne. Außerdem entschuldigte er sich dafür, daß er sich McCormicks Taschentuch geborgt hatte (abzuholen in Canterbury Place 20, Lambeth Road). Von Interlaken reiste er nach Genf und dann nach Calais, wobei er stets im Mittelpunkt des allgemeinen Interesses stand. »Die Art, wie ich auf meiner Heimreise von unverschämten Menschen verfolgt wurde, spottet jeder Beschreibung«,[47] teilte er Robertson mit. In London stellte er fest, daß über niemanden mehr gesprochen wurde als über ihn. Ein anderes Mitglied des Alpine Club schrieb, Whymper sei »wahrhaft zu bemitleiden, denn sein Name ist so eng mit dem Matterhorn und recht verwegenen Plänen zu seiner Besteigung verbunden, daß man ihn gewiß für den Unfall verantwortlich machen wird«[48].

Das Matterhorn sollte auch den Rest von Whympers Leben prägen. Er, der schon zuvor nie besonders gesellig gewesen war, zog sich nun noch stärker zurück und verließ das Haus seiner Familie mehrere Jahre lang nicht. Seiner Schwester zufolge war »seine unglückliche Schlaflosigkeit zu einer ständigen Erscheinung geworden, und er machte die Nacht praktisch zum Tage«[49]. Er aß sein Abendessen um 22 Uhr, wenn alle anderen schliefen, ging um 3 Uhr morgens ins Bett, frühstückte allein um 11 Uhr und aß um 14 Uhr zu Mittag – »oder auch später, doch niemals zusammen mit der übrigen Familie«[50]. Manchmal gestattete er seiner jüngsten Schwester, Besorgungen für ihn zu erledigen, ab und zu spielte er Bagatelle mit seinem Vater, aber seine Hauptbeschäftigung bestand darin, seine Tagebücher zur Veröffentlichung vorzubereiten. Im Herbst und Winter verschwand er gewöhnlich in der Abenddämmerung, um lange Ausflüge zu machen, und kehrte spät zu Tee und Toast zurück. Dabei mochte er ein paar Worte mit den anderen wechseln, bevor er seine Papiere zum Zeichen dafür, daß er nicht mehr gestört werden wollte, auf dem Tisch ausbreitete.

Whymper stellte seine Forschungen nicht ein. Er unternahm zwei Expeditionen nach Grönland, bestieg mit ausgewählten Schweizer Führern – darunter Carrel – neue Gipfel in den Anden und den Rocky Mountains und schrieb, nachdem seine Mittel durch diese Streifzüge erschöpft waren, Reiseführer für Zermatt und Chamonix. Seine Leistungen waren imposant, ohne daß er viel Aufhebens davon gemacht hätte: Auf Grönland fuhr er mit einem Hundeschlitten über die Gletscher (in jenen Tagen für einen Europäer eine seltene Fertigkeit) und legte eine Kollektion von Gesteinsproben an, die nur in der Kopenhagens ihresgleichen hatte. In den Anden machte er wichtige Beobachtungen über die Auswirkungen der Höhe auf den menschlichen Knochenbau, während er den Mount Chimborazo, mit 6248 Metern der höchste Berg in Ecuador, bestieg. Seine Reisen durch die Rocky Mountains führten ihn über zahlreiche bis dahin unbegangene Berge und Pässe. Seine Alpenreiseführer waren gut recherchiert und fanden regen Zuspruch beim Publikum. Er wurde mit der Goldmedaille der Royal Geographical Society ausgezeichnet und, wenn auch vergeblich, für die Mitgliedschaft in der Royal Society vorgeschlagen. Aufschlußreich war jedoch, daß er die Hochalpen mied. Er kehrte an ihren Fuß zurück, schrieb über sie, stellte Gletscherexperimente an, wanderte durch sie hindurch, kletterte jedoch kaum je auf sie hinauf. »Ich bin nun mit den Alpen fertig«, ließ er einen Bergsteigerkameraden wissen, »denn ich habe, wie Sie vermuten werden, nicht mehr den gleichen Drang zu solchen Dingen wie früher.«[51] Wie Tyndall, hatte das Matterhorn auch ihn erledigt.

Whympers Verhalten wird auf vielerlei Art interpretiert. Die Schauerversion lautet, er habe es nicht gewagt, sich den Geistern seiner verlorenen Gefährten zu stellen. Berichte, die sich unmittelbar an die Ereignisse anschlossen, besagten, er sei nach dem Sturz in einem schrecklichen Zustand gewesen, habe ständig geweint, ganze Nächte lang in den Zimmern von Kameraden gesessen und sich die Einzelheiten vergegenwärtigt. Später bat er McCormick in einem Brief um ein Muster von Hudsons Unterschrift als Andenken. Einerseits war die Katastrophe ein Thema, zu dem er in den folgenden 50 Jahren in Vorlesungssälen, Zeitschriftenartikeln und privaten Briefwechseln immer wieder zurückkehrte. Andererseits schien er stets nur nachweisen zu wollen, daß er keine Schuld an dem Unfall trug. Zum Beispiel ließ er in Briefen an einen Schweizer Kollegen – die heute im Alpinmuseum von Zermatt ausgestellt sind – nur förmliches Bedauern über die Todesfälle erkennen und ging viel ausführlicher darauf ein, ob während der Expedition die richtigen Entscheidungen getroffen worden seien (er würde sich im Rückblick wieder genauso verhalten, erklärte er trotzig). Und als er das Matterhorn 1874 erneut bestieg, um vom Gipfel aus Fotos zu machen, kam er an der Unfallstelle vorbei, ohne dies in seinem Journal auch nur am Rande zu erwähnen. Wahrscheinlich verspürte er in der Tat Gewissensbisse, doch diese hatten nichts damit zu tun, daß er die Alpen mied. Er hatte das Matterhorn fünf Jahre lang ins Auge gefaßt und dabei eine Reihe kleinerer Gipfel im Handstreich genommen, und 1865 hielt er seine Arbeit für beendet. In Breuil hatte Girdlestone vermerkt, daß Whymper »entschlossen war, das Matterhorn zu bezwingen, und ebenso entschlossen, danach die Bergsteigerei aufzugeben, weil es keine *neuen* großen Berge mehr zu erobern gebe«[52]. In seiner zielstrebigen Art sah Whymper keinen Grund, bereits Vollbrachtes zu wiederholen. Die Alpen waren geschafft, das Kapitel war abgeschlossen, er hatte sie erobert. Wie er 1871 schrieb: »Das Spiel ist aus, der Vorhang fällt.«[53] Für alle, die ihm nacheifern wollten, hielt er den klugen, wenn auch deprimierenden Ratschlag bereit: »Übereile dich nie, achte genau auf jeden Schritt und bedenke beim Anfang immer, wie das Ende sein kann!«[54]

22

Das Goldene Zeitalter der Bergsteigerei, das 1854 auf dem Wetterhorn begonnen hatte, endete 1865 auf dem Matterhorn. Der Alpine Club hatte in diesen Jahren Erstaunliches geleistet: Beispielsweise waren nur fünf der 43 Erstbesteigungen in den Jahren 1864 und 1865 von Kletterern des Kontinents vollbracht worden. Aber die Katastrophe brachte die Leistungen des Alpine Club in Verruf. Eine Rebellion, die sich hinter den Kulissen angebahnt hatte, drängte sich nun in den Vordergrund. »Warum soll das beste Blut Englands dafür vergeudet werden, daß unsere Männer zuvor unzugängliche Gipfel erklimmen«, fragte die *Times*, »daß sie den ewigen Schnee besudeln und unergründliche Abgründe erreichen, nur um nie wieder zurückzukehren? ... Nun gut, das ist großartig. Aber ist es das Leben? Ist es Pflicht? Ist es vernünftig? Ist es zulässig? Ist es nicht falsch?«[1] Die Journalisten der *Illustrated London News* wurden fast hysterisch bei dem Gedanken, daß ein Lord von einer Klippe gestürzt war – ein Ereignis, das drohte, die Grundfesten der Gesellschaft zu erschüttern: »Wenn eine Nation von einer eigentümlichen Leidenschaft ergriffen wird, überwindet sie diese selten ohne Mühe und schmerzliche Erfahrungen, und obwohl jährlich ein Dutzend Männer durch die Bergsteigerei für den Rest ihres Lebens außer Gefecht gesetzt werden – in diesem Jahr sind ihr bereits ein halbes Dutzend Leben zum Opfer gefallen –, steht es durchaus nicht fest, daß sich kein Mitglied des Alpine Club, jenes Lieblings hochfeiner Rezensenten, im Jahr 1875 bemühen wird, den ›jungfräulichen Gipfel‹ irgendeines wunderbaren Berges zu erklimmen und damit eine Familie erbenlos und eine Mutter für immer unglücklich zu machen.«[2] Der *Standard* verglich Bergsteiger mit einem Trupp aneinandergeketteter Sträflinge, und die satirische Zeitschrift *Punch* verhöhnte McCormicks Versuche, Mittel für eine Gedenkkapelle in Zermatt zu sammeln, mit solcher Schärfe, daß sie gezwungen war, sich zu entschuldigen. Auf dem Kontinent ereiferte sich die Presse nicht weniger. »Es ist unmöglich zu glauben«, hieß es in einem Artikel im französischen *Journal Illustré*, »daß es in London wahrhaftig einen Alpenclub gibt, dessen Ziel es ist, die Besteigung europäischer Berge vorzuschlagen und zu verherrlichen.«[3]

Ruskin, zornig wie eh und je, ließ sich ebenfalls vernehmen. »Der wirkliche Grund für die Sträflichkeit der alpinen Kletterei«, erklärte er, »ist, daß sie mit weniger Berechtigung mehr Eitelkeit hervorruft als jedes andere sportliche Geschick.«[4] Diese unsinnige Tätigkeit habe nur dazu beigetragen, die Gegenstände seiner, Ruskins, Meditation zu beschmutzen, wofür in erster Linie der Alpine Club verantwortlich zu machen sei. »Sie verachten die Natur, das heißt all die tiefen und heiligen Gefühle der natürlichen Landschaft«, ließ er die Mitglieder wissen. »Sie haben aus den Kathedralen der Erde Rennbahnen gemacht. Die Alpen, die Ihre eigenen Dichter einst so ehrfurchtsvoll liebten, sind Ihnen nur eingeseifte Stangen in einem Bärengarten, die Sie erklettern und die Sie mit entzücktem Kreischen hinunterrutschen.«[5] Boshaft beschrieb er von einer Eroberung zurückkehrende Bergsteiger als »glutrot vor eitlem Stolz und krampfhaft sich verschluckend an immer neuen Ausbrüchen der Selbstzufriedenheit«[6]. Anthony Trollope fiel in den Chor ein und machte sich in seinen *Travelling Sketches* über Alpinisten lustig. Dickens konnte sie ebenfalls nicht ausstehen, weil sie »dadurch, daß sie Gipfel wie das Schreckhorn, den Eiger und das Matterhorn erklimmen, genauso viel zur Förderung der Wissenschaft beitragen wie ein Club junger Gentlemen, der den Vorsatz hätte, sich auf sämtliche Wetterhähne aller Kathedralenspitzen des Vereinigten Königreichs zu schwingen«[7]. Diese radikale Meinungsänderung ließ an den Geist des Mittelalters denken, der damals durch Walter Scotts Romane so populär war. Wie im Mittelalter wurden Berge erneut für entsetzlich gehalten.

Der Alpine Club, einst die aufregendste Vereinigung in Europa, wurde zu der am heftigsten geschmähten. »Wir sind, wie es scheint, zu groß gewordene Schuljungen, denen es wie anderen Schuljungen Spaß macht, sich Schmutz, Gefahr und Unheil auszusetzen«,[8] schrieb Leslie Stephen bekümmert. Die Zahl neuer Beitritte fiel abrupt und blieb mehrere Jahre lang niedrig. Laut einem Mitglied »legte sich eine Art Lähmung auf die gute Sache, besonders unter englischen Kletterern. Gering an Zahl, ausnahmslos persönlich miteinander bekannt, die Öffentlichkeit nach Kräften meidend, bewegten sie sich wie unter einem dunklen Schatten und wurden von der Welt gewöhnlicher Reisender mit kaum verborgener Geringschätzung betrachtet.«[9] Als Leslie Stephen ein Hotel in Bern aufsuchte, mußte er bedrückt feststellen, daß »sie einen früheren Präsidenten des Alpine Club nicht höher einschätzen als einen Straßenfeger«[10].

Das Odium dauerte auch 1871 noch an. In jenem Jahr veröffentlichte Whymper sein *Scrambles Amongst the Alps* (*Edward Whymper's Berg- und Gletscherfahrten*), einen Wälzer von 432 Seiten, der 90 seiner eigenen Illustrationen enthielt und in dem die lange Pirsch beschrieben wurde, die zu Whympers Erlegung des Matterhorns geführt hatte. Er verhielt sich äußerst vorsichtig und gab nicht einmal den Titel preis, damit andere ihn nicht für ihre eigenen Erinnerungen stehlen konnten.* Da die Niederschrift des Buches sechs Jahre gedauert hatte, wären Zweifel an seiner Genauigkeit keine Überraschung gewesen: Es war ein Tigerfell, und Whymper hatte es sorgfältig vorbereitet, bevor er es an die Wand hängte. Aber abgesehen von ein paar Schnörkeln, deren Existenz Whymper selbst einräumte, handelte es sich um die ehrliche Beschreibung eines zehnjährigen Strebens. Das Buch wurde in manchen Kreisen mit Entzücken aufgenommen. »Man kann fast das Klingeln der Glocken auf den Alpen und neben der Sennhütte hören«, hieß es in der *Times*. »Man atmet den frischen Duft der Kiefern und glaubt, das laute Dröhnen der Axt zu hören, während sie die Splitter fliegen läßt.«[11] Leslie Stephen hielt das Werk für die höchste Ausdrucksform des Alpinismus: »Wer die Epoche durchlebt hat, die sich gerade ihrem Ende nähert – das heißt die Epoche, in welcher der Begriff ›Unzugänglichkeit‹ endlich abgeschafft

* Seine Vorsicht war nicht unangebracht. In einer Zeit, da Alpenautoren darin wetteiferten, ihren Werken so unauffällige Titel wie möglich zu geben – etwa »Wanderungen«, »Ausflüge«, »Ein Sommerurlaub« etc. –, war ein Wort wie »Scrambles« (etwa »Kraxeleien«) unbezahlbar. Später erwirkte Whymper eine gerichtliche Verfügung gegen einen anderen Bergsteiger, der es für sein eigenes Buch benutzen wollte.

wurde –, der wird nach einiger Überlegung wahrscheinlich zugeben, daß Mr. Whympers Buch die wahrhaftigste Äußerung des Geistes enthält, in dem der Sieg errungen wurde ... Es ist die einleuchtende Aufzeichnung der entschlossensten, systematischsten und insgesamt am besten geplanten Reihe von Anstürmen, die in der von ihm umrissenen Epoche auf die Hochalpen unternommen wurden.«[12] Bis heute wird das Werk als Klassiker der Alpenliteratur gepriesen, vergleichbar mit, aber viel aufregender als Saussures *Voyages*, Forbes' *Travels* und Wills' *Wanderings*. Seine Bedeutung wurde durch den König von Italien anerkannt, der Whymper mit dem Mauritius-und-Lazarus-Orden auszeichnete. Passenderweise erhielt Quintino Sella, der Finanzminister, welcher die Mittel für Carrels gleichzeitige Besteigung des Matterhorns bereitgestellt hatte, den Auftrag, die gute Nachricht zu überbringen.

Gleichwohl ließ *Scrambles* die lästige Frage wiederaufleben, ob man die Alpen überhaupt erkunden solle. In einer Rezension des *Standard* wurde Whymper dafür kritisiert, daß er »den entarteten Geschmack an kühnen Klettertouren in den Alpen« fördere. »Diese Sensationen sind ... moralisch verderblich, da sie ein ungesundes Verlangen nach Aufregung befriedigen.«[13] Auch *Blackwood's Magazine* bescheinigte Whymper das »Fehlen eines höheren Zweckes«: Sein Unternehmen sei mit Gefahren verbunden gewesen, »die leichten Herzens und ohne besonderen Grund in Kauf genommen wurden. Und darin liegt der schwache Punkt solcher Abenteuer.«[14] Leslie Stephen bot seine einseitige Variation des Themas an: »Es mag eine gewisse Freude in sich bergen, wenn man bei dem Versuch stirbt, etwas Beispielloses zu tun. Aber es birgt keine Freude in sich, wenn man stirbt, während man einfach nur in die Fußstapfen anderer tritt. Es wird höchste Zeit, ein wenig von unserem Enthusiasmus der Vernunft zu opfern und nach allen Kräften das Wachstum eines gesunden öffentlichen Geistes im Hinblick auf solche Angelegenheiten zu ermutigen.«[15] Stephen hatte stets das Prinzip der Sicherheit verfochten, aber wenn es ihm gefiel, konnte er sich auch über allzu große Vorsicht lustig machen. »Wir müssen einräumen, daß Mr. Whymper der gewöhnlichen Verdauung recht kräftige Nahrung geliefert hat. Diese Bilder von Reisenden, die über unendlich tiefe Gletscherspalten hinweg durch die Luft fliegen, die sich dem unbarmherzigen Steinhagel aussetzen oder unbehaglich am Rand gräßlicher Abgründe lagern,

Bergschrund auf der Dent Blanche, 1865 (Zeichnung von Edward Whymper)

sind dazu angetan, die Nerven friedlicher Gentlemen zu strapazieren, welche die Grundregeln der Kritik in der Stille einer Londoner Straße niederlegen.«[16]

Ruskin schäumte natürlich vor Wut. In einer überarbeiteten Fassung von *Sesame and Lilies*, wo er seinen Kommentar über Bären und eingeseifte Stangen abgegeben hatte, unterstrich er, daß er zu seinen früheren Bemerkungen stehe: »Ich ... halte es für falsch, das zurückzunehmen, was nach reiflicher Überlegung gesagt worden ist.«[17] Und er verlieh seinen Worten Nachdruck durch eine Botschaft an den Alpine Club: »Glauben Sie mir, Gentlemen, Ihr Vermögen, Berge zu sehen, kann weder durch Ihre Eitelkeit, Ihre Neugier oder Ihre Liebe zur Ertüchtigung der Muskeln entwickelt werden ... Die beste Methode, Berge zu sehen, besteht darin, einen Rucksack und einen Spazierstock zu ergreifen und es Cooks Touristen zu überlassen, einander mit Alpenstöcken zwischen die Beine zu fahren.«[18] Zu diesem Zeitpunkt litt Ruskin bereits unter Irrsinnsanfällen (außerdem war er verspätet in den Alpine Club gewählt worden und wieder ausgetreten). Whymper, Stephen, Tyndall und all die anderen, denen seine Schmähungen galten, hielten sich mit ihren Entgegnungen großmütig zurück. Wahrscheinlich hätten sie Huxleys derbem Ratschlag für Tyndall zugestimmt: »Männer führen keinen Krieg gegen Frauen oder Eunuchen, und ich hoffe, Du wirst Ruskin erlauben, ganz allein in seinem Geschrei zu schwelgen.«[19]

Der große Entdeckergeist, der die fünfziger und frühen sechziger Jahre des 19. Jahrhunderts durchzogen hatte, war verflogen, wie Leslie Stephen ehrlicherweise zugab: »Wie alltäglich klingen die Abenteuer, die damals soviel Interesse erregten!« schrieb er in der Ausgabe des *Alpine Journal* von 1871. »Wie frohlockten wir über Klettertouren, die heute für einen Anfänger in seiner ersten Saison als Kleinigkeit gelten! Und wie schwungvoll verkündeten wir der Außenwelt die Entdeckung eines neuen Vergnügens, das seitdem zu einem recht fadenscheinigen Gesprächsthema geworden ist.«[20] Touren, die einst unmöglich erschienen, seien nun »ein unterhaltsamer Tag für eine Dame«[21], denn die Schwierigkeiten hätten sich verflüchtigt »wie Gespenster aus einem Spukschloß«[22]. Amüsiert blickte er auf die einflußreiche erste Ausgabe von *Peaks, Passes and Glaciers* des Alpine Club zurück: »Man schaue sich die kümmerlichen alten Chromolithographien an, die damals Berge darstellen sollten!«[23] Aber die Alpen hatten ihren Reiz noch nicht verloren, worauf Stephen hinzuweisen sich beeilte. In seiner Rezension von Whympers *Scrambles* schrieb er spöttisch: »Keine Werbung für ein Alpenabenteuer ist so attraktiv wie der klare Nachweis, daß es in keiner Weise gerechtfertigt werden kann.«[24]

In höherem Maße als jeder andere Kommentator hatte Stephen den Finger am Puls der Zeit. Whympers Katastrophe mochte öffentliche Mißbilligung ausgelöst haben, aber in privaten Kreisen wurde sie zu einer *cause célèbre*. Sie enthielt sämtliche Elemente einer guten viktorianischen Romanze: Rivalität, Verrat, Mühsal, eine Niederlage im Moment des Sieges und natürlich den Tod eines Adligen. Im Bereich der Dreigroschenromane bildete sich ein neues »Seilabschneider-Genre« heraus. Je nachdem, ob das Seil von dem Mann oben oder dem Mann unten durchgeschnitten worden war, kam in den Titeln Verachtung oder Lob zum Ausdruck.

Und die Menschen, die Whympers Geschichte gelesen hatten, wollten den Schauplatz besuchen. Thomas Cook, der seit 1863 Reisen in die Schweiz organisierte, hatte bald volle Auftragsbücher, und in den siebziger Jahren des 19. Jahrhunderts gab es in den Alpen so viele Touristen wie eh und je. Die meisten waren Routinebesucher, welche die Schweiz »abhaken« wollten, genau wie die früheren Teilnehmer an der *Grand Tour* des Kontinents die Berge auf dem Weg nach Italien hinter sich gebracht hatten. Sie saßen in ihren Hotels, warteten auf die nächste Reiseetappe und wurden für erfahrenere Besucher unwissentlich zum Gegenstand der Feindseligkeit. Als Leslie Stephen einmal durch eine Beinverletzung lahmgelegt war, nahm er sich die Zeit, einen typischen Cook-Touristen zu beschreiben:

> Seine Haupteigenschaften sind, wie es mir nach meinen Beobachtungen erscheint, erstens und hauptsächlich eine eingefleischte Abneigung gegen die Gebirgslandschaft, zweitens eine völlige Unfähigkeit, ohne die *Times* zu leben, und drittens eine tiefverwurzelte Überzeugung, daß sämtliche Ausländer Mitglieder einer Geheimgesellschaft sind, die den Zweck hat, Geld durch Täuschung zu erpressen. Die Ursache dafür, daß er auf Reisen geht, ist von einem Geheimnis umhüllt. Manchmal betrachte ich ihn als einen Missionar, der durch sein Beispiel die Freuden eines britischen Sonntags vorführen will. Jedenfalls tut er sich nie durch

so offensichtliche Selbstgefälligkeit hervor wie dann, wenn er, ausgerüstet mit einer Vielzahl von Psaltern und Bibeln, die Angehörigen aller minderwertigen Rassen aus dem Speisesaal eines Hotels verbannt.[25]

In eine etwas andere Kategorie als die der im Hotel herumlungernden Touristen fielen die Neuankömmlinge, die einen Gipfel anvisierten, um die wahre Matterhorn-Erfahrung zu suchen. Allzu oft hatten sie Erfolg. Bis 1865 kam es relativ selten zu tödlichen Unfällen – sie waren noch etwas, über das die Forschergemeinde debattierte und nachdachte. Aber danach wurden sie immer häufiger. Zwischen 1866 und 1876 gab es jährlich nie weniger als einen Todesfall, und 1870 verirrte sich eine ganze Mannschaft von elf Kletterern in einem Schneesturm auf dem Montblanc und kam um. »Alpenunfälle« wurden zur herkömmlichen Rubrik im Inhaltsverzeichnis des *Alpine Journal*. Voller Bestürzung lasen Clubmitglieder die Briefe aus Frankreich und der Schweiz, in denen die Überlebenden Touren schilderten, die durch eine Lawine, eine Gletscherspalte, einen Ausrutscher oder einen Sturz ohne Seil beendet wurden.

Besonders herzzerreißend war das Schicksal der Gruppe von 1870. Ihr gehörten ein Schotte, Reverend G. MacCorkendale, Dr. J. Bean aus Baltimore und sein 50jähriger Landsmann an, ein Bergenthusiast namens Randall, der den Montblanc nur hatte sehen wollen. Nie zuvor hatte er die Absicht geäußert, ihn auch zu besteigen. Sie brachen am 5. September mit drei Führern und fünf Trägern in Chamonix auf. Am 6. September erreichten sie den Gipfel und verschwanden infolge eines Schneesturms sofort aus dem Blickfeld.

Als das Wetter elf Tage später, am 17. September, aufgeklart hatte, fand ein Rettungstrupp MacCorkendale und zwei Träger in sitzender Stellung über der Mur de la Côte vor. Sie hatten sich nicht angeseilt, ihre Kleidung war zerrissen, und sie waren tot. Die Leichen Beans und eines anderen Trägers wurden in einer zerfallenen Schneehöhle ein wenig höher, abseits von der üblichen Route, entdeckt. Sie waren von einem Haufen weggeworfener Ausrüstung umgeben. Man stellte fest, daß die Toten die schwersten und am schlechtesten trainierten Mitglieder der Gruppe waren. Zwischen dem 21. und dem 23. September suchten die Retter den Gipfel nach Randall, den drei Führern und den übrigen beiden Trägern ab. Sie konnten die Männer nicht finden, aber sie stießen auf ein paar Habseligkeiten an der steilen Südwand, die zum Brenva-Gletscher überleitet. Die Führer und Randall hatten offenkundig versucht, sich zu retten, waren in ihrer Verwirrung jedoch an der falschen Seite abgestiegen. Es war schwerer zu ermitteln, ob MacCorkendale ebenfalls einen Fluchtversuch gemacht hatte oder ob er zusammen mit Bean gestorben und dann hinuntergestürzt war, als die Wände der Schneehöhle zusammenbrachen. Dr. Beans Tagebuch lieferte die noch fehlenden Details.

> Dienstag, 6. September: Temperatur um zwei Uhr morgens 34 Grad unter Null. Ich habe den Aufstieg auf den Montblanc mit zehn Personen bewältigt ... Wir erreichten den Gipfel um halb drei. Sogleich nach dem Aufbruch war ich in Schneewolken gehüllt. Wir verbrachten die Nacht in einer in den Schnee gegrabenen Höhle, die sehr unzulänglichen Schutz bot, und mir war die ganze Nacht hindurch schlecht. 7. September (Morgen): intensive Kälte, viel Schnee, der ununterbrochen fällt, Führer unruhig. [Möglicherweise entfernten sich Randall und die anderen zu diesem Zeitpunkt.] 7. September (Abend): Wenn jemand dieses Notizbuch findet, möge er es bitte an Mrs. H. M. Bean, Jonesborough, Tennessee, Vereinigte Staaten von Amerika, schicken. Meine liebe Hessie, wir sind seit zwei Tagen in einem schrecklichen Schneesturm auf dem Montblanc gefangen. Wir haben uns verirrt und befinden uns in 4570 Meter Höhe in einem im Schnee ausgehobenen Loch. Ich habe keine Hoffnung, hinuntersteigen zu können. Vielleicht wird dieses Buch gefunden und weitergesandt ... Wir haben keine Lebensmittel. Meine Füße sind bereits erfroren, und ich bin erschöpft. Ich habe nur genug Kraft, einige wenige Worte zu schreiben. Ich sterbe im Glauben an Jesus Christus mit liebevollen Gedanken an meine Familie. Herzliche Grüße an alle.[26]

Er habe zwei Taschen bei sich, schloß Dr. Bean, und seine übrigen Sachen seien im Hotel Montblanc. Wenn wer immer ihn finde, sein Eigentum an das Hotel Schweizerhof in Genf schicken und seine Rechnung bezahlen möge, werde er überaus dankbar sein, »und der Himmel wird Ihre Freundlichkeit belohnen«[27]. Am 8. September schrieb er seinen letzten Eintrag mit verschwimmenden Buchstaben nieder: »Der Morgen wieder schrecklich kalt und viel Schnee.«[28]

Die Tragödie fand infolge des Deutsch-Französischen Krieges weniger öffentliche Aufmerksamkeit, als sie verdient gehabt hätte. Beans private Tragödie war unbedeutend, verglichen mit jener der vielen tausend Männer, die im selben Jahr bei Sedan fielen. Trotzdem lieferte sie einen der zahlreichen Hinweise darauf, daß etwas unternommen werden mußte. 1882 schrieb Leslie Stephen: »Ich beginne zu glauben, daß all diese Bergsteigerei unvertretbar ist. Wir haben für die erzielten Fortschritte einen zu hohen Preis gezahlt und dürfen erwarten, es weiterhin zu tun.«[29] Nach einer besonders destruktiven Saison, in der drei verschiedene Gruppen ausgelöscht worden waren, teilte Königin Viktorias Privatsekretär Premierminister Gladstone am 24. August 1884 mit: »Die Königin befiehlt mir, Sie zu fragen, ob Sie meinen, daß Ihre Majestät ihre Mißbilligung über die gefährlichen Alpenausflüge, die in diesem Jahr so viele Menschenleben gekostet haben, zum Ausdruck bringen kann.« Gladstones Antwort war negativ: »Ich bezweifle, daß irgendeine Einmischung, selbst durch Ihre Majestät, einen Vorteil verspräche.«[30] Die Todesunfälle folgten einander so häufig, daß sogar die schwerfällige Bürokratie von Österreich-Ungarn aufmerksam wurde. Im August 1887 schickte das Polizeiressort des Kaiserlichen Innenministeriums ein Rundschreiben an Tiroler Vereine, in dem es sich erkundigte, was sie angesichts »der wiederholten tödlichen Unfälle von Touristen bei Gipfelbesteigungen«[31] zu unternehmen gedächten. Vorschriften seien erforderlich, hieß es streng. Aber die Vorschriften blieben aus, und Menschen stürzten weiterhin ab. Allerdings ließen sie dabei einen gewissen Stil erkennen, wie Kommentatoren auf dem Kontinent widerwillig einräumten.

Als der französische Schriftsteller und Künstler Théophile Gautier eines Abends durch Zermatt spazierte, sah er eine britische Seilschaft vom Berg zurückkehren. Sie imponierte ihm sehr:

> Ein hochgewachsener junger Mann, kräftig und schlank, in brauner Cordkleidung, mit zu den Knien reichenden Gamaschen, einen weichen Filzhut in die Augen gezogen, sah trotz der unvermeidlichen Nachlässigkeit seiner Kleidung wie ein perfekter Gentleman aus. Er war Mitglied des Alpine Club und hatte gerade das Matterhorn bestiegen ... Seine Führer gingen mit um die Schultern geschlungenen Seilen hinter ihm. Sie hielten ihre Äxte, ihre mit Eisennägeln versehenen Stöcke und alles an-

dere, was für den Angriff auf einen so wilden Gipfel erforderlich war, in den Händen. Diese drei entschlossenen, sonnengebräunten Gesichter glänzten voller Freude darüber, daß die Männer über große Schwierigkeiten triumphiert hatten ... Die Führer betraten das Hotel, und der Engländer verharrte einige Sekunden lang auf der Schwelle. Er lehnte sich ganz unbekümmert an die Wand und wirkte so sorglos, als wäre er gerade aus seinem Club in Pall Mall gekommen ... Wir beobachteten diesen gutaussehenden jungen Mann – wahrscheinlich reich und gewiß an Komfort und kultivierte Sitten gewöhnt –, der gerade mit allem Gleichmut sein Leben für ein nutzloses und gefährliches Unternehmen riskiert hatte, und dachten an die unwiderstehliche Leidenschaft, die manche Männer zu furchterregenden Klettertouren antreibt. Kein Beispiel kann sie abschrecken. Als dieser junge Mann dem Matterhorn entgegenging, muß er die Gräber seiner drei Landsleute auf dem Friedhof von Zermatt gesehen haben.[32]

Der besagte junge Mann war Reverend J. M. Elliott. Er stürzte im folgenden Jahr auf dem Schreckhorn 300 Meter tief in den Tod. Drei Jahre später starb sein Führer J. M. Lochmatter auf der Dent Blanche. Gautier lieferte einen Nachruf auf Elliott, Lochmatter und jeden anderen Bergsteiger: »Ein Gipfel kann die gleiche unwiderstehliche Anziehungskraft ausüben wie ein Abgrund.«[33]

Von den Touristen und den Freizeitkletterern hob sich eine kleine Schar von Männern ab, welche die Alpen aufrichtig erforschen wollten. Das Matterhorn, die großartigste Feste von allen, war erobert worden, doch viele andere Gipfel und Pässe, besonders in der Dauphiné, blieben noch unberührt. Forbes war in den vierziger Jahren des 19. Jahrhunderts durch die Region gewandert. Whymper war 20 Jahre später über sie hinweg gestiefelt, und mehrere andere Bergsteiger hatten sich an ihr versucht. Aber sie war immer noch zu primitiv, um die Mehrheit anzuziehen. Die Unterkünfte waren von Ungeziefer verseucht, das Essen, wenn es überhaupt welches gab, schmeckte abscheulich, und die Bewohner waren mürrisch, schmutzig und rückständig. Führer aus benachbarten Gebieten sprachen angewidert über die Dauphiné. Alle, die wieder aus ihren Tiefen aufgetaucht waren, stimmten darin überein, daß es, die Berge ausgenommen, eine schreckliche Gegend sei. Es war üblich, daß britische Reisende über die groben Behausungen, das dürftige Essen und die Flöhe scherzten, aber sogar T.G. Bonney, ein nüchterner Wissenschaftler, war entsetzt über den Zustand der Dauphiné. »Eine gute Verdauung und eine gegen Insekten immune Haut sind unerläßliche Voraussetzungen«, schrieb er 1865. »An der großen Hauptstraße von Grenoble nach Briançon gibt es in ein oder zwei Orten erträgliche Unterkünfte. Davon abgesehen ist alles von der kümmerlichsten Art. Frischfleisch ist nur in seltenen Fällen zu bekommen. Brot und Wein sind gleichermaßen sauer, die Herbergen verschmutzt und die Betten entomologische Vivarien. Es ist kaum möglich, sich die elende Verwahrlosung vorzustellen, in der die Menschen leben. In ihren dunklen, trostlosen Hütten wimmelt es von Fliegen, Flöhen und anderem Ungeziefer. Besen, Schrubber und Scheuerbürsten sind unbekannte Luxusartikel. Die Knochen und sonstigen Überreste einer Mahlzeit werden auf den Fußboden geschleudert, wo Hunde an ihnen nagen ... Die Menschen in vielen Teilen sind verkrüppelt, feige und schwach und scheinen dumm und beinahe *crétins* zu sein.«[34] Sogar in den besten »Hotels« seien die Dielen im Speisezimmer unter zentimeterhohem Schmutz und Abfall nicht zu sehen. In der oberen Etage müßten die Gäste Hunde, die an alten Knochen kauten, durch einen Fußtritt fortjagen, bevor sie ihr Zimmer betreten könnten.

Aber die Dauphiné besaß den letzten großen Berg der Alpen. Der Meije fehlte die Statur des Matterhorns, doch mit 3983 Metern war sie alles andere als ein Maulwurfshügel. Whymper war ihrer Eroberung am nächsten gekommen, als er 1864 ihre Schulter, die Brèche, überquert hatte. Zu zweit und zu dritt begannen Bergsteiger die Gegend zu erkunden, und sehr bald wurde die Meije zum Objekt verbissener Rivalität. Den Anfang machte eine amerikanische Gruppe, zu der William Coolidge, seine Tante Miss Meta Brevoort und ihr Hund Tschingel gehörten.

23

Das Matterhorn, jene monolithische Pyramide, die so lange der Gral der Alpenforschung gewesen war und deren Eroberung soviel Kummer bereitet hatte, war ironischerweise für den Fall der Meije verantwortlich. Zu den zahlreichen Touristen, die nach der Katastrophe von 1865 in Zermatt erschienen, gehörten zwei Amerikaner: Meta Brevoort und William Coolidge. Sie war eine unverheiratete Frau von Ende 30, konservativ und recht streng wirkend, doch entschlossen und abenteuerlustig. Er war ihr Neffe, ein untersetzter, kurzsichtiger, intelligenter Jüngling, dessen Kopf etwas unförmig über seinen Kragen ragte und der sich für Geschichte interessierte. Sie hatten keine sonderliche Sehnsucht nach den Alpen und waren im Vorjahr nur deshalb nach Europa gekommen, weil Coolidge an Darmtyphus litt. Sein Arzt hatte ihm eine Reise ins Ausland verordnet, und seine Tante sollte sich um ihn kümmern. Außerdem wurden sie zunächst von Mrs. Coolidge, Williams Mutter, und seiner Schwester Lil – beide waren ebenfalls nicht gesund – begleitet. Aber was als bloße Luftveränderung begonnen hatte, wurde zu einem lebenslangen Aufenthalt in Europa. Und das wegen des Matterhorns.

Nach ihrer Ankunft in Europa reisten die Coolidges auf dem Kontinent herum, bewunderten die üblichen Sehenswürdigkeiten und Museen und folgten überhaupt den ausgetretenen Touristenpfaden. Als sie von der Matterhorn-Katastrophe hörten, begaben sich William und seine Tante mit der Herde nach Zermatt. Meta war sofort von der Tragödie fasziniert. Sie befragte Whympers Zimmermädchen und fügte der Geschichte weitere Einzelheiten hinzu:

Sagte, es sei gräßlich gewesen, in die Zimmer der toten Männer zu gehen, voll von verstreuten Kleidungsstücken etc. Beschrieb die Aufregung in Zermatt an dem Tag, als sie den Gipfel erreichten ... Dann das Entsetzen am folgenden Tag, als man sich auf die Suche nach den Leichen machte, dann die Ankunft der Verwandten, besonders des Bruders des armen Douglas. Sie sagt, er habe dasselbe Zimmer und dasselbe Bett wie sein Bruder belegt, und eines Morgens sei er aufgebrochen und habe auf dem Tisch eine Nachricht hinterlassen, daß er seinen Bruder suchen wolle. Er war allein und hatte keinen Proviant. Man folgte ihm, und er wurde halb außer Sinnen am Fuße des Berges gefunden. Was Whymper betrifft, so sagt sie, er habe in der Zeit weder geschlafen noch gegessen, sondern sei dauernd weinend herumgelaufen.[1]

Der junge Coolidge war überwältigt davon, dem Ruhm anderer so nahe zu sein. Er schrieb seiner Mutter einen Brief auf einem Blatt Papier, dessen Kopf eine Ansicht Zermatts und des Matterhorns zierte. William schilderte all das, was er und »Tantchen« erlebt hatten, und der Brief hätte an der Küste aufgegeben worden sein können, wären da nicht ein paar schülerhafte Sätze gewesen: »Die beiden Punkte, die Du auf dem Bild siehst, zeigen, wo sie abgestürzt und wohin sie gefallen sind. Eine schreckliche Entfernung. Das Haus mit dem Punkt ist unser Hotel, du Mont Rosa.«[2] Genau wie Whymper in seiner Jugend im Bann von Franklins Unglück gestanden hatte, so waren die Coolidges nun von Whympers eigener Tragödie gefesselt. Franklins Untergang war ein fernes, ungreifbares, romantisches Ereignis gewesen. Der Tod von Croz, Douglas, Hadow und Hudson dagegen, obwohl nach allgemeinem Dafürhalten genauso romantisch, erwies sich als gegenwärtig und nur allzu fühlbar. »Ich kann mit Gewißheit sagen«, schrieb Coolidge später, »daß es dieser Unfall war, der mich als erstes nach Zermatt zog.«[3]

Nach dem Matterhorn suchten Meta Brevoort und ihr Neffe andere Teile der Alpen auf. Im selben Jahr bestieg sie den Montblanc, tanzte auf dem Gipfel und sang die Marseillaise, während Coolidge die gegenüberliegende Flégère erkletterte und beobachtete, welche Fortschritte Meta machte. Sie bezwang mehrere weitere Berge und fand Gefallen daran. Coolidge, der noch zu jung war, schwierigere Gipfel zu besteigen, war von der Alpengeschichte gefesselt. Wie so viele *étrangers* vor ihnen konnten sie dem Zauber der Alpen nicht widerstehen. In ihrer Heimat gab es höhere Berge, doch keiner ließ sich mit den hiesigen vergleichen. Die Alpen boten Meta Brevoort sämtliche Klettertouren, die sie sich wünschen konnte, und William Coolidge machte es große Freude, zuerst die Aufstiege seiner Tante und dann, als er heranwuchs, ihre gemeinsamen Touren und schließlich die Besteigungen all derer zu verzeichnen, die seit 400 Jahren den Fuß in die Region gesetzt hatten. Die Rocky Mountains, die Anden, die White Mountains und andere Bergketten der Neuen Welt mochten höher und größer sein, aber sie wirkten vergleichsweise primitiv. Zu Weihnachten schenkte Meta Brevoort ihrem Neffen die vollständige Ausgabe von *Peaks, Passes and Glaciers.* Es war zugleich ein Geschenk für sie selbst. »Wir vertieften uns mit einer fast unglaublichen Leidenschaft in diese Bände«, berichtete Coolidge. »Wir wollten vollkommene Bergsteiger werden.«[4] Damals war er 15 Jahre alt.

Als Neuankömmlinge in der Alpenlandschaft fanden sie die Chromolithographien von ehedem durchaus nicht langweilig, und sie ließen sich auch nicht durch die Tatsache entmutigen, daß man fast alle Gipfel bereits erklettert zu haben schien. In den folgenden fünf Jahren marschierten Coolidge und seine Tante auf den Routen, die Mitglieder des Alpine Club beschrieben hatten, durch das Gebirge. Sie richteten ihren Stützpunkt in Grindelwald ein, machten Christian Almer zu ihrem persönlichen Führer und gelangten zwar selten auf neue Gipfel, schafften jedoch zahlreiche Zweitbesteigungen. Mit Almers Hilfe begründeten sie den (nie sehr populären) Trend des Winterbergsteigens, und sie waren die ersten, die im Winter das Wetterhorn, die Jungfrau und andere Gipfel im Oberland erklommen. Außerdem waren sie für die Idee des Hochlagers verantwortlich: Ein einziges, auf hohem Terrain aufgeschlagenes Zelt ermöglichte ihnen, einen Gipfel nach dem anderen zu besteigen und den mühsamen und zeitraubenden Anmarsch vom Tal her zu vermeiden. Meta Brevoort war abenteuerlustiger als ihr Neffe, und Coolidge, obwohl zäh, hatte technische Unsicherheiten. Auch in anderer Beziehung war er unsicher: Da ihm die Mutter fehlte, klammerte er sich an seine Tante. Und als ihm Christian Almer nach einem Rückzug vom Eiger 1868 zum Trost eine braune Promenadenmischung namens Tschingel schenkte, klammerte er sich auch an das Tier. Tschingel wurde berühmt als Hund, der Alpengipfel erkletterte, denn er folgte seinem Herrn von einem zum anderen. Tschingel vollbrachte elf Erstbesteigungen und begleitete Coolidge mehr als 150 weitere Berge hinauf. Nachdem das Tier einige Male Junge geworfen hatte, begann Coolidge es als »sie« zu bezeichnen, doch Meta Brevoort war aus härterem Holz geschnitzt. Für sie war Tschingel stets »er«.

1870 erreichte die einzigartige Kombination von Tante, Hund und Neffe – mittlerweile ein knollenköpfiger 20jähriger – die Dauphiné. »Ich bin mir nicht ganz sicher, was uns veranlaßte, die Dauphiné als Schlachtfeld zu wählen«, schrieb Coolidge später, »aber ich glaube, es war Ehrgeiz. Dort draußen gab es eine ganze Welt, und das genügte uns.«[5] Es war eine abstoßende Welt, aber sie enthielt die höchsten unbestiegenen Berge der Alpen, und so machten sich Coolidge, seine Tante und ihr Hund, begleitet von Christian Almer und dessen Sohn Ulrich, in jenem Juni auf, die Meije zu erobern.

Coolidge und seine Tante hatten die verfügbare Literatur gelesen und dürften dabei auf A.W. Moores Bericht gestoßen sein, den er dem Alpine Club über die Zugänglichkeit der Meije geliefert hatte. Im Winter 1869 schrieb er: »Je häufiger ich den Berg betrachtete, desto mehr schwanden meine Hoffnungen. Am Ende gelang es mir nicht, auch nur einen einzigen aussichtsreichen Zugang zu entdecken. Der höchste Gipfel ähnelt der Aiguille du Dru, und nicht einmal seinen Fuß zu erreichen wäre eine leichte Aufgabe.«[6] Er hoffte jedoch, »daß irgendein unternehmungslustiger Mensch dem Berg wenigstens einen gründlichen Versuch widmen wird. Sollte er erfolgreich sein, so wird er sich die Genugtuung verschaffen, einen der edelsten und gewaltigsten Alpengipfel besiegt zu haben.«[7]

Dieser unternehmungslustige Mensch wollte Coolidge sein. Seine Tante und er überquerten die Pässe nach La Grave, wo Meta Brevoort feststellte, daß alles, was sie über die Dauphiné gehört hatte, der Wahrheit entsprach. »Welch ein Gasthof!« schrieb sie Coolidges Mutter. »Der Fußboden unseres Zimmers schwarz wie das Pikas, ein Sack Mehl und ein Sieb in einer Ecke. Keine ersichtliche Waschmöglichkeit, Blumen zum Trocknen auf dem Boden ausgebreitet, keine Kissen, Laken wie Handtücher! Will ging zu Bett, während seine Kleidung trocknete, und blieb dort, weil es der beste Platz für ihn zu sein schien.«[8] Draußen sah die Meije »so abweisend« aus, »daß wir nur schwache Hoffnungen hatten, ihren Gipfel zu erreichen«[9].

Die Meije – deren Name, wie sie entdeckten, im örtlichen Dialekt »Frau« bedeutete – besteht aus drei von Gletschern umgebenen Gipfeln. Der östliche ist niedriger als die beiden anderen und so unklar mit ihnen verbunden, daß er fast ein separates Gebilde sein könnte. Deshalb widmeten sie ihre Aufmerksamkeit dem zentralen und dem westlichen Gipfel. Von ihrem Standpunkt aus schien die zentrale Spitze am höchsten zu sein. Sie wirkte auch am heikelsten: ein Dreieck aus nacktem Fels, das sich nach außen in Richtung La Grave neigte. Am 25. Juni schickten sie die Almers zur Erkundung aus, während sie einen Nachmittag im Wald vertrödelten. Meta Brevoort strickte und Coolidge rezitierte Gedichte von Macaulay an einem Bachufer. Die Almers kehrten mit der Nachricht zurück, daß der zentrale Gipfel schwierig, doch nicht unmöglich aussähe. Der Überhang könne umgangen werden, und sie hätten eine Stelle gefunden, an der man die erste Nacht verbringen könne.

Die Gruppe brach am 27. Juni 1870 um elf Uhr auf und überquerte den Gletscher zu der Lagerstätte, welche die Almers ausgewählt hatten. Der Wind blies, und keiner von ihnen schlief besonders gut. Um 4.20 Uhr am Dienstag, dem 28. Juni, ließen sie Tschingel im Zelt zurück und zogen weiter. Es kam zu einem gefährlichen Moment, als man über eine Reihe von Felsen kletterte, die so steil und glatt waren, daß sie nach Christian Almers Meinung »den Felsen an der italienischen Seite des Matterhorns ohne die Seile«[10] nicht nachstanden. Aber es gelang ihnen, sich über die Vorsprünge hinweg zu schlängeln – Meta Brevoort hatte ihr Kleid gegen eine Hose getauscht –, und um 12.10 Uhr erreichten sie die Kuppel, wo sie zu Coolidges Bestürzung merkten, daß sie den falschen Gipfel bestiegen hatten: »Wie entsetzt waren wir, als wir entdeckten, daß uns der westliche Gipfel überragte.«[11] Der Höhenunterschied war gering – kaum zwölf Meter nach Coolidges Schätzung –, und er hegte die wilde Hoffnung, den Grat zwischen den beiden überqueren zu können.

Aber Almer gebot ihm Einhalt, denn es sei »ganz unmöglich für jeden Menschen, den Gipfel zu erreichen, da er an allen Seiten steil abfällt«[12]. Mithin zogen sie sich zu ihrem Zelt zurück, wo Tschingel sie freudig begrüßte. Dort verbrachten sie die Nacht und trafen am folgenden Morgen um 10.45 Uhr in La Grave ein.

Metas Füße schmerzten, da sie allzu neue Stiefel getragen hatte, Christian Almer war schneeblind, alle hatten sich »sehr stark verbrannt«[13], und der Gipfel war weiterhin unbezwungen. Dafür hatten sie etwas geschafft, das die besten Bergsteiger nicht gewagt hatten. Der zentrale Gipfel – und die beiden anderen – der Meije waren Whymper, Moore, Walker und allen sonstigen großen Namen des Goldenen Zeitalters verwehrt geblieben. Da die amerikanischen Parvenus den zentralen Gipfel im ersten Anlauf bestiegen hatten, durften sie sich also glücklich schätzen. Sie kletterten zusammen mit den Almers in eine Kutsche und fuhren frohlockend durch die Berge nach Monastier, einem Dorf, das ein guter Stützpunkt für künftige Eroberungen war und in dem sie für Zauberer, begleitet von einer Hexe, gehalten wurden. Hier ließen sie sich in einem weiteren Hotel der Dauphiné nieder. »Wir sind in einem höchst merkwürdigen Zimmer mit einem gewölbten Dach untergebracht«, schrieb Meta Brevoort. »Fast alles wird darin verwahrt. Mehl, Bettwäsche, Sägen, Schaufeln, Vogelkäfige, Weinschläuche, eine Radnabe, Kleidung, Siebe, eine alte Uhr, Wasserrohre, Besen, alte Truhen. Und Wills Bett besteht aus einem Tisch, das heißt dem Schiebedeckel einer großen Truhe.«[14]

Meta Brevoort war durch ihre Stiefel lahmgelegt und blieb in Monastier, wohingegen Coolidge und die Almers auf die Pointe des Ecrins, den Mount Pelvoux und – eine Erstbesteigung – die 3924 Meter hohe Ailéfroide eilten. Während sie wartete, verbarrikadierte sie sich wegen eines Trinkgelages, das bis zwei Uhr morgens andauerte, in ihrem Zimmer und kam danach nur noch zu den Mahlzeiten heraus. »Der Vorrat an Eiern, die mein Hauptnahrungsmittel waren, hat sich erschöpft«, teilte sie ihrer Schwester mit. »Deshalb lebe ich nun von Nüssen und Brot und Honig und einer kleinen Menge Wasser. Suppe (die sich aus Wasser, Butter, Salz, Kartoffeln und Kräutern zusammensetzt) esse ich nur an Tagen, an denen ich nicht zufällig gesehen habe, wie sie zubereitet wird.«[15] Nachdem Coolidge und seine Tante 14 Tage in der Dauphiné verbracht hatten, kehrten sie zu Fuß in die Zivilisation zurück und reisten mit verschiedenen Kutschen weiter nach Großbritannien. Die Meije war ungebrochen, und Coolidge sagte: »Für mich wird sie für immer von einer Aura der Romantik umgeben sein.«[16] Andere dachten genauso.

1873 erkundete eine Seilschaft aus sechs Briten den westlichen Gipfel von La Grave her und ließ den Mut sinken. Ihre Führer – beide hießen Baumann – hielten die Aufgabe für unmöglich. »Als Hans Baumann danach gefragt wurde, äußerte er die Ansicht, daß ein Herr und zwei Führer vielleicht hinaufsteigen könnten, wenn sie nie wieder herunterkommen wollten«, schrieb der Leiter der Gruppe. »Peter Baumann, den Betrag verdoppelnd, für den er gewöhnlich nichts ablehnte, erklärte, 2000 Franken genügten nicht, ihn zu dem Versuch zu bewegen.«[17] Gleichwohl stiegen sie in Coolidges Fußstapfen den zentralen Gipfel hinauf und bemühten sich, den Grat zum westlichen Gipfel zu überqueren, fanden ihn jedoch »unsagbar furchterregend«[18]. Sie kehrten mit der Kunde nach London zurück, daß die Dauphiné so verwahrlost wie immer sei, daß ihr Gastwirt der Rechnung das Datum aufgeschlagen habe und daß »die Karten der Meije-Umgebung ... ohne eine einzige Ausnahme ... aufs gröbste und groteskeste ungenau sind«[19].

In den folgenden vier Jahren umschwärmten Scharen von Bergsteigern die Meije. Ob Franzosen, Schweizer, Briten oder Italiener – sie kamen, sie scheiterten, und sie kehrten heim. Man versuchte, den westlichen Gipfel aus allen Himmelsrichtungen zu besteigen: einzeln, in großen und kleinen Gruppen, Jahr um Jahr und Tag um Tag. 1875 machten sich zehn Expeditionen – von denen zwei ausschließlich aus Führern bestanden – an der Meije zu schaffen. Im August desselben Jahres erkletterte eine Gruppe den zentralen Gipfel zweimal und unternahm innerhalb von drei Tagen einen entschlossenen Versuch aus einer anderen Richtung. 1876 war der Berg kaum weniger begehrt. Ein Franzose namens Cordier behauptete, den westlichen Gipfel erobert zu haben, wurde dann jedoch zu einem Dementi gezwungen. Ein anderer Franzose, Henri Duhamel, mühte sich drei Tage hintereinander auf drei neuen Routen mit der Südwand ab, bevor er auf der Suche nach leichterer Beute wieder abreiste. Vorher meldete er allerdings noch, daß die französischen Vermesser, was immer die Engländer denken mochten, die Meije fehlerlos trianguliert hätten.

»Ich zögere nicht zu erklären, daß jede einzelne dieser [Routen] erneut ausprobiert werden sollte«, schrieb der britische Bergsteiger Henry Gotch, der sich im Juni 1876 der Liste der Gescheiterten angeschlossen hatte. »Etwas mehr oder weniger Schnee könnte für den entscheidenden Unterschied sorgen. Aber der Erstürmer der Meije sollte kein gewöhnlicher Mann sein. Er muß von allem oder nichts leben können, er sollte unangreifbar für Flöhe und Fliegen sein, er muß in jeder Haltung schlafen oder überhaupt ohne Schlaf auskommen können, sein Geruchs- und Gehörsinn sollten beliebig auszuschalten sein, er darf keine Vorurteile haben, was seine persönliche Reinlichkeit oder Gesundheit angeht, und vor allem braucht er die Kraft, warten zu können.«[20]

Coolidge kehrte in jenem Jahr ebenfalls zu einem zweiten Versuch zurück, doch das Wetter erwies sich als zu schlecht. Meta Brevoort, die ihn nicht begleiten konnte, war bedrückt, als Coolidge ihr einen Brief schickte, in dem er detailliert das Ausmaß an Konkurrenz schilderte. »Oje! Oje!« erwiderte sie. »Und wenn wir an all die anderen denken, die kommen werden, und an den *einen*, der Erfolg haben mag. Lieber Will, grüß mir ... die prächtige Meije herzlich und bitte sie, sich für mich aufzusparen.«[21] In einer Aufwallung von stellvertretendem Patriotismus fürchtete sie nicht nur, daß jemand anders die Meije besteigen, sondern auch, daß er Ausländer sein könne. »Hast Du herausgefunden, ob Cordier, wie wir angenommen haben, englisches Blut in den Adern hat?«[22] erkundigte sie sich.

Brevoort wohnte damals im Hotel Belalp über dem Aletsch-Gletscher und pflegte Coolidges kranke Schwester Lil. Während ihres Aufenthalts hatte sie Gelegenheit, einen der Giganten des Matterhorns kennenzulernen: John Tyndall, der endlich eine Frau gefunden hatte und nun auf der Belalp seine Flitterwochen verbrachte. Sein Ringen, das Meta zuerst inspiriert hatte, wirkte nun fern und uninteressant, verglichen mit ihrem eigenen. Sie sprach nicht mit den Tyndalls, sondern spöttelte aus der Entfernung über die beiden. »Sie ist sehr unscheinbar und mindestens 30 Jahre alt. Er sieht alt und gräßlich aus«, schrieb sie mißbilligend. »Professor T. und seine Frau behandeln einander sehr zärtlich, sogar in der Öffentlichkeit. Sie spazieren mit umeinander geschlungenen Armen dahin, und vor ein paar Tagen wurden sie beobachtet, wie sie sich auf einer der Spitzen des Sparrenhorns küßten. Beim Abendessen, wenn er wie üblich vor sich hin doziert, schließen sie sich nur der vulgären Menge an.«[23] Es war ein merkwürdiges Urteil, denn allen Berichten zufolge waren die Tyndalls ein bezauberndes Paar, und der streitlustige Wissenschaftler war durch Alter und Krankheit umgänglicher geworden. Doch Tyndall hatte die Schlacht ums Matterhorn verloren, und vielleicht lehnte Meta ihn deshalb ab. An einem so wichtigen Zeitpunkt wollte sie nicht mit Fehlschlägen in Verbindung gebracht werden, zumal es den Anschein hatte, daß tatsächlich jemand anderes den Gipfel der Meije vor ihr erreichen würde. Und vielleicht wollte sie auch nicht daran erinnert werden, daß Tyndall ein geschlagener Mann von 56 Jahren war, was man seinem Äußeren anmerkte. Meta selbst war fast 50 Jahre alt und würde möglicherweise bald ähnlich abgezehrt aussehen. Aber sie wurde durch die Hoffnung, den Mount Everest zu besteigen, abgelenkt. Unter den Hotelgästen war ein britisches Ehepaar namens Walker aus Indien. »Er hat mir eine Menge über den Mount Everest erzählt«, schrieb Meta an Coolidge. »Keine Furcht vor wilden Tieren, kein Regen in der richtigen Jahreszeit, keine feindlichen Einheimischen wären, falls man die nötigen Genehmigungen erhält, ein unüberwindliches Hindernis, wie er meint, doch lasse sich das von der Höhe nicht sagen.«[24] Sie ging mit den Walkers nach draußen, wo Mrs.Walker auf eine Wolke zeigte, um zu erklären, wie hoch der Everest am Horizont stehe. Aber Meta Brevoort hielt die Höhe für nichts als ein technisches Detail. Innerhalb von Tagen jagte sie Briefe an verschiedene Freunde hinaus und erkundigte sich nach den praktischen Voraussetzungen für eine solche Expedition. Die Kraft, warten zu können, die Gotch empfohlen hatte, war keiner ihrer Vorzüge.

Während Meta in jenem August im Hotel Belalp schmachtete, unternahm Coolidge mit Christian Almer eine Tour durch die Dolomiten, jene Türme aus abschüssigem orangefarbenem Fels im Osten der Schweiz. »Ein Schleier des Geheimnisvollen liegt weiterhin über den Dolomiten«, schrieb er, »sogar für diejenigen, die sich nicht zur vulgären Menge zählen.«*[25] Er hatte »den vagen Vorsatz, sie sorgfältig zu erforschen, falls sie und ich zu einem Einverständnis gelangen«[26]. Aber das war nicht der Fall: Den Bergen fehlte es an Schnee, der Anblick so vieler vertikaler Zinnen bereitete ihm Unbehagen, zu ihrer Besteigung wären noch nicht eingeführte Klettermethoden erforderlich gewesen, und die Meije

* Die Dolomiten waren nach einem Geologen namens Dolomieu benannt, der die Region um die Wende des 18. Jahrhunderts aufgesucht hatte. Er hatte sie nach Saussure benennen wollen, um dem Vater der Alpenforschung zu huldigen, aber dieser hatte die Ehre in aller Bescheidenheit zurückgewiesen.

wartete immer noch. »Ich sehne mich weiterhin nach dieser wunderbaren Gegend«, schrieb Coolidge später. »Doch meine Aufmerksamkeit fixierte sich nach und nach auf den westlicheren Teil der Alpen. Aber im Herbst 1876 war die Sache eine Zeitlang in der Schwebe … Die südwestlichen Alpen trugen den Sieg davon.«[27]

Weihnachten rückte näherte. Coolidge und seine Tante lebten mittlerweile in Oxford. Dort hatte seine intellektuelle Frühreife ihm einen Posten am Magdalen College verschafft, auf den er als Ausländer zu Recht stolz war. Er plante ihre Unternehmungen für 1877, und Meta sammelte Material für ein aufsehenerregendes Buch, das den Titel »Gefahren der Alpen« tragen sollte. Die Zukunft sah hoffnungsvoll aus. Dann erkrankte Meta an Gelenkrheumatismus. Ihr Zustand war schlecht, doch man durfte mit einer Genesung rechnen. Am Morgen des 19. Dezember fühlte sie sich bereits besser, und einer ihrer Rivalen bei der Besteigung der Meije, Henri Duhamel, bat sie in einem Schreiben um ein signiertes Foto. An jenem Nachmittag starb sie ganz plötzlich.

Coolidge war untröstlich. Er hatte seiner Tante ungewöhnlich nahegestanden – manche hielten ihn sogar für ihren Sohn – und die prägenden Jahre seines Lebens in ihrer Gesellschaft verbracht. Während der beunruhigenden Übersiedlung von einem Kontinent zum anderen war sie seine engste Gefährtin gewesen. Meta wurde von Coolidge »liebes Schätzchen« und er von ihr »lieber Will« genannt. Nach ihrem Tod änderte sich sein Leben unwiderruflich – oder, genauer gesagt, es hörte auf, sich zu ändern. Nach dem 19. Dezember 1876 suchte er keine neuen Erfahrungen mehr, knüpfte keine innigen Beziehungen, schaute nur in die Vergangenheit und reiste lediglich zu Orten, die er bereits kannte. Aus der Sicherheit der Säulengänge von Oxford, wo er Geschichte lehrte, spähte er nun mißtrauisch und feindselig – durch den Schatten von Meta Brevoort – in die Welt hinaus.

Die Eroberung der Meije sollte als Denkmal für seine Tante dienen. 1877 kehrte Coolidge in die Dauphiné zurück, um die Aufgabe in ihrem Namen zu vollenden. Auf der Meije ging es so geschäftig zu wie immer. Duhamel war dort, ebenso wie Cordier und ihr Landsmann Paul Guillemin. Auch ein vierter Franzose, ein glotzäugiger junger Mann namens Emmanuel Boileau de Castelnau, hielt sich in der Gegend auf. Lord

Wentworth stürmte an zwei späten Junitagen vergeblich auf den Berg los. Nervös im Hintergrund lauerte der Brite Maund, »dessen gute körperliche Verfassung ein chronisches Wunder ist«[28]. Man schien aus allen Richtungen auf den Berg einzuhämmern. La Bérarde, ein Dorf im Süden der Meije, war fast so überfüllt wie La Grave im Norden. Coolidge mied die Nord- wie die Südwand und wählte am 22. Juli eine Route über die Brèche. Er scheiterte wie alle anderen. Guillemin attackierte die Meije am 30. Juli aus zwei verschiedenen Richtungen. Auch Boileau de Castelnau kehrte am 30. Juli enttäuscht zurück, obwohl ihm die beiden besten Führer der Dauphiné, Pierre Gaspard und dessen Sohn, zur Seite gestanden hatten. Cordier verzichtete von vornherein auf einen Versuch, sondern stieg statt dessen auf einen Gipfel in der Nähe und kam um, als er unbedacht in einen Gletscherstrom rutschte – tragischerweise handelte es sich um einen nur vier Meter tiefen Sturz. Coolidge gelangte zu dem Schluß, daß in jener Saison nichts mehr auszurichten sei, und kehrte nach Oxford zurück. Allerdings war er ein wenig beunruhigt wegen Boileau de Castelnau, der bei Coolidges Abreise einen neuen Versuch plante. Doch war er überzeugt, daß der Franzose wiederum scheitern werde.

24

»Kobolde und Teufel sind seit langem aus den Alpen verschwunden«, teilte Henry Gotch dem Alpine Club im Mai 1877 mit, »und, seit ein gut dokumentierter Bericht über die Entdeckung eines Drachens vorgelegt wurde, sind so viele Jahre vergangen, daß man auch die Auswanderung dieser Tiere voraussetzen darf.«[1] Aber ein neues Geschöpf hatte den Platz der Drachen eingenommen. *Die Jagd nach dem Snark*, ein 1876 von Reverend Charles Dodgson unter dem Pseudonym Lewis Carroll veröffentlichtes Gedicht, beschrieb die surrealen Abenteuer einer Bande von Außenseitern, die ein geheimnisvolles Tier namens Snark suchten. Sie träumten vom Snark, er nahm sie in all ihren wachen Momenten in Anspruch, sie setzten ihren ganzen Einfallsreichtum daran, ihn zu entdecken. Die Jäger – einer war mit sieben Mänteln bekleidet – folgten dem Snark durch tiefe, von gefährlichen Gipfeln und Schluchten umgebene Täler. Und dann, als ihn einer der Jäger aufspürte, löste der sich zusammen mit dem Snark in Luft auf. *Die Jagd nach dem Snark* war möglicherweise eine Allegorie für das Streben nach Glück. Oder vielleicht war es eine Allegorie für die wilden Ziele, die sich viktorianische Forscher setzten. Welche Interpretation Dodgson auch bevorzugte, die Meije war ein sehr offenkundiger Snark. Und sie wurde mehr oder weniger so eingefangen, wie im Gedicht geschildert.

Emmanuel Boileau de Castelnau stieß spät zur Jagd hinzu. 1857 – im Jahr der Gründung des Alpine Club – geboren, war er der jüngste Sproß einer französischen Aristokratenfamilie, die nun schwere Zeiten durchmachte. Wie so viele andere Bergsteiger war er ein kränkliches Kind gewesen und hatte sich durch Träume vom Unbekannten Mut gemacht: »Das einzige, was mich interessierte, waren Berichte über Forschungen in fernen Gegenden. Ich wußte alles über die jüngsten Entdeckungen in Afrika und Asien und über Polarexpeditionen.«[2] Wie andere mit ähnlichen unerfüllbaren Träumen reiste er in die Alpen. Zwischen 1872 und 1874 bestieg er viermal den Montblanc, dazu das Matterhorn, die Jungfrau, das Finsteraarhorn, die Dent Blanche, die Ecrins, den Col du Géant und eine Vielzahl anderer Berge. Er war eines der Gründungsmitglieder des französischen Alpenclubs. Sonst ist wenig über ihn bekannt, aber aus seinen erhaltenen Tagebüchern kann auf seine Zähigkeit geschlossen werden. Er trainierte monatelang, bevor er sich zu einer Besteigung aufmachte, und war sogar noch verbissener als Whymper. Einmal kletterten sein Führer und er barfuß, um besseren Halt am Fels zu finden. Allerdings schnitt er sich nicht, wie es Gamsjäger angeblich taten, die Füße auf, um sich durch das gerinnende Blut noch etwas mehr Haftung zu verschaffen. Er versuchte sich zum ersten Mal 1874 an der Meije, drei Jahre später erneut, und am 16. August 1877 stand er schließlich auf ihrem Gipfel.

Die Tour beschrieb er auf recht lässige Art. Nachdem seine Führer und er bei »herrlichem, kaltem und schneidendem«[3] Wetter aufgebrochen waren, stiegen sie einfach hinauf, bewegten sich seitlich voran und erreichten – nach einigen Schwierigkeiten auf dem Eis und einem gefährlichen Moment, als sie durch einen Überhang gezwungen wurden, zur Nordwand überzuwechseln – den Gipfel um 15.30 Uhr. Sie froren, die Sicht war schlecht, sie hatten Hunger und stiegen wieder hinunter, woraufhin Boileau de Castelnau 16 Stunden lang schlief. Später trat er in die Armee ein und nahm nur noch selten an Alpenexpeditionen teil. Wie der Mann, der den Snark gefunden hatte, verschwand er zusammen mit dem letzten großen, noch unbestiegenen Gipfel des Gebirges. Keine größere Antiklimax ließe sich vorstellen.

»An einem strahlenden Sommermorgen im August 1877«, schrieb Coolidge, »kurz nach meiner Rückkehr aus einem ungewöhnlich kurzen Urlaub in den Bergen, wurde mir eine Postkarte überreicht, welche die verblüffende Nachricht von der Eroberung der Meije enthielt.«[4] Boileau de Castelnau habe die Südwand des »Grand Pic«, wie man den Berg mittlerweile nannte, bestiegen. Coolidge war entsetzt. Er hatte Boileau de Castelnau drei Wochen zuvor am Fuß der Meije getroffen und ihn sich selbst überlassen. Seiner Meinung nach konnte die Meije nur über den Grat bezwungen werden, der vom zentralen Gipfel – oder »Pic Central« – hinüberführte. Wer war dieser Mann? Coolidge stellte Nachforschungen beim Alpine Club an und erfuhr, daß Boileau de Castelnau ein vorzüglicher Bergsteiger sei, der auf der Aufnahmeliste für das kommende Jahr stehe. Aber wieso war er nicht berühmter? Wie hatte er all die anderen, erfahreneren Bergsteiger des Kontinents besiegen können, die Interesse an der Meije gezeigt hatten, zum Beispiel Cordier, Duhamel und Guillemin? Coolidge konnte es einfach nicht glauben. Es mußte eine Falschmeldung sein wie die, welche Cordier 1876 ausgestreut hatte. Aber als weitere Briefe aus unanfechtbaren Quellen eintrafen, mußte Coolidge die Wahrheit akzeptieren.

Die Wahrheit machte ihn nicht froher. Er konnte sich nicht vorstellen, wie die Meije bezwungen worden war. Und dann noch über die Südwand? Für Coolidge war eine Eroberung erst abgeschlossen, wenn er jeden Schritt schriftlich festgehalten hatte. Die kümmerlichen Details, die in französischen Zeitschriften erschienen, befriedigten ihn nicht, genausowenig wie Boileau de Castelnaus knapper Bericht, dessen Korrekturfahnen Coolidge sich vom Drucker in Paris beschaffte. Je länger er sich mit der Sache befaßte, desto unwahrscheinlicher kam es ihm vor, daß Boileau de Castelnau die Meije bestiegen hatte. Es gab nur eine einzige Möglichkeit, sich zu vergewissern. Im Juli 1878 heuerte Coolidge Christian Almer und dessen Sohn, den »jungen Christian«, an. Sie sollten ihn auf Boileau de Castelnaus Route zum Gipfel führen.

Als sie am 3. Juli in La Bérarde eintrafen, war der Ort in Aufruhr. Mehrere Amateure hatten sich bereits in den umliegenden Dörfern niedergelassen, und die ernster zu nehmenden Bergsteiger – »die ich als gefährliche Rivalen erachtete«[5] – stapften über die Pässe zur Meije hinauf. Coolidge und die Almers handelten rasch und waren am 9. Juli bereit, die Expedition zu beginnen. »Nie zuvor war ich vor einem Aufstieg in einem Zustand größerer nervöser Erregung gewesen«,[6] schrieb Coolidge. »Die Meije übte auf mich – und das ist immer noch der Fall – den gleichen seltsamen Einfluß aus, den das Matterhorn auf seine frühen Erforscher hatte, und obwohl ich wußte, daß ich meinen beiden treuen

Führern vertrauen konnte, wagte ich kaum zu hoffen, daß es mir gegeben sein würde, den innig ersehnten Gipfel zu erreichen.«[7]

Er sprach, als wäre er der erste, der den Grand Pic bestieg. Und in seiner eigenen Vorstellung war er es wahrscheinlich auch. Die Almers und er folgten Castelnaus Spur, und in jedem Stadium überlegte Coolidge, ob der Bericht des Franzosen zutraf oder ob sie neues Gelände überquerten. Aber jeder Schritt war genau so, wie Boileau de Castelnau ihn beschrieben hatte. Erst als sie an dem Grat zwischen dem Pic Central und dem Grand Pic ankamen, war Coolidge ein Moment der Befriedigung vergönnt. Boileau de Castelnau hatte eine zehn Meter hohe Felswand erwähnt, die er hinauf zum Grat erklommen habe. Danach habe er ein Seil für andere Bergsteiger zurückgelassen. Coolidge sah die Felswand, aber kein Seil, und seiner Meinung nach konnte Boileau de Castelnau die Wand nur mit Hilfe »einer sehr abweisend wirkenden schmalen Rinne« überwunden haben, »die mit gerade genug Schnee gefüllt war, um sie gefährlich schlüpfrig zu machen«[8]. Bedrückt von der Aussicht des Scheiterns, aber zugleich ermutigt durch den Gedanken, Boileau de Castelnau als Betrüger entlarven zu können, schritt er auf der Suche nach dem Seil an der Wand entlang. Es war nicht zu entdecken. Dann schaute er hinunter und sah es unterhalb der Rinne im Schnee liegen. Im Lauf eines Jahres durch Eis und Wind zerfranst, war es zu Boden gefallen. Da Coolidge und den Almers nun der Weg gewiesen worden war, schoben sie sich die Rinne zum Grat hinauf, von wo sie zum Gipfel gingen. Dieser bot einen enttäuschenden Anblick, denn er erwies sich steil an der einen und sanft gerundet an der anderen Seite, keineswegs als die schroffe Spitze, die Almer 1870 beschrieben hatte.

Coolidge war in düsterer Stimmung: »Zu meiner Schande muß ich sagen, daß ich kaum auf die Aussicht achtete. Die Meije war in meinen Augen ein Berg gewesen, der um seiner selbst willen, nicht der Aussicht wegen bestiegen werden mußte – ein Nachteil oder Vorzug, den ich nicht vielen anderen Bergen zuschreiben kann.«[9] Zum Beweis dafür, daß er auf dem Gipfel gewesen war, schnitt er ein Stück des Seils ab und kehrte dann nach La Bérarde zurück. Was Boileau de Castelnau nicht verzeichnet hatte, wurde von Coolidge 1879 für den Alpine Club ergänzt: »Die ganze Tour reiht sich ein in die mühsamsten, die ich kenne, und übertrifft diese sogar nach Länge und *gleichbleibender* Schwierigkeit.«[10] Über eine besonders gefährliche Stelle sagte er: »Der Abstieg an dieser Wand hinunter wird mir stets als die anstrengendste und schwierigste Kletteraktion im Gedächtnis bleiben, die ich je habe vollführen müssen. Diese Worte sage ich bewußt und in der Überzeugung, daß ich den Eindruck, den der Abstieg auf mich machte, nicht übertreibe.«[11]

Coolidge konnte nicht umhin, Boileau de Castelnaus Leistung zu bewundern, aber er verzieh dem Franzosen nicht, daß dieser seine Pläne durchkreuzt hatte. Er hatte den Pic Central zusammen mit seiner Tante bestiegen und gehofft, sie hinauf auf den Grand Pic, der nur eine solche Winzigkeit höher war, begleiten zu können. Als er den Gipfel erreichte, widmete er ihr seinen Erfolg, und als er zurückkehrte, widmete er sein Scheitern Boileau de Castelnau. All die besten Gipfel der Dauphiné seien von Briten bestiegen worden, sagte er, und es sei ein unglücklicher Irrtum, daß die Meije nicht zu dieser Zahl gehöre. Mit störrischem Hochmut verkündete Coolidge fälschlicherweise, der Berg sei »durch eine Art Zufall von einem jungen Franzosen, der Gamsjäger war«,[12] erobert worden.

Die Besteigung des Grand Pic der Meije war Coolidges letzte große Klettertour. Er sagte sich nicht von den Alpen los – zu seinen Lebzeiten bewältigte er mehr als 1200 Gipfel und fügte Tschingels Halsband für jede Erstbesteigung eine Silbermünze hinzu –, aber danach behandelte er sie wie Proben, Gegenstände, die kategorisiert und untergliedert werden mußten. Nachdem er dazu beigetragen hatte, das Zeitalter der Alpenforschung abzuschließen, machte er sich zu dessen Chronisten und schuf ein historisches Gesamtwerk, das genauso präzise wie gewichtig und langweilig war. Im Lauf der Jahre schrieb er mehr als 230 Artikel für das *Alpine Journal* und arbeitete an rund 30 anderen Alpenzeitschriften mit. Bei 61 verschiedenen Titeln fungierte er als Autor, Co-Autor oder Berater. Seine Beiträge zu Enzyklopädien ließen sich kaum noch zählen. Nach mehreren Jahrzehnten nahmen seine Ergüsse solche Dimensionen an, daß er sie zum Gegenstand eines eigenen Buches machte: *A List of Writings (Not Being Reviews of Books) Dating from 1868 to 1912 and Relating to the Alps or Switzerland of W. B. A. Coolidge* erschien 1913. Eine solche Liste mochte notwendig gewesen sein, aber das Publikumsinteresse hielt sich in Grenzen. Denn von ein oder zwei Hauptwerken abgesehen enthielten Coolidges Schriften ein Gewirr von Fußnoten, Anmerkungen und kleinlichen Details, das kaum jemand durchschauen konnte. Er war kein Whymper, nicht einmal ein Tyndall, Wills oder Forbes. Pedanterie ging ihm über Leidenschaft, lesbare Prosa und geradlinige Handlung. Ein späterer Präsident des Alpine Club schrieb: »Persönlich kann ich ihm die Tatsache nicht verzeihen, daß er nie ernsthaft versuchte, der Welt sein Wissen zu vermitteln, sondern sich damit zufriedengab, es als ungeordnetes Chaos hinauszuschleudern.«[13]

Coolidge war durch den Tod seiner Tante für immer aus der Bahn geworfen worden. Seit 1876 hatte er nur noch den Ehrgeiz, sein früheres Leben nachzubilden. Er behauptete, Freude an Bergen zu haben, reiste aber nie zu den englischen Hügeln von Cumbria oder bestieg den Mount Snowdon in Wales. Auch überquerte er nie die Grenze nach Schottland, dessen Hochlandgebiete so bezaubernd und dessen Felstouren so anspruchsvoll sind wie an kaum einem anderen Ort in Europa. Er hielt sich den Pyrenäen, den Anden, den Rocky Mountains und dem Himalaya fern und suchte immer wieder nur die Alpen auf, wo er ausschließlich Almer als Führer beschäftigte. Wenn möglich, nahm er Tschingel mit, doch sie wurde alt. Nicht nur ihre Schnauze, sondern ihr ganzes Fell ergraute, ihr fielen die Zähne aus, sie erblindete, und am 16. Juni 1879, am Tag bevor sie eingeschläfert werden sollte, starb sie am Küchenfeuer. »Ich befinde mich zur Zeit in tiefer Trauer über den Tod meiner lieben alten Hündin«,[14] schrieb Coolidge ein paar Tage später. Eine weitere Verbindung mit der Vergangenheit war verlorengegangen. 1880 prüfte er die Möglichkeit, die Priesterweihe zu erhalten, und zwei Jahre darauf wurde er ordiniert. Dieser Umstand und die archaische Vorschrift, daß Dozenten der Universität Oxford unverheiratet bleiben mußten, schufen eine klösterliche Weltabgeschiedenheit, in die er sich im Lauf der Jahre immer tiefer verkroch. Schließlich tauchte er nur noch auf, um Einzelheiten der Alpengeschichte zu recherchieren.

Von 1880 bis 1889 fungierte Coolidge als Herausgeber des *Alpine Journal* – ein Posten, der ihm reichlich Gelegenheit bot, seine Manie auszuleben. Er marterte sich – und andere – durch kleinliche Nachforschungen über Abfolge und genaue Einzelheiten von Ereignissen. Erfahrene Kletterer, die sich nur zum Vergnügen in den Alpen aufgehalten hatten, wurden mit verwirrenden Anfragen nach längst vergessenen Details behelligt. »Solche Fragen schienen ihm von höchster Wichtigkeit zu sein«, erinnerte sich ein Bekannter, »und er bestand auf seiner eigenen Meinung, als ginge es ums Prinzip. Letztlich bestritt er energisch und, wie ich glaube, mit wirklicher Freude eine Reihe von Auseinandersetzungen, die sich jahrelang hinzogen. Wenn seine Gegner müde wurden und der Frage nicht mehr nachgehen wollten, war er immer noch taufrisch und bereit, mit Argument und Gegenargument aufzuwarten.«[15] Nichts erschien Coolidge unwesentlich: Sogar ein falsch plaziertes Komma konnte ihm zum Anlaß einer lebenslangen Fehde werden.

Häufig hatten seine Mäkeleien mit irrtümlichen Berichten über seine eigenen Besteigungen zu tun. Nachdem er 1878 die Doppelgipfel der Aiguille de Péclet bezwungen hatte, nahm er zum Beispiel sieben Jahre später Anstoß, als es in einer französischen Zeitschrift hieß, der untere Gipfel – der zuerst 1877 von zwei Franzosen bestiegen worden war – sei in Wirklichkeit der höhere. Coolidge protestierte heftig, und als man die Behauptung 1905 wiederholte, drohte er, aus dem Französischen Alpenclub, dessen Ehrenmitglied er war, auszutreten. Man veröffentlichte mehr oder weniger rasch eine Richtigstellung, doch Coolidge vergaß den Vorfall nicht. Das gleiche galt anscheinend für die Franzosen, denn 13 Jahre später mußte Coolidge schreiben: »Einer meiner englischen Freunde, Oberst Strutt, bestieg die Péclet und bestätigte mir, daß der *südliche* Gipfel (meiner) einen Meter höher ist als der nördliche. Doch letzterer wird nun von einem riesigen Steinhaufen gekrönt, so daß er in Wirklichkeit höher ist.«[16]

Seine konservative Haltung kam auch in seiner Bergsteigerei zum Ausdruck. Er war willens, zu historischen Zwecken Erstbesteigungen vorzunehmen, wobei er stets von Almer geführt wurde. Aber im allgemeinen folgte er lieber wohlbekannten Routen auf den Spuren seiner Vorgänger. Einer seiner Kameraden, der auf einem erschlossenen Berg einen neuen Weg einschlagen wollte, ärgerte sich ein wenig, als Coolidge darauf bestand, an einem bestimmten Felsen nicht links, sondern rechts vorbeizugehen, nur damit er sich vergewissern konnte, daß der Erstbesteiger die Route korrekt beschrieben hatte. Einmal, als er zusammen mit Frederick Gardiner, einem Freund und ebenfalls Alpine-Club-Mitglied, unterwegs war, weigerte Coolidge sich, den Aufstieg fortzusetzen, weil Gardiner die Hände und Füße nicht an dieselben Stellen setzte wie Almer. Der gleiche Mangel an Abenteuergeist kennzeichnete seine Universitätslaufbahn. Er gehörte »zu einer Gruppe ... sturer Professoren, die jede Reform ablehnten und mit Sicherheit zur Abstimmung erschienen«, schrieb ein Kollege. »Sie machten alle Reformen systematisch zunichte.«[17] Als Bärte aus der Mode gekommen waren, trug Coolidge seinen weiterhin und ließ sich für Fotoporträts aufnehmen, als wäre er ein Wissenschaftler aus alten Zeiten – oder ein Bergführer. Coolidges Biograph nannte ihn den »Igel von Magdalen College« – eine perfekte Beschreibung, denn er war stachelig, abweisend und unnahbar. Er schloß kaum Freundschaften, denn er machte es sich lieber zwischen den trockenen Blättern seiner Korrespondenzen bequem, mit denen er ein sterbendes Zeitalter dokumentierte.

25

Die geographische Eroberung der Alpen endete im Grunde mit jener der Meije. Es gab noch andere Orte, die entdeckt werden mußten, aber bei aller Schönheit und Faszination waren sie Strohhalme, an die sich der Alpine Club mit zunehmender Verzweiflung klammerte. 1885 galten die Alpen als »erledigt«. Die letzten Drachen waren getötet, und sonst stellten sich kaum noch Herausforderungen. Was gibt es noch zu tun? fragten mehrere Präsidenten ihre Mitglieder in den letzten Jahren des 19. Jahrhunderts.

Aber es gab noch eine ganze Menge zu tun. Der Alpine Club ermunterte seine Mitglieder, Berge auf andere, schwierigere Art zu besteigen. A. F. Mummery verkörperte die neue Methode. Er sah über die Maßen schwächlich aus und war von so langer Gestalt, daß seine Füße, wenn er auf einem Esel ritt, den Boden berührten. Wenn er nicht gerade Haltung annahm, glich er einer Vogelscheuche, über die ein Spaziergänger einen alten Tweedlumpen geworfen hatte. Aber er verfügte über enorme Kraft, und seine spinnenartigen Glieder erlaubten ihm, steile Wände hinaufzuklettern, wobei sich sein ganzer Körper streckte und zusammenzog wie eine Hand, die einen Tisch abmißt. Er zwängte sich in winzige Risse, hing an Klippen und schob sich um gefährliche Felsbrocken. Seine veröffentlichten Journale enthielten zahlreiche Fotos von gräßlichen Bergspitzen und von Abgründen, die einst als unzugänglich gegolten hatten. In seinen Schriften, verfaßt in einem modisch gewordenen, lustigen »Ach, das war doch gar nichts«-Tonfall, schilderte er Szenen gleichsam beiläufigen Schreckens. Als er beispielsweise einmal über seinen nächsten Schritt nachdachte, schaute er zur Seite, um festzustellen, daß der Eisvorsprung, an dem er sich festhielt, so dünn war, daß er durch ihn hindurch jede Einzelheit des Tales in der Tiefe erkennen konnte. Lange wurde er vom Alpine Club boykottiert – er war von Beruf Gerber, was manche der verknöcherten Mitglieder beunruhigte –, aber nachdem man ihn schließlich aufgenommen hatte, leitete er einen neuen Trend der Bergsteigerei ein.

Ein weiterer neuer Trend zeigte sich mit der Ankunft von Bergsteigerinnen. Frauen waren durchaus fähig, auf Berge zu klettern, wie Marie Paradis und Henriette D'Angeville in der ersten Hälfte des 19. Jahrhunderts bewiesen hatten. In den sechziger und siebziger Jahren traten andere Frauen wie Lucy Walker, Meta Brevoort und die imposante Katherine Richardson in den Vordergrund. Sie war die erste Frau, welche die Meije bestieg. Doch bis in die achtziger Jahre des 19. Jahrhunderts hatten Frauen zumeist die Rolle von Beobachterinnen, die in den Flitterwochen darauf warteten, daß ihre Männer vom Berg zurückkehrten, und die folgenden Sommer auf ähnliche Art verbrachten. Frauen war die Mitgliedschaft im Alpine Club versagt, obwohl niemand daran zweifelte, daß sie die erforderliche Eignung besaßen. Und wenn sie einen Artikel für das *Alpine Journal* vorlegten, mußten sie einen Mann überreden, seinen Namen zur Verfügung zu stellen. Die Clubs auf dem Kontinent waren weniger exklusiv – in Frankreich zum Beispiel war man stolz darauf, daß Frauen von Anfang an einbezogen wurden –, aber es galt immer noch als Ausnahme, wenn weibliche Bergsteiger die unteren Hänge hinter sich ließen.

Und sie wurden mit gefährlicher Herablassung behandelt. 1870 hatte eine gewisse Mrs. Marke ihren Führer um Hilfe gebeten, während sie einen Gletscher bei Chamonix überquerten. Der Führer, der ihre Angst zu verstehen glaubte, hatte ihren Ellbogen ergriffen und angeboten, sie nach Hause zu geleiten. Da sie nicht angeseilt waren, stürzten beide in eine Gletscherspalte und kamen um.

Mrs. Mummery war eine der ersten, die sich über den exklusiven Charakter des Alpine Club lustig machten. »Der männliche Geist ist mit seltenen Ausnahmen von der Vorstellung durchdrungen, daß eine Frau keine taugliche Gefährtin für steile Eiswände oder abschüssige Felsen sei«, schrieb sie. »Infolgedessen sollten Frauen sich damit zufriedenge-

Gemischte Seilschaft am Eiger, 1865. Im Laufe der Jahre verzichteten Frauen mehr und mehr auf den hinderlichen Rock und kletterten in Hosen

ben, durch ein Teleskop einen kümmerlichen und rückgratlosen Weiberhelden zu betrachten, wie er von zwei kräftigen Führern einen steilen Gipfel hinaufgeschleppt wird, oder demselben Weiberhelden zuzuhören, wenn er sich nach seiner Rückkehr widerwärtig lispelnd über die vielen Gefahren ergeht, denen er begegnet sei.«[1] Sie nötigte ihren Ehemann, sie mit auf die Berge zu nehmen. Ihrem Beispiel folgten Dutzende anderer, allen voran Miss Elizabeth Hawkins-Whitshed aus Killancrick, eine verwegene Person, die zuerst Mrs. Burnaby, dann Mrs. Main und schließlich Mrs. Aubrey Le Blond wurde. Sie war so energisch, daß ihre Mutter ein Telegramm mit folgendem Wortlaut erhielt: »Halten Sie sie davon ab, Berge zu besteigen! Sie schockiert ganz London und sieht wie eine Indianerin aus.«[2] Miss Elizabeth kümmerte sich nicht darum. Ein Zugeständnis an ihre Weiblichkeit war höchstens, daß sie über ihre Kletterhose einen Rock zog, den sie außer Sichtweite der Zivilisation ablegte. Zudem ließ sie sich von ihrer Zofe in so große Höhen wie möglich begleiten, damit sie sich ihre Stiefel nicht ohne Hilfe anzuziehen brauchte. Andere machten sie sich zum Vorbild. Eine Bergsteigerin verliebte sich dermaßen in die Alpen, daß sie ihren Führer heiratete – ein Schritt, der jedermann überraschte.

Forscher, die in den Alpen keine Befriedigung finden konnten, wandten sich anderen Gegenden zu. Sie reisten in den Kaukasus, nach Grönland, Spitzbergen und zum Himalaya, wobei sie ihre Sachkenntnis und ihre Führer mitnahmen. Zuweilen kehrten sie nicht zurück: Mummery verschwand 1895 an einem Hang des Nanga Parbat. Aber viele überlebten: Sir Martin Conway bestieg die Alpen von Westen nach Osten während einer dreimonatigen, 1600 Kilometer langen Wanderung. Dabei wurde er von zwei Gurkhas begleitet, die er zu Instrukteuren für indische Gebirgsregimenter ausbilden wollte. Als er zum Himalaya zurückkehrte, ließ er die Alpen nicht hinter sich. Auf einem Berg schrieb er:

> Ich saß allein in der Zelttür und hatte einen wunderbaren Blick von dem großen, öden Schneefeld vor mir bis hinunter in das 80 oder 100 Kilometer lange Tal, durch das wir hinaufgekommen waren. Um mich herum herrschte vollkommene Stille, und keine Menschenseele war zu sehen. Ich wartete auf die Ankunft der übrigen Männer, und mein Geist war wie leergefegt. Dann sah ich zu meiner Überraschung ein merk-

> würdiges weißes Ding, das, getragen von vereinzelten Windböen, wie ein Tier über die Schneefläche auf mich zu tanzte. Es tanzte ein paar Meter und hielt an, dann tanzte es wieder und so weiter. Ich konnte nicht ausmachen, was es war, bis es mit einem letzten Sprung in meinem Schoß landete. Es war ein Zeitungsfetzen.[3]

Die Zeitung hatte zum Packpapier seiner Expedition gehört, und der Fetzen war unerklärlicherweise in Conways Spuren meilenweit über den Himalaya geblasen worden. Das Blatt enthielt einen Vortrag, von einem Mitglied des Alpine Club.

Conway war ein Kunstkritiker und Mystiker, dem es gelang, die Alpen vor den spirituellen Erniedrigungen zu retten, die sie durch Whymper und andere gipfelsammelnde Draufgänger erlitten hatten. In vieler Hinsicht glich er Ruskin, denn er warb sowohl für die Schönheit der Berge als auch für den Nutzen, den diese Schönheit für den Menschen hatte. Im Unterschied zu Ruskin wich er jedoch nicht zurück, um entsetzt mit den Händen zu wedeln, sondern marschierte voran, um aus nächster Nähe herauszufinden, was Schönheit bedeutete. Von Kopf bis Fuß der spätviktorianische Forscher – von seinem Turban und Schnurrbart bis hin zu seiner Tweedhose und seinen kräftigen Stiefeln –, forderte er die Menschen nicht auf, die Berge zu verstehen, sondern ihr eigenes Inneres mit Hilfe der Berge zu ergründen. Er sah seine Alpenwanderung als Weihezeremonie, als Einbeziehung von Geist, Körper und Natur, die zu einem höheren Sein führte: »Es ist nicht die Natur, die den Geist erleuchtet, sondern der Geist, der die Natur verherrlicht. Die Schönheit, die wir gewahren, muß zuerst in uns selbst entspringen. Sie wird überwiegend aus Leid geboren.«[4] Andere hegten ähnliche Gefühle, und zu Beginn des 20. Jahrhunderts erlebte die Erforschung der Alpen eine Wende. Man konnte jede Klippe besteigen, jeden Gletscher überqueren, auf jedem Gipfel stehen und damit – so vielbetreten sie sein mochten – eine Entdeckung nicht der Topographie, sondern des eigenen Ich beanspruchen.

Derartige Empfindungen waren schon vorher zum Ausdruck gebracht worden, aber nun, da alles »erledigt« war, drangen sie durch. Poetische Bergsteiger wie Geoffrey Winthrop Young ergötzten sich an den Alpen ausschließlich zu ihrer persönlichen Inspiration. Das gleiche galt für George Mallory, der seine Klettertouren kurz nach der Jahrhundertwende begann und auf die Frage, warum er die Berge aufsuche, entgegnete: »Weil sie da sind.« Die unausgesprochene Ergänzung lautete: »Und ich bin es auch.«

Conway und seine Anhänger schafften es, den spirituellen Schwung der frühen Tage wieder einzufangen. Aber die Wissenschaft, die ein so kennzeichnendes Merkmal der frühen Alpenforschung gewesen war, wurde zunehmend irrelevant. Wissenschaftler, die nun durch die Berge schritten, taten es in einem Zustand der Resignation. Typisch für die Epoche war der französische Astronom Dr. Janssen, der unter großen Schwierigkeiten auf dem Gipfel des Montblanc ein Observatorium aus Holz errichtete. Dabei gab es dort laut Whymper überhaupt kein Baumaterial – »nichts, was auch nur so groß wäre wie ein Pflaumenkern«[5]. Die Kälte ließ die Instrumente gefrieren, ein Blitz schlug in den Schuppen ein und tötete einen Beobachter. Dann versank das Gebäude im Eis – ein Prozeß, der 1907 durch ein Erdbeben beschleunigt wurde. Man grub die Instrumente aus und benutzte die übriggebliebenen Bretter als Brennstoff.

Der alte und verkrüppelte Janssen besuchte seine Schöpfung nur dreimal, wobei er auf einem Schlitten hinaufgezogen wurde. Nichts illustrierte die Kluft zwischen Bergsteigerei und Wissenschaft besser als das Verhalten von Janssen und Whymper, die einmal infolge schlechten Wetters gemeinsam in einem Hotel festsaßen. Drei Tage lang starrten sie einander über das Feuer hinweg finster an, ohne ein Wort zu sagen, denn jeder hielt es für die Pflicht des anderen, sich als erster vorzustellen. Als das Wetter aufklarte, gingen sie ihrer Wege, ohne ein Wort gewechselt zu haben.

Nicht alle teilten Conways Vision der Berge. 1894 stieg der englische Schriftsteller Samuel Butler, begleitet von seinem Diener Alfred, den Rigi hinauf. Angesichts des atemberaubenden Panoramas fiel Alfred nichts anderes ein als: »Wenn es Ihnen nichts ausmacht, Sir, würde ich mich hier gern ins Gras legen und ein bißchen in *Tit-Bits* lesen.«[6] Tiefgründiger und verwirrender war die Reaktion des Führers Melchior Anderegg, den Leslie Stephen einmal nach London eingeladen hatte, um ihm die industriellen Greuel zu zeigen, die Stephen und viele seiner britischen Landsleute jeden Sommer in die Alpen flüchten ließen. Stephen brachte ihn zu einer Stelle, von wo sie »die öde Ansammlung von

Schornsteinen« sehen konnten, »durch welche die Southwestern Railway aus dieser schäbigen Metropole entkommt«[7]. »Das ist kein so schöner Ausblick wie der, den wir gemeinsam vom Gipfel des Montblanc genossen haben«, sagte Stephen kameradschaftlich. »O nein, Sir!« erwiderte Anderegg. »Er ist viel schöner!«[8] Diese Aussage schmerzte Stephen. Später wurde sie dadurch wettgemacht, daß Anderegg Madame Tussauds Wachsfigurenkabinett dem Glanz der Westminster Abbey vorzog, aber seine Worte prägten sich Stephen sozusagen als Endpunkt der Romantik ein. Ob es nun ein Diener war, der sich nach häuslichen Annehmlichkeiten sehnte, oder ein Bergführer, der nach materiellem Fortschritt strebte, nach allgemeiner Meinung erschien es nun wünschenswert, daß die Alpen so rasch wie möglich von der Moderne erfaßt wurden.

Leslie Stephen (rechts) mit Melchior Anderegg

Viele der alten Alpenenthusiasten bauten sich Häuser in der Nähe ihrer Lieblingsgipfel. Wills zum Beispiel residierte auf dem Adlerhorst in Sixt, Tyndall war jeden Sommer in einem gräßlichen Gebäude auf der Belalp zu finden, Coolidge zog sich schließlich in ein Chalet in Grindelwald zurück, und sogar Ruskin versuchte, ein Grundstück zu erwerben, wurde jedoch durch örtliche Vorschriften daran gehindert. Wenn diese halb im Ruhestand befindlichen Forscher über die Alpen blickten, muß ihnen bewußt gewesen sein, wie sehr sich die Berge verändert hatten. Hexen, Kobolde und Drachen waren zusammen mit einer ganzen Welt verschwunden. Der letzte Lämmergeier wurde in den sechziger Jahren des 19. Jahrhunderts abgeschossen. Die Zahl der Alpensteinböcke, die zu Beginn des Jahrhunderts noch reichlich vorhanden waren, hatte sich in den siebziger Jahren auf einen Restbestand von etwa 40 Tieren verringert. Die Gemsen, die einst auf dem Mer de Glace anzutreffen waren, versteckten sich nun nervös auf den Gipfeln. Sogar die Menge der Schwachsinnigen und Kropfkranken verringerte sich, nachdem man entdeckt hatte, daß sie mit Jod behandelt werden konnten.* Genau wie Ruskin befürchtet hatte, breitet die Industrie sich aus, während die Natur zurückweichen mußte. 1860 hatten die Bürger von Grindelwald begonnen, ihre Gletscher zu zerhacken. 1866 wurde Eis im Wert von 100 000 Franken in Stroh verpackt und tröpfelnd an Restaurants in Paris und in noch größerer Ferne versandt. Vor der Jahrhundertwende baute man eine mehrere hundert Meter lange Schüttrinne aus Stein, um die Eisbeförderung zu erleichtern – Arbeitern drohte die Entlassung, wenn sie selbst die Rinne hinunterrutschten –, und Eis wurde zu einem wichtigen Exportartikel. In den neunziger Jahren des 19. Jahrhunderts begann die Arbeit an der Zahnradbahn von Grindelwald zum Jungfraujoch, wofür ein Tunnel durch den Eiger getrieben wurde. Die Bahn, die ihren Betrieb 1912 aufnahm, endete an der höchsten Station in

* Ein Kropf sorgte noch immer für Freistellung vom Militärdienst, und viele Männer lehnten die Jodtabletten ab, die von hoffnungsvollen Sanitätsoffizieren verteilt wurden. Whymper war dafür, »alle Leute dieser Art einzuziehen: Man kann aus ihnen eigene Regimenter bilden, sie zu Brigaden vereinigen und von Kretins befehligen lassen. Man denke sich, welch ein *esprit de corps* entstehen würde. Wer vermöchte gegen sie standzuhalten? Wer würde ihre Taktik verstehen?«[9] 1870 kam im Kanton Wallis ein Schwachsinniger auf jeweils 25 gesunde Einwohner.

Europa. Sie war mit dem schweizerischen Eisenbahnsystem verbunden, so daß man zum Beispiel in Genf in einen Zug steigen und innerhalb von Stunden in Reichweite einer am Mönch vorbeiwehenden Kumuluswolke sein konnte. Ähnliche Projekte wurden für das Matterhorn und andere Berge geplant, jedoch nach überwältigendem Protest eingestellt. Als der britische Gesandte in der Schweiz zur Eröffnung der Jungfraujoch-Bahn eine Rede hielt, blieb er diplomatisch, doch seine wahre Meinung über Gipfelbahnen war folgende: »Ich hoffe aufrichtig, daß diese rücksichtslosen Pläne zur Vulgarisierung des ›Spielplatzes von Europa‹ aufgegeben worden sind.«[10]

Eisenbahnen waren die Sendboten der Industrie, aber auch Verkehrsmittel für eine neue Art von Touristen: die lebenden Toten. Seit Jahrhunderten war Tuberkulose die Geißel der Menschheit. Diese scheußliche Krankheit führte durch Blutungen und Vereiterung der befallenen Körperteile zum stetigen und unabänderlichen Zusammenbruch. Sie konnte Beine, Arme oder Hals heimsuchen, doch zumeist befiel sie die Lunge und schuf kleine Infektionsherde, die keine Symptome erkennen ließen, bis sie schließlich platzten und eine Flut von Tuberkeln freisetzten. Das erste Anzeichen war gewöhnlich ein eitriger Husten. Später, wenn sich die Tuberkeln ausbreiteten und Nachbarbereiche der Lunge angriffen, verschlimmerte sich der Husten. Blut erschien im Eiter, und der Patient wurde anämisch, was man an den typisch rosigen Wangen in einem bleichen Gesicht ablesen konnte. Der weitere Krankheitsverlauf war ungewiß, unberechenbar und unaufhaltsam. In den meisten Fällen kam das Ende ohne Warnung mit einem plötzlichen Blutsturz. Tuberkulose war im Europa des 19. Jahrhunderts nicht die Haupttodesursache – darin wurde sie von Diphtherie, Cholera, Pocken und Typhus übertroffen –, aber sie übte eine grauenvolle Faszination aus. Sie war schleichender als jede andere Krankheit. Man wußte nie, wann das Ende erreicht sein würde: morgen, in einem Monat oder in zehn Jahren. Die Leidenden wiesen unverkennbare physische und geistige Merkmale auf: Sie waren überzeugt, daß sie sich erholen würden, sie hatten einen klareren Einblick in die Abläufe der Welt, und ihre Phantasie wurde so glühend wie ihre Wangen. Es war eine Industriekrankheit, die in den Städten, besonders – wenn auch nicht ausschließlich – in den ärmeren, auch von Künstlern und Schriftstellern bewohnten Vierteln um sich griff. Keats starb an Tuberkulose, ebenso wie Robert Louis Stevenson, Katherine Mansfield, Aubrey Beardsley, zwei der Schwestern Brontë und viele andere. Wenn irgendeine Krankheit *à la mode* war, dann diese. Aber in den sechziger Jahren des 19. Jahrhunderts verkündete ein deutscher Arzt, der in dem hochgelegenen Schweizer Dorf Davos lebte, er habe eine Therapie gefunden.

Dr. Spengler entdeckte seine Therapie durch einen politischen Zufall. Nach der Revolution von 1848 in Deutschland geächtet, hatte er sich in Davos niedergelassen. Dort fiel ihm auf, daß Tuberkulose in Schweizer Dörfern selten war und daß jene, die sie sich anderswo zugezogen hatten, nach ihrer Rückkehr rasch geheilt wurden. Dafür machte er den niedrigen atmosphärischen Druck verantwortlich. Der vorherrschenden Ansicht zufolge konnte Lungentuberkulose nur durch trockene Luft und Ruhe gelindert werden. Daher begaben sich viele Patienten, wenn sie es sich leisten konnten, nach Ägypten und räkelten sich am Nil. Doch in den Alpen war die Luft ebenfalls trocken und zudem dünn, was müden Lungen eine bessere Möglichkeit bot, sich zu erholen. Reisen in die Alpen waren billiger als nach Ägypten, und die Höhenlage schien erstaunliche Erfolge zu zeitigen. Mehrere berühmte Personen, darunter Ärzte, wurden angeblich durch einen Sommer in Davos geheilt. Dort und in anderen Dörfern schossen Hotels aus dem Boden. Bald waren die Alpen von Sanatorien übersät: große Zuckerbäckergebäude, die sich von anderen Hotels nur durch ihre medizinischen Einrichtungen unterschieden. Sie hatten eine erlesene Küche, Konzerte, Abendgesellschaften, Laienspiele, Amüsement unter freiem Himmel und teure Läden zu bieten. Um die Jahrhundertwende boten sie auch eine Reihe chirurgischer Freuden. Sehr populär war der künstliche Pneumothorax, ein Verfahren, bei dem man Gas, Wachs oder Öl in den Pleuralsack spritzte, so daß die Lunge kollabierte und dadurch ruhte. Eine ungemütlichere Variante namens Pneumoperiteneum erzielte das gleiche Ergebnis durch das Pumpen von Luft in den Unterleib. Außerdem gab es die sogenannte Phrenikusquetschung, bei der das Zwerchfell durch die Zerstörung gewisser Halsnerven gelähmt wurde. Und schließlich die Thorakoplastik, bei der man die Lunge kollabieren ließ, indem man die gesamte Brustwand, Rippen und Muskeln entfernte. Keine dieser Behandlungen war sonderlich erfolgreich, und an dem Schock einer

Thorakoplastik starben mehr Menschen, als aus der Operation Nutzen zogen. Die Chirurgen, welche diese Ungeheuerlichkeiten ausführten, waren häufig selbst tuberkulös.*

Zunächst einmal wurde in Davos und den ihm nacheifernden Kurorten eine positive Einstellung vertreten. »Davos verlangt Eigenschaften, die das genaue Gegenteil von resignierter Gefühlsduselei sind«, hieß es in einer Broschüre von 1880. »Hier gibt es keinen Platz für schwache und verzweifelnde Resignation ... Hier hilft man Ihnen nicht, kleinmütig zu sterben.«[11] Viele Gäste starben natürlich trotzdem. Die Höhenlage war nicht das Allheilmittel, von dem Spengler geträumt hatte. Sie hatte die größte Wirkung, wenn die Krankheit im Frühstadium war (Ärzte, die ihre Reputation nicht gefährden wollten, zögerten anfangs, andere Fälle aufzunehmen), und sie konnte den Verfall derjenigen, die in letzter Minute zu einem Rettungsversuch in die Alpen eilten, nur verlangsamen. In den Kurorten, die einen großen Teil des Jahres hindurch im Schnee isoliert waren, entwickelte sich eine von der Todeserwartung motivierte Freizügigkeit. »Manche Patienten, insbesondere hoffnungslose Fälle, wurden verlockt, sich in Feiern, Trinkgelage, Glücksspiel und Schlimmeres zu stürzen«, schrieb ein britischer Arzt 1888. »Ich war im Winter Zeuge einiger schrecklicher Szenen geworden.«[12] Die Atmosphäre glich jener in den modischen Schweizer Badeorten zu Saussures Zeit, doch hinzu kam ein Element der Ekstase. Etwas für das Fin de siècle Typisches schien in dem Wissen der Patienten zu liegen, daß sie, während die Musik spielte, der Schnee fiel und Pralinen herumgereicht wurden, nur ein paar diskret angebrachte Türen von den Gummischläuchen des Pneumothorax, den Hämmern der Phrenikusquetschung sowie den Sägen und Skalpellen der Thorakoplastik trennten. Der Aufenthalt in einem Schweizer Kurort glich dem in einer luxuriösen Todeszelle.

* Der Gedanke, daß Krankheiten in Höhenlagen geheilt werden könnten, war nicht neu. In den vierziger Jahren des 19. Jahrhunderts gründete Dr. Guggenbühl ein Gebirgssanatorium für Geisteskranke. Er hoffte, daß seine Patienten durch frische Luft, körperliche Übung und Chancengleichheit verwandelt würden. Nachdem sein Experiment mißglückt war, verteilte sich die traurige Gemeinschaft auf die Täler. Die Patienten hatten wenig mehr gelernt, als Wasser aus einem Brunnen zu holen, zu heiraten und Spaziergänge zu machen.

Die Gäste konnten jederzeit abreisen, aber auf eigenes Risiko. Die Fachärzte, denen das Sanatorium gewöhnlich gehörte und die von all den teuren Mahlzeiten profitierten – bei Tuberkulose war es notwendig, Gewicht zuzulegen –, ließen zahlende Gäste höchst widerwillig ziehen. Zudem akklimatisierten sich viele Patienten an das Leben in der Höhe und wagten sich nichtmehr in die Ebene hinunter, wo die Remission wieder in den vertrauten Husten übergehen konnte. Wenn sich ihr Zustand stabilisierte und ihnen das Geld knapp wurde, wechselten sie in billigere Unterkünfte. Bald waren die Hotels von tristen Pensionen umlagert.

Während des langen Alpenwinters mußten die Sanatorien ihre Kranken bei Laune halten. Die Lösung war Wintersport. Über die Ursprünge der Wintersportarten wird seit langem debattiert. Häufig spricht man davon, daß Johannes Badrutt, ein Hotelier in Sankt Moritz, das mit Davos konkurrierte, den Wintersport begründet habe. 1864 erklärte Badrutt seinen Sommergästen, sie könnten, wenn sie im Winter wiederkämen und es ihnen nicht gefiele, kostenlos bei ihm wohnen. Auch im Winter scheine die Sonne, und sie würden in der Lage sein, in Hemdsärmeln spazierenzugehen. Vier Personen waren kühn genug, seine Einladung anzunehmen. Zu ihrem Erstaunen stellten sie fest, daß Badrutts Worte zutrafen. Die Sonne schien tatsächlich, und sie konnten in Hemdsärmeln flanieren. Badrutt begrüßte sie in Sommerkleidung, obwohl einige Nachbarn murrten, er hätte selbst dann nichts anderes getragen, wenn die Temperaturen wie so oft unter Null gelegen hätten. Die vier waren zutiefst beeindruckt. »Durchschnittlich waren wir vier Stunden draußen, gingen spazieren, liefen auf den Seen Schlittschuh, rodelten oder saßen lesend auf der Terrasse«, schrieb ein Mann in Badrutts Gästebuch. »Zweimal dinierten wir im Januar auf der Terrasse, und an anderen Tagen fuhren wir mit unseren Schlitten zum Picknick. In Sankt Moritz fühlte ich mich am Ende des Winters viel kräftiger als am Anfang.«[13] Badrutt kaufte rasch Grundstücke hinzu. Zehn Jahre später hatte Sankt Moritz über 300 Wintergäste, und er war ein sehr wohlhabender Mann.

Badrutt mochte den Wintersport als erster im Zusammenhang mit Touristen erwähnt haben, aber zweifellos existierten solche Sportarten bereits als Zeitvertreib für die Einheimischen. Im Winter 1866 beschrieb der dem Alpine Club angehörende A.W. Moore seine Erregung beim

Rodeln in einem Zwölf-Mann-Bobschlitten über eine vereiste Straße in Grindelwald. Der Schlitten fuhr seiner Schätzung nach mit einem erschreckenden Tempo von über 30 Stundenkilometern. »Ich glaube, daß die Alpen im Winter dem touristischen Amateur, der es in aller Aufrichtigkeit für einen Fehler hält, den Gipfel eines Berges zu besteigen, genauso viele Reize bieten wie dem Enthusiasten, der eher an der reinen Kletterei als an der malerischen Landschaft interessiert ist«, schrieb er. »Schönes Wetter vorausgesetzt, bin ich überzeugt, daß jeder, der das Experiment versucht, so wie ich zurückkehren wird, um es bei nächster Gelegenheit zu wiederholen.«[14]

Bobschlitten galten als zu hektisch für Invaliden und für die meisten Touristen, die Wintersport zunächst in Form von Schlittschuhlaufen und Schlittenfahrten betrieben. Beim Rodeln rutschte man in aufrechter Haltung gemächlich einen sanften Hang hinunter und fiel häufig in den Schnee. Erst 1884 änderte sich die Situation, als man in Sankt Moritz die Cresta-Bahn mit ihren Rennschlitten eröffnete, auf denen die Touristen bäuchlings, also mit dem Kopf voran, fuhren. Das Skilaufen wurde 1892 aus Norwegen durch den britischen Reiseveranstalter Henry Lunn eingeführt, und es gewann rasch Anhänger. Lunn war ein wichtiger Organisator des Alpentourismus – sozusagen ein Thomas Cook für kaltes Wetter –, und bald beförderte er in jedem Winter 5000 Kunden in die Alpen. Allerdings lief kaum jemand von ihnen Ski. In England war dieser Sport einer Elite vorbehalten – manche Clubs wiesen Antragsteller zurück, die keine Public School oder Universität besucht hatten. Auf dem Kontinent sah es kaum anders aus: 1904 hatten die 16 Skivereine der Schweiz insgesamt nur 731 Mitglieder. Noch bis in die zwanziger Jahre des 20. Jahrhunderts hinein haftete dem Wintersport die Passivität seiner Herkunft aus der Tuberkulosebehandlung an. Der Skilauf war weniger populär als das Schlittenfahren und besonders die Eissportarten, zu denen mittlerweile nicht nur Eiskunstlauf, sondern auch Curling (eingeführt von schottischen Besuchern, die ihre Spielsteine mitgebracht hatten), Eishockey und, als neuartiges Amüsement, Eistennis gehörten.

Ob im Zusammenhang mit Krankheit oder Gesundheit, der Tourismus wurde zu einem wichtigen Teil der Alpenwirtschaft. 1912 ergab eine Umfrage, daß die Schweiz über 12 640 Hotels, Pensionen und Gasthöfe mit insgesamt 384 744 Betten verfügte – ein Zuwachs von 25 Prozent im Lauf von sieben Jahren. Die Hotels waren ständig überfüllt und brachten einen Jahresumsatz von 61,7 Millionen Franken ein, verglichen mit 16 Millionen Franken im Jahr 1880. Sie hatten 43 136 Angestellte, womit sie, abgesehen von der Fertigungsindustrie, zur arbeitsintensivsten Branche der Schweiz wurden. Die Kapitalinvestitionen waren seit 1894 um 119 Prozent gestiegen. 1912 kamen so viele Gäste, daß ihre Zahl erst Mitte der sechziger Jahre wieder erreicht wurde.

Viele hielten den Tourismus für einen schädlichen Faktor. Briten bedauerten die Ausplünderung ihrer geliebten Wildnis. Und die Schweizer hatten Angst vor der Vernichtung traditioneller Werte. In französischen und deutschen Romanen wurde vor den Gefahren des Tourismus gewarnt. Man stellte Ausländer, die Land kaufen wollten, als Diebe hin – schlimmer noch, als jüdische Diebe. Leicht zu verdienendes Geld galt als suspekt, und Dorfbewohnern wurde geraten, ihre Seele nicht für schnöden Mammon zu verkaufen. Auch die Liebe wurde verurteilt: Eine Reihe von Büchern gingen auf die Gefahren ein, denen junge Männer durch bezaubernde Ausländerinnen ausgesetzt seien. Als besonders riskant galt das Skilaufen, und man riet den Lehrern, stets auf der Hut zu sein. Doch leider waren die Bauern, auf die solche Bücher abzielten, überwiegend Analphabeten. Und selbst wenn sie lesen konnten, hatten sie die erstaunliche Fähigkeit, zwischen einem moralisierenden Traktat und einer Tasche voll Franken unterscheiden zu können. Die Moralapostel predigten weiterhin, die Dorfbewohner ignorierten sie wie zuvor, und die Touristen strömten unverändert herbei. In den Alpen wurde endlich Geld verdient – Ruskin wäre erfreut gewesen –, und zwar in unerhörtem Ausmaß.

26

Um die Jahrhundertwende erinnerte sich kaum noch jemand an die alten Alpen. Forbes war 1868 und sein Widersacher Agassiz 1873 gestorben.* Ruskin verschied 1900 und Stephen vier Jahre später. Die nachrückende Generation war von anderer Art. Mummerys Beispiel folgend, kletterten jüngere Bergsteiger nun fugenlose Wände hinauf und verzichteten bei ihrem Bemühen, Gipfel zu erklimmen, häufig auf Führer. Das Jahrzehnt nach 1900 war das Silberne Zeitalter der Bergsteigerei, in dem Gebiete erobert wurden, die im Goldenen Zeitalter nicht zugänglich gewesen waren. Die Älteren sahen das als bedauerliche Entwicklung, die zuviel Hektik und zuwenig Wertschätzung mit sich brachte. Conway zum Beispiel entsagte der Bergsteigerei im frühen Alter von 47 Jahren mit der Erklärung: »Für uns alle gibt es viele Arten noch nie erlebter Freude, viele unversuchte Aktivitäten, viele unerforschte Wissensbereiche. Wir dürfen keinen zu großen Teil des Lebens mit dem einen verbringen, weil uns das nächste sonst entgeht. Schließlich ist das Leben das bedeutendste Forschungsgebiet.«[1]

Doch einige ließen die Flamme nicht erlöschen. Zu ihnen gehörte Whymper. Zwar hatte er die Hochgipfel hinter sich gelassen, aber in jedem Sommer besuchte er die Alpen, um seine Reiseführer zu überarbeiten, Tantiemen von widerspenstigen Buchhändlern einzutreiben,

* Ein Granitblock vom Unteraar-Gletscher wurde auf Agassiz' Grab gestellt. 1923 stürzten die Überreste seines *Hôtel* von der Gletschermündung herunter. Zwei Felsbrocken, in die man die Unterschriften von Agassiz und Vogt gemeißelt hatte, wurden ans Berner Alpinmuseum geschickt.

Werbeplakate anzubringen, Fotos aufzunehmen und hin und wieder einen Paß zu überqueren. In der Heimat und in Amerika war er nun für seine Vorträge bekannt. Winston Churchill zählte zu den vielen, die Whympers Geschichte über die Matterhorn-Katastrophe lauschten und von ihr beeinflußt wurden. Wie Sir John Franklin, dessen Tod in der Arktis ihm die Verehrung von Tausenden – darunter Whymper selbst – eingebracht hatte, war er zu einer der Symbolfiguren des Jahrhunderts geworden. Wenn der Name Whymper auf einem Plakat erschien, konnten die Veranstalter mit einem ausverkauften Haus rechnen. 1894 hielt er 48mal den gleichen Vortrag und sprach allein in England vor 50 000 Menschen.

Mit grimmiger Miene und wohlklingender Stimme war Whymper eine eindrucksvolle Gestalt am Podium, selbst wenn er seine »Hs« verschluckte – was ihn so sehr beunruhigte, daß er seinen Neffen beauftragte, wann immer ihm ein solches Versäumnis unterlief, mit den Fingern zu schnippen. Im Privatleben blieb er schweigsam wie immer. Er setzte nun stets eine finstere Miene auf, rauchte unaufhörlich und zermalmte seinen Pfeifentabak dabei zu einem Pulver, das winzige Brandlöcher auf Stühlen, Sofas, Teppichen und Tischdecken hinterließ. Da er auch im Bett rauchte, war seine Brust von Narben bedeckt. Er hatte Angst, dick zu werden, und ernährte sich schrullenhaft. Zum Beispiel siebte er Zucker so gründlich, daß nur die feinsten Körnchen in seinen Kaffee gelangen konnten. Ein Verwandter war verblüfft über seinen Umgang mit Fleischpasteten. Er entfernte stets den Blätterteigdeckel, löffelte das Fleisch heraus, legte den Deckel zurück und wandte sich der nächsten Pastete zu. Konventionen bedeuteten ihm nichts, weshalb er auch in den vornehmsten Restaurants weder Krawatte noch Hemd, sondern nur einen angesengten Pullover trug. Er machte sich Sorgen um seine Finanzen, da die Technologie die Holzdruckbranche zum Untergang verurteilt hatte. »Es gibt hier praktisch nichts mehr zu drucken«, teilte er seinem Vater im März 1894 mit. »Das, was in diesem Jahr bisher erledigt worden ist, und das wenige, für das Aufträge vorliegen, reicht nicht einmal aus, um Kohle und Gas zu bezahlen.«[2] Außerdem machte er sich Sorgen wegen Coolidge, dessen spröder Elfenbeinturmintellekt sich die Bibel des Alpinismus, Whympers *Scrambles*, vorgenommen hatte.

Conway schrieb über Coolidge: »Manche nannten ihn zänkisch …«[3] Das kam der Sache nicht einmal nahe. Der rüde, pedantische und empfindliche Coolidge machte sich von Natur aus ständig Feinde. Weit davon entfernt, Differenzen zu überbrücken, pflegte er sie vielmehr und »ließ sie ablagern wie Wein, bis sie irgendwann gereift waren«[4]. Eine seiner längsten Feindschaften galt Sir Edward Davidson, der ein Jahr, nachdem Coolidge die Herausgeberschaft des *Journal* übernommen hatte, Sekretär des Alpine Club wurde. Irgend etwas konnte Coolidge an Davidson nicht ausstehen – wahrscheinlich dessen hochmütige, aristokratische Art, seinen bergsteigerischen Erfolg und den Umstand, daß er Taten den Vorzug vor Worten gab. Als Mummerys Aufnahmeantrag im Alpine Club keine Mehrheit gefunden hatte, argwöhnte Coolidge ohne die Spur eines Beweises, daß Davidson dafür verantwortlich gewesen sei. Und auch als Mummery ihm mitteilte, »ein bekanntes Mitglied Ihres Clubs«[5] habe versucht, Mummerys Führer zu bestechen, um seine letzte Expedition scheitern zu lassen, vermutete Coolidge wiederum ohne jegliches Indiz, daß Davidson der Schuldige gewesen sein müsse. Daraufhin fälschte Coolidge die Protokolle der Redaktionssitzungen des *Alpine Journal* und manipulierte bei der nächsten Wahl die Kugeln in der Wahlurne, so daß Mummery aufgenommen wurde. »Ja, ich habe Mummery durch *Betrug* zur Mitgliedschaft verholfen«,[6] erklärte Coolidge hämisch. Davidson revanchierte sich, indem er für ein Buch über die Bergsteigerei eine Illustration zeichnete, auf der mehrere Träger Gepäck an Bord eines Seedampfers schleppten. Auf jeder Truhe waren die Initialen eines berühmten Alpinisten, und den Schluß bildete ein Papagei in einem Käfig mit dem Etikett W. A. B. C. Vor der Veröffentlichung entfernte man das »W.«, um einen Prozeß zu vermeiden, doch Coolidge bemerkte die Anspielung gleichwohl. 1896 schlug Davidson erneut zu. In jenem Jahr publizierten zwei Mitglieder des Alpine Club Christian Almers Führerbuch: Es enthielt das Foto einer Seite, auf der Coolidge »Schreckhorn« ohne das erste »C« buchstabiert hatte. Schlimmer noch, ein anonymer Bergsteiger hatte darunter angemerkt: »Die normale Schreibweise im Deutschen ist Schreckhorn.«[7] Dieser anonyme Mann war kein anderer als Davidson, dem das Buch zudem gewidmet worden war. Es handelte sich um eine für das Establishment typische Abfuhr, was Coolidge natürlich durchschaute. Leider begriff er jedoch nicht, daß der Zweck der Beleidigung in der Vorhersehbarkeit seiner eigenen Reaktion lag. »Ich suchte und suchte«, schrieb er. »Und schließlich stellte ich fest, daß Davidson bei dem Namen ›Jungfrau‹ einmal das ›G‹ weggelassen hatte.«[9] Coolidge enthüllte diesen unverzeihlichen Irrtum im *Alpine Journal*, und Davidson wurde unter ersticktem Gelächter ordnungsgemäß zurechtgewiesen. In jenem Jahr verließ Coolidge Großbritannien und machte sich in Grindelwald ansässig.

Er nahm eine Alpenbibliothek, die 15 000 Bände umfaßte, sowie mehrere Kisten mit Briefwechseln mit, aus denen er immer wieder gereizt Blätter herauszog. Fast sofort brach er einen Streit mit Whymper vom Zaun. 1899 wurde er vom Schweizer Alpenclub gebeten, einen Nachruf auf Christian Almer zu schreiben, der im Vorjahr gestorben war. Im Text behauptete Coolidge, daß Almers berühmter Sprung auf der Pointe des Ecrins reine Erfindung gewesen sei. Die Schlucht existiere gar nicht, und als er Almer das von Whymper gezeichnete Bild

Edward Whymper im Alter

1871 vorlegte, habe Almer die Sache bestritten: »[Er] versicherte mir in vollem Ernst, daß er so etwas nie getan habe und dazu überhaupt nicht imstande sei.«[9] Coolidge hatte die Pointe des Ecrins 1870 bestiegen, worauf er sehr stolz war, und den Spalt nicht entdeckt, genausowenig wie jeder andere nach ihm. Das bedeutete allerdings nicht, daß Whymper sich geirrt hatte. Denn die Alpen wurden so rasch erodiert, daß man nicht sicher sein konnte, irgendein Hindernis auch nur fünf Jahre später noch anzutreffen. Trotzdem nannte Coolidge Whymper einen Lügner.

Die beiden Junggesellen hatten bereits in den achtziger Jahren eine Auseinandersetzung gehabt. Die genaue Ursache ihres Disputs ist unbekannt. Möglicherweise war es ein Versehen von Whymper, der in *Scrambles* geschrieben hatte, Coolidge habe einen der höchsten Gipfel der Ailéfroide – nicht *den* höchsten Gipfel – bestiegen. Das war einer der nichtigen Irrtümer, um die sich Coolidges Leben drehte, und er muß sich geärgert haben. Jedenfalls hatte er sich bei Whymper über irgend etwas beschwert, und dieser hatte ihm eine ganz und gar uncharakteristische Entschuldigung gesandt. »Mein lieber Coolidge«, schrieb er am 22. Dezember 1883:

> Vielen Dank für Ihren freimütigen und männlichen Brief. Ich bin sehr bekümmert bei dem Gedanken, in welchem Grade Sie mich mißverstanden haben müssen. Denn ich habe Sie stets respektiert und betrachte Sie nun mit einem herzlichen Gefühl der Hochachtung ... Ich freue mich aufrichtig, daß dieser Fehler berichtigt worden ist, und hoffe inständig, daß unser Leben ein von Freundschaft erfülltes sein wird. Nun, mein lieber Coolidge, bitte ich Sie um zwei Gefälligkeiten: 1. Würden Sie Ihren Freunden an der Universität mitteilen ... daß Sie mich jetzt in einem besseren Licht sehen? 2. Würden Sie mir irgendwann, wenn wir allein sind, erklären, wie ich Ihnen einen Eindruck von mir vermittelt habe, der, wie wir beide wissen, unzutreffend war. Ich fürchte, etwas Störendes oder Fehlerhaftes an mir zu haben, das dringend der Verbesserung bedarf und das ich ausräumen werde, wenn Sie als wahrer und gütiger Freund es mir vor Augen führen. Ich danke Gott dafür, daß Sie nicht das unschuldige Instrument waren, das mich der Freude meines Lebens hätte berauben können ... Entschuldigen Sie die stilistischen Schwächen in diesem Brief, den zu schreiben mir nicht leichtgefallen ist. Wem ich meine Hand reiche, dem gebe ich mein Herz.[10]

Dieser offene – und fast verzweifelte – Versöhnungsversuch ist verwirrend. Wenn er wirklich mit der scheinbaren Brüskierung hinsichtlich der Ailéfroide zu tun hatte, so könnte man glauben, daß Whymper bemüht war, eine langjährige Freundschaft zu retten. Aber obwohl die beiden gelegentlich korrespondiert hatten, behauptete Coolidge, sie seien einander bis dahin nur ein einziges Mal begegnet. Eine weniger wohlmeinende Interpretation wäre die, daß Coolidges Akten belastendes Material über Whymper enthielten und daß dieser eine Enthüllung unbedingt verhindern wollte. Tatsächlich besaß Coolidge derartiges Material, und in späteren Jahren sollte er es veröffentlichen. Doch 1883 war er hinreichend besänftigt, um zunächst abzuwarten. Laut Coolidges Biographen konnte aus Whympers Brief nur mit Sicherheit gefolgert werden, daß »die Männer viel vertraulicher miteinander umgingen, als beide öffentlich zugegeben hätten«[11].

Unabhängig von dem, was sich in Coolidges Akten verbarg, konnte Whymper den Vorwurf der Lüge nicht ignorieren. Er holte beeidigte Erklärungen von allen ein, die Almers Sprung gesehen hatten, und präsentierte sie dem Alpine Club, wobei er gleichzeitig juristische Maßnahmen androhte. Der erfahrene Bergsteiger Horace Walker ergriff Partei für Whymper und schrieb an Coolidge, um die Situation zu entschärfen. Coolidge schickte ihm eine wütende Entgegnung und untermauerte seine Argumentation durch das ermüdende Thema der Ailéfroide. »Sie erwähnen Whympers ›Wahrhaftigkeit‹. Darf ich Ihre Aufmerksamkeit deshalb auf eine Unwahrheit über mich selbst lenken, die Mr. W. in der ersten Auflage seines Buches (1871) verbreitet und in der vierten Auflage, Fußnote auf Seite 192, wiederholt hat? ... Trotz dieser fast 30 Jahre alten Falschaussage habe ich mir nie die Mühe gemacht, öffentlich darauf hinzuweisen. Es gibt noch sehr viele andere falsche Darstellungen in seinem Buch, und Mr. W. täte besser daran, keine öffentliche Diskussion über seine ›Wahrhaftigkeit‹ auszulösen, denn sonst könnte er einige unangenehme Überraschungen erleben. Seine Liste der Besteigungen des Matterhorns ist lächerlich unzutreffend.«[12] Dann bezichtigte er Whymper, in einem seiner Reiseführer über Zermatt ein ähnliches Buch, das Coolidge und Conway mehrere Jahre zuvor geschrieben hatten, plagiiert zu haben. »Ich könnte noch vieles hinzufügen«, schloß Coolidge, »aber meine bisherigen Ausführungen mögen

Ihnen zeigen, daß Mr. W. davon Abstand nehmen sollte, eine öffentliche Kontroverse mit mir anzuzetteln.«[13]

Tuckett, der sich als nächster einschaltete, erhielt eine ähnliche Antwort. »Ich weigere mich kategorisch, eine Aussage ›richtigzustellen‹, die ich *wiederholt* von dem alten Almer gehört habe«,[14] teilte Coolidge ihm mit. Tuckett gab sich alle Mühe, die Perspektive zurechtzurücken. »Überlassen Sie es der historischen Genauigkeit eine Weile, für sich selbst zu sorgen«, riet er, »und bedenken Sie, daß niemand von uns über so enzyklopädische Kenntnisse der Alpen verfügt wie Sie, daß kaum jemand so vollständig weiß, was andere geschrieben haben, und das vielleicht, wenn Sie mir die Bemerkung gestatten, auch gar nicht wissen möchte?«[15] Coolidge hatte jedoch nicht die Absicht, die Dinge auf sich beruhen zu lassen. Allein die Andeutung, daß Genauigkeit unwichtig sei und manche vielleicht gar kein Interesse an ihr hätten, machte ihn um so entschlossener, auf seiner Position zu beharren. Darin wurde er von Douglas Freshfield unterstützt, einem weiteren Mitglied des Alpine Club. Freshfield traf sich mit Whymper und erklärte ihm, wie Coolidge berichtete, »in aller Deutlichkeit, daß Whymper ein Esel sei, wenn er sich ernstlich beleidigt fühle. Whymper fand sich mehr oder weniger widerstandslos mit der Erklärung ab, denn jeder wisse, daß seine Illustrationen ›subjektiv‹ seien.«[16] Nachdem Coolidge seine Akten durchgesehen hatte, versicherte er einem Kollegen am Magdalen College: »Ich trage keinen ›Maulkorb‹ und werde mich, wenn nötig, sehr klar äußern.«[17]

Aber in Wirklichkeit war Coolidge sehr beunruhigt über die Aussicht eines Verleumdungsprozesses. »Er [Whymper] hat kein Geld (denn der Holzdruck ist tot), abgesehen von den Einnahmen aus seinen Büchern«,[18] machte er sich selbst Mut. »Auch ist es sehr unwahrscheinlich, daß er mich in England belangen kann, denn ich bin offiziell amerikanischer Staatsbürger, und die Sache erschien in der Schweiz.«[19] Aber auch Coolidge hatte kaum Einkünfte. »Wenn er wirklich tut, was er sagt, habe ich kein Geld für die Verteidigung und muß meine Bücher und alles andere verkaufen«, räumte er Tuckett gegenüber ein. »Aber das dürfen Sie Whymper natürlich nicht wissen lassen.«[20] Keiner der beiden konnte sich einen Prozeß leisten, und am Ende kostete sie ihre Einigung so wenig, wie es ihre Ehre zuließ. Whymper verteilte eine 16 Seiten umfassende Schrift – Davidson nannte sie »das Anti-Coolidge-Manifest«[21] – mit einer Kopie der Illustration und der seine Darstellung unterstützenden Briefe an sämtliche Mitglieder des Alpine Club. Er forderte eine unverzügliche Sitzung des Alpine-Club-Komitees und schwor zugleich, Coolidge aus dem Club ausschließen zu lassen. Dieser trat aus, bevor seine Anhörung stattfand, und die alberne Kontroverse war beendet. Beide Seiten nahmen ihre Vorwürfe später zurück. Im Jahr 1900 schrieb Coolidge an Freshfield, daß »es vielleicht nicht wohlüberlegt war, die Notiz zu drucken«[22]. Und 1907 zog Whymper alle Exemplare seiner Schrift zurück, die er finden konnte, und verbrannte sie. Er gestand, daß er die Dinge viel zu ernst genommen habe. »Ich habe keinen Zweifel«, schrieb er dem amerikanischen Alpinisten H. F. Montagnier, »daß es besser gewesen wäre, die Sache unbemerkt verstreichen zu lassen oder sie anders zu regeln.«[23]

Letztlich trug Coolidge den Sieg davon, denn er hatte in seinen Akten reichlich Material, das Whymper belastete. »Natürlich weiß ich viel mehr über Moores Ansichten, als ich bisher enthüllt habe [Moore war zur Zeit des angeblichen Sprunges Whympers Gefährte gewesen]«, teilte er Freshfield mit, »und wenn ich Almers Geschichten über Wh. während jener Tour von 1864 durch die Dauphiné wiederholte, würde Wh. den Verstand verlieren.«[24] 1905, als sein Freund Conway Präsident des Alpine Club wurde, wählte man Coolidge erneut zum Ehrenmitglied. Einem Freund schrieb er selbstgefällig, er habe eine »Entschuldigung« erhalten, »die, wenn auch ein wenig trotzig, zu kriecherisch ist, als daß ich sie nicht akzeptieren könnte«[25]. Davidson war wütend: »Das gegenwärtige Komitee des A.C. besteht aus solchen Dummköpfen«, beklagte er sich bei Whymper. »In seinem jetzigen Zustand ist der Alpine Club keine achtbare Vereinigung, der man angehören sollte.«[26] Überraschend erhob Whymper keinen Einwand gegen Coolidges Wiederaufnahme. Vielleicht ahnte er, was sich in den Akten verbarg. Aber in jenem Jahr hatte er ohnehin dringendere Sorgen.

Whympers Gesundheit verschlechterte sich. Seit 1903 litt er häufig unter unerwarteten Zusammenbrüchen, die zu halber Bewußtlosigkeit führten. 1905 verletzte er sich bei einem Sturz auf einem Gebirgspfad mehrere Rippen, und dann erhielt er bei einem Eisenbahnunfall einen schweren Schlag auf den Kopf. »Mein gegenwärtiger Zustand ist beklagenswert«, schrieb er am 29. Oktober 1905. *Mein Gedächtnis ist verschwunden!* ... [Ich bin] ein Wrack ohne Hirn.«[27] Er versuchte, das Problem zu verharmlosen: »Ich werde die mir verbleibende Zeit der Liebe und dem Luxus und dem Ausgraben (oder der Überwachung des Ausgrabens) von Kartoffeln und anderen Tätigkeiten widmen, die sich für ein männliches Lebewesen eignen, das in seine zweite Kindheit eintritt.«[28] Seine Erinnerung kehrte zurück, aber sein Zustand machte ihm offensichtlich zu schaffen. Er verlor die körperliche Kraft, auf die er stets stolz gewesen war, und als er Zermatt ein paar Wochen nach dem Unfall besuchte, schien er auch seinen Ruhm zu verlieren. Es war eiskalt, niemand empfing ihn, und die Hotels waren voll. Er schob zwei Bahnhofsbänke zusammen und schlief auf ihnen, wobei er sich mit einem Teppich zudeckte. Als er am folgenden Tag ein Zimmer in einer Pension fand, verbesserte sich sein Befinden nicht allzusehr. »Das Fleisch war gräßlich«, schrieb er in sein Tagebuch. »Ich konnte es kaum hinunterschlucken, und im Hotel war es sehr kalt. Spazierte von einem Ende Zermatts zum anderen und bemerkte wenig Neues. Der Ort scheint nicht schöner zu werden, und die Straße war wie immer schmutzig.«[29]

1906 heiratete Whymper. Seine Beziehungen zu Frauen waren nicht immer erfolgreich gewesen, aber 1899 hatte er sich in Charlotte Hanbury verliebt, eine der wenigen Bergsteigerinnen, die in den Alpen aktiv waren. Sie war zehn Jahre älter als Whymper und starb unerwartet am 23. Oktober 1900. Die Nachricht erreichte ihn, als er gerade einen Vortrag in Amerika halten sollte. »Meine geliebte Freundin tot!« schrieb er seiner Schwester. »Ich weiß nicht, wie ich weiterleben soll.«[30] Aber er lebte weiter, und am 25. April 1906 heiratete er Miss Edith Mary Lewin aus Forest Gate, London. Sie war 45 Jahre jünger als er. Sein Neffe Robert – den er seinen Eltern zuvor hatte abkaufen wollen – war als einziges Familienmitglied zur Trauung eingeladen. Es wurde eine schauerliche Zeremonie, die unter großer Geheimhaltung stattfand. Vor dem Hochzeitsfrühstück mußte man Whymper eine halbe Stunde lang zureden, bis er sich aus seinem Schlafzimmer zerren ließ. McCormick, der amtierende Pfarrer, hielt eine mehrdeutige Rede über den Altersunterschied, die Whympers Neffen überhaupt nicht zusagte: »[Es] war ziemlich ekelerregend. Wenn ich dem Reverend in späteren Jahren begegnete, fühlte ich mich immer noch abgestoßen.«[32] Danach forderte Whymper ihn auf, die Gäste daraufhin zu durchsuchen, ob sie Tafelsilber gestohlen hatten.

Die Verbindung währte nicht lange. Die beiden hatten eine Tochter und wurden 1910 geschieden. Es war eine bittere Trennung, und obwohl Whymper damals schrieb, er sei »nur zu froh, sich ihrer entledigt zu haben«,[32] machte sich der Verlust einige Monate später bemerkbar. »Ich werde dadurch abgelenkt, daß meine Frau mich verlassen hat«, ließ er Montagnier wissen. »Den ganzen Tag über bin ich verärgert, gelangweilt und fühle mich elend.«[33] Jegliches Bedauern verschwand jedoch, als die Unterhaltsforderungen eintrafen. »Ihr einziges Ziel ist Geld«, schrieb er seiner jüngsten Schwester Annette. »Ich habe ihretwegen bereits 2000 Pfund eingebüßt, und wenn ich gezwungen bin, das Land zu verlassen, um ihr zu entkommen, werde ich noch viel mehr verlieren ... Es würde mir sehr widerstreben, aber ich erwäge, ob ich dazu gezwungen sein könnte.«[34] Letzten Endes blieb er in der Heimat und verkaufte sein Haus, seine Bücher und sogar seine Kletterausrüstung, um sich finanziell über Wasser zu halten. Zu allem Überdruß ließ infolge des Eisenbahnunfalls, wie er diagnostizierte, sein Sehvermögen nach, und er schrieb seine Briefe künftig mit Hilfe einer Brille und einer Lupe. »Ich bin nun unfähig, etwas zu lesen, und kann nur raten, was ich schreibe«, teilte er Montagnier mit. »Ich meine es ernst, wenn ich sage, daß ... ich häufig an Selbstmord denke.«[35]

Wiederholt versuchte er, den Bruch mit Coolidge ungeschehen zu machen. 1908 – ein Jahr nachdem Whymper seine Schrift zurückgezogen hatte – erlitt Coolidge einen Herzinfarkt. Whymper »nutzte den Anlaß seiner Krankheit, ihm einige mitfühlende Worte zu schicken, und sie wurden anscheinend dankbar aufgenommen«[36]. Dem Brief legte er die Zeichnung eines Kriegsbeils und eines Grabsteins bei, auf dem stand: »Begraben 1908.« Ohne Erfolg. Drei Jahre später, als Coolidge erneut schwer krank war, machte Whymper einen weiteren Versuch. »Nach dem zu schließen, was der *alphabetische Gentleman* über sich selbst sagt, scheint er in einem üblen Zustand zu sein. Ich weiche von meiner üblichen Route ab, um ihm einen Besuch abzustatten und ihm zu zeigen, daß die Reibereien vorbei sind.«[37] Whymper setzte Coolidge über seine Absicht in Kenntnis: »Wenn ich komme, dann im alten Stil. Ich werde zu Fuß erscheinen, kein Zimmer im voraus bestellen und mich bei der

Suche nach einer Unterkunft auf mein Glück verlassen. Wenn keine zu finden ist, werde ich draußen lagern.«[38]

Am 11. August 1911 führten die beiden den ganzen Tag lang eine vertrauliche Besprechung in Coolidges Chalet Montana in Grindelwald. Keiner der beiden gab preis, was sich zwischen ihnen abgespielt hatte – Whymper deutete allerdings vage an, daß er Coolidge für wahnsinnig halte –, aber das Treffen scheint weniger stürmisch gewesen zu sein, als zu erwarten war. An jenem Abend machte sich Whymper auf den Weg nach Zermatt, von wo er nach Genf und dann hinauf nach Chamonix wanderte. Es sollte seine letzte Alpenwanderung sein, und vielleicht wußte er das bereits. In Chamonix quartierte er sich in einem Hotel ein, wo das Personal seit langem wußte, daß er in Ruhe gelassen werden wollte. Er suchte ein paar Buchläden auf, traf Vorkehrungen für die Suche nach den Leichen der Montblanc-Katastrophe von 1870, die bald aus dem Gletscher auftauchen würden, und kehrte plötzlich in sein Hotel zurück, um sich in sein Zimmer einzuschließen. In den nächsten beiden Tagen, während sich die Zimmermädchen auf dem Korridor zu schaffen machten, lag Whymper im Sterben und zeichnete dabei jede Änderung seines Zustands auf. Am 20. September gingen zwei Führer durch Chamonix, klopften an jede Tür und verkündeten: »Edward Whymper wird heute hier bestattet. Sie werden gebeten, um 14.30 Uhr an der Beerdigung teilzunehmen.«[39] Sämtliche Dorfbewohner erschienen, um zu beobachten, wie er in den Schlamm hinabgelassen wurde.

Whympers Tod brachte Coolidge um eine der wenigen verbleibenden Verbindungen zu den Alpen seiner Jugend. Alt, einsam und krank, geriet er zunehmend in Vergessenheit. Den einzigen Halt gaben ihm seine Forschung und sein Streben, die Glut alter Feindschaften neu zu entfachen. Als beispielsweise sein alter Widersacher Davidson zum Präsidenten des Alpine Club gewählt worden war, trat Coolidge sofort als Ehrenmitglied zurück und verlangte, um seine Empörung noch deutlicher zu machen, daß sein Name nie wieder im *Alpine Journal* erwähnt werde. Man nahm seinen Rücktritt an, lehnte seine zweite Forderung jedoch höflich ab. In bester Absicht setzte der stellvertretende Herausgeber ein eher kränkendes Postskriptum hinzu: »Keinen zehn Prozent der A.C.

Mitglieder war bewußt, daß Sie nicht mehr Mitglied oder Ehrenmitglied des A.C. sind.«[40]

Der »Nestor der Alpen«, wie die *Daily Mail* ihn nannte, wurde noch mehr zum Einsiedler. Man bekam ihn in Grindelwald selten zu Gesicht, sogar seinen eigenen Garten betrat er nur noch hin und wieder. Gesellschaft leisteten ihm ein Pfleger namens Albert Hurzeler und eine Reihe von Hunden, die Coolidge nach dem Kriterium auswählte, daß sie möglichst wenig mit Tschingel gemein hatten. »*Ganz und gar unfähig* zum Klettern«,[41] schrieb er über Nero, seinen schwarzen Neufundländer. Wenn er nach seinen Freunden gefragt wurde, zeigte er gewöhnlich wortlos auf Tschingels Halsband, das neben der Haustür hing.

Nach dem Kriegsausbruch von 1914 verstärkte sich Coolidges Isolation. Seine Gesundheit ließ immer mehr zu wünschen übrig, sein sich stetig verringerndes Einkommen wurde von der Kriegsinflation aufgefressen, und er entwickelte eine Abneigung gegen »diese schurkischen Schweizer«[42]. Die Zerstörung in den Ostalpen muß ihn deprimiert haben: Das italienische und das österreichisch-ungarische Heer standen sich in einer Pattsituation gegenüber, kämpften mit hochexplosivem

William Coolidge

Sprengstoff um jede Klippe und vernichteten, wenn ihnen die Geduld ausging, ganze Gipfel durch Tonnen sorgfältig angebrachten Dynamits. »Ich führe heutzutage ein recht einsames Leben«,[43] schrieb er 1916 auf einem Tiefpunkt. Zwei Jahre später war er von Verzweiflung erfüllt: »Wie ich mir wünsche, nie zur Welt gekommen zu sein. *Sehr* wenig gute Seiten ... *wie alt* ich werde!«[44] 1919 verschlimmerte sich seine Depression durch den Tod Frederick Gardiners, seines letzten Altersgenossen. Coolidge wies darauf hin, daß Gardiner nur sechs Tage älter als er gewesen sei. Aber er erhielt einen unerwarteten Ansporn, als er vom Alpine Club gebeten wurde, für das *Journal* den Nachruf auf Gardiner zu schreiben. »Natürlich bin ich dafür hervorragend befähigt«, teilte er einem Kollegen mit. »Aber da die Amtsträger des A. C. mich 1910 aus jener Vereinigung vertrieben und mich nachdem heftig und auf persönlicher Ebene in jeder Nummer der Zeitschrift angegriffen haben, sträube ich mich noch.«[46]

Der Nachruf auf Gardiner gab als Kontroverse zu wenig her, um Coolidge wieder voll auf die Beine zu bringen.* Dazu brauchte es etwas Größeres, und 1921 stieß er auf ein geeignetes Thema. In einem Brief an seinen Freund Charles Gos über irgendwelche Details einer Karte aus dem 18. Jahrhundert, bemerkte er beiläufig: »Ganz im Vertrauen, ich habe gestern aus einer sehr zuverlässigen Quelle erfahren, daß das Seil am Matterhorn 1865 mit Sicherheit durchgeschnitten wurde. Aber es ist besser, auf dieser unverrückbaren Tatsache nicht zu bestehen!!!«[47] Die Nachricht stammte von Conway, der sich seinerseits auf Dr. G. F. Browne, den verstorbenen Bischof von Bristol, bezog. Wie verlautet, hatte Whymper den Bischof nach der Katastrophe um Rat ersucht. Browne vertraute Conway an, »er sei der einzige lebende Mensch, der die Wahrheit über den Unfall kenne, und dieses Wissen werde er mit ins Grab nehmen«[48]. Er nahm es tatsächlich mit ins Grab, aber vielleicht plauderte er einen Teil davon aus, denn Conway gab später zu bedenken, daß »zwei oder drei Stränge des Seiles vielleicht vorher durchtrennt worden waren, ohne daß jemand etwas davon ahnte. Das Seilende müßte Spuren einer Schnittstelle aufweisen. Das in *Scrambles* auf einem

* Unfähig, der Versuchung zu widerstehen, veröffentlichte er später ein sehr ermüdendes Buch über die Einzelheiten von Gardiners Klettertouren.

Stich verewigte Seil ist nicht das Fragment, das den Riß enthielt. Es ist das richtige Seil, aber nicht das richtige Ende.«[49] War dies die Enthüllung, mit der Coolidge Whymper bereits 1883 gedroht hatte? Hatte Coolidge schon damals Wind von dem Skandal bekommen, den Conway 1921 ausführlicher behandelte? Kein weiteres Wort fiel zu dem Thema, und die Wahrheit – wenn es eine solche gab – wurde mit den beiden Männern zu Grabe getragen.

In den zwanziger Jahren war Coolidge in einem schlechten Zustand. Er litt unter Herzbeschwerden und Wassersucht und haßte die Injektionen, die ihn am Leben erhielten. Nero war gestorben, und den einzigen Trost bot Coolidge nun ein Terrier namens Max. »Ich ertrage den Gedanken nicht, ihn zu verlieren!« schrieb Coolidge. »Wie alt werden so *kleine* Hunde durchschnittlich?«[50] Max war damals siebeneinhalb Jahre alt, und er überlebte seinen Herrn. Coolidge starb am Samstag, dem 8. Mai 1926, an einem Herzanfall, und so steht es auf dem Grabstein: »At his own request he was buried among the mountains he loved so well« (»Auf eigenen Wunsch wurde er in den Bergen beerdigt, die er so liebte«). In jenem Jahr muß in Grindelwald ein Druckfehlerteufel umgegangen sein – oder die Schweizer besaßen einen ausgeprägteren Humor, als man ihnen normalerweise zubilligt –, denn der große Pedant wurde auf wunderbar passende Art verabschiedet. Das *Echo von Grindelwald* buchstabierte seinen Namen in der Todesanzeige falsch, die Behörden ließen ein unrichtiges Geburtsdatum auf seinen Grabstein setzen, und der Steinmetz vergaß das »U« in »mountains«.

27

Coolidge war der letzte gewesen, der noch von Helden sprechen konnte. Zu Lebzeiten hatte man ihn als Institution betrachtet, und er war zum Ziel von Pilgerfahrten junger Bergsteiger geworden, die nicht vor seiner Reizbarkeit zurückschreckten. Nach seinem Tod wurde plötzlich deutlich, wie sehr sich die Alpen seit dem Goldenen Zeitalter geändert hatten. Sanatorien und Wintersport verbreiteten sich, und die alte, zwanglose Einstellung zur Forschung war von einer technischeren Herangehensweise abgelöst worden. Neue Bergsteigemethoden, deren Anhänger Mummery als ihren geistigen Vater bezeichneten, hatten sich entwikkelt, und man benutzte neue mechanische Hilfsmittel wie den Kletterhaken und den Karabiner, die es Bergsteigern ermöglichten, bis dahin undurchsteigbare Wände in Angriff zu nehmen. Die Briten, und mehr oder weniger auch die Franzosen und Schweizer, lehnten Kletterhaken und dergleichen als unsportlich ab. Sie zogen lieber Tweedkleidung an und mieteten sich einen Führer, der mit ihnen Touren im Stil Whympers unternahm. Die Briten weigerten sich sogar, das Wort »Karabiner« zu übersetzen, »weil das Ding seinem Namen und Charakter nach unenglisch ist«[1]. Die Deutschen und Italiener dagegen übernahmen die neuen Methoden bereitwillig. Ein junger Münchner Bergsteiger namens Wilhelm Welzenbach führte eine Schwierigkeitsskala für Kletterrouten ein, die durch die mechanischen Geräte zugänglich geworden waren. Die Skala reichte von einem leichten ersten bis zum sechsten Grad, der »die Grenze der menschlichen Leistungsfähigkeit«[2] strapazierte. Diese Grade wurden kühn über die Alpenkarte verteilt. Es war eine recht bedeutungslose Übung, denn die Grade waren nicht immer einheitlich. Da sie nicht für Eishänge galten, blieben einige der schwierigsten Touren ausgeschlossen. Und auch die Wetterbedingungen, durch die sich ein dritter innerhalb von Stunden in einen sechsten Grad verwandeln konnte, wurden nicht berücksichtigt. Leslie Stephen hatte einmal erklärt: »Nichts gleicht einem Berg zu einem bestimmten Zeitpunkt weniger als derselbe Berg zu einem anderen.«[3] Gleichwohl lieferte Welzenbachs Skala einen Rahmen, der einem dringenden Bedürfnis der Epoche entsprach.

Seit den achtziger Jahren des 19. Jahrhunderts waren die Alpen entweder ein Spielplatz oder ein Schlachtfeld gewesen. Niemand hatte sie als Forschungsgebiet betrachtet, denn nach der Eroberung der Meije und einiger niedrigerer Dauphiné-Gipfel gab es kaum noch Berge, die man erforschen konnte. Welzenbach und seinesgleichen erkannten jedoch, daß die neuen Methoden neue Wege der Erkundung eröffneten. Es war keine primäre Forschung – ohne Drachen und sonstige Überraschungen –, doch auf einer sekundären Ebene barg sie den gleichen Reiz in sich: Wieder war es möglich, dorthin vorzudringen, wo noch niemand gewesen war. Wieder konnte man die Erregung spüren, jungfräulichen Boden zu betreten. Und mit Hilfe der Schwierigkeitsskala ließen sich die eigenen Eroberungen mit denen anderer vergleichen.

Die Alpenforschung war stets von einem gewissen Konkurrenzdenken begleitet gewesen, aber durch Welzenbachs Skala wurde sie nun zu einem Wettkampfsport. In den zwanziger und dreißiger Jahren traten deutsche und österreichische Bergsteiger gegeneinander an, um die schwierigsten Wände über die gefährlichsten Routen zu bewältigen. Normalerweise waren es Nordwände – je bedrohlicher, desto besser. Und das Dogma jener Zeit verlangte, daß sie über die »Direttissima«, deren Reinheit man durch eine gerade Linie vom Gipfel zum Fuß feststellen konnte, erstiegen wurden.

Dieses Verfahren hatte eine ungewöhnlich hohe Todesrate zur Folge. Bergsteiger stürzten scharenweise ab – in den späten Dreißigern kamen jährlich fast 100 um –, aber für jeden, der starb, gab es etliche, die seinen Platz einnahmen. Der patriotische Antrieb, mit dem Whymper es lange zuvor auf dem Matterhorn zu tun gehabt hatte, wurde nun übermächtig. Eine italienische Zeitung schrieb: »Ein Bergsteiger ist abgestürzt.

Die Eigerwand

Laßt 100 andere für den morgigen Tag bereitstehen. Laßt andere junge Männer Edelweiß und Alpenrosen auf die Leiche des gefallenen Kameraden streuen und ihn, das Antlitz himmelwärts, mit bebender Hingabe unter den weichen Rasen legen. Dann wieder hinauf zum Ansturm auf Felsen und Gipfel, um des Gefallenen durch den höchsten und schwierigsten Sieg zu gedenken.«[4]

In Großbritannien, wo man die Alpen bis dahin als eigene Domäne betrachtet hatte, schlug man entsetzt die Hände überm Kopf zusammen. Es war schockierend, daß andere Nationen die heiligen Höhen so brutal entweihten. Die Mitglieder des Alpine Club schäumten vor kaum zu erklärender Wut. Einer, R. Irving, versuchte, ihren Widerwillen zu begründen:

> Ein Münchner Experte meinte, daß ein Mann nach sieben Jahren schwieriger Kletterei, falls er überlebe, zu nichts anderem mehr tauge. Nach der eigenen Erfahrung hat die Erregung darüber, an der Grenze meiner Leistungsfähigkeit zu klettern, eine Form angenommen, die sich am besten als Unbehagen beschreiben läßt. Wenn ein Mann von Schwierigkeiten und dem Reiz der Gefahr oder von Höchstleistungen abhängig ist, wird er seine Maßstäbe zwangsläufig immer höher schrauben, bis es nicht mehr weiter geht. Wenn er so weit gelangt ist, ohne selbst abzustürzen, dann wird sein Enthusiasmus ihn allmählich verlassen, es sei denn, er hätte Fortschritte gemacht in der Würdigung dessen, was ich die absoluteren Werte der Bergsteigerei nennen möchte.[5]

Das Argument war nicht neu. Das Mißfallen über den Professionalismus war seit Ruskin immer wieder geäußert worden und hatte sich stets in Geschrei verwandelt, wenn jemand die Grenze überschritt. Whymper hatte für Empörung gesorgt, ebenso wie sein Zeitgenosse A.C. Girdlestone, den man offiziell für den Vorschlag tadelte, daß Bergsteiger auf Führer verzichten sollten.

Mummery hatte die Zeitgenossen ebenfalls durch die Meinung erbost, daß es akzeptabel sei, allein aus Liebe zu Schwierigkeit und Gefahr zu klettern. Aber wie er auf Ruskins Ausführung über die eingeseiften Stangen entgegnete: Wenn es jemandem Spaß machte, eingeseifte Stangen hinunterzurutschen, wem schadete er damit? Mit Leslie Stephens Worten: »Wenn ich sagte, daß ich gerne Oliven esse, und jemand behauptete, ich äße sie in Wirklichkeit nur aus Großtuerei, dann wäre meine Reaktion, einfach weiter Oliven zu essen.«[6] Die Scheinheiligkeit der britischen Haltung wurde durch die hohe Zahl derjenigen unterstrichen, die alljährlich zum Himalaya reisten, um genau das zu tun, was Irving unziemlich fand: an die Grenze ihrer Kräfte zu gehen, während sie sich den höchsten und gefährlichsten Berg der Welt hinaufkämpften. Irving selbst machte sich des gleichen Vergehens schuldig.

Im Grunde lief die Sache darauf hinaus, daß die Briten es nicht leiden konnten, von Ausländern übertroffen zu werden.

1931 durchkletterten die Brüder Schmid die Nordwand des Matterhorns, und Deutschland war außer sich vor Aufregung. Die Zeitungen brachten geradezu mythische Lobreden auf die Brüder, und als Franz, der ältere, seinen trockenen, sachlichen Bericht über die Tour veröffentlichte, machten die Journalisten daraus die Geschichte eines phantastischen Triumphes. Als Toni Schmid, der jüngere Bruder, einige Jahre später vom Weißbachhorn in den Tod stürzte, wurden in der Presse nur schwache Zweifel laut. Die Alpen waren ein Propagandageschenk für die faschistischen Staaten Europas. Mussolini ließ eine *Pro-Valore*-Medaille für diejenigen prägen, die eine neue Direttissima-Besteigung des sechsten Grades vollbracht hatten. Der reserviertere Hitler bot nur einen Händedruck an. Im Vorfeld der Berliner Olympischen Spiele von 1936 dachte man daran, die Bergsteigerei ins Programm aufzunehmen. Die Idee wurde erst fallengelassen, als die Schweiz und Großbritannien sie als etwas bezeichneten, das »um jeden Preis abgelehnt werden muß«[7].

Deutsche Zeitungen und Rundfunksender lobten die »Bergkameraden«, die jedes Jahr in die Schweiz radelten und wanderten, um eine neue Wand anzugreifen. Sie wurden als vorbildliche, braungebrannte Arier porträtiert, die keine Angst vor dem Tod hätten und in die Schlacht gegen die Natur in ihrer wildesten, romantischsten Gestalt zögen. Diese jungen Männer, die häufig noch keine 20 Jahre alt waren, boten einen eindrucksvollen Anblick. Sie lagerten am Fuß eines Berges, warteten, bis die Bedingungen günstig waren, und begannen ihren Aufstieg. Dabei klirrten ihre Kletterhaken, und sie benutzten Seile von über 100 Meter Länge. Eine Zeitlang wurden Alpenfilme zur Publikumsattraktion. Überall auf dem Kontinent strömten Zuschauer in die Kinos, um sich filmische Darstellungen der Eroberung des Matterhorns anzusehen, die in der Zwischenkriegszeit produziert wurden. Die berühmte Filmregisseurin Leni Riefenstahl begann ihre Karriere als Schauspielerin in Bergfilmen. Doch in den meisten Fällen waren die Akteure, die über die Leinwand flimmerten, wirkliche Kletterer. Der bergsteigerische Nationalismus, der in Italien während der sechziger Jahre des 19. Jahrhunderts erstmals entbrannt war, kehrte im Deutschland der dreißiger Jahre des 20. Jahrhunderts wieder. 1934 konnte der aus den Organisationen beider Länder zusammengeschlossene Deutsche und Österreichische Alpenverein erklären, seine Bergsteiger seien in jüngerer Zeit so erfolgreich wie noch nie. Ihre Leistungen hätten, verglichen mit denen anderer Nationen, einen überwältigenden Höhepunkt erreicht.[8] Aber hinter dem herrlichen Bild der Nazipropaganda verbarg sich eine nüchterne Realität. Die angeblichen nordischen Götter hatten so schiefe Zähne, so schmale Schultern und so wenig außergewöhnliche Qualitäten wie ihre ausländischen Rivalen. Eine sorgfältige, vom Alpine Club durchgeführte Analyse zeigte, daß Deutschland, was Erstbesteigungen betraf, weit hinter anderen Nationen zurücklag. Von der Eroberung der Matterhorn-Nordwand abgesehen, hatten deutsche Kletterer sehr wenig vorzuweisen, denn die Männer, welche die Dolomiten, die Grandes Jorasses und andere Felswände erstiegen hatten, waren fast ausschließlich Franzosen, Schweizer, Italiener oder Österreicher. Trotzdem hielt man in Deutschland an der Illusion fest, daß die eigenen Bergsteiger besser als alle anderen seien. Im deutsch-österreichischen Alpenvereinsjahrbuch hieß es, es sei ein alter englischer Brauch, in den Alpen mit professionellen Führern zu klettern, während deutsche Bergsteiger in der Regel selbständig ihre Route fänden, ihre Stufen hackten und mit eigener Kraft durch tiefen Schnee stapften. Die britischen Ambitionen im Himalaya wurden belächelt: Die Deutschen seien traditionell besser auf das Ringen mit Achttausendern vorbereitet als die Engländer.[9] In Großbritannien erwiderte man, die unabhängigen Teutonen könnten im Himalaya ohne einheimische Träger keinen Zoll zurücklegen und Deutschland sollte nicht vergessen, daß jene Träger Untertanen des Britischen Empire seien.

Unterdessen warteten die Alpen den Streit ruhig ab, und die Bergkameraden wandten sich dem zu, was sie »die Schwierigkeiten« nannten. Das waren Felswände des sechsten Grades, an denen es keinen Mangel gab. Aber kaum war eine Schwierigkeit überwunden, da tauchte bereits die nächste auf, bis man es schließlich mit der letzten zu tun hatte. Eine solche »letzte Schwierigkeit« war die Nordwand des Matterhorns gewesen. Nach deren Durchsteigung nahm die Nordwand des Eiger diesen Platz ein – allerdings nicht sehr lange, denn 1932 wurde sie von zwei Schweizer Kletterern in Begleitung von zwei Führern bezwungen. Doch in den Augen der deutschen Bergkameraden hatte der Schweizer Triumph etwas Unbefriedigendes. Er war glatt, professionell, im herkömmlichen Stil und mit einem Minimum an öffentlicher Aufmerksamkeit vonstatten gegangen. So bewundernswert das auch sein mochte, konnte es den deutschen Vorstellungen von kraftvollem Streben nicht gerecht werden. Man brauchte etwas Imposanteres. Nach einiger Überlegung entschied man, daß die letzte Schwierigkeit, wenn sie so leicht gelöst worden war, nicht die letzte gewesen sein konnte.

Die Nordwand des Eiger ließ sich in zwei Abschnitte unterteilen: die »leichte« Wand, welche die Schweizer bestiegen hatten, und die viel schwierigere im Westen, die als »Eigerwand« bekannt war. Sie bildete offensichtlich die letzte Schwierigkeit, denn sie schien nach orthodoxen Maßstäben unbesteigbar. Die Eigerwand war steil und vereist. Hier und da gab es Felsüberhänge, und unaufhörlich krachten Steinschläge an ihr hinunter. Sie hatte ein eigenes Mikroklima, das heißt, Wolken und kalte Luft wurden in ihrem Hohlraum eingefangen, so daß die Nordwand von Regen und Hagel gepeitscht wurde, während das sie umgebende Tal in Sonnenschein getaucht war. Kurz, die Wand war grauenhaft. »Aber ist das Grauen stärker als menschlicher Wille, als menschliches Vermögen?« fragte ein deutscher Kletterer. »Wer kann darauf Antwort geben?«[10]

Im August 1935 erteilten zwei Bayern, Max Sedlmayer und Karl Mehringer, die erste Antwort. Durch ihr Fernglas betrachteten sie die Eigerwand, um eine Route zum Gipfel zu finden. Die ersten 700 Meter, obwohl steil und häufig von Lawinen und Steinschlägen heimgesucht, sahen recht leicht aus. Darüber hatte man ein großes Loch in den Berg gesprengt, eine Aussichtsplattform – offiziell um die Station Eigerwand für die Passagiere der Jungfraujoch-Bahn zu schaffen. 400 Meter weiter westlich befand sich ein weiteres Stollenloch: Kilometer 3,8. Damit war die 3,8 Kilometer vom Beginn des Gleises entfernte Stelle markiert, wo die Tunnelbauer eine Öffnung für die Beseitigung des Schutts gebohrt hatten. Von der Station Eigerwand erstreckte sich eine offenbar vertikale Felsfläche rund 180 Meter in die Höhe und ging in ein Eisfeld über. Eine 90 Meter hohe Felswand trennte dieses Eisfeld von einem zweiten, das seinerseits zu einem dritten überleitete. Vom dritten Eisfeld ging ein steiler Kamm hinauf zu einem Fleck aus Schnee und Eis, dessen weiße Rinnen sich wie Spinnenbeine ausbreiteten – die »Weiße Spinne«. Die oberen Beine verbanden sich mit einem Abschnitt aus zersplittertem

Fels, und darüber lag ein letztes Eisfeld, das sich zu dem 3975 Meter hohen Gipfel hinaufschwang. Aus der Ferne ließ sich nicht feststellen, wie gefährlich diese Hindernisse waren, aber sie schienen die einzige Route durch die Eigerwand zu bilden.

Am Mittwoch, dem 21. August, um zwei Uhr morgens begannen Sedlmayer und Mehringer ihre Tour. Die Nachricht hatte sich verbreitet, und bei Tageslicht standen die Menschen vor den Fernrohren von Grindelwald Schlange, um den Aufstieg der beiden zu beobachten. In der Abenddämmerung waren sie bereits hoch über der Station Eigerwand. Am Donnerstag überquerten sie das erste Eisfeld und biwakierten an seinem äußeren Rand. Dann benötigten sie den ganzen Freitag, um die nächste Felswand bis hin zum zweiten Eisfeld zu überwinden. In jener Nacht wurde der Eiger von einem mächtigen Gewitter gepeitscht, das sich den Samstag hindurch fortsetzte. Lawinen aus Stein, Eis und Schnee fuhren die Nordwand hinunter.

Im Grunde hätten die beiden Bayern weggefegt werden müssen, aber als sich die Wolken am Sonntag verzogen, sahen die ungläubigen Beobachter, wie sich Sedlmayer und Mehringer langsam zum zweiten Eisfeld hinauf bewegten. Die Menge interpretierte dies als ein gutes Omen. Da Sedlmayer und Mehringer – nach fünf Tagen an der Wand, nach mörderisch kalten Nächten und der tödlichen Bedrohung durch Lawinen und Steinschläge – nicht umgekehrt waren, konnte es nur bedeuten,

Die ersten Opfer der Eiger-Nordwand: Max Sedlmayer (links) und Karl Mehringer (oben)

daß sie darauf vertrauten, die Spitze zu erreichen. Dieser Optimismus war fehl am Platze, denn die beiden waren nur deshalb weitergeklettert, weil sie nicht umkehren konnten. Die Felsen, über die sie sich hinaufgekämpft hatten, waren nun von einer Eisschicht und von Sturzbächen überzogen. Zudem hatte sich das Lawinenrisiko durch den Neuschnee erhöht. Der Aufstieg war schwer genug gewesen, aber unter solchen Bedingungen hätte die Umkehr den Tod bedeutet. Ihnen blieb nichts anderes übrig, als zu hoffen, daß sie der Falle durch fortgesetztes Klettern entgehen konnten. An jenem Abend legte sich Nebel über die Eigerwand, wodurch sich ein neuer Sturm ankündigte. Diesmal waren die beiden Bayern verloren.

Die örtlichen Bergführer wurden in Alarmbereitschaft versetzt. Am Dienstag trafen deutsche Bergsteiger in Grindelwald ein, um bei einer etwaigen Rettungsaktion zu helfen, aber vorläufig konnte man nichts unternehmen. Die Felsen waren zu gefährlich, um einen Versuch von unten zuzulassen, und ein Abstieg von oben kam ebensowenig in Frage. Schweizer Militärflugzeuge suchten den Berg ab, doch man konnte durch den Nebel kaum etwas erkennen. Als das Wetter am 19. September aufklarte, begannen das deutsche Fliegeras Ernst Udet und der Grindelwalder Führer Fritz Steuri eine letzte Suchaktion. In 20 Meter Entfernung von der Wand fliegend, entdeckten sie eine Leiche. Sie stand, in aufrechter Haltung angefroren, knietief im Schnee am Ende des dritten Eisfelds. Trotz wiederholter Vorbeiflüge konnten Udet und Steuri nicht erkennen, wer es war, noch fanden sie eine Spur der zweiten Leiche. Eine Bergung war ausgeschlossen und man ließ den nicht identifizierten Bergsteiger an der Stelle zurück, die den Namen Todesbiwak erhalten sollte – ein grausiges Zeugnis für die Gefahren der Eigerwand. In jener Saison verlangten die Hoteliers von Grindelwald die doppelte Gebühr für die Benutzung ihrer Fernrohre.

Die Alpen-Puristen zögerten nicht mit ihrem Urteil. Selbst wenn die beiden Männer Erfolg gehabt hätten, so die Zürcher Zeitung *Sport*, wäre einem der großen Gipfel nur Schande zugefügt worden, denn ein solches Spiel mit Menschenleben habe nicht das geringste mit Bergsteigerei zu tun.[11] Das *Alpine Journal* brachte sein Beileid zum Ausdruck, wies jedoch darauf hin, daß in jenem Jahr ungefähr 30 Menschen hauptsächlich durch Fahrlässigkeit umgekommen seien. »Sedlmayer und Mehringer [falsch als Nihringer buchstabiert] sind eines der krassesten Beispiele dafür, wie jedes vernünftige Prinzip bei dem Versuch, billigen Ruhm zu erlangen, außer acht gelassen wird.«[12]

Ein Winter genügte, um die Eigerwand von den Leichen zu befreien und um das Gedächtnis derjenigen zu trüben, die sie erobern wollten. Ende Mai 1936 – ungewöhnlich früh – kamen zwei weitere Münchner, Albert Herbst und Hans Teufel, nach Grindelwald. »Sie waren ausgezeichnete Bergsteiger, gewiß«, schrieb ein Zeitgenosse, »aber vielleicht fehlte es ihnen an der großen Ruhe und Gelassenheit, die den vollendeten Meister auszeichnet.«[13] Am 1. Juli bewältigten sie, um sich für den Eiger vorzubereiten, die bis dahin unbestiegene Nordwand des Schneehorns. Sie erreichten den Gipfel ohne Mühe, doch beim Abstieg wurden sie von einer Lawine 200 Meter in die Tiefe geschleudert. Herbst überlebte, aber Teufel prallte auf den Rand einer Gletscherspalte und brach sich das Genick. Das Ereignis wurde in den Zeitungen unter der Rubrik »Unfälle und Verbrechen« gemeldet.

Die Katastrophe, die Herbst und Teufel ereilt hatte, war noch in frischer Erinnerung, als ein neues Duo, diesmal aus Österreich, die Eigerwand in Angriff nahm. Willy Angerer und Edi Rainer hatten die Nordwand gemustert und den Schluß gezogen, daß es einen leichteren Weg zum ersten Eisfeld geben müsse als die Route über den bedrohlichen Fels oberhalb der Station Eigerwand, wo Sedlmayer und Mehringer in die Falle geraten waren. Zur Rechten befanden sich mehrere Pfeiler, von denen aus man sich vielleicht seitwärts über das Eis bewegen konnte. Am 6. Juli kletterten sie zu den Pfeilern hinauf, stellten fest, daß ein Quergang durchführbar schien, und kehrten am nächsten Tag zurück, wobei sie fast einem Sturz in 35 Meter Tiefe zum Opfer gefallen wären. Reportern gegenüber spotteten sie: »Aber nein, das Biwak war gar nicht schauerlich, nur ein bissel naß!« Außerdem sagten sie: »Weil ihr eure Wand nicht bezwingt, müssen wir es tun!«; »Entweder gehört die Wand uns oder wir ihr.« Und vor allem: »Wir steigen wieder ein, sobald die Verhältnisse günstiger werden.«[14] Die Presse reagierte begeistert mit Schlagzeilen wie »Im Kampf mit der Eigerwand«, »Neues Leben in der Eigerwand« und »Die Belagerung in vollem Gange«. Zudem sprachen manche Zeitungen nun nicht mehr von der Nordwand, sondern von der »Mordwand«.

Am Samstag, dem 18. Juli 1936, kehrten Angerer und Rainer »trotz jeder denkbaren Warnung von lokalen Führern und Experten«[15] zu den Pfeilern zurück. Dicht hinter ihnen folgte eine deutsche Seilschaft, bestehend aus Andreas Hinterstoisser und Toni Kurz. Die beiden Mannschaften kletterten zunächst getrennt, doch als die Deutschen die Österreicher eingeholt hatten, beschlossen sie, sich miteinander zu verbünden. Es war eine gute Entscheidung, denn Angerer und Rainer, so unerschrocken sie auch waren, fehlten die Kletterfähigkeiten der Deutschen. Insbesondere Hinterstoisser war an Felswänden geübt und hatte die Fertigkeit gemeistert, sich mit Hilfe von Kletterhaken und Sicherungen über scheinbar unmögliche Hindernisse hinwegzumanövrieren. Mit Hinterstoisser an der Spitze begannen sie die Überquerung zum ersten Eisfeld. Mittlerweile kamen Horden von Zuschauern mit Zug und Bus nach Grindelwald, um das Spektakel zu genießen.

Hinterstoisser zeigte seine Meisterschaft, indem er Kletterhaken quer an der fast vertikalen Wand einhämmerte und das Seil für die anderen befestigte. In Grindelwald und auf dem Kleine-Scheidegg-Pass beobachteten die Touristen mit dem Fernrohr jede Bewegung. Als der letzte Mann die Platte überquert hatte, zog Hinterstoisser das Seil ab. Die Zuschauer waren verblüfft: Der Zweck einer neuen Route mußte doch auch darin bestehen, daß sie eine neue Rückzugsmöglichkeit bot. Ohne Seil war der Rückweg abgeschnitten. Aber die Beobachter sagten sich: Das ist eine starke Mannschaft. Hinterstoisser weiß bestimmt, was er tut. Er muß das Seil mitgenommen haben, weil es für den nächsten Teil der Besteigung benötigt wird. Am 20. Juli jubelten sie, als sich Hinterstoisser und Kurz bei klarem Wetter dem Todesbiwak näherten. Die beiden Österreicher hingen ein wenig zurück. Dann geschah etwas. Die Österreicher hatten angehalten, die Deutschen stiegen zu ihnen hinunter, und nach einer Weile kehrte die ganze Mannschaft um. Wie sich herausstellte, war Angerer von einem Felsbrocken am Kopf getroffen worden. Nachdem Angerers Kameraden ihm über mehr als 300 Meter Fels und Eis hinweggeholfen hatten, befand sich die Gruppe am 21. Juli wieder am Quergang. Doch ohne ein Fixseil konnten sie ihren Weg nicht zurückverfolgen. Die einzige Abstiegsmöglichkeit bot die Felswand, die Sedlmayer und Mehringer 1936 als zu gefährlich gemieden hatten und die nun keineswegs sicherer war. Hinterstoisser stieg voran, und anerkennenswerterweise gelang es ihm, die Mannschaft mehrere Dutzend Meter nach unten zu führen.

Albert von Allmen, ein älterer Streckenwärter der Jungfraujoch-Bahn, hatte von dem Versuch gehört und wollte sich überzeugen, welche Fortschritte die Männer machten. Mittags am 21. Juli öffnete er die Holztür zwischen Kilometer 3,8 und den kahlen Klippen und rief, ob jemand da sei. Zu seiner Überraschung kam eine Antwort von einer Stelle fast direkt über ihm. Statt den gesamten Abstieg zu wagen, hatte Hinterstoisser beschlossen, seine Männer zu einem der Bahnhöfe zu bringen. Alles sei in Ordnung, und sie würden bald bei ihm sein, erklärten sie Allmen. Dieser verwechselte ihre Erleichterung mit Zuversicht, entgegnete, er werde Tee kochen, und tappte zu seinem Büro. Er wartete zwei Stunden

Die im Juli 1936 an der Eiger-Nordwand verunglückte Seilschaft; oben links: Edi Rainer und Willy Angerer; unten links: Andreas Hinterstoisser; oben rechts: Toni Kurz

lang, wobei er den Kessel mehrere Male vom Herd nahm, bevor er wieder zur Tür ging. Als er diesmal hinausrief, meldete sich nur Kurz. Die anderen seien tot, und er selbst sitze fest. Allmen rannte zum Telefon.

Ein Sonderzug mit vier Führern wurde zum Stollenloch hinaufgeschickt. Die Männer kletterten hinaus auf die Wand und erfuhren durch Rufe, die sie mit Kurz austauschte, was geschehen war. Hinterstoisser hatte sich vom Seil losgemacht, um Angerer hinter ihm größere Bewegungsfreiheit zu verschaffen. Dabei war er vom Berg gestürzt. Auch Angerer rutschte aus, und das Seil hatte sich durch ein übles Mißgeschick um seinen Hals gewickelt. Der Ruck riß Rainer von den Beinen und preßte ihn an den Karabiner, an dem das Seil befestigt war. Unfähig, sich zu bewegen, war Rainer erfroren. Kurz, der letzte Mann am Seil, baumelte nun an der Wand. Eine Leiche klebte an der Klippe über ihm, eine andere hing an ihrem Hals unter ihm. Die Retter taten ihr möglichstes, ihn zu erreichen, doch eisige Felsen und Dämmerung zwangen sie zur Aufgabe. Widerwillig kletterten sie, Kurz' Schreie der Wut und Verzweiflung in den Ohren, zum Stollenloch zurück.

Am nächsten Morgen war Kurz noch am Leben, doch sein Zustand hatte sich verschlechtert. Die Nacht, seine vierte an der Wand, war kalt gewesen: 20 Zentimeter lange Eiszapfen hingen an seinen Steigeisen. Er hatte einen Handschuh verloren, und sein linker Arm war so starr, daß er ihn kaum bewegen konnte. Das Seil war angeschwollen und hatte sich zu einem dicken, unhandlichen Kabel versteift. Die vier Bergführer gelangten an eine Stelle 40 Meter unter ihm, doch ein Überhang hinderte sie, höher zu steigen. Sie versuchten, Kurz mit Hilfe von Raketen eine Schnur zukommen zu lassen, die er dann benutzen sollte, um ein Seil heraufzuziehen. Aber sie waren dem Überhang zu nahe. Die Raketen flogen an der Wand vorbei, blieben jedoch knapp außerhalb der Reichweite von Kurz. Die Männer riefen dem für sie unsichtbaren Kurz zu, er solle heruntersteigen, Angerer vom Seil abschneiden, dann wieder hinaufklettern und das Seil unter Rainer durchtrennen. Danach solle er die Litzen des Seilstücks zusammenknüpfen und die Schnur herunterlassen. Das wäre auch unter normalen Umständen eine schwierige Aufgabe gewesen, doch für Kurz war sie so gut wie unmöglich. Trotzdem hackte er sich unglaublicherweise über die Wand erst zu Angerer, dessen Körper über Nacht am Fels angefroren war, und dann zu Rainer vor, wobei er mit seiner verletzten Hand das Seil umklammerte und mit der anderen die Axt schwang.

Nachdem Kurz das Seil gerettet hatte, mußte er es entwirren. Fünf Stunden lang zerrte er mit seiner unverletzten Hand und den Zähnen an den Litzen. Währenddessen fegte eine Lawine an den Rettern vorbei, gefolgt von einem Eisblock, der den Kopf eines der Führer knapp verfehlte, und von Angerers Leiche, die sich vom Fels gelöst hatte. Dann schlängelte sich zur Verblüffung der Männer eine dünne Schnur am Überhang herunter. Kurz war noch am Leben. Die Retter befestigten ein Seil und Kletterhaken an der Schnur, gaben Kurz Bescheid und sahen zu, wie sie langsam hochgezogen wurde. Aber das Seil war zu kurz, so daß sie ein zweites am Ende des ersten anbinden mußten. Dann fing Toni Kurz an, sich abzuseilen. Eine Stunde später rutschte er über den Rand des Überhangs. Da, wenige Meter von der Rettung entfernt, blieb der Knoten an einem Karabiner hängen. Kurz kam nicht mehr weiter. Er zerrte am Seil, aber der Knoten war fest verhakt. Die Retter, die seine Steigeisen mit ihren Eispickeln berühren konnten, forderten ihn auf, stärker zu ziehen. Kurz erwiderte langsam und mit sehr klarer Stimme: »Ich kann nicht mehr«, fiel in sich zusammen und blieb tot über dem Abgrund hängen.

Drei Tage später sprach die europäische Presse ihr Urteil. Ausnahmsweise wurden die Gedanken an wagnerschen Ruhm verworfen. »Wenn Renommiersucht und Mutwille sich kaputtmachen wollen, so ist's eigentlich nicht schade«,[16] hieß es in einer Zeitung. Häßliche Gerüchte kursierten, daß der Aufstieg mit den Berliner Olympischen Spielen habe zusammenfallen sollen. Niemandem entging, daß Hinterstoisser und Kurz dem 100. Jägerregiment angehörten, und ein Korrespondent schrieb unter der Schlagzeile »Befohlener Aufstieg?« aus Grindelwald: »Hier wird das Gerücht verbreitet, die vier Bergsteiger hätten den Aufstieg auf Befehl versucht. Am Freitagabend seien sie furchtbar erregt gewesen, aus freien Stücken hätten sie das Wagnis nie unternommen.«[17] Ohne ihn beim Namen zu nennen, machte auch der *Alpine Club* Hitler verantwortlich.

Andere Zeitungen vertraten einen weniger einseitigen Standpunkt:

Vielleicht hat diese Jugend nichts mehr zu verlieren ... Was soll diese Jugend machen, der die bürgerliche Gesellschaft keine Existenz mehr gibt,

> der nur noch eines bleibt: der Ruhm eines Tages, der rasch schwindende Glanz einer Stunde? Man wird ein bißchen Held, ein wenig Soldat, Sportler oder Rekordmann, ein Gladiator, heute Sieger, morgen besiegt ... Die vier zuletzt gefallenen Opfer der Eigerwand waren arme Kerle. Als sie erstmals von gutmeinender Seite in Grindelwald zum Essen eingeladen wurden, hieben sie drein wie je tapfere Krieger. Und nachher bestätigten sie, daß sie seit drei Jahren nicht mehr so gut gegessen hätten. Auf die Frage, was sie mit ihrem kühnen Vorhaben bezweckten, antworteten sie, daß ihnen hauptsächlich darum zu tun sei, ihre Existenz zu verbessern. Sie dachten, eine derart außergewöhnliche Leistung bringe Ruhm und Ehre, mache aufmerksam auf sie.[18]

Waren die Toten Opfer einer fehlgeschlagenen Propagandakampagne gewesen? Wahrscheinlich nicht. Sie waren vermutlich Anhänger Hitlers und vom Nationalismus des Jahrzehnts durchdrungen. Jede deutsche Zeitung sang einen Lobgesang auf sie, und das rasende Streben nach Eroberung unterschied sich in nichts von demjenigen, das Whympers Rivalen – und Whymper selbst – das Matterhorn hinaufgetrieben hatte. Andererseits hatte Hinterstoissers Kommandeur ihn in einem Telegramm angewiesen, von seinem Plan abzulassen, doch es war zu spät eingetroffen. Und hätte es sich um einen »befohlenen Aufstieg« gehandelt, wäre die Gruppe bestimmt besser ausgerüstet gewesen. Verglichen mit Sedlmayer und Mehringer, die den Eiger zunächst über die normale Route bestiegen hatten, um einen Lebensmittelvorrat auf dem Gipfel zu hinterlassen, waren Hinterstoissers Männer erbärmlich schlecht vorbereitet. Zwar besaßen sie Seil, Zelt und Kletterhaken, doch der Proviant für eine Tour, die, wie sie wußten, mindestens fünf Tage dauern würde, bestand pro Person aus einem Pfund Brot, einem halben Pfund Speck und einer Dose Sardinen. Sie mögen vom Zeitgeist erfaßt gewesen sein, aber das Bild der »armen Kerle«, die sich etwas Ruhm erhofften, ist überzeugender als das von vier Draufgängern, die ihr Leben für das »Dritte Reich« aufs Spiel setzten. Scharfsinnig verglich ein Schweizer Hochschullehrer den Sturm auf die Eigerwand mit dem Kinderkreuzzug.

Im Lauf des Jahres wurden die Überreste geborgen. Angerer und Rainer konnten leicht identifiziert werden, im Unterschied zu den beiden Knochenhaufen, die einst Sedlmayer und Mehringer gewesen waren. Eine deutsche Mannschaft erhielt den Vorrang bei der Bergung von

Kurz und schnitt seine Leiche mit einem an einer Stange befestigten Messer los. Daraufhin wurde im deutschen Rundfunk prompt verkündet, die Mannschaft sei für die ganze Bergungsaktion verantwortlich gewesen – eine Behauptung, die weithin mit Spott quittiert wurde. Ein Kommentator bemerkte in scharfem Ton, daß der langsamste Schweizer Führer unter schlimmsten Bedingungen 45 Minuten gebraucht habe, um Kurz vom Stolleneingang aus zu erreichen. Die Deutschen dagegen hätten sich abgemüht, die Entfernung in vier Stunden zurückzulegen.

Die »selbstmörderischen Torheiten an der Eigerwand«[19], wie das *Alpine Journal* es ausdrückte, setzten sich bis zum Jahr 1937 fort. Am 15. Juli gingen zwei Österreicher, Franz Primas und Albert Gollacher, den Eiger mit kaum zu überbietender Unfähigkeit an. Der erst 19jährige Gollackner war ausgesprochen unerfahren und nahm keine Lebensmittel mit. Nach fünf Tagen auf dem Berg verlor er den Verstand, versuchte, Primas über den Rand zu stoßen, und fror schließlich zu Tode. Primas, der vergessen hatte, ein Zelt mitzunehmen, wurde mit schweren Erfrierungen am 20. Juli aus einer Schneehöhle gerettet. Nach einem separaten Aufstiegsversuch mußten zwei Italiener ebenfalls aus Bergnot gerettet werden. Eine andere österreichische Seilschaft kam bis zum Todesbiwak und kehrte zurück, nachdem sie unterwegs Hinterstoissers Leiche geborgen hatte. Das verschaffte der Mannschaft den zweifelhaften Ruhm, als erste unversehrt aus einer solchen Höhe wieder abgestiegen zu sein. Eine Schweizerin, die von einem Führer begleitet wurde, kletterte über 1000 Meter hinauf, bevor sie mit heiler Haut zurückkehrte. Und zwei Deutsche, die sich mit der Vorspiegelung, sie seien Eiger-Männer, Getränke und Lebensmittel erschlichen hatten, wurden des Landes verwiesen. Mittlerweile wurden die Fernrohre hin und her geschwenkt, denn »das Proletariat, das sich unten drängte, wartete mit der gleichen beklagenswerten Gier wie 1935/36 auf neue Ereignisse«[20].

Im Alpine Club überschlug man sich vor Wut. »Die Eigerwand … ist weiterhin ein Gegenstand der Besessenheit für die Geistesgestörten fast jeder Nation«, sagte der Präsident am 6. Dezember 1937. »Wem es als erstem gelingt, der darf sich sicher sein, daß er die dümmste Variante seit dem Beginn des Bergsteigens vollbracht hat.«[21] In Grindelwald verboten die Behörden alle weiteren Besteigungsversuche an der Eigerwand, doch sie drohten recht zaghaft nur eine Geldstrafe an. Als sie später begriffen, daß Tote nicht zahlen können, zogen sie die Sanktion zurück und warnten statt dessen, daß man keine Rettungsaktion einleiten werde, wenn Kletterer steckenblieben. Diese Ankündigung hatte nicht den geringsten Effekt. Auf dem nächsten Nürnberger Parteitag lud Hitler Anderl Heckmair, den bedeutendsten Bergsteiger des »Dritten Reiches«, neben sich auf die Tribüne. Die Scheinwerfer schwenkten hin und her, die Menge im Stadion jubelte, und die Eigerwand war stillschweigend zu einem Teil des nationalsozialistischen Traumes geworden. Unterdessen flatterten Fetzen der amtlichen Verbotsblätter trübselig über die unteren Hänge des Eiger.

1938 trafen die üblichen hoffnungsfrohen Bergsteiger in Grindelwald ein, errichteten ihre Zelte auf Wiesen oder schliefen in Heuschobern oder im Wald. Da sie Angst hatten, öffentlich verdammt zu werden, waren sie verschwiegener als je zuvor und mieden die Presse. Aber nichts konnte ihre Gier nach der Eigerwand verbergen. Die Saison begann am 21. Juni mit dem Tod von zwei Italienern. Bartolo Sandri und Mario Menti waren junge Männer von 23 Jahren, die in einer Wollfabrik arbeiteten und keine Eiserfahrung hatten. Sandri wurde auf einer Schneefläche am Fuß der Wand entdeckt und Menti ein paar Tage später vom Grund einer 45 Meter tiefen Gletscherspalte geborgen. Dann, am 21. Juli tauchten vier Österreicher zwischen den Bäumen auf und nahmen die Eigerwand in Angriff. Zwei von ihnen kehrten später zurück, doch die beiden anderen, Heinrich Harrer und Fritz Kasparek, kletterten weiter. An den Felspfeilern merkten sie, daß sie nicht allein waren. Der nach dem Reichsparteitag berühmte Heckmair hatte sich ebenfalls zwischen den Bäumen versteckt und war unglaublich rasch an der Wand emporgestiegen. Sein Partner Ludwig Vörg und er machten eine Pause, als Harrer und Kasparek eintrafen. Harrer blieb nichts anderes übrig, als den Aufstieg mit den beiden fortzusetzen. Das erwies sich als Vorteil, denn Heckmair war ein großartiger Kletterer. Er schwang sich als erster die Wand hinauf und schien manchmal über unüberwindlichen Klippen zu schweben.

»Und jetzt führt er uns ein Akrobatenkunststück vor«, schrieb Harrer, »eine Kürübung, wie man sie noch selten gesehen hat. Halb Meisterkletterei, halb Spitzentanz auf dem Eis. Spitzentanz in die Senkrechte. Er hält sich im Fels, er hält sich im Eis, er verstemmt sich, rückt höher, und immer laufen die Spitzen der Vorderzacken seiner Steigeisen empor, verbohren sich im Eis. Nur millimetertief, aber das genügt.«[22] Das Wetter verschlechterte sich, doch Heckmair ließ sich nicht aufhalten. Sie kletterten tagsüber und im schattigen Licht vor der Morgendämmerung, die Harrer als »die freundliche Schwester der Angst«[23] bezeichnete. Aufrecht stehend übernachteten sie auf ganz schmalen Simsen, wobei sie vom Wind geschüttelt und nur von ihren Seilen festgehalten wurden. Stürme kreischten um sie herum, Schnee fiel, Wasser lief ihnen in die Kragen und kam an den Knöcheln wieder heraus. Bei einer Mahlzeit vergiftete sich Heckmair mit einer verdorbenen Ölsardine, aber dadurch ließ er sich nicht bremsen. Er führte sie höher und höher, über das Todesbiwak, das dritte Eisfeld, die Weiße Spinne hinweg bis zum letzten Abschnitt. Sie glitten aus und verletzten einander mit ihren Steigeisen. Vörg hätte beinahe eine Hand verloren, als der Mann über ihm darauf trat. Einmal stürzte Heckmair und riß eine Reihe von Mauerhaken aus der Klippe, bevor das Seil ihn aufhielt. Unerschrocken kletterte er wieder nach oben und hämmerte sämtliche Haken erneut ein. Sie beobachteten Lawinen und maßen ihre Dauer, um die Intervalle zu nutzen. Und dann, um 15.30 Uhr am 24. Juli 1938, hackten sie sich durch die letzte Wächte hindurch. Nach 85 Stunden war die Eigerwand endlich besiegt.

Sie reagierten wie betäubt: »Freude? Erlösung? Taumel des Triumphes? Nichts von alledem«, schrieb Harrer.

> Die Befreiung kommt zu plötzlich, unsere Sinne und Nerven sind zu abgestumpft, unsere Körper zu müde, um einen Gefühlsrausch zu gestatten ... Auf dem Gipfel ist der Sturm so arg, daß wir gebückt stehen müssen. Um Augen, Mund und Nase haben sich dicke Eiskrusten gebildet, die wir erst abkratzen müssen, um einander überhaupt sehen, um sprechen, um atmen zu können. Vielleicht schauen wir aus wie rätselhafte Tiere aus der Arktis. Aber wir haben keinen Sinn für die Komik eines solchen Anblicks. Und es ist wahrlich nicht der Ort und nicht die Zeit, um Kopfstände zu machen und zu heulen vor Freude und Glückseligkeit. Wir drücken uns nur stumm die Hände. Dann beginnen wir sofort mit dem Abstieg.[24]

Der Rückweg, obwohl eine Kleinigkeit verglichen mit dem Aufstieg, war gleichwohl »voll Tücken und Bosheiten«[25]. Der Schneesturm ließ

Heinrich Harrer auf dem Gipfelgrat des Eiger

das Sichtfeld auf einen kleinen Kreis zusammenschrumpfen. Das Eis war gefährlich und von einem Meter hohem Schnee bedeckt. Während sie durch den Nebel rutschten und taumelten, verloren sie die Orientierung und mußten zu ihrem Leidwesen erneut mehr als 100 Meter hinaufklettern. Heckmair, der während des Aufstiegs durch die Nervenanspannung gestärkt worden war, brach nun zusammen. Er gab die Führung ab und stieg mechanisch hinter den anderen her.

Als Regen den Schnee ablöste, wurde ihnen klar, daß sie sich unterhalb der Sturmzone befanden. Aber inzwischen waren sie alle mehr oder weniger benommen. Sie sahen, wie sich ihnen schwarze Punkte näherten, und fragten sich, was so viele Menschen auf dem Gletscher zu suchen hatten. Dann erblickten sie das Hotel auf der Kleinen Scheidegg und wünschten sich, dort in einem Bett schlafen zu können – wenn sie nur Geld mitgebracht hätten! Plötzlich stand ein junger Bursche vor ihnen, starrte sie an wie Gespenster und lief mit dem Schrei davon: »Sie sind da! Sie kommen!«[26] Die Männer trotteten weiter und stellten immer noch keine Verbindung zwischen dem Aufruhr und ihrer Tat her, bis sie von Gratulanten umringt waren: von Bergführern, Freunden aus Wien und München, Angehörigen der Bergwacht, Journalisten und Neugierigen. Man nahm ihnen die Rucksäcke ab, man zündete Zigaretten für sie an, reichte ihnen Cognacflaschen, versprach ihnen kostenloses Quartier in einem Hotel ihrer Wahl. Wenn sie es zugelassen hätten, wären sie auf Schultern getragen worden. Harrer war überwältigt: »Jetzt erst fühlen wir die große Befriedigung, das Gelöstsein, die Befreiung von allen Sorgen, das unbeschreibliche Glück, die Eiger-Nordwand durchstiegen zu haben ... In der Hast und Hetze des Alltags leben wir so oft nebeneinanderher ohne rechten Kontakt zum anderen. Die Eiger-Nordwand hat uns gelehrt, daß die Menschen gut sind und gut die Erde, auf der wir geboren sind. Wir sind Gast der Erde.«[27]

In Berlin wurden Harrer, Heckmair, Kasparek und Vörg zu Helden. Man verlieh ihnen Orden, und Heckmair wurde erneut den Parteigenossen vorgeführt. Hitler schüttelte ihm die Hand und reichte ihm im Blitzlichtgewitter Karten für eine Kreuzfahrt durch die skandinavischen Fjorde. Harrer wurde mit einem Platz in der deutschen Himalaya-Expedition von 1939 belohnt. Die Folge war seine Internierung in Indien während des Krieges und nach seiner Flucht sieben Jahre Abgeschiedenheit in Tibet. Kasparek bekam kein Geschenk und stürzte 1954 von einer peruanischen Wächte in den Tod. Vörg erhielt die Beförderung in ein Elite-Bergregiment und fiel an der Ostfront bei einem verheerenden Angriff auf eine russische Stellung.

Zwangsläufig gab es auch Verstimmung. Das *Alpine Journal* hielt sich mit seinen Glückwünschen zurück und schilderte den Triumph mit neidischer Reserviertheit. Ein Franzose machte die berühmte Bemerkung: »*C'est pas de l'Alpinisme, ça, c'est la guerre.*«[28] Und natürlich wurden die Bergsteiger auch bezichtigt, sie hätten nur dem »Dritten Reich« nützen wollen. Harrer wies den Vorwurf zornig zurück: »Es wäre aber Lüge und Verleumdung, wenn man unserer Durchsteigung materielle Motive und solche äußeren Triumphe unterschieben wollte. Keiner von uns hat sich seine bürgerliche Existenz durch die aufsehenerregende alpinistische Leistung verbessert. Es winkten uns auch keine olympischen oder anderen Medaillen ... Und das Gerücht, wir hätten die Besteigung auf Befehl oder auch nur auf Wunsch irgendeiner Stelle versucht, ist völlig abwegig. Wir folgten nur unserem eigenen Willen.«[29] Aber worauf gründete sich dieser eigene Wille? Heckmair äußerte noch unverblümter, sein offizieller Empfang hätte einem »Tanzbären« gegolten haben können.

Im Grunde spielte es keine Rolle, ob die Männer von Hitler protegiert worden waren oder nicht. Sie hatten die Eigerwand durchklettert, und nichts, was immer ihre Motive gewesen sein mochten, konnte diese außerordentliche Leistung schmälern. Mehr noch, es hätte eine wunderbare Symmetrie bedeutet, wenn ihnen Belohnungen angeboten worden wären. Denn ihr Triumph beendete einen Prozeß, der rund 175 Jahre zuvor damit begonnen hatte, daß Horace Bénédict de Saussure als erster einen Preis für den Kopf des Montblanc aussetzte.

Der Sieg über die Eigerwand war nicht das Ende der Alpenerforschung. In den folgenden Jahren sollten es weitere »letzte Schwierigkeiten« geben, denn Bergsteiger hielten auf alten Bergen Ausschau nach neuen Routen und nahmen sie aus unterschiedlichen Richtungen in Angriff. Doch die Eroberung der Eigerwand bildete einen Abschluß zu der Zeit, als die Alpen noch in einen, wenn auch zerfetzten und zunehmend fadenscheinigen, Mantel der Rätselhaftigkeit gehüllt waren. Der Tourismus blühte in den dreißiger Jahren, aber er beschränkte sich auf wenige größere Kurorte wie Zermatt, Grindelwald, Chamonix und Sankt Moritz. Abseits dieser beliebtesten Ziele konnten einzelne noch über kahle Gletscher und durch unberührte Täler wandern, deren Dorfbewohner und Senns sich kaum von denen des vorhergehenden Jahrhunderts unterschieden.

Nach dem Zweiten Weltkrieg veränderten sich die Alpen unwiderruflich. Die Zahl der Skiurlaubsorte stieg, denn Industrielle und Bauunternehmer kauften die ungenutzten Flächen auf. Die Entdeckung der Antibiotika löschte die Sanatorien fast über Nacht aus. Nur die wenigen, die gut gelegen waren, um den winterlichen Besucherzustrom zu nutzen, konnten überleben. Ihre teuren medizinischen Anlagen dienten nun dazu, Verletzungen statt Krankheiten zu behandeln. Masten für Skilifte, Gondeln und Drahtseilbahnen wuchsen auf jedem Hang empor. Steigungen wurden eingeebnet und Wälder abgeholzt, um Pisten zu schaffen. Seile wurden am Matterhorn angebracht, um denen, die den Großen Felsen bezwingen wollten, das Leben zu erleichtern. Tunnel wurden durch störende Berge gesprengt, um den Verkehrsfluß zwischen Italien und dem übrigen Europa zu beschleunigen. In den Nachkriegsjahren reisten mehr Menschen durch die Alpen und machten dort mehr Geschäfte als zu jeder anderen Zeit in der langen Geschichte der Region.

Diese gepflegte Wildnis war kein Ort für Drachen. Aber ihre höheren Lagen behielten weiterhin eine seltsame Faszination. Bergsteiger wanderten immer noch über Pässe, kletterten über Gletscher und mühten sich auf gefährlichen neuen Routen ab. Es waren viel weniger als die Tausende, die jeden Winter in die Alpen eilten, und sie bewahrten einen Hauch der alten Romantik. Das Gefühl der Frische, welches das Goldene Zeitalter gekennzeichnet hatte, ging ihnen ab – inzwischen wurde das Matterhorn täglich von bis zu 100 Personen erklettert –, aber sie konnten eine ähnliche Befriedigung über ihre Leistung empfinden. Wie ihre Vorgänger traten sie einer feindseligen Umwelt zu nahe. Sie waren Abenteurer von altehrwürdiger Tradition.

Die Pioniere wurden durch unterschiedliche und komplexe Motive auf die Alpengipfel getrieben. Wissenschaftliche Studien spielten eine Rolle und schierer Egoismus eine noch größere. Manche versuchten, dem modernen Leben zu entkommen, andere sahen bergsteigerische Leistungen als den Höhepunkt der Moderne, und für noch andere war das Klettern ein spirituelles Bedürfnis. Einige suchten die Berge natürlich zum reinen Vergnügen auf. Ihnen folgten Maler, Dichter und Pedanten, die sich jeweils ein eigenes Bild von den Alpen machten. Aber wenn man einen einzigen Satz wählen müßte, um das Wesen der Alpenforschung einzufangen, den Zauber, der Männer und Frauen immer wieder zu den Gipfeln hinzog, wenn man die Archive sichtete – von Master John de Bremble und Leonardo da Vinci über Conrad Gesner, Bourrit, Saussure und Forbes bis hin zu Wills, Whymper, Tyndall, Conway, Coolidge und noch anderen –, dann sind keine Worte dazu besser geeignet als die Harrers nach seiner Rückkehr von der Eigerwand. Er gab einem Gefühl Ausdruck, das ungezählte Bergsteiger zwei Jahrhunderte hindurch geteilt hatten, als er schlicht sagte: »Wir haben einen Ausflug in eine andere Welt gemacht und sind zurückgekommen.«[30]

Quellen

Folgende Abkürzungen werden benutzt:

AC – Alpine Club
AJ – Alpine Journal
BL – British Library
IC – Imperial College, London
MC – Magdalen College, Oxford
RI – Royal Institution of Great Britain
SPRI – Scott Polar Research Institute

1. Kapitel

1 Coolidge, W., *Josias Simler et les Origines de l'Alpinisme* (Grenoble: Imprimerie Allier Frères, 1904), S. iii.
2 Bernard, P., »Rush to the Alps«, in: *European Quarterly* (Boulder: Columbia Press, 1978), S. 9.
3 Lunn, A., *The Alps* (London: Williams & Norgate, 1914), S. 22f.
4 Coolidge, W., *Swiss Travel and Swiss Guide Books*. (London: Longman, Green & Co., 1899), S. 9.
5 Gribble, F., *The Early Mountaineers* (London: Fisher Unwin, 1899), S. 24.
6 Coolidge, *Josias Simler*, op.cit., S. iiif.
7 Gesner, C., *On the Admiration of Mountains* (San Francisco: The Grabhorn Press, 1937), S. 31.
8 De Beer, G., *Early Travellers in the Alps* (London: Sidgwick & Jackson, 1930), S. 83.
9 Ibid., S. 88.
10 Gribble, op.cit., S. 75.
11 Mathews, C., *The Annals of Mont Blanc* (London: Fisher Unwin, 1898), S. 6.
12 De Beer, op.cit., S. 90.
13 Ibid.
14 Mathews, op.cit., S. 336.
15 Ibid.
16 Ibid., S. 338.
17 Ibid., S. 339.
18 Ibid., S. 340.
19 Ibid.
20 Engel, C., *A History of Mountaineering in the Alps* (London: Allen and Unwin, 1950), S. 39.
21 Stephen, I., *Playground of Europe* (London: Longmans, 1871), S. 2.

2. Kapitel

1 Freshfield, D., *The Life of Horace Benedict De Saussure* (London: Edward Arnold, 1920).
2 Saussure, H., *Voyages dans les Alpes* (Genf: Barde, Manget, 1786), Bd. I, S. x.
3 Ibid.
4 Freshfield, op.cit., S. 66.
5 Saussure, op.cit., S. 429.
6 Ibid.
7 Freshfield, op.cit., S. 71.

8 Ibid., S. 182.
9 Engel, C., *A History of Mountaineering in the Alps* (London: Allen & Unwin, 1950), S. 34.
10 Bourrit, M., *A Relation of a Journey to the Glaciers in the Dutchy of Savoy* (Norwich: Richard Beatniffe, 1776), Vorwort des Herausgebers.
11 Engel, op.cit., S. 37.
12 Freshfield, op.cit., S. 185.
13 Ibid.
14 Saussure, op.cit., S. xi.
15 Freshfield, op.cit., S. 182.
16 Engel, op.cit., S. 35.
17 De Beer, *Travellers in Switzerland* (London: Oxford University Press, 1949), S. 79.
18 Freshfield, op.cit., S. 178.
19 Ibid., S. 179.
20 Gribble, F., *The Early Mountaineers* (London: Fisher Unwin, 1899), S.130.
21 Engel, op.cit., S. 30.
22 Ibid., op.cit., S. 29.
23 Ibid., S. 32.
24 Ibid.
25 Ibid.
26 Ibid.
27 Ibid, S. 31.

3. Kapitel

1 Freshfield, op.cit., S. 78.
2 Ibid., S. 83.
3 Ibid., S. 149.
4 Ibid., S. 162.
5 Ibid., S. 55.
6 Bourrit, M., *Description des Cols ou Passages des Alpes*, Bd. I (Genf: Manget, 1803), S. 266.
7 Saussure, H., *Voyages*, op.cit., Bd. IV, S. 219.
8 Saussure, op.cit., Bd. II, S. 554.
9 Bourrit, M., *A Relation of a Journey to the Glaciers in the Duchy of Savoy* (Norwich: Richard Beatniffe, 1776), S. 64.
10 Ibid., S. 72.
11 Ibid., S. 94.
12 Freshfield, op.cit., S. 182.
13 Ibid., S. 201.
14 Mathews, C., *The Annals of Mont Blanc* (London: Fisher Unwin, 1898), S. 35.
15 AC, Paccards Journal.
16 Ibid.
17 Bourrit, M., *Nouvelle Description des Glacières et Glaciers de Savoy* (Genf: Paul Barde, 1785), S. 305.
18 AC, Paccards Journal.
19 Ibid.
20 Engel, C., *A History of Mountaineering in the Alps* (London: Allen and Unwin, 1950), S. 49.
21 Saussure, op.cit., Bd. II, S. 554.
22 Ibid., S. 562.
23 Freshfield, op.cit., S. 206.
24 Ibid., S. 203.
25 Ibid., S. 204.
26 Ibid.
27 Ibid.
28 AC, Paccards Journal.
29 Freshfield, op.cit., S. 208.

4. Kapitel

1 AC, Paccards Journal.
2 Mathews, C., *The Annals of Mont Blanc* (London: Fisher Unwin, 1889). Dieses sowie die folgenden Zitate befinden sich auf den Seiten 54–71.
3 Ibid., S. 98.
4 Ibid., S. 99.

5 Ibid., S. 100.
6 Ibid.
7 Engel, C., *A History of Mountaineering in the Alps* (London: Allen and Unwin, 1950), S. 53.
8 Freshfield, op.cit., S. 216.
9 Payot, P., *Au Royaume du Mont Blanc* (Montmélian: La Fontaine de Siloé, 1996), S. 228.

5. Kapitel

1 Freshfield, op.cit., S. 222.
2 Ibid., S. 223.
3 Ibid.
4 Saussure, H., *Voyages*, op.cit., Bd. 4, S. 144.
5 Ibid.
6 Ibid.
7 Freshfield, op.cit., S. 225.
8 Saussure, op.cit., S. 156.
9 Ibid., S. 157.
10 Ibid., S. 161.
11 Ibid., S. 157.
12 Ibid., S. 144.
13 Ibid., S. 145.
14 Freshfield, op.cit., S. 231.
15 Ibid., S. 230.
16 Ibid.
17 Saussure, op.cit., S. 145.
18 Freshfield, op.cit., S. 231.
19 Saussure, op.cit., S. 175.
20 Ibid.
21 Ibid., S. 147.
22 Freshfield, op.cit., S. 233.
23 Ibid.
24 Ibid., S. 234.
25 Ibid., S. 235.
26 Ibid.
27 Ibid., S. 238.
28 Ibid., S. 240.
29 Ibid., S. 236.
30 Bourrit, M., *Description des Cols ou Passages des Alpes*, Bd. I (Genf: Manget, 1803), S. 101.

6. Kapitel

1 Freshfield, op.cit., S. 249.
2 Ibid., S. 248.
3 Ibid., S. 250.
4 Engel, C., *A History*, op.cit., S. 62.
5 Freshfield, op.cit., S. 251.
6 Engel, op.cit., S. 62.
7 Saussure, H., *Voyages*, op.cit., Bd. IV, S. 224.
8 Freshfield, op.cit., S. 257f.
9 Saussure, op.cit., S. 222.
10 Ibid., S. 223.
11 Ibid., S. 222.
12 Freshfield, op.cit., S. 257.
13 Ibid., S. 258.
14 Ibid., S. 256.
15 Saussure, op.cit., S. 224.
16 Freshfield, op.cit., S. 254.
17 Bourrit, M., *Nouvelle Description des Alpes*, Bd. II (Genf: Paul Barde, 1783), S. 263.
18 Freshfield, op.cit., S. 371.
19 Ibid., S. 375.
20 Ibid., S. 383.
21 Ibid., S. 389.
22 Ibid., S. 276.

7. Kapitel

1 De Beer, G., *Travellers in Switzerland* (London: Oxford University Press, 1949), S. 94.
2 Ibid., S. 100.
3 Ibid., S. 101.
4 Saussure, H., *Voyages*, op.cit., Bd. IV, S. 154.
5 De Beer, op.cit., S. 90.

6 Engel, C., *Mont Blanc* (London: Allen & Unwin, 1965), S. 55.
7 Bourrit, C., *Descriptions des Cols ou Passages des Alpes,* Bd. I (Genf: Manget, 1803), S. 105.
8 De Beer, op.cit. S. 96.
9 Bourrit, op.cit., S. 105.
10 De Beer, op.cit., S. 113.
11 Ibid., S. 115.
12 Mathews, C., *The Annals of Mont Blanc*, op.cit., S. 118.
13 Ibid.
14 Payot, P., *Au Royaume du Mont Blanc* (Montmélian: La Fontaine de Siloé, 1996), S. 241.
15 Ibid.
16 Ibid.
17 De Beer, G., *Alps and Men* (London: Edward Arnold, 1932), S. 28.
18 Bourrit, op.cit., S. 79.
19 Payot, op.cit., S. 232.
20 Ibid.
21 Clark, R., *The Early Alpine Guides* (London: Phoenix House, 1949), S. 25.
22 Payot, op.cit., S. 232.

8. Kapitel

1 Bourrit, M., *Description des Cols ou Passages des Alpes*, Bd. I (Genf: Manget, 1803), S. 43.
2 Ibid., S. 133.
3 Coolidge, W., *Swiss Travel and Swiss Guide Books* (London: Longman, Green & Co., 1889), S. 60.
4 Ibid., S. 61.
5 De Beer, G., *Travellers in Switzerland* (London: Oxford University Press, 1949), S. 139.
6 Lutvens, M. (Hg.), *Effie in Venice* (London: Murray, 1965), S. 47.
7 De Beer, op.cit., S. 138.
8 Coolidge, op.cit., S. 69.
9 Ibid., S. 76.
10 Ibid., S. 59.
11 Ibid., S. 61.
12 Ibid., S. 62.
13 *Blackwood's Magazine*, November 1818, Nr. XX.
14 Ibid.
15 Mathews, C., *The Annals of Mont Blanc* (London: Fisher Unwin, 1898), S. 123.
16 Ibid.
17 Bourrit, op.cit., Bd. I, S. 112.
18 Brockedon, W., *Journals of Excursions in the Alps* (London: James Duncan, 1833), S. 153.
19 Ibid., S. 155.
20 Stephen, L., *Playground of Europe* (London: Longman, 1871), S. 85.
21 Mathews, op.cit., S. 225.
22 Ibid., S. 227.
23 Auldjo, J., *Narrative of an Ascent to the Summit of Mont Blanc* (London: Longman, 1828), S. 63f.
24 D'Arve, S., *Histoire du Mont Blanc* (Montmélian: La Fontaine de Siloé, 1993), S. 69.
25 Mathews, op.cit., S. 226.
26 D'Arve, op.cit., S. 70.
27 Mathews, op.cit., S. 128.
28 Ibid., S. 129.
29 Ibid., S. 130.
30 Payot, P., *Au Royaume du Mont-Blanc* (Montmélian: La Fontaine de Siloé, 1996), S. 270.
31 Mathews, op.cit., S. 135.
32 Payot, op.cit., S. 42.
33 De Beer, op.cit., S. 149
34 Ibid., S. 167.
35 Ibid., S. 169.
36 Brockedon, op.cit., S. 36.
37 De Beer, G., *Alps and Men* (London: Edward Arnold, 1932), S. 192.

38 Ibid., S. 183.
39 Fellows, C., *Narrative of the Ascent to the Summit of Mont Blanc* (London: Privatdruck, 1827), S. 4.
40 Ibid.
41 Ibid., S. 7.
42 Ibid., S. 14.
43 Ibid., S. 16.
44 Ibid., S. 18.
45 Ibid., S. 16.
46 Ibid., S. 21.
47 Hawes, W., *A Narrative of an Ascent to the Summit of Mont Blanc* (Privatdruck, 1828), S. 21.
48 Fellows, op.cit., S. 23.
49 Ibid., S. 26.
50 Ibid., S. 27.
51 Ibid., S. 30.
52 Ibid., S. 31.
53 Ibid., S. 32.
54 Ibid.

9. Kapitel

1 Auldjo, J., *Narrative of an Ascent to the Summit of Mont Blanc* (London: Longman, 1828), S. 25.
2 Auldjo, J., *Narrative* (2. Auflage, 1856), S. vii.
3 AC, Paccards Journal.
4 Auldjo, op.cit., S. 4.
5 Coolidge, W., *Swiss Travel and Swiss Guide Books* (London: Longman, Green & Co, 1889), S. 76.
6 Forbes, John, *A Physician's Holiday* (London: Murray, 1850), S. 2.
7 Ibid., S. 8.
8 Ibid.
9 Ibid., S. 242.
10 De Beer, G., *Alps and Men* (London: Edward Arnold, 1932), S. 109.
11 Ibid.
12 Töpffer, R., *Nouveaux Voyages en Zigzag* (Paris: Victor Lecon, 1854), S. 139.
13 Agassiz, E. (Hg.), *Louis Agassiz; his Life and Correspondence,* Bd. I (London: Macmillan, 1885), S. 380.
14 Clark, J., und Hughes, T. (Hgs.), *The Life and Letters of Adam* Sedgwick, Bd. I (Cambridge: Cambridge University Press, 1890), S. 432.
15 De Beer, op.cit., S. 153.
16 Ibid., S. 157.
17 Clark und Hughes, op.cit., Bd. I, S. 447.
18 Agassiz, op.cit., Bd. I, S. 340.
19 Ibid., Bd. I, S. 323.
20 De Beer, op.cit., S. 208.
21 Forbes, James, *Norwegen und seine Gletscher* (Leipzig: Verlag von Ambrosius Abel, 1855), S. 265.
22 Ibid.
23 Shairp, J., Tait, P., und Adams-Reilly, A., *The Life and Letters of James David Forbes* (London: Macmillan, 1873), S. 266.
24 Ibid.
25 Forbes, James, op.cit., S. 271.
26 Ibid., S. 274.
27 Ibid., S. 285f.
28 Ibid., S. 286.
29 Ibid., S. 287.
30 Engel, C., *A History of Mountaineering in the Alps* (London: Allen and Unwin, 1950), S. 94.
31 Forbes, James, op.cit., S. 290.
32 Ibid.
33 Ibid., S. 266.
34 Agassiz, op.cit., Bd. I, S. 338.
35 Ibid., S. 343.
36 Ibid., S. 353.
37 Ibid., S. 358.

10. Kapitel

1 Shairp, J., Tait, P., und Adams-Reilly, A., *The Life and Letters of James David Forbes* (London: Macmillan, 1873), S. 147.
2 Ibid., S. 453.
3 Forbes, James, *Reisen in den Savoyer Alpen und in den andern Theilen der Penninen-Kette. Nebst Beobachtungen über die Gletscher* (Stuttgart: Schweizerbart, 1845), S. 15.
4 Forbes, James, *Norwegen und seine Gletscher* (Leipzig: Verlag von Ambrosius Abel, 1855), S. 228.
5 Forbes, *Reisen*, op.cit., S. 4.
6 Ibid., S. 14.
7 Ibid., S. 6.
8 Ibid., S. 37f.
9 Siehe ibid., S. 14.
10 Shairp et al., op.cit., S. 557.
11 Forbes, *Reisen*, op.cit., S. 82.
12 Ibid.
13 Ibid.
14 *Journal of the Royal Geographical Society*, Bd. XIV (London: Murray, 1844), S. 322.
15 Shairp et al., op.cit., S. 533.
16 Bailey, R. (Hg.), *Glacier* (Alexandria, Virginia: Time-Life Books, 1982), S. 24.
17 Forbes, *Reisen*, op.cit., S. 259.
18 Ibid., S. 261.
19 Ibid., S. 321.
20 Ibid., S. 193.
21 Ibid., S. 231.
22 Ibid., S. 276.
23 Ibid., S. 277.
24 *Journal of the Royal Geographical Society*, Bd. XIV (London: Murray, 1844), S. 322.
25 *Journal of the Royal Geographical Society*, Bd. XIII (London: Murray, 1843), S. 134.
26 Ibid., S. 135.
27 Ibid., S. 148.

11. Kapitel

1 Kemp, W., *John Ruskin, 1819–1900: Leben und Werk* (München u. a.: Hanser, 1983), S. 213.
2 Clark, R., *Victorian Mountaineers* (London: Batsford, 1953), S. 35.
3 Engel, C., *A History of Mountaineering in the Alps* (London: Allen and Unwin, 1950), S. 111.
4 Ruskin, J., *Deucalion and other Studies in Rocks and Snow*, Library Edition, Bd. XXVI (London: George Allen, 1909), S. 220.
5 Clark, op.cit., S. 35.
6 Ibid.
7 Ibid., S. 36.
8 Ibid., S. 35.
9 Ibid., S. 36.
10 Hayman, J. (Hg.), *John Ruskin: Letters from the Continent* (Toronto: University of Toronto Press, 1982), S. 192.
11 Kemp, op.cit., S. 159.
12 Ruskin, J., *Letters 1870-1889*, Library Edition, Bd. XXXVII (London: George Allen, 1909), S. 142.
13 Clark, op.cit., S. 39.
14 Kemp, op.cit., S. 237.
15 *Quarterly Review* CXCVI, Art. IV.
16 De Beer, G., *Alps and Men* (London: Edward Arnold, 1932), S. 233.
17 Clark, op.cit., S. 37.
18 Forbes, John, *A Physician's Holiday* (London: Murray, 1850), S. 158.

12. Kapitel

1 Smith, A., *Mont Blanc* (London: Ward and Lock, 1862), S. 2.
2 Ibid., S. xii.
3 Ibid., S. 3.
4 Ibid., S. 18.
5 Ibid., S. 19.
6 Ibid., S. 20.
7 Fitzsimons, R., *The Baron of Piccadilly: The Travels and Entertainments of Albert Smith 1816–1860* (London: Geoffrey Bles, 1967), S. 31.
8 Thorington, J., *Mont Blanc Sideshow. The Life and Times of Albert Smith* (Philadelphia: The John C. Winston Company, 1934), S. 30.
9 Smith, op.cit., S. 43.
10 Smith, op.cit., S. xii.
11 Smith, A., *A Month at Constantinople* (London: David Bogue, 1850), S.80.
12 Thorington, op.cit., S. 55.
13 Fitzsimons, op.cit., S. 152.
14 Smith, *Mont Blanc*, op.cit., S. xxiv.
15 Mathews, C., *The Annals of Mont Blanc* (London: Fisher Unwin, 1898), S. 181.
16 Ibid., S. 182.
17 Fitzsimons, op.cit., S. 64.
18 Thorington, op.cit., S. 65.
19 Ibid.
20 Ibid., S. 132.
21 Smith, *Mont Blanc*, op.cit., S. 202.
22 Mathews, op.cit., S. 184.
23 Fitzsimons, op.cit., S. 117.
24 Ibid., S. 114.
25 Smith, *Mont Blanc*, op.cit., S. 240.
26 Ibid., S. 238.
27 *Fraser's Magazine*, Bd. LII (London: John Parker, 1855), S. 10.
28 Smith, *Mont Blanc*, op.cit., S. 252.
29 Ibid., S. 261f.
30 *Fraser's Magazine*, op.cit., S. 13.
31 Smith, *Mont Blanc*, op.cit., S. 262.
32 Ibid., S. 270.
33 *Daily News*, 21. August 1851.
34 Smith, *Mont Blanc*, op.cit., S. 47.
35 *Daily News*, 21. August 1851.
36 *Daily News*, 30. August 1851.
37 Smith, *Mont Blanc*, op.cit., S. 47.
38 Fitzsimons, op.cit., S. 141.
39 Ibid., S. 142.
40 Fitzsimons, op.cit., S. 140.
41 Clark, R., *Victorian Mountaineers* (London: Batsford, 1953), S. 54.
42 Thorington, op.cit., S. 153.
43 MacGregor, J., und Baxters, G., *The Ascent of Mont Blanc* (Privatdruck, 1855), S. 2.
44 Smith, *Mont Blanc*, op.cit., S. xvii.

13. Kapitel

1 Fleming, F. (Hg.), *The Pulse of Enterprise* (Amsterdam: Time-Life-Books, 1990), S. 73.
2 Kennedy, E. (Hg.), *Peaks, Passes and Glaciers*, 2. Auflage, Bd. II (London: Longman, 1862), S. 58.
3 Ibid.
4 Wills, A., *Wanderings Among the High Alps* (London: Richard Bentley, 1858), S. 262.
5 Ibid., S. 263.
6 Ibid., S. 276.
7 Ibid., S. 275.
8 Ibid., S. 277.
9 Ibid.
10 Ibid., S. 284.
11 Ibid., S. 285.
12 Ibid., S. 256.
13 Ibid.
14 Ibid., S. 287.
15 Ibid.

16 Ibid.
17 Ibid., S. 291.
18 Ibid., S. 292.
19 Ibid., S. 293.
20 Ibid., S. 294.
21 Ibid., S. 300.
22 Ibid., S. 305.
23 AJ, Bd. IX, S. 50.
24 Hort, A., *Life and Letters of Fenton John Anthony Hort*, Bd. I (London: Macmillan, 1896), S. 391.
25 Ibid.
26 Ibid.
27 Clark, R., *Victorian Mountaineers* (London: Batsford, 1953), S. 81.
28 AJ, Bd. VIII, S. 87.
29 Mumm, A., *The Alpine Club Register, 1857-1863* (London: Edward Arnold, 1923), S. 5.
30 *Blackwood's Magazine*, Bd. LXXXVI, Juli-Dezember 1859 (Edinburg: Blackwood, 1859), S. 456.
31 *Peaks, Passes and Glaciers*, Bd. I, S. 366.
32 Ibid., S. 368.
33 *Blackwood's Magazine*, op.cit., S. 456.
34 Ibid.
35 Ibid.
36 Ibid., S. 457.
37 Ibid., S. 470.
38 Ibid., S. 469.

14. Kapitel

1 Eve, A. und Creasey, C., *Life and Work of John Tyndall* (London: Macmillan, 1945), S. 53.
2 Ibid., S. 341.
3 Ibid.
4 Ibid.
5 RI, Tyndalls Journal, S. 1161.
6 RI, W. Hopkins an J. Tyndall, 3. November 1860.
7 RI, ibid.
8 Eve und Creasey, op.cit., S. 71.
9 Ibid., S. 59.
10 Ibid., S. 70.
11 Tyndall, J., *Die Gletscher der Alpen* (Braunschweig: Vieweg, 1898), S. 106.
12 RI, J. Tyndall an M. Faraday, 27. August 1856.
13 RI, Tyndalls Journal, S. 1197.
14 RI, ibid., S. 1222.
15 RI, ibid.
16 Tyndall, op.cit., S. 230.
17 Tyndall, J., *In den Alpen* (Braunschweig: Vieweg, 1872), S. 48.
18 Siehe ibid., S. viii.
19 Engel, C., *They Came to the Hills* (London: Allen & Unwin, 1952), S. 54.
20 Ibid., S. 55.
21 Tyndall, *In den Alpen*, op.cit., S. 18.
22 Ibid., S. 21.
23 Ibid., S. 20.
24 Ibid.
25 Ibid.
26 Ibid., S. 22.
27 Ibid.
28 *The Times*, 8. September 1860.
29 *The Times*, 12. September 1860.
30 Tyndall, *In den Alpen*, op.cit., S. vi.
31 Hinchliff, T., *Summer Months among the Alps* (London: Longman, 1857), S. x.
32 Hudson, C., und Kennedy, E., *Where there's a Will there's a Way* (London: Longman, 1856), S. xi.
33 Smith, A., *Mont Blanc* (London: Ward and Lock, 1862), S. 210.
34 D'Arve, S., *Histoire du Mont Blanc* (Paris: Delagrave, 1878), S. 78.
35 Ibid., S. 72f.
36 Ibid., S. 74.
37 AJ, Bd. I, S. 141.

15. Kapitel

1 Hudson, C. und Kennedy, E., *Where there's a Will there's a Way* (London: Longman, 1856), S. xii.
2 Ibid., S. xiii.
3 Tyndall, J., *Die Gletscher der Alpen* (Braunschweig: Vieweg, 1898), S. 177.
4 RI, Tyndalls Journal, 11. August 1857.
5 RI, Tyndalls Journal, 12. und 19. August 1857.
6 RI, Tyndalls Journal, 21. August 1857.
7 RI, Tyndalls Journal, 10. August 1858.
8 RI, Tyndalls Journal, 2. August 1858.
9 Tyndall, J., *In den Alpen* (Braunschweig: Vieweg, 1898), S. 27ff.
10 Ibid., S. 28.
11 Ibid.
12 Ibid., S. 27.
13 Ibid., S. 31.
14 Ibid., S. 32.
15 Ibid., S. 33.
16 Ibid., S. 36.
17 Ibid.
18 Ibid., S. 37
19 Ibid., S. 37f.
20 Ibid., S. 38.
21 Ibid., S. 39.
22 Ibid., S. 41f.
23 Ibid., S. 42.
24 Ibid., S. 43.
25 Ibid.
26 Ibid., S. 135f.
27 Ibid., S. 167f.
28 Ibid., S. 108.
29 Ibid., S. 78.
30 Ibid., S. 118.
31 Ibid.
32 Ibid.
33 Ibid.
34 Ibid., S. 121.
35 RI, J. Tyndall an M. Faraday, 21. August 1861.
36 Tyndall, op.cit., S. 80.
37 Ibid., S. 81.
38 Ibid., S. 84.
39 Ibid., S. 85.
40 Ibid., S. 90.
41 Siehe ibid., S. 89.
42 RI, J. Tyndall an M. Faraday, 21. August 1861.
43 Tyndall, op.cit., S. 88.
44 Ibid., S. 89.
45 Siehe ibid., S. 90.
46 RI, J. Tyndall an M. Faraday, 21. August 1861.
47 Tyndall, op.cit., S. 91.
48 Ibid., S. 92.
49 Ibid.
50 Ibid., S. 93f.
51 Ibid., S. 98.
52 Ibid., S. 97.
53 Ibid.

16. Kapitel

1 AJ, Bd. I, S. 3.
2 Ibid., S. 20.
3 Ibid., S. 19.
4 Ibid., S. 20.
5 Ibid., S. 3.
6 Engel, C., *They Came to the Hills* (London: Allen & Unwin, 1952), S. 65.
7 Ibid.
8 Ibid.
9 Stephen, L., *Some Early Impressions* (London: Hogarth Press, 1924), S. 47.
10 Stephen, L., *Playground of Europe* (London: Longman, 1871), S. 82.
11 Bicknell, J. (Hg.), *Selected Letters of Leslie Stephen*, Bd. I (London: Macmillan, 1996), S. 105.
12 Ibid., Bd. I, S. 48.
13 Stephen, *Playground*, op.cit., S. 285.
14 Ibid., S. 274.

15 Ibid., S. 193.
16 Stephen, *Some Early Impressions*, op.cit., S. 189.
17 Ibid.
18 Eve, A. und Creasey, C., *Life and Work of John Tyndall* (London: Macmillan, 1945), S. 387.
19 Ibid.
20 Ibid.
21 RI, Tyndalls Journal, 1. Januar 1861.
22 Eve und Creasey, op.cit., S. 387f.
23 Stephen, L., *Playground*, op.cit., S. 107f.
24 Eve und Creasey, op.cit., S. 389.
25 RI, Tyndalls Journal, 24. November 1859.
26 RI, Tyndalls Journal, 17. November 1860.
27 Smythe, F., *Edward Whymper: Ein Bergsteiger- und Forscherleben* (Bern: Hallwag Verlag, 1940), S. 88.
28 Ibid., S. 94–112.
29 Ibid., S. 111.
30 Ibid., S. 102.
31 Ibid., S. 96.
32 Ibid., S. 93f.
33 Ibid., S. 94.
34 Ibid., S. 96ff.
35 AJ, Bd. V, S. 237.
36 Smythe, op.cit., S. 128.
37 *Edward Whymper's Berg- und Gletscherfahrten in den Alpen in den Jahren 1860 bis 1869* (Braunschweig: Westermann, 1872), S. 113.

17. Kapitel

1 Smythe, F., *Edward Whymper: Ein Bergsteiger- und Forscherleben* (Bern: Hallwag Verlag, 1940), S. 124.
2 Ibid.
3 *Edward Whymper's Berg- und Gletscherfahrten in den Alpen in den Jahren 1860 bis 1869* (Braunschweig: Westermann, 1872), S. 123.
4 Ibid.
5 Whymper, E., *Scrambles Amongst the Alps* (London: Murray, 1871), S. 104.
6 *Edward Whymper's Berg- und Gletscherfahrten*, op.cit., S. 125.
7 Ibid., S. 130.
8 AJ, Bd. II, S. 9.
9 Ibid.
10 Ibid.
11 *Edward Whymper's Berg- und Gletscherfahrten*, op.cit., S. 145f.
12 Ibid., S. 144.
13 Ibid., S. 146.
14 Ibid., S. 144.
15 Ibid.
16 Ibid., S. 147.
17 Ibid., S. 147f.
18 Ibid., S. 148.
19 Ibid., S. 149.
20 Ibid., S. 150.
21 Ibid.
22 Ibid.
23 Ibid.
24 IC, J. Tyndall an C. Huxley, 29. August 1862.
25 Ibid.
26 *Edward Whymper's Berg- und Gletscherfahrten*, op.cit., S. 150ff.
27 Tyndall, J., *In den Alpen* (Braunschweig: Vieweg, 1895), S. 137.
28 Ibid., S. 138.
29 Ibid., S. 140.
30 Ibid.
31 *Edward Whymper's Berg- und Gletscherfahrten*, op.cit., S. 152.
32 Tyndall, op.cit., S. 142.
33 Ibid.
34 IC, J. Tyndall an T. Huxley, 29. August 1862.

35 Tyndall, op.cit., S. 143.
36 Ibid.
37 Ibid.
38 Ibid., S. 144.
39 Ibid., S. 143.
40 Ibid.
41 IC, J. Tyndall an T. Huxley, 29. August 1862.
42 Tyndall, op.cit., S. 144.
43 *Edward Whymper's Berg- und Gletscherfahrten*, op.cit., S. 159.
44 Tyndall, op.cit., S. 145.
45 Ibid.
46 Ibid., S. 146.
47 *Edward Whymper's Berg- und Gletscherfahrten*, op.cit., S. 153.
48 Ibid.
49 AJ, Bd. V, S. 331.
50 *Edward Whymper's Berg- und Gletscherfahrten*, op.cit., S. 153.
51 Ibid., S. 153f.
52 AJ, Bd. V, S. 332.
53 Ibid.
54 Ibid., S. 330.
55 Ibid., S. 133.
56 IC, J. Tyndall an T. Huxley, 29. August 1862.

18. Kapitel

1 AJ, Bd. LIII, S. 127.
2 Browne, G., *Recollections of a Bishop* (London: Smith Elder, 1915), S. 105.
3 *Edward Whymper's Berg- und Gletscherfahrten in den Alpen in den Jahren 1860 bis 1869* (Braunschweig: Westermann, 1872), S. 157.
4 Ibid.
5 SPRI, MS 822/2, Whympers Journal 1863–1865.
6 *Edward Whymper's Berg- und Gletscherfahrten*, op.cit., S. 189.
7 Ibid., S. 189f.
8 Ibid., S. 184.
9 Ibid.
10 Ibid.
11 Whymper, E., *Scrambles Amongst the Alps* (London: Murray, 1871), S.169.
12 *Edward Whymper's Berg- und Gletscherfahrten*, op.cit., S. 201.
13 Ibid., S. 201f.
14 Ibid., S. 203.
15 Ibid., S. 203f.
16 Ibid., S. 204.
17 Ibid., S. 204f.
18 Ibid., S. 208.
19 Ibid., S. 210.
20 Ibid., S. 213.
21 Ibid., S. 214.
22 Ibid., S. 215f.
23 Ibid., S. 235.
24 Ibid., S. 228f.
25 Ibid., S. 232.
26 Ibid., S. 233.
27 Ibid., S. 239f.
28 Ibid., S. 243.
29 Ibid., S. 245.
30 Ibid., S. 243f.
31 Ibid., S. 256.
32 Ibid., S. 258.
33 Ibid.
34 Ibid., S. 261.
35 Ibid., S. 260f.
36 Moore, A., *The Alps in 1864* (Edinburg: David Douglas, 1902), S. 73.
37 *Edward Whymper's Berg- und Gletscherfahrten*, op.cit., S. 266f.
38 Ibid., S. 275.
39 Ibid., S. 277.
40 Ibid., S. 277f.
41 Ibid., S. 283.
42 AJ, Bd. II, S. 97.
43 *Edward Whymper's Berg- und Gletscherfahrten*, op.cit., S. 283.

44 Ibid., S. 285.
45 Ibid., S.305

19. Kapitel

1 *Edward Whymper's Berg- und Gletscherfahrten in den Jahren 1860 bis 1869* (Braunschweig: Westermann, 1872), S. 306.
2 Ibid., S. 306f.
3 Ibid., S. 307f.
4 Ibid., S. 303.
5 Ibid., S. 310.
6 Ibid.
7 Ibid., S. 311.
8 Ibid., S. 314.
9 Ibid., S. 315.
10 Siehe ibid., S. 316f.
11 Ibid., S. 318.
12 Tyndall, J., *In den Alpen* (Braunschweig: Vieweg, 1872), S. 174.
13 Ibid., S. 174f.
14 Ibid., S. 176.
15 Ibid., S. 176f.
16 Ibid., S. 178.
17 Ibid., S. 181.
18 Ibid., S. 186.
19 Ibid.
20 Ibid., S. 183.
21 Ibid., S. 185.
22 Ibid., S. 187.
23 Ibid.
24 Ibid., S. 188.
25 Ibid.
26 Ibid., S. 190.
27 Ibid.
28 Ibid., S. 191.
29 BL, Add. MS 63092, J. Tyndall an Mrs. Pollock, 18. August 1864.
30 De Beer, G., *Travellers in Switzerland* (London: Oxford University Press, 1949), S. 301.

20. Kapitel

1 AJ, Bd. V, S. 237.
2 SPRI, MS 822/2, Whympers Journal 1863–1865.
3 *Edward Whymper's Berg- und Gletscherfahrten in den Alpen* 1860 bis 1869 (Braunschweig: Westermann, 1872), S. 356.
4 Ibid., S. 357.
5 SPRI, MS 822/2, Whympers Journal 1863–1865.
6 *Illustrated London News*, 25. Dezember 1858.
7 *Edward Whymper's Berg- und Gletscherfahrten*, op.cit., S. 419.
8 SPRI, MS 822/2, Whympers Journal 1863–1865.
9 Siehe Smythe, F. S., *Edward Whymper: Ein Bergsteiger- und Forscherleben* (Bern: Hallwag Verlag, 1940), S. 182.
10 *Edward Whymper's Berg- und Gletscherfahrten*, op.cit., S. 443.
11 Smythe, op.cit., S. 186.
12 *Edward Whymper's Berg- und Gletscherfahrten*, op.cit., S. 444.
13 Smythe, op.cit., S. 186.
14 *Edward Whymper's Berg- und Gletscherfahrten*, op.cit., S. 460.
15 Ibid., S. 461.
16 Smythe, op.cit., S. 189.
17 Whymper, E., *Scrambles Amongst the Alps*, 6. Auflage (London: Murray, 1936), S. 339.
18 *Edward Whymper's Berg- und Gletscherfahrten*, op.cit., S. 462.
19 Ibid.
20 Whymper, op.cit., S. 340.
21 *Edward Whymper's Berg- und Gletscherfahrten*, op.cit., S. 463.
22 *The Times*, 17. August 1861.
23 AJ, Bd. LXX (1), S. 33.

24 *Edward Whymper's Berg- und Gletscherfahrten*, op.cit., S. 466.
25 Ibid., S. 470.
26 Smythe, op.cit., S. 195.
27 *Edward Whymper's Berg- und Gletscherfahrten*, op.cit., S. 470.
28 AJ, Bd. LXX (1), S. 18.
29 Smythe, op.cit., S. 197.
30 *Edward Whymper's Berg- und Gletscherfahrten*, op.cit., S. 472.
31 Ibid.
32 Rébuffat, G., *Men and the Matterhorn* (London: Nicholas Vane, 1967), S. 136.
33 *Edward Whymper's Berg- und Gletscherfahrten*, op.cit., S. 474.
34 Ibid., S. 475.
35 Ibid.
36 Ibid., S. 476.
37 Ibid., S. 477.
38 Ibid.
39 Ibid., S. 481f.
40 Ibid., S. 479.

21. Kapitel

1 *Edward Whymper's Berg- und Gletscherfahrten in den Jahren 1860–1869* (Braunschweig: Westermann, 1872), S. 485.
2 Ibid., S. 486.
3 Ibid., S. 488.
4 Ibid., S. 489.
5 Ibid., S. 488.
6 Ibid.
7 Ibid., S. 490.
8 Ibid., S. 491.
9 Smythe, F., Edward Whymper: *Ein Bergsteiger- und Forscherleben* (Bern: Hallwag Verlag, 1940), S. 214.
10 *Edward Whymper's Berg- und Gletscherfahrten*, op.cit., S. 490.
11 Smythe, op.cit., S. 217.
12 *Edward Whymper's Berg- und Gletscherfahrten*, op.cit., S. 499.
13 Smythe, op.cit., S. 218.
14 Ibid.
15 AJ, Bd. LXI, S. 498.
16 AJ, Bd. LXII, S. 49.
17 AJ, Bd., LXX (1), S. 16.
18 Eve, A. und Creasey, C., *Life and Works of John Tyndall* (London: Macmillan, 1945), S. 381.
19 Browne, G., *Recollections of a Bishop* (London: Smith Elder, 1915), S. 105.
20 Tyndall, J., *New Fragments* (London: Longman, 1892), S. 458.
21 Bennett, G., *Beyond Endurance* (London: Secker & Warburg, 1983), S. 50.
22 BL, Add. MS 63112, E. Whymper an W. Wigram, 9. August 1865.
23 BL, Add. MS 63112, W. Wigram an E. Whymper, 10. August 1865.
24 *Edward Whymper's Berg- und Gletscherfahrten*, op.cit., S. 494f.
25 Ibid., S. 495.
26 Ibid.
27 Ibid.
28 AJ, Bd. LXI, S. 489.
29 Ibid.
30 AJ, Bd. LXX (1), S. 22.
31 Ibid., S. 33.
32 Ibid., S. 17.
33 BL, Add. MS 63162, E. Hudson an J. McCormick, August 1865.
34 Rébuffat, G., *Men and the Matterhorn* (London: Nicholas Vane, 1967), S. 136.
35 Ibid., S. 137.
36 Ibid.
37 Whymper, E., *Scrambles Amongst the Alps*, 4. Auflage, S. 397.
38 *Edward Whymper's Berg- und Gletscherfahrten*, op.cit., S. 480.

39 Ibid.
40 BL, Add. MS 63112, J. Davidson an E. Whymper, 21. Juli 1897.
41 BL, Add. MS 63092, J. Tyndall an T. Hirst, 1868.
42 IC, J. Tyndall an T. Huxley, 29. Juli 1868.
43 Tyndall, J., *In den Alpen* (Braunschweig: Vieweg, 1872), S. 256f.
44 Ibid., S. 255f.
45 Ibid., S. 277.
46 BL, Add. MS 63090, E. Whymper an J. McCormick, 25. Juli 1865.
47 Whymper, E., *Scrambles Amongst the Alps*, 6. Auflage (London: Murray, 1936), S. 381.
48 Hort, A., *Life and Letters of Fenton John Hort*, Bd. II (London: Macmillan, 1896), S. 39.
49 BL, Add. MS 63112, Erinnerungen von Annette Whymper, übermittelt an F. Smythe.
50 Ibid.
51 Whymper, E., *Scrambles Amongst the Alps*, 6. Auflage, op.cit., S. 382.
52 Hort., op.cit., Bd. II, S. 39f.
53 *Edward Whymper's Berg- und Gletscherfahrten*, op.cit., S. 497.
54 Ibid., S.500

22. Kapitel

1 *The Times*, 27. Juli 1865.
2 *London Illustrated News*, 29. Juli 1865.
3 Engel, C., *A History of Mountaineering in the Alps* (London: Allen & Unwin, 1950), S. 144.
4 Ibid., S. 145.
5 Ruskin, J., *Sesame and Lilies* (London: George Allen, 1893), S. 58.
6 Ibid., S. 59.
7 Clark, R., *Victorian Mountaineers* (London: Batsford, 1953), S. 137.
8 Stephen, L., *Playground of Europe* (London: Longman, 1871), S. 272.
9 AJ, Bd. LXII, S. 39.
10 Bicknell, J. (Hg.), *Selected Letters of Leslie Stephen*, Bd. I (London: Macmillan, 1996), S. 87.
11 *The Times*, 24. August 1871.
12 AJ, Bd. V, S. 238.
13 Smythe, Edward Whymper: *Ein Bergsteiger- und Forscherleben* (Bern: Hallwag Verlag, 1940), S. 248.
14 Ibid.
15 AJ, Bd. V, S. 239.
16 Ibid., S. 240.
17 Engel, C., *They Came to the Hills* (London: Allen & Unwin, 1952), S. 145.
18 Ruskin, J., *Deucalion and Other Studies in Rocks and Stones*, Library Edition, Bd. XXVI (London: George Allan, 1909), S. 103f.
19 RI, T. Huxley an J. Tyndall, 13. Mai 1874.
20 AJ, Bd. V, S. 235.
21 Stephen, L., *Playground of Europe* (London: Longman, 1871), S. 304.
22 Ibid.
23 AJ, Bd. V, S. 235.
24 Ibid., S. 240.
25 Stephen, op.cit., S. 150f.
26 AJ, Bd. V, S. 189.
27 Ibid.
28 Ibid., S. 198.
29 Bicknell, op.cit., Bd. I, S. 252.
30 Clark, op.cit., S. 187.
31 AJ, Bd. XIII, S. 419.
32 Engel, op.cit., S. 146.
33 Ibid.
34 Bonney, T., *The High Alps of Dauphiné* (London: Longman, 1865), S. xv.

23. Kapitel

1 Clark, R., *An Eccentric in the Alps* (London: Museum Press, 1959), S. 21.
2 Ibid., S. 20.
3 Ibid., S. 18.
4 Ibid., S. 32.
5 Ibid., S. 60f.
6 AJ, Bd. IV, S. 322f.
7 Ibid.
8 Clark, op.cit., S. 63.
9 Ibid., S. 64.
10 AJ, Bd. V, S. 130.
11 Ibid.
12 Ibid.
13 Clark, op.cit., S. 66.
14 Ibid., S. 67.
15 Ibid., S. 68.
16 AJ, Bd. IX, S. 133.
17 AJ, Bd. VIII, S. 91.
18 Ibid.
19 AJ, Bd. VII, S. 179.
20 Ibid., S. 195f.
21 Clark, op.cit., S. 98.
22 Ibid.
23 Ibid., S. 101f.
24 Ibid., S. 100.
25 Coolidge, W., *A Run Through the Dolomites in 1876* (York: Ben Johnson, 1902), S. 3.
26 Ibid., S. 4.
27 Ibid., S. 13.
28 AJ, Bd. VIII, S. 198.

24. Kapitel

1 AJ, Bd. VIII, S. 177.
2 Engel, C., *They Came to the Hills* (London: Allen & Unwin, 1952), S. 182.
3 Ibid., S. 189.
4 AJ, Bd. IX, S. 121.
5 Ibid., S. 123.
6 Ibid., S. 125.
7 Ibid.
8 Ibid., S. 129.
9 Ibid., S. 130.
10 Ibid., S. 127.
11 Ibid., S. 131.
12 Engel, op.cit., S. 193.
13 Clark, R., *An Eccentric in the Alps* (London: Museum Press, 1959), S. 131.
14 Ibid., S. 117.
15 Conway, M., *Episodes in a Varied Life* (London: Country Life, 1932), S. 60.
16 Clark, op.cit., S. 132.
17 Ibid., S. 74.

25. Kapitel

1 Mummery, A., *My Climbs in the Alps and Caucasus* (London: Fisher Unwin, 1895), S. 68.
2 Engel, C., *They Came to the Hills* (London: Allen & Unwin, 1952), S. 225.
3 Conway, W., *Episodes in a Varied Life* (London: Country Life, 1932), S. 34.
4 Conway, W., *The Alps from End to End* (London: Constable, 1895), S. 3.
5 Engel, C., *A History of Mountaineering in the Alps* (London: Allen & Unwin, 1950), S. 177.
6 De Beer, G., *Travellers in Switzerland* (London: Oxford University Press, 1949), S. 414.
7 Stephen, L., *Playground of Europe* (London: Longman, 1871), S. 1.
8 Ibid.
9 *Edward Whymper's Berg- und Gletscherfahrten in den Jahren 1860 bis 1869* (Braunschweig: Westermann, 1872), S. 370.

10 De Beer, op.cit.
11 Dormandy, T., *The White Death* (London: Hambledon Press, 1999), S. 1.
12 Ibid., S. 155.
13 Seth-Smith, M., *The Cresta Run* (London: Foulsham, 1976), S. 14.
14 AJ, Bd. IV, S. 326.

26. Kapitel

1 Conway, M., *Episodes in a Varied Life* (London: Country Life, 1932).
2 BL, Add. MS 63090, E.Whymper an seinen Vater, 17. März 1894.
3 Conway, op.cit., S. 60.
4 Clark, R., *An Eccentric in the Alps* (London: Museum Press, 1959), S. 135.
5 Ibid., S. 159.
6 Ibid., S. 161.
7 Ibid., S. 167.
8 Ibid.
9 AC, Whymper, E., »Ein Brief an die Mitglieder des Alpine Club«, S. 4.
10 Clark, op.cit., S. 140.
11 Ibid., S. 169.
12 Ibid., S. 172.
13 Ibid., S. 173.
14 Ibid.
15 Ibid.
16 MC, MS 593, W.Coolidge an Wilson, 13. Juli 1900.
17 Ibid.
18 Ibid.
19 Ibid.
20 Clark, op.cit., S. 174.
21 BL, Add. MS 63112, J. Davidson an E.Whymper, 14. Mai 1900.
22 Clark, op.cit., S. 175.
23 Ibid., S. 174.
24 Ibid., S. 175.
25 MC, MS 593, W.Coolidge an Wilson, 11. Februar 1905.
26 BL, Add. MS 63112, J. Davidson an E.Whymper, 9. Januar 1905.
27 BL, Add. MS 63112, E.Whymper an J. Davidson, 24. Oktober 1905.
28 Ibid.
29 SPRI, MS 822/29, *Whympers Journal 1905*.
30 Smythe, F., Edward Whymper: *Ein Bergsteiger- und Forscherleben* (Bern: Hallwag Verlag, 1940), S. 314.
31 BL, Add. MS 63112, Memorandum von Robert Whymper.
32 BL, Add. MS 63112, E.Whymper an H. Montagnier, 9. Dezember 1910.
33 BL, Add. MS 63112, E.Whymper an H. Montagnier, 16. April 1911.
34 BL, Add. MS 63112, E.Whymper an A.Whymper, 28. Juli 1911.
35 BL, Add. MS 63112, E.Whymper an H. Montagnier, 22. November 1908.
36 Ibid.
37 BL, Add. MS 63112, E.Whymper an H. Montagnier, 16. Juni 1911.
38 Clark, op.cit., S. 193.
39 Smythe, op.cit., S. 327.
40 Clark, op.cit., S. 196 f.
41 Ibid., S. 197.
42 MC, MS 593, W.Coolidge an H.Wilson, 3. Juli 1919.
43 MC, MS 593, W.Coolidge an H.Wilson, 31. Dezember 1916.
44 MC, MS 593, W.Coolidge an H.Wilson, 25. Dezember 1918.
45 MC, MS 593, W.Coolidge an H.Wilson, 11. Juni 1919.
46 Clark, op.cit., S. 211.
47 Conway, M., op.cit., S. 28.
48 Ibid., S. 29.
49 MC, MS 593, W.Coolidge an H.Wilson, 6. Oktober 1918.

27. Kapitel

1 Engel, C., *A History of Mountaineering in the Alps* (London: Allen & Unwin, 1950), S. 212.
2 Ibid., S. 214.
3 Stephen, L., *Playground of Europe* (London: Longman, 1871), S. 109.
4 Engel, op.cit., S. 223.
5 Ibid., S. 224.
6 Stephen, op.cit., S. 266.
7 AJ, Bd. XLVIII, S. 373.
8 AJ, Bd., XLVI, S. 375.
9 Ibid., S.377.
10 Harrer, H., *Die Weiße Spinne. Die Geschichte der Eiger-Nordwand*, stark erweiterte und ergänzte Auflage (Berlin: Ullstein, 1974), S. 28.
11 AJ, Bd. XLVII, S. 379.
12 Ibid., S. 374.
13 Harrer, op.cit., S. 39.
14 Ibid., S. 41f.
15 AJ, Bd. XLVIII, S. 369.
16 Harrer, op.cit., S. 53.
17 Ibid.
18 Ibid.
19 AJ, Bd. XLVIII, S. 365.
20 AJ, Bd. IL, S. 283.
21 AJ, Bd. L, S. 9.
22 Harrer, op.cit., S. 104.
23 Ibid., S. 86.
24 Ibid., S. 331f.
25 Ibid., S. 132.
26 Ibid., S. 134.
27 Ibid., S. 134f.
28 Engel, op.cit., S. 228.
29 Harrer, op.cit., S. 135.
30 Ibid., S. 134.

Auswahlbibliographie

Agassiz, C. (Hg.), *Louis Agassiz's Leben und Briefwechsel*. Berlin: Reimer, 1886.

– *Untersuchungen über die Gletscher. Nebst Atlas von 32 Tafeln*. Solothurn: Zent, Gassmann, 1841.

Annan, N., *Leslie Stephen: the Godless Victorian*. London: Weidenfeld and Nicolson, 1984.

Auldjo, J., *Narrative of an Ascent to the Summit of Mont Blanc*. London: Longman, 1828.

Bailey, R., *Gletscher*. Amsterdam: Time-Life-Bücher, 1993.

Ball, J. (Hg.), *Peaks, Passes and Glaciers*. London: Longman, 1859.

Baxter, G., und J. MacGregor, *The Ascent of Mont Blanc*. Privatdruck, 1855.

Bennet, G., *Beyond Endurance*. London: Secker & Warburg, 1983.

Bernard, P., *Rush To The Alps*. Boulder: East European Quarterly, 1978.

Bicknell, J. (Hg.), *Selected Letters of Leslie Stephen*. 2 Bände. London: Macmillan, 1996.

Bonney, T., *The High Alps of Dauphin*. London: Longman, 1865.

– *Memories of a Long Life*. Cambridge: Metcalfe, 1921.

Bourrit, M.-T., *Schilderung seiner Reise nach den Savoyischen Eisgebirgen*. Gotha, o. J.

– *Beschreibung der Savoyischen Eisgebürge: Fortsetzung der Beschreibung der Penninischen und Räthischen Alpen*. Zürich, 1786.

– *Nouvelle Description des Alpes*. 2 Bände. Genf: Barde, 1783.

– *Description des Cols ou Passages des Alpes*. 2 Bände. Genf: Manget, 1803.

Brockedon, W., *Illustrations of the Passes of the Alps*. 2 Bände. London, 1828.

– *Journals of Excursions in the Alps*. London: James Duncan, 1833.

Browne, G., *Recollections of a Bishop*. London: Smith, Elder, 1915.

Clark, J., und T. Hughes, *The Life and Letters of Adam Sedgwick*. 2 Bände. Cambridge: Cambridge University Press, 1890.

Clark, R., *An Eccentric in the Alps*. London: Museum Press, 1959.

– *The Early Alpine Guides*. London: Phoenix, 1949.

– *The Victorian Mountaineers*. London: Batsford, 1953.

– *The Alps*. London: Weidenfeld & Nicolson, 1973.

Conway, W., *The Alps from End to End*. London: Constable, 1895.

– *The Alps*. London: Adam and Charles Black, 1904.

– *Mountain Memories*. London: Cassell, 1920.

– *Episodes in a Varied Life*. London: Country Life, 1932.

Coolidge, W. A. B., *Swiss Travel and Swiss Guide Books*. London: Longman, Green & Co., 1889.

– *A Run Through the Dolomites*. York: Ben Johnson, 1902.

– *Josias Simler et les Origines de l'Alpinisme*. Grenoble: Imprimerie Allier Frères, 1904.
– *Das Hochgebirge des Dauphine*. Wien: Verlag des Österreichischen Alpenklubs, 1913.
– *The Alpine Career (1868–1914) of Frederick Gardiner*. Privatdruck, 1920.
– *Alpine Studies*. London: Longmans, Green & Co., 1912.
Coxe, W., *Travels in Switzerland*. 2 Bände. London: Cadell, 1794.
D'Arve, S., *Histoire du Mont Blanc et de la valle de Chamonix*. Paris: Delagrave, 1878. (Nachdruck: La Fontaine de Siloé, 1993)
De Beer, G., *Early Travellers in the Alps*. London: Sidgwick & Jackson, 1930.
– *Alps and Men*. London: Edward Arnold, 1932.
– *Travellers in Switzerland*. London: Oxford University Press, 1949.
De Luc, J.-A., *Physikalische und moralische Briefe über die Geschichte der Erde und des Menschen an Ihre Majestät die Königin von Großbritannien*. Leipzig: Weidmanns Erben und Reich, 1778.
– *Traité Elémentaire de Géologie*. Paris: Courcier, 1809.
Dormandy, T., *The White Death*. London: Hambledon, 1999.
Engel, C., *A History of Mountaineering in the Alps*. London: Allen & Unwin, 1950.
– *They Came to the Hills*. London: Allen & Unwin, 1952.
– *Mont Blanc: an Anthology*. London: Allen & Unwin, 1965.
Eve, A., und C. Creasy, *Life and Work of John Tyndall*. London: Macmillan, 1945.
Fellows, C., *Narrative of the Ascent to the Summit of Mont Blanc*. Privatdruck, 1827.
Figuier, L., *Erde und Meer: eine physische Beschreibung des Erdballs*. Berlin: Schlingmann, 1866.
Fitzsimons, R., *The Baron of Piccadilly: the Travels and Entertainments of Albert Smith 1816–1860*. London: Geoffrey Bles, 1967.
Forbes, James, *Reisen in den Savoyer Alpen und in den andern Theilen der Penninen-Kette. Nebst Beobachtungen über die Gletscher*. Stuttgart: Schweizerbart, 1845.
– *Norwegen und seine Gletscher. Nebst Reisen in den Hochalpen der Dauphiné, von Bern und Savoyen*. Leipzig: Verlag von Ambrosius Abel, 1855.
– *Occasional Papers on the Theory of Glaciers*. Edinburg: Adam & Charles Black, 1859.
Forbes, John, *A Physician's Holiday*. London: Murray, 1850.
Fraser, C., *Lawinen, Geißel der Alpen*. Rüschlikon/Zürich, Stuttgart, Wien: A. Müller, 1968.
Freshfied, D., *The Life of Horace Benedict De Saussure*. London: Edward Arnold, 1920.
Gesner, C., *On the Admiration of Mountains*. San Francisco: The Grabhorn Press, 1937.
Gribble, F., *The Early Mountaineers*. London: Fisher Unwin, 1899.
Harrer, H., *Die weiße Spinne. Die Geschichte der Eiger-Nordwand*. Stark erweiterte und ergänzte Auflage, Berlin: Ullstein, 1974.
Hawes, B., *Narrative of an Ascent to the Summit of Mont Blanc by Mr. William Hawes and Mr. Charles Fellows*. Privatdruck, 1828.

Heckmair, A., *Mein Leben als Bergsteiger*. München: Nymphenburger Verlagshandlung, 1972.

Herbert, R., *The Art Criticism of John Ruskin*. New York: Da Capo Press, 1964.

Hinchliff, T., *Summer Months Among the Alps*. London: Longman, 1857.

Hort, A., *Life and Letters of Fenton John Anthony Hort*. 2 Bände. London: Macmillan, 1896.

Hudson, C., und E. Kennedy, *Where There's A Will There's A Way*. London: Longman, 1856.

Huxley, L., *Life and Letters of Thomas Henry Huxley*. 3 Bände. London: Macmillan, 1913.

Irving, R., *The Alps*. London: Batsford, 1947.

Keenlyside, F., *Berge und Pioniere: eine Geschichte des Alpinismus*. Zürich: Füssli, 1976.

Kemp, W., *John Ruskin, 1819–1900: Leben und Werk*. München: Hanser, 1983.

Kennedy, E. (Hg.), *Peaks, Passes and Glaciers*. 2 Bände. London: Longman, 1862.

Lunn, A., *The Alps*. London: Thornton Butterworth, 1914.

– *Come What May*. London: Eyre & Spottiswoode, 1940.

Mathews, C. A., *The Annals of Mont Blanc*. London: Fisher Unwin, 1898.

Moore, A. (hg. von A. Kennedy), *The Alps in 1864. A Private Journal*. Edinburg: David Douglas, 1902.

Mumm, A., *The Alpine Club Register*. 3 Bände. London: Edward Arnold, 1923.

Mummery, A., *Meine Bergfahrten in den Alpen und im Kaukasus*. München: Bruckmann, 1988.

Payot, P., *Au Royaume du Mont-Blanc*. Montmélian: La Fontaine de Siloé, 1996.

Pinkerton, J., *Voyages and Travels*. Band IV. London: Longman, 1809.

Rébuffat, G., *Men and the Matterhorn*. London: Nicholas Vane, 1967.

Roth, A., *Eiger: Wall of Death*. London: Victor Gollancz, 1982.

Ruskin, E. (hg. von M. Lutyens), *Effie in Venice*. London: Murray, 1965.

Ruskin, J., *Letters to M. G. and H. G. Harper*. London, 1903.

– *Moderne Maler*. 4 Bände. Leipzig: Eugen Diedrichs, 1902-1906.

– *Sesame and Lilies*. London: George Allen, 1893.

Saussure, H.-B., *Voyages dans les Alpes, précédés d'un essai sur l'histoire naturelle des environs de Genève*. 4 Bände. Genf: Barde, 1786–1796.

– *Reisen durch die Alpen. Nebst einem Versuche über die Naturgeschichte der Gegenden von Genf*. 4 Bände. Leipzig: Junius, 1781–1788.

Scheuchzer, J., *Itinera per Helvetiae Alpinas Regiones*. London: Vander, 1723.

Seth-Smith, M., *The Cresta Run*. London: Foulsham, 1976.

Shairp, J., und A. Adams-Reilly, *Life and Letters of James David Forbes*. London: Macmillan, 1873.

Skelton, J., *The Table-Talk of Shirley*. Edinburg: Blackwood, 1896.

Smith, A., *A Month at Constantinople*. London: David Bogue, 1850.

– *Mont Blanc*. London: Ward and Lock, 1860.

Smythe, F. S., *Edward Whymper: Ein Bergsteiger- und Forscherleben*. Bern: Hallwag Verlag, 1940.

Stephen, L., *The Playground of Europe*. London: Longman, 1871.
– *Some Early Impressions*. London: Hogarth Press, 1924.
Thorington, J., *Mont Blanc Sideshow: The Life and Times of Albert Smith*. Philadelphia: The John C. Winston Company, 1934.
Töpffer, R., *Nouveaux Voyages en Zig Zag*. Paris: Victor Leçon, 1854.
Tuckett, F., *A Pioneer in the High Alps. Alpine Diaries and Letters 1856–1874*. London: Edward Arnold, 1920.
Tyndall, J., *Die Gletscher der Alpen*. Braunschweig: Vieweg, 1898.
– *Mountaineering in 1861*. London: Longman, 1862.
– *In den Alpen*. Braunschweig: Vieweg, 1872.
– *Fragmente: Neue Folge*. Braunschweig: Vieweg, 1895.
Unsworth, W., *Savage Snows: the Story of Mont Blanc*. London: Hodder & Stoughton, 1986.
Edward Whymper's Berg- und Gletscherfahrten in den Alpen in den Jahren 1860 bis 1869. Braunschweig: Westermann, 1872.
Whymper, E., *Scrambles Amongst the Alps in the Years 1860–69*. 6. ergänzte Auflage. London: Murray, 1936.
– *The Valley of Zermatt and the Matterhorn*. London: Murray, 1897.
Wills, A., *Wanderings Among the High Alps*. London: Bentley, 1858.
Young, G., *On High Hills*. London: Methuen, 1933.

Register

Kursive Ziffern verweisen auf Abbildungen

Abbildungsnachweis

S. 22, S. 23, S. 30, S. 34, S. 51, S. 59, S. 147, S. 186/187, S. 322 links/Mitte/rechts, S. 323 links/Mitte/rechts, S. 341, S. 384, S. 395, S. 403: © The Alpine Club Collection, London.

S. 65: O. Kühlken, in: Flaig, Walter, Das Gletscherbuch. Leipzig: Brockhaus, 1938.

S. 74, S. 96, S. 255, S. 299, S. 313, S. 339, S. 380, S. 408: © Schweiz Tourismus. Mit freundlicher Genehmigung.

S. 88, S. 101: Anderl Heckmair, Oberstdorf. Mit freundlicher Genehmigung.

S. 126, S. 128, S. 142/143, S. 160/161: © Royal Geographical Society, London.

S. 137 links/rechts, S. 225: Rodolphe Töpffer, in: Töpffer, Rodolphe, Nouveaux Voyages en Zigzag. Paris: A. Quantin, o. J.

S. 139, S. 181: By Courtesy of the National Portrait Gallery, London.

S. 150: J. Bettanier, in: Flaig, Walter, Das Gletscherbuch. Leipzig: Brockhaus, 1938.

S. 162: Aldus Archives, in: Hindley, Geoffrey, The Roof of the World. London: Aldus Books, 1971.

S. 174: Wolfgang Rauschel, Nidda-Unterschmitten. Mit freundlicher Genehmigung.

S. 200: Martin Brundobler, in: Flaig, Walter, Das Gletscherbuch. Leipzig: Brockhaus, 1938.

S. 215: Tyndall, J., In den Alpen. Autorisierte Ausgabe. Braunschweig: Vieweg, 1872.

S. 217, S. 283: Ernst Höhne, Eichstätt. Mit freundlicher Genehmigung.

S. 222: Dent, Clinton T., Mountaineering. London: Longmans, Green, 1892.

S. 223: Zsigmondy, Emil: Die Gefahren der Alpen: Praktische Winke für Bergsteiger. Leipzig: Frohberg, 1885.

S. 228, S. 261, S. 265, S. 267, S. 291, S. 330, S. 351: Edward Whymper's Berg- und Gletscherfahrten in den Alpen in den Jahren 1860 bis 1869. Autorisierte deutsche Bearbeitung von Dr. Friedrich Steger. Braunschweig: Westermann, 1872.

S. 329: Gustave Doré.

S. 413 links/rechts, S. 417 links oben/links unten/rechts, S. 424: Heinrich Harrer. Mit freundlicher Genehmigung.

MALIK

Hans Kammerlander
Bergsüchtig

Unter Mitarbeit von Walther Lücker. 347 Seiten mit 141 Abbildungen, davon 85 in Farbe. Gebunden

Hans Kammerlander, der hier von seinem spektakulären Alleingang auf den Mount Everest erzählt, ist einer der erfolgreichsten Extrembergsteiger der Welt. Er war der erste, der vom Nanga Parbat mit Skiern abfuhr. Und er ist noch immer der einzige Mensch, der die Skiabfahrt vom Everest gewagt hat. Wer ist dieser Mann, der kein Risiko scheut, der am Berg fast Übermenschliches leistet? Packend erzählt er von seinem Leben zwischen Fels und Eis, von dem Abenteuer und davon, warum er immer wieder seine eigenen Grenzen überwinden muß, um das Unmögliche möglich zu machen. Der Umgang mit dem Risiko, der Angst und dem Tod, der Unsinn des Achttausender-Tourismus, die Sucht nach dem Berg – Hans Kammerlander läßt die Leser miterleben, warum es ihn seit früher Jugend immer wieder in die steilsten Wände und auf die höchsten Gipfel treibt.

02/1018/01/R

MALIK

Reinhold Messner

Die Freiheit, aufzubrechen, wohin ich will

Ein Bergsteigerleben. Mit zahlreichen Farbfotos.
388 Seiten. Gebunden

Einer der letzten großen Abenteurer unserer Zeit erzählt seinen Werdegang. Von den heimischen Dolomiten führten seine Touren ins Eis der Westalpen, in die Anden, schließlich zu den grandiosen Achttausendern des Himalaja. Nach seiner Zeit als Felskletterer und Höhenbergsteiger durchquerte Reinhold Messner die großen Sand- und Eiswüsten. Heute ist er Mythen auf der Spur. Nicht nur die sensationellen Triumphe schildert er, auch die großen Niederlagen stellt er schonungslos dar. In einem Wechselspiel zwischen bergsteigerischem Leistungsbeweis und persönlicher Selbsterfahrung steht dieses Buch einmalig in der Fülle der alpinen Literatur da.

02/1025/01/L

MALIK

Peter Meier-Hüsing

Wo die Schneelöwen tanzen

Maurice Wilsons vergessene Everest-Besteigung. 261 Seiten mit 8 Seiten s/w-Bildteil. Gebunden

Er war allein gekommen, ohne zweihundert Yaks, ohne dreihundert Sherpas, ohne viertausend Pfund in der Expeditionskasse. Hatten nicht alle gelacht, als er 1933 in London behauptete, er würde den Spuren des großartigen und legendären George Mallory folgen? Er, Maurice Wilson, der nach dem Krieg von allen Ärzten aufgegebene, innerlich zerrissene, unglücklich verliebte Kaufmannssohn aus Mittelengland?

Nach einem abenteuerlichen Flug im offenen Doppeldecker landet Wilson in Indien und überquert illegal und nicht weniger abenteuerlich die Grenze nach Tibet. Und nun stand er hier, im Angesicht des Everest …

Mithilfe der Tagebücher und Briefe Wilsons erzählt Peter Meier-Hüsing, der lange in England sowie am Everest recherchierte, erstmals die unglaubliche, wahre Geschichte der einsamsten Everest-Besteigung aus dem Jahr 1934 und liefert damit den aufregenden Bericht aus einer Zeit, als der Himalaya noch den Tibetern gehörte.

02/1036/01/R

MALIK

Bruno Baumann
Kailash

Tibets heiliger Berg. 375 Seiten, durchgehend farbig bebildert. Gebunden

Mit ihren 6714 Metern ist die Eispyramide des Kailash und ihre Umgebung im Westen Tibets eine unvergleichliche Naturschönheit. Für vier Religionen stellt dieser Berg das wichtigste Pilgerziel dar: für Buddhisten, Hindus, Jain und Bön.
Bruno Baumann, einer der besten Tibet- und Himalayakenner, hat sich dem Berg über fünfzehn Jahre immer wieder genähert: auf abenteuerlichen Routen, aus den vier Himmelsrichtungen kommend bis zu den nur schwer zugänglichen Quellen der vier bedeutenden Flüsse Asiens, des Indus, Brahmaputra, Sutley und Karnali. Auch auf spiritueller Ebene hat Baumann das Geheimnis dieses besonderen Berges erfahren. Ganz in der Tradition der Pilger vollzog er dreizehn jener rituellen äußeren Umwandlungen des Kailash, bevor er schließlich in den heiligsten inneren Kreis eintrat.
Bruno Baumanns Buch dokumentiert seine außergewöhnlichen Reisen und zeigt den überwältigenden landschaftlichen und kulturellen Reichtum Tibets.

02/1002/01/L

Ryszard Kapuściński

Die Welt im Notizbuch

Aus dem Polnischen von Martin Pollack. 336 Seiten. Serie Piper

Kaum ein Mensch hat so viel von der Welt gesehen wie Ryszard Kapuściński, einer der bedeutendsten Journalisten der Gegenwart. In »Die Welt im Notizbuch« beobachtet er globale Entwicklungen wie mikroskopische Details, stellt sie nebeneinander, verbindet oder reflektiert sie, bezieht sie in verblüffender Weise aufeinander. Aus Gedankensplittern, Reportagen, Fragmenten und Essays vieler Jahre formt sich eine Welt, die wir zu kennen meinten, die wir so aber noch nie gesehen haben.

»Manchmal ist Ryszard Kapuściński mehr als ein Reporter, sicher kein Soziologe, aber ein erzählender, reisender, phantasierender Geschichtsdenker.«

Frankfurter Allgemeine Zeitung

05/1420/01/L

Pam Houston

Wildnis im Herzen

Aus dem Amerikanischen von Ulrike Wasel und Klaus Timmermann. 284 Seiten. Serie Piper

Pam Houston ist süchtig nach Abenteuern. Kein Fluß ist ihr zu reißend und kein Berg zu hoch auf ihrer Suche nach den extremen Seiten des Lebens. Stets zieht es sie in die entlegensten und unberührtesten Gegenden der Erde: in die Berge Colorados, auf die Stromschnellen wilder Flüsse oder in die Einsamkeit Alaskas. Sie fühlt sich dort am wohlsten, wo nur noch Steinböcke, Bären, Kojoten und Krokodile leben. Packend, unerschrocken und voller Humor erzählt sie von der Faszination der Wildnis, die sie in ihrem Herzen trägt.

»Das Buch liefert tiefenscharfe Erkundungen einer passionierten Beobachterin. Es sind Botschaften aus dem Herzen einer romantisierten Wildnis, die sich unterm Strich als kaum verstellte Liebesgeschichten einer Erotikerin des Natürlichen offenbaren.«

Facts

05/1343/01/R

SERIE PIPER

Claus Richter, Bruno Baumann, Bernd Liebner

Die Seidenstraße

Mythos und Gegenwart. Vorwort von Klaus Bresser. 317 Seiten mit 34 Farbfotos. Serie Piper

Abenteuer und Legende eines Handelsweges. Zwei Jahrtausende lang verknüpfte die Seidenstraße die Kulturen Chinas und Zentralasiens mit denen des Abendlandes. Zeitgleich mit den Dreharbeiten zur spektakulären Fernseh-Serie »Die Neue Seidenstraße« haben Claus Richter, Bruno Baumann und Bernd Liebner ein nicht minder spannendes Buch geschrieben. Es verbindet persönliche Erlebnisse und fundierte Informationen zu den historischen Hintergründen der Seidenstraße mit dem aktuellen politischen Konzept eines gigantischen Freihandelskorridors zwischen Ost und West.

05/1173/01/L

Nicolas Vanier

Die weiße Odyssee

Aus dem Französischen von Reiner Pfleiderer. 318 Seiten mit 42 Farbfotos. Serie Piper

Nicolas Vanier hat sich seinen Traum erfüllt, als erster allein mit seinen Schlittenhunden vom Pazifik bis zum Atlantik zu fahren: 8600 Kilometer quer über den Kontinent. Sein Bericht ist nicht nur ein packendes Leseabenteuer – es ist auch die Geschichte einer unerschütterlichen Freundschaft zwischen einem Menschen und seinen Hunden, die sich in der Auseinandersetzung mit einer gnadenlosen Natur bewährt.

»Von den Strapazen der Fahrt berichtet Vanier in seinem Buch, von ihrem beinahe fatalen Ausgang, aber auch von der Weite und Schönheit der Landschaft im Norden. Vanier ist mehr als ein Draufgänger, er kann blendend erzählen. Ein moderner Jack London.«
Focus

05/1409/01/R

SERIE PIPER

Jamie Zeppa

Mein Leben in Bhutan

Als Frau im Land der Götter. Aus dem Englischen von Karina Of. 367 Seiten mit 15 Farbfotos. Serie Piper

Bhutan – das ist das geheimnisvolle »Land des Donnerdrachens« im Himalaja zwischen Tibet, Indien und Sikkim. Aus purer Abenteuerlust beschließt die Kanadierin Jamie als 24jährige, für zwei Jahre in Bhutan Englisch zu unterrichten. Dort begegnet sie einer vom Tourismus noch unberührten Welt. Sie entdeckt die sensationelle, wilde Schönheit der Natur, die faszinierende buddhistische Religion, die traditionsreiche Kultur mit ihren überwältigenden Klosterburgen und uralten mystischen Bräuchen. Mehr und mehr erliegt sie dem Zauber dieses einzigartigen Landes. Jamies tiefe Zuneigung zu den einheimischen Kindern und ihre Liebe zu dem Bhutaner Tshewang führen schließlich dazu, daß sie für immer bleiben möchte – gegen alle Widerstände ... Eine mitreißende Reportage einer mutigen jungen Frau und das bewegende Zeugnis einer großen Liebe zwischen den Kulturen.

05/1079/01/L

Antje Windgassen

Alexandra David-Néel

Auf der Suche nach dem Licht. Biographischer Roman. 246 Seiten. Serie Piper

Als eine der ersten Frauen studierte Alexandra David-Néel an der Sorbonne. Als Dreiundzwanzigjährige machte sie sich 1891 das erste Mal auf in das Land ihrer Träume, nach Asien. Schließlich verbrachte sie ihr halbes Leben dort und wanderte durch Indien, Sikkim, Nepal, China und Tibet. Begegnungen mit dem Dalai Lama und mit Mahatma Gandhi machten sie weltberühmt.

»Es gab rasante Abenteuerinnen, die auf Kamelen Afrika erkundeten, in langen Röcken den Mont Blanc bezwangen und in unsicheren Flugkisten mit offenem Cockpit flogen. Eine von ihnen und die wohl berühmteste ist Alexandra David-Néel.«
Emma

05/1065/01/R

SERIE PIPER

Bettina Selby

Himalaja

Mit dem Fahrrad durch Nepal, Kaschmir und Sikkim. Aus dem Englischen von Jürg Wahlen. 298 Seiten mit 22 Farbfotos. Serie Piper

Eine Frau um die fünfzig fährt mit ihrem Fahrrad 8000 Kilometer von Karatschi Richtung Himalaja, durch Indien und Nepal bis nach Katmandu. Immerhin, wenigstens das Fahrrad ist eine Spezialanfertigung – zum Nachbauen gibt's die genauen Anweisungen. Das ist aber auch der einzige Luxus auf der fünfmonatigen Tour, die Bettina Selby mitten hineinführt in die Fremde, die sie konfrontiert mit unabwägbaren, manchmal auch gefährlichen Situationen, mit Neugier und Gastfreundschaft, mit Zudringlichkeit und Zuneigung, vor allem aber mit dem intensiven Erleben einer atemberaubenden Landschaft.

05/1062/01/L

Bettina Selby

Timbuktu!

Eine Frau in Schwarzafrika allein mit dem Fahrrad unterwegs. Aus dem Englischen von Jürg Wahlen. 285 Seiten mit 21 Farbfotos von Bettina Selby. Serie Piper

Mit ihrem roten Fahrrad bricht die Autorin auf, um ein Stück Schwarzafrika – von Niamey bis Timbuktu – zu erkunden: vorbei an Lehmhütten und Reisfeldern, durch die Wüste und durch den Urwald, immer entlang dem Niger. Auf ihrem abenteuerlichen und strapaziösen Weg, den sie mit erfrischender Selbstironie schildert, erlebt sie Menschen und Landschaft in einer Unmittelbarkeit, wie sie nur die Reisegeschwindigkeit des Fahrrads erlaubt. Sie stößt auf verloren geglaubte Kulturen und liefert Momentaufnahmen einer fernen Welt, die vom Untergang bedroht ist.

05/1063/01/R